Protection de la qualité des eaux douces au Canada et dans l'Union européenne

Le droit aujourd'hui

La collection « Le droit aujourd'hui » regroupe des études juridiques concernant des problèmes d'actualité nationale et internationale, dans divers domaines (éthique, politique, questions de société...).

Déjà parus

Ianjatiana Randrianandrasana, *Le droit de la protection de la nature à Madagascar : entre centralisme et consensualisme*, 2018.

Wendkouni Judicaël Djiguemdé, *L'aménagement conventionnel de la société commerciale en droit français et en droit OHADA*, 2018.

A. A. Cançado Trindade, *Vers un nouveau* jus gentium *humanisé. Recueil des opinions individuelles du juge A. A. cançado trindade*, 2018.

Fabienne Labelle et Damien Thierry (dir.), *Droit des sites et sols pollués. Bilans et perspectives*, 2018.

Moustapha Kamara (avec la collaboration d'Isabel Falconer et Samba Thiam), *Le contentieux du transfert des joueurs devant la FIFA et le Tribunal arbitral du sport. Guide juridique pratique*, 2017.

Marie Pelé et Cédric Sueur (Coord.), *Questions d'actualité en éthique animale*, 2017.

Guy Dibangue, *La recherche de l'équilibre contractuel dans le cautionnement*, 2017.

David Defrance, *Le retour à meilleure fortune, Étude en droit des difficultés économiques*, 2017.

Mariem Aydi Ghozzi, *Les principes généraux dans la jurisprudence de l'organe de règlement des différends de l'OMC, 2017.*

Boris Barraud, *Le droit postmoderne. Une introduction*, 2017.

Boris Barraud, *La jurisprudence et la doctrine*, 2017.

Claire JOACHIM

PROTECTION DE LA QUALITE DES EAUX DOUCES AU CANADA ET DANS L'UNION EUROPEENNE

Le partage des compétences

L'Harmattan

5-7, rue de l'École-Polytechnique ; 75005 Paris
http://www.editions-harmattan.fr
ISBN : 978-2-343-10974-9
EAN : 9782343109749

PRINCIPAUX SIGLES ET ABRÉVIATIONS

A.F.D.I. : Annuaire français de droit international
Aff. : Affaire
A.J.D.A. : Revue *Actualité juridique du droit administratif*
Al. : Alinéa
Annu. Rev. Polit. Sci. : Annual Review of Political Science
A.P.D. : *Archives de philosophie du droit*
Art. : Article
CA : Cour d'appel
Cass., 1ère, 2ème, 3ème civ. : Arrêt de la première, deuxième, troisième chambre civile de la Cour de cassation
CC : Conseil constitutionnel français
CE : Conseil d'État
CEDH : Cour européenne des droits de l'Homme
CJCE : Cour de justice des Communautés européennes
CJUE : Cour de justice de l'Union européenne
***c/*, c.** : Contre
Concl. : Conclusions
Consid. : Considérant
CS : Cour suprême du Canada
Dalloz : Recueil Dalloz
Dir. : Directive
dir. : Direction
Droit de l'env. : Revue *Droit de l'environnement*
Fasc. : Fascicule
Ibid. : *Ibidem* (au même endroit)
Infra : Plus bas
J.C.P. : La Semaine Juridique
JO : Journal officiel de la République française
JOCE : Journal officiel des Communautés européennes
JOUE : Journal officiel de l'Union européenne
L.G.D.J. : Librairie Générale de Droit et le Jurisprudence
Maastricht J. Eur. & Comp. L. : Maastricht Journal of European and Comparative Law
n° : Numéro

Op. cit. **:** *Opere citato* (dans l'ouvrage cité)
Ord. : Ordonnance
p., pp. : Page, pages
Par., § : Paragraphe
Préc. : Précité
PUF **:** Presses universitaires de France
R.C.A.D.I. **:** Recueil des cours de l'Académie de droit international
R.D.P.**:** Revue du droit public et de la science politique
Rec. **:** Recueil
R.E.D.E. **:** Revue européenne de droit de l'environnement
R.I.D.C. **:** Revue internationale de droit comparé
R.F.D.A. **:** Revue française de droit administratif
R.F.D.C. **:** Revue française de droit constitutionnel
R.J.E. **:** Revue juridique de l'environnement
Rt : Règlement
R.T.D.E. **:** Revue trimestrielle de droit européen
s. (et) : Suivants
Supra **:** Plus haut
t. : Tome
TPI : Tribunal de première instance de l'Union européenne
TCE : Traité instituant les Communautés européennes
TUE : Traité sur l'Union européenne
TFUE : Traité sur le fonctionnement de l'Union européenne
UE : Union européenne
vol. : Volume
Voy. **:** Voyez

SOMMAIRE

Qu'il me soit permis d'exprimer toute ma gratitude ainsi que mes sincères remerciements à mes directrices de thèse, Mesdames les Professeurs Eugénie BROUILLET et Frédérique RUEDA pour leur écoute, leur constante bienveillance et leur guidance tout au long de ces années de thèse.

Mes plus chaleureux remerciements vont également à Messieurs les Professeurs Pierre RAINVILLE et Georges AZZARIA pour le soutien dont ils ont fait preuve à mon égard dès le début de mes recherches.

Je tiens également à remercier Madame le Professeur Céline CASTETS-RENARD, Madame Nathalie HERVÉ-FOURNEREAU, Maître Philippe MARC, ainsi que Messieurs les Professeurs Xavier BIOY et Charles-Emmanuel CÔTÉ pour leurs si précieux conseils.

Enfin, des remerciements spéciaux s'adressent à Charlotte, Laurène, Audrey, Caecilia, Lionel, Séverin et Marie-Ange pour leur aide et leur patience à toute épreuve.

À tous ceux qui, de part et d'autre de l'Atlantique,
ont fait de cette recherche une aventure d'une richesse infinie,

À ma famille,

À Sylvain

INTRODUCTION GÉNÉRALE

« Au commencement de toute humanité est l'eau »[1].
« Vérité en deçà des Pyrénées, erreur au-delà »[2].

1. « Au commencement de toute dignité, de toute santé, de toute éducation, de tout développement. Dans l'ordre des priorités, rien ne précède l'accès à l'eau »[3]. Le fil d'Ariane entre l'Homme et son environnement est permanent. Outre les mutations anatomiques, les évolutions de la Nature ont eu un impact fondamental sur l'Homme, sa capacité à s'organiser, à s'adapter. L'organisation de sa gestion est éminemment centrale. Les premières grandes civilisations sont toutes nées dans des vallées alluviales.[4] Dans le croissant fertile, la naissance de la première civilisation organisée et hiérarchisée, la civilisation sumérienne, serait survenue en réaction à des variations climatiques.[5] Durant le IVème millénaire av. J.-C., les petits villages et les bourgs jusque là développés sont délaissés au profit de bourgades devenant des villes. La raison principale semble être l'assèchement du climat. Il devient alors fondamental de s'organiser, de mettre en commun, de se coordonner.[6] Outre l'augmentation de la population, le fait générateur du développement urbain semble être un changement des conditions de l'environnement.

C'est au sein de cette civilisation urbaine, notamment à Uruk,[7] que naît l'écriture. L'un des textes les plus anciens date de 3300 av. J.-C. Il décrit la création de l'Homme, de la végétation, des animaux, des cinq cités initiales, puis énonce la nécessité vitale d'entretenir le système hydraulique.[8] La gestion coordonnée de l'eau conditionne en effet la fertilité des terres : elles doivent être irriguées et drainées. La protection des villes contre les inondations est également un élément fondateur[9] : la mise en commun organisée d'une importante main d'œuvre, le rassemblement des populations en des lieux

---

[1] E. ORSENNA, *L'Avenir de l'eau – Petit précis de mondialisation II*, Paris, Arthème Fayard, 2008, p 454.
[2] B. PASCAL, *Pensées*, Paris, Gallimard, 1977, p 294. Cité dans A. GAMBARO, R. SACCO, L. VOGEL, *Le droit de l'Occident et d'ailleurs*, Paris, L.G.D.J., 2011, p 1.
[3] E. ORSENNA, *op. cit.*, p 454.
[4] P.-L. VIOLLET, *L'hydraulique dans les civilisations anciennes – 5000 ans d'histoire*, Paris, Presses de l'École nationale des ponts et chaussées, 2004, p 20.
[5] *Ibid.*, p 18.
[6] *Ibid.*
[7] Le site de la ville d'Uruk se trouve aujourd'hui dans le sud de l'Irak.
[8] P.-L. VIOLLET, *op. cit.*, p 19.
[9] *Ibid.*, p 20.

faciles à protéger, ainsi qu'une organisation collective et hiérarchisée.[10] Le droit n'en est alors qu'à ses prémices et son objectif n'est pas de protéger la ressource. Il s'agit de savoir l'utiliser.

Comme le souligne E. Orsenna, toute eau est liée à des lieux.[11] Elle est très inégalement répartie sur notre planète, toute réponse aux besoins d'eau est forcément locale.[12] Ainsi, chaque culture a une réponse à apporter en fonction de sa géographie et de son histoire. Elle apparaît également globale, car elle est l'un des prochains grands enjeux mondiaux.[13]

2. L'eau est un défi pour l'Homme : dans l'organisation de ses sociétés et pour sa survie. Elle a été choisie comme illustration à ce sujet de recherche, car elle présente l'avantage de faire ressortir un nombre important d'enjeux pertinents qui se posent à l'Humanité. Dans un souci de rigueur scientifique, l'analyse est restreinte à deux régions dans lesquelles l'eau est un enjeu majeur et multifactoriel : le Canada et l'Union européenne. Ces deux aires géographiques ont également été choisies car se posent à elles des défis particuliers qui pourraient se transposer à l'échelle du globe.

3. La question spécifique de recherche qui structure l'analyse se formule comme suit : **Que nous apprend l'exemple de la politique publique de protection de la qualité des eaux douces sur l'évolution de la répartition des compétences au sein d'ordres juridiques complexes tels que le Canada et l'Union européenne ?**

4. Cette question nécessite, dans le souci d'une approche rigoureusement scientifique,[14] d'aborder trois éléments liminaires.

Il s'agit tout d'abord de délimiter le sujet de recherche en en définissant les notions clés (*Section I*) ; puis il apparaît pertinent d'établir le cadre méthodologique dans lequel ce sujet est abordé (*Section II*) ; enfin la thèse, ses enjeux et le plan structurant l'argumentation seront présentés (*Section III*).

SECTION I. LES CONTOURS DU SUJET DE RECHERCHE

5. Selon la conclusion déposée par A.-L. de Lavoisier et P.-S. de Laplace, le 25 juin 1783 à l'Académie des Sciences, l'eau n'est pas une substance simple. Elle est le « résultat d'une composition » : l'alliance d'un « air

---

[10] *Ibid.*

[11] E. ORSENNA, *op. cit.*, p 455.

[12] *Ibid.*

[13] Voy. à ce sujet le site Internet de l'ONU-Eau : http://www.unwater.org/ (page consultée le 7 juill. 2014).

[14] Selon E. Millard : « la science du droit est une science empirique (elle décrit ce qui existe) qui n'est pas susceptible de vérification empirique (elle ne peut être vérifiée relativement à des faits) ». N. Bobbio explique que la « tâche fondamentale » de la science juridique « consiste dans la construction d'un langage rigoureux, c'est-à-dire scientifique » ; c'est pour cette raison « qu'elle est une science au même titre que n'importe qu'elle autre science empirique ou formelle ». X. Magnon établit le caractère scientifique du discours juridique en affirmant que « quelle que soit la spécificité du discours juridique, il n'en présente pas moins des caractéristiques propres à lui garantir un caractère scientifique : la délimitation d'un objet réel particulier à observer et le choix d'une méthode pour procéder à la description de cet objet ». Pour un développement complet à ce sujet, voy. X. MAGNON, *Théorie(s) du droit*, Paris, Ellipses, 2008, pp 13-14.

inflammable », l'hydrogène, et d'un « air vital », l'oxygène.[15] Le choix de la protection de la qualité des eaux douces comme illustration pour faire ressortir les évolutions communes du partage des compétences au Canada et dans l'Union européenne trouve ses fondements dans la multitude de facettes de la ressource.[16] L'eau est source de défis et d'enjeux pour l'Homme et il en va de même pour les règles qui régissent sa vie en société.

Selon la lauréate du prix Nobel d'économie E. Ostrom, la protection de la qualité des eaux douces a besoin, pour être optimale, de la mise en place de nouvelles institutions pour l'encadrer, et non d'un nouveau type d'ingénierie spécifique destinée à améliorer sa protection.[17] L'encadrement institutionnel joue un rôle déterminant dans la protection des ressources. Les questions juridiques qui se posent alors apparaissent fondamentales.

6. Il s'agit d'abord d'en appréhender l'essence : la protection de la qualité des eaux douces mobilise les enjeux propres à la protection de l'environnement tout en les dépassant (*A-*) ; seront ensuite précisés les contours du partage des compétences au Canada et dans l'Union européenne (*B-*) ; pour enfin faire état de la question dans la doctrine (*C-*)[18].

A. Le droit de la protection de la qualité des eaux douces

7. L'histoire témoigne du souci d'appréhension de la Nature par l'Homme. Elle se fige dans les règles de droit. Elles révèlent l'essence de cette relation. De nombreuses variations l'ont caractérisée, elles apparaissent sur deux plans : d'un point de vue historique, puis culturel. Les règles régissant cette relation nous enseignent quelle en est la substance.

Historiquement, F. Ost souligne que la Nature fait l'objet d'un droit de propriété qui a évolué de l'Ancien régime à la Révolution. Dans un premier temps, le rapport de l'Homme à la Nature est qualifié de *ius fruendi* au Moyen Âge : l'usage en vue de la survie, dans une économie de subsistance et une idéologie communautariste.[19] La ressource fait l'objet d'une appropriation coutumière fonctionnant sur un système de propriétés spontanées, et finalement sur le partage.

---

[15] E. ORSENNA, *L'Avenir de l'eau – Petit précis de mondialisation II*, Paris, Arthème Fayard, 2008, p 17.

[16] En raison de leur importance pour le traitement du sujet, les différentes facettes de l'eau et leur encadrement par le droit font l'objet de développements approfondis en *infra*, §183 & s.

[17] E. OSTROM, « Constituting Social Capital and Collective Action », *Journal of Theoretical Politics*, n°6, 1994, pp 527-562 ; voy. également E. OSTROM, « Coping with Tragedies of the Commons », *Annu. Rev. Polit. Sci.*, n°2, 1999, pp 493-535 ; et M. LAMARY, M. SPROULE-JONES, « L'économique et l'institutionnel dans l'étude de la contamination diffuse des eaux potables dans les États fédérés », in L. IMBEAU (dir.), *Politiques publiques comparées dans les Etats fédérés*, Québec, Les Presses de l'Université Laval, Coll. Management public et gouvernance, 2005, p 193.

[18] Nous reprenons la définition de X. Magnon selon laquelle la littérature juridique est comprise « comme regroupant l'ensemble de la production écrite spécialisée en droit que celle-ci se trouve dans des ouvrages (manuels, thèses) ou dans des revues juridiques ». Nous emploierons pour cette étude indifféremment les termes « littérature juridique » et « doctrine juridique ». Voy. à ce sujet X. MAGNON, *Théorie(s) du droit*, Paris, Ellipses, 2008, p 6, note 1.

[19] F. OST, *La nature hors la loi – l'écologie à l'épreuve du droit*, Paris, Éditions La Découverte, 2003, p 51.

Dès le XVIème siècle, un autre rapport s'instaure : l'individu devient le centre du Monde.[20] Un *ius abutendi*, c'est-à-dire un libre droit de disposer de la chose remplace l'ancienne qualification. Il s'agit de correspondre à une économie marchande dans un contexte devenu individualiste.[21]

Cette seconde forme est notamment fondée sur la doctrine hégélienne attribuant à l'Homme un droit de propriété sur toutes choses.[22] La propriété consacrée à la Révolution met fin à un système coutumier dont le fondement était l'interdépendance des formes d'utilisation des ressources naturelle,[23] en conciliant agriculture, élevage, chasse, pêche et prélèvement du bois. [24] L'harmonie écologique et la solidarité interpersonnelle[25] étaient ainsi assurées par des usages historiques. Selon F. Ost, la révolution copernicienne va provenir d'une « subjectivisation toujours plus poussée »[26]. L'individu libre, souverain et propriétaire consacré dans la Déclaration des Droits de l'Homme et du Citoyen de 1789 est soutenu par J. Locke : le travail de la terre crée un droit de propriété pour l'individu travailleur. F. Ost résume en ces termes le raisonnement de J. Locke : « Par son travail, qui est la liberté en acte, l'homme soustrait certaines ressources à l'état de nature, il leur confère une spécification et une valeur ajoutée et peut donc légitimement se les réserver »[27].

Si elle n'est pas encore exclusive, cette appropriation marque le postulat de départ occidental dont on ne déroge pas : le rapport à la Nature est fondé sur l'usage et la propriété des ressources naturelles.[28]

Cela marque la seconde variation qui habite le rapport qu'entretient l'Homme avec son environnement : le point de vue culturel. L'appréhension occidentale se distingue de la relation orientale et asiatique de l'Homme au Monde. Comme l'enseignent depuis fort longtemps la sagesse du Tao et les religions panthéistes,[29] la Nature et l'Homme peuvent être considérés comme un tout global, où il existe une solidarité de toutes choses.[30]

En Chine, les difficultés causées par l'environnement, notamment les inondations, ont conditionné le rapport des Hommes à la Nature. L'eau est tellement imprévisible qu'elle force les Hommes à se rassembler. [31] Si l'objectif est le même qu'en Occident, les moyens pour y parvenir diffèrent.

La culture entre ainsi en jeu : le droit de l'environnement est irrigué par la conception qu'a l'Homme de la Nature.

8. L'eau constitue un défi pour le droit, car toute réponse aux besoins d'eau est à la fois locale[32] et l'un des prochains grands enjeux mondiaux.

---

[20] *Ibid.*
[21] *Ibid.*, pp 48-49.
[22] *Ibid.*, pp 175-176.
[23] *Ibid.*, p 50.
[24] *Ibid.*
[25] *Ibid.*, p 51.
[26] *Ibid.*
[27] *Ibid.*, p 52.
[28] Pour davantage de précisions à ce sujet, voy. *infra* §187 & s.
[29] F. OST, *op. cit.*, p 176.
[30] *Ibid.*
[31] E. ORSENNA, *L'Avenir de l'eau – Petit précis de mondialisation II*, Paris, Arthème Fayard, 2008, p 177.
[32] *Ibid.*, p 455.

De façon générale, le thème de l'eau apparaît très actuel : selon l'ONU-Eau, créée spécialement en 2003 par le Comité de haut niveau des Nations Unies pour la coordination des actions menées dans le domaine de l'eau, ces questions soulèvent certains défis les plus pressants de notre temps dans le domaine du développement.[33]

Les enjeux économiques et financiers apparaissent déjà considérables quant aux activités de gestion et de traitement des eaux : les groupes chargés de ces activités sont désormais de grandes multinationales avec lesquelles les gouvernements doivent négocier. [34] Les sphères économique et politique apparaissent dans ce cadre de plus en plus imbriquées, créant des réseaux de pouvoir tentant de contrôler la protection d'un bien commun de l'humanité, traité davantage comme une marchandise dont l'exploitation est prometteuse.[35] Les questions de pénurie, de gestion et de pollution de l'eau révèlent l'aspect multifactoriel de ce thème, soulevant des questions dépassant le droit de l'environnement *stricto sensu*. La pollution diffuse des eaux douces fait notamment ressortir les lacunes de l'organisation et du fonctionnement des ordres juridiques.[36] Elle pose régulièrement de nouvelles questions, comme la présence de résidus de médicaments dans l'eau, ayant des conséquences sur la vie aquatique, voire sur l'Homme.[37]

Le droit tente en permanence d'apporter une réponse, à l'instar de la proposition d'inscription dans le Code civil français de la notion de dommage causé à l'environnement.[38] Ce qui fait ressortir la transversalité de la question de l'eau : elle transcende la *suma divisio* française entre le droit public et le droit privé. Elle mobilise de plus une grande partie des domaines du droit,[39] ce qui en fait un domaine singulier, dont l'appréhension juridique dépasse la structure et les fondements classiques du droit.

9. Le choix d'une illustration plus restreinte qu'est la protection de la qualité des eaux douces résulte d'un double positionnement.

---

[33] Voy. à ce sujet le site Internet de l'ONU-Eau : http://www.unwater.org/ (page consultée le 7 juill. 2014).

[34] R. LENGLET, J-L. TOULY, *L'eau des multinationales – Les vérités inavouables*, Paris, Arthème Fayard, 2006, 251 pages.

[35] M. BARLOW, T. CLARKE, *L'or bleu – L'eau, le grand enjeu du XXIème siècle*, Paris, Arthème Fayard, 2002, 390 pages.

[36] M. KRASNICK (dir.), *Le partage des pouvoirs : études de cas*, Commission royale sur l'Union économique et les perspectives de développement du Canada, Ottawa, Centre d'édition du gouvernement du Canada, 1986, 305 pages ; F. KELLER, *Rapport d'information au nom de la Commission des Finances, du Contrôle Budgétaire et des Comptes Économiques de la Nation sur le Pilotage de la Politique de l'Eau*, 352, Annexe au procès-verbal de la séance du 27 juin 2007 – Session ordinaire 2006-2007 du Sénat, p 6.

[37] Voy. notamment à ce sujet S. JOBLING, R OWEN, « Environmental science : The hidden costs of flexible fertility », *Nature*, 485, 24 mai 2012, pp 441 & s. Notons que l'AFNOR, une association chargée d'une mission d'intérêt général pour l'élaboration des normes françaises, européennes ou internationales, a présenté en avril 2013 une nouvelle norme expérimentale en la matière. La norme XP T 90-223 propose une méthode générale de détection de certains médicaments dans l'eau destinée à la consommation humaine. Voy. le site Internet de l'association : http://www.afnor.org/ (page consultée le 7 juill. 2014).

[38] Voy. notamment la Proposition de loi, adoptée par le Sénat, visant à inscrire la notion de dommage causé à l'environnement dans le Code civil, n° 1043, déposée le 16 mai 2013. Notons que cela constituerait une véritable révolution en droit de la responsabilité, puisque jusqu'à présent, le Code civil ne protège que la personne et le patrimoine.

[39] Voy. *infra* §230.

En premier lieu, les questions relatives à l'eau douce sont privilégiées, écartant celles de l'eau de mer.

Cette eau caractérisée par sa salinité[40] implique des enjeux très spécifiques, il s'agit d'un univers à part entière avec ses propres problématiques.[41] Elle soulève en effet des questions particulières en matière de souveraineté, car la mer est un lieu où la souveraineté des États est multiple : souveraineté de l'État du port, de l'État du pavillon, de l'État côtier.[42] Elle connaît aussi une gradation suivant le lieu : l'État côtier est souverain en mer territoriale et dispose d'une juridiction ou de droits souverains en zone économique exclusive.[43] Ce n'est pas le cas de l'eau douce : si elle peut relever de plusieurs territoires, il n'y a pas de dissociation dans le degré de souveraineté.

Le droit de la mer est également singulier et peut être distingué du droit de l'eau douce en raison de sa nature. D'abord exclusivement coutumier, puis devenu plus conventionnel dans les années 1980, il est l'une des composantes les plus anciennes du droit international public. Il fait ainsi l'objet des incertitudes quant à l'applicabilité du droit conventionnel dans cette matière, car il est soumis à la volonté des États.[44] Le droit de l'eau douce ne relève pas en majeure partie du droit conventionnel, il prend ses racines dans le droit étatique de la propriété, ainsi que dans le droit administratif, des matières codifiées assez tôt en droit français comme en droit québécois.[45] L'eau de mer et l'eau douce étant bien distinctes, la nature de leur régime juridique respectif est différente. Elles ne soulèvent pas les mêmes questions juridiques.

Enfin, et surtout, en matière de compétence, l'intégration de l'eau salée dans cette analyse n'aurait pas favorisé une approche comparée rigoureuse : entre le Canada et l'Union européenne, les règles de partage des compétences apparaissent très différentes en la matière.[46] En effet, l'eau salée relève au Canada d'une compétence qui ne fait pas l'objet des règles classiques de répartition des compétences : la pollution des mers a été rattachée à la compétence fédérale en matière de paix, d'ordre et de bon gouvernement, car elle relève de la théorie de l'intérêt national.[47] La logique canadienne dans le partage des compétences de l'eau salée est bien différente de celle appliquée par l'Union européenne, qui privilégie le même type d'approche qu'en matière

---

[40] La salinité de « l'océan mondial » est en moyenne de 35, et sa température moyenne est de 4C°. Voy. G. COPIN-MONTÉGUT, *Propriétés physiques de l'eau de mer*, Paris, Éd. Techniques ingénieur, p K170-1.

[41] Voy. à ce sujet A. CUDENNEC (dir.), *L'Union européenne et la mer : vers une politique maritime de l'Union européenne*, Actes du colloque de Brest, 18 & 19 oct. 2006, Paris, A. Pedone, 2007, pp 3 & s. ; voy. également B. QUEFFELEC, *La diversité biologique : outil d'une recomposition du droit international de la nature – l'exemple marin*, Thèse de Doctorat, Université de Bretagne Occidentale, 2006, pp 13 & s.

[42] B. QUEFFELEC, *op. cit.*, p 13.

[43] *Ibid.*

[44] Ch. VALLÉE, « Droit de la mer », *Encyclopædia Universalis* [en ligne], URL : http://www.universalis-edu.com.ezproxy.bibl.ulaval.ca/encyclopedie/societe-civile/ (page consultée le 7 juill. 2014).

[45] Pour un développement complet à ce sujet, voy. *infra* §222 & s.

[46] Pour le droit canadien, voy. notamment *R.* c. *Crown Zellerbach Canada Ltd.*, [1988] 1 R.C.S. 401. Pour le droit communautaire, voy. notamment Traité sur le Fonctionnement de l'Union européenne, TFUE, JO n° C 83 du 30 mars 2010, art. 3 & 4.

[47] *R.* c. *Crown Zellerbach Canada Ltd.*, *op. cit.*, 404.

d'eaux douces.[48] La comparabilité des deux régimes juridiques justifie donc d'exclure l'eau de mer du champ de recherche.

En second lieu, le choix s'est porté sur l'analyse des règles applicables à la qualité de l'eau douce. Cela met de côté les règles inhérentes à la gestion quantitative de l'eau. Il s'agit de deux domaines du droit qui mobilisent des enjeux bien différents. Le droit de la qualité de l'eau fait appel à la lutte contre la pollution, qui est un critère central dans le partage des compétences en droit canadien[49] comme en droit communautaire.[50] Écarter les questions qualitatives reviendrait à priver notre analyse de sa portée en droit constitutif.

Quant aux aspects quantitatifs de l'eau, leur prise en compte relativement récente par le droit de l'Union européenne[51] et le droit canadien[52] ne permet pas de mener une analyse convaincante sur l'évolution du partage des compétences. La mise en perspective des mécanismes influençant cette répartition nécessite de mener une étude sur un temps long. Or, le développement du droit dans ce champ se révèle bien trop récent, tant au Canada que dans l'Union européenne. De plus, les enjeux de la gestion quantitative de l'eau apparaissent éloignés entre le Canada et l'Europe. Le Canada possède 7% du stock mondial d'eau douce en majorité en souterrain. Cela a été largement exploité par des entreprises prélevant massivement l'eau pour l'embouteiller et la commercialiser. Cet enjeu économique n'est pas aussi important en Europe, qui souffre davantage du manque d'eau.[53] Ainsi, l'étude des règles de gestion quantitative de l'eau n'est pas apparue opportune dans notre démarche comparative : le Canada et l'Union européenne ne présentent pas les mêmes problématiques en la matière.

Les enjeux liés à la protection de l'eau ainsi qu'à son contrôle apparaissent considérables. La question du partage des compétences dans ce domaine présente non seulement des questions constitutionnelles fortes, mais soulève aussi de profondes questions sociales, économiques et politiques.[54]

B. Le partage des compétences au Canada et dans l'Union européenne

10. L'eau intéresse l'État car, comme l'a soulevé A.-L. de Lavoisier, l'examen des eaux communes intéresse la société tout entière et principalement « cette partie active dont les bras sont, en même temps, et la force et la richesse d'un État »[55].

---

[48] Traité sur le Fonctionnement de l'Union européenne, *op. cit.*

[49] Voy. notamment *R.* c. *Crown Zellerbach Canada Ltd.*, *op. cit.* ; *R.* c. *Hydro-Québec*, [1997] 3 R.C.S. 213 ; *Friends of the Oldman River Society* c. *Ministre des Transports du Canada*, [1992] 1 R.C.S. 3, 65-69.

[50] Par l'intermédiaire du principe d'intégration notamment. Voy. Traité sur le Fonctionnement de l'Union européenne, TFUE, JO n° C 83 du 30 mars 2010, art. 11.

[51] Avec la Directive-cadre de l'an 2000. Voy. à ce sujet T.E. CALDERON, « La Politique de l'eau de l'Union européenne : vers une gestion quantitative des ressources hydriques? », *Les Cahiers de Droit*, 51, 2010, p 859.

[52] P. HALLEY, Ch. GAGNON, « Le droit de l'eau au Canada et les réformes en cours au Québec », in A. BRUN, F. LASSERRE (dir.), *Gestion de l'eau, Approche territoriale et institutionnelle*, Québec, PUQ, 2012, pp 15 & s.

[53] *Ibid.*

[54] En raison de leur importance dans notre argumentation, ces éléments sont développés en *infra* §183 & s. Voy. E. ORSENNA, *L'Avenir de l'eau – Petit précis de mondialisation II*, Paris, Arthème Fayard, 2008, p 456.

[55] *Ibid.*, p 16.

La qualité de l'eau conditionne la santé d'une population, sa quantité disponible conditionne le rayonnement de ses usages : refroidissement, matière première ou encore irrigation pour ne citer que ces utilisations. Les questions liées à l'eau intéressent éminemment le pouvoir politique et son cadre juridique : l'État.[56]

G. Cornu définit le pouvoir politique comme le « pouvoir suprême dirigeant toute la vie de la société et pour l'exercice duquel sont institués les pouvoirs publics constitutionnels »[57]. Selon G. Burdeau, F. Hamon et M. Troper, « le pouvoir est censé avoir pour titulaire non pas les hommes qui l'exercent en fait, mais un être distinct, à qui les actes sont attribués. Cet être est appelé *État* »[58].

L'organisation des sociétés est assurée sous différentes formes d'État.[59] Le fonctionnement et l'organisation de ces États sont régis par des règles de droit. [60] Ces normes encadrent et fondent le pouvoir politique, elles en déterminent ainsi la portée.

En tant que source de vie et comme condition à la subsistance de l'Homme, l'eau apparaît comme un catalyseur des enjeux du pouvoir politique et ainsi du droit constitutionnel.[61] L'eau force au rassemblement et à l'édiction de règles pour coordonner l'ensemble des enjeux qu'elle implique. La qualité de l'organisation et du fonctionnement du droit d'un État conditionne la bonne application des règles, et ainsi le bon fonctionnement du rapport de l'Homme à son environnement.[62]

11. Le droit étatique est désigné dans cette étude sous le terme d'ordre juridique. Il s'agit de l'ensemble, structuré en système, de tous les éléments entrant dans la constitution d'un droit régissant l'existence et le fonctionnement d'une communauté humaine.[63] Les ordres juridiques reposent historiquement sur une conception unitaire, basée sur la souveraineté nationale.[64] La conception classique du droit trouve ainsi comme postulat de départ le paradigme de l'État-Nation.[65] L'État de droit, principe d'organisation des États occidentaux, est la référence.[66] Il implique que toute « production normative » soit fondée sur la souveraineté des citoyens (en tant que peuple ou en tant que nation)[67]. En termes juridiques, le principe démocratique induit que les destinataires du droit participent à « l'élaboration du contenu des

---

[56] G. BURDEAU, F. HAMON, M. TROPER, *Droit constitutionnel*, Paris, L.G.D.J., 27ème Éd., 2001, p 71.
[57] G. CORNU, *Vocabulaire juridique*, Paris, PUF, 10ème Éd., 2014, p 772.
[58] G. BURDEAU, F. HAMON, M. TROPER, *op.cit.*, p 71.
[59] *Ibid.*, pp 76 & s.
[60] G. BURDEAU, F. HAMON, M. TROPER, *op. cit.*, pp 72 & s.
[61] *Ibid*, pp 17 & s.
[62] E. OSTROM, « Constituting Social Capital and Collective Action », *Journal of Theoretical Politics*, n°6, 1994, pp 527-562.
[63] D. ALLAND, S. RIALS (dir.), *Dictionnaire de la culture juridique*, Paris, Quadrige, Lamy, PUF, 2003, pp 1113-1119 & pp 1462-1465.
[64] L'article 3 de la Constitution française du 4 oct. 1958 dispose : « La souveraineté nationale appartient au peuple […] ». Voy. A. WIJFFELS, « Qu'est-ce que le *ius commune*? », in A. SUPIOT (dir.), *Tisser le lien social*, Paris, Fondation Maison des Sciences de l'Homme, 2004, p 132.
[65] A. WIJFFELS, *op. cit.*, p 132.
[66] G. BURDEAU, F. HAMON, M. TROPER, *op. cit.*, p 74.
[67] L. FAVOREU, *et al.*, *Droit constitutionnel*, Paris, Dalloz, 16ème Éd., 2014, p 51.

normes »[68]. Selon G. Burdeau, « il n'y a de démocratie authentique que lorsque le peuple, support de la puissance politique, est mis à même de l'exercer directement, du moins d'en contrôler l'exercice »[69].

Selon G. Burdeau, F. Hamon et M. Troper, la doctrine de H. Kelsen implique que « définir l'État, c'est [...] définir le droit »[70]. L'État est ainsi « assimilé à un ordre juridique »[71]. Mais X. Magnon précise que « si l'État est un ordre juridique, il existe des ordres juridiques qui ne sont pas étatiques »[72].

12. Voici apparaître un second défi pour le Droit : un ordre juridique[73] non étatique. L'évolution géopolitique du Monde a vu se multiplier des organisations supranationales depuis la fin de la Seconde Guerre mondiale.[74] Le « modèle le plus achevé » de ces organisations est régional : l'Union européenne.[75]

L'ordre juridique de l'Union européenne se concrétise par le droit communautaire,[76] « fondé sur les traités instituant la Communauté européenne du charbon et de l'acier (traité de Paris du 18 avril 1951), la Communauté économique européenne et la Communauté européenne de l'énergie atomique (traités de Rome du 25 mars 1957), ainsi que sur les instruments conventionnels ayant procédé à la révision de ces traités originaires »[77].

Selon G. Burdeau, F. Hamon et M. Troper, cet ordre juridique présente « certains traits de l'État fédéral : éventail de pouvoirs très larges dans les domaines d'une importance capitale, existence d'organes 'supranationaux', d'un Parlement européen élu [...], application directe des normes communautaires sur les territoires des États, jurisprudence de la Cour de

---

[68] *Ibid.*

[69] G. BURDEAU, *La démocratie*, Paris, Éd. du Seuil, 1990, p 35.

[70] G. BURDEAU, F. HAMON, M. TROPER, *Droit constitutionnel*, Paris, L.G.D.J., 27ème Éd., 2001, p 74.

[71] X. MAGNON, *Théorie(s) du droit*, Paris, Ellipses, 2008, p 99. Citant H. KELSEN, *Théorie Générale du Droit et de l'État*, Paris, L.G.D.J., 1997, 517 pages.

[72] *Ibid.*

[73] Au regard des définitions juridiques posées des concepts d'ordre juridique et de système juridique, nous avons choisi l'expression « ordre juridique » pour notre travail. Ce concept est utilisé de façon fréquente et précise dans la science juridique. On appelle ordre juridique l'ensemble, structuré en système, de tous les éléments entrant dans la constitution d'un droit régissant l'existence et le fonctionnement d'une communauté humaine. Le concept de système juridique revêt des significations très disparates, bien que très utilisé dans la science juridique. Le concept de système traite d'un ensemble complexe, constitué de parties liées entre elles par des relations stables. Voy. pour plus de précisions D. ALLAND, S. RIALS (dir.), *Dictionnaire de la culture juridique*, Paris, Quadrige, Lamy, PUF, 2003, pp 1113-1119 & pp 1462-1465.

[74] P.-M. DUPUY, Y. KERBRAT, *Droit international public*, Paris, Dalloz, 11ème Éd., 2012, p 230.

[75] *Ibid.*, p 169. Voy. également G. BURDEAU, F. HAMON, M. TROPER, *op. cit.*, p 81.

[76] Le droit communautaire et le droit européen doivent normalement être distingués : le droit européen est l'expression « généralement retenue pour désigner le droit du Conseil de l'Europe et de la protection européenne des droits de l'Homme, ou plus largement le droit des organisations européennes non communautaires ». Nous choisissons dans cette étude d'employer les expressions « droit communautaire », « droit de l'Union européenne » ou encore « droit européen » pour désigner l'ordre juridique de l'Union européenne. Voy. D. SIMON, « Droit communautaire », in D. ALLAND, S. RIALS (dir.), *op. cit.*, pp 448-453 ; ainsi que G. ISAAC, M. BLANQUET, *Droit général de l'Union européenne*, Paris, Sirey, 10ème Édition, 2012, pp XIX-XX.

[77] D. SIMON, *op. cit.*, pp 448-453.

justice des Communautés européennes, qui affirme la primauté de l'ordre juridique européen sur les droits nationaux »[78].

De plus, selon un prisme substantiel, l'Union doit savamment allier le respect de la diversité culturelle, politique et juridique, au besoin d'unité généré par les contextes historique et économique.[79]

Il s'agit donc d'un double défi posé par la structure multiniveaux de cet ordre à son droit.[80] Une comparaison entre l'Union et un État fédéral apparaît ainsi pertinente en ce qu'ils impliquent un rapport de systèmes multiniveaux,[81] sous réserve d'une comparabilité au regard du second prisme évoqué.

Si l'exemple américain semble à première vue évident, il ne se révèle pas aussi prometteur que l'exemple canadien. Le Canada fait face aux problématiques de gestion d'une union dans la diversité à un degré comparable à celui de l'Union européenne : le Québec présente une particularité culturelle, politique et juridique.[82] Le droit québécois est issu en partie du droit romano-germanique, ce qui apporte une diversité juridique importante à l'ensemble juridique canadien. [83] Ainsi, au-delà du point de vue formel, l'Union européenne et le Canada apparaissent comme des ordres juridiques complexes : une structure multiniveaux,[84] devant gérer les besoins de diversité, mais aussi les nécessités posées par l'union. La recherche d'un équilibre entre ces enjeux se matérialise dans les règles régissant la répartition des compétences.[85]

Malgré l'apparente filiation avec la thématique de la fédération, précisons que cette recherche ne porte pas sur le fédéralisme en tant que tel,[86] puisqu'elle traite d'une comparaison entre un État fédéral et une organisation *sui generis*.[87]

---

[78] G. BURDEAU, F. HAMON, M. TROPER, *Droit constitutionnel*, Paris, L.G.D.J., 27ème Éd., 2001, p 81.

[79] Voy. *infra* §52 & s.

[80] Voy. à ce sujet R. HOWSE, K. NICOLAIDIS, «The Federal Vision, Levels of Governance, and Legitimacy », in R. HOWSE, K. NICOLAIDIS, *The Federal Vision: Legitimacy and Levels of Governance in the United States and the European Union*, Oxford University Press, Septembre 2001, pp 1 & s.

[81] Voy. à ce sujet *Ibid.*

[82] E. BROUILLET, *La négation de la nation : l'identité culturelle québécoise et le fédéralisme canadien*, Ste-Foy (Québec-Canada), Septentrion, 2005, 478 pages.

[83] R. LEGEAIS, *Grands systèmes de droit contemporains – Approche comparative*, Paris, LexisNexis Litec, 2004, p 97.

[84] Voy. à ce sujet R. HOWSE, K. NICOLAIDIS, *op. cit.*, pp 1 & s.

[85] Située au cœur du sujet, la problématique de l'équilibre des compétences fait l'objet de développements approfondis en *infra* §47 & s. et §374 & s.

[86] Les questions intéressant directement la thématique du fédéralisme ont déjà été excellement traitées, au Canada comme en France. Voy. notamment O. BEAUD, *Théorie de la Fédération*, Paris, PUF, 2007, 447 pages ; ainsi que E. BROUILLET, *La négation de la nation : l'identité culturelle québécoise et le fédéralisme canadien*, Ste-Foy (Québec-Canada), Septentrion, 2005, 478 pages.

[87] Le débat sur la nature de l'ordre juridique communautaire est « loin d'être clos ». Une « opposition radicale » a lieu dans la doctrine. En premier lieu, certains auteurs comme M. Croisat et J.-L. Quermonne, dissocient la structure de l'ordre juridique européen de celle des organisations intergouvernementales traditionnelles. Malgré une base conventionnelle, elle est dotée d'une sophistication institutionnelle et matérielle qui fait sa singularité. La relation que l'union entretient avec ses États membres est qualifiée d'« irréductible », et renforce sa distinction avec les autres organisations internationales. Ce courant peut mener à la reconnaissance d'une « dimension fédéraliste », ou d'une nature « d'État en devenir » à l'Union européenne. Une variante de ce courant tend à davantage considérer les « obstacles qui s'opposent à une qualification étatique ou para-étatique » de l'ordre juridique communautaire.

13. L'Union européenne et le Canada présentent l'intérêt de répondre à des questions similaires, ce qui ressort pleinement face au défi de l'eau.

Dans la mesure où la politique publique de la protection de la qualité des eaux douces peut faire l'objet de l'intervention législative des deux ordres de gouvernement tant au Canada qu'en Europe, [88] il est particulièrement intéressant de l'étudier sous l'angle de la répartition des compétences.[89] Cette question présente de plus un caractère multifactoriel, ainsi que d'importants enjeux dans le présent et pour les générations futures. En cette matière, une comparaison entre le Canada et l'Union européenne est particulièrement pertinente, car ces deux ensembles juridiques soulèvent des questions similaires en matière de partage des compétences.[90] De plus, l'expérience du

---

Ainsi, la qualification de l'Union s'apparente davantage à une catégorie *sui generis* d'organisation. Une seconde partie de la doctrine exprime une position bien différente : les auteurs mettent l'accent sur « la dimension interétatique de la construction européenne ». Il s'agit de « valoriser tout ce qui maintient le droit communautaire dans l'orbite du droit international » : la « nature conventionnelle des traités de base, la place centrale qui serait occupée dans le dispositif institutionnel par les organes interétatiques » notamment. Notre travail de recherche n'a pas pour objectif de répondre à la question de la nature de l'Union européenne. Nous ne nous plaçons pas dans ce débat, un positionnement n'étant pas nécessaire à la résolution de notre question spécifique de recherche. Notre démarche se situe au-delà de ces problématiques formelles. Pour un développement complet à ce sujet, voy. O. BEAUD, *op. cit.* ; D. SIMON, « Droit communautaire », in D. ALLAND, S. RIALS (dir.), *Dictionnaire de la culture juridique*, Paris, Quadrige, Lamy, PUF, 2003, pp 449 & s. ; ainsi que L. FAVOREU, *et al.*, *Droit constitutionnel*, Paris, Dalloz, 16ème Éd., 2014, pp 51 & s. ; G. ISAAC, M. BLANQUET, *Droit général de l'Union européenne*, Paris, Sirey, 10ème Édition, 2012, pp XIX & s. ; N. LEVRAT, « L'Union européenne, Une Fédération Internationale », in J.-F. GAUDREAULT-DESBIENS, F. GELINAS (dir.), *Le Fédéralisme dans tous ses états : gouvernance, identité et méthodologie – The states and moods of federalism : governance, identity and methodology*, Cowansville (Québec), Éditions Y. Blais, Bruxelles, Bruylant, 2005, pp 286 & s.

[88] En droit canadien, voy. *Re Waters & Water-Powers*, [1929] R.C.S. 200 ; *Interprovincial Co-operatives Ltd. et al.* c. *La Reine*, [1976] 1 R.C.S. 477 (dit Dryden) ; *Fowler* c. *La Reine*, [1980] 2 R.C.S. 213 ; *Northwest falling contractors LTD* c. *La Reine* [1980] 2 S.C.R. 292 ; *Friends of the Oldman River Society* c. *Ministre des Transports du Canada*, [1992] 1 R.C.S. 3, 65-69 ; *R.* c. *Hydro-Québec*, [1997] 3 R.C.S. 213. En droit de l'Union, voy. Traité sur le Fonctionnement de l'Union européenne, TFUE, JO n° C 83 du 30 mars 2010, art. 4.

[89] Le terme *compétence* vient du latin *competentia*, qui signifie proportion, rapport exact. Il s'agit d'une « aptitude d'une autorité publique à accomplir des actes dans des conditions déterminées ». *Pouvoir* vient du latin classique *posse* et signifie « faculté, capacité de faire, d'accomplir une tâche ». En droit, cette faculté existe « en vertu de l'ordre, du mandat qu'on a reçu soit verbalement, soit par écrit ». Dans le contexte de l'Union européenne et du Canada, nous envisageons la compétence comme « le domaine dans lequel une autorité est habilitée à exercer les pouvoirs dont elle dispose, la question de la compétence précède celle des pouvoirs ». Les pouvoirs traduisent donc concrètement la compétence préalablement attribuée. La compétence et le pouvoir sont donc intrinsèquement liés. Voy. à ce sujet, *Dictionnaire Trésor de la Langue Française Informatisé (TLFI)*, ATILF, CNRS, Université Nancy 2, site Internet du dictionnaire : http://atilf.atilf.fr/tlfi.htm (page consultée le 7 juill. 2014). Nous soulignons. Voy. également K. LENAERTS, P. VAN YPERSELE, « Principe de subsidiarité et son contexte : étude de l'article 3B Traité CE », *CDE*, n°1-2, 1994, p 11.

[90] Précisons que l'Union européenne n'étant pas dotée de constitution au sens formel du terme, mais de traités établissant les règles d'organisation et de fonctionnement de l'ordre juridique de l'Union, nous choisissons d'employer les termes « droit constitutif » ou encore « droit constituant ». Dans le souci d'une meilleure compréhension dans la comparaison avec le droit constitutionnel canadien, nous emploierons indifféremment ces deux expressions. Le droit constitutif (ou constituant) désigne ainsi dans cette étude l'ensemble des règles régissant l'organisation et le fonctionnement des ordres juridiques canadien et de l'Union européenne. Les règles de partage des compétences de la protection des eaux douces font partie de ce droit

Canada en la matière présente un intérêt certain du point de vue comparatif et prospectif pour des entités en construction comme l'Union européenne.[91]

Plus spécifiquement, **la protection de la qualité des eaux douces** présente des enjeux proches quant aux problèmes posés et aux réponses apportées dans les deux ensembles juridiques. Si les règles sont différentes, le mécanisme global du partage des compétences législatives au Canada et dans l'Union dans ce domaine précis est similaire : il s'agit de la logique des agrégats.[92]

"Agrégat" vient du latin *aggregatum* et représente une masse compacte, relativement stable, résultant de la réunion d'éléments divers.[93] Le résultat est sensiblement analogue dans les deux ordres juridiques : comme tout le domaine de l'environnement, la protection des eaux est constituée de différentes matières relevant d'ordres de gouvernement différents. Concrètement, cette matière est découpée en une multitude de matières partagées entre les initiatives de chaque ordre de gouvernement. La question de la répartition des compétences dans le domaine de la protection de l'eau douce présente ainsi de fortes similitudes entre les deux ordres juridiques.

De plus, le droit québécois de l'eau a été largement influencé par le droit français, ce qui permet un degré de comparabilité supplémentaire.[94]

Cette illustration offre un cadre précis à notre étude, tout en faisant ressortir des enjeux fondamentaux propres au Canada et à l'Union européenne. La protection de l'eau renvoie aux considérations écologiques et philosophiques vis-à-vis de la Nature. La protection plus précise de la qualité de l'eau renvoie aux questions sanitaires et ainsi à la sauvegarde de l'Humanité. Cet exemple précis présente l'intérêt de faire ressortir des enjeux très actuels, relevant du rapport de l'Homme à la Nature, et à son avenir.

C. État de la question dans la doctrine juridique

14. Cette comparaison a été menée sous un angle général, aucune étude globale n'ayant été menée sur cette question. Cependant, dans un souci de rigueur juridique, il est plus opportun de traiter un exemple précis soulevant les mêmes types de questions au Canada et dans l'Union européenne, en y apposant une grille de lecture globale. L'objectif de cette démarche est de prendre en compte l'ensemble des éléments qui ont un impact sur la répartition des compétences dans ce domaine précis.

---

constitutif (ou constituant) : il s'agit concrètement de la Constitution canadienne et des traités européens. La Constitution canadienne est constituée de plusieurs textes, dont le principal est la *Loi constitutionnelle de 1867*. Voy. à ce sujet H. BRUN, G. TREMBLAY, E. BROUILLET, *Droit constitutionnel*, Cowansville, Yvon Blais, 2008, 1548 pages. Les traités européens en vigueur sont le Traité sur l'Union européenne (TUE) et le traité sur le fonctionnement de l'Union européenne (TFUE). Voy. Traité sur l'Union européenne, JOUE C 83 du 30 mars 2010 ; Traité sur le Fonctionnement de l'Union européenne, TFUE, JO n° C 83 du 30 mars 2010. Voy. également les précisions de G. ISAAC, M. BLANQUET, *Droit général de l'Union européenne*, Paris, Sirey, 10ème Édition, 2012, pp 1 & s.

[91] Précisons que des développements sont spécifiquement consacrés aux modalités de répartition des compétences en *infra* §526 & s.

[92] Il s'agit d'une expression canadienne pour représenter les modalités de répartition des compétences en droit constitutionnel.

[93] *Dictionnaire Trésor de la Langue Française Informatisé (TLFI)*, ATILF, CNRS, Université Nancy 2, site internet du dictionnaire : http://atilf.atilf.fr/tlfi.htm (page consultée le 7 juill. 2014).

[94] Pour plus de précisions, voy. *Infra* §301 & s.

15. Ce sujet se situe dans un domaine vers lequel peu de chercheurs se sont dirigés. Certaines questions ont fait l'objet d'analyses scientifiques de façon dissociée, mais très peu de ces analyses ont permis de rassembler les parties constitutives de l'évolution du partage des compétences en matière d'eaux douces.

Une comparaison du fédéralisme canadien et de l'intégration européenne de manière à créer une théorie proposant une ligne d'évolution commune est peu développée dans une perspective normative.

Beaucoup d'études procèdent à une analyse comparative ponctuelle parmi plusieurs ensembles juridiques, dont l'Union européenne et le Canada font partie. D. Kelemen et I. Weibust notamment procèdent à ces études comparatives ponctuelles,[95] de même que P. Thieffry qui prend comme base comparative l'Union européenne.[96]

Également, beaucoup d'études comparées relevant des équivalences juridiques ont été menées entre le Canada et les autres pays issus du Commonwealth, et entre l'Union européenne et les États-Unis, pour mettre en perspective les éléments du fédéralisme.[97] Notamment, K. Lenaerts et K. Gutman ont établi qu'une unification du droit avait lieu dans certains domaines du droit privé dans l'Union européenne et aux États-Unis selon un processus équivalent.[98]

Au sujet du Canada, R. Stack fait ressortir un processus de centralisation parallèle qui a lieu en Australie et au Canada, en émettant des nuances quant au cas du Canada.[99] Un processus équivalent de centralisation des compétences au Canada et dans l'Union européenne au sujet d'un exemple précis reste donc à établir.

Enfin, en ce qui concerne le lien entre le droit de l'environnement et le droit constitutif, il apparaît que de nombreux ouvrages sont consacrés à la question des compétences en matière d'environnement. D'un côté comme de l'autre de l'Atlantique, la doctrine juridique relève les chevauchements de compétences dans ce domaine et les questions qu'ils soulèvent.[100] D. Kelemen relève une

---

[95] D. KELEMEN, *The rules of federalism : institutions and regulatory politics in the EU and beyond,* Cambridge, Harvard University Press, 2004, 244 pages ; I. WEIBUST, *Green Leviathan : the case for a federal rôle in environmental policy*, Farnham, Surrey, England, 2009, 232 pages.

[96] P. THIEFFRY, *Droit de l'environnement de l'Union européenne*, Bruxelles, Bruylant, 2ème Édition, 2011, 1317 pages.

[97] Dans le cas européen, voy. notamment E. STEIN, *Thoughts from a Bridge. A Retrospective of Writing on New Europe and American Federalism*, Ann Arbor, University of Michigan Press, 2000, 497 pages. Au sujet du droit canadien, voy. A.G. GAGNON, *Le fédéralisme canadien contemporain: fondements, traditions, institutions,* Les Presses de l'Université de Montréal, 2006, 559 pages.

[98] K. LENAERTS, K. GUTMAN, « 'Federal Common law' in the European Union : A Comparative Perspective from the United States », *American Journal of Comparative Law*, vol. 54, 2006, pp 1-122.

[99] R. STACK, « The Legal Geography of Expansion : Continental Space, Public Spheres, and Federalism in Australia and Canada », *Alberta Law Review*, 39, 2001, pp 488-510.

[100] Au sujet de l'Union européenne, voy. notamment V. MICHEL, *Recherches sur les Compétences de la Communauté*, Paris, L'Harmattan, 2003, 704 pages ; P. THIEFFRY, *op. cit. ;* au sujet du Canada, voy. notamment P. BRUN, « La pollution du partage des compétences par le droit de l'environnement », *Revue Générale de Droit*, 24-2, 1993, pp 191-225 ; A.-H. MESNARD, « Les fondements constitutionnels canadiens et la question du droit des sols, de l'environnement et de la protection des ressources naturelles », in *Revue du droit public et de la science politique en France et à l'étranger*, 4, Juillet-Août 1998, p.1177-1203 ; M.

extension de la compétence du palier fédéral canadien en matière d'environnement ainsi que le développement d'un tissu normatif environnemental en parallèle des institutions classiques, par le biais des négociations entre le gouvernement fédéral et les provinces. [101] Plus récemment, I. Weibust défend plutôt l'idée que le fédéralisme canadien n'est pas assez centralisé pour fournir une protection efficace de l'environnement. L'auteur développe le fait que le gouvernement fédéral dispose d'outils juridiques en ce sens, mais qu'il hésite à les utiliser pour des raisons politiques. En ce qui concerne l'Union européenne, l'auteur soulève le problème de l'utilisation du principe de subsidiarité dans ce domaine. Mis de côté, ce principe ne permet pas selon lui de poser des limites suffisantes à l'intégration communautaire, ce qui crée une tendance à la centralisation dans l'Union en matière de droit de l'environnement.[102] Cette tendance est également relevée par P. Thieffry au sujet du droit communautaire de l'environnement.[103]

Un rapport de la Commission royale sur l'Union économique et les perspectives de développement du Canada a fait ressortir les incertitudes constitutionnelles liées aux questions plus spécifiques de la protection de la qualité de l'eau,[104] au même titre que P. Brun.[105]

16. En dehors de ces écrits, très peu d'analyses se sont concentrées sur le partage des compétences dans l'exemple précis de la protection de la qualité des eaux douces. Ce domaine a fait majoritairement l'objet d'études juridiques exclusivement descriptives.[106]

17. Alors que chaque ordre juridique tente d'innover en permanence pour répondre aux défis posés par la protection de l'eau douce dans un contexte multiniveaux, une analyse des mécanismes qui gouvernent leur fonctionnement apparaît nécessaire. Pour cela, il s'agit de présenter préalablement le cadre méthodologique dans lequel s'insère cette recherche.

TREMBLAY (dir.), *Les Politiques publiques canadiennes*, Québec, Les Presses de l'Université Laval, 1998, 314 pages.

[101] D. KELEMEN, *The rules of federalism : institutions and regulatory politics in the EU and beyond,* Cambridge, Harvard University Press, 2004, 244 pages.

[102] I. WEIBUST, *Green Leviathan : the case for a federal rôle in environmental policy*, Farnham, Surrey, England, 2009, 232 pages.

[103] P. THIEFFRY, *op. cit.*

[104] M. KRASNICK (dir.), *Le partage des pouvoirs : études de cas*, Commission royale sur l'Union économique et les perspectives de développement du Canada, Ottawa, Centre d'édition du gouvernement du Canada, 1986, 305 pages.

[105] P. BRUN, « La pollution du partage des compétences par le droit de l'environnement », *Revue Générale de Droit*, 24-2, 1993, pp 191-225.

[106] Au sujet de l'Union européenne, voy. notamment J. HOLDER, M. LEE, *Environmental Protection, Law and Policy – text and materials,* Cambridge University Press, 2007, 772 pages ; J.H. JANS, H.H.B. VEDDER, *European Environmental Law*, Groningen, Europa Law Publishing, 2008, 496 pages. Au sujet du Canada voy. notamment Bureau d'Audiences Publiques sur l'Environnement, *L'eau, ressource à protéger, à partager et à mettre en valeur*, Rapport de la Commission sur la Gestion de l'Eau au Québec, 142, Bibliothèque nationale du Québec, Québec/Montréal, 2000, 740 pages ; A.R. LUCAS, R. COTTON, J.A. ABOUCHAR, C.L. CLAIRMAN, T. CROSSMAN, M. DOELLE, J. DONIHEE, P.R. GRANDA, E.L. HUGHES, R. MANSELL (Contributors), *Halsbury's Laws of Canada – Environment*, LexisNexis Quicklaw, 2006.

Section II. Cadre théorique et méthodologique

18. Selon F. Ost et M. Van Hoecke, la « théorie générale du droit est généralement conçue comme une science positive du droit qui se veut objective et a-normative, qui étudie, d'un point de vue externe, les problèmes qui sont communs à tous »[107]. Plusieurs définitions de la théorie du droit sont proposées dans la littérature juridique.

X. Magnon identifie les objectifs de la théorie, ce qui nous permet de mieux déterminer son champ : « une théorie vise à décrire et à expliquer de manière globale une réalité déterminée »[108]. Il précise que « selon le courant théorique suivi, ce n'est pas la même réalité observable à partir de laquelle l'objet droit sera identifié »[109]. L'auteur ajoute que « la manière de décrire la réalité renvoie à la méthodologie devant être respectée pour réaliser cette description »[110].

19. Il convient de distinguer la théorie de l'approche adoptée pour mener une recherche. **Une théorie** est entendue communément comme « un système d'idées concernant tel ou tel problème particulier ». Elle « désigne aussi les principes, les règles, la connaissance purement rationnelle, par opposition à la pratique »[111]. **Une approche** désigne la manière dont on aborde un sujet, un domaine, une tentative pour comprendre, réaliser, concevoir quelque chose.[112]

L'identification de ces deux piliers fondamentaux, la théorie et l'approche, servent successivement à inscrire cette recherche dans un champ doctrinal donné, puis à circonscrire précisément notre objet de recherche, le partage des compétences en matière de protection de l'eau. Cette démarche conditionne l'inscription de ce travail dans le champ de la science juridique.[113]

Il s'agit d'établir en premier lieu que cette recherche s'inscrit dans un *corpus* théorique qui se situe dans une dominante positiviste (*A*-) ; puis d'exposer en second lieu l'approche appliquée à notre recherche, la manière dont le sujet est abordé : le droit comparé. Cela permettra de préciser la méthode employée dans le champ comparatif (*B*-).

A. Un cadre théorique positiviste

20. Largement influencé par la pensée d'Auguste Comte, le cadre théorique positiviste revêt une réalité hétérogène : il est composé de conceptions très diverses.[114] En Droit, il est caractérisé par une certaine ambiguïté, signifiant à la fois une définition spécifique du Droit et une conception de la science du Droit. La seconde appréhension retient ici l'attention : elle implique une manière de concevoir le Droit comme l'objet d'une science autonome qui ne se réduit ni à l'histoire, ni à la sociologie, ni aux sciences politiques.[115]

De manière générale, le positivisme juridique fait l'objet de deux postulats de départ. Le premier envisage l'ordre juridique comme un ordre rationnel, le

---

[107] X. MAGNON, *Théorie(s) du droit*, Paris, Ellipses, 2008, pp 10-11.
[108] *Ibid.*, p 12.
[109] *Ibid.*
[110] *Ibid.*
[111] *Dictionnaire Trésor de la Langue Française Informatisé (TLFI)*, *op. cit.*
[112] *Ibid.*
[113] X. MAGNON, *op. cit.*, pp 13-14.
[114] É. MAULIN, « Positivisme », in D. ALLAND, S. RIALS (dir.), *Dictionnaire de la culture juridique*, Paris, Quadrige, Lamy, PUF, 2003, p 1171.
[115] *Ibid.*

second présuppose de sa complétude.[116] La théorie générale de l'État est un des courants composant le positivisme. Elle se base sur le droit positif, le droit en vigueur dans un ordre juridique préalablement défini. Dans ce cadre, P. Laband[117] et R. Carré de Malberg[118] partent de « l'idée qu'il existe des principes juridiques *en soi*, autour desquels s'articule le droit positif »[119]. Cela mène à une description de la structure formelle de l'État, que H. Kelsen a pu développer dans son œuvre.[120] G. Jellinek propose de distinguer encore les démarches : il dissocie l'approche sociale de l'approche juridique pure de l'État.[121] La seconde est une « *science normative* », qui étudie le Droit tel qui doit être et non tel qui est. La première est une « *science causale* qui porte sur l'ensemble des facteurs historiques et sociaux qui président à la naissance puis à l'organisation et enfin à la détermination des buts et des finalités de l'État »[122]. Cette dernière démarche a été choisie pour mener cette recherche.

21. Le positionnement adopté dans ce travail se base sur le positivisme juridique. Son point de départ est en effet l'analyse du droit positif pour en dégager les principes sous-jacents. Il est apparu pertinent d'étudier le droit en vigueur dans l'Union européenne et au Canada en matière de partage des compétences, pour en faire ressortir les principes directeurs. Cela a permis de mettre en évidence les règles d'évolution impliquées dans chaque ordre juridique, sans être énoncées explicitement.

22. Plus précisément, les textes de droit positif présidant à la répartition des compétences entre les divers ordres de gouvernement coexistant au sein du Canada et de l'Union ont été analysés. *In concreto*, il s'agit des règles inscrites dans les textes constituants canadien et européens.

Dans une perspective dynamique, le résultat de la combinaison de ces règles entre elles est envisagé. C'est par ce procédé qu'une mise en relief des enjeux propres aux évolutions de la répartition des compétences a été effectuée, en dépassant une démarche exclusivement descriptive.

23. Le cadre théorique étant posé, il s'agit de préciser la manière dont nous allons décrire la réalité juridique du partage des compétences au Canada et en Europe.

B. L'approche choisie : le droit comparé

24. Le droit comparé peut être défini succinctement comme une « activité intellectuelle, avec le droit comme objet, et la comparaison comme

---

[116] *Ibid.*, p 1176.

[117] P. LABAND, *Le droit public de l'Empire allemand*, Paris, V. Giard & E. Brière, 1900, 540 pages.

[118] R. CARRÉ DE MALBERG, *Contribution à la théorie générale de l'État : spécialement d'après les données fournies par le droit constitutionnel français*, Paris, Dalloz, 2003, 1525 pages.

[119] É. MAULIN, *op. cit.*, p 1176.

[120] H. KELSEN, *Théorie Générale du Droit et de l'État*, Paris, L.G.D.J., 1997, 517 pages.

[121] G. JELLINEK, *Théorie générale de l'État*, Paris, Panthéon-Assas, L.G.D.J., 2005, 574 pages.

[122] É. MAULIN, « Positivisme », in D. ALLAND, S. RIALS (dir.), *Dictionnaire de la culture juridique*, Paris, Quadrige, Lamy, PUF, 2003, p 1176.

processus »[123]. Plus précisément, selon M.-L. Izorche, « l'expression 'le droit comparé' ne désigne pas 'du' droit, mais renvoie à une démarche intellectuelle consistant à comparer entre eux des systèmes juridiques ou des éléments de ces systèmes (objets de droit, relations entre de tels objets) »[124]. Nous proposons de décrire les grandes lignes du contexte théorique du droit comparé (*1-*) ; avant de présenter nos choix méthodologiques (*2-*).

1. Le paysage théorique

25. Le droit comparé est fractionné et présente un paysage méthodologique à multiples facettes.[125] E. Picard et M.-C. Ponthoreau soulèvent de plus « l'absence ou la quasi-absence du débat doctrinal français sur la question de la méthode »[126].

26. O. Pfersmann avance que si le droit comparé a longtemps été considéré comme « exotique et dépourvu d'incidence réelle, il affirme aujourd'hui sa place dans les cursus universitaires comme dans le travail des praticiens »[127]. Le droit comparé est « devenu indispensable dans toute recherche doctorale et tout juge ou législateur consulte les données étrangères avant de s'aventurer dans la construction d'une nouvelle réglementation »[128]. L'approche comparative affiche elle-même « de nouvelles ambitions »[129].

L'auteur explique ce retour au droit comparé par « une économie mondiale de plus en plus intégrée »[130], qui implique que les « particularismes juridiques apparaissent comme des obstacles »[131]. Ainsi, « on attend que le juriste les contourne avant que le comparatiste ne les abolisse »[132].

De plus, « l'avancée des ordres juridiques supranationaux »[133], tels que l'Union européenne, renforce le besoin de comparaison des droits. Cela donne à la discipline une nouvelle forme de légitimité.[134]

---

[123] « [...] (an) *intellectual activity with law as its object and comparison as its process* [...] » ; in K. ZWEIGERT, H. KOTZ, *An Introduction to Comparative Law*, Oxford University Press, 1998, p 2. Notre traduction.

[124] M.-L. IZORCHE, « Propositions méthodologiques pour la comparaison », *Revue Internationale de Droit Comparé*, vol. 53, 2, 2001, p 289.

[125] M.-C. PONTHOREAU, *Droit(s) constitutionnel(s) comparé(s)*, Paris, Économica, 2010, pp 60 & s.

[126] Voy. E. PICARD, « L'état du droit comparé en France, en 1999 », *Revue Internationale de Droit Comparé*, vol. 51, 4, 1999, p 888 ; E. PICARD, « Le droit comparé est-il du droit ? », *Annuaire de l'Institut Michel Villey*, vol. 1, 2009, pp173-251 ; ainsi que M.-C. PONTHOREAU, « Le droit comparé en question(s) – Entre pragmatisme et outil épistémologique », *Revue Internationale de Droit Comparé*, Vol. 57, 1, 2005, p 8.

[127] O. PFERSMANN, « Le droit comparé comme interprétation et comme théorie du droit », *Revue Internationale de Droit Comparé*, vol. 53, 2, 2001, p 275.

[128] *Ibid.*

[129] *Ibid.* M.-C. Ponthoreau fait ressortir à ce sujet que la doctrine anglo-saxonne rattrape son retard de façon plus intense que la littérature française : la production d'articles et d'ouvrages en droit comparé aurait quadruplé dans la décennie des années 1990. Voy. M.-C. PONTHOREAU, « Le droit comparé en question(s) – Entre pragmatisme et outil épistémologique », *Revue Internationale de Droit Comparé*, vol. 57, 1, 2005, p 9, note 4.

[130] O. PFERSMANN, *op. cit.*, p 275. Voy. également à ce sujet M.-C. PONTHOREAU, *op. cit.*, p 8.

[131] O. PFERSMANN, *op. cit.*, p 275.

[132] *Ibid.*

[133] *Ibid.* Voy. également M.-C. PONTHOREAU, *op. cit.*, p 8.

Enfin, B. Fauvarque-Cosson fait ressortir que les critiques du droit continental formulées par la doctrine américaine auraient « réveillé la belle endormie »[135]. Dans le même ordre d'idées, la publication par la Banque mondiale des Rapports *Doing Business*,[136] a provoqué un « électrochoc » dans la doctrine comparatiste du vieux continent.[137] Rédigés par des économistes américains, ces rapports, et notamment celui publié en octobre 2003, établissent que l'utilisation du droit de tradition civiliste française est contre-productive pour le monde des affaires.[138] La défense de la tradition continentale s'est organisée en France et a pu trouver une oreille attentive auprès de la Banque mondiale puisque son rapport suivant est plus nuancé.[139]

La vitalité du droit comparé est un défi permanent. Les évolutions en cours depuis les années 2000 semblent aller dans le sens d'un renouveau après une période de déclin. La recherche en droit comparé n'a pas pour autant réglé ses questionnements méthodologiques.[140] Un défi majeur attend toute démarche comparative en droit : la multiplicité des courants induit un fractionnement de la méthode de comparaison. Elle implique aussi de se positionner dans cette diversité.[141]

2. Le choix méthodologique

27. Selon K. Zweigert et H. Kötz, le droit comparé est une science encore jeune. Cela implique que la discipline n'ait pas encore trouvé de socle solide de principes méthodologiques communs.[142] De plus, la spécificité du droit comparé est un élément majeur : une méthode détaillée de comparaison ne

---

[134] B. FAUVARQUE-COSSON, « Development of Comparative Law in France », in M. REIMANN, R. ZIMMERMANN (dir.), *The Oxford Handbook of Comparative Law*, Oxford, New York, Oxford University Press, 2008, p 55.

[135] La doctrine américaine a formulé plusieurs critiques à l'égard du droit comparé : « [...] *criticism of comparative law and of civil law tradition coming from the United States also seem to be waking the sleeping beauty* », in *Ibid.* Notre traduction.

[136] Voy. notamment le Rapport d'octobre 2003, particulièrement représentatif des critiques formulées à l'égard du droit continental : Banque mondiale, *Doing Business in 2004 : Undertanding Regulation*, Washington, The International Bank for Reconstruction and Development/World Bank, New York, Oxford University Press USA, 2003, 216 pages.

[137] B. FAUVARQUE-COSSON, *op. cit.*, p 61. Voy. notamment Association Henri Capitant des amis de la culture juridique française, *Les droits de tradition civiliste en question (Volume 1) – à propos des Rapports « Doing Business » de la Banque Mondiale*, Paris, Société de Législation Comparée, 2006, 143 pages ; Association Henri Capitant des amis de la culture juridique française, *Les droits de tradition civiliste en question (Volume 2) – à propos des Rapports « Doing Business » de la Banque Mondiale*, Paris, Société de Législation Comparée, 2006, 161 pages ; ainsi que H. MUIR-WATT, « La fonction subversive du droit comparé », *Revue Internationale de Droit Comparé*, vol. 52, 3, 2000, pp 503-527 ; et M.-C. PONTHOREAU, *op. cit.*, pp 7-27.

[138] Banque mondiale, *Doing Business in 2004 : Undertanding Regulation*, New York, Oxford University Press USA, 2003, 216 pages ; B. FAUVARQUE-COSSON, *op. cit.*, p 62.

[139] Voy. Banque mondiale, *Doing Business in 2005 : Removing Obstacles to Growth*, Washington, The International Bank for Reconstruction and Development/World Bank, New York, Oxford University Press USA, 2004, 161 pages.

[140] M.-C. PONTHOREAU, « Le droit comparé en question(s) – Entre pragmatisme et outil épistémologique », *Revue Internationale de Droit Comparé*, vol. 57, 1, 2005, pp 8-9.

[141] M.-C. PONTHOREAU, *Droit(s) constitutionnel(s) comparé(s)*, Paris, Economica, 2010, pp 60 & s.

[142] K. ZWEIGERT, H. KOTZ, *An Introduction to Comparative Law*, Oxford University Press, 1998, p 33.

peut être déterminée à l'avance. Tout dépend de l'objet de recherche.[143] Le seul principe méthodologique à appliquer, du moins aux prémices du travail de recherche, serait de choisir une méthode parmi toutes celles proposées et de l'envisager comme une hypothèse de travail. Il est nécessaire de tester son applicabilité et sa pertinence par rapport à l'objet de comparaison choisi.[144] De l'objet de recherche découle ainsi la méthode à lui appliquer. Au-delà de la méthode de pensée (le courant en droit comparé), il y a donc la méthode de travail.[145]

28. Face au fractionnement méthodologique du droit comparé, il apparaît nécessaire de clarifier la démarche que nous avons adoptée d'un point de vue épistémologique.

Comme le soulève N. Jansen, toute recherche comparative comporte deux étapes. Dans un premier temps, la compréhension et la description du phénomène juridique étranger, puis dans un second temps l'établissement de similitudes et de différences avec l'ordre juridique domestique.[146]

C'est lors de la première étape qu'apparaissent les questionnements méthodologiques majeurs. Les normes sont insérées dans un contexte économique, politique, moral et culturel très spécifique.[147] Cela implique de se dégager de ses préconçus originels, et de maîtriser l'ensemble de ces éléments.[148] De plus, il s'agit de choisir, dès cette étape, un point de vue par lequel ces normes vont être analysées. Car de ce choix dépend la réussite de la seconde étape : l'établissement et l'analyse de différences et de similitudes avec l'ordre juridique domestique.[149]

29. Démarche de recherche. - Le point de départ de ce travail a été l'analyse d'un article de K. Lenaerts et K. Gutman.[150] Les auteurs procèdent à une analyse comparative d'un phénomène qu'ils nomment « *federal common law* », et mettent en perspective un processus d'unification du droit aux États-Unis et dans l'Union européenne. L'idée d'analyser, avec une approche comparée, les éléments concourant à une éventuelle centralisation des compétences en Europe a alors émergé.

Au début de cette recherche, cette comparaison a été abordée sous un angle général, aucune étude globale n'ayant été menée sur cette question. Le travail portait sur les apports et les limites de la méthode de coordination des normes en Europe et au Canada. Le point central de recherche était le problème de l'impact de la coordination des normes sur la répartition des compétences.

Il est apparu que la globalité de cette approche ne favorisait pas la formulation d'un modèle explicatif convaincant. Nous avons alors choisi de traiter d'un exemple précis, soulevant les mêmes types de questions au sein du

---

[143] *Ibid.*
[144] *Ibid.*
[145] *Ibid.*, p 34.
[146] N. JANSEN, « Comparative Law and Comparative Knowledge », in M. REIMANN, R. ZIMMERMANN (dir.), *The Oxford Handbook of Comparative Law*, Oxford, New York, Oxford University Press, 2008, p 306.
[147] *Ibid.*
[148] F. RUEDA, *Théorie et Méthodologie du droit comparé*, Séminaire de Master 2, Université Toulouse 1 Capitole, 2006-2007.
[149] N. JANSEN, *op. cit.*, pp 306-307.
[150] K. LENAERTS, K. GUTMAN, « 'Federal Common law' in the European Union : A Comparative Perspective from the United States », *American Journal of Comparative Law*, vol. 54, 2006, pp 1-122.

Canada et de l'Union européenne. Le choix s'est porté sur le partage vertical des compétences en matière de protection de la qualité des eaux douces.

30. Dans le premier volet de cette recherche, une grille d'analyse permettant de saisir l'état du droit positif canadien a été établie. Une première partie de ce volet a consisté à étudier l'état et l'évolution des normes assurant la répartition des compétences en matière de protection de l'environnement.[151] La deuxième partie de ce volet a été consacrée à l'état et l'évolution du droit de la protection des eaux au Canada. La troisième partie s'est concentrée sur les facteurs pouvant jouer sur l'évolution des règles de partage des compétences ; et la quatrième partie sur les facteurs pouvant jouer sur l'évolution du corpus de règles de protection de la qualité des eaux douces au Canada.

Pour chacune de ces parties, les différences et les similitudes du droit canadien avec le droit européen ont été identifiées.

Pour ce travail, la perspective « classique » du droit comparé a été choisie : le fonctionnalisme. Il s'agit de la méthode principale de ce travail, complétée avec des éléments issus du réalisme juridique américain, la méthode complémentaire.

31. La méthode d'analyse principale. - La méthode fonctionnelle, consiste en cinq règles méthodologiques, qui ont été établies par K. Zweigert et H. Kötz.[152] Un de ces grands principes a retenu l'attention : la règle selon laquelle il n'est possible de comparer que des objets de recherche revêtant la même fonction dans chaque ordre juridique analysé.

Nous procédons à une comparaison de la répartition des compétences en matière de protection de la qualité des eaux douces au Canada et dans l'Union européenne. Plus précisément, l'analyse porte sur la répartition verticale entre l'ordre de gouvernement fédéral et les provinces d'un côté, et entre l'ordre communautaire et les États membres de l'Union européenne de l'autre.

Nous avons choisi le Canada et l'Union, car ils ont en commun d'être de tradition occidentale, intégrant des éléments issus de deux familles juridiques : la famille de droits romano-germaniques,[153] et la famille de *common law*.[154] Ces ordres juridiques connaissent donc la même problématique : la gestion de la diversité juridique.

Si l'on s'approche de chacun d'eux, on remarque dans un second temps que la thématique de la répartition des compétences est fondée sur une même idée centrale : la nécessité du maintien d'un équilibre entre union et diversité.[155] Également, la protection de la qualité des eaux douces est une matière qui est susceptible de faire l'objet de l'intervention des deux ordres de gouvernement. Le Canada et l'Union européenne présentent donc des ressemblances dans leurs solutions et institutions de régulation du partage des compétences dans cette matière précise.

32. L'objectif est de dégager de grandes tendances communes entre le Canada et l'Union européenne. Les deux ordres juridiques ne sont pas au

---

[151] Notons que nous avons apposé à notre recherche, dès cette étape, le cadre théorique positiviste.

[152] Voy. à ce sujet K. ZWEIGERT, H. KOTZ, *An Introduction to Comparative Law*, Oxford University Press, 1998, p 33.

[153] *Ibid.*, pp 74 à 179.

[154] *Ibid.*, pp 180 à 275.

[155] Pour un développement complet à ce sujet, voy. *infra* §52 & s.

même stade de leur construction : tandis que le Canada assume d'être uni dans la diversité depuis plus de cent ans, l'Union est encore en chantier. Faire émerger une théorie commune entre un État fédéral et un ordre juridique complexe peut permettre à l'Europe de s'inspirer, ou au contraire de se placer en opposition avec l'exemple canadien.

33. La méthode consiste à faire ressortir une tendance commune dans l'évolution de la répartition des compétences au Canada et dans l'Union, à l'aide d'éléments équivalents dans leur fonction. Il s'agit de comparer le principe de subsidiarité européen et le principe fédératif canadien, qui revêtent la même fonction au regard de l'équilibre entre autonomie et interdépendance, recherché tant au Canada que dans l'Union.[156]

Pour cela, les normes canadiennes et européennes qui président au partage des compétences de la protection de la qualité de l'eau douce ont été choisies.

34. Le fonctionnalisme proposé par K. Zweigert et H. Kötz exige que soient recherchées les raisons des différences et similitudes dégagées par la comparaison entre les deux objets de recherche.[157] Notre travail procède à cette analyse, mais propose d'aller au-delà en utilisant des arguments issus d'une théorie critique du fonctionnalisme.

35. La méthode complémentaire. - Selon **le réalisme juridique américain**,[158] la théorie fonctionnaliste se restreint à n'envisager que le résultat, en écartant les éléments d'analyse au regard du processus de construction d'un événement. Ce qui implique de résoudre des objectifs trop étroits.[159] Le réalisme juridique américain s'intéresse au fonctionnement réel des ordres juridiques analysés. Le pragmatisme est l'une des pierres angulaires de ce courant : il considère le « droit en action », par opposition au « droit dans les livres »[160]. Selon les auteurs réalistes,[161] le droit est en constante évolution. C'est cette perspective dynamique qui nous intéresse : il s'agit de faire ressortir les évolutions du partage des compétences au Canada et en Europe dans le domaine précis de l'eau. La définition d'un ordre juridique donnée par les auteurs tenants de cette théorie est plus complète par rapport à celle donnée par le fonctionnalisme. Il s'agit de l'ensemble des décisions prises par

---

[156] Pour plus de précisions, voy. *infra* §376 & s.

[157] Pour les critiques formulées à l'encontre de ce principe, voy. U. KISCHEL, *Critique de la comparaison fonctionnelle et ses alternatives*, Séminaire doctoral, Université Toulouse 1 Capitole, nov. 2011.

[158] Notons que la théorie réaliste est principalement représentée en France par M. Troper et la théorie réaliste de l'interprétation. Elle s'inscrit dans une forme de filiation avec le réalisme américain, alors qu'elle s'est développée dans un contexte de droit codifié. Pour un développement complet au sujet du réalisme américain, voy. X. MAGNON, *Théorie(s) du droit*, Paris, Ellipses, 2008, pp 130 & s. Au sujet de la théorie réaliste de l'interprétation, voy. *ibid*, pp 139 & s. Sur le réalisme plus généralement, voy. E. MILLARD, « Réalisme », in D. ALLAND, S. RIALS (dir.), *Dictionnaire de la culture juridique*, Paris, Quadrige, Lamy, PUF, 2003, pp 1297-1299. Enfin, au sujet de la conciliation entre positivisme et réalisme, voy. E. MILLARD, « Positivisme logique et réalisme juridique », in E. MILLARD, J.-Y. CHÉROT (dir.), *Analisi e Diritto*, Madrid, Marcial Pons, 2008, pp 177-189.

[159] U. KISCHEL, *op. cit.*

[160] « *law in action* », par opposition au « *law in books* ». X. MAGNON, *op. cit.*, p 131. Notre traduction.

[161] Voy. notamment les écrits de J.W. Bingham et F.S. Cohen. Cités dans *Ibid.*, p 131.

l'ensemble des acteurs agissant de manière juridique, ainsi que l'ensemble des acteurs influençant cet ordre juridique.[162]

Cette perspective introduit une dissociation importante pour la science juridique : « le divorce de l'être et du devoir-être »[163]. Cet état d'esprit général nous intéresse à titre de démarche complémentaire. Ce travail ne s'inscrit pas entièrement dans ce courant, seuls quelques éléments sont empruntés.

La démarche scientifique choisie pour ce travail emprunte plusieurs éléments à cette théorie : il s'agit de décrire un processus de centralisation des compétences qui a lieu au Canada et dans l'Union, en tenant compte d'un spectre aussi large que possible de facteurs explicatifs. Nous nous attachons alors à analyser l'ensemble des éléments ayant une influence sur ce processus, ce qui nous permet d'établir des équivalences entre le Canada et l'Union dans le fonctionnement réel de ces ordres juridiques.

La méthode principale, le fonctionnalisme, et des éléments de la méthode complémentaire, le réalisme juridique américain, ont été appliqués à l'objet de recherche dans la première phase de travail.

36. Il est ressorti de cette première phase d'analyses plusieurs grandes tendances communes, formulées dans les hypothèses suivantes.

En premier lieu, le constat de la centralisation progressive de la prise de décision en la matière, couplée avec une harmonisation du droit de la protection de la qualité des eaux douces ; en deuxième lieu, l'interprétation de la coordination des normes par le juge suprême dans le domaine de la protection de la qualité des eaux douces, comme premier facteur explicatif à cette évolution ; en troisième lieu l'intervention de la société civile (groupes d'intérêts essentiellement) dans le processus de création de la norme, comme second facteur explicatif.

37. Les réponses apportées à ces hypothèses constituent les éléments fondateurs de cette thèse, réponse à la question spécifique de recherche.

SECTION III. DES ENJEUX, UNE THÈSE

38. La protection de la qualité de l'eau douce questionne le partage des compétences et fait ressortir plusieurs défis pour le droit. Les enjeux généraux du sujet de recherche doivent être présentés de façon préalable (*A*-), pour saisir toute la portée de cette thèse (*B*-).

A. Les enjeux pour le droit et le discours sur le droit

39. Les enjeux de cette comparaison pour le droit. - La protection de la qualité de l'eau questionne les fondements du droit. Les évolutions qu'elle engendre dans la gouvernance multiniveaux au sein des deux ordres juridiques remettent en question la souveraineté de leurs composantes (le fondement de l'État-Nation), et les soubassements du pouvoir politique[164]. Sans porter sur la

---

[162] Voy. E. MILLARD, « Réalisme », in D. ALLAND, S. RIALS (dir.), *Dictionnaire de la culture juridique*, Paris, Quadrige, Lamy, PUF, 2003, pp 1297-1299.

[163] K.N. Llewellyn parle de « divorce temporaire du *Is* et du *Ought* ». Cité dans X. MAGNON, *op. cit.*, p 131.

[164] En droit européen, l'attachement au principe de la démocratie est confirmé dans le préambule du Traité sur l'Union européenne. La *Charte canadienne des droits et libertés* rappelle le cadre

démocratie à proprement parler, ce sujet la questionne en employant un prisme particulier : celui des mécanismes juridiques concourant à la répartition des compétences. On aperçoit ainsi une nuance : dès lors que la question de la protection de la ressource apparaît, le rapport entre les ordres de gouvernement présente une mutation. Une opposition sous-jacente transparaît et semble remettre en cause les principes directeurs du rapport de systèmes : la relation entre la démocratie, qu'on retrouve comme fondement des compétences de chaque ordre de gouvernement,[165] avec l'efficacité de la protection de l'environnement font bouger les lignes. Ces deux éléments sont présents et déterminent la nature des rapports de systèmes à l'intérieur des ordres juridiques : si la démocratie est un fondement du droit, elle est en concurrence avec la protection de la Nature.

Une question sous-jacente apparaît : faut-il protéger l'Homme contre lui-même, et aller pour cela à l'encontre des principes démocratiques, au nom des générations futures ?

Les ordres juridiques canadien et européen ont trouvé leur réponse : au nom de l'efficacité de la protection de la ressource en eau, source de vie, la démocratie est nécessairement mise de côté.

Le droit est l'instrument de cette démarche, et place ce choix en dehors de toute considération d'équilibre entre les compétences des ordres de gouvernement. Le temps n'est plus à l'opposition, ni à la conciliation entre les ordres de gouvernement, il est au respect et à l'application du droit de l'entité centrale (fédérale ou communautaire).

40. Les enjeux pour le discours sur le droit.[166] - Il s'agit de mettre en perspective le comportement de l'ordre de gouvernement central (communautaire et fédéral) face à cette opposition.

Ces deux régions présentent des similitudes pertinentes alors même qu'elles ne revêtent pas la même forme juridique : l'une est un État fédéral,[167] l'autre une organisation *sui generis*, supranationale. Malgré cette différence formelle, les principes directeurs de chacune d'elles apparaissent similaires : un rapport formel de systèmes impliquant plusieurs ordres de gouvernement à concilier par l'intermédiaire d'une logique des agrégats ; la gestion de la diversité juridique au sein d'un ensemble intégré ; et des principes d'organisation de ce rapport de systèmes analogues : le principe fédératif d'un côté et le principe de subsidiarité d'un autre côté.

Ainsi, cette comparaison permet de faire ressortir que **la forme d'un ordre juridique ne présage pas ses principes directeurs**.

En allant plus loin, cela permet de mettre en lumière qu'en matière de protection des eaux, **la question de l'équilibre dans le rapport de systèmes est dépassée**. Les ordres fédéral canadien et européen se placent en dehors de cette problématique, car ils l'ont juridiquement verrouillée : par une

---

« d'une société libre et démocratique ». Voy. respectivement Traité sur l'Union européenne, JOUE C 83 du 30 mars 2010 ; et *Charte canadienne des droits et libertés (1982)*.

[165] Nous entendons « ordre de gouvernement » comme les composantes des ordres juridiques canadien et européen : l'ordre juridique européen, et les ordres nationaux, l'ordre fédéral et les ordres provinciaux.

[166] « Le discours sur le droit n'est pas le droit, il n'est qu'un discours sur l'objet particulier qu'est le droit », voy. X. MAGNON, *Théorie(s) du droit*, Paris, Ellipses, 2008, p 5.

[167] Pour un développement complet à ce sujet, voy. H. BRUN, G. TREMBLAY, E. BROUILLET, *Droit constitutionnel*, Cowansville, Yvon Blais, 2008, 1548 pages.

centralisation des compétences. La question de la protection de la qualité de l'eau est ici centrale : de par sa spécificité, elle est le révélateur de cette tendance.

B. Thèse et plan d'argumentation

41. Les recherches menées ont permis de vérifier les trois hypothèses dégagées précédemment. Une centralisation des compétences du droit de la protection des eaux douces est observée, en raison de l'interprétation de la coordination des normes opérée par le juge, avec le concours de l'intervention de la société civile. La démarche scientifique adoptée s'attache à décrire les facteurs et les mécanismes de ce processus. La protection de la qualité des eaux douces est l'illustration qui nous permet de réunir l'ensemble des éléments nécessaires à cette démonstration.

42. Les conclusions de cette recherche se formulent dans une argumentation structurée en deux parties. En premier lieu, tant au Canada que dans l'Union européenne, un principe central jalonne les soubassements de l'ordre juridique. Une dialectique historique entre autonomie et interdépendance caractérise ces deux ordres, qui sont en recherche permanente d'un équilibre dynamique pour continuer à exister dans la diversité. L'équilibre entre autonomie et interdépendance est un fondement des deux ordres juridiques étudiés. Les ordres juridiques canadien et européen revêtent ainsi une ambition : celle d'assurer un équilibre dynamique dans le partage des compétences entre leurs ordres de gouvernement. Elle est concrètement assurée dans le domaine de la protection de la qualité des eaux douces par le principe de subsidiarité européen et le principe fédératif canadien. Cet équilibre doit cohabiter avec la spécificité des *corpus* juridiques assurant la protection des eaux douces. La sédimentation des normes dans ce domaine est un facteur de difficulté pour le maintien de l'équilibre entre les ordres de gouvernement. Il pose les questions qui apparaissent plus globalement d'un point de vue constitutif : quel ordre de gouvernement est légitime à agir ? La protection des eaux est ainsi l'exemple révélateur de ce phénomène : l'objet juridique « eau » pose un défi permanent et protéiforme aux droits canadien et européen. Il apparaît comme le catalyseur des enjeux de chacun de ces deux ordres juridiques.

Le principe de subsidiarité et le principe fédératif ont pour fonction de maintenir un équilibre dynamique dans le partage des compétences en matière de protection de la qualité des eaux douces. Ces deux principes permettent donc d'éviter une concentration des pouvoirs au profit de l'entité centrale : les ordres de gouvernement fédéral canadien et européen *(Première Partie).*

En second lieu, malgré les fondements textuels, un décalage apparaît : en articulant les règles de répartition des compétences entre elles, cet équilibre est mis à mal. Nous identifions tout d'abord les facteurs influençant le partage des compétences dans ce domaine. La nécessité de l'efficacité de la protection de la ressource est l'élément explicatif central. Elle a en effet favorisé l'émergence d'une nouvelle forme de l'action publique, présidée par le Nouveau Management Public. Alors que les principes fondateurs de ce mouvement préconisent une décentralisation de la prise de décision, on observe que le contraire est appliqué. Ce paradigme a de plus ouvert le processus législatif à la participation de la société civile, qui elle-même a connu d'importantes mutations dans le domaine environnemental. L'ampleur prise par l'action des groupes d'intérêt dans le domaine du droit de l'environnement est significative depuis les années 1990. Le partage des compétences de la protection des eaux a ainsi changé de contexte : il s'opère au milieu des interactions d'une multitude d'acteurs. Il est également influencé par les aspirations de ces acteurs, devenus un pouvoir à part entière. Au regard de ces deux facteurs, que nous avons réunis sous l'appellation « principe d'efficacité », un déséquilibre des compétences se met en place.

Nous analysons ensuite les mécanismes par lesquels se dessine un processus de centralisation des compétences en la matière. Au nom de l'efficacité de la protection de la ressource, une première forme s'est mise en place : une harmonisation officielle de la protection de l'eau. Mais elle n'en porte que le nom puisque la marge de manœuvre promise aux États européens et aux provinces canadiennes se révèle symbolique. Elle cache un processus plus diffus, basé sur une combinaison des règles du partage des compétences. La combinaison de trois mécanismes permet de conclure à une centralisation des compétences en matière de protection des eaux douces. En premier lieu, des lacunes apparaissent dans les garanties juridictionnelles du principe d'équilibre : les principes fédératif et de subsidiarité ne sont pas opérants dans la protection de la qualité des eaux douces. Les juges se détournent de leur application, en évitant d'en préciser les contours. En deuxième lieu, une centralisation des compétences se produit dans ce domaine tant au Canada qu'en Europe. Il est ici question de montages juridiques, d'articulation des règles de partage des compétences entre elles. Ce phénomène est complété par le concours d'instruments financiers mis en œuvre en la matière. Il s'agit du troisième instrument : le pouvoir de dépenser. Ainsi, en raison d'une logique d'efficacité appliquée à la protection des eaux, une extension des compétences s'opère au profit de l'ordre de gouvernement fédéral canadien et de l'Union européenne (*Seconde Partie*).

PREMIÈRE PARTIE

\-

Les fondements du partage des compétences
de la protection de la qualité des eaux douces

\--

SECONDE PARTIE

\-

L'exécution et les conséquences du partage des compétences
de la protection de la qualité des eaux douces

PREMIÈRE PARTIE

Les fondements du partage des compétences de la protection de la qualité des eaux douces

43. Comment vivre ensemble dans la diversité ? Le Canada et l'Union européenne sont deux ordres juridiques qui présentent une similitude : la gestion de la diversité juridique. La réponse se présente en un système de droit où il apparaît nécessaire de conjuguer l'un et le multiple.[168] Dans le cas européen il s'agit d'une conjugaison entre les ordres de gouvernement supranational et national, tandis qu'au Canada, il s'agit des ordres fédéral et provincial.

44. Afin de mener notre analyse comparative, nous avons procédé à une recherche suivant la méthode fonctionnelle.[169] Il s'agit d'envisager des objets juridiques revêtant la même fonction dans leur ordre juridique respectif. Lors de cette analyse, une analogie est apparue : pour assurer une conjugaison entre l'un et le multiple, l'Union européenne et le Canada ont mis en place une forme d'équilibre entre leur différentes composantes. Le mode de répartition des compétences entre les ordres de gouvernement est l'outil permettant de conserver cet équilibre.

45. Notre intérêt se porte sur l'évolution de l'articulation de ces compétences, par l'intermédiaire de la coordination des normes issues de ces différents niveaux. Pour faire ressortir cette évolution, nous avons besoin d'un point de départ et d'un point d'arrivée.

Notre point de départ est l'ambition de chacun de ces ordres juridiques pour gérer au mieux leur diversité juridique. Elle apparaît dans l'histoire et les textes constitutifs canadiens et européens. Notre point d'arrivée sera la réalité de cette ambition une fois les textes constitutifs mis en œuvre, dans notre domaine d'illustration.[170]

Il s'agit de faire ressortir l'instrument : les règles qui président à un partage équilibré des compétences au Canada et en Europe. Le principe de subsidiarité européen et le principe fédératif canadien apparaissent comme les principes directeurs de ce partage. Ils revêtent une fonction analogue : assurer un

---

[168] M. DELMAS-MARTY, M.-L. IZORCHE, « Marge nationale d'appréciation et internationalisation du droit, Réflexions sur la validité formelle d'un droit commun pluraliste », *RIDC*, vol.52, 4, 2000, pp 764-767.
[169] K. ZWEIGERT, H. KOTZ, *An Introduction to Comparative Law*, Oxford University Press, 1998, p 33.
[170] Ce qui sera développé dans la Seconde Partie, voy. *infra* §708 & s.

équilibre dynamique entre les compétences des ordres de gouvernement. Pour cela, il est opportun de décrire le contexte dans lequel s'insèrent ces outils, ainsi que leurs spécificités dans le droit de la protection des eaux.

46. Il apparaît que la qualité des eaux douces est un objet juridique complexe, qui se prête à cette ambition d'équilibre dynamique (*Titre Premier*) ; ce qui transparaît dans les instruments juridiques de sa protection (*Titre Second*).

Titre Premier. Le principe d'équilibre, un soubassement de chaque ordre juridique

Titre Second. Les instruments normatifs du partage des compétences de la protection de l'eau

TITRE PREMIER

Le principe d'équilibre, un soubassement de chaque ordre juridique

47. Une des ambitions principales des ordres juridiques canadien et européen consiste à maintenir un équilibre entre l'autonomie de chaque ordre de gouvernement, garantie de la diversité, et leur interdépendance, socle de l'unité canadienne et européenne. Cette dialectique est le soubassement sur lequel tant le Canada que l'Union sont fondés.

48. La protection de la qualité des eaux douces au Canada et dans l'Union européenne est irriguée, dans sa structure originelle, par cette ambition : celle d'un équilibre dynamique de la dialectique entre autonomie et interdépendance des ordres de gouvernement. Elle se réalise par la mise en place d'une logique flexible de répartition des compétences : la logique des agrégats. En son sein, il s'agit de conserver un équilibre entre les compétences des ordres de gouvernement.

49. De par sa complexité, la qualité des eaux douces, en tant qu'objet juridique, se prête à cette intention originelle (*Chapitre Premier*) ; qui se retrouve comme une des problématiques touchant à l'objet juridique de la qualité des eaux douces (*Chapitre Second*).

Chapitre Premier. La vocation des ordres juridiques européen et canadien : l'équilibre dynamique des compétences

Chapitre Second. La qualité des eaux douces : un objet juridique nécessitant un équilibre des compétences

CHAPITRE PREMIER

La vocation des ordres juridiques européen et canadien : l'équilibre dynamique des compétences

« Chacun de ses membres, pris à part, est inférieur peut-être [...] ; mais l'État se compose précisément de cette majorité, et le repas où chacun fournit son écot est toujours plus complet que ne le serait le repas isolé d'un des convives »[171].

50. L'unité de la société est un rêve récurrent dans la littérature européenne depuis la Réforme. Élizabeth Zoller cite à ce sujet J. Bodin qui par l'intermédiaire de sa république « bien ordonnée », expose une unité du social. Également, Th. Hobbes prône l'alliance du religieux et du politique. De même, J.-J. Rousseau plaidera pour l'unité de la société et de l'État.[172]

Le Canada et l'Union européenne ont chacun une histoire qui a influencé leur construction. Ils connaissent une situation où l'unité cohabite avec la diversité,[173] ce qui les a conduits à mettre en place un outil de gestion : la dialectique entre autonomie et interdépendance (*Section I*). Afin d'éviter ses éventuelles dérives, cette dialectique est régulée par un principe : le principe d'équilibre. Il est empreint de dynamisme afin de respecter les évolutions de la société (*Section II*).

Section I. Une dialectique commune au Canada et dans l'Union européenne : entre autonomie et interdépendance

Section II. Un équilibre entre autonomie et interdépendance : un même instrument de gestion de la diversité juridique

---

[171] ARISTOTE, *Politique*, trad. en français par J. BARTHÉLÉMY-SAINT-HILAIRE, Paris, Ladrange, 1874, 545 pages. Disponible sur le site Internet de la Bibliothèque Nationale de France: http://gallica.bnf.fr/ark:/12148/bpt6k2079427/f1.image (page consultée le 7 juill. 2014).

[172] J. BODIN, *Les Six livres de la République*, Genève, E. Gamonet, 1629, 1134 pages ; Th. HOBBES, *Léviathan ou La matière, la forme et la puissance d'un état ecclésiastique et civil*, Paris, M. Giard, 1921, 342 pages ; J.-J. ROUSSEAU, *Le contrat social*, Paris, Bibliothèque du peuple, 1851, 524 pages. Ces trois ouvrages sont disponibles en ligne sur le site Internet Gallica, bibliothèque numérique de la Bibliothèque nationale de France : http://gallica.bnf.fr (page consultée le 7 juill. 2014). Cités dans E. ZOLLER, « Le pluralisme, fondement de la conception américaine de l'État », in Archives de philosophie du droit, *Le Pluralisme*, Tome 49, Paris, Dalloz, 2006, p 116.

[173] O. BEAUD, *Théorie de la Fédération*, Paris, PUF, 2007, p 110.

Section I. Une dialectique commune au Canada et dans l'Union européenne : entre autonomie et interdépendance

51. Le Canada et l'Union ont en commun de devoir gérer des facteurs inhérents à l'unité, mais également à la diversité (*paragraphe I*). La dialectique entre autonomie et interdépendance est une clé de voûte des ordres juridiques canadien et communautaire. Elle permet une gestion appropriée de la diversité, tout en respectant la nécessité d'union (*paragraphe II*).

Paragraphe I. Une particularité commune : la gestion de la diversité juridique dans le cadre d'une union

Paragraphe II. La dialectique entre autonomie et interdépendance : un même instrument de gestion de la diversité juridique

Paragraphe I. Une particularité commune : la gestion de la diversité juridique dans le cadre d'une union

52. Le Canada et l'Union européenne sont deux ordres juridiques ayant pour objet initial de réaliser une union économique, favorisant les échanges commerciaux. Le fondement de leur création renvoie également à l'idée de paix au regard de leur histoire respective. Une volonté d'union prend forme, réalisée pour des raisons différentes, mais selon des moyens similaires au Canada et dans l'Union. C'est dans ce cadre que les deux ordres juridiques revêtent une particularité commune : ce sont deux ordres devant gérer une diversité juridique[174] prenant ses fondements dans l'histoire de chacune de leurs composantes. Plusieurs facteurs concourent à la constitution d'un ordre juridique remplissant cette mission. Il s'agit de facteurs qui nourrissent des forces contraires et s'opposant, pour créer un ordre juridique composite.[175] Ainsi, des facteurs agrégatifs et ségrégatifs sont présents tant au Canada qu'en Europe (*A-*) ; ils sont à l'origine d'un pluralisme et d'une diversité juridiques particulièrement importants (*B-*).

A. Les facteurs agrégatifs et ségrégatifs présents au Canada et en Europe

53. Plusieurs facteurs historiques, politiques et économiques ont présidé la formation des ordres juridiques canadien et européen. Deux groupes de facteurs « agissant en sens contraire »[176] peuvent être rencontrés. L'Union européenne et le Canada ont connu lors de leur fondation respective une telle opposition, ce qui a favorisé leur création. Ainsi, tant au Canada qu'en Europe, on observe la présence historique de facteurs ayant favorisé l'union (*1-*) ; et de facteurs préservant la diversité (*2-*), de telle manière que se soit constituée une

---

[174] La diversité juridique que nous envisageons est la matérialisation d'une diversité qui s'exprime de façon plus large, d'un point de vue culturel, politique, religieux etc. Nous nous limitons à l'aspect juridique de cette diversité dans le cadre de nos propos, mais il s'agit d'un aspect faisant partie d'un ensemble plus vaste. Pour davantage de précisions, voy. *infra* §72 & s.
[175] O. BEAUD, *Théorie de la Fédération*, Paris, PUF, 2007, p 110.
[176] J.-Y. MORIN, *Le Fédéralisme : Théorie et Critique, 1963-1964*, Montréal, 1964, p 44.

« union de groupes pour certaines fins communes, groupes qui conservent par ailleurs leur existence distincte pour d'autres desseins »[177].

1. La présence de facteurs en faveur de l'union au Canada et en Europe

54. Des facteurs agrégatifs, ou forces centripètes,[178] « tendent à unifier les collectivités en présence »[179]. Il s'agit de plusieurs facteurs pouvant jouer sur la nature de l'ordre juridique en construction.

55. Dans le cas du Canada et de l'Union européenne, **le premier facteur est celui de la sécurité** : « l'impuissance de certaines collectivités à se défendre entraîne la nécessité pour celles-ci de se joindre à d'autres contre un tiers menaçant » [180]. L'union « est alors motivée par le besoin de sécurité, le besoin de défense militaire commune afin de faire face à l'existence d'une menace extérieure »[181].

Ce type de préoccupations a joué un rôle déterminant dans la construction du Dominion canadien au cours des années 1860 : la peur du voisin américain ressort des débats précédant l'adoption du texte fondateur. M. Chevrier affirme en effet que le contexte était celui d'un « univers inquiet, peuplé de menaces d'insurrection et d'attaques à la frontière »[182].

Dans l'Europe de l'après-guerre, la nécessité de coopération et d'union s'impose avec d'autant plus de force que les opinions publiques sont désemparées, et que l'aide américaine à la reconstruction de l'Europe est conditionnée à une action commune. De plus, tout comme le Canada, l'Europe occidentale connaît la menace d'un voisin puissant : la politique de Staline. Il faut alors se défendre contre les pressions soviétiques à l'extérieur et contre le communisme à l'intérieur de l'Europe occidentale. [183] Plus tard, c'est le contexte de la guerre froide qui va inciter Jean Monnet et Robert Schuman à proposer le Traité de Communauté du charbon et de l'acier (Traité CECA). Selon J. Monnet, une Europe unie permettrait une certaine souplesse dans les rapports entre l'est et l'ouest.[184] L'Europe semble donc connaître tout comme le Canada, un premier facteur centripète.

56. Un deuxième facteur apparaît comme vecteur d'unité : l'avantage économique. L'industrialisation, le besoin de matières premières, la recherche de marchés plus vastes sont autant d'arguments en faveur du rapprochement des peuples.[185]

---

[177] E. BROUILLET, *L'identité culturelle québécoise et le fédéralisme canadien*, Thèse de Doctorat, Québec, Faculté des études supérieures, Université Laval, 2003, p 76.

[178] *Ibid.* Voy. également O. BEAUD, *op. cit.*, p 110.

[179] J.-Y. MORIN, *op. cit.*, p 44.

[180] *Ibid.*

[181] E. BROUILLET, *op. cit.*, p 90.

[182] M. CHEVRIER, « La genèse de l'idée fédérale chez les pères fondateurs américains et canadiens », in A.G. GAGNON, *Le fédéralisme canadien contemporain: fondements, traditions, institutions,* Les Presses de l'Université de Montréal, 2006, p 28. Voy. également à ce sujet M. LAMONTAGNE, *Le Fédéralisme canadien : Évolution et problèmes*, Québec, Les Presses de l'Université Laval, 1954, p 7 ; et L. SABOURIN, *Le système politique du Canada, Institutions fédérales et québécoises*, Éditions de l'Université d'Ottawa, 1970, p 28.

[183] P. GERBET, *La Construction de l'Europe*, Paris, Armand Colin, 2007, p 38.

[184] *Ibid.*, pp 78 & s.

[185] E. BROUILLET, *L'identité culturelle québécoise et le fédéralisme canadien*, Thèse de Doctorat, Québec, Faculté des études supérieures, Université Laval, 2003, p 90 ; J.-Y. MORIN, *Le Fédéralisme : Théorie et Critique, 1963-1964*, Montréal, 1964, p 44.

Au Canada, la perspective d'un grand marché s'ouvrant jusqu'à l'ouest du continent, avec l'accès aux matières premières est un facteur qui a eu son importance.[186] Les facteurs économiques ont joué un rôle déterminant pour l'unification politique. Avant 1867, les conditions économiques sont marquées par la perte des préférences impériales et le retrait des privilèges commerciaux par les États-Unis. Dans toutes les colonies britanniques d'Amérique du Nord, la dette publique augmente rapidement, plombée par l'interminable construction d'un réseau de chemin de fer. L'activité économique traditionnelle est également en stagnation : elle est alors presque exclusivement basée sur le commerce d'exportation.[187] La première grande révolution technologique a lieu en Angleterre vers 1830. Elle repose avant tout sur le charbon, la vapeur et l'acier, alors que les industries importantes des colonies reposent sur le bois et la voile dans le domaine du transport maritime. En plus du libre échange instauré par l'Angleterre et du protectionnisme américain, le Canada doit reconvertir ses industries dans des domaines où la matière première est limitée et difficilement accessible.[188] Les perspectives de reprise sont alors tournées vers une union économique. Il s'agit de supprimer les barrières douanières et d'exploiter les territoires du Nord-Ouest, d'étendre le territoire jusqu'au pacifique et de développer le commerce avec l'Asie. Cela ne peut se réaliser que par une union qui rassemblerait les crédits nécessaires pour financer un tel projet, tant le réseau de chemin de fer a déjà vidé les caisses des colonies.[189]

En Europe, la nécessité de reconstruction après la guerre est omniprésente et J. Monnet comprend rapidement que le relèvement de l'économie de la France doit nécessairement passer par une économie européenne forte. L'économie française a donc besoin de l'économie européenne pour se développer.[190]

57. Les « données géographiques »[191] sont un troisième facteur agrégatif. Le troisième facteur énoncé par E. Morin est le facteur géographique : il s'agit de « la facilité des communications, […] la diversité des ressources, (des) frontières naturelles »[192]. L'ensemble de ces critères peut être relevé tant au Canada que dans l'Union européenne. Le Canada occupe 41% du continent nord-américain, et est le second pays le plus étendu au monde. À l'époque de la fondation du Dominion, le territoire occupé, c'est-à-dire le Canada-Uni, le Nouveau-Brunswick et la Nouvelle-Écosse représente déjà une diversité de ressources très importante. L'Europe des années 1950 regroupe six États européens, avec une remarquable diversité des ressources et des frontières naturelles.[193]

---

[186] M. LAMONTAGNE, *op. cit.*, p 7.

[187] Voy. à ce sujet M. LAMONTAGNE, *Le Fédéralisme canadien : Évolution et problèmes*, Québec, Les Presses de l'Université Laval, 1954, p 7. Voy. également L. SABOURIN, *Le système politique du Canada, Institutions fédérales et québécoises*, Éditions de l'Université d'Ottawa, 1970, pp 28-29.

[188] M. LAMONTAGNE, *op. cit.*, pp 8-9.

[189] *Ibid.* Voy. également L. SABOURIN, *op. cit.*, pp 28-29.

[190] P. GERBET, *La Construction de l'Europe*, Paris, Armand Colin, 2007, pp 78 & s.

[191] E. BROUILLET, *L'identité culturelle québécoise et le fédéralisme canadien*, Thèse de Doctorat, Québec, Faculté des études supérieures, Université Laval, 2003, p 90.

[192] J.-Y. MORIN, *Le Fédéralisme : Théorie et Critique, 1963-1964*, Montréal, 1964, p 44.

[193] P. GERBET, *op. cit*, pp 78 & s.

58. Le quatrième facteur est celui de la communauté de religion, de culture, de langue, qui fonde le sentiment national.[194] Au Canada, la colonisation britannique a permis d'établir une culture majoritaire anglophone et protestante dans deux des trois colonies originaires, soient le Nouveau-Brunswick et la Nouvelle-Écosse. Le Canada-Uni, quant à lui, reste divisé en deux parties, celle à l'ouest très majoritaire anglophone et protestante (qui deviendra l'Ontario lors de la naissance de la fédération) et celle à l'est très majoritairement francophone et catholique (qui deviendra le Québec).

En Europe, l'histoire offre une multitude d'exemples des interactions ancestrales entre les régions du continent, notamment par l'Empire romain d'Occident, ou encore l'Empire napoléonien pour ne citer que ces exemples. La puissance et la diffusion de la chrétienté dans tout le continent ont favorisé un fond commun idéologique. C'est ce que soutient René David : selon lui, la tradition romano-germanique et la tradition de *common law* font partie du même système de droit. Les deux traditions proposent certes une technique juridique différente, mais elles arrivent à des solutions similaires idéologiquement, car elles sont sous-tendues par un même postulat : la morale chrétienne.[195]

59. Un cinquième et dernier facteur agrégatif peut jouer : la similarité des institutions sociales et politiques.[196] Au Canada, la domination anglaise a permis de mettre en place sur tout le territoire des institutions construites sur le même modèle britannique. La structure des institutions des colonies est globalement la même, de même que leur mode de fonctionnement.[197] En Europe, R. David relève que tous les États d'Europe occidentale sont construits également sur le même modèle : celui de l'État démocratique de type libéral. De plus, les sociétés européennes occidentales sont similaires car elles revêtent une structure capitaliste.[198]

60. Le Canada et l'Europe répondent donc à cinq facteurs agrégatifs. Comme le soulève E. Brouillet, « la seule présence de ces facteurs [...] ne suffit pas »[199]. Des facteurs ségrégatifs, ou centrifuges, ont pour effet de diviser et/ou d'opposer les groupes hétérogènes.

2. La présence de facteurs en faveur de la diversité dans les deux régions

61. La présence de ces facteurs permet d'établir que les groupes hétérogènes possèdent des caractères distinctifs qui les portent à se suffire à eux-mêmes et à vouloir se gouverner comme ils l'entendent.[200]

62. Dans un premier temps, dans le domaine économique, une divergence d'intérêts commerciaux et une concurrence entre les régions

---

[194] E. BROUILLET, *L'identité culturelle québécoise et le fédéralisme canadien*, Thèse de Doctorat, Québec, Faculté des études supérieures, Université Laval, 2003, p 91 ; J.-Y. MORIN, *Le Fédéralisme : Théorie et Critique, 1963-1964*, Montréal, 1964, p 45.

[195] R. DAVID, *Traité élémentaire de droit civil comparé : Introduction à l'étude des droits étrangers et à la méthode comparative*, Paris, L.G.D.J., 1950, pp 225 & s.

[196] E. BROUILLET, *op. cit.*, pp 90-91.

[197] C'est le cas pour l'ensemble des anciennes colonies britanniques. Voy. à ce sujet G. CUNIBERTI, *Grands systèmes de droit contemporains*, Paris, L.G.D.J., 2011, pp 69 & s.

[198] R. DAVID, *op. cit.*, pp 225 & s.

[199] E. BROUILLET, *L'identité culturelle québécoise et le fédéralisme canadien*, Thèse de Doctorat, Québec, Faculté des études supérieures, Université Laval, 2003, p 91.

[200] J.-Y. MORIN, *Le Fédéralisme : Théorie et Critique, 1963-1964*, Montréal, 1964, p 45.

ont eu lieu.[201] Au Canada, le Canada-Uni constitue un marché intéressant pour le bois, le poisson et le charbon. D'un autre côté, les colonies de l'Atlantique représentent un débouché pour l'industrie manufacturière qui se développe alors au centre du pays. De même, la construction de canaux et du réseau de chemin de fer ne suffit pas à attirer vers le Saint-Laurent le commerce florissant de l'ouest central. L'ensemble de ces éléments permet d'établir que des divergences commerciales existent entre les colonies.[202] En Europe, les négociations pour les Traités de Rome permettent de nous éclairer sur les divergences économiques entre les futurs États membres. L'Allemagne et les pays du Benelux sont de grands exportateurs et sont adeptes du libéralisme économique, tandis que la France et l'Italie sont moins compétitives. Également, les négociations sur la politique agricole font ressortir que les Néerlandais sont très modernisés et compétitifs dans le domaine agricole, préférant un système le plus libéral possible. L'Allemagne et la France souhaitent au contraire un système protectionniste et organisé. La France, en raison de ses spécificités sociales, réclame des garanties sur l'harmonisation des charges sociales et l'association des territoires d'outre-mer.[203] Tant en Europe qu'au Canada, les États et les colonies connaissent donc d'importantes divergences économiques.

63. En deuxième lieu, d'un point de vue géographique : le territoire peut être si vaste, ou si difficilement praticable que cela crée des identités culturelles propres. M. Lamontagne évoque au sujet du Canada que « l'état peu évolué du système de communications » de l'époque rend « impossible l'administration du pays par un gouvernement unique ». L'auteur affirme également que les Canadiens de langue française, « peu intéressés au mouvement d'industrialisation, ne (veulent) pas être engloutis par une majorité de langue anglaise ». D'un autre côté, les colonies de l'Atlantique possèdent « une longue tradition d'autonomie et un héritage culturel » qui leur est propre.[204] En Europe, l'évolution historique de chaque État a eu pour conséquence de créer une diversité culturelle très riche. Selon N. Levrat, il est incontestable que l'Europe est un continent sur lequel s'est développé et vit un grand nombre de nations.[205] A.-G. Gagnon relève que l'Europe et le Canada sont des exemples de contextes où « s'entrecroisent des revendications identitaires diverses : d'ordre culturel, politique, religieux ou social »[206].

64. En dernier lieu, les divergences entre les institutions sociales et politiques, tout comme les disparités des lois et des régimes

[201] E. BROUILLET, *op. cit.*, p 91.

[202] M. LAMONTAGNE, *Le Fédéralisme canadien : Évolution et problèmes*, Québec, Les Presses de l'Université Laval, 1954, p 8.

[203] P. GERBET, *La Construction de l'Europe*, Paris, Armand Colin, 2007, p 153.

[204] M. LAMONTAGNE, *Le Fédéralisme canadien : Évolution et problèmes*, Québec, Les Presses de l'Université Laval, 1954, p 9.

[205] N. LEVRAT, « L'Union européenne, Une Fédération Internationale », in J.-F. GAUDREAULT-DESBIENS, F. GELINAS (dir.), *Le Fédéralisme dans tous ses états : gouvernance, identité et méthodologie – The states and moods of federalism : governance, identity and methodology*, Cowansville (Québec), Éditions Y. Blais, Bruxelles, Bruylant, 2005, p 304.

[206] A. GAGNON, J. PALARD, B. GAGNON (dir.), *Diversité et identités au Québec et dans les régions d'Europe*, Québec, Presses de l'Université Laval, 2006, p 13.

gouvernementaux sont un groupe de facteurs déterminants.[207] À ce sujet, deux réalités apparaissent au Canada et en Europe : un pluralisme juridique et une diversité juridique. Elles permettent de représenter l'ensemble des disparités qui peuvent apparaître dans les lois, les régimes gouvernementaux, les institutions sociales et politiques. C'est un facteur très important qui joue sur l'interaction entre facteurs centrifuges et centripètes. Nous verrons que les deux ordres juridiques font l'objet d'un pluralisme juridique. Mais ce qui fait leur particularité c'est qu'ils ont également tous deux à gérer des divergences qualitatives au regard du droit applicable sur leur territoire : la diversité juridique.

B. Un pluralisme et une diversité juridiques particulièrement importants dans les deux régions

65. Selon la définition de S. Tierney, un État plurinational implique la présence de plus d'un groupe national dans l'État.[208] Ce même critère se retrouve dans les travaux de J.-F. Gaudreault-DesBiens quand il définit les « vecteurs contemporains de la diversité », au sein d'une fédération qui tente de maintenir « l'expression de la diversité, tout en assurant le maintien d'une certaine cohésion ou unité »[209]. L'auteur fait ressortir que la diversité se compose de deux éléments : la présence de communautés nationales établies depuis longtemps sur un territoire donné, ce que A. Finkielkraut a qualifié de « petites nations »[210]; et le phénomène de migration des populations qui doit avoir un impact sur la configuration des communautés politiques.[211] Le même type de critère ressort dans les travaux de F. Rocher : la diversité est celle du pluralisme social.[212]

66. D'un point de vue juridique, deux approches permettent de représenter la réalité des ordres canadien et européen : le pluralisme juridique, représentant une approche quantitative (*1-*), et la diversité juridique, permettant une approche plus qualitative (*2-*).

1. Le pluralisme juridique

67. Le concept de « pluralisme » est une « doctrine selon laquelle les êtres qui composent le monde sont multiples, individuels, indépendants et ne doivent pas être considérés comme de simples modes ou phénomènes

---

[207] E. BROUILLET, *L'identité culturelle québécoise et le fédéralisme canadien*, Thèse de Doctorat, Québec, Faculté des études supérieures, Université Laval, 2003, p 91 ; J.-Y. MORIN, *Le Fédéralisme : Théorie et Critique, 1963-1964*, Montréal, 1964, p 46.

[208] « [...] presence of more than one national group within the state », voy. S. TIERNEY, *Constitutional Law and National Pluralism*, Oxford University Press, 2004, p 4.

[209] J.-F. GAUDREAULT-DESBIENS, F. GELINAS (dir.), *Le Fédéralisme dans tous ses états : gouvernance, identité et méthodologie – The states and moods of federalism : governance, identity and methodology*, Cowansville (Québec), Éditions Y. Blais, Bruxelles, Bruylant, 2005, p 8.

[210] A. FINKIELKRAUT, « Qu'est-ce qu'une petite nation ? », in M. SEYMOUR (dir.), *Nationalité, citoyenneté et solidarité*, Montréal, Liber, 1999, pp 435-438. Cité dans J.-F. GAUDREAULT-DESBIENS, F. GELINAS (dir.), *op. cit.*, p 8.

[211] J.-F. GAUDREAULT-DESBIENS, F. GELINAS (dir.), *op. cit*, p 8.

[212] F. ROCHER, « La dynamique Québec-Canada ou le refus de l'idéal fédéral », in A.G. GAGNON, *Le fédéralisme canadien contemporain: fondements, traditions, institutions*, Les Presses de l'Université de Montréal, 2006, p 103.

d'une réalité unique et absolue »[213]. Ce concept renvoie en science juridique à une signification particulière qu'il convient d'envisager pour éclairer les cas du Canada et de l'Union.

68. Le cadre théorique permettant l'analyse du pluralisme juridique est empreint d'une grande hétérogénéité. Il s'agit d'un courant dissident au courant moniste étatique européen, apparu à la fin du XIXème siècle.[214] Plusieurs théories attenantes au pluralisme juridique ont été développées suivant les époques et leurs préoccupations.[215]

H. Moutouh décrit une réalité doctrinale très diversifiée : les auteurs tenants de ce courant ne forment pas selon lui une école de pensée homogène. S'ils « s'inscrivent tous dans un mouvement doctrinal promouvant une théorie pluraliste, censée rendre davantage compte de la réalité sociale », ils se caractérisent par leur « extrême diversité »[216].

S.E. Merry identifie deux vagues principales dans les différentes thèses avancées : le pluralisme juridique classique et le pluralisme juridique moderne.[217] Le pluralisme juridique classique s'intéresse aux États coloniaux et postcoloniaux. Il analyse les interactions entre le droit du colonisateur et les droits indigènes. Le pluralisme juridique apparaît dans divers droits autochtones face au droit du colonisateur qui leur est imposé, partiellement ou non.[218] La situation des provinces canadiennes a pu correspondre en partie à cette approche : dans chacune d'elles le droit anglais et/ou le droit français ont fait face aux droits des autochtones.

69. Apparu dans les années 1970, le pluralisme juridique moderne analyse les interactions entre les droits des groupes dominants et des groupes dominés dans les sociétés non colonisées comme les États-Unis ou les États européens. Il s'agit de faire ressortir le pluralisme de droits faisant face à l'ordre juridique étatique : les droits religieux, ethniques, les droits de minorités culturelles ou des immigrants, pour ne citer que ces exemples.[219] Cela peut s'appliquer au Canada et à l'Union européenne : tous deux voient sur le territoire des règles non étatiques s'exprimer. Par exemple, les minorités comme le Pays basque en Europe, ou les autochtones au Canada produisent des règles qui peuvent être appréhendées par certains auteurs comme créant un pluralisme juridique au sein de ces ordres juridiques.[220]

---

[213] A. LALANDE, *Vocabulaire technique et critique de la philosophie*, Paris, Quadrige/Presses Universitaires de France, 1ère Édition : 1926, 2ème Édition : 2006, pp 783-784.

[214] E. ZOLLER, « Le pluralisme, fondement de la conception américaine de l'État », in Archives de philosophie du droit, *Le Pluralisme*, Tome 49, Paris, Dalloz, 2006, p 109.

[215] D. ALLAND, S. RIALS (dir.), *Dictionnaire de la culture juridique*, Paris, Quadrige, Lamy, PUF, 2003, p 1160.

[216] L'auteur l'explique par la grande variété de formation scientifique des auteurs : philosophes du droit, sociologues du droit, juristes sociologues, anthropologues etc. Voy. à ce sujet H. MOUTOUH, « Pluralisme juridique », in D. ALLAND, S. RIALS (dir.), *op. cit.*, p 1159.

[217] « Classic legal pluralism » et « new legal pluralism », voy. S.E. MERRY, « Legal Pluralism », *Law & Society Review*, vol. 22, 1998, pp 869-896. E. Zoller reprend cette classification, voy. à ce sujet E. ZOLLER, *op. cit.*, pp 109-110.

[218] S.E. MERRY, *op. cit*, pp 872 & s.

[219] *Ibid.*

[220] Ce qui peut être considéré comme excessif par certains autres auteurs appartenant au même courant. Voy. par exemple l'avis de H. Moutouh au sujet de l'approche proposée par J. Griffiths : H. MOUTOUH, « Pluralisme juridique », in D. ALLAND, S. RIALS (dir.), *Dictionnaire de la culture juridique*, Paris, Quadrige, Lamy, PUF, 2003, p 1161. Pour une idée

70. Une synthèse théorique d'ensemble du pluralisme juridique est néanmoins tentée depuis les années 1980. Deux critères ressortent : les sources du droit et les modalités du partage de la régulation juridique entre les différentes organisations sociales.[221] Une situation de pluralisme juridique au sens large est vérifiée quand une multiplicité de droits est en présence à l'intérieur d'un même champ social.[222]

Cette synthèse est reprise par E. Zoller quand elle analyse le droit américain. Selon l'auteure, il s'agit de la situation dans laquelle un « ordre juridique pluraliste [...] permet la coexistence, au sein d'un seul ordre juridique global, d'un ensemble d'ordres juridiques distincts ayant chacun leur souveraineté, mais soumis à la Constitution »[223]. Le Canada et l'Union répondent à ces critères : ce sont deux ordres juridiques globaux au sein desquels un ensemble d'ordres juridiques distincts existe.

S. Merry utilise le même critère selon lequel deux ou plusieurs systèmes juridiques coexistent dans le même champ social.[224] Le Canada et l'Union sont des champs sociaux dans lesquels coexistent divers systèmes juridiques.

Au Canada, chaque province détient un ordre juridique qui lui est propre dans un certain nombre de matières de compétence, de même qu'une constitution. Elles organisent donc chacune la structure et le fonctionnement de leur droit sur leur territoire, tout en étant soumises à la Constitution du Canada.[225] Dans l'Union européenne, chaque État membre conserve l'essentiel de sa souveraineté ainsi que sa personnalité juridique internationale, tout en étant soumis au droit des Traités.[226]

71. En cela, le Canada et l'Union sont deux ordres juridiques en situation de pluralisme juridique au sens large. Cela implique en soi un certain nombre d'enjeux à réguler. Mais ce qui fait leur particularité, c'est qu'au sein de leur pluralisme juridique le Canada et l'Union ont en commun de connaître une diversité d'identités juridiques. Les enjeux attenants à cette diversité sont tout autres et prennent une ampleur inégalée par rapport à ceux d'un pluralisme juridique plus courant.

2. La diversité juridique

72. Le terme « diversité » vient du latin *diversitas*, qui signifie variété, divergence. Ce terme renvoie à tout ce qui est réel et qui n'est pas identique. Selon Aristote, il existe plusieurs degrés de diversité. Dans le langage moderne les termes « divers » et « diversité » « impliquent toujours que les termes ou

---

de la thèse développée par J. Griffiths voy. J. GRIFFITHS, « What is legal pluralism? », *Journal of Legal Pluralism*, vol.1, 1986, p 1.

[221] D. ALLAND, S. RIALS (dir.), *op. cit.*, p 1160.

[222] *Ibid.*, p 1161.

[223] E. ZOLLER, « Le pluralisme, fondement de la conception américaine de l'État », in Archives de philosophie du droit, *Le Pluralisme*, Tome 49, Paris, Dalloz, 2006, p 110.

[224] S.E. MERRY, « Legal Pluralism », *Law & Society Review*, vol. 22, 1998, p 870.

[225] Voy. à ce sujet H. BRUN, G. TREMBLAY, E. BROUILLET, *Droit constitutionnel*, Cowansville, Yvon Blais, 2008, pp 407 & s. Voy. également P.W. HOGG, *Constitutional Law of Canada*, Scarborough (Ontario-Canada), Thomson Carswell, 2008, 1467 pages.

[226] La jurisprudence de la Cour de justice le confirme, en précisant qu'il y a une « limitation définitive (des) [...] pouvoirs souverains » des États membres. Voy. à ce sujet CJCE, 15 juillet 1964, *Flaminio Costa c. E.N.E.L.*, Aff. 6/64, p 1160. Voy. également C. BLUMANN, L. DUBOUIS, *Droit institutionnel de l'Union européenne*, Paris, Litec, 2007, pp 44-45.

les objets ont une différence intrinsèque et qualitative (opposée à une simple multiplicité numérique) »[227]. Le terme « diversité » insiste donc sur la dimension qualitative, à la différence du terme « altérité », qui revêt un sens plus général.

Selon E. Agostini, « (l)a base même des systèmes juridiques mondiaux varie de l'un à l'autre […], la diversité des lois est un phénomène inéluctable qui constitue la matière du droit comparé »[228]. Il s'agit ici d'envisager la multiplicité du droit en termes qualitatifs, du point de vue théorique (*a*-) ; et d'un point de vue plus empirique (*b*-) ; ce qui implique plusieurs conséquences (*c*-).

a. Considérations théoriques

73. La diversité juridique peut provenir de la particularité de certaines institutions au sein d'un ordre juridique, limitée à une seule matière. G. Cuniberti cite notamment les divergences entre les traditions romaniste et germanique au sujet de certaines institutions de droit civil comme le transfert de propriété ou l'acte juridique. Mais la diversité d'identités ne se reconnaît pas à des divergences ponctuelles comme entre certaines institutions juridiques.[229]

La réalité de la diversité juridique lui apparaît davantage en rapport avec « une conception différente du droit ou une différence essentielle du mode de fonctionnement de(s) […] systèmes juridiques »[230]. La particularité de certaines catégories juridiques importe peu. La diversité juridique se caractérise par une divergence de traits essentiels.

74. C'est sur cette base que R. David a formulé la théorie des systèmes de droits contemporains.[231] Il a formulé les critères de distinction suivants pour obtenir une classification des ordres juridiques mondiaux : la technique juridique et le fondement de l'organisation sociale. Selon l'auteur, il existe cinq grands systèmes de droit : le monde occidental, le monde soviétique, l'Islam, le droit hindou et le droit chinois.[232] Le système de droit occidental regroupe les systèmes romano-germanique et de *common law*. R. David l'explique par le fait que ces deux systèmes s'opposent selon lui sur un plan seulement technique, et non pas idéologique. L'un et l'autre font triompher par des techniques différentes des solutions qui sont similaires.[233] Selon l'auteur, une profonde similitude existe dans l'idéologie qui sous-tend ces deux systèmes. Tous les pays envisagés partent du même postulat moral : la morale chrétienne. Également, l'auteur relève que les deux systèmes de droit prennent pour modèle l'État démocratique du type libéral, et que la société revêt généralement une structure capitaliste.[234]

---

[227] A. LALANDE, *Vocabulaire technique et critique de la philosophie*, Paris, Quadrige/Presses Universitaires de France, 1ère Édition : 1926, 2ème Édition : 2006, pp 243-244.
[228] E. AGOSTINI, *Droit comparé*, Paris, PUF, 1988, p 10.
[229] G. CUNIBERTI, *Grands systèmes de droit contemporains*, Paris, L.G.D.J., 2011, p 30.
[230] *Ibid.*
[231] R. DAVID, *Les grands systèmes de droit contemporains*, Paris, Dalloz, 1964, 553 pages.
[232] R. DAVID, *Traité élémentaire de droit civil comparé : Introduction à l'étude des droits étrangers et à la méthode comparative*, Paris, L.G.D.J., 1950, pp 223-224.
[233] *Ibid.*, p 225.
[234] *Ibid.*, p 227 notamment.

Au-delà de ces considérations idéologiques générales, R. David oppose tout de même les deux grands systèmes de droit : la tradition de *common law* et la tradition romano-germanique.[235] L'auteur fait également ressortir les hésitations auxquelles sont sujets les systèmes de droits au regard de leur idéologie commune en 1950. Il précise que « les systèmes que fait le temps se défont et se refont avec le temps », le droit étant un « phénomène politique et social », soumis donc à évolution.[236]

75. K. Zweigert et H. Kötz ont formulé la principale critique de la théorie de R. David, et ont proposé des critères plus nombreux, fournissant une analyse plus précise.[237] Il s'agit du développement historique des droits, du mode de pensée juridique, des institutions particulières les plus remarquables, des sources du droit et de l'idéologie fondant le système juridique.[238] Cette nouvelle classification a permis de faire ressortir des divergences fondamentales au sein des droits occidentaux. Plus particulièrement, entre la tradition romano-germanique et le *common law*, alors clairement opposés.

P. Glenn parle davantage en termes d'identités juridiques présentes en grand nombre au sein de l'Europe.[239] Il fait ressortir que les différentes identités juridiques se mélangent, tout en adoptant une classification différenciant là aussi les traditions de *common law* et romano-germanique.[240]

76. Notre conception de la diversité peut donc se baser sur cette distinction fondamentale et apparaissant majoritairement dans la doctrine comparatiste : la distinction entre *common law* et droits romano-germaniques. Nous allons considérer qu'il y a diversité juridique dans une région dans laquelle cohabitent ces deux traditions. Cette diversité se réalise en effet dans les divergences fondamentales qui existent entre elles.

La doctrine juridique a majoritairement soulevé plusieurs éléments généraux basés sur les travaux de R. David, K. Zweigert et H. Kötz notamment, que nous appliquerons au Canada et à l'Union européenne.

b. Considérations empiriques

77. Les droits issus de la tradition romano-germanique ont largement bénéficié de l'influence du droit romain,[241] alors que les droits de *common law* ont été peu perméables à cette influence. Cela explique de nombreux points de divergences entre ces deux traditions.

---

[235] *Ibid.*, pp 229 & s.

[236] *Ibid.*, p 245.

[237] K. ZWEIGERT, H. KÖTZ, *Introduction to comparative law*, Oxford, Clarendon Press, 1992, 752 pages. Voy. également à ce sujet G. CUNIBERTI, *Grands systèmes de droit contemporains*, Paris, L.G.D.J., 2011, p 16.

[238] K. ZWEIGERT, H. KÖTZ, *op. cit*, p 67. Voy. également à ce sujet G. CUNIBERTI, *op. cit*, p 16.

[239] P. GLENN, *Legal Traditions of the World – Sustainable Diversity in Law*, Oxford University Press, 4th Edition, 2010, p 32 & p 155.

[240] La tradition romano-germanique est appelée *civil law* dans la littérature anglophone. P. Glenn, comme la plupart des auteurs anglo-saxons, ne fait pas de différence majeure entre droits romanistes et droits germaniques. Voy. à ce sujet P. GLENN, *op. cit*, pp 125 & s. notamment ; G. CUNIBERTI, *op. cit*, p 30, note 9.

[241] Le *Corpus Juris Civilis* est redécouvert au XIème siècle en Italie, puis diffusé dans toute l'Europe continentale. Voy. à ce sujet G. CUNIBERTI, *op. cit.*, pp 31-43.

Il apparaît que la règle de droit est formulée de manière générale, et à l'aide de notions abstraites dans les droits issus de la famille romano-germanique. Dans les droits de *common law* au contraire, la règle de droit est formulée par les tribunaux anglais, depuis des siècles. Les notions employées sont moins abstraites et les règles casuistiques sont prédominantes.

Les droits romano-germaniques sont influencés également par l'École de droit naturel et la codification[242], alors que les droits de *common law* ressentent très peu cette influence. La prédominance du droit écrit des premiers tranche avec une tradition plus orale des seconds.[243] Également, les droits de tradition romano-germanique pratiquent une séparation des règles de fond et de procédure quand les droits de tradition de *common law* les imbriquent.[244]

78. Au sein de l'Union européenne, les deux grands systèmes de droit cohabitent et se répartissent les droits des 27 États membres. Les droits italien, espagnol, allemand et français pour ne citer qu'eux, appartiennent à la tradition romano-germanique. Le droit romain s'est en effet diffusé au cours du Moyen-Âge dans toute l'Europe continentale, influant grandement sur les fondements de ces droits. Également, les Codes civils Napoléon de 1804 et allemand de 1896 ont servi de modèles pour les Codes des autres États. Ils sont chacun les symboles des particularités de l'histoire de leur pays.[245] Les idées révolutionnaires françaises et la science juridique allemande sont également diffusées dans l'Europe continentale.[246]

Chaque pays a sa propre histoire et a subi des influences particulières. Nous prenons deux exemples significatifs.

L'Italie a connu à la suite de la chute de l'Empire romain, la conquête lombarde en premier lieu, recevant alors le droit germanique. C'est seulement aux XIIème et XVème siècles que le pays a connu la renaissance du droit romain. Au XIXème siècle, le droit italien fut largement influencé par le droit français, pour enfin développer par la suite son droit propre.[247]

À la suite de la conquête romaine et dès 418, l'Espagne subit la conquête des Wisigoths pour deux siècles. Au départ, deux droits coexistent dans le royaume wisigoth : le droit wisigothique (un droit mi-germanique, mi-gallo-Romain) et le droit romain.[248] À la fin de la monarchie wisigothique, un seul droit s'applique : un droit principalement romain.[249] En 711, l'Espagne est envahie dans sa quasi-totalité par les musulmans. Seuls résistent de petits royaumes chrétiens au nord de la péninsule. Le droit applicable est alors le droit wisigothique pour les chrétiens, et le droit musulman pour les personnes

---

[242] Voy. pour plus de précisions G. CUNIBERTI, *Grands systèmes de droit contemporains*, Paris, L.G.D.J., 2011, pp 43 & s.

[243] M.A. GLENDON, P.G. CAROZZA, C.B. PICKER, *Comparative Legal Traditions*, St Paul, Thomson West, 2008, pp 17 & s. et pp 153 &s.

[244] M. FROMONT, *Grands systèmes de droits étrangers*, Paris, Dalloz, 2005, 197 pages.

[245] M.A. GLENDON, P.G. CAROZZA, C.B. PICKER, *op. cit.*, pp 32-33.

[246] M.A. GLENDON, P.G. CAROZZA, C.B. PICKER, *op. cit.*, p 34 ; Voy. également G. CUNIBERTI, *op. cit.*, pp 43 & s.

[247] M. FROMONT, *op. cit.*, p 50.

[248] La situation est décrite comme tel par le Roi Alaric en 506. Voy. à ce sujet M. FROMONT, *op. cit*, pp 59 & s.

[249] Il s'agit d'une compilation des lois royales wisigothiques de 654 appelée *Liber Judiciorum*. Voy. à ce sujet M. FROMONT, *op. cit*, p 59.

musulmanes, quel que soit le territoire. Dès le XIIème siècle, la renaissance du droit romain et la reconquête chrétienne vont unifier le pays.[250]

Ces deux exemples nous permettent de soulever les différences historiques au regard du traitement du droit, au sein même de la tradition romano-germanique.

L'Angleterre, membre de la Communauté économique européenne depuis 1972, est le berceau de la tradition de *common law*, née au Moyen-Âge. L'Angleterre a connu la domination romaine, mais cela n'a pas marqué son système juridique de façon significative. À l'époque où le *common law* s'est développé, l'Empire romain d'occident s'était effondré, et les juristes n'avaient pas encore redécouvert le droit romain. G. Cuniberti ajoute qu'à l'opposé des juristes continentaux, les juristes anglais n'ont pas développé la pratique d'aller étudier le droit à l'université, mais dans des écoles professionnelles instituées par les professions juridiques de l'époque.[251] La diffusion du droit romain a donc été limitée dans le droit anglais, les échanges se faisant limiter avec les juristes du continent.

La spécificité du droit anglais prend racine dès le Moyen-Âge, lors de l'accession au trône de Guillaume Le Conquérant. Bien qu'ayant fait le serment d'observer « *the laws of England* », c'est-à-dire les coutumes jusque-là appliquées de façon éparse dans tout le royaume, il développe une justice parallèle, la justice royale. La puissance acquise grâce à la bataille d'Hastings de 1066 lui permet d'imposer une large réorganisation de l'État et de constituer un État anglais unifié et centralisé. Au fil des siècles, la justice royale se développe et finit par supplanter les justices seigneuriales, imposant peu à peu par la pratique le *common law*.[252] Il apparaît rapidement que le *common law* ne peut répondre de façon satisfaisante aux justiciables, donnant notamment des réponses trop formalisées et insuffisamment nuancées. Une nouvelle justice parallèle est alors progressivement créée : l'*Equity*. Il s'agit d'une justice moins formaliste et plus créative, rendue par un ecclésiastique de haut rang. [253] Mais l'existence de cette nouvelle justice n'a pas pour conséquence de réformer le *common law* : les juges ignorent quasi totalement les avancées de l'*Equity*. En 1873, les Cours de *common law* et d'*Equity* sont fusionnées car leur dissociation a causé trop de difficultés dans l'organisation judiciaire. Néanmoins, la distinction des deux corps de règles demeure, tout en pouvant être administrés par tout juge anglais.[254]

Le droit anglais s'est diffusé en Irlande, en Écosse et au Pays de Galles. D'un autre côté, les États relevant de la tradition romano-germanique sont très diversifiés dans l'Union. Ils représentent plus de la moitié des États membres. La diversité juridique de l'Union européenne est donc nourrie de l'originalité du droit anglais et des racines communes des droits continentaux.

Le présent exposé résume et généralise grossièrement les traits de cette diversité. Il ressort à tout le moins que deux identités juridiques que la majorité de la doctrine comparatiste oppose, cohabitent au sein de l'Union.

---

[250] *Ibid.*, pp 60 & s.
[251] G. CUNIBERTI, *Grands systèmes de droit contemporains*, Paris, L.G.D.J., 2011, p 80.
[252] Pour plus de précisions voy. *Ibid.*, pp 75 & s.
[253] Pour une analyse plus complète voy. *Ibid.*, pp 80 & s.
[254] *Ibid.*, pp 80-85.

79. Cette diversité européenne a été transmise sur le continent nord-américain. Au sein du Canada, les deux systèmes de droit cohabitent également. Le droit privé issu de l'ancien droit français s'applique dans la province de Québec depuis l'Acte de Québec de 1774, tandis que le droit public y est régi par le droit anglais. Le reste de Canada, des provinces anciennement et exclusivement colonies britanniques, est régi par le droit issu du droit anglais, un droit donc de tradition de *common law*.[255] La Cour suprême du Canada est amenée à certaines occasions à appliquer le Code civil du Québec, tout en respectant une méthodologie propre à la tradition de *common law*.[256]

80. Le Canada et l'Union européenne connaissent donc une situation de diversité juridique, laissant cohabiter deux traditions fortement opposées.[257] Il est important de préciser qu'il ne s'agit pas d'une réalité figée : depuis les débuts de la fédération au Canada, et depuis les débuts de la construction européenne, les deux ordres juridiques ont beaucoup évolué. Ils se sont tous deux enrichis de nouveaux membres, et donc de nouvelles traditions.[258] La diversité juridique semble donc s'être accrue tout au long du processus de construction et de fonctionnement du Canada et de l'Union. D'un autre côté, certains auteurs considèrent que leur évolution respective les a amenés à faire converger sur certains points clés les deux traditions juridiques.[259]

81. Le pluralisme juridique et la diversité juridique jouent, dans leur cadre respectif, un rôle prépondérant au Canada et dans l'Union européenne. Les enjeux liés à ces deux phénomènes sont divers et très importants.

c. Conséquences

82. Montesquieu fait ressortir en son temps que les lois civiles et politiques sont liées à la culture, à la religion des habitants d'un État. Il énonce qu'elles « doivent être tellement propres au peuple pour lequel elles sont faites, que c'est un très grand hasard si celles d'une nation peuvent convenir à une autre »[260]. Selon T. Fleiner, chaque droit est « le plus souvent le résultat d'une longue série d'évènements historiques »[261], représentant l'identité ethnique propre à une communauté de langage, de religion, de culture ou d'histoire.[262] R. Sacco fait également ressortir l'importance du droit

---

[255] Voy. à ce sujet L. SABOURIN, *Le système politique du Canada, Institutions fédérales et québécoises*, Éditions de l'Université d'Ottawa, 1970, pp 21 & s. ; B. LASKIN, *The British Tradition in Canadian Law*, Londres, Stevens & Sons, 1969, pp 4 & s.

[256] M.A. GLENDON, P.G. CAROZZA, C.B. PICKER, *Comparative Legal Traditions*, St Paul, Thomson West, 2008, pp 176-177.

[257] M. FROMONT, *Grands systèmes de droits étrangers*, Paris, Dalloz, 2005, p 7.

[258] *Ibid.*, p 8.

[259] Notamment, M. Fromont fait ressortir qu'au sujet des sources du droit, les droits romanistes font une place plus importante à la jurisprudence, alors que les droits de *common* law recourent de plus en plus au droit écrit. L'auteur relève également qu'une partie du droit économique des pays romano-germaniques subit l'influence du droit de la plus grande puissance économique mondiale : les États-Unis. Voy. à ce sujet *Ibid.*, pp 8 & s.

[260] MONTESQUIEU, *De l'esprit des lois*, tome 1, Paris, GF Flammarion, 1979, p 128.

[261] T. FLEINER, J.T. HOTTINGER, « La pertinence du fédéralisme dans la gestion des diversités nationales », *Revue Internationale de Politique Comparée*, Vol.10, 1, 2003, p 79.

[262] *Ibid.*, p 80.

pour la culture d'un État,[263] tandis que M. Fromont soulève que le droit est résolument le reflet de la société qu'il régit.[264] E. Agostini se place dans le même courant : « il est fatal que chaque civilisation engendre sa propre culture juridique, son propre système normatif ». Le droit est selon lui le « reflet et le modèle de l'ordre social auquel il a vocation à s'appliquer ». L'auteur lie directement la « différence des règles juridiques de pays à pays » à la « diversité des civilisations »[265].

Le lien entre le droit et la société qu'il régit apparaît central dans tous les travaux de droit comparé. Dès lors qu'il y a diversité juridique, il y a également diversité culturelle, politique, religieuse, etc. Selon cette approche, la diversité et les enjeux qu'elle implique dépassent largement le cadre juridique. Selon A.-G. Gagnon, « elle (la diversité) se manifeste comme un nouveau paradigme de la compréhension des phénomènes sociaux »[266].

83. Tout comme le droit est une représentation de sa société, la diversité des droits peut représenter la diversité des systèmes de valeurs au sein d'un champ social. L.-J. Constantinesco établit que « la pluralité d'unités politiques souveraines constitue la principale cause du morcellement juridique actuel ». Selon l'auteur, les rapports entre droit et pouvoir politique sont étroits : « l'un accompagne nécessairement l'autre »[267]. La diversité juridique présente au Canada et dans l'Union implique donc nécessairement la diversité du pouvoir politique. Le droit étant l'exercice du pouvoir politique,[268] les enjeux de sa diversité sont intrinsèquement liés à ceux du pouvoir, ce qui peut favoriser les conflits.

84. La diversité juridique, représentant plus largement une diversité de sociétés, est potentiellement source de conflits entre catégories. Selon T. Fleiner, cela morcelle les communautés politiques.[269] P. Glenn fait ressortir qu'une opposition entre les diverses identités est alors possible.[270]

Michael Burgess pour sa part lie directement diversité et conflit, tant le droit est lié au pouvoir, à ses ressources et ses relations.[271] L'auteur établit que plus la diversité existe en politique, plus nombreux sont les conflits qui s'ensuivent. Le conflit est inhérent à la nature même du politique, et il apparaît comme un « sous-produit de la diversité ». Néanmoins, M. Burgess nuance : le conflit peut se manifester de diverses façons, et il n'est pas forcément négatif. Il peut tout simplement être révélateur de l'état de santé du *polité*, favorisant

---

[263] R. SACCO, « Diversity and Uniformity in the Law », *The American Journal of Comparative Law*, vol.49, 2, Spring 2001, pp 172-173.
[264] M. FROMONT, *Grands systèmes de droits étrangers*, Paris, Dalloz, 2005, p 2 notamment.
[265] E. AGOSTINI, *Droit comparé*, Paris, PUF, 1988, p 9.
[266] A. GAGNON, J. PALARD, B. GAGNON (dir.), *Diversité et identités au Québec et dans les régions d'Europe*, Québec, Presses de l'Université Laval, 2006, p 17.
[267] L.-J. CONSTANTINESCO, *Traité de Droit comparé – Tome I : Introduction au Droit comparé*, Paris, L.G.D.J., 1972, pp 24 & s.
[268] F. HAMON, M. TROPER, *Droit constitutionnel*, Paris, L.G.D.J., 2011, 898 pages.
[269] T. FLEINER, J.T. HOTTINGER, « La pertinence du fédéralisme dans la gestion des diversités nationales », *Revue Internationale de Politique Comparée*, Vol.10, 1, 2003, p 81.
[270] P. GLENN, *Legal Traditions of the World – Sustainable Diversity in Law*, Oxford University Press, 4th Edition, 2010, p 32.
[271] M. BURGESS, « Gérer la diversité dans les États fédéraux : Approches conceptuelles et perspectives comparatives », in A.G. GAGNON, *Le fédéralisme canadien contemporain: fondements, traditions, institutions*, Les Presses de l'Université de Montréal, 2006, p 498.

les débats pour une meilleure évolution de la société. Mais il peut être également négatif, c'est alors un échec du processus politique.[272]

85. Propos conclusifs. - Il apparaît que le Canada et l'Union européenne connaissent une situation où des facteurs agrégatifs et ségrégatifs se rencontrent et s'opposent, ce qui n'est pas sans poser des difficultés. A.-G. Gagnon soulève qu'en raison du lien entre diversité politique et conflit, la stabilité des États dépend largement de leur capacité à traduire cette réalité sur le plan institutionnel. [273] L'objectif au Canada et en Europe est donc d'accompagner « une cohabitation pacifique d'entités diversifiées et multiples »[274]. C'est ce à quoi ils procèdent en mettant en place un même outil de gestion : la dialectique entre autonomie et interdépendance.

Paragraphe II. La dialectique entre autonomie et interdépendance : un même instrument de gestion de la diversité juridique

86. Le Canada et l'Union européenne, face à la présence de facteurs ségrégatifs et agrégatifs, ont trouvé une solution similaire. M. Delmas-Marty propose pour créer un pluralisme ordonné de mettre en place une « conjugaison de l'un et du multiple »[275]. Afin de répondre aux rapports de force influant sur leur ordre juridique, le Canada et l'Union ont appliqué ce que M. Delmas-Marty théorisera plus tard : la conjugaison entre l'union et la diversité, en utilisant un outil particulier. Il s'agit de la dialectique entre autonomie et interdépendance (*A*-) ; un outil de gestion de la diversité juridique tant au Canada qu'en Europe (*B*-).

A. Le principe de la dialectique entre autonomie et interdépendance

87. « Un cliché (qui, comme bien des clichés, n'est pas totalement dénué de fondement) veut que le fédéralisme permette de concilier l'unité et la diversité au sein d'une même société »[276]. Comme le soulève J.-F. Gaudreault-Desbiens, la conciliation de ces deux idéaux qui apparaissent contradictoires est largement rattachée dans la doctrine aux thèses du fédéralisme.

K.C. Wheare définit le principe fédéral comme « la méthode de division des pouvoirs en fonction de laquelle les gouvernements généraux et régionaux sont chacun dans leur sphère de pouvoir, coordonnés et indépendants »[277]. D.-J. Elazar en propose une définition que F. Rocher considère comme quasi

---

[272] *Ibid.*, pp 489-491.

[273] A.G. GAGNON, *op. cit.*, p 431.

[274] A. GAGNON, J. PALARD, B. GAGNON (dir.), *Diversité et identités au Québec et dans les régions d'Europe*, Québec, Presses de l'Université Laval, 2006, p 14.

[275] M. DELMAS-MARTY, M.-L. IZORCHE, « Marge nationale d'appréciation et internationalisation du droit, Réflexions sur la validité formelle d'un droit commun pluraliste », *RIDC*, vol.52, 4, 2000, pp 764-767.

[276] J.-F. GAUDREAULT-DESBIENS, F. GELINAS (dir.), *Le Fédéralisme dans tous ses états : gouvernance, identité et méthodologie – The states and moods of federalism : governance, identity and methodology*, Cowansville (Québec), Éditions Y. Blais, Bruxelles, Bruylant, 2005, p 8.

[277] K.C. WHEARE, *Federal Government*, 4ème édition, Londres, Oxford University Press, 1963, p 11. Voy. également F. ROCHER, « La dynamique Québec-Canada ou le refus de l'idéal fédéral », in A.G. GAGNON, *Le fédéralisme canadien contemporain: fondements, traditions, institutions,* Les Presses de l'Université de Montréal, 2006, p 96.

universelle et selon laquelle « les principes fédéraux s'intéressent à la combinaison de l'autonomie et de l'interdépendance »[278]. Selon D.-J. Elazar, le principe fédéral permet « la perpétuation d'une union et d'une non-centralisation »[279]. P. J. Proudhon évoque la dualité propre à tout système fédéral, qu'il décrit avec des termes différents : l'autorité et la liberté.[280] G. Burdeau relève également les principes d'autonomie et de participation comme aspects moraux du fédéralisme.[281]

88. La doctrine est particulièrement riche au sujet des principes mêmes fondant le fédéralisme : participation, autonomie, union, non-centralisation, les concepts ne manquent pas. Mais peu d'auteurs ont fait ressortir explicitement et de façon précise l'ensemble des éléments participant à la tension entre autonomie et interdépendance. De même, les auteurs rattachent généralement directement cette tension au fédéralisme, alors que d'autres formes d'organisations connaissent cette problématique.

P. Glenn notamment propose d'établir, pour les régions où cohabitent plusieurs identités juridiques et sans parler de fédéralisme, une sorte de *Ius commune*, car il a la capacité de préserver l'unité dans la diversité.[282]

F. Rocher propose une lecture plus complète de cette tension en utilisant la métaphore du triptyque. Deux principes sont au centre de ce triptyque : l'autonomie et l'interdépendance. Chacun de ces principes implique d'autres principes corollaires, participant à la tension permanente entre les deux.[283]

L'auteur relève comme postulat de départ l'existence du pluralisme, de l'hétérogénéité dans une société. Selon lui, peu importe l'origine et la façon dont le pluralisme social s'est politiquement constitué, l'important est qu'il y ait de nombreuses et profondes divergences de vues entre groupes sociaux territorialement constitués.[284] Nous avons établi l'existence de ce pluralisme au Canada et dans l'Union.[285]

Selon F. Rocher, les minorités doivent gouverner conjointement et leur autonomie doit être aussi large que possible. C'est la première branche du triptyque : le principe d'autonomie. L'auteur précise qu'une coexistence du pouvoir de la structure centrale avec une marge d'autonomie des groupes hétérogènes est nécessaire. Ces groupes doivent avoir le pouvoir de gérer leurs propres affaires, disposer d'un ordre juridique et de compétences propres. Cette autonomie se réalise grâce à l'octroi de moyens financiers, administratifs

---

278 F. ROCHER, *op. cit.*, p 96.

279 « [...] the essence of the federal principle : the perpetuation of both union and noncentralization ». L'auteur complète : « Federalism is the mode of political association and organization that unites separate polities within a more comprehensive political system in such a way as to allow each to maintain its own fundamental political integrity ». Voy. D.-J. ELAZAR, *Federalism Theory and Application*, vol. 1, HSRC Press, 1995, pp 1 & s.

280 P.-J. PROUDHON, *Du principe Fédératif et de la Nécessité de Reconstituer le Parti de la Révolution*, E.Dentu, Paris, 1863, pp 19 & s.

281 F. ROCHER, *op. cit*, p 102.

282 « [...] ability to preserve unity in diversity ». Voy. P.H. GLENN, P.M. LAING, *On Common Laws*, Oxford Scholarship Online, Janvier 2010, p 11 notamment.

283 Voy. à ce sujet le schéma explicatif proposé par l'auteur dans F. ROCHER, « La dynamique Québec-Canada ou le refus de l'idéal fédéral », in A.G. GAGNON, *Le fédéralisme canadien contemporain: fondements, traditions, institutions,* Les Presses de l'Université de Montréal, 2006, p 102.

284 *Ibid.*, pp 102-103.

285 Voir *supra* §67 & s.

et législatifs à chaque groupe. Le principe d'autonomie s'applique dans les mêmes termes à la structure centrale.[286] L'autonomie permet de respecter l'hétérogénéité sociale et la diversité notamment juridique et politique de la société.

La seconde branche du triptyque de F. Rocher est le principe d'interdépendance. L'auteur affirme que l'interdépendance part de la nécessité d'établir des contacts réciproques. L'objectif est de créer un « espace pluriforme » où doit s'exprimer la solidarité entre les groupes hétérogènes.[287] C'est ce que Brugmans appelle « un régime de mutualités »[288]. Cette interdépendance est horizontale : chaque décision prise par un groupe hétérogène peut affecter les autres groupes. Également, cette interdépendance est verticale : entre l'entité centrale et les groupes hétérogènes. Elle se réalise par le biais d'institutions communes. F. Rocher relève l'impératif de coopération et de participation pour donner corps au principe d'interdépendance.[289]

Le tout forme un ensemble où des communautés différentes reconnaissent à la fois leur diversité et leur besoin de solidarité. Cela crée une « tension créatrice entre dynamiques d'autonomie et de coopération »[290]. Cette tension permet une « autonomie réelle, avec la plus grande part de démocratie qui soit réalisable », coexistante avec une « coopération sous l'égide d'organes [...], responsables des tâches communes ».[291]

89. Le triptyque proposé par F. Rocher permet de représenter de façon plus précise la conjugaison de l'union et de la diversité. Cet entre-deux de l'autonomie et de l'interdépendance, cette conjugaison, nous pouvons la nommer *dialectique* car elle suppose à la fois un dialogue, mais également une inséparabilité entre deux contradictoires.[292]

Le Canada et l'Union européenne se servent dès leurs origines de cette dialectique pour assurer leur construction et leur fonctionnement. Elle permet de répondre à la présence des facteurs agrégatifs et ségrégatifs relevés par Morin dès les origines des deux ordres juridiques.

B. L'utilisation de la dialectique comme outil de gestion de la diversité au Canada et dans l'Union

90. Le Canada (*2-*) et l'Union européenne (*1-*) ont en commun d'avoir créé leur propre outil de gestion de la diversité, un outil qui présente de grandes similitudes entre les deux ordres juridiques.

---

[286] F. ROCHER, *op. cit*, pp 102-103.
[287] *Ibid.*, p 105.
[288] *Ibid.*, p 106.
[289] *Ibid.*, pp 105-107.
[290] *Ibid.*, p 97.
[291] F. ROCHER, « La dynamique Québec-Canada ou le refus de l'idéal fédéral », in A.G. GAGNON, *Le fédéralisme canadien contemporain: fondements, traditions, institutions,* Les Presses de l'Université de Montréal, 2006, p 97.
[292] Le terme « dialectique » vient du grec et signifie à l'origine « art du dialogue et de la discussion ». Concept polysémique, la dialectique selon Hegel consiste à « reconnaître l'inséparabilité des contradictoires, à découvrir le principe de cette union dans une catégorie supérieure ». Voy. à ce sujet A. LALANDE, *Vocabulaire technique et critique de la philosophie*, Quadrige/Presses Universitaires de France, 1ère Édition : 1926, 2ème Édition : 2006, Paris, pp 225-227.

1. En Europe

91. Dès la fin du Moyen-Âge, l'idée d'une Europe unie est évoquée. Les précurseurs de l'idée européenne souhaitent avant tout faire régner la paix sur le continent. Mais les conditions n'ont pas été toutes réunies pour mettre en pratique cet idéal. C'est beaucoup plus tard que cela va se réaliser.[293]

Suite à la Seconde Guerre mondiale, un changement radical des conditions dans lesquelles se trouvaient les pays européens a eu lieu. L'Europe est ruinée : il ne s'agit plus d'un déclin comme lors de l'entre-deux-guerres. Comme le soulève Pierre Gerbet, il s'agit d'un effondrement.

92. C'est Winston Churchill qui lance la campagne d'opinion en faveur de l'unité européenne en septembre 1946. Si l'opinion française estime prématuré le rapprochement entre la France et l'Allemagne, l'action de Churchill sur l'opinion permet de lancer une série de mouvements en faveur d'une unité européenne continentale.[294] Ces mouvements européens relèvent en fait de tendances politiques et économiques différentes, et surtout de deux conceptions de l'unité européenne : fédération ou simple association.

La doctrine des fédéralistes[295] repose sur les conceptions proposées par P.-J. Proudhon. Ils préconisent d'une part l'assouplissement des structures étatiques trop fortes, en décentralisant, et d'autre part de réduire la souveraineté absolue des États, en transférant une partie de leurs pouvoirs à une autorité fédérale.[296] D'un autre côté, d'autres mouvements proposent une union : coopération ou association entre États souverains. L'United Europe Movement et le Conseil français pour l'Europe Unie ont préconisé par exemple la création d'une sorte de Commonwealth européen ou de confédération. D'autres mouvements se sont créés, représentant le milieu des affaires (la Ligue européenne de Coopération économique), ou encore sur le plan syndical.

Un foisonnement de mouvements a lieu, à tel point qu'on crée en novembre 1947 un comité de coordination.[297] Ce comité organise le premier rassemblement des mouvements européens : le congrès de La Haye du 7 au 10 mai 1948. Émergent alors deux tendances : les fédéralistes et les unionistes (en majorité britanniques). Il ressort de ce congrès un « programme minimum d'organisation européenne » déjà marqué par un esprit important de compromis.[298] Les fédéralistes ont cédé aux unionistes le caractère constituant d'une assemblée réunissant les parlementaires nationaux. La commission économique et sociale a montré les dangers de la reconstruction dans des cadres nationaux trop restrictifs. Selon Denis de Rougemont, « tout est sorti » de ce congrès : d'un côté les principes généraux du marché commun, les premières institutions européennes, parlementaires, juridiques, culturelles,

---

[293] P. GERBET, *La Construction de l'Europe*, Paris, Armand Colin, 2007, p 9.

[294] *Ibid.*, p 39.

[295] Les fédéralistes sont majoritairement représentés par l'Union Européenne des Fédéralistes créée à Paris en 1946. Voy. à ce sujet *Ibid.*

[296] Les propositions des fédéralistes apparaissent beaucoup plus diversifiés, avec d'autres groupements comme le Mouvement Socialiste pour les États-Unis d'Europe, ou les Nouvelles Équipes Internationales, animé par l'esprit chrétien. Pour plus de précisions voy. P. GERBET, *op. cit*, p 40 notamment.

[297] *Ibid.*, p 41.

[298] *Ibid.*, p 42.

etc. ; d'un autre côté, « le refus de doter ces institutions d'un pouvoir de décision politique »[299].

On voit déjà se dessiner les prémices de la problématique qui va sous-tendre l'organisation de l'Europe pour les décennies à venir : d'une part une volonté d'union avec une collaboration entre les pays au sein d'institutions communes et, d'autre part, une autonomie sauvegardée c'est-à-dire une absence de pouvoir de décision politique octroyé à ces institutions. Les États conservent donc la mainmise sur leurs ordres juridique et politique.

93. Le congrès de La Haye crée un mouvement européen encadrant et coordonnant les différents groupements déjà existants. Cette nouvelle structure a pour objectif d'envisager les divers problèmes politiques, économiques et techniques posés par l'union de l'Europe. C'est dans ce cadre qu'a lieu le congrès de Bruxelles en février 1949, dont les suggestions servent de base à l'institution de Conseil de l'Europe et de son assemblée consultative. Également, il organise la conférence de Westminster d'avril 1949, dont les propositions serviront de base lors de la rédaction des traités de Rome.[300]

Ainsi, les mouvements européens ont rapidement élaboré un programme d'action européen. Les conservateurs britanniques, très influents au sein de ce mouvement,[301] sont de tendance unioniste et permettent de faire emporter cette tendance sur les propositions de fédéralisme. De plus, une idée préconçue est propagée au sujet du fédéralisme : il créerait une concentration des pouvoirs au profit de l'entité fédérale.[302]

Les propositions formulées aux gouvernements sont donc unionistes.[303] La tâche des gouvernements va s'avérer complexe au regard du contexte politique de l'époque, qui va déformer quelque peu les propositions de départ.

94. La période clé se déroule en 1950, alors que le Conseil de l'Europe peine à trouver une autorité, que la guerre froide bat son plein et que les relations franco-allemandes sont toujours à préciser.

R. Schuman, alors au Quai d'Orsay, est face à un dilemme. La réalisation d'une communauté européenne apparaît nécessaire, de même que le règlement des relations franco-allemandes. Mais il ressort qu'une intégration économique totale n'est pas envisageable : la disparité des prix de production est trop importante, surtout entre l'Allemagne et la France. Également, une fédération politique est trop ambitieuse au vu des résistances déjà exprimées et de « l'impuissance du Conseil de l'Europe »[304].

De même, la question de la méthode à appliquer pour mener les relations avec l'Allemagne se pose. R. Schuman écrira bien plus tard à ce sujet :

> On appliquait une politique nouvelle avec des méthodes anciennes ; c'est-à-dire, on faisait bien des concessions très larges, importantes, bien intentionnées, mais

[299] *Ibid.*, p 43.

[300] P. GERBET, *La Construction de l'Europe*, Paris, Armand Colin, 2007, p 44.

[301] Winston Churchill n'est autre qu'un des présidents d'honneur du Mouvement européen. Voy. à ce sujet *Ibid.*, pp 44 & s.

[302] Voy. à ce sujet N. LEVRAT, « L'Union européenne, Une Fédération Internationale », J.-F. GAUDREAULT-DESBIENS, F. GELINAS (dir.), *Le Fédéralisme dans tous ses états : gouvernance, identité et méthodologie – The states and moods of federalism : governance, identity and methodology*, Cowansville (Québec), Éditions Y. Blais, Bruxelles, Bruylant, 2005, p 286.

[303] P. GERBET, *op. cit*, p 44.

[304] *Ibid.*, pp 78-79.

toujours âprement marchandées, concessions que les vainqueurs réticents méfiants, se laissaient arracher par une nation qui avait été vaincue et se trouvait humiliée du fait qu'elle devait les mendier, mais qui avait d'autre part, de plus en plus, la conscience de sa force renaissante.[305]

La question de l'Allemagne est centrale : il faut la mettre hors d'état de nuire, mais d'une façon honorable, acceptable et sans lui refuser l'égalité des droits.[306]

J. Monnet lui apporte la solution. Son idée est de mettre en commun les intérêts essentiels, en créant une communauté réelle entre partenaires. Pour cela, sans perdre de vue l'unité économique, il faut avancer progressivement et choisir des secteurs qui constitueraient une base pour la future union.[307]

J. Monnet et R. Schuman réalisent un accord de principe : ce sera le discours du 9 mai 1950. Dans ce discours, R. Schuman propose, au nom du gouvernement français, une « solidarité de fait », sur un point limité : le charbon et l'acier. L'objectif est de réaliser « une fusion d'intérêts indispensable » et surtout « (d'introduire) le ferment d'une communauté plus large et profonde entre des pays longtemps opposés par des divisions sanglantes ». Ce sont les « premières assises concrètes d'une fédération européenne indispensable à la préservation de la paix »[308]. Ressort de cette Déclaration le Traité CECA signé à Paris le 18 avril 1951. L'ensemble institutionnel mis sur pied présente déjà, selon P. Gerbet, « un aspect fédéral ».

95. On remarque surtout, en dehors de cette question fédérale, que les États membres[309] transfèrent dans ce secteur précis certaines de leurs compétences étatiques à une Haute Autorité indépendante de ces États, et dont les décisions s'appliquent directement aux ressortissants et aux entreprises.[310] Une assemblée commune, une Cour de justice et un Conseil spécial des ministres sont également institués, sans pour autant que le tout soit chapeauté par une constitution. Simplement : un « traité-loi » rigide destiné à limiter la liberté d'action de la Haute Autorité dont les pouvoirs sont importants, est signé et ratifié.[311]

Avec le Traité CECA, une partie de l'Europe s'inscrit dans une logique de dialectique entre autonomie et interdépendance. Chaque État conserve des compétences, tandis qu'ils agissent solidairement dans un secteur précis. Cette idée matricielle va sous-tendre toute la construction européenne. Les phases d'intégration successives vont se dérouler selon le même principe : un élargissement secteur par secteur, en respectant la dialectique établie en 1950.

96. Lors des négociations pour les Traités de Rome et la réalisation du marché commun, l'expression des facteurs ségrégatifs va réellement peser. Les six États sont d'accord sur le principe d'un marché commun, mais les modalités font l'objet de grandes divergences. Il se trouve que l'Allemagne et les pays du Benelux sont des pays fortement exportateurs et des adeptes du libéralisme économique. Ils se placent donc en faveur d'un désarmement

---

[305] *Ibid.*, p 78.
[306] *Ibid.*, pp 78 & s.
[307] *Ibid.*, pp 79-80.
[308] *Ibid.*, p 84.
[309] La France, l'Allemagne, l'Italie, les Pays-Bas, la Belgique et le Luxembourg sont les premiers membres des deux traités de Rome.
[310] P. GERBET, *La Construction de l'Europe*, Paris, Armand Colin, 2007, p 94.
[311] *Ibid.*

douanier avec un tarif extérieur bas. La France et l'Italie sont des pays moins compétitifs, et souhaitent à ce titre une certaine protection extérieure et des mécanismes régulant le marché. La France fait office d'exception en exprimant en grand nombre d'exigences. Principalement, il s'agit de garantir l'harmonisation des charges sociales, la politique agricole et l'association des territoires d'outre-mer. En ce qui concerne la politique agricole, les Français et les Allemands, souhaitant un système organisé et protectionniste, s'opposent aux Néerlandais, très compétitifs, souhaitant le plus grand libéralisme possible.[312]

Les Traités de Rome créant la CEEA[313] et la Communauté économique européenne sont signés le 25 mars 1957 après de longues négociations. Ils reprennent le schéma général de la CECA. L'Assemblée parlementaire et la Cour de justice de la CECA deviennent compétentes pour les deux nouvelles communautés, et on élargit leur sphère d'action. Les changements les plus importants se font au regard de la structure de l'exécutif.[314]

On reprend donc le principe posé lors du discours de R. Schuman : on favorise la solidarité tout en sauvegardant les autonomies. La dialectique apparaît dès lors explicitement dans le Traité : l'article I-8 du Traité CEE instaure la devise de la Communauté qui est dorénavant « l'Unité dans la diversité »[315].

97. Au fil des années et des traités, la matrice de la dialectique autonomie/interdépendance demeure. Le mode opératoire est similaire à chaque révision des traités : on conserve le principe et on en modifie les modalités d'application. Le Traité de Bruxelles de 1967 crée une seule Commission et un seul Conseil pour les trois communautés européennes existant à l'époque (CEE, Euratom, CECA). L'Acte unique de 1986 étend le vote à la majorité qualifiée au sein du Conseil, et crée des procédures de coopération et d'avis conforme, donnant plus d'influence au Parlement. Le Traité de Maastricht de 1992 crée l'Union européenne et introduit la procédure de codécision, qui donne plus de poids au Parlement dans les prises de décision. Il instaure de nouvelles formes de coopération entre les États membres, par exemple dans les domaines de la défense, de la justice et des affaires intérieures. Le Traité d'Amsterdam de 1997 permet de mettre en place un processus décisionnel plus transparent, et le Traité de Nice de 2001 crée de nouvelles méthodes pour modifier la composition de la Commission et redéfinir le système de vote au Conseil. Enfin le Traité de Lisbonne de 2007 procède à un renforcement des pouvoirs du Parlement européen, une modification des procédures de vote au Conseil, une introduction de l'initiative citoyenne, une instauration d'une présidence stable du Conseil européen, et à la création du poste de haut représentant de l'Union pour les affaires étrangères et d'un nouveau service diplomatique européen.

---

[312] Pour plus de précisions voy. notamment *Ibid.*, pp 153 & s.

[313] Communauté européenne de l'énergie atomique.

[314] P. GERBET, *op. cit*, p 156.

[315] N. LEVRAT, « L'Union européenne, Une Fédération Internationale », J.-F. GAUDREAULT-DESBIENS, F. GELINAS (dir.), *Le Fédéralisme dans tous ses états : gouvernance, identité et méthodologie – The states and moods of federalism : governance, identity and methodology*, Cowansville (Québec), Éditions Y. Blais, Bruxelles, Bruylant, 2005, p 286.

98. La dialectique apparaît dans les deux traités réformés par le Traité de Lisbonne : le Traité sur l'Union européenne (Traité UE) et le Traité sur le fonctionnement de l'Union européenne (Traité FUE). Ils contiennent chacun une partie de la dialectique.

L'alinéa 1 du Préambule du Traité sur le Fonctionnement de l'Union européenne dispose que l'objectif de l'Union est « d'établir les fondements d'une Union sans cesse plus étroite entre les peuples européens »[316]. D'un autre côté, l'article 4 du Traité sur l'Union européenne dispose que l'Union « respecte [...] (l')identité nationale (des États membres), inhérente à leurs structures fondamentales politiques et constitutionnelles, y compris en ce qui concerne l'autonomie locale et régionale »[317]. M. Delmas-Marty confirme cette allégation : les traités instituent « une oscillation entre les deux dynamiques » centrifuge et centripète.[318]

99. L'Union européenne semble donc bien se placer dans la matrice posée par le discours de R. Schuman et le Traité CECA, celle de la dialectique entre autonomie et interdépendance. Elle se réalise au niveau institutionnel et surtout au niveau de partage des compétences.[319]

2. Au Canada

100. Les prémices d'une dialectique autonomie/interdépendance se trouvent au Canada dans l'avènement du fédéralisme. P. de Sales Latterrière tente en 1831 de proposer à Westminster une fédération impériale, accordant aux colonies une représentation directe à Londres. Le contexte au Bas-Canada (Québec d'aujourd'hui) lui est favorable puisque les patriotes commencent à progressivement envisager une conception fédérative des relations entre les colonies et Londres. Le projet de 1834 envisage une autonomie de la colonie dans les affaires internes, et un droit de regard sur sa constitution.[320]

Avant même l'indépendance et la construction du Dominion, des prémices de dialectique apparaissent donc. Mais le Parlement de Londres refuse cette proposition.

101. Les propositions comportant une idée de dialectique autonomie/interdépendance abondent tant aux États-Unis qu'en Angleterre dès les années 1760. L'histoire américaine fournit beaucoup de projets en ce sens, dont les pères fondateurs du Dominion vont se servir. Par exemple, le juge W. Smith de l'État de New York propose vers 1764 un plan de fédération des colonies britanniques américaines afin de contrer les prémices révolutionnaires.[321] À Londres, A. Smith présente un projet d'union impériale

[316] Traité sur le Fonctionnement de l'Union européenne, C-83/49.
[317] Article 4, Traité sur l'Union européenne, C-83/18. Voy. également Article 1-5 du Traité de Lisbonne.
[318] M. DELMAS-MARTY, *Le Pluralisme Ordonné - Les Forces Imaginantes du Droit (II)*, Paris, Éditions du Seuil, p 73.
[319] Voy. à ce sujet *infra* §526 & s.
[320] M. CHEVRIER, « La genèse de l'idée fédérale chez les pères fondateurs américains et canadiens », in A.G. GAGNON, *Le fédéralisme canadien contemporain: fondements, traditions, institutions,* Les Presses de l'Université de Montréal, 2006, p 24.
[321] *Ibid.*, p 25.

entre la métropole et les colonies américaines. Il leur assure notamment une représentation minoritaire au Parlement britannique.[322]

Les loyalistes du Haut-Canada (Ontario d'aujourd'hui)[323] reprennent les idées développées par les loyalistes américains pour développer une union fédérale très centralisée. L'idée fédérale fait donc son chemin de 1764 à 1860.

102. Durant cette période, plusieurs éléments installent progressivement la dialectique autonomie/interdépendance.

Avant la première révolution industrielle anglaise des années 1830, les colonies britanniques ont une économie principalement basée sur l'agriculture. C'est l'apogée du libéralisme. La cellule familiale prend en charge la majorité des risques sociaux : vieillesse, maladie, infirmité, chômage. La politique économique favorise le développement économique par l'établissement d'un réseau de chemin de fer et d'un système de canaux.[324] Londres a réussi à établir une certaine stabilité dans ses relations avec ses colonies canadiennes.[325]

103. Deux évènements viennent bouleverser l'ordre établi par la politique coloniale britannique : l'indépendance américaine et la révolution industrielle anglaise.

L'indépendance américaine a pour conséquence l'exil des loyalistes, colons américains ne s'étant pas associés à la révolte contre l'Angleterre. Les loyalistes viennent s'établir dans les Maritimes, et l'est du Québec, le long des lacs Érié et Ontario.[326] La présence des loyalistes au Canada va être à l'origine de nombreux conflits : réfractaires aux Lois civiles françaises,[327] ils exigent une représentation et la formation d'une nouvelle province au sein du Canada. Une série de conflits éclate entre les francophones et les anglophones au sein de la colonie. Cela entraîne l'édiction de l'Acte constitutionnel de 1791,[328] puis une rébellion en 1837 qui produira l'Acte d'Union de 1840.[329] Ces tentatives anglaises n'arrivent cependant pas à endiguer le phénomène. Cela débouche sur une crise politique dans le Canada Uni, qui cristallise le problème : aucune politique n'est susceptible de satisfaire complètement les deux groupes culturels qui s'affrontent régulièrement. Après l'échec de l'Acte d'Union, il

---

[322] Voy. à ce sujet A. SMITH, *An Inquiry into the Nature and Causes of the Wealth of Nations*, Digireads.com Publishing, 2009, 576 pages. Voy. également M. CHEVRIER, *op. cit*, p 25.

[323] Voy. à ce sujet M. PATRY, « Évolution historique du système politique canadien », in L. SABOURIN, *Le système politique du Canada, Institutions fédérales et québécoises*, Éditions de l'Université d'Ottawa, 1970, p 24.

[324] M. LAMONTAGNE, *Le Fédéralisme canadien : Évolution et problèmes*, Québec, Les Presses de l'Université Laval, 1954, p 11.

[325] Notamment au Québec grâce à l'Acte de Québec de 1774 qui permet une certaine détente dans les rapports avec les francophones. Voy. à ce sujet M. PATRY, « Évolution historique du système politique canadien », in L. SABOURIN, *Le système politique du Canada, Institutions fédérales et québécoises*, Éditions de l'Université d'Ottawa, 1970, pp 23-24.

[326] *Ibid.*, pp 23-24.

[327] Les Lois civiles françaises sont en vigueur grâce à l'Acte de Québec de 1774. Voy. *infra* §307.

[328] Séparant le Canada en Haut-Canada et Bas-Canada, afin de séparer les deux groupes culturels.

[329] L'Acte d'Union réunit à nouveau les deux colonies dans le Canada Uni. Voy. à ce sujet le Rapport Durham qui condamne notamment la politique coloniale anglaise et qui conseille au parlement impérial une union des deux colonies dans l'objectif d'assimiler le peuple canadien-français, dont un résumé est proposé dans M. PATRY, *op. cit.*, p 26.

paraît évident que les deux groupes doivent une nouvelle fois être séparés.[330] Cette crise politique va déclencher en partie le mouvement d'union fédérative des colonies britanniques.

Le second évènement tient dans la révolution industrielle anglaise et ses conséquences au Canada. Cette révolution permet de mettre en place les facteurs agrégatifs nécessaires à l'idée d'une Union.[331] Une forte centralisation économique apparaît indispensable pour endiguer la crise économique et favoriser la reprise. C'est ce second évènement qui pousse réellement les représentants des colonies à agir.

104. De ces deux évènements va naître un compromis entre deux groupes politiques. Le premier groupe souhaite une forte centralisation, allant jusqu'à une union législative, afin de réaliser les ambitions économiques. Le second groupe insiste sur la non-centralisation pour préserver la diversité des cultures et des conceptions sociales. La crise politique entre les francophones et les anglophones n'est pas étrangère aux fondements de leurs arguments. M. Lamontagne relève que « les deux groupes ont gagné leur point [...], la politique économique a été centralisée, et la politique sociale [...] décentralisée »[332].

105. Lors des conférences de Charlottetown et de Québec (1864), les ministres canadiens et des Maritimes établissent 72 résolutions qui serviront de base à la discussion à la conférence de Londres de 1866. John A. MacDonald fait ressortir dans un discours de février 1865, lors du débat à l'Assemblée législative du Canada uni, la dominante de ce plan. Il « possède le double avantage de nous donner la puissance d'une union législative et la liberté d'une union fédérale »[333]. La dialectique autonomie/interdépendance ressort bien de ce plan. Cette assertion est confirmée par le texte adopté à Londres en 1866 : l'Acte d'Amérique du Nord britannique.

Entrée en vigueur le 1er juillet 1867, cette nouvelle Constitution regroupe quatre provinces : le Québec, l'Ontario, le Nouveau-Brunswick et la Nouvelle-Écosse.[334] Il s'agit d'un remaniement constitutionnel permettant à des colonies autrefois indépendantes les unes des autres de s'unir en abandonnant à un gouvernement central une partie de leurs pouvoirs et prérogatives. Le lien avec l'Angleterre est donc toujours présent.[335]

106. On confie au gouvernement les grandes tâches de l'État, afin de réaliser un marché unique, une unification de la monnaie, l'extension du territoire jusqu'au Pacifique et la défense commune du pays. D'un autre côté, les administrations locales interviennent dans les domaines de l'éducation, de la santé, des services sociaux, des affaires municipales, et de la propriété et les

---

[330] *Ibid.*, p 29.

[331] Voy. *supra* §54 & s.

[332] M. LAMONTAGNE, *Le Fédéralisme canadien : Évolution et problèmes*, Québec, Les Presses de l'Université Laval, 1954, p 12.

[333] Le terme « fédéral » à cette époque fait l'objet d'une diversité de significations, et n'a pas de sens bien fixé. Voy. à ce sujet M. PATRY, « Évolution historique du système politique canadien », in L. SABOURIN, *Le système politique du Canada, Institutions fédérales et québécoises*, Éditions de l'Université d'Ottawa, 1970, p 35.

[334] Tout comme la Communauté Économique européenne devenue Union européenne, le Dominion va progressivement s'élargir : avec le Manitoba en 1870, la Colombie-Britannique en 1871, l'Île du Prince Édouard en 1873, la Saskatchewan et l'Alberta en 1905 et Terre-Neuve en 1949.

[335] M. PATRY, *op. cit*, p 30.

droits civils. Les gouvernements provinciaux détiennent certains contrôles législatifs, l'administration de la justice et du domaine public. Ils doivent enfin suppléer aux municipalités quand celles-ci ne sont pas en mesure d'accomplir leur rôle.[336]

107. La dialectique apparaît donc en prémices, et c'est quand les provinces vont défendre leur autonomie qu'elle va prendre toute son ampleur.[337] La politique économique menée par le gouvernement fédéral ainsi que la crise économique crée des répercussions régionales défavorables de 1873 à 1896.[338] Le Québec se trouve en conflit régulier avec le gouvernement fédéral. L'Ontario, le Manitoba, la Colombie-Britannique et les provinces maritimes expriment également un mécontentement prégnant au sujet de la politique fédérale de construction des chemins de fer, le contrôle des terres de l'Ouest et le régime douanier.

108. Une première affirmation collective des « droits provinciaux » a lieu lors de la conférence interprovinciale de 1887. Elle est soutenue par le peuple et le Comité judiciaire du Conseil privé de Londres.[339]

Le peuple est un soutien important car la confédération s'est construite sans lui : elle est l'œuvre d'un groupe restreint de chefs politiques et d'hommes d'affaires.[340] Également, au regard des moyens de communication de l'époque, le gouvernement en est éloigné.

Le Comité judiciaire du Conseil privé est un second allier précieux : de 1881 à 1925, ses décisions permettent d'affirmer le pouvoir souverain des provinces, puis à étendre leurs responsabilités législatives et administratives, notamment en matière de taxation. [341] Il en résulte une augmentation importante des responsabilités, dépenses et sources de revenus des législatures provinciales.

109. Il est important de préciser à ce stade que les éléments constituant la dialectique autonomie/interdépendance au Canada s'expriment de manière différente suivant l'origine de l'observateur.

Selon F. Rocher, l'interprétation de la Constitution telle qu'opérée par le rapport de la Commission Tremblay[342] insiste sur les aspects d'autonomie des provinces. D'un autre côté, le rapport de la Commission Rowell-Sirois[343] insiste davantage sur les éléments d'interdépendance.[344] Ce qui ressort de ces deux rapports, c'est tout de même l'intention idéologique : « l'équilibre entre les tendances vers l'unité et la pluralité »[345].

---

[336] M. LAMONTAGNE, *Le Fédéralisme canadien : Évolution et problèmes*, Québec, Les Presses de l'Université Laval, 1954, p 15.

[337] *Ibid.*, pp 17 & s.

[338] Pour plus de précisions voy. *Ibid.*, pp 22 & s.

[339] Dernier tribunal d'appel pour les affaires canadiennes jusqu'en 1949.

[340] Voy. à ce sujet M. LAMONTAGNE, *op. cit.*, p 23.

[341] Voy. notamment *Liquidators of the Maritime Bank of Canada* v. *Receiver-General of New Brunswick,* [1892] A.C. 437, 440-442. Ainsi que *Citizens Insurance Company of Canada* v. *Parsons,* [1881-82] 7 A.C. 96, 108 ; *Hodge* v. *The Queen,* [1883] 9 A.C. 117, 132 ; *A.-G. for Ontario* v. *A.-G. for Canada,* [1896] A.C. 348, 360 et 361 ; *In re the Initiative and Referendum Act,* [1919] A.C. 935, 942. Voy. également M. LAMONTAGNE, *op. cit.*, pp 24-25.

[342] De facture québécoise.

[343] Dont les membres sont à dominante anglo-saxonne.

[344] F. ROCHER, « La dynamique Québec-Canada ou le refus de l'idéal fédéral », in A.G. GAGNON, *Le fédéralisme canadien contemporain: fondements, traditions, institutions,* Les Presses de l'Université de Montréal, 2006, pp 111 & s.

[345] *Ibid.*, p 113.

110. Il est plus clair de revenir au texte même de la Constitution canadienne en la matière : la *Loi constitutionnelle de 1867*.[346] La dialectique s'y réalise au niveau institutionnel : l'article 21 dispose que le Sénat et composé de quatre divisions, représentant chacune une province. Le principe de participation est donc bien représenté.

En ce qui concerne le partage des compétences, les articles 91, 92 et 93 de la *Loi constitutionnelle* répartissent les compétences législatives entre les ordres de gouvernements fédéral et provinciaux. Ils énoncent chacun les compétences exclusives de chaque ordre de gouvernement.

111. En dehors de ces éléments, une seule phrase dans le texte de la Constitution peut faire penser à la dialectique autonomie/interdépendance : « Considérant que les provinces du Canada, de la Nouvelle-Écosse [...] ont exprimé le désir de contracter une Union Fédérale pour ne former qu'une seule et même puissance [...] »[347].

112. Propos conclusifs. - Tant le Canada que l'Union européenne puisent leurs racines dans la dialectique entre autonomie et interdépendance. Cet instrument leur permet de conjuguer l'unité et la diversité juridique. Ils oscillent entre ces deux principes contradictoires depuis leurs origines, en raison de la présence historique de facteurs agrégatifs, favorisant l'union, et ségrégatifs, maintenant la diversité. Afin de garantir une certaine stabilité de leur ordre juridique, les deux organisations appliquent à cette dialectique un principe : celui de l'équilibre.

SECTION II. UN ÉQUILIBRE DANS LA DIALECTIQUE ENTRE AUTONOMIE ET INTERDÉPENDANCE : LE PRINCIPE ET SES VARIABLES

113. Dans la dialectique entre autonomie et interdépendance appliquée au Canada et dans l'Union, un mécanisme permet l'autoconservation de l'ordre juridique : le principe d'équilibre. Il suppose de remplir un certain nombre de critères, et revêt une particularité : c'est un principe flexible. L'équilibre absolu entre autonomie et interdépendance apparaît davantage dans les deux ordres juridiques comme un idéal à atteindre,[348] le « degré zéro » de centralisation et de non-centralisation n'existant pas.[349] L'équilibre est assuré par trois composantes : la non-centralisation, la non-subordination et les garanties juridictionnelles (*paragraphe I*) ; il est caractérisé par un aspect dynamique pour assurer une flexibilité au dispositif (*paragraphe II*).

---

[346] *Loi constitutionnelle de 1867*, L.R.C. (1985), app. II, n°5.

[347] *Ibid*, Premier considérant.

[348] J.-F. GAUDREAULT-DESBIENS, F. GELINAS (dir.), *Le Fédéralisme dans tous ses états : gouvernance, identité et méthodologie – The states and moods of federalism : governance, identity and methodology*, Cowansville (Québec), Éditions Y. Blais, Bruxelles, Bruylant, 2005, p 12.

[349] J.-Ph. DEROSIER, « La dialectique centralisation/décentralisation – Recherches sur le caractère dynamique du principe de subsidiarité », *R.I.D.C.*, 1, 2007, p 109. Voy. à ce sujet C. EISENMANN, *Centralisation et décentralisation : esquisse d'une théorie générale*, Paris, L.G.D.J., 1948, 331 pages.

Paragraphe I. Les composantes du principe : non-centralisation, non-subordination et garanties juridictionnelles

114. Le principe d'équilibre est mis en place en raison principalement d'un risque de dérives des principes attenant à la dialectique (*A*-). Il apparaît tant dans la doctrine fédérale qu'européenne (*B*-).

A. La tendance aux dérives des principes de la dialectique

115. En raison des évolutions de la société, la dialectique peut s'approcher des extrêmes. Plusieurs raisons expliquent ce phénomène (*1*-) ; qui est mesuré par plusieurs grilles d'analyse (*2*-).

1. Les raisons des dérives

116. Selon E. Morin, il se peut que les « forces agrégatives prennent graduellement le dessus et (que) s'esquisse alors le mouvement vers la centralisation du Pouvoir ». À l'inverse, « il arrive parfois que ce soient les facteurs ségrégatifs qui l'emportent »[350]. L'auteur fait ressortir que les éléments contextuels à l'origine de l'autonomie et de l'interdépendance peuvent être particulièrement importants à une période donnée, et prendre le dessus les uns sur les autres.

117. F. Rocher évoque également ce risque : « le pouvoir d'une structure centrale ne peut et ne doit pas être absolu »[351]. Il précise que « le recours au principe d'interdépendance (et son pendant qu'est la coopération) peut produire des effets qui annulent le principe d'autonomie [...] »[352]. Le risque de dérive réside dans l'exercice des principes d'autonomie et d'interdépendance, et de leurs corollaires (hétérogénéité, collaboration, participation), sans régulation mise en place à leur sujet. Une dérive de l'autonomie peut s'exprimer dans la limitation de la volonté du gouvernement général par les groupes hétérogènes. Inversement, l'interdépendance peut connaître des dérives dans l'avènement d'une centralisation du pouvoir dans certains domaines.[353] M. Frenkel le confirme : la coopération mise en place par l'entité centrale peut donner lieu, par son exercice, à une centralisation du pouvoir. Il affirme que la coopération peut être utilisée comme « une justification pour l'usurpation du pouvoir au niveau national ou comme [...] une fourberie séculaire à l'égard des communautés constitutives »[354].

118. J.-Ph. Derosier explique ce phénomène à l'aide du concept de « dialectique entre centralisation et décentralisation »[355]. Selon Montesquieu,

---

[350] J.-Y. MORIN, *Le Fédéralisme : Théorie et Critique, 1963-1964,* Montréal, 1964, p 47.

[351] F. ROCHER, « La dynamique Québec-Canada ou le refus de l'idéal fédéral », in A.G. GAGNON, *Le fédéralisme canadien contemporain: fondements, traditions, institutions,* Les Presses de l'Université de Montréal, 2006, p 103.

[352] *Ibid.*, p 106.

[353] *Ibid.*

[354] M. FRENKEL, *Federal Theory*, Canberra, Centre for Research on Federal Financial Relations, Australian National University, 1986, p 93.

[355] Afin d'éviter toute confusion théorique, nous choisissons de préférer le terme « non centralisation » au terme « décentralisation » utilisé par J.-Ph. Derosier. Le terme « décentralisation » représente un système d'organisation des structures administratives de l'État dans lequel l'autorité publique est fractionnée et le pouvoir de décision remis à des organes autonomes régionaux et locaux. Également, F. Rocher soulève la distinction entre

« tout homme qui a du pouvoir est porté à en abuser »[356]. J.-Ph. Derosier envisage la séparation des pouvoirs dans les rapports entre les ordres de gouvernement. Il s'agit donc de la séparation entre l'entité centrale et les groupes hétérogènes. Dans ce cadre, « la tendance naturelle de toute société organisée [...] est de renforcer son centre »[357].

119. La « dialectique entre centralisation et décentralisation » de J.-Ph. Derosier suppose que l'autonomie et l'interdépendance sont chacun associé à un principe. La centralisation est envisagée comme une dérive de l'exercice de l'interdépendance, et la non-centralisation comme une dérive de l'exercice de l'autonomie. Il existe selon l'auteur « une tendance opposée de chacune des entités supérieures (entité centrale) et inférieures (groupes hétérogènes) d'un ordre juridique à vouloir concentrer le maximum de compétences et de pouvoir décisionnel »[358]. Ainsi, si l'entité centrale est dotée d'un fort pouvoir décisionnel, « l'ordre juridique sera fortement centralisé ». À l'inverse, si les « entités inférieures sont dotées d'un fort pouvoir décisionnel, l'ordre juridique sera fortement décentralisé »[359]. L'auteur se base donc davantage sur le pouvoir décisionnel, son intensité, pour établir le degré de centralisation d'une entité. Cette assertion amène une interrogation : comment mesurer précisément le degré de centralisation ou de non-centralisation d'une entité?

2. Les grilles d'analyse des dérives : instruments de mesure de la centralisation ou de la non-centralisation

120. I. Weibust énonce que le Canada et l'Union européenne sont comparables notamment car ils ont la même préférence pour la centralisation du pouvoir.[360] E. Brouillet définit la centralisation comme « la tendance à la concentration du pouvoir législatif entre les mains du parlement central »[361]. F.R. Scott reprend quasiment les mêmes termes pour définir le phénomène.[362]

---

décentralisation et non-centralisation. Selon lui, la décentralisation présume une hiérarchie de pouvoir, alors que la non centralisation présume l'absence de subordination entre les entités fédérées et l'entité centrale. Le terme « décentralisation » ne sera donc utilisé que dans le cadre de citations. Voy. à ce sujet F. ROCHER, *op. cit*, p 104. Voy. également le site Internet du Larousse : http://www.larousse.fr/dictionnaires/francais/ (Page consultée le 7 juill. 2014). Voy. aussi J.-Ph. DEROSIER, « La dialectique centralisation/décentralisation – Recherches sur le caractère dynamique du principe de subsidiarité », *R.I.D.C.*, 1, 2007, pp107-140.

[356] MONTESQUIEU, *De l'esprit des lois*, tome 1, Paris, GF Flammarion, 1979, p 293.

[357] A. DELCAMP, « Principe de subsidiarité et décentralisation », *RFDC* 1995, 23, p 4. Voy. également à ce sujet J.-Ph. DEROSIER, *op. cit.*, pp 110 & 112.

[358] J.-Ph. DEROSIER, *op. cit.*, p 112.

[359] *Ibid.*, p 110.

[360] « [...] some commonalities in terms of competitiveness concernes, [...] preferences for centralization ». Voy. à ce sujet I. WEIBUST, *Green Leviathan : the case for a federal rôle in environmental policy*, Farnham, Surrey, England, 2009, p 185. (Traduction par l'auteur).

[361] E. BROUILLET, *La négation de la nation : l'identité culturelle québécoise et le fédéralisme canadien*, Ste-Foy (Québec-Canada), Septentrion, 2005, p 86.

[362] « Centralization is a currently popular term used to describe the prevailing trend toward an increase in the powers of central governments as opposed to regional and local governments. Its antonym in decentralization, the reverse process, [...] through the delegation of state power to subordinate agencies ». Il précise que le terme « centralisation » revêt une connotation particulièrement négative, faisant communément penser au totalitarisme. Voy. à ce sujet F.R. SCOTT, « Centralization and Decentralization in Canadian Federalism », in G. STEVENSON

121. Certains auteurs de science politique ont proposé des grilles d'analyse établissant une centralisation des compétences, mais cela ne permet pas une analyse complète de la combinaison des facteurs ayant un impact sur ce processus. W. Riker a en effet proposé une des premières grilles d'analyse permettant de prouver un processus de centralisation des compétences, se basant sur une classification des compétences au regard de leur degré de centralisation.[363] Certes, cela établit une centralisation des compétences, mais la force probante de son analyse apparaît insatisfaisante : au même titre qu'E. Orban,[364] on peut reprocher à cette grille d'analyse son manque d'objectivité et de nuance. De même, cela ne nous permet pas d'expliciter le processus de centralisation. E. Orban énonce que le phénomène est difficile à quantifier. Il propose néanmoins des critères normatifs applicables aux États-Unis.[365] Il s'agit de l'extension du champ d'intervention des lois de l'ordre de gouvernement central, et de l'expansion de ses dépenses. L'entité centrale peut procéder de la manière suivante :[366] par la fixation de conditions indirectes au versement de certaines aides financières aux entités fédérées, ou par l'application de sanctions financières au sein des programmes communs à l'ordre fédéral et aux entités fédérées.[367]

122. Dans la doctrine juridique, H. Kelsen propose une grille d'analyse normative. Selon l'auteur, « le degré de centralisation ou de décentralisation est indiqué par le nombre et l'importance relatifs des normes centrales et des normes locales »[368]. Il distingue la centralisation ou non-centralisation totale de celle qui est partielle. L'auteur précise : « le degré quantitatif de centralisation et de décentralisation dépend en premier lieu du nombre de degrés hiérarchiques que compte l'ordre juridique », et en second lieu « du nombre et de l'importance des domaines régis par les normes centrales ou locales »[369].

123. Nous partageons la critique de J.-Ph. Derosier : cette grille d'analyse est incomplète. L'auteur énonce que les critères posés par H. Kelsen sont nécessaires, mais pas suffisants. Selon lui, « à eux seuls, le nombre et l'importance des normes édictées ne sont pas suffisants pour déterminer le degré de décentralisation d'un ordre juridique ». J.-Ph. Derosier y ajoute deux autres critères : « le mode de décision » de chaque entité, et les « garanties permettant de faire valoir le domaine de décision et de rendre cette dernière effective ». Il s'agit pour le premier de l'indépendance ou de la dépendance des entités dans la prise de décision, et pour le second critère de la possibilité

(dir.), *Federalism in Canada*, McClelland & Stewart Inc. - *The Canadian Publishers*, Toronto, 1989, pp 53-54.

[363] W. RIKER, *Federalism, origin, operation, significance,* Boston, Little Brown, 1964, pp81-84.

[364] E. ORBAN, *La dynamique de centralisation dans l'État fédéral : un processus irréversible?*, Éditions Québec/Amérique, 1984, pp 198-199.

[365] La grille d'analyse proposée par E. Orban date de 1984, période à laquelle, selon R. Pelletier, on n'envisageait pas encore dans la doctrine de centralisation au profit du palier fédéral au Canada. C'est pour cette raison que l'auteur n'aurait pas exposé d'indicateurs juridiques pour le Canada. Voy. à ce sujet R. PELLETIER, M. TREMBLAY (dir.), *Le Parlementarisme Canadien*, Québec, Presses de l'Université Laval, 2009, 581 pages.

[366] Ce qui a été le cas aux États-Unis.

[367] E. ORBAN, *op. cit.*, pp 372-373.

[368] H. KELSEN, *Théorie Générale du Droit et de l'État*, Paris, L.G.D.J., 1997, p 355.

[369] *Ibid.*

pour chaque entité de faire valoir ses compétences devant un organe habilité.[370]

124. Nous approuvons cette nécessité de compléter la grille d'analyse de H. Kelsen, afin de produire une analyse aussi fine que possible du phénomène. La proposition que ce dernier formule se limite à une appréciation quantitative. Cela peut être instructif, mais cela apparaît insuffisant car il manque une analyse qualitative du phénomène, notamment en ce qui concerne le travail interprétatif des tribunaux. De plus, la grille d'analyse proposée par H. Kelsen semble davantage destinée à être appliquée dans un ordre juridique unitaire. Son application apparaît source de nombreuses difficultés dans des ordres juridiques composites comme l'Union européenne et le Canada.

125. L'analyse proposée par E. Brouillet permet également de nous éclairer sur la centralisation des compétences, puisque l'auteure établit des critères qui favorisent la centralisation du pouvoir au Canada.[371] Il s'agit du « nombre, (de la) diversité, la complexité et l'importance croissante des relations internationales en matière politique, économique et culturelle ». Également, l'auteure relève comme second groupe de critères : « une demande croissante de services et d'activités gouvernementales motivée par des besoins de stabilisation économique et de redistribution des revenus »[372].

De plus, l'auteure propose une grille d'analyse juridique. Le premier critère de cette grille se base sur « l'équilibre général dans le partage des responsabilités étatiques : équilibre qualitatif et quantitatif plus ou moins grand entre les compétences législatives respectives des deux ordres de gouvernement »[373]. E. Brouillet ajoute un second critère juridique : « l'équilibre plus ou moins grand entre les ressources et les compétences législatives de chacun »[374]. Elle établit qu' « un déséquilibre quant à un de ces deux éléments pourra être révélateur du caractère plus ou moins centralisé d'un régime »[375].

126. L'auteure précise encore sa grille d'analyse juridique en énonçant les indices les plus significatifs pour déterminer le « caractère plus ou moins centralisé » d'un ordre juridique.[376] Il s'agit en premier lieu du « pouvoir extérieur des entités fédérées »[377]. La « capacité de conclure des traités » est une mesure fondamentale de cet indice.[378] En deuxième lieu, E. Brouillet préconise de tenir compte des « pouvoirs concurrents et du pouvoir résiduaire »[379]. Selon l'auteure, « l'impact de l'attribution de la compétence

[370] J.-Ph. DEROSIER, « La dialectique centralisation/décentralisation – Recherches sur le caractère dynamique du principe de subsidiarité », *R.I.D.C.*, 1, 2007, pp 109-110.

[371] E. BROUILLET, *La négation de la nation : l'identité culturelle québécoise et le fédéralisme canadien*, Ste-Foy (Québec-Canada), Septentrion, 2005, 478 pages.

[372] E. BROUILLET, *L'identité culturelle québécoise et le fédéralisme canadien*, thèse de Doctorat, Québec, Faculté des études supérieures, Université Laval, 2003, pp 102-103. Voy. également E. ORBAN, *La dynamique de centralisation dans l'Etat fédéral : un processus irréversible?*, Montréal, Québec/Amérique, 1984, pp 55 et 461 à 466.

[373] E. BROUILLET, *op. cit.*, p 103.

[374] *Ibid.*, p 103.

[375] *Ibid.*

[376] *Ibid*, p 104.

[377] *Ibid.*

[378] Pour plus de précisions voy. *Ibid*, pp 104 & s.

[379] *Ibid*, p 106.

résiduelle » apparaît important à envisager.[380] En troisième lieu, l'auteure propose de traiter de « la question des amendements constitutionnels formels et informels »[381]. Cela permet d'appréhender l'évolution d'un ordre juridique, et non pas les seules dispositions expresses et originelles d'un texte constitutif. De plus, cela donne un instrument de mesure du degré d'autonomie des entités fédérées dans cette procédure. Enfin en quatrième lieu, E. Brouillet propose d'analyser l'autonomie financière de chaque ordre de gouvernement.[382] Cela constitue la « garantie même de l'existence d'un [...] partage » des compétences.[383]

127. Afin d'éviter une centralisation ou une décentralisation trop importante, le Canada et l'Union européenne, au même titre que d'autres ordres juridiques, ont mis en place un principe d'équilibre. Il permet d'éviter les dérives de la dialectique entre autonomie et interdépendance et d'empêcher sa dénaturation.

B. Le principe d'équilibre dans la dialectique entre autonomie et interdépendance

128. L'idée d'un équilibre est envisagée, parfois de façon implicite, par la doctrine (*1-*) ; qui fournit un socle intéressant pour établir les composantes du principe (*2-*).

1. Le principe d'équilibre dans la littérature

129. Le concept d'équilibre vient du latin *aequilibrium* : *aequus* qui signifie « égal », et *libra*, qui signifie « balance ». Il implique une juste proportion entre des éléments opposés, entre des forces antagonistes, d'où résulte un état de stabilité et d'harmonie.[384] Nous utilisons ce concept pour représenter la juste proportion entre les compétences de l'ordre central et celles des groupes hétérogènes au Canada et dans l'Union européenne.

130. F. Rocher énonce que la « notion d'équilibre entre les éléments constitutifs de l'ensemble, ou des ordres de gouvernement, est au coeur de l'idée fédérale »[385]. Il affirme en effet qu'« un système fédéral doit contenir un mécanisme 'd'autoconservation du principe fédéral' permettant de maintenir un équilibre entre les dynamiques d'unité et de diversité »[386]. La notion d'équilibre entre union et diversité dans le fédéralisme canadien est une idée centrale commune à beaucoup d'auteurs.[387] Notamment, A. Tremblay affirme que le fédéralisme au Canada est la « résultante de la rencontre des forces centralisatrices et des forces décentralisatrices et réalisant l'équilibre entre de telles forces [...] »[388]. Selon E. Brouillet également, la

---

380 *Ibid*, p 108.
381 *Ibid*, pp 109 & s.
382 *Ibid*, pp 110 & s.
383 *Ibid*. Pour un développement complet à ce sujet, voy. *Ibid*, pp 104 à 113.
384 Site internet du Dictionnaire Larousse : www.larousse.fr (Site consulté le 7 juill. 2014).
385 F. ROCHER, « La dynamique Québec-Canada ou le refus de l'idéal fédéral », in A.G. GAGNON, *Le fédéralisme canadien contemporain: fondements, traditions, institutions,* Les Presses de l'Université de Montréal, 2006, p 96.
386 *Ibid.*, p 109.
387 *Ibid.*, p 97.
388 A. TREMBLAY, *Précis de droit constitutionnel,* Montréal, Éditions Thémis, 1982, p 92.

« problématique de la centralisation et de la décentralisation en contexte fédératif se pose d'abord en termes d'équilibre général dans le partage des responsabilités étatiques »[389]. Enfin, M. Lamontagne rappelle que le fédéralisme est tiraillé par des forces centrifuges et centripètes. Il énonce que pour que la structure fédérale se maintienne, « il est essentiel que ce jeu de forces aboutisse à un certain équilibre »[390]. L'idée d'équilibre est donc inhérente à l'idée fédérale.

131. En ce qui concerne l'Union européenne, l'idée « d'expansion équilibrée »[391] est présente dès les débuts de la construction européenne. Le Traité de Rome y fait explicitement référence dans son article 2.[392] Dans la doctrine européenne, on remarque une scission qui correspond aux débats sur la nature de l'ordre juridique communautaire. Deux courants s'opposent, mais on peut déceler dans chacun d'eux des indices sous-jacents du principe d'équilibre.

132. D'un côté, il y a une reconnaissance de la singularité de l'Union européenne par rapport aux autres organisations internationales, qui peut mener à une « dimension fédéraliste » de l'ordre juridique. Dans ce cas, la notion d'équilibre est rattachée à l'idée fédérale,[393] socle historique de la construction européenne.[394]

133. D'un autre côté, une partie de la doctrine insiste sur la « dimension interétatique de la construction européenne »[395], qui implique que l'affirmation des États-Nation reste pleinement existante.

134. Au-delà de ces indices indirects, la doctrine européenne offre des travaux plus riches à l'égard de la technique de maintien d'un équilibre entre autonomie et interdépendance : le principe de subsidiarité.[396]

135. Afin d'assurer de manière concrète l'équilibre entre autonomie et interdépendance, certains auteurs ont formulé des propositions.

136. Notamment, Proudhon pose le principe de non-absorption des compétences par l'entité centrale des compétences initialement allouées aux groupes hétérogènes.[397] L'auteur insiste sur le fait que « les attributions fédérales ne peuvent jamais excéder en nombre et en réalité celles des autorités communales ou provinciales [...]». Il précise que « s'il en était autrement, [...] ce ne serait plus un État constitué dans la plénitude de ses autonomies ».

---

[389] E. BROUILLET, *L'identité culturelle québécoise et le fédéralisme canadien*, thèse de Doctorat, Québec, Faculté des études supérieures, Université Laval, 2003, p 103.

[390] M. LAMONTAGNE, *Le Fédéralisme canadien : Évolution et problèmes*, Québec, Les Presses de l'Université Laval, 1954, p 99.

[391] Traité de Rome du 25 mars 1957, non publié au JO, entré en vigueur le 1er janv. 1958, art. 2. Voy. à ce sujet P. THIEFFRY, *Droit de l'environnement de l'Union européenne – Éléments de droit comparé américain, chinois et indien*, Bruxelles, Bruylant, 2008, p 48.

[392] Traité de Rome du 25 mars 1957, non publié au JO, entré en vigueur le 1er janv. 1958, art. 2.

[393] D. SIMON, « Droit communautaire », in D. ALLAND, S. RIALS (dir.), *Dictionnaire de la culture juridique*, Paris, Quadrige, Lamy, PUF, 2003, pp 449 & s.

[394] Voy. *infra* §374 & s.

[395] D. SIMON, *op. cit.*, pp 449 & s.

[396] Voy. notamment K. LENAERTS, P. VAN YPERSELE, « Principe de subsidiarité et son contexte : étude de l'article 3B Traité CE », *CDE*, 1-2, 1994, p 82 ; ainsi que F. CHALTIEL, C.J. BERR, S. FRANCQ, C. PRIETO, « Chronique de jurisprudence du Tribunal et de la Cour de justice des Communautés européennes – chronique 4 », Journal du droit international (Clunet), 2, 2008, p 3. Voy. également *infra* §411 & s.

[397] P.-J. PROUDHON, *Du principe Fédératif et de la Nécessité de Reconstituer le Parti de la Révolution*, Paris, E.Dentu, 1863, p 69.

Dans ce cas, « au lieu d'être limitée à un service spécial, elle tendrait à embrasser toute activité et toute initiative »[398]. La non-centralisation des compétences apparaît donc à Proudhon comme une condition à l'équilibre d'un ordre juridique dualiste. Gérald A. Beaudoin relève également ce point : le respect du partage des compétences est selon lui un principe essentiel « pour assurer l'équilibre du fédéralisme »[399]. Ce critère est nécessaire, mais il apparaît insuffisant.

137. J.-F. Gaudreault-Desbiens, s'inspirant de la théorie de F. Delpérée et M. Verdussen, formule quant à lui un principe d'égalité fonctionnelle qui peut se rapprocher de l'idée d'équilibre. Il s'agit de mesurer la capacité dont dispose chacun des ordres de gouvernement d'exercer concrètement et sans obstacle les compétences que lui attribue la Constitution. Il existe à ce sujet une exigence d'égalité entre les ordres de gouvernement. Cela présuppose selon l'auteur l'existence « d'un principe proscrivant la subordination d'un ordre juridique, le plus souvent fédéré, à un autre », que cette subordination soit directe ou indirecte.[400]

138. Ces deux propositions apparaissent intéressantes, mais elles mériteraient d'être combinées entre elles pour représenter de façon plus complète les facettes du principe d'équilibre.

139. Les travaux de F. Rocher et de J.-Ph. Derosier permettent d'établir les éléments constitutifs du principe d'équilibre applicables respectivement au Canada et dans l'Union européenne. Dans un cadre explicitement fédéral ou non, le principe revêt des caractéristiques similaires, puisqu'il s'agit dans les deux cas d'équilibrer une dialectique entre autonomie et interdépendance dans un ordre juridique.

140. F. Rocher affirme qu'il est nécessaire que soient respectés deux principes dans un cadre fédéral : celui de non-centralisation, et celui de non-subordination. En premier lieu, l'auteur énonce que « les domaines relevant des communautés fédérées ne peuvent être centralisés unilatéralement ». Cela suppose des « moyens financiers, administratifs et législatifs », qui doivent rester « à l'abri des décisions provenant des autres gouvernements »[401]. Ce principe de non-centralisation recouvre le domaine de la prise de décision tant législative qu'administrative. Il signifie que l'un ou l'autre des ordres étatiques ne peut détenir un pouvoir absolu. Il s'agit également d'éviter le glissement des responsabilités d'un ordre de gouvernement vers un autre, dans le cadre de l'exercice de leurs compétences. En second lieu, l'auteur insiste sur la nécessité d'une non-subordination. Cela signifie que les groupes hétérogènes sont affranchis « de toute tutelle ou de tout lien hiérarchique à l'égard du pouvoir général ». Il doit donc y avoir une

---

[398] *Ibid.*, p 69.

[399] G.-A. BEAUDOIN *et al.*, *Le fédéralisme de demain : réformes essentielles/Federalism for the Future : Essential Reforms*, Montréal, Wilson & Lafleur, 1998, p 34.

[400] J.-F. GAUDREAULT-DESBIENS, F. GELINAS (dir.), *Le Fédéralisme dans tous ses états : gouvernance, identité et méthodologie – The states and moods of federalism : governance, identity and methodology*, Cowansville (Québec), Éditions Y. Blais, Bruxelles, Bruylant, 2005, pp 11-12.

[401] F. ROCHER, « La dynamique Québec-Canada ou le refus de l'idéal fédéral », in A.G. GAGNON, *Le fédéralisme canadien contemporain: fondements, traditions, institutions,* Les Presses de l'Université de Montréal, 2006, p 104.

« absence de lien tutélaire » et une liberté des groupes hétérogènes dans les domaines où ils sont présumés autonomes.[402]

141. Il apparaît pertinent d'ajouter un troisième critère à ceux de non-centralisation et non subordination : celui des garanties juridictionnelles. Pour cela, nous nous inspirons des travaux de J.-Ph. Derosier. Il a établi que le degré de centralisation (ou non-centralisation) peut être mesuré à l'aide de trois indicateurs, représentant le pouvoir de décision d'une entité. Le premier réside dans le nombre et l'importance des normes centrales et des normes locales, un critère repris des travaux de H. Kelsen.[403] Plus une entité aura de compétences, plus le nombre et l'importance des normes qu'elle édicte seront élevés, et plus le degré de centralisation ou de non-centralisation sera lui-même élevé. Le second indicateur est celui du « mode de décision »[404]. Il s'agit d'évaluer le degré d'indépendance des entités dans leur prise de décision. On envisage donc le degré de subordination des entités. Le troisième indicateur est celui des garanties juridictionnelles, qui permettent « de faire valoir le domaine de décision et rendre cette dernière effective ». Il s'agit pour les entités de la capacité à « faire valoir leurs compétences et de faire respecter leurs décisions à travers le recours à un organe habilité à accéder à leur requête et à trancher les éventuels litiges »[405]. Ce dernier indicateur apparaît important au regard du rôle du juge : c'est admettre l'influence des juridictions dans le respect des principes sous-tendant l'ordre juridique. Néanmoins, il mériterait d'être précisé.

2. Les trois critères du principe d'équilibre

142. Nous proposons de reprendre et de compléter les critères énoncés par F. Rocher et J.-Ph. Derosier. Il s'agit de combiner les deux critères développés par F. Rocher : la non-centralisation et la non-subordination, avec les trois indicateurs développés par J.-Ph. Derosier.

143. Mais il est nécessaire de compléter le troisième indicateur proposé par ce dernier : les garanties juridictionnelles. L'existence de garanties juridictionnelles est certes nécessaire, mais pas suffisante : ce qui importe dans le contexte d'une dialectique entre autonomie et interdépendance, c'est l'oeuvre interprétative des tribunaux. Le rôle du juge, en tant que gardien dans la pratique de la dialectique autonomie/interdépendance, revêt une importance toute particulière. Le juge permet de contrôler le respect de la dialectique au même titre que tous les autres principes fondamentaux de chaque ordre juridique. Ainsi, il s'agit de compléter le critère des garanties juridictionnelles proposé par J.-Ph. Derosier, en y ajoutant le travail interprétatif de l'organe habilité, en tant qu'arbitre judiciaire. Cela permet de vérifier en substance le respect de la dialectique mise en place entre autonomie et interdépendance.

144. Nous proposons donc trois critères concourant à l'existence d'un équilibre entre autonomie et interdépendance. Le critère de non-centralisation des compétences des entités au profit d'une seule, interdisant

---

[402] *Ibid.*, p 103.

[403] H. KELSEN, *Théorie Générale du Droit et de l'État*, Paris, L.G.D.J., 1997, p 355 ; J.-Ph. DEROSIER, « La dialectique centralisation/décentralisation – Recherches sur le caractère dynamique du principe de subsidiarité », *R.I.D.C.*, 1, 2007, p 109.

[404] J.-Ph. DEROSIER, *op. cit.*, p 109.

[405] H. KELSEN, *op. cit.*, p 355 ; J.-Ph. DEROSIER, *op. cit.*, p 109.

notamment l'intrusion du gouvernement général dans les sphères de compétences provinciales ; le critère de non-subordination des entités à l'égard d'une ou plusieurs autre(s) ; et enfin le critère d'une oeuvre interprétative juridictionnelle garantissant le respect de la sphère de compétence de chaque entité. Le non-respect de ces critères aurait pour conséquence d'entraîner une dénaturation de l'ordre juridique, censé faire valoir une balance entre union et diversité. Si un phénomène avéré de centralisation des compétences au profit de l'entité centrale a lieu, la diversité juridique disparaît. La dialectique entre autonomie et interdépendance disparaît alors également.

145. Propos conclusifs. - Le respect de l'ensemble de ces critères permet de maintenir un équilibre entre autonomie et interdépendance. Tant au Canada que dans l'Union européenne, ces critères sont présents et appliqués.

146. La dialectique entre autonomie et interdépendance est donc régulée par le principe d'équilibre au sein du Canada et de l'Union. Ce principe est dynamique, en constante adaptation avec l'évolution de la société. Cela permet aux deux ordres juridiques connaître des phases de dé-centralisation, et de re-centralisation.

Paragraphe II. Un principe dynamique

147. « (T)out équilibre est instable, à plus forte raison s'il repose sur des facteurs humains »[406]. Selon E. Morin, le point d'équilibre se modifie avec le temps. C'est le propre de « toute solution fédérative [...] tôt ou tard, sinon constamment, (d') être adaptée aux circonstances nouvelles, selon que la marche du temps amène l'intégration plus poussée des collectivités fédérées ou, au contraire, leur dissociation »[407].

148. Afin de répondre aux évolutions de la société, le principe d'équilibre est empreint de dynamisme. Le terme *dynamique* est emprunté au grec *dunamikos* qui signifie fort, puissant. En musicologie, il se rapporte à quelque chose qui comporte des variations d'intensité. Plus globalement, ce terme représente un objet qui considère les choses dans leur mouvement, leur évolution.[408]

149. Cet aspect dynamique est identifié par la doctrine tant canadienne qu'européenne (*A*-). Concrètement, le dynamisme du principe d'équilibre peut être repéré dans les phases historiques, tant au Canada que dans l'Union, de dé-centralisation et de re-centralisation. Plus précisément, se sont succédé des phases de renforcement de la centralisation, et d'autres phases de renforcement de la non-centralisation (*B*-).

A. Éléments théoriques

150. Comme l'énonce K. Nicolaidis, la structure des communautés politiques oscille sans arrêt entre les pôles d'unité et d'autonomie, recherchant

---

[406] J.-Y. MORIN, *Le Fédéralisme : Théorie et Critique, 1963-1964*, Montréal, 1964, p 47.
[407] J.-Y. MORIN, *op. cit*, p 47.
[408] *Dictionnaire Trésor de la Langue Française Informatisé (TLFI)*, ATILF, CNRS, Université Nancy 2, site Internet du dictionnaire : http://atilf.atilf.fr/tlfi.htm (page consultée le 7 juill. 2014).

l'échelle appropriée à leur effort collectif.[409] L'auteur précise qu'il n'y a pas de tendance en soi à la centralisation ou à la décentralisation, pas plus que de possibilités de trouver un *statu quo* pour une période de temps particulière. J.D. Donahue et M.A. Pollack insistent sur le fait que l'idéal d'équilibre entre centralisation et non-centralisation n'existerait pas pour cette raison. Cela reviendrait donc à rechercher une stabilité ailleurs : dans les normes et les institutions notamment.[410] Selon ces auteurs, la caractéristique d'un système à tendance fédérale est avant tout la flexibilité. Il s'agit d'un système en déséquilibre continu dont le défi principal est d'aplanir et de légitimer les différents cycles de changements dans les niveaux de gouvernance.[411]

151. Nous approuvons l'argument selon lequel la flexibilité est une particularité fondamentale d'un système à tendance fédérale. Également, il apparaît bien que le Canada et l'Europe oscillent sans arrêt entre centralisation et non-centralisation. Néanmoins, nous préférons nuancer l'idée selon laquelle il n'y aurait pas de principe d'équilibre. Le Canada et l'Union sont des ordres juridiques flexibles et ils détiennent un mécanisme juridique d'auto-conservation. Il nous semble plus exact d'affirmer que ce principe existe, mais davantage comme un curseur, placé selon les périodes tantôt vers une centralisation, tantôt vers une non-centralisation. Un principe dynamique donc. C'est par ce mécanisme d'autoconservation que l'équilibre dynamique se réalise.

152. J.-Ph. Derosier soulève une certaine « élasticité du degré de décentralisation : celui-ci n'est jamais figé, mais variable »[412]. Il affirme que cette élasticité joue dans les phases de dé-centralisation et de re-centralisation, qui ont lieu dans l'Union européenne, par le biais de la dialectique entre « centralisation et décentralisation »[413]. L'ordre juridique établit « un équilibre souple, mais contrôlé entre ces deux phénomènes opposés »[414], afin de répondre à cette dialectique.

K. Nicolaidis a énuméré les facteurs ayant une influence sur la dialectique : ce sont des facteurs exogènes et dynamiques comme une situation de crise, des revendications sociales, l'internationalisation des échanges ou encore les évolutions technologiques.[415]

---

[409] « [...] political communities will oscillate endlessly between the poles of unity and autonomy as they search for the appropriate scale of their collective endeavour ». Voy. à ce sujet : K. NICOLAIDIS, « The Federal Vision Beyond the Federal State », in R. HOWSE, K. NICOLAIDIS, *The Federal Vision: Legitimacy and Levels of Governance in the United States and the European Union*, Oxford University Press, Septembre 2001, p 448.

[410] R. HOWSE, K. NICOLAIDIS, «The Federal Vision, Levels of Governance, and Legitimacy », in R. HOWSE, K. NICOLAIDIS, *The Federal Vision: Legitimacy and Levels of Governance in the United States and the European Union*, Oxford University Press, Septembre 2001, p 9.

[411] « [...] a well-functioning federal system is one which is always to be a candidate for change, a system in continuous disequilibrium, where the challenge is to smooth out and 'legitimize' the cycles of changes in levels of governance ». Voy. K. NICOLAIDIS, *op. cit*, p 448.

[412] J.-Ph. DEROSIER, « La dialectique centralisation/décentralisation – Recherches sur le caractère dynamique du principe de subsidiarité », *R.I.D.C.*, 1, 2007, p 137.

[413] *Ibid.*, p 112.

[414] *Ibid.*, p 137.

[415] K. NICOLAIDIS, « The Federal Vision Beyond the Federal State », in R. HOWSE, K. NICOLAIDIS, *The Federal Vision: Legitimacy and Levels of Governance in the United States and the European Union*, Oxford University Press, Septembre 2001, p 448.

153. Le Canada et l'Union européenne ont fait l'objet dans leur évolution de l'influence d'un grand nombre de ces facteurs, ce qui les a conduits à connaître des phases de centralisation et d'autres phases de non-centralisation. Il apparaît que l'Union a connu quatre grandes phases, tandis que le Canada en a connu davantage.

B. Les phases majeures de centralisation et de non-centralisation au Canada et dans l'Union

154. Tant au Canada (*2-*) que dans l'Union (*1-*), différentes phases se sont succédé, ce qui fait ressortir clairement l'aspect dynamique du principe d'équilibre. Il peut être ainsi qualifié d'idéal variable à atteindre au sein de chaque ordre juridique.

1. Dans l'Union européenne

155. Quand on procède à une analyse historique globale de l'Union européenne, quatre phases majeures apparaissent. Elles ne sont pas étrangères au déroulement du climat politique extérieur, et notamment à la guerre froide.[416]

156. La première phase est une phase de centralisation, elle a lieu dans les années 1950.[417] J.D. Donahue et M.A. Pollack affirment qu'il s'agit d'une période de centralisation accrue.[418] C'est une période où s'établissent les fondements d'une organisation de l'Europe d'après-guerre : les Traités CECA et de Rome permettent une mise en commun dans des secteurs bien spécifiques, le charbon et l'acier, puis le marché commun. Les institutions communautaires ainsi créées détiennent donc des compétences dans des domaines particuliers. La multiplication des normes émises par le nouveau palier communautaire est évidente.

157. Ernst Haas explique que ce procédé politique crée automatiquement des ouvertures à une intégration plus poussée. Selon lui, le fait de placer certains secteurs précis sous l'autorité d'une entité centrale, crée inévitablement une pression sur les secteurs connexes aux premiers, tendant à une extension de l'autorité de l'entité centrale dans ces secteurs connexes.[419] Selon cette théorie néo-fonctionnaliste, une ouverture est donc créée pour une éventuelle centralisation dans un futur proche.

158. Également, deux dispositions du Traité de Rome participent à une potentielle centralisation plus poussée : les articles 100 et 235. L'article 100 est une base juridique qui permet à la Communauté d'adopter des textes en vue de l'harmonisation des droits nationaux quand cela s'avère nécessaire au regard de la réalisation du marché commun. L'article 235 permet à la

---

416 P. GERBET, *La Construction de l'Europe*, Paris, Armand Colin, 2007, p 45 notamment.

417 M.A. POLLACK, « Theorizing the European Union : International Organization, Domestic Polity, or Experiment in New Governance? », *Annu. Rev. Polit. Sci.*, 8, 2005, p 359.

418 J.D. DONAHUE, M.A. POLLACK, *Centralization and Its Discontents: The Rhythms of Federalism in the United States and the European Union*, in R. HOWSE, K. NICOLAIDIS, *The Federal Vision: Legitimacy and Levels of Governance in the United States and the European Union*, Oxford University Press, Septembre 2001.

419 « [...] the initial decision by governments to place a certain sector, such as coal and steel, under the authority of central institutions inevitably creates pressures to expand the authority of those institutions into neighbouring policy sectors ». Cité dans *Ibid.*, p 99.

Communauté d'adopter des mesures appropriées et nécessaires pour remplir un des objectifs du Traité. À cette époque, l'effet de ces deux articles était limité par la nécessité d'un vote à l'unanimité des États membres.[420] Néanmoins, deux ouvertures étaient posées.

159. La première phase historique est donc marquée par une centralisation, logiquement engendrée par la création de l'ordre juridique communautaire.

160. La deuxième phase est marquée par une non-centralisation apparente en Europe.[421] Le ralentissement du processus d'intégration est lié en grande partie à l'élection en France du Général de Gaulle, ainsi qu'à la période de « détente » dans la guerre froide.[422] S'en suivent deux décennies d'europessimisme : les années 1960 et 1970, où les États membres reprennent en quelque sorte l'avantage.

161. La vie communautaire est alors jalonnée de crises, tout en continuant à se développer. Les divergences économiques sont toujours centrales, mais elles se font encore plus profondes en ce qui concerne le fonctionnement des institutions communautaires. Également, la possibilité d'une union politique, les relations avec les États-Unis et l'élargissement des Communautés à la Grande-Bretagne vont être autant de points litigieux.[423]

162. Cette phase de ralentissement de l'intégration est également marquée par la personnalité du Général de Gaulle. Sa volonté de défendre la souveraineté de la France fait de lui un fervent défenseur d'une Europe des États contre une Europe supranationale. La manifestation la plus claire de ses intentions réside dans le Plan Fouchet de 1961, révisé en 1962.[424] Ce plan propose aux États membres une Communauté *a minima*. La compétence de l'Union est étendue dans le domaine économique, mais les modalités restreignent le champ d'action des institutions. Il n'est plus question de secrétariat indépendant, les pouvoirs de l'Assemblée parlementaire ne sont pas renforcés et l'éventualité de son élection au suffrage universel n'est pas mentionnée. La clause de révision propose en réalité de rationaliser la coopération entre les États, et de renforcer l'Union déjà existante.[425] Aucun rôle n'est donc réellement alloué à la Commission, et la direction de la Communauté est restreinte à la France et l'Allemagne.[426] Ce plan est rejeté par les partenaires de la France, les Pays-Bas en tête.

163. Également, le Général de Gaulle pose un veto à la candidature de la Grande-Bretagne en raison de ses liens avec les États-Unis.

164. La politique menée par le Général de Gaulle va créer un certain nombre de conflits entre les États membres, ce qui a pour conséquence de

---

[420] *Ibid.*, pp 98-99.

[421] M.A. POLLACK, *op. cit.*, p 359.

[422] P. GERBET, *La Construction de l'Europe*, Paris, Armand Colin, 2007, p 45.

[423] *Ibid.*, p 175.

[424] J.D. DONAHUE, M.A. POLLACK, *Centralization and Its Discontents: The Rhythms of Federalism in the United States and the European Union*, in R. HOWSE, K. NICOLAIDIS, *The Federal Vision: Legitimacy and Levels of Governance in the United States and the European Union*, Oxford University Press, Septembre 2001, p 100. Voy. également P. GERBET, *op. cit*, p 202.

[425] P. GERBET, *op. cit.*, p 203.

[426] J.D. DONAHUE, M.A. POLLACK, *Centralization and Its Discontents: The Rhythms of Federalism in the United States and the European Union*, in R. HOWSE, K. NICOLAIDIS, *The Federal Vision: Legitimacy and Levels of Governance in the United States and the European Union*, Oxford University Press, Septembre 2001, p 100.

limiter le nombre d'accords politiques décisifs dans les années 1970. La dominante de ces deux décennies est une tendance largement intergouvernementale, avec une minimisation des acteurs supranationaux comme la Commission.[427]

165. Un élément vient néanmoins nuancer cette assertion. La Cour de justice développe à cette époque une jurisprudence importante, qui lui permet d'affirmer sa position de protecteur de l'ordre juridique communautaire. En 1963, la Cour de justice établit le principe de l'effet direct du droit communautaire à l'égard des droits nationaux.[428] Un an après, elle précise qu'en cas de conflit, le droit communautaire a primauté sur les droits des États membres.[429] Grâce à une articulation des normes, la Cour a permis de « constitutionnaliser » les traités, établissant un nouveau système de droit supranational.[430] La stagnation politique cache en fait une intégration juridique importante. L'indépendance des États membres pour prendre des décisions politiques est quelque peu amoindrie puisqu'ils doivent désormais se conformer au droit communautaire. Néanmoins, lors de cette seconde phase l'édiction de normes communautaires a été nettement moins prolifique.

166. La troisième phase est un retour à une centralisation. Dès le début des années 1980, l'intégration communautaire est officiellement relancée. Plusieurs facteurs expliquent cette relance.[431] J.D. Donahue et M.A. Pollack expliquent que les crises politiques des deux décennies précédentes ont eu pour effet de créer un net recul économique en Europe, ce qui place la Communauté derrière les États-Unis et le Japon.[432] A. Kaczorowska soulève également que la crise économique de 1973 a fait ressortir la nécessité d'une action commune plus poussée.[433] Elle ajoute que le partenariat entre François Mitterrand et Helmul Kohl a largement contribué à cette reprise. Enfin, Jacques Delors est nommé à la tête de la Commission en 1985, ce qui va être un facteur très important de la relance. Il est en effet en faveur de l'accélération du processus d'intégration.[434] J. Delors est à l'origine d'un plan pour le Marché intérieur, qui propose plus de 300 dispositions servant à éliminer les entraves au commerce. Ce plan va servir de base à l'Acte unique de 1986, rédigé, négocié et signé en à peine six mois. Même si certains observateurs énoncent que « la montagne aurait accouché d'une souris », ce traité permet de compléter le Marché intérieur, et de communautariser en partie plusieurs politiques, dont la politique de l'environnement.[435] Mais le projet le plus ambitieux est celui du Traité de Maastricht de 1992.

167. L'automne 1989 voit la réunification allemande se concrétiser, et un certain nombre de révoltes éclatent dans l'est de l'Europe. J. Delors y voit une

[427] *Ibid.*, p 101.
[428] CJCE, 5 février 1963, Van Gend & Loos, aff. 26/62, Rec. 1963.
[429] CJCE, 15 juillet 1964, Flaminio Costa c/ E.N.E.L., aff. 6/64, Rec. 1964, p. 1141 et s.
[430] J.D. DONAHUE, M.A. POLLACK, *op. cit*, p 102.
[431] A. KACZOROWSKA, *European Union Law*, New York, Routledge-Cavendish, 2008, p 17.
[432] J.D. DONAHUE, M.A. POLLACK, *Centralization and Its Discontents: The Rhythms of Federalism in the United States and the European Union*, in R. HOWSE, K. NICOLAIDIS, *The Federal Vision: Legitimacy and Levels of Governance in the United States and the European Union*, Oxford University Press, Septembre 2001, p 102.
[433] A. KACZOROWSKA, *op. cit.*, p 17.
[434] *Ibid.* Voy. également J.D. DONAHUE, M.A. POLLACK, *op. cit.*, p 102.
[435] *Ibid.*, p 103.

« accélération de l'histoire » à laquelle il faut répondre.[436] L'Union monétaire et la création d'une nouvelle entité, l'Union européenne, sont en marche. C'est l'étape la plus ambitieuse du processus d'intégration européenne, réalisée par le Traité de Maastricht. Elle représente une phase de centralisation importante, tout en intégrant des mécanismes permettant de poser des limites à une intégration apparaissant trop massive et soudaine aux États membres. Ce Traité généralise deux principes prévus à cet effet : le principe de subsidiarité et le principe de proportionnalité.[437]

168. La quatrième phase est celle de l'après-Traité de Maastricht, revenant à une volonté de non-centralisation. Après une si grande avancée, les États membres n'expriment pas la volonté de transférer officiellement davantage de compétences. Également, il apparaît que les régions de certains États membres de structure fédérale ou régionale revendiquent une participation accrue au processus de décision de l'Union. Cette pression est également un facteur qui a mené à un ralentissement de l'intégration communautaire.[438]

169. Au regard des phases qui ont historiquement jalonné l'intégration communautaire, il est possible d'affirmer que l'Union a oscillé en permanence entre centralisation et non-centralisation. Le principe d'équilibre a encadré cette dialectique, tout en s'adaptant à son évolution.

2. Au Canada

170. Au Canada, la situation est un peu plus complexe à appréhender qu'en Europe. Il apparaît que l'interprétation de l'évolution du fédéralisme peut être très différente d'un auteur à un autre.[439] S'opposent à ce sujet les Québécois francophones et les auteurs anglo-saxons du reste du Canada. La tradition québécoise a tendance à insister sur l'esprit qui a présidé à la fondation du Dominion, en faisant ressortir que les diverses évolutions qui ont suivi sont des perversions qui ont fini par dénaturer le projet initial. Les Anglo-saxons adoptent une démarche plus pragmatique : le plus important réside dans les conditions ayant marqué l'évolution du fédéralisme, à la lumière de ce qu'il a produit comme politiques publiques.[440]

171. F. Rocher explique que cela provient de la différence de compréhension du texte de l'Acte d'Amérique du Nord britannique aux origines du Dominion. Selon la tradition québécoise, le système politique mis en place à l'origine revêt un caractère partenarial,[441] où l'accent est mis sur l'autonomie des provinces.[442] Du point de vue anglo-saxon, le régime fédéral canadien était au départ très centralisé, et la pratique en a fait l'un des systèmes fédéraux les plus décentralisés au monde. Selon cette interprétation,

---

[436] *Ibid.*, p 104.
[437] Aujourd'hui dans l'article 5 du Traité sur l'Union européenne. Voy. à ce sujet *infra* §439 & s.
[438] J.D. DONAHUE, M.A. POLLACK, *op. cit*, p 104.
[439] R. BASTIEN, *Fédéralisme et Décentralisation, où en sommes-nous?*, Gouvernement du Canada, 1981, p vii notamment.
[440] F. ROCHER, « La dynamique Québec-Canada ou le refus de l'idéal fédéral », in A.G. GAGNON, *Le fédéralisme canadien contemporain: fondements, traditions, institutions,* Les Presses de l'Université de Montréal, 2006, pp 111 & s.
[441] *Ibid.*, p 115.
[442] *Ibid.*, p 119.

l'accent est mis à l'origine sur la nécessité d'interdépendance entre les provinces.[443]

172. L'interprétation de la dialectique entre centralisation et non-centralisation apparaît donc différente selon l'origine des auteurs au Canada. Néanmoins, les deux interprétations admettent que le fédéralisme canadien a connu des phases de centralisation et de dé-centralisation. Les dates ont tendance à varier, mais le principe général semble être identique.

173. Les auteurs décrivent une première phase de centralisation, dès 1867. F.R. Scott établit que l'Acte d'Amérique du Nord britannique produit un système dans lequel le principe d'unité est largement favorisé, aux dépens de la souveraineté des provinces. L'auteur précise que pour chaque disposition importante accordant une autonomie provinciale, un moyen de contrôle fédéral est élaboré, que ce soit dans les domaines législatif, exécutif ou judiciaire.[444] G.-A. Beaudoin confirme cette assertion, en précisant que le fédéralisme est centralisé jusqu'en 1892.[445] Le principe rassemble les diverses interprétations, mais les dates divergent : R. Bastien situe la fin de cette phase en 1939.[446]

174. M. Lamontagne soulève que les provinces travaillent à leur autonomie dès le début du Dominion. L'apogée de cette autonomie est atteint selon lui entre 1921 et 1930.[447] Après la Première Guerre mondiale, période exceptionnelle où une centralisation a lieu,[448] le fédéralisme canadien semble donc glisser progressivement vers une dé-centralisation.

175. M. Lamontagne précise qu'entre 1867 et 1920 environ, « pendant que le gouvernement fédéral (consacre) ses principales énergies à étendre, à unifier et à aménager le vaste territoire du Canada, les provinces travaillent à leur émancipation »[449]. Elles n'y travaillent pas seules : le Comité judiciaire du Conseil Privé interprète la Constitution en faveur des législatures provinciales. De 1881 à 1925, ses principales décisions concernant l'interprétation de la Constitution vont consister à « affirmer le pouvoir souverain des législatures provinciales » dans leurs domaines de compétences, puis à « étendre les responsabilités législatives et administratives provinciales », tout en restreignant celles du parlement fédéral.[450] De même, l'élargissement de leur pouvoir de taxation et la seconde révolution technologique vont renforcer l'autonomie acquise par les provinces. La seconde révolution technologique permet la construction de routes et de ce fait l'exploitation accrue des ressources naturelles. Elle est également une porte d'entrée à l'initiative privée, ce qui va précipiter le Canada dans la troisième phase.

---

[443] *Ibid.*, p 125.

[444] F.R. SCOTT, « Centralization and Decentralization in Canadian Federalism », in G. STEVENSON (dir.), *Federalism in Canada*, McClelland & Stewart Inc. - *The Canadian Publishers*, Toronto, 1989, pp 56-57.

[445] G.-A. BEAUDOIN *et al.*, *Le fédéralisme de demain : réformes essentielles/Federalism for the Future : Essential Reforms*, Montréal, Wilson & Lafleur, 1998, p 34.

[446] R. BASTIEN, *Fédéralisme et Décentralisation, où en sommes-nous?,* Gouvernement du Canada, 1981, pp vii & s.

[447] M. LAMONTAGNE, *Le Fédéralisme canadien : Évolution et problèmes*, Québec, Les Presses de l'Université Laval, 1954, pp 23 & s.

[448] G.-A. BEAUDOIN *et al.*, *op. cit*, p 34.

[449] M. LAMONTAGNE, *Le Fédéralisme canadien : Évolution et problèmes*, Québec, Les Presses de l'Université Laval, 1954, pp 23 & s.

[450] *Ibid.*, p 24. Voy. également F.R. SCOTT, *op. cit.*, p 59.

176. La troisième phase semble être celle d'une re-centralisation dans les années 1930. La crise économique va avoir un impact considérable sur la structure du Canada. Un arrêt brutal des investissements privés et des exportations va plonger le Canada dans une crise économique grave. Cela va révéler également que le partage des compétences tel qu'il est réalisé à l'époque, ne permet pas au pays d'organiser un système de défense suffisant pour enrayer la crise.[451] Les compétences législatives et administratives du gouvernement fédéral apparaissent en effet beaucoup trop limitées. Également, le chômage et l'insécurité sociale relèvent des provinces, qui sont alors « les véritables pivots de la fédération canadienne ». C'est en cela que la crise économique va être révélatrice de la crise structurelle : les provinces ont des ressources trop limitées pour assumer les dépenses nécessaires à la résolution de la crise.[452] Les provinces doivent alors toutes demander le secours financier du gouvernement fédéral. G.-A. Beaudoin soulève que la période de la Seconde Guerre mondiale va être une période de re-centralisation.[453] Cela va se prolonger au-delà : jusque dans les années 1950 selon M. Lamontagne.[454]

177. F.R. Scott établit une réalité quelque peu différente : selon lui, la jurisprudence du Comité judiciaire du Conseil privé, puis de la Cour suprême a permis de mettre en place progressivement une décentralisation importante au Canada en faveur des provinces, sans évoquer la période des années 1930.[455]

178. Selon F.R. Scott et G.-A. Beaudoin, le fédéralisme canadien est particulièrement décentralisé grâce aux nombreux arrangements mis en place depuis les années 1950 entre le gouvernement fédéral et les provinces.[456]

179. Néanmoins, E. Brouillet évoque la mise en place par la Cour suprême d'une interprétation moderne du fédéralisme canadien depuis les années 1980 : le fédéralisme coopératif.[457] Cette interprétation implique que de larges domaines relèvent de compétences concurrentes, ce qui est peu favorable à l'autonomie des provinces. R. Bastien fait ressortir à ce sujet une tendance à l'élargissement de chaque sphère de compétence, ce qui nuit à l'autonomie des provinces.[458] Il conduirait en effet le gouvernement fédéral à détenir une « arme puissante » de centralisation, par l'usage potentiel de ses pouvoirs accessoires et de la règle de la prépondérance fédérale.[459]

180. Précisons que depuis la fin des années 2000, la Cour suprême du Canada s'est plus clairement prononcée en faveur du fédéralisme coopératif.

---

451 M. LAMONTAGNE, *op. cit.*, pp 42-43.

452 *Ibid.*, pp 58-59.

453 G.-A. BEAUDOIN *et al.*, *Le fédéralisme de demain : réformes essentielles/Federalism for the Future : Essential Reforms*, Montréal, Wilson & Lafleur, 1998, p 34.

454 M. LAMONTAGNE, *op. cit.*, pp 63 & s.

455 F.R. SCOTT, « Centralization and Decentralization in Canadian Federalism », in G. STEVENSON (dir.), *Federalism in Canada*, McClelland & Stewart Inc. - *The Canadian Publishers*, Toronto, 1989, pp 59 & s.

456 *Ibid.*, pp 59 & s. ; Voy. également G.-A. BEAUDOIN *et al.*, *op. cit*, p 34.

457 Voy. notamment *Le procureur général de l'Ontario* c. *SEFPO*, [1987] 2 R.C.S. 2 ; Voy. également E. BROUILLET, « La dilution du principe fédératif et la jurisprudence de la Cour suprême du Canada », (2004) 45 *Les Cahiers de droit*, pp 35-36.

458 R. BASTIEN, *Fédéralisme et Décentralisation, où en sommes-nous?*, Gouvernement du Canada, 1981, p 48.

459 *Le procureur général de l'Ontario* c. *SEFPO*, [1987] 2 R.C.S. 2, paragraphe 28.

Les juges ont également rappelé de façon plus insistante l'importance de l'équilibre fédératif pour l'ordre juridique canadien.[460]

181. Propos conclusifs. - L'idée de la dynamique du principe d'équilibre ressort tant au Canada qu'en Europe : ils semblent être en permanence dans un processus de centralisation ou de dé-centralisation. Ces phases successives sont normales car chaque ordre juridique doit pouvoir s'adapter aux évolutions de la société.

---

[460] Voy. à ce sujet *Banque canadienne de l'Ouest*, [2007] 2 R.C.S. 3, par. 24 ; *Renvoi relatif à la Loi sur la procréation assistée*, [2010] 3 R.C.S. 457, par. 43, 74 ; *Renvoi relatif à la Loi sur les valeurs mobilières*, [2011] 3 R.C.S. 837, par. 7. Pour plus de précisions, voy. *infra* §453.

CONCLUSION DU CHAPITRE PREMIER

182. Les ordres juridiques canadien et européen revêtent une même particularité : la nécessité de conjugaison de l'unité et de la diversité en leur sein. Leur comparabilité plus spécifique tient à leur diversité juridique, qui va ressortir plus particulièrement en matière de protection de l'eau douce. Pour gérer cette conjugaison, un outil est mis en place : la dialectique entre autonomie et interdépendance. Concrètement, elle permet de mettre en commun certains domaines tout en maintenant une liberté des entités nationales et provinciales dans leur ordre juridique respectif.

Cette dialectique fait l'objet du principe d'équilibre, pour son maintien : un équilibre dynamique dans le partage des compétences. Il implique trois principes : la non-centralisation, la non-subordination et des garanties juridictionnelles de ces deux premiers principes. L'application de ces trois composantes permet de maintenir un équilibre dans le partage des compétences et d'assurer une autonomie aux entités nationales et provinciales tout en mettant en commun des éléments plus généraux. Ce mécanisme se réalise pleinement dans notre domaine d'illustration : la protection de la qualité des eaux douces. Il permet de faire ressortir les enjeux inhérents à cet instrument.

CHAPITRE SECOND

La qualité des eaux douces : un objet juridique nécessitant un équilibre des compétences

« *Plus un secret a de gardiens, plus il est en péril* »[461].

183. « (U)n amas […] complexe, comportant bien des dispositions superflues, bien des lacunes aussi »[462]. Tel est le constat que dressait déjà J. Barale en 1965 au sujet du régime juridique français des eaux douces. L'adjectif « complexe » vient du latin *complexus* qui signifie contenir. Un objet complexe est un objet comprenant en général un grand nombre d'éléments.[463] Affirmer que la protection de la qualité des eaux douces est complexe apparaît comme un doux euphémisme au regard de l'ensemble des règles qui y concourent directement ou indirectement.[464]

L'objet juridique « eau douce » connaît en soi un régime juridique particulièrement fragmentaire, au Canada comme dans l'Union européenne. Il s'est construit par strates, au fil du temps et sans cohérence visible.[465] Le régime juridique de la protection de la qualité de l'eau présente un caractère d'autant plus complexe. On ajoute en effet à un régime juridique déjà très fragmenté une problématique qui « oblige à sortir des schémas classiques »[466] : celle du droit de l'environnement. De plus, la protection de l'eau est en soi une problématique qui mêle des enjeux locaux spécifiques et d'autres enjeux plus globaux.

---

[461] D. BOUCHARD, H. GAUVIN, « Plus l'eau a de gardiens, plus elle est en péril… », *Les Cahiers de Droit*, vol. 51, 3-4, septembre-décembre 2010, p 883.
[462] J. BARALE, « Le régime juridique de l'eau, richesse nationale (Loi du 16 décembre 1964) », *RDP*, 1965, p 594.
[463] A. LALANDE, *Vocabulaire technique et critique de la philosophie*, Paris, Quadrige/Presses Universitaires de France, 1ère Édition : 1926, 2ème Édition : 2006, 1323 pages.
[464] Il ne s'agit pas dans ce chapitre d'analyser la validité des ordres juridiques canadien et européen en matière de protection de l'eau au regard de leur complexité. Nous proposons un simple constat de la complexité de leur corpus normatif respectif. Pour plus de précisions sur la complexité d'un ordre juridique et une analyse plus approfondie de la validité de cet ordre juridique face à sa complexité voy. M. DOAT, J. LE GOFF, P. PEDROT, *Droit et complexité – Pour une nouvelle intelligence du droit vivant,* Rennes, Presses Universitaires de Rennes, 2007, 252 pages.
[465] Ph. MARC, *Les cours d'eau et le droit*, Paris, Éditions Johanet, 2006, p 23.
[466] M. PRIEUR, « Quel avenir pour les espaces naturels sensibles ? », *RJE*, 2006, 2, p 185.

La protection de la qualité des eaux douces tant au Canada qu'en Europe apparaît comme éminemment complexe (*Section I*) ; d'autant qu'elle se prête aisément à la dialectique entre autonomie et interdépendance (*Section II*).

Section I. La qualité de l'eau douce, un objet juridique complexe
Section II. La qualité de l'eau douce : un objet juridique soumis en permanence à une dialectique nécessaire

SECTION I. LA QUALITÉ DE L'EAU DOUCE, UN OBJET JURIDIQUE COMPLEXE

184. Afin de démêler ce « maquis juridique »[467], il est nécessaire de comprendre en premier lieu les origines historiques et juridiques du droit des eaux (*paragraphe I*) ; qui a favorisé la création de régimes juridiques de protection de la ressource si complexes tant au Canada qu'en Europe (*paragraphe II*).

Paragraphe I. Les origines historiques et juridiques du droit des eaux fondant un rapport utilitariste
Paragraphe II. La complexité des régimes juridiques de protection de la qualité des eaux douces

Paragraphe I. Les origines historiques et juridiques du droit des eaux fondant un rapport utilitariste

185. Deux types de facteurs apportent un indice explicatif à la complexité du régime juridique des eaux douces : des facteurs historiques (*A*-) ; ainsi que des facteurs juridiques (*B*-).

A. Un rapport de l'Homme à la ressource historiquement multiple

186. Historiquement, les rapports qu'entretiennent l'Homme et sa ressource sont multiples, ce qui transparaît d'un point de vue philosophique et religieux (*1*-). En Occident, un rapport particulier s'est instauré : il est fondé sur une approche utilitariste (*2*-). Cela différencie l'Occident de l'Asie ou de l'Afrique de façon significative.

1. L'Homme et sa ressource : des rapports multiples

187. Les vallées fluviales sont à l'origine des premières grandes civilisations.[468] Dés la naissance de ces civilisations, la question de l'eau est centrale : elle est à l'origine de la grande révolution du Néolithique et du développement des premières cités d'Orient.[469]

Entre 7400 et 6800 av. J.-C., la civilisation de Samarra dans la vallée du Tigre réalise les premiers travaux hydrauliques connus. La construction de

[467] Ph. MARC, *Les cours d'eau et le droit*, Paris, Éditions Johanet, 2006, p 23.
[468] Il s'agit notamment du Delta de l'Euphrate et du Tigre. Voy. à ce sujet P.-L. VIOLLET, *L'hydraulique dans les civilisations anciennes – 5000 ans d'histoire*, Paris, Presses de l'École nationale des ponts et chaussées, 2004, p 20.
[469] *Ibid.*, pp 15 & s.

réseaux de canaux pour le drainage et l'irrigation permet dès le IVème siècle av. J.-C. de remplacer les villages par les premières villes. Déjà en 3300 av. J.-C., un des plus anciens textes écrits énonce la nécessité vitale d'entretenir le système hydraulique : l'augmentation de la population rend nécessaire une production plus importante, ce qui implique une irrigation artificielle, les eaux de pluie ne suffisant plus.[470] Hérodote décrit la « Babylonie » comme une région « sillonnée de canaux » navigables et venant irriguer les cultures.[471]

Les historiens remarquent déjà une ambivalence à l'égard de la ressource : l'eau sert à irriguer et à drainer, ce qui rend les terres fertiles. Elle est source de vie. Mais la proximité d'un fleuve est également un danger potentiel en raison des crues. Elle est alors source de destruction. La protection contre les inondations favorise alors le rassemblement des populations.[472]

188. Au-delà de l'irrigation, l'eau est utilisée pour se déplacer. La navigation remonte à la préhistoire, elle permet selon P.-L. Viollet, la diffusion du Néolithique vers la Méditerranée occidentale. Au IVème millénaire av. J.-C., le bateau à voile est inventé, ce qui favorise le développement du commerce maritime à longue distance. Au IIIème millénaire av. J.-C., l'Égypte développe également ses routes maritimes.[473] De même, la grande civilisation de la vallée de l'Indus commerce par voie maritime avec le peuple Sumer vers le début du IIIème millénaire av. J.-C.. Cette civilisation met en place un système d'évacuation des eaux usées par l'intégration de points d'eau dans l'habitat.[474] Dès les premières civilisations humaines, l'eau est donc une ressource à usage multiple : elle nourrit, nettoie et permet de développer des liens entre les Hommes.

189. Cette ressource est également tant source de conflits que de réconciliations entre les peuples. Elle est un élément stratégique en temps de guerre, à l'image de Babylone détruite par le feu et les inondations provoquées par Sennacherib en 689 av. J.-C.;[475] après avoir été source de réconciliation. Vers 1800 av. J.-C. Hammurabi, Roi de Babylone, a fait creuser (ou remettre en état selon les interprétations) un grand canal raccordant plusieurs cités sumériennes, ce qui rétablit la paix dans la région.[476]

La civilisation romaine va hériter de ces multiples usages, et va largement les développer. Elle exploite l'eau de façon multiple : héritant d'Alexandrie les pompes et les roues élévatrices, elle développe tous les usages attenants à la ressource. L'eau est au sommet de l'échelle des valeurs de cette civilisation. La ressource doit être au service du public et satisfaire ses besoins et ses plaisirs.[477]

190. Le premier ouvrage hydraulique à Rome est érigé dès le VIème siècle av. J.-C., il s'agit d'un canal de drainage. Le premier aqueduc est érigé en 312 av. J.-C.. Il est appelé *Aqua Appia* et est souterrain sur presque toute sa

---

[470] Pour plus de précisions voy. *Ibid.*, pp 17-19.
[471] *Ibid.*, p 42.
[472] *Ibid.*, p 20.
[473] *Ibid.*, pp 29-30.
[474] Ce que les premières civilisations d'Orient ont mis en place beaucoup plus tôt, vers 6500 av. J.-C., à l'aide de canaux de plâtre intégrés dans le sol. Voy. à ce sujet P.-L. VIOLLET, *op. cit.*, pp 22-27.
[475] Il utilise en effet un bras de l'Euphrate qui descend le Sippar pour inonder Babylone. Voy. à ce sujet *Ibid.*, p 42.
[476] *Ibid.*, p 38.
[477] *Ibid.*, p 163.

longueur.[478] Les aqueducs vont se multiplier jusqu'à la chute de l'Empire.[479] Ce sont des ouvrages monumentaux qui font la fierté des Romains, les comparant aux pyramides égyptiennes.[480] Le circuit de distribution de l'eau est extrêmement développé : toutes les villes romaines sont approvisionnées par de grands aqueducs, elles sont quadrillées d'égouts et de fontaines coulant en permanence. Certains particuliers bénéficient d'une concession d'adduction d'eau particulière.[481]

Les Romains sont de très grands consommateurs d'eau, surtout lors de la généralisation des thermes dès le règne d'Auguste. Également, l'eau permet le maintien de l'hygiène par le nettoyage des égouts, et est stockée dans de grands réservoirs composés de plusieurs bassins. Les Romains généralisent les *castellum*, les châteaux d'eau, ainsi que les moulins à eau. [482] L'approvisionnement en eau est tellement développé que P.-L. Viollet considère qu'il ne sera égalé que lors du XXème siècle.[483] Les circuits de distribution des villes romaines font l'objet de captages clandestins, et de marchés parallèles.[484] Au cours du règne romain, les eaux font donc l'objet de multiples usages.

191. Au Moyen Âge, l'eau est encore un élément à plusieurs facettes : elle est alimentaire, source d'énergie, un moyen d'attaque et de défense, un moyen de transport ;[485] elle est lustrale, esthétique, ludique, salutaire, mais aussi dangereuse, ou servant à l'hygiène privée et collective. Elle est indispensable « à la sustentation de la vie »[486].

192. Dans les siècles qui suivent, l'eau conserve sa place centrale dans la vie des sociétés. Elle détermine l'urbanisation d'un territoire et reste utilisée de multiples façons. Elle se révèle dualiste : elle permet une utilisation à visée tant économique que sociale. [487]

L'Homme entretient donc en permanence dans l'Histoire un rapport multiple à la ressource. Cela transparaît dans les représentations et l'appréhension symbolique de l'eau.

2. L'Homme et sa ressource : symboles et représentations

193. Si le rapport entre l'Homme et sa ressource apparaît similaire à travers le Monde, les représentations et symboliques qui y sont associées peuvent diverger de façon significative. Cela a une incidence sur le mode d'appréhension juridique de l'eau.

---

[478] *Ibid.*, p 162.

[479] Ch. ROLLIN, *The Roman history, from the foundation of Rome to the battle of Actium. Translated from the French*, Vol. 3, Cork-Hill, R. Reilly, 1711, p 30.

[480] P.-L. VIOLLET, *op. cit.*, p 166.

[481] Ce qui est payant pendant toute une partie de l'Empire, puis donné par l'Empereur contre services rendus. Certaines villes disposent même de leur propre aqueduc. Voy. *Ibid.*, pp 163-164.

[482] P.-L. VIOLLET, *L'hydraulique dans les civilisations anciennes – 5000 ans d'histoire*, Paris, Presses de l'École nationale des ponts et chaussées, 2004, p 163.

[483] *Ibid.*, p 166.

[484] *Ibid.*, p 175.

[485] Pour plus de précisions, voy. à ce sujet J.-P. LEGUAY, *L'eau dans la ville au Moyen âge*, Rennes, Presses Universitaires de Rennes, 2002, p 388.

[486] *Ibid.*, p 7.

[487] Ph. MARC, *Les cours d'eau et le droit*, Paris, Éditions Johanet, 2006, p 31.

En Chine, les théories de Conficius déterminent historiquement le rapport de l'Homme à la Nature. Cette relation est marquée par une grande unité : Homme et Nature forment un tout. La gouvernance de l'eau doit donc se faire en harmonie avec les saisons et l'environnement.[488] C'est pourquoi un système de devoirs est le socle symbolique de l'équilibre entre Homme et eau dans la civilisation chinoise.[489]

194. En Occident, la symbolique est radicalement différente : elle est utilitariste. Elle trouve différentes origines entremêlées, qui se sont enrichies mutuellement. Elle se fonde sur une fragmentation importante des représentations en fonction des usages de l'eau.

L'approche fragmentée ressort particulièrement dans les croyances occidentales : l'eau est associée à de multiples fonctions divines. Elle est associée aux symboles païens de vie, de fécondité, et de magie.[490] Par la suite, les Celtes puis les Gallo-Romains vouent une très grande importance au culte des eaux. Elles sont pour eux utilitaires, guérisseuses, sacrées, symboles d'abondance et susceptibles d'aménagements. L'approche qui domine historiquement est celle de l'asservissement de la Nature à l'Homme. L'étymologie du terme « hydraulique » représente bien cette tendance : il vient du grec *aulos* qui signifie tuyau ou flûte. L'eau est donc considérée comme un drain, elle est fonctionnelle avant tout.[491]Ces croyances ancestrales sont plus ancrées dans l'imaginaire collectif celte et gallo-romain que nulle part ailleurs dans le monde indo-européen.[492] Elles sont donc reprises et vivifiées par les Germains, puis par le christianisme.[493]

195. L'aspect fonctionnel de l'eau est un fondement historique du rapport de l'Homme occidental à sa ressource. Les valeurs du christianisme, diffusées largement au cours des siècles, sont l'un des véhicules les plus puissants de cette particularité européenne.

196. Dans le christianisme, l'eau revêt des fonctions très diverses. Elles apparaissent tout au long de l'Ancien Testament,[494] ainsi que du Nouveau Testament.[495]

L'eau revêt une profonde valeur symbolique liée à la fécondité, la mort et la purification.[496] Elle a une fonction de guérison miraculeuse : le moine ou l'évêque guérissent par les eaux.[497] Des fontaines placées sous l'invocation d'un saint guérisseur opèrent des miracles : guérison de la rage de dents, ou de

---

[488] D. FISHER, *The Law and Governance of Water Resources – The Challenge of Sustainability*, Cheltenham (RU), Edward Elgar Publishing Limited, 2009, p 12.

[489] *Ibid.*, p 164.

[490] J.-P. LEGUAY, *L'eau dans la ville au Moyen âge*, Rennes, Presses Universitaires de Rennes, 2002, p 378.

[491] Ph. MARC, *Les cours d'eau et le droit*, Paris, Éditions Johanet, 2006, p 26.

[492] J.-P. LEGUAY, *op. cit.*, p 379.

[493] *Ibid.*, p 380.

[494] Voy. à ce sujet Ph. REYMOND, *L'eau, Sa Vie, Et Sa Signification Dans L'Ancien Testament*, Boston, Brill Archive, 1958, 282 pages.

[495] Ph. DUGOT, *L'eau autour de la Méditerranée*, Paris, Éditions L'Harmattan, 2002, p 8.

[496] E. BURNET, R. BURNET, *Pour Décoder un Tableau Religieux - Nouveau Testament*, Anjou (Québec), Les Éditions Fides, 2006, p 58.

[497] Par exemple, en Bretagne au VIème siècle, Saint Malo soigne ses malades avec de l'eau bénite, associée à des formules d'exorcisme. Voy. à ce sujet J.-P. LEGUAY, *L'eau dans la ville au Moyen âge*, Rennes, Presses Universitaires de Rennes, 2002, p 380.

la goutte par exemple. L'eau sacrée permet également de donner un enfant à un couple stérile ou la fortune aux nécessiteux.[498]

Dans la symbolique chrétienne, l'eau est aussi celle du baptême. Il est le premier sacrement, porteur de la purification de la faute originelle et qui efface les pêchés.[499] L'eau est également l'élément de la foi : l'eau bénite exorcise les démons, permet de demander une grâce ou de bénir une maison lors du samedi saint ou pour l'Épiphanie.[500] Enfin, l'eau est associée à la colère divine. Le mythe du Déluge existe bien avant l'avènement du christianisme : c'est un mythe commun à toute la Mésopotamie au IIème millénaire av. J.-C., comme l'atteste le récit babylonien « l'Épopée de Gilgamesh »[501]. Les inondations, sécheresses, ou encore la mort d'un roi sont autant de signes de la colère de Dieu et de la faute des Hommes.[502]

197. Au Moyen Âge, on présente la ressource en fonction de son origine et de ses propriétés. Par exemple, le franciscain Barthélemy l'Anglais présente la ressource dans son *Livre des propriétés de choses*, selon un classement descriptif. Il évoque l'eau de source, de pluie, de fontaine, de rivière et de marécage, tout en opérant un classement de ces différents types d'eau. Le facteur de ce classement est la qualité de l'eau pour la consommation humaine. Ce livre décrit l'ensemble des particularités de chaque type d'eau en fonction de ses propriétés.[503] Dès le Moyen Âge, on appréhende donc la ressource en fonction de la multiplicité de ses origines et de ses propriétés. Contrairement à la tradition chinoise, aucune unité ne consacre la représentation de la ressource.

198. Il existe donc plusieurs eaux, appréhendées en fonction de leur usage par l'Homme. Cela transparaît nécessairement dans le traitement de la ressource par le droit occidental.

B. Un traitement par le droit marqué par l'utilitarisme

199. Le droit étant une représentation de la société, on y retrouve les croyances et traditions qui la structurent. [504] En Occident, l'approche traditionnelle de l'eau est à dominante utilitariste (*1*-). Son régime juridique en est donc largement imprégné,[505] tant en ce qui concerne ses fondements juridiques que son approche contemporaine (*2*-).

---

[498] *Ibid.*, p 380.

[499] En 1214, un synode anglais recommande de prévoir une bassine d'eau lors d'un accouchement pour que la sage-femme puisse conférer un baptême immédiat en cas de danger. L'enfant mort-né ne peut en effet pas être inhumé en terre chrétienne s'il n'a pas reçu la grâce du sacrement. Voy. à ce sujet *Ibid.*, p 382.

[500] *Ibid.*, p 384.

[501] P.-L. VIOLLET, *L'hydraulique dans les civilisations anciennes – 5000 ans d'histoire*, Paris, Presses de l'École nationale des ponts et chaussées, 2004, p 21.

[502] J.-P. LEGUAY, *op. cit.*, pp 393 à 408.

[503] BARTHÉLEMY L'ANGLAIS, *Livre des propriétés des choses*, Bibliothèque numérique Gallica, site Internet : http://gallica.bnf.fr/ark:/12148/bpt6k528449/f339.image.r=barth%C3%A9lemy+l%27anglais.langFR (page consultée le 7 juill. 2014), 1491. Voy. en Annexe I la mappemonde illustrant le Livre XIII intitulé « *De l'eaue* ». Voy. également J.-P. LEGUAY, *op. cit.*, p 119.

[504] MONTESQUIEU, *De l'esprit des lois*, tome 1, Paris, GF Flammarion, 1979, p 128.

[505] En contraste, la Chine a développé un régime juridique de la protection de la qualité des eaux douces très unitaire, même si quelques initiatives peuvent provenir des provinces. Voy. à ce

1. Les fondements utilitaristes de l'approche juridique occidentale

200. Les prémices d'un droit occidental de l'eau peuvent notamment se repérer dans le *Code de Hammurabi*, grand Roi de Babylone, vers 1800 av. J.-C..[506] Ce code contient des édits réglementant deux usages de l'eau différents : l'irrigation et la navigation. Des obligations d'entretien des digues qui protègent contre l'érosion les terrains fertiles sont établies.[507] De même, la navigation est réglementée sur les fleuves et les canaux : des lois fixent les compensations dues en cas de naufrages ou d'avaries.[508]

201. Au-delà de cet exemple ponctuel, il apparaît que les racines du droit occidental trouvent leur origine dans trois piliers : la coutume, le droit canonique et le droit romain. La coutume prend pour fondement des croyances transmises de génération en génération, pour lesquelles l'inspiration utilitariste semble avoir été fondamentale.[509] Le droit canonique et le droit romain constituent le *ius commune* qui est source d'inspiration en Europe à partir de la fin du XIème siècle jusqu'aux grandes codifications contemporaines.[510] Le droit canonique est largement influencé par les croyances du christianisme, pour lequel l'aspect fonctionnel de l'eau a été identifié.[511] Ces deux traditions se sont nourries mutuellement, mais le droit le plus fondamental pour l'Occident reste le droit romain.[512]

202. Redécouvert à la fin du XIème siècle en Italie,[513] le droit romain est un socle du droit applicable à l'eau tant dans les pays de tradition romano-germanique que dans les pays de *common law*.[514] Le droit des eaux est l'un des domaines dans lesquels le droit de *common law* et le droit romano-germanique sont les plus proches.[515] Les principes appliqués par les cours britanniques du

---

sujet P. THIEFFRY, *Droit de l'environnement de l'Union européenne – Éléments de droit comparé américain, chinois et indien*, Bruxelles, Bruylant, 2008, pp 70-71.

[506] Ce code est gravé sur une stèle conservée au musée du Louvre. Il constitue un ensemble d'édits, d'éléments de droit civil et de droit pénal. Voy. à ce sujet P.-L. VIOLLET, *L'hydraulique dans les civilisations anciennes – 5000 ans d'histoire*, Paris, Presses de l'École nationale des ponts et chaussées, 2004, p 38.

[507] Loi n°56. Voy. *Ibid.*, p 38.

[508] Loi n°70. Voy. *Ibid.*, p 42.

[509] Pour plus de précisions sur ces coutumes, savants mélanges entre traditions germaniques et survivances romanistes, voy. A. WIJFFELS, *Introduction historique au droit – France, Allemagne, Angleterre*, Paris, Presses Universitaires de France, 2010, pp 29 & s.

[510] P. STEIN, *Le droit romain et l'Europe – Essai d'interprétation historique*, Genève, Schulthess Médias Juridiques, Paris, L.G.D.J., 2004, p 51.

[511] Voy. *supra* §196 & s.

[512] A. WIJFFELS, *op. cit.*, pp 188-189.

[513] Avant cette période, certains juristes faisaient déjà référence au droit romain, et ce dès le VIème siècle. Mais ces références étaient tirées de codes barbares, comme le droit romain des Wisigoths. La fin du XIème siècle marque un tournant : les juristes recommencent à citer directement les institutions juridiques romaines et un travail de reconstitution du *Corpus iuris civilis* est engagé. Voy. P. STEIN, *op. cit.*, pp 45 & s.

[514] Tant le Canada que l'Union européenne connaissent une coexistence de ces deux traditions juridiques au sein de leur ordre juridique. Voy. à ce sujet *supra* §72 & s. Voy. également D. FISHER, *The Law and Governance of Water Resources – The Challenge of Sustainability*, Cheltenham (RU), Edward Elgar Publishing Limited, 2009, p 67.

[515] *Ibid.*, p 67 ; P. STEIN, *Le droit romain et l'Europe – Essai d'interprétation historique*, Genève, Schulthess Médias Juridiques, Paris, L.G.D.J., 2004, pp 38 & s.

Moyen Âge sont issus en partie de l'adaptation du droit romain par les juristes civilistes, spécialement en ce qui concerne les catégories juridiques.[516]

203. Le droit romain envisage la question des eaux en termes de propriété et d'usage. Le point d'ancrage de ce droit réside dans la distinction entre propriété et usufruit.[517] Dans les deux cas, il s'agit de classer les éléments de la Nature selon la capacité humaine à les maîtriser. [518] La compilation de Justinien[519] présente l'eau par l'intermédiaire de ses différentes fonctions : irrigation, production, consommation, etc. Y sont précisés les avantages économiques potentiels de tel ou tel usage de l'eau.[520] L'eau en droit romain est objet de propriété et d'usage.

204. Quatre types de propriété sont établis par le droit romain. En premier lieu, la catégorie des *res publicae*, les choses publiques, dont l'État (le peuple romain) est propriétaire. Tous les habitants peuvent en jouir. Il s'agit des rivières navigables ou fleuves pérennes non tarissables. En second lieu, les *res communis*, choses communes ne pouvant appartenir à personne de façon significative. La ressource appartient conjointement aux membres d'un groupe qui y a accès et l'utilise. Il s'agit des eaux courantes. En troisième lieu, les *res propria*, ou propriétés privées. Il s'agit des rivières coulant par intermittence. Enfin, les *res nullius*, catégorie qui implique l'absence totale d'appropriation ou de propriété.[521] Parmi les quatre types de propriété, trois concernent un ou plusieurs types d'eau, ce qui ne permet pas de favoriser une unité juridique à l'égard de la ressource.

Au-delà de la propriété de la ressource, le droit romain introduit une fragmentation supplémentaire. La protection des eaux est régie par des *interdacta*. La structure normative du droit romain est basée sur un devoir général implicite de bon usage. Plusieurs *interdacta* restreignent les activités liées à l'eau présentant des conséquences négatives sur la ressource.[522]

205. Le droit romain réglemente donc l'eau en fonction de la nature du droit de propriété qui lui est applicable, ainsi que des différents usages qui peuvent lui être nocifs. À chaque *interdacta* est associé un type d'action en justice, par exemple l'*actio aquae fluviae arcendae*. Cette action permet de

---

[516] J. GETZLER, *A History of Water Rights at Common Law*, Oxford Scholarship Online, 2006, p 46.

[517] Voy. à ce sujet D. FISHER, *op. cit.*, p 164. Voy. également A. SAOUT, *Théorie et pratique du droit de l'eau*, Paris, Éditions Johanet, 2011, p 19.

[518] Ph. MARC, *Les cours d'eau et le droit*, Paris, Éditions Johanet, 2006, p 25.

[519] Il s'agit d'une compilation de constitutions impériales, d'écrits des grands juristes de l'époque classique, et d'un manuel d'introduction fondé sur l'ouvrage de Gaïus. Elle est organisée en un *Code*, un *Digeste*, et des *Institutes*, et réalisée sous l'impulsion de l'Empereur Justinien. Cette compilation représente une évolution juridique ininterrompue sur plus de 1000 ans. Le *Digeste* et les *Institutes* sont entrés en vigueur le 31 décembre 533. Le *Code* est promulgué un an plus tard. Voy. le site Internet Gallica, bibliothèque numérique de la Bibliothèque nationale de France : http://gallica.bnf.fr/ark:/12148/btv1b84557828/f11.image (page consultée le 7 juill. 2014) pour une traduction française datant de 1250-1275. Pour plus de précisions, voy. notamment A. WIJFFELS, *Introduction historique au droit – France, Allemagne, Angleterre*, Paris, Presses Universitaires de France, 2010, pp 190 &s.; et P. STEIN, *op. cit.*, pp 38 & s.

[520] D. FISHER, *op. cit.*, p 13.

[521] Ph. MARC, *Les cours d'eau et le droit*, Paris, Éditions Johanet, 2006, pp 25-26. Voy. également D. FISHER, *op cit*, pp 67-68.

[522] D. FISHER, *op. cit.*, pp 164 & s.

faire condamner toute personne qui a causé la dérive du cours normal d'un cours d'eau par une construction quelconque.[523]

206. Le droit romain présente donc une réglementation de l'eau particulièrement fragmentée. L'asservissement romain de la Nature à l'Homme est le fondement du principe qui va s'appliquer durant des siècles en Occident : l'eau est un accessoire de la terre et au service de l'Homme. Il va irriguer de ce principe l'ensemble des droits occidentaux dès le XIème siècle, ce qui se retrouve tant dans la tradition romano-germanique que de *common law*.

207. Dans la tradition romano-germanique, les droits reprennent la logique utilitariste prônée par le droit romain. Par exemple, le droit espagnol applicable à l'eau est basé sur une classification des usages, divisés en deux catégories : les usages communs et les usages spéciaux. L'usage domestique, la pêche, la navigation sont des usages communs, considérés comme prioritaires. Les six usages spéciaux de l'eau sont classés par ordre de priorité, par exemple la navigation ou l'usage industriel.[524]

Le droit français reprend également cette logique utilitariste. Le Code Napoléon de 1804 s'inspire directement de la dualité du droit romain dans ses dispositions : l'eau comme bien, objet de propriété, et l'eau qualifiée de chose commune, pour l'usage commun.[525] Plus précisément, le code reprend la règle énoncée dans un Décret de 1790, qui s'inspirait lui-même très largement de la tradition romaniste.[526]

Le droit de *common law* s'inspire également des principes issus du droit romain, mais de façon plus diffuse. Plus flexible que ses voisins européens, ce droit a beaucoup évolué au fil des siècles sous l'impulsion des juges anglais. Ils adaptent en effet régulièrement le droit aux évolutions de la société. Néanmoins, il apparaît que le droit de l'eau anglais est un des domaines les plus romanistes du *common law*.[527] Trois doctrines successives ont constitué le droit anglais de l'eau. Chacune d'elles s'inspire de certains éléments propres au droit romain. La jurisprudence des cours anglaises a en effet assuré une continuité dans l'utilisation de concepts romanistes comme fondements.[528]

208. Au Moyen Âge, la doctrine appliquée en Angleterre est la *Bracton Doctrine*.[529] Elle est clairement issue du droit romain : les droits de l'eau sont

---

[523] *Ibid.*, p 165.

[524] Voy. à ce sujet D. FISHER, *The Law and Governance of Water Resources – The Challenge of Sustainability*, Cheltenham (RU), Edward Elgar Publishing Limited, 2009, p 180.

[525] Ph. Marc évoque le « critère utilitariste promu par le Code civil ». Voy. Ph. MARC, *Les cours d'eau et le droit*, Paris, Éditions Johanet, 2006, p 26. Voy. également A. SAOUT, *Théorie et pratique du droit de l'eau*, Paris, Éditions Johanet, 2011, p 19.

[526] Ph. MARC, *op. cit.*, p 41.

[527] Voy. à ce sujet J. GETZLER, *A History of Water Rights at Common Law*, Oxford Scholarship Online, 2006, p 46. Voy. également D. GILLES, « Aménager, canaliser, encadrer juridiquement les rivières du Québec : le poids de l'histoire ? », *C. de D.*, vol.51, 3-4, sept.-déc. 2010, p 935.

[528] Voy. à ce sujet J. GETZLER, *op. cit.*, p 46. Voy. également D. GILLES, *op. cit.*, p 935.

[529] H. De Bracton était un juge anglais à la *Coram Rege*, chargée de connaître des affaires les plus importantes au XIIIème siècle et devenue plus tard la *King's Bench.* Son ouvrage majeur, « *De legibus et consuetudinibus Angliae* (*On the Laws and Customs of England*) », décrit et explique les différentes règles qui constituent le droit anglais à cette époque, et de façon précise. Il intègre ces règles dans la logique du *ius commune* (droit romain et droit canonique) tel qu'il était enseigné à cette époque. Un tel travail ne sera renouvelé qu'au XVIIIème siècle avec la *Blackstone Doctrine.* Voy. à ce sujet E. SERVIDIO-DELABRE, *Common law : introduction to the English and American legal systems*, Paris, Dalloz, 2004, 246 pages ; ainsi que H.

fondés sur la possession ou sur l'usage d'une terre. Aux XVème et XVIème siècles, les droits de l'eau sont encore largement considérés comme des servitudes ou des charges en vertu de la possession ou de la propriété d'une terre.[530]

209. Au XVIIIème siècle, l'eau devient fondamentale pour le développement économique et commercial du royaume. C'est pourquoi les cours favorisent une nouvelle doctrine : la *Blackstone Doctrine*.[531] Il s'agit d'un principe d'appropriation par occupation et usage de la ressource. L'eau devient propriété d'un individu « *by occupancy* »[532], et le reste tant qu'il est fait usage de la ressource. Cela se rapproche du principe romaniste de *res communis* : une appropriation pour les personnes faisant usage de l'eau. Notons que tout dommage causé à la ressource est considéré comme portant atteinte aux intérêts du premier propriétaire par appropriation.[533]

210. Enfin, en 1833, le *Chief Justice* préfère à la *Blackstone Doctrine*, la *Riparian Doctrine*.[534] Elle apparaît plus complète car elle prend en compte non seulement les usages actuels de l'eau, mais aussi ses usages potentiels.[535] Ce nouveau principe consiste à privilégier toutes les utilisations possibles de l'eau. La ressource devient un élément de la communauté, même si le lien entre eau et terre demeure. Chaque propriétaire d'un terrain adjacent à un cours d'eau a un droit d'usufruit sur cette eau. Mais ce n'est pas un droit exclusif : ceux qui ont un droit d'accès au terrain peuvent utiliser l'eau attenante. L'objectif est de tenir compte de la diversité d'intérêts parmi tous les riverains de la ressource. Le *Chief Justice* maintient donc le lien entre terre et eau : ce sont des ressources interconnectées avec une valeur économique et commerciale, réelle ou potentielle.[536] La *Riparian Doctrine* a depuis été complétée par la législation, en conservant la même logique générale.

Si le droit anglais de l'eau s'est peu à peu éloigné des racines du droit romain, certains éléments y demeurent intrinsèquement liés. D'anciens principes apparaissent en filigrane, ce qui permet d'établir une certaine filiation romaniste au droit anglais des cours d'eau. On retrouve le principe selon lequel l'eau est un accessoire de la terre, et celui de l'appropriation par usage. Ces principes ont en commun de se baser sur un même principe d'utilisation de la ressource.

BRACTON (De), *De legibus et consuetudinibus Angliae* (*On the Laws and Customs of England*), 1250, 378 pages. Disponible sur le site Internet de la *Harvard Law School Library*, rubrique « Bracton doctrine » : http://bracton.law.harvard.edu/ (page consultée le 7 juill. 2014).

[530] D. FISHER, *The Law and Governance of Water Resources – The Challenge of Sustainability*, Cheltenham (RU), Edward Elgar Publishing Limited, 2009, pp 98-99.

[531] W. Blackstone était juge et député à la Chambre des Communes. Il a publié un ouvrage majeur en 1765 : « *Commentaries on the Laws of England* », un recueil des leçons qu'il a données en droit civil et politique à l'université d'Oxford. Il s'agit d'une description des règles de droit anglais du XVIIIème siècle, devenue un socle de l'enseignement universitaire. Voy. à ce sujet E. SERVIDIO-DELABRE, *Common law : introduction to the English and American legal systems*, Paris, Dalloz, 2004, 246 pages ; ainsi que W. BLACKSTONE, *Commentaries on the Laws of England*, Oxford (RU), Clarendon Press, 1765-69, 4 vol. Disponible sur le site Internet de *Lonang Library* : http://www.lonang.com/exlibris/blackstone/index.html (page consultée le 7 juill. 2014).

[532] D. FISHER, *op. cit.*, p 99.

[533] *Ibid.*, pp 99-101.

[534] Pour un développement complet à ce sujet, voy. *Ibid.*, pp 100 & s.

[535] *Ibid.*

[536] *Ibid.*, pp 100 & s.

Tant dans les droits de tradition romano-germanique que de tradition de *common law*, l'empreinte du droit romain est omniprésente. L'utilitarisme de ce droit se retrouve dans les deux traditions, ce qui a été nourri par les différents représentations et symboles s'étant développés en Occident. Le résultat de ce mélange entre racines romanistes et influences religieuses se retrouve dans les ordres juridiques français et européen, mais aussi québécois et canadien. Ils privilégient une approche juridique fragmentaire, étant basés sur des racines romanistes.[537]

2. Une approche juridique occidentale fragmentaire

211. Au sujet du droit français, J.L. Gazzaniga, J. Barale et M. Prieur affirment qu'il n'existe pas un droit de l'eau, mais un droit des eaux. Aucune unité juridique n'existe au sujet des cours d'eau, pas même « une définition juridique des cours d'eau »[538]. Depuis longtemps, « l'eau n'a pas d'existence juridique », l'ordre juridique ne traite que « des eaux »[539]. Ph. Marc fait ressortir que les institutions françaises ont tenté de proposer une définition, qui apparaît empirique, puisque construite au fil des contentieux. La construction jurisprudentielle française retient deux critères qui ont été complétés récemment par un troisième : la permanence du lit naturel et une alimentation ne résultant pas uniquement du ruissellement de l'eau de pluie, ou d'effluents de station d'épuration.[540] En 2002, le tribunal administratif de Limoges ajoute le critère de l'existence d'un cours d'eau : « la présence d'invertébrés aquatiques »[541].

Au-delà de ces définitions jurisprudentielles, aucune définition légale n'a été posée dans le droit français. Cela produit des situations à tout le moins cocasses : selon M.-A. Bordonneau, certaines eaux bénéficient d'un statut controversé. Le statut des cours d'eau domaniaux et de l'ensemble des eaux souterraines (dont les eaux de source) est plus qu'incertain. En effet, il fait l'objet d'interprétations jurisprudentielles et doctrinales parfois divergentes.[542]

212. De ce fait, les cours d'eau font l'objet d'un « démembrement juridique »[543] important. Ils sont appréhendés à travers leurs éléments constitutifs. Il s'agit d'un traitement juridique différencié du lit, des berges, des eaux souterraines, des lacs, etc. Aucune définition unique des cours d'eau

---

[537] D. GILLES, « Aménager, canaliser, encadrer juridiquement les rivières du Québec : le poids de l'histoire ? », *C. de D.*, vol.51, 3-4, sept.-déc. 2010, p 935. Voy. également J. GETZLER, *A History of Water Rights at Common Law*, Oxford Scholarship Online, 2006, p 46.

[538] Voy. Ph. MARC, *Les cours d'eau et le droit*, Paris, Éditions Johanet, 2006, p 24.

[539] J. BARALE, « Le régime juridique de l'eau, richesse nationale (Loi du 16 décembre 1964) », *RDP*, 1965, p 594. Voy. également Rapport du Conseil d'État, *L'eau et son droit*, 18 février 2010, p 48.

[540] Voy. notamment CE, 22 janv. 1909, *Toussaint, Moreau et autres*, Rec. p 77 ; CE, 18 nov. 1983, *Groussin*, req. n°38151, publié au recueil Lebon. Voy. également CE, 2 déc. 1959, *Sieur Bijon et autres*, Rec. p 55 ; Cass. Civ., 2 juin 1953, *Rotily Forcioli* ; CE, 22 févr. 1980, AJDA 1980, p 487, RD rur., 1981, p 314 ; et CE, 19 nov. 1975, *Commune de Ramonville-Saint-Agne*, Rec. p 578. Pour d'avantage de précisions à ce sujet, voy. Ph. MARC, *Les cours d'eau et le droit*, Paris, Éditions Johanet, 2006, pp 15 & s.

[541] TA Limoges (1ère Ch.), *Commune de Chaillac c/ Préfet de l'Indre*, n°99 796.

[542] Ce qui, en droit français, fondé sur la règle de droit écrite, pose certaines difficultés. Voy. à ce sujet M.-A. BORDONNEAU, *Regard juridique sur la double nature de l'eau*, Paris, Éditions Johanet, 2009, p 77, paragraphe 155.

[543] Ph. MARC, *op. cit.*, p 24.

n'est fournie par le droit : le régime juridique de l'eau varie donc « en fonction du rapport à la terre »[544]. On retrouve ici les solutions fragmentaires proposées par le droit romain : le droit de l'eau souffre du « poids de l'histoire »[545].

213. Le régime juridique des cours d'eau se base alors non pas sur une qualification, mais sur plusieurs. Il existe en effet en France une double qualification des cours d'eau, un héritage du droit romain. Le Code Napoléon de 1804 est le texte de base en la matière. Il reprend cette double qualification. Les textes ultérieurs et la jurisprudence sont venus préciser et multiplier les distinctions opérées dans le Code.[546]

Deux corps de règles se sont développés par strates en fonction de cette double qualification : un droit tourné vers l'exploitation économique et basé sur une qualification de l'eau comme un bien ; et un droit tourné vers le partage, basé sur la qualification de chose commune.[547] Pour l'un comme pour l'autre de ces droits, il s'agit toujours d'appréhender l'eau de manière fonctionnelle.

214. Cette double qualification a été reprise presque à l'identique au Québec. En effet, le droit québécois de l'eau a bénéficié de l'influence juridique du droit français, puis du droit anglais. L'un, issu de la tradition romano-germanique et l'autre, issu de la tradition de *common law*, ont les mêmes fondements en matière de droit de l'eau : le droit romain.[548] C'est donc tout naturellement que le droit québécois présente les mêmes caractéristiques que le droit français en termes de double qualification.[549]

Cela s'explique également par l'absence d'harmonisation de la notion de cours d'eau au Québec. Il existe par exemple une différence entre la signification de « cours d'eau » telle qu'elle relève de l'article 103 de la *Loi sur les compétences municipales*,[550] et la signification retenue dans la Politique de protection des rives, du littoral et des plaines inondables.[551] D. Bouchard et H. Gauvin font ressortir que l'approche utilisée diffère selon les textes de protection des eaux, ce qui peut poser certaines difficultés en termes de sécurité juridique.[552]

---

[544] Ph. Marc propose une définition des cours d'eau : « le lieu de convergence de toutes les eaux, superficielles ou souterraines d'un bassin versant qui se caractérise par la permanence d'un lit naturel dans lequel s'écoulent de façon pérenne ou temporaire, des eaux courantes, et formant un habitat pour une faune ou une flore spécifique ». Voy. Ph. MARC, *op. cit.*, pp 24-25.

[545] J.-L. GAZZANIGA, X. LARROUY-CASTÉRA, « Le droit de l'eau en France entre permanences et mutations », *Les Cahiers de Droit*, vol. 51, 3-4, septembre-décembre 2010, p 920.

[546] J. BARALE, « Le régime juridique de l'eau, richesse nationale (Loi du 16 décembre 1964) », *RDP*, 1965, p 594.

[547] Ph. MARC, *op. cit.*, pp 25-26. Voy. également J.-L. GAZZANIGA, X. LARROUY-CASTÉRA, Ph. MARC, J.-P. OURLIAC, *Le droit de l'eau*, Paris, LexisNexis Litec, 2011, 547 pages.

[548] Voy. *supra* §202 & s.

[549] Voy. à ce sujet *infra* §276 & s. ; voy. également D. GILLES, « Aménager, canaliser, encadrer juridiquement les rivières du Québec : le poids de l'histoire ? », *C. de D.*, vol.51, 3-4, sept.-déc. 2010, p 935.

[550] *Loi sur les compétences municipales*, L.R.Q., c. C-47.1 (ci-après « LCM »).

[551] *Politique de protection des rives, du littoral et des plaines inondables* ; (2005) 137 G.O. II, 2180 [c. Q-2, r. 17.31]. Voy. également à ce sujet D. BOUCHARD, H. GAUVIN, « Plus l'eau a de gardiens, plus elle est en péril… », *Les Cahiers de Droit, vol.* 51, 3-4, septembre-décembre 2010, p 885.

[552] D. BOUCHARD, H. GAUVIN, *op. cit.*, pp 885 & s.

Le droit des eaux au Québec est donc également fluctuant à ce sujet, ce qui crée un éclatement entre des règles disparates, s'étant empilées au cours du temps, tant les qualifications sont diverses : propriété, usage, etc. A. Brun qualifie ce phénomène de « saupoudrage » du droit de l'eau, ce qui rend bien compte de l'absence d'unité du domaine, d'un côté comme de l'autre de l'Atlantique.[553]

215. Notons que le droit international connaît des difficultés similaires. Le fleuve international est défini par l'Association de droit international comme « un cours d'eau reliant au moins deux États à la mer ». Cette définition est contestée : le Conseil d'État soulève qu'elle « n'est pas considérée par tous comme parfaitement claire »[554]. Ainsi, même en droit international, l'appréhension de la ressource en eau par le droit est malaisée.

216. Propos conclusifs. – Le traitement de l'eau par le droit est empreint d'un utilitarisme important. Cela provient des racines du droit occidental : le droit romain et le droit canonique sont influencés par une approche de l'eau fondée sur ses usages. Il en résulte un éclatement des régimes juridiques de gestion de l'eau dans le droit occidental. Cela se retrouve en droit français comme en droit québécois, les traditions romaniste et de *common law* s'étant principalement inspirées de ce mode d'appréhension de la ressource. Les régimes juridiques de protection de la qualité de l'eau douce ont repris à l'identique cette démarche utilitariste. C'est la source d'une complexité importante de cette partie du droit de l'environnement.

Paragraphe II. La complexité des régimes juridiques de protection de la qualité des eaux douces

217. Selon I. Weibust, tenter de faire une photo du tissu normatif du droit de l'environnement est particulièrement difficile.[555] Le droit de l'environnement apparaît dans le domaine de l'eau dans les règles de protection de la qualité des eaux. Cet « univers complexe »[556] trouve ses prémices dès la fin du XIXème siècle, alors que quelques règles sont adoptées par les mouvements hygiénistes. Elles constituent l'origine de la protection de la qualité des eaux, privilégiant une protection sanitaire, liée directement à la protection de la santé humaine. La mobilisation contre les épidémies hydriques est alors importante.[557]

---

[553] A. BRUN, F. LASSERRE, « Les politiques territoriales de l'eau au Québec (Canada) : des plans directeurs de l'eau à la mise en œuvre des contrats de bassin », *Développement durable et territoires*, Dossier 6 « Les territoires de l'eau », 19 mai 2006, paragraphe 11, site Internet : developpementdurable.revues.org/index2762.htmyl (page consultée le 7 juill. 2014). Voy. également D. GILLES, « Aménager, canaliser, encadrer juridiquement les rivières du Québec : le poids de l'histoire ? », *C. de D.*, vol.51, 3-4, sept.-déc. 2010, p 944.

[554] Rapport du Conseil d'État, *L'eau et son droit*, 18 février 2010, p 249.

[555] I. WEIBUST, *Green Leviathan : the case for a federal rôle in environmental policy*, Farnham, Surrey, England, 2009, pp 147 & s.

[556] Rapport du Conseil d'État, *L'eau et son droit*, 18 février 2010, p 25.

[557] Ph. MARC, *Les cours d'eau et le droit*, Paris, Éditions Johanet, 2006, p 167. Voy. également J.-P. LEGUAY, *L'eau dans la ville au Moyen âge*, Rennes, Presses Universitaires de Rennes, 2002, 493 pages.

218. Néanmoins, c'est dans les années 1960 qu'une véritable prise de conscience va s'opérer dans l'opinion publique occidentale.[558] Elle est à l'origine de la mise en place d'un véritable droit de l'environnement, tant l'altération des rivières et des fleuves est importante.[559] L'eau fait l'objet à cette époque et depuis longtemps d'une surexploitation par les activités domestiques, industrielles et agricoles. Le développement des technologies permettant une exploitation massive de la nature est un des facteurs principaux.[560] Les sociétés industrialisées découvrent que leurs rapports au milieu naturel ne garantissent plus la pérennité de la ressource.[561]

À la fin des années 1960, plusieurs désastres écologiques aux proportions impressionnantes se produisent. Notamment, en 1967, le pétrolier *Torrey Canyon* vient s'échouer sur les côtes britanniques et déverse 118 000 tonnes de pétrole dans la Manche. Deux ans plus tard, une plateforme pétrolière explose au large des côtes californiennes et pollue une trentaine de kilomètres de plages. Enfin la même année, la rivière Cuyahuga dans l'Ohio prend feu en raison de la forte concentration de pétrole dans son eau. Ces catastrophes écologiques sont très médiatisées dans tout le monde occidental,[562] ce qui mobilise davantage les opinions publiques. Cela oblige les gouvernements à réagir face à la détérioration de l'environnement.

219. Des règles de protection de la ressource se superposent alors aux droits des eaux déjà existants.[563] Elles ont de nouvelles bases : des références scientifiques dont l'objectif est la protection de la ressource.[564] Au-delà de cette nouveauté, ce second corps de règles reprend les nomenclatures traditionnelles du droit des eaux.[565] Les cours d'eau sont une fois de plus ignorés en tant que tels. La protection de la qualité des eaux se produit à travers leurs composantes et leurs usages.[566] La priorité de cette protection est de permettre l'expression des principaux usages de ces eaux.[567]

Ce second corps de règles est lui-même composé de plusieurs strates : les droits nationaux et provinciaux, le droit fédéral canadien et de l'Union, et le droit international. Ces trois strates ne se sont pas développées successivement, mais en parallèle. Leur développement correspond à des motivations similaires liées pour beaucoup aux variations des opinions publiques.[568] Dans un souci de clarté, nous présenterons ces trois strates successivement.

---

558 A. KISS, J.-P. BEURIER, *Droit International de l'Environnement*, Paris, Éditions A. Pedone, 2010, p 40.

559 Ph. MARC, *op. cit.*, p 167.

560 M. TREMBLAY (dir.), *Les Politiques publiques canadiennes*, Québec, Les Presses de l'Université Laval, 1998, p 163.

561 Ph. MARC, *op. cit.*, p 27.

562 M. TREMBLAY (dir.), *Les Politiques publiques canadiennes*, Québec, Les Presses de l'Université Laval, 1998, p 164.

563 Ph. MARC, *Les cours d'eau et le droit*, Paris, Éditions Johanet, 2006, p 29 et p 163.

564 Pour plus de précisions voy. R. ROMI, « Science et droit de l'environnement : la quadrature du cercle », *AJDA*, 20 juin 1991, pp 432-438.

565 J. BARALE, « Le régime juridique de l'eau, richesse nationale (Loi du 16 décembre 1964) », *RDP*, 1965, p 594.

566 Ph. MARC, *op. cit.*, p 165. Voy. également J. BARALE, *op. cit.*, p 594.

567 Ph. MARC, *op. cit.*, pp 168-169. Voy. également à ce sujet M. TREMBLAY (dir.), *op. cit.*, p 164.

568 A. KISS, J.-P. BEURIER, *Droit International de l'Environnement*, Paris, Éditions A. Pedone, 2010, p 40.

220. Les règles de protection de la qualité des eaux sont édictées tant au niveau français et québécois (*A-*), qu'au niveau de l'Union européenne et du Canada (*B-*) ou qu'au niveau du droit international (*C-*) en suivant une logique similaire : celle de l'utilitarisme.

A. Les régimes juridiques français et québécois : un premier niveau de complexité

221. Les régimes juridiques français (*1-*) et québécois (*2-*) de protection de la qualité des eaux douces constituent un premier niveau de complexité. Reprenant l'approche utilitariste de la ressource adoptée en droits romain et canonique, ces droits sont marqués par un éclatement des règles de protection de l'eau douce.

1. Le régime juridique français de protection de la qualité des eaux douces

222. En France, les principes de protection établis jusque dans les années 1960 apparaissent insuffisants pour assurer la qualité des eaux.[569] Une reconquête est alors engagée par la loi du 16 décembre 1964.[570] Malgré ses lacunes, cette loi marque un tournant décisif dans le droit des eaux.[571] Elle met en effet en avant l'importance de la qualité des eaux et de la lutte contre la pollution. La grande nouveauté réside dans le fait qu'elle crée une administration particulière pour atteindre ces objectifs.[572] Cette loi pose le principe de la gestion par bassin, qui constitue le socle de ce que l'on appelle « l'école française de l'eau »[573]. Elle institue également des parlements locaux de l'eau : les comités de bassin. Cette protection de la ressource est soutenue par des instruments fiscaux et par la création des agences de bassin. Cette organisation est complétée par un dispositif pénal, et par la création d'un ministère de l'environnement.[574]

223. Cette loi de 1964 est « le premier acte fondateur d'une politique publique de l'eau »[575]. Néanmoins, J.-L. Gazzaniga et X. Larrouy-Castéra énoncent qu'elle ne permet pas de répondre réellement aux préoccupations de l'époque. Une « grande loi réformant l'ensemble du régime juridique » des eaux était nécessaire, alors que le législateur « renforce (plutôt) les pouvoirs de

---

[569] La protection des eaux douces préoccupe peu le législateur avant les années 1960. Elle est assurée à cette époque par trois textes principalement : la *Loi du 8 avril 1898 sur le régime des eaux*, J.O. 10 avril 1898, p 2226 ; la *Loi du 16 oct. 1919 relative à l'utilisation de l'énergie hydraulique*, J.O. 18 oct. 1919, p 11523 ; le *Décret-loi du 8 août 1935 sur la protection des eaux souterraines*, J.O. 11 août 1935, p 8795. Voy. à ce sujet J.-L. GAZZANIGA, X. LARROUY-CASTÉRA, « Le droit de l'eau en France entre permanences et mutations », *Les Cahiers de Droit*, vol. 51, 3-4, septembre-décembre 2010, p 901 ; voy. également Rapport du Conseil d'État, *L'eau et son droit*, 18 février 2010, pp 331 & s.

[570] *Loi n°64-1245 du 16 déc. 1964 relative au régime et à la répartition des eaux et à la lutte contre leur pollution*, J.O. 18 déc. 1964, p 11258 (ci-après « loi de 1964 »). Voy. à ce sujet Ph. MARC, *Les cours d'eau et le droit*, Paris, Éditions Johanet, 2006, p 9.

[571] J.-L. GAZZANIGA, X. LARROUY-CASTÉRA, *op. cit.*, p 909.

[572] *Ibid.*

[573] Ph. MARC, *op. cit.*, p 9.

[574] Aujourd'hui, Ministère de l'Écologie, du Développement durable et de l'Énergie.

[575] Ph. MARC, *op. cit.*, p 9.

contrôle de l'administration »[576]. En réalité, la loi se superpose simplement au régime juridique déjà existant.

224. La loi de 1964 est complétée plus tardivement sous la pression de facteurs autres que la pollution proprement dite. De nouveaux problèmes apparaissent en effet au début des années 1980, ce qui crée encore une nouvelle dynamique. La recherche scientifique a évolué depuis les années 1960 et le souci écologique dépasse alors la « simple » pollution. Le vocabulaire applicable aux cours d'eau devient plus technique : on parle davantage de « milieux aquatiques, (d') écosystèmes, (ou de) gestion globale »[577]. Également, une nouveauté apparaît : la France découvre le manque d'eau à outrance. Les étés 1976, 1989, 1990 et 1991 sont particulièrement secs.[578] Deux lois viennent alors enrichir le régime juridique de la protection de la qualité des eaux : la loi du 29 juin 1984 dite « loi Pêche »[579] qui complète le dispositif de la loi de 1964, puis la loi du 3 janvier 1992.[580]

225. La loi de 1992 introduit les idées de simplification et d'unification d'un régime juridique déjà considéré comme trop complexe.[581] Elle crée une gestion durable et équilibrée par l'intermédiaire des SDAGE, des SAGE et du IOTA.[582] Ces trois innovations s'organisent en deux niveaux : le niveau du bassin ou groupement de bassins, et le niveau du sous bassin ou groupement de sous bassins. La loi de 1992 ajoute le principe d'unité de la ressource en eau, ce qui permet une unification des polices de l'eau réglementée par le IOTA.[583]

226. L'ensemble de ce dispositif sera complété par la loi du 2 février 1995 de renforcement de la protection de l'environnement,[584] ainsi que les lois de transposition du droit de l'Union européenne.[585]

227. Le régime juridique français de protection de la qualité des eaux douces est considéré comme très complexe malgré les tentatives du législateur d'enrayer le phénomène. Comme le soulignent J.-L. Gazzaniga et X. Larrouy-Castéra, « le droit de l'eau est caractérisé par une profusion de

---

[576] J.-L. GAZZANIGA, X. LARROUY-CASTÉRA, « Le droit de l'eau en France entre permanences et mutations », *Les Cahiers de Droit*, vol. 51, 3-4, septembre-décembre 2010, p 904.

[577] *Ibid.*, p 909.

[578] *Ibid.*

[579] *Loi n° 84-512 du 29 juin 1984 relative à la pêche en eau douce et à la gestion des ressources piscicoles*, J.O. 30 juin 1984, p 2039 (ci-après « loi Pêche de 1984 »). Voy. pour plus de précisions Rapport du Conseil d'État, *L'eau et son droit*, 18 février 2010, pp 334 & s.

[580] *Loi n° 92-3 du 3 janv. 1992 sur l'eau*, J.O. 4 janv. 1992, p 187 (ci-après « loi de 1992 »).

[581] J.-L. GAZZANIGA, X. LARROUY-CASTÉRA, *op. cit.*, p 910.

[582] Les SDAGE sont des schémas directeurs d'aménagement et de gestion des eaux, les SAGE sont des schémas d'aménagement et de gestion des eaux et le IOTA est une police unique de l'eau applicable aux installations, ouvrages, travaux et activités. Voy. pour plus de précisions *Ibid.*

[583] Avant cela, les eaux privées, les eaux souterraines, les eaux domaniales et non domaniales avaient chacune une police de l'eau qui leur était propre. Voy. à ce sujet *Ibid.*, pp 910-913.

[584] *Loi n° 95-101 du 2 févr. 1995 relative au renforcement de la protection de l'environnement*, JORF n°29 3 février 1995, p 1840. Voy. à ce sujet B. DROBENKO, J. SIRONNEAU, *Code de l'eau*, Paris, Éditions Johanet, 2010, p I-13.

[585] Voy. à ce sujet *infra* §243 & s.

textes qui, plutôt que d'aboutir à l'unité tant recherchée, semble ajouter à la confusion »[586]. Il souffre principalement de deux défauts.

228. En premier lieu, il apparaît que malgré les réformes, on maintient en France des règles très anciennes comme la loi du 16 octobre 1919[587] ou certaines concessions remontant à l'Ancien Régime, voire au Moyen Âge. La coordination entre les différents textes en vigueur pose de sérieuses difficultés tant dans l'administration que devant les tribunaux.[588]

229. En second lieu, le droit français de la protection de la qualité des eaux douces ne se résume pas qu'aux textes énoncés ci-dessus. Comme le souligne le Conseil d'État : « le droit de l'eau interfère avec de multiples disciplines et concerne autant le droit public que le droit privé »[589]. Une multitude de sources provenant de domaines divers intervient dans la protection des eaux. Les législations autour de la protection de la qualité des eaux douces et en dehors du droit de l'environnement à proprement parler sont très nombreuses. Outre le Code de l'environnement[590] où figure une partie des législations protégeant la qualité des eaux douces, entre une dizaine et une vingtaine de codes sont concernés.[591]

Par exemple, le Code de l'urbanisme comporte des dispositions importantes en matière de protection des eaux par l'intermédiaire des documents de planification urbaine. [592] De même, de nombreuses dispositions sur l'alimentation en eau et l'assainissement se trouvent dans le Code de la construction et de l'habitation, ainsi que dans le droit social : le Code de la Sécurité sociale ou le Code du travail sont très fournis en la matière.[593] Le Code de la santé publique et le Code du domaine public fluvial contiennent également des règles de protection de la qualité des eaux douces.[594]

230. Pour reprendre les propos de Ph. Marc, ce droit demeure donc d'« une conception transversale qui concerne toutes les disciplines du droit public et du droit privé ». Selon lui, le droit de l'environnement permettrait « une

---

586 J.-L. GAZZANIGA, X. LARROUY-CASTÉRA, « Le droit de l'eau en France entre permanences et mutations », *Les Cahiers de Droit*, vol. 51, 3-4, septembre-décembre 2010, p 920.

587 *Loi du 16 oct. 1919 relative à l'utilisation de l'énergie hydraulique*, J.O. 18 oct. 1919, p 11523. Voy. à ce sujet Rapport du Conseil d'État, *L'eau et son droit*, 18 février 2010, p 46.

588 Voy. à ce sujet J.-L. GAZZANIGA, X. LARROUY-CASTÉRA, *op. cit.*, p 907.

589 Rapport du Conseil d'État, *L'eau et son droit*, 18 février 2010, p 25.

590 Notamment les articles L.214-1 & s. concernant les règles de déclaration ou autorisation des installations, ouvrages, travaux, ou activités ; les articles L.541-1 & s. sur le régime des déchets.

591 Le nombre de codes concernés fluctue en fonction des sources et est souvent fourni de façon nébuleuse. Le professeur Gazzaniga et X. Larrouy-Castéra évoquent une « bonne douzaine de codes », tandis que le Conseil d'État fait état de « vingt codes différents ». Notamment, peuvent être cités le droit civil, avec les articles 640 & suivants du C.Civ., le droit pénal, le droit administratif, le droit rural etc. Voy. à ce sujet J.-L. GAZZANIGA, X. LARROUY-CASTÉRA, *op. cit.*, p 904 ; ainsi que Rapport du Conseil d'État, *L'eau et son droit*, 18 février 2010, p 338.

592 Les art. L. 111-1 & s. du code de l'urbanisme notamment, de même que l'article L.123-1 en matière de plans locaux d'urbanisme. Voy. à ce sujet Rapport du Conseil d'État, *op. cit.*, p 47.

593 En ce qui concerne les collectivités territoriales voy. loi n°2004-809 ; en matière de logement voy. loi n°2006-87 du 13 juillet 2006, loi n°90-449 du 31 mai 1990 ou la loi n°2007-290 du 5 mars 2007. Dans le Code du travail, voy. notamment art. R. 4225-2 et R. 4228-22.

594 Pour une liste plus complète des domaines et codes concernés, voy. Rapport du Conseil d'État, *L'eau et son droit*, 18 février 2010, pp 44 & s. ; ainsi que J.-L. GAZZANIGA, X. LARROUY-CASTÉRA, Ph. MARC, J.-P. OURLIAC, *Le droit de l'eau*, Paris, LexisNexis Litec, 2011, 547 pages.

protection unifiée » de la ressource.[595] Si l'intention est l'unification, la complexité et les absurdités de ce régime juridique ne peuvent que démontrer le contraire. Le Conseil d'État le confirme : « la législation n'est jamais parvenue à surmonter l'éclatement qui caractérise le droit de l'eau depuis ses origines »[596]. On reprend la logique du droit romain centrée sur les usages de la ressource. Cela crée un droit particulièrement « segmenté et redondant »[597]. Étant intrinsèquement lié au droit français, le droit québécois connaît le même type de dynamique.

2. Le régime juridique québécois de protection de la qualité des eaux douces

231. A. Brun et F. Lasserre soulignent que « comme en France, le droit de l'eau correspond à une compilation de multiples textes qui renvoient à différents codes »[598]. Le droit québécois de la protection de la qualité des eaux douces est très fragmenté : selon la Commission Beauchamp,[599] il a été mis en place de « façon empirique, au gré des fonctions et des besoins »[600]. Elle précise que ces « règles sont issues de sources diverses, pour la plupart anciennes et qui n'ont jamais été systématisées »[601]. Il y a donc eu une juxtaposition des règles dans le temps.

232. Le régime juridique de la protection de la qualité des eaux douces est complexe : il est constitué du Code civil du Québec, qui reprend les principes du droit romain,[602] ainsi que de plusieurs lois et règlements. Ce corpus est complété par une multitude de règles issues de domaines très divers. L'ensemble suit une logique similaire : ces règles régissent les eaux suivant leurs différents usages.[603]

233. Tout comme la France, les gouvernements successifs du Québec ont suivi les mouvements de l'opinion publique en réaction aux catastrophes écologiques survenues dans les années 1960 et 1970. Un débat est entamé avec la Commission Legendre en 1970. Elle soulève déjà que l'approche sectorielle et empirique pose des difficultés en pratique.[604] La Commission constate que l'appréhension de la ressource est trop centrée sur les usages : l'eau est

---

[595] Ph. MARC, *Les cours d'eau et le droit*, Paris, Éditions Johanet, 2006, p 29.
[596] Rapport du Conseil d'État, *op. cit.*, p 48.
[597] *Ibid.*
[598] A. BRUN, F. LASSERRE, « Les politiques territoriales de l'eau au Québec (Canada) : des plans directeurs de l'eau à la mise en œuvre des contrats de bassin », *Développement durable et territoires*, Dossier 6 « Les territoires de l'eau », 19 mai 2006, paragraphe 11, site Internet : developpementdurable.revues.org/index2762.htmyl (page consultée le 7 juill. 2014), p 6.
[599] Les travaux de la Commission Beauchamp sont à l'origine de la Politique nationale de l'eau. Voy. L.-G. FRANCOEUR, « La Politique nationale de l'eau du Québec de 2002 – Une œuvre inachevée », in A. BRUN, F. LASSERRE (dir.), *Politiques de l'eau : Grands principes et réalités locales*, Québec, Presses de l'Université du Québec, 2006, p 47.
[600] Bureau d'Audiences Publiques sur l'Environnement, *L'eau, ressource à protéger, à partager et à mettre en valeur*, Rapport de la Commission sur la Gestion de l'Eau au Québec, 142, Bibliothèque nationale du Québec, Québec/Montréal, 2000, p 37.
[601] *Ibid.*, p 117 ; voy. également D. BOUCHARD, H. GAUVIN, « Plus l'eau a de gardiens, plus elle est en péril… », *Les Cahiers de Droit*, vol. 51, 3-4, septembre-décembre 2010, p 881.
[602] Voy. à ce sujet *supra* §202 & s. et *infra* §300 & s.
[603] D. BOUCHARD, H. GAUVIN, *op. cit.*, p 880.
[604] Voy. à ce sujet le premier rapport de la Commission sur les problèmes juridiques de l'eau du 15 octobre 1970, GENE 128.1. Voy. également Bureau d'Audiences Publiques sur l'Environnement, *op. cit.*, p 37.

considérée tantôt comme une « simple force motrice », tantôt comme « un dépotoir commode pour les entreprises et les municipalités »[605]. Une approche plus globale est donc préconisée. Néanmoins, les recommandations de la Commission sont peu suivies d'effet en matière de protection des eaux. La fin de l'année 1970 est en effet une période très sensible au Québec en matière politique, ce qui place au second plan les considérations écologiques.[606]

234. En 1972, la *Loi sur la qualité de l'environnement*[607] est adoptée par le Parlement québécois. Elle est modifiée en 1978, par la *Loi modifiant la Loi de la qualité de l'environnement* qui crée notamment le ministère de l'Environnement.[608] Officiellement, ce nouveau ministère est présenté comme un gestionnaire unique de l'eau, sans pour autant que soit entièrement remanié le droit des eaux. [609] Également, est mis en place un programme d'assainissement des eaux (PAEQ) qui vise à dépolluer les rivières du Québec méridional. Le principe est donc celui de l'unité.

Or, la réalité s'avère bien différente : les acteurs de l'eau ont continué à mener leurs activités sectorielles. Par exemple, le ministère de l'Agriculture, des Pêcheries et de l'Alimentation a poursuivi une politique de redressement des cours d'eau pour le drainage agricole, tandis que le PAEQ a été progressivement transféré au ministère des Affaires municipales.[610]

235. Plusieurs règlements[611] ont complété les deux lois, et notamment : le *Règlement de 1981 sur l'évacuation et le traitement des eaux usées des résidences isolées*, en vigueur depuis le 17 août 1981 ; le *Règlement de 1984 sur l'eau potable* ; le *Règlement sur les eaux souterraines* ; ou encore le *Règlement sur les eaux embouteillées.*[612] Plusieurs Directives viennent préciser

---

[605] L.-G. FRANCOEUR, « La Politique nationale de l'eau du Québec de 2002 – Une œuvre inachevée », in A. BRUN, F. LASSERRE (dir.), *Politiques de l'eau : Grands principes et réalités locales*, Québec, Presses de l'Université du Québec, 2006, p 47.

[606] En octobre 1970, le Front de libération du Québec (FLQ) enlève un attaché commercial anglais, James Richard Cross, et le ministre québécois Pierre Laporte. Le FLQ prône l'utilisation de la lutte armée comme moyen d'affirmation et d'émancipation pour le Québec. Son objectif est d'obtenir l'indépendance de la province. À la mi-octobre, le FLQ exécute le ministre Pierre Laporte, le gouvernement n'ayant pas cédé à ses revendications. Cela suscite une réaction sans précédent dans l'opinion publique québécoise. Voy. à ce sujet le site internet de Radio-Canada : http://www.radio-canada.ca/ (consultée le 7 juill. 2014.)

[607] L.Q. 1972, c. 49. Ci-après « LQE ».

[608] 1978, c. 64. Voy. à ce sujet L.-G. FRANCOEUR, *op. cit.*, p 48.

[609] Bureau d'Audiences Publiques sur l'Environnement, *L'eau, ressource à protéger, à partager et à mettre en valeur*, Rapport de la Commission sur la Gestion de l'Eau au Québec, 142, Bibliothèque nationale du Québec, Québec/Montréal, 2000, p 37.

[610] *Ibid.* En parallèle, une nouvelle question s'est posée au Québec ainsi qu'à l'ensemble des provinces du Canada : celle de l'exportation massive d'eau, notamment aux États-Unis. Une loi de 2001 sur la préservation des ressources en eau (dite « Loi 58 ») est alors adoptée à ce sujet. Pour plus de précisions, voy. L.-G. FRANCOEUR, *op. cit.*, p 50.

[611] En droit québécois, les règlements sont des normes de portée générale, pour lesquelles le gouvernement provincial doit être habilité par une loi. Les règlements sont subordonnés à la Constitution, aux lois et aux règles issues du *Common law*. Voy. pour plus de précisions H. BRUN, G. TREMBLAY, E. BROUILLET, *Droit constitutionnel*, Cowansville, Yvon Blais, 2008, p 35.

[612] Cette liste s'allonge encore avec le *Règlement sur les carrières et sablières*, le *Règlement sur les fabriques de pâtes et papiers* et le *Règlement sur les déchets solides* ou le *Règlement sur les pataugeoires et les piscines publiques*. Voy. à ce sujet Bureau d'Audiences Publiques sur l'Environnement, *op. cit.*, p 132.

ces textes.[613] Une approche donc très fragmentée et basée sur les usages des eaux.

236. Suite à un regain d'intérêt pour la protection de la ressource dans l'opinion publique, et après s'y être engagé auprès du Réseau international des organismes de bassin,[614] le Québec lance le 26 novembre 2002 la Politique nationale de l'eau (PNE).[615] Elle ne reprend pas les recommandations formulées par la Commission Beauchamp, instituée en l'an 2000. La Commission prônait une approche plus globale assurée notamment par une loi-cadre.[616] La *PNE* est mise en œuvre par plusieurs interventions sectorielles, et notamment par de nouveaux règlements, dont le *Règlement sur les exploitations agricoles* de 2002.[617] Sans abroger les textes précédents, le tout se superpose au régime juridique déjà en place avant 2002.

237. Sept ans plus tard, le Parlement du Québec ajoute à la confusion avec la *Loi affirmant le caractère collectif des ressources en eau et visant à renforcer leur protection*,[618] devenue la *Loi sur les ressources en eau* de 2009. Elle conserve elle aussi un « encadrement juridique touffu et éclaté »[619], sans remplacer pour autant la *LQE de 1972* et ses règlements associés, ou la *PNE.*

238. En réalité, tant le Code civil que la *LQE* de 1972[620] traitent déjà des questions abordées dans la *Loi sur les ressources en eau* de 2009. D. Bouchard et H. Gauvin fournissent plusieurs exemples de chevauchements ayant lieu entre les différentes sources du droit de la protection de la qualité des eaux douces. Notamment, ils établissent que l'article 1 de la *Loi sur les ressources en eau* de 2009 complète les principes énoncés à l'article 913 du Code civil. Également, l'article 2 de la même loi complète les articles 980 et 981 du Code civil. De même, l'article 7 de la *Loi sur les ressources en eau* complète

---

[613] Notamment la *Directive sur le captage et la distribution de l'eau* (en vigueur le 20 février 1984, modifiée le 6 février 1996), la *Directive sur le traitement des eaux* (en vigueur le 17 février 1986), la *Directive sur les réseaux d'égouts* (en vigueur le 25 octobre 1989), la *Directive sur les industries minières* (en vigueur le 29 mai 1989), ou la *Directive sur la vente du domaine hydrique public* (en vigueur le 2 décembre 1991). Voy. à ce sujet : Bureau d'Audiences Publiques sur l'Environnement, *op. cit.*, pp 132 & s.

[614] Le Québec s'est engagé à mettre en œuvre une gestion intégrée des ressources en eau par le biais de bassins hydrographiques lors de la Conférence des Nations Unies pour l'environnement et le développement de Rio de Janeiro en 1992. En 1996, le gouvernement québécois adhère par décret au Réseau international des organismes de bassin.

[615] QUÉBEC, MINISTÈRE DE L'ENVIRONNEMENT, *L'eau. La vie. L'avenir. Politique nationale de l'eau. Québec.* Environnement Québec, 2002, site Internet du ministère du Développement durable, de l'Environnement, de la Faune et des Parcs : www.mddep.gouv.qc.ca/eau/politique/politique-integral.pdf (page consultée le 7 juill. 2014) (ci-après « PNE »); Voy. également QUÉBEC, MINISTÈRE DE L'ENVIRONNEMENT, *L'eau. La vie. L'avenir. Politique nationale de l'eau. Faits saillants, Québec,* Environnement Québec, 2002, Site internet du ministère du Développement durable, de l'Environnement, de la Faune et des Parcs: www.mddep.gouv.qc.cal eau/politique/faits-saillants.pdf (page consultée le 7 juill. 2014).

[616] Voy. à ce sujet Bureau d'Audiences Publiques sur l'Environnement, *L'eau, ressource à protéger, à partager et à mettre en valeur*, Rapport de la Commission sur la Gestion de l'Eau au Québec, 142, Bibliothèque nationale du Québec, Québec/Montréal, 2000, pp 55 & s.

[617] *Règlement sur les exploitations agricoles,* (2002) 134 G.O. 11, 3525 [c. Q-2, r. 11.1].

[618] *Loi affirmant le caractère collectif des ressources en eau et visant à renforcer leur protection,* L.Q. 2009, c. 21, devenue la *Loi affirmant le caractère collectif des ressources en eau et visant à renforcer leur protection,* L.R.Q., c. C-6.2.

[619] D. BOUCHARD, H. GAUVIN, « Plus l'eau a de gardiens, plus elle est en péril… », *Les Cahiers de Droit,* vol. 51, 3-4, septembre-décembre 2010, pp 882-883.

[620] L.Q. 1972, c. 49.

l'article 118.4 de la *LQE*, sans pour autant y être intégré.[621] Une « multiplication des normes sans hiérarchie évidente entre elles » a donc lieu.[622] Cela implique une multiplication des acteurs concernés par la protection des eaux douces.[623]

239. En parallèle au régime juridique directement destiné à la protection de la qualité des eaux douces, existe une multitude de normes qui régissent indirectement la qualité de la ressource. Notamment, la protection de la qualité des eaux douces est assurée en partie par la Politique de protection des rives, du littoral et des plaines inondables,[624] qui s'applique à l'ensemble des cours d'eau du Québec. Elle relève de la responsabilité des municipalités et des municipalités régionales de comté.[625] De même, le Code municipal,[626] la *Loi sur les cités et les villes*,[627] la *Loi sur la fiscalité municipale*[628] entre autres, interviennent dans le domaine de l'eau.[629]

240. Le Québec applique donc un régime juridique très fragmenté, tout comme la France. Dans un cas comme dans l'autre, cette complexité est amplifiée par l'intervention d'un ordre de gouvernement supplémentaire : le palier fédéral canadien au Québec, et l'Union européenne en France.

B. Les régimes juridiques européen et canadien : la superposition menant à un niveau de complexité supplémentaire

241. Les désastres écologiques survenus dans les années 1960 donnent au gouvernement fédéral canadien et à la Communauté européenne une occasion d'intervenir dans le domaine de l'environnement. Cela leur permet de légitimer leur action : une protection plus globale de la ressource serait plus appropriée. Néanmoins, le gouvernement fédéral et la Communauté ne choisissent pas une approche plus moderne : l'appréhension juridique de l'eau qu'ils pratiquent est calquée sur l'approche fragmentée du Québec et de la France.

242. Tant le Canada (*2-*) que l'Union (*1-*) vont produire la majeure partie de leur réglementation de protection de la qualité des eaux douces en deux vagues successives, que les auteurs n'ont pas manqué de rapprocher des grands sursauts de l'opinion publique.[630] Ces deux régimes juridiques vont se

---

[621] D. BOUCHARD, H. GAUVIN, *op. cit.*, pp 892 & s.
[622] *Ibid.*, p 884.
[623] Voy. à ce sujet *Ibid.*, pp 887 & s.
[624] *Politique de protection des rives, du littoral et des plaines inondables*, (2005) 137 G.O. II, 2180 [c. Q-2, r. 17.31].
[625] Bureau d'Audiences Publiques sur l'Environnement, *L'eau, ressource à protéger, à partager et à mettre en valeur*, Rapport de la Commission sur la Gestion de l'Eau au Québec, 142, Bibliothèque nationale du Québec, Québec/Montréal, 2000, pp 132 & s.
[626] L.R.Q., c. C-27-1.
[627] L.R.Q., c. C-19.
[628] L.R.Q., c. F-2.1.
[629] A. BRUN, F. LASSERRE, « Les politiques territoriales de l'eau au Québec (Canada) : des plans directeurs de l'eau à la mise en œuvre des contrats de bassin », *Développement durable et territoires*, Dossier 6 « Les territoires de l'eau », 19 mai 2006, paragraphe 11, site Internet : developpementdurable.revues.org/index2762.html (page consultée le 7 juill. 2014), p 5.
[630] Voy. également M. TREMBLAY (dir.), *Les Politiques publiques canadiennes*, Québec, Les Presses de l'Université Laval, 1998, p 164.

superposer de façon quelque peu différente, mais certaine, à leurs ordres de gouvernement respectifs : le Québec et la France.

1. La superposition du régime juridique de l'Union européenne au régime français

243. Dans les Traités de Rome de 1957,[631] la protection de l'environnement n'apparaissait pas.[632] Seul le domaine économique devait servir de base au projet politique de construction européenne. C'est donc progressivement que la protection de l'environnement et plus particulièrement en matière d'eau douce,[633] s'est construite au niveau communautaire.[634]

244. Dans les années 1970, la Communauté européenne va produire une réglementation abondante lors d'une première vague, ne quittant pas la nomenclature traditionnelle occidentale fondée sur les usages de l'eau.[635] En cinq ans, les Directives sur l'eau potable et les eaux de baignades,[636] les substances dangereuses[637] et les eaux souterraines[638] sont adoptées.[639]

245. Une seconde vague intervient dès l'Acte unique européen de 1986.[640] Jusque-là, la crise économique liée au choc pétrolier avait ralenti les ardeurs européennes en matière de protection de l'environnement.[641] Lors de cette

---

[631] Deux traités ont été signés à Rome en 1957 : le premier crée la Communauté économique européenne (CEE) et le second la Communauté européenne de l'énergie atomique (CEEA ou Euratom).

[632] P. THIEFFRY, *Droit de l'environnement de l'Union européenne – Éléments de droit comparé américain, chinois et indien*, Bruxelles, Bruylant, 2008, p 48.

[633] M. CLÉMENT, *Droit européen de l'environnement – Jurisprudence commentée*, Paris, Larcier, 2010, p 273.

[634] Plus précisément, jusqu'en 1987, il n'existe dans les traités aucune disposition permettant de fonder juridiquement la protection de l'environnement par le droit communautaire. Voy. à ce sujet S. CHARBONNEAU, *Droit communautaire de l'environnement*, Paris, L'Harmattan, 2006, pp 61 & s. Voy. également J.-L. GAZZANIGA, X. LARROUY-CASTÉRA, « Le droit de l'eau en France entre permanences et mutations », *Les Cahiers de Droit*, vol. 51, 3-4, septembre-décembre 2010, p 914 ; ainsi que P. THIEFFRY, *op. cit.*, pp 48 & s.

[635] La Commission européenne suit en réalité une tendance amorcée par le juge communautaire, « le premier fondement des mesures environnementales fut prétorien », ce qui « posa des problèmes aigus » au regard des traditions juridiques de certains États membres. Voy. à ce sujet P. THIEFFRY, *op. cit.*, p 3.

[636] Directive 75/440/CEE du Conseil, du 16 juin 1975, concernant la qualité requise des eaux superficielles destinées à la production d'eau alimentaire dans les États membres, JOCE 1975, L 194/26.

[637] Directive 76/464/CEE du Conseil, du 4 mai 1976, concernant la pollution causée par certaines substances dangereuses déversées dans le milieu aquatique de la Communauté, JOCE 1976, L 129/23.

[638] Directive 80/68/CEE du Conseil, du 17 décembre 1979, concernant la protection des eaux souterraines contre la pollution causée par certaines substances dangereuses, JOCE 1980, L 20/43.

[639] J.H. JANS, H.H.B. VEDDER, *European Environmental Law*, Groningen, Europa Law Publishing, 2008, pp 346 & s. ; voy. également J.-L. GAZZANIGA, X. LARROUY-CASTÉRA, « Le droit de l'eau en France entre permanences et mutations », *Les Cahiers de Droit*, vol. 51, 3-4, septembre-décembre 2010, p 913.

[640] JO L 169 du 29 juin 1987.

[641] A. WEALE, G. PRIDHAM, M. CINI, D. KONSTADAKOPULOS, M. PORTER, B. FLYNN, *Environmental Governance in Europe: An Ever Closer Ecological Union ?*, Oxford, Oxford University Press, 2002, p 3.

seconde période, pas moins de trente directives[642] sont adoptées de « manière fragmentée »[643].

246. En 1995, le droit de l'Union européenne apparaît comme « une construction juridique baroque dépourvue de toute vision d'ensemble »[644]. La Commission européenne lance alors une nouvelle approche intégrée, s'inspirant du système mis en place par la Loi française de 1964 ainsi que du système préconisé par le Réseau international des Organismes de Bassin.[645]

247. Le régime juridique actuel trouve son fondement à l'article 4 du Traité sur le Fonctionnement de l'Union européenne[646] sur la base de la protection de l'environnement.[647] La Directive-cadre sur l'eau (DCE)[648] est adoptée en l'an 2000 et constitue la « pierre angulaire » de la Politique de l'eau de l'Union européenne.

248. Elle inaugure une nouvelle approche intégrée basée sur le découpage du territoire de l'Union en bassins hydrographiques. Elle s'inspire en grande partie du modèle français de l'eau de la gestion par bassin, soutenu par les SDAGE et le principe du pollueur-payeur.[649] La DCE est en soi complexe, ce qui s'explique en grande partie par un régime d'exception particulièrement riche.[650] Un certain nombre d'anciennes directives sont abrogées ou font l'objet d'un calendrier d'abrogation.[651] Cette approche est si innovante que

---

[642] Notamment pour les plus importantes : la Directive 91/271/CEE du Conseil, du 21 mai 1991, relative au traitement des eaux urbaines résiduaires, JOCE 1991, L 135/40 sur les eaux urbaines résiduaires ; la Directive 91/676/CEE du Conseil, du 12 décembre 1991, concernant la protection des eaux contre la pollution par les nitrates à partir de sources agricoles, JOCE 1991, L 375/I dite « nitrates ». Voy. à ce sujet J.H. JANS, H.H.B. VEDDER, *op. cit.*, pp 346-347.

[643] J.-L. GAZZANIGA, X. LARROUY-CASTÉRA, *op. cit.*, p 914. Voy. également A. WEALE, G. PRIDHAM, M. CINI, D. KONSTADAKOPULOS, M. PORTER, B. FLYNN, *op. cit.*, p 356.

[644] J.-L. GAZZANIGA, X. LARROUY-CASTÉRA, *op. cit.*, p 915.

[645] Ci-après RIOB. Cette association internationale réunit depuis 1994 des organismes dont le but est de promouvoir la gestion intégrée par bassin. Pour plus de précisions voy. le site Internet de l'association : http://www.riob.org/ (page consultée le 7 juill. 2014).

[646] JO n° C 83 du 30 mars 2010.

[647] B. DROBENKO, J. SIRONNEAU, *Code de l'eau*, Paris, Éditions Johanet, 2010, p I-4.

[648] Directive 2000/60/CE du Parlement européen et du Conseil du 23 octobre 2000 établissant un cadre pour une politique communautaire dans le domaine de l'eau, JOUE L 327 du 22.12.2000, p 1-73.

[649] J.-L. GAZZANIGA, X. LARROUY-CASTÉRA, Ph. MARC, J.-P. OURLIAC, *Le droit de l'eau*, Paris, LexisNexis Litec, 2011, p 915 ; Voy. également J.H. JANS, H.H.B. VEDDER, *European Environmental Law*, Groningen, Europa Law Publishing, 2008, p 348.

[650] J.H. JANS, H.H.B. VEDDER, *European Environmental Law*, Groningen, Europa Law Publishing, 2008, p 350.

[651] Ont été abrogées en 2007 : la Directive n°75/440/CEE du Conseil, du 16 juin 1975, concernant la qualité requise des eaux superficielles destinées à la production d'eau alimentaire dans les États membres, JOCE 1975, L 194/26 ; la Directive n°77/795/CEE du Conseil, du 12 déc. 1977, instituant une procédure commune d'échange d'informations relatives à la qualité des eaux douces superficielles dans la Communauté, JOCE 1977, L 334/29 ; la Directive n°79/869 du Conseil, du 9 oct. 1979, relative aux méthodes de mesure et à la fréquence des échantillonnages et de l'analyse des eaux superficielles destinées à la production d'eau alimentaire dans les États membres, JOCE 1979, L 271/44. Également, seront abrogées en décembre 2013 : la Directive n°76/464/CEE du Conseil, du 4 mai 1976, concernant la pollution causée par certaines substances dangereuses déversées dans le milieu aquatique de la communauté, JOCE 1976, L 129/23 (remplacée par la Directive n°2006/11/CE) ; la Directive n°78/659/CEE du Conseil, du 18 juill. 1978, concernant la qualité des eaux douces ayant besoin d'être protégées ou améliorées pour être aptes à la vie des poissons, JOCE 1978, L 222/1 (remplacée par la Directive n°2006/44/CE) ; la Directive n°79/923/CEE du Conseil, du 30 oct. 1979, relative à la qualité requise des eaux conchylicoles, JOCE 1979, L 281/47 (remplacée par

certains auteurs s'aventurent à la considérer comme l'aube d'une troisième vague d'intervention de l'Union.[652] La DCE a été modifiée à plusieurs reprises depuis son adoption, notamment pour compléter la liste de substances considérées comme prioritaires.[653]

249. Malgré une nouvelle appréhension de la question de la protection des eaux, cela ne permet pas de simplifier complètement le droit de l'Union en matière de protection des eaux. La Directive-cadre complète en fait l'approche traditionnelle utilitariste au lieu de la dépasser. La protection de la qualité des eaux douces reste dépendante des principaux usages de l'eau par l'intermédiaire des nombreuses directives encore en vigueur ou entrées en vigueur depuis.[654]

250. Le régime juridique de la protection de la qualité des eaux douces est donc encore constitué d'une multitude de textes. Les anciennes directives viennent compléter le dispositif de la DCE, rejointes par les nouvelles directives, pour certaines appelées « directives-filles »[655]. Les textes directement associés à la DCE sont au nombre de trois : la Directive 2006/118 sur les eaux souterraines,[656] la Directive 2008/32[657] et la Directive 2008/105

---

la Directive n°2006/113/CE) ; la Directive n°80/68/CEE du Conseil, du 17 déc. 1979, concernant la protection des eaux souterraines contre la pollution causée par certaines substances dangereuses, JOCE 1980, L 20/43 (remplacée par la Directive n°2000/60/CE et la Directive n°2006/118/CE). Voy. notamment J.-L. GAZZANIGA, X. LARROUY-CASTÉRA, Ph. MARC, J.-P. OURLIAC, *op ; cit.*, pp 39 & s. ; ainsi que J.H. JANS, H.H.B. VEDDER, *op. cit.*, pp 346 & s. ; et P. THIEFFRY, *Droit de l'environnement de l'Union européenne – Éléments de droit comparé américain, chinois et indien*, Bruxelles, Bruylant, 2008, pp 215 & s.

[652] Voy. notamment J.H. JANS, H.H.B. VEDDER, *op. cit.*, p 347.

[653] Elle a été modifiée notamment par la Décision n°2455/2001/CE du Parlement et du Conseil, du 20 nov. 2001, établissant la liste des substances prioritaires dans le domaine de l'eau et modifiant la directive 2000/60/CE, JO 2001, L 331/1 ; ainsi que par la Directive 2006/11/CE du Parlement et du Conseil, du 15 février 2006, concernant la pollution causée par certaines substances dangereuses déversées dans le milieu aquatique de la Communauté, JOUE 2006, L 64/52 ; la Directive n°2008/32/CE du Parlement et du Conseil modifiant la Directive n°2000/60/CE établissant un cadre pour une politique communautaire dans le domaine de l'eau, en ce qui concerne les compétences d'exécution conférées à la Commission, JOUE 2008, L 81/60 ; la Directive n°2008/105/CE du Parlement et du Conseil, du 16 décembre 2008, établissant des normes de qualité environnementale dans le domaine de l'eau, modifiant et abrogeant les directives du Conseil 82/176/CEE, 83/513/CEE, 84/156/CEE, 84/491/CEE, 86/280/CEE et modifiant la directive 2000/60/CE, JOUE 2008, L 348 /84 ; et la Directive n°2009/31/CE du Parlement et du Conseil relative au stockage géologique du dioxyde de carbone et modifiant la directive n°85/337/CEE du Conseil, les directives n°2000/60/CE, n°2001/80/CE, n°2004/35/CE, n°2006/12/CE et n°2008/1/CE, et le règlement (CE) n°1013/2006 du Parlement et du Conseil, JOUE 2009, L 140/114. Une nouvelle modification est encore prévue : voy. à ce sujet Proposition de directive du Parlement et du Conseil modifiant les directives n°2000/60/CE et n°2008/105/CE en ce qui concerne les substances prioritaires pour la politique dans le domaine de l'eau, COM (2011) 876 final, 2011/0429 (COD). Voy. également J.-L. GAZZANIGA, X. LARROUY-CASTÉRA, Ph. MARC, J.-P. OURLIAC, *Le droit de l'eau*, Paris, LexisNexis Litec, 2011, p 43.

[654] Ph. MARC, *Les cours d'eau et le droit*, Paris, Éditions Johanet, 2006, p 169.

[655] Pour un exemple d'articulation entre la « directive-fille » 2006/118/CE et la DCE, voy. CJCE, 25 octobre 2007, *Commission des Communautés européennes c. Irlande*, Aff. C-248/05, Rec. 2007 p.I-09261. Voy. également M. CLÉMENT, *Droit européen de l'environnement – Jurisprudence commentée*, Paris, Larcier, 2010, pp 274 & s.

[656] Directive 2006/118/CE du Parlement européen et du Conseil, du 12 décembre 2006, sur la protection des eaux souterraines contre la pollution et la détérioration, JOUE 2006, L 372/19.

[657] Directive 2008/32/CE du Parlement et du Conseil, du 11 mars 2008, modifiant la directive 2000/60/CE établissant un cadre pour une politique communautaire dans le domaine de l'eau, en ce qui concerne les compétences d'exécution conférées à la Commission, JOUE 2008, L 81 /60.

sur les normes de qualité environnementale applicables aux eaux de surface.[658] Elles font l'objet de précisions techniques ou d'ordre plus général par des communications de la Commission européenne, et des décisions du Parlement européen et du Conseil.[659]

251. Ce dispositif est complété par les directives dites « directives milieux », spécifiquement applicables à chaque domaine de l'eau, ainsi que des textes spécifiques à chaque type de rejet de substance nocive : les « textes rejet »[660].

Les principales « directives milieux » sont au nombre de cinq : la Directive 2006/113 protège les eaux conchylicoles en fixant des critères de qualité,[661] la Directive 2006/7 fixe les normes de référence en matière de qualité des eaux de surface susceptibles d'être des lieux de baignade.[662] Les eaux piscicoles sont protégées par la Directive 2006/44,[663] la Directive 98/83/CE protège la qualité de l'eau potable.[664] Enfin, le traitement des eaux usées est régi par la Directive 91/271/CEE,[665] modifiée par la Directive 98/15/CE.

252. Les « textes rejet » sont principalement au nombre de sept : la biodégradabilité et l'étiquetage des détergents sont régis par le Règlement (CE) n°648/2004,[666] le déversement de mercure en milieu aquatique est

---

[658] Directive 2008/105/CE du Parlement et du Conseil, du 16 décembre 2008, établissant des normes de qualité environnementale dans le domaine de l'eau, modifiant et abrogeant les directives du Conseil 82/176/CEE, 83/513/CEE, 84/156/CEE, 84/491/CEE, 86/280/CEE et modifiant la directive 2000/60/CE, JOUE 2008, L 348 /84.

[659] Les principales dans le domaine sont : la Décision n°2455/2001/CE du Parlement et du Conseil, du 20 nov. 2001, établissant la liste des substances prioritaires dans le domaine de l'eau et modifiant la directive 2000/60/CE, JOUE 2001, L 331/1 ; ainsi que la Communication de la Commission au Parlement européen et au Conseil, *Vers une gestion durable de l'eau dans l'Union européenne- Première étape de la mise en œuvre de la directive-cadre sur l'eau 2000/60/CE,* COM (2007) 128 final.

[660] Dans l'ouvrage de J.-L. Gazzaniga et X. Larrouy-Castéra, les textes assurant la protection des eaux en fonction du type de substance nocive rejetée sont nommés « Directive rejet ». Étant donné qu'il ne s'agit pas seulement de directives, mais également de règlements et de décisions, nous préférons l'appellation « texte rejet ». Voy. à ce sujet J.-L. GAZZANIGA, X. LARROUY-CASTÉRA, Ph. MARC, J.-P. OURLIAC, *Le droit de l'eau*, Paris, LexisNexis Litec, 2011, p 39.

[661] Directive 2006/113/CE du Parlement et du Conseil, du 12 décembre 2006 relative à la qualité requise des eaux conchylicoles, JOUE 2006, L 376/14.

[662] Directive 2006/7/CE du Parlement et du Conseil, du 15 février 2006, concernant la gestion de la qualité des eaux de baignade et abrogeant la directive 76/160/CEE, JOUE 2006, L 64/37. Elle remplace et abroge la Directive 76/160/CEE une fois transposée, et dès le 31 décembre 2014.

[663] Directive 2006/44/CE du Parlement et du Conseil, du 6 septembre 2006, concernant la qualité des eaux douces ayant besoin d'être protégées ou améliorées pour être aptes à la vie des poissons, JOUE 2006, L 264/20.
Elle remplace et codifie la Directive 78/659/CE, modifiée par la Directive 91/692/CE et par le Règlement n°807/2003. Plus clairement, cette Directive 2006-44 ne modifie pas les dispositions de fond mais regroupe de manière formelle ces trois textes.

[664] Directive 98/83/CE du Parlement et du Conseil, du 3 novembre 1998, relative à la qualité des eaux destinées à la consommation humaine, JOUE 1998, L 330/32.

[665] Directive 91/271/CEE du Conseil, du 21 mai 1991, relative au traitement des eaux urbaines résiduaires, JOCE 1991, L 135/40.

[666] Règlement (CE) n° 648/2004 du Parlement et du Conseil du 31 mars 2004 relatif aux détergents, JOUE 2004, L 104/1. Il a été modifié par le Règlement (CE) n°907/2006 du Parlement et du Conseil, du 20 juin 2006, modifiant le règlement (CE) no 648/2004 du Parlement européen et du Conseil relatif aux détergents afin d'en adapter les annexes III et VII, JOUE 2006, L 168/5.

réglementé par la Directive 82/176/CEE.[667] La Directive 80/68/CEE[668] régit la protection des eaux souterraines jusqu'au 21 décembre 2013, date à laquelle elle sera abrogée par le DCE. La pollution par les nitrates d'origine agricole est réglementée par la Directive 91/676/CEE,[669] l'élimination et la limitation de la production, de l'utilisation et des rejets de polluants organiques persistants (appelés « POP ») sont régies par la Décision du Conseil du 24 avril 2006 n°2006/507/CE qui complète la Convention de Stockholm et le Règlement (CE) n°850/2004,[670] modifiant la Directive 79/117/CEE.[671] La Directive 2008/1/CE du 15 janvier 2008[672] (dite IPPC) régit la prévention et la réduction intégrées de la pollution et soumet à autorisation les activités industrielles et agricoles ayant un fort potentiel de pollution. Enfin, une protection de l'eau comme milieu aquatique contre les rejets de substances dangereuses est assurée par la Directive 2006/11/CE.[673]

253. Malgré les efforts introduits par la DCE, le régime juridique de l'Union en matière de protection des eaux est toujours largement fragmenté. D'autant qu'à l'instar du droit français, plusieurs domaines en dehors du droit de l'environnement interviennent juridiquement dans la

---

[667] Directive 82/176/CEE du Conseil, du 22 mars 1982, concernant les valeurs limites et les objectifs de qualité pour les rejets de mercure du secteur de l'électrolyse des chlorures alcalins, JOCE 1982, L 081/29. Elle a été modifiée par deux directives : la Directive 91/692/CEE du Conseil, du 23 décembre 1991, visant à la standardisation et à la rationalisation des rapports relatifs à la mise en œuvre de certaines directives concernant l'environnement, JOCE 1991, L 377/48 ; et la Directive 2008/105/CE du Parlement et du Conseil, du 16 décembre 2008, établissant des normes de qualité environnementale dans le domaine de l'eau, modifiant et abrogeant les directives du Conseil 82/176/CEE, 83/513/CEE, 84/156/CEE, 84/491/CEE, 86/280/CEE et modifiant la directive 2000/60/CE, JOUE 2008, L 348 /84.

[668] Directive 80/68/CEE du Conseil, du 17 décembre 1979, concernant la protection des eaux souterraines contre la pollution causée par certaines substances dangereuses, JOCE 1980, L 20/43. Elle a été modifiée par la Directive 91/692/CEE du Conseil, du 23 décembre 1991, visant à la standardisation et à la rationalisation des rapports relatifs à la mise en œuvre de certaines directives concernant l'environnement, JOCE 1991, L 377/48.

[669] Directive 91/676/CEE du Conseil, du 12 décembre 1991, concernant la protection des eaux contre la pollution par les nitrates à partir de sources agricoles, JOCE 1001, L 375/1. Modifiée par le Règlement (CE) n° 1882/2003 du Parlement et du Conseil, du 29 septembre 2003, portant adaptation à la décision 1999/468/CE du Conseil des dispositions relatives aux comités assistant la Commission dans l'exercice de ses compétences d'exécution prévues dans des actes soumis à la procédure visée à l'article 251 du traité CE, JOUE 2003, L 284/1.

[670] Règlement (CE) n°850/2004 du Parlement et du Conseil, du 29 avril 2004, concernant les polluants organiques persistants et modifiant la directive 79/117/CEE, JOUE 2004, L 158/7. Il est modifié par cinq règlements : le Règlement (CE) n°1195/2006 du Conseil, du 18 juillet 2006, JOUE 2006, L 217/1 ; le Règlement (CE) n°172/2007 du Conseil, du 16 février 2007, JOUE 2007, L 55/1 ; le Règlement (CE) n°323/2007 de la Commission, du 26 mars 2007, JOUE 2007, L 85/3 ; le Règlement (CE) n°219/2009 du Parlement et du Conseil, du 11 mars 2009, JOUE 2009, L 87/109 ; et le Règlement (CE) n° 304/2009 de la Commission, du 14 avril 2009, JOUE 2009, L 96/33.

[671] Directive 79/117/CEE du Conseil, du 21 décembre 1978, concernant l'interdiction de mise sur le marché et d'utilisation des produits phytopharmaceutiques contenant certaines substances actives, JOCE 1979, L 33/36.

[672] Directive 2008/1/CE, du 15 janvier 2008, relative à la prévention et à la réduction intégrées de la pollution, JOUE 2008, L 24/8. Elle remplace la Directive 96/61/CE, du 24 septembre 1996, relative à la prévention et à la réduction intégrées de la pollution, JOUE 1996, L 257/26.

[673] Directive 2006/11/CE, du 15 février 2006, concernant la pollution causée par certaines substances dangereuses déversées dans le milieu aquatique de la Communauté, JOUE 2006, L 64/52. Elle remplace et codifie la Directive 76/464/CEE et ses textes modificatifs. Son abrogation est prévue le 22 décembre 2013.

réglementation de la protection de la qualité des eaux douces.[674] L'article 11 TFUE pose en effet le principe d'intégration de la protection de l'environnement à toutes les politiques de l'Union européenne.

254. Également, il est important de préciser que cette complexité n'est pas figée : le droit de l'Union évolue sans cesse en la matière. Par exemple, en novembre 2012 l'ensemble de ce dispositif, la DCE en première ligne, est remis en question par un Livre bleu de la Commission, visant une refonte de ce dernier. De même, de nouveaux textes viendront bientôt compléter cet arsenal juridique déjà encombré : le 28 mars 2012, la Commission a présenté une proposition de Directive du Conseil fixant des exigences pour la protection de la santé de la population en ce qui concerne les substances radioactives dans les eaux destinées à la consommation humaine.[675]

255. Le régime juridique de l'Union européenne est intégré dans le droit des États membres.[676] Ce droit touffu s'intègre donc au régime juridique français, lui-même fort complexe. La difficulté des transpositions réside pour beaucoup dans le fait que cet échelon supplémentaire impose des notions essentiellement techniques, avec lesquelles les juristes ne sont pas familiarisés. Les critères à remplir par les États membres relèvent de paramètres biologiques, hydromorphologiques ou physicochimiques. Cela transforme radicalement le droit français. Cela constitue un véritable frein à la transposition du droit de l'Union. Des guides de mise en œuvre ont d'ailleurs été rédigés par la Commission pour aider les États membres à transposer ce droit.[677]

256. La transposition du droit de l'Union dans le droit français est considérable : « 85% du droit de l'environnement en est directement issu »[678].

---

[674] Voy. *infra* §1315 & s. I. Von Homeyer fait ressortir que le droit de l'environnement est caractérisé par cette particularité : l'auteur dénombre pas moins de quatre types de régimes juridiques européens applicables en la matière, aux fondements juridiques différents, et qui se sont superposés avec le temps. Il identifie le régime du droit de l'environnement proprement dit, celui du marché intérieur, celui du principe d'intégration, et celui du développement durable. Pour plus de précisions, voy. I. VON HOMEYER, « The Evolution of EU Environmental Governance », in J. SCOTT, *Environmental Protection : European Law and Governance,* Oxford Scholarship Online, 2009, pp 2-26.

[675] COM (2012) 147 final, 2012/0074 (NLE).

[676] Le régime juridique de la protection de la qualité des eaux douces édicté par l'Union européenne est composé en majorité de directives. Elles sont régies par l'art. 288 al. 1 TFUE (ex 249 TCE) qui dispose que « la directive lie tout État membre destinataire quant au résultat à atteindre, tout en laissant aux instances nationales la compétence quant à la forme et aux moyens ». Cet instrument laisse donc une marge d'autonomie aux autorités étatiques qui intègrent les dispositions de la directive dans leur ordre juridique par le biais de la transposition. Le Pr Blumann compare la directive à « une sorte de loi-cadre ». Les règlements bénéficient quant à eux d'une applicabilité directe dans l'ordre juridique des États membres selon l'art. 288 al.2 TFUE ; les décisions sont obligatoires pour tous leurs destinataires (art. 288 al.4 TFUE). Voy. à ce sujet C. BLUMANN, L. DUBOUIS, *Droit institutionnel de l'Union européenne*, Paris, Litec, 2007, p 454.

[677] J.-L. GAZZANIGA, X. LARROUY-CASTÉRA, « Le droit de l'eau en France entre permanences et mutations », *Les Cahiers de Droit*, vol. 51, 3-4, septembre-décembre 2010, pp 921 & s. ; Pour plus de précisions sur ces guides et leurs effets pervers, voy. N. HERVE-FOURNEREAU, « La Cour de Justice de l'Union européenne et la qualité de l'eau : reflets jurisprudentiels des paradoxes de la politique de l'eau de l'Union », *Les Cahiers de Droit – Traditions et transformations de droit de l'eau*, Vol. 51, 3-4, Université Laval (Québec-Canada), septembre-décembre 2010, pp 947-980.

[678] J.-L. GAZZANIGA, X. LARROUY-CASTÉRA, *op. cit.*, p 913.

En ce qui concerne la DCE, elle est transposée en droit français par l'intermédiaire de deux lois : une en 2004 et une autre en 2006.

La Loi du 21 avril 2004[679] est composée de neuf articles et intègre certains aspects de la DCE.[680] Elle constitue une étape intermédiaire à une refonte plus générale. Il se trouve que le droit français de la protection de la qualité des eaux douces nécessite une refonte beaucoup plus globale. Or, ce sujet suscite beaucoup de difficultés tant les enjeux sont nombreux. Après de vifs et interminables débats, une loi est enfin adoptée en 2006 : la LEMA.[681] Elle termine le processus de transposition de la DCE dans le droit français, et ce de façon beaucoup plus détaillée.[682]

257. En ce qui concerne les autres directives assurant la protection de la qualité des eaux douces, la transposition en droit français ajoute à la confusion générale. Si elles sont nombreuses, les textes assurant leur transposition en droit français le sont encore plus. À titre d'exemple : la Directive 91/676 sur les nitrates[683] est transposée par l'intermédiaire de 16 textes différents, en majorité des décrets et arrêtés.[684] De même, la Directive

---

[679] *Loi n°2004-338 du 21 avril 2004 portant transposition de la Directive 2000/60/CE du Parlement européen et du Conseil du 23 octobre 2000 établissant un cadre pour une politique communautaire dans le domaine de l'eau*, J.O. 22 avril 2004, p 7327 (ci-après « loi du 21 avril 2004 »).

[680] Voy. pour une présentation plus complète de la loi : *Aux sources de la loi – Protection et gestion des eaux*, Les Éditions des Journaux Officiels, Paris, 2004, 515 pages ; voy. également J.-L. GAZZANIGA, X. LARROUY-CASTÉRA, *op. cit.*, p 916.

[681] *Loi n°2006-1772 du 30 déc. 2006 sur l'eau et les milieux aquatiques*, J.O. 31 déc. 2006, p 20285 (ci-après « LEMA »).

[682] Voy. à ce sujet J.-L. GAZZANIGA, X. LARROUY-CASTÉRA, *op. cit.*, p 913. La LEMA permet également de reconnaître ce qui avait été mis en avant par le Conseil constitutionnel au sujet des redevances. Voy. à ce sujet Rapport du Conseil d'État, *L'eau et son droit*, Adopté le 18 février 2010, p 338.

[683] Directive 91/676/CEE, JO 1991 L 375/I.

[684] La transposition de cette directive s'est révélée compliquée politiquement, en raison de l'intervention importante des groupes d'intérêts agricoles. Voy. A. CHAMBOREDON (dir.), *Agriculture et sécurité environnementale : Dialogues franco-chinois pour bonne agriculture*, Paris, L'Harmattan, 2010, 232 pages. Pour plus de précisions sur l'action des groupes d'intérêts en matière de protection de l'eau, voy. *infra* §898 & s. Voy. également Arrêté du 1er mars 1993 relatif aux prélèvements et à la consommation d'eau ainsi qu'aux rejets de toute nature des installations classées pour la protection de l'environnement soumises à autorisation ; Décret n° 93-1038 du 27 août 1993 relatif à la protection des eaux contre la pollution par les nitrates d'origine agricole ; Arrêté du 2 novembre 1993 modifiant l'Arrêté du 28-10-1975 modifié, pris en exécution des art. 3, 5, 6, 10, 11 et 15 du Décret 75996 du 28-10-1975 portant application des dispositions de l'art. 14-1 de la Loi du 16-12-1964 modifiée relative au régime et à la répartition des eaux et à la lutte contre leur pollution et prévoyant certaines dispositions transitoires applicables aux exploitations d'élevage ; Arrêté du 4 mars 1996 relatif aux programmes d'action à mettre en oeuvre dans les zones vulnérables afin de réduire la pollution des eaux par les nitrates d'origine agricole ; Arrêté du 10 octobre 1996 relatif aux installations spécialisées d'incinération et aux installations de coïncinération de certains déchets industriels spéciaux ; Décret no 97-1133 du 8 décembre 1997 relatif à l'épandage des boues issues du traitement des eaux usées ; Arrêté du 2 février 1998 relatif aux prélèvements et à la consommation d'eau ainsi qu'aux émissions de toute nature des installations classées pour la protection de l'environnement soumises à autorisation ; Arrêté du 17 août 1998 modifiant l'arrêté du 2 février 1998 relatif aux prélèvements et à la consommation d'eau ainsi qu'aux émissions de toute nature des installations classées pour la protection de l'environnement soumises à autorisation ; Arrêté du 3 avril 2000 relatif à l'industrie papetière ; Décret no 2001-34 du 10 janvier 2001 relatif aux programmes d'action à mettre en oeuvre en vue de la protection des eaux contre la pollution par les nitrates d'origine agricole ; Décret n° 2002-26 du 4 janvier 2002 relatif aux aides pour la maîtrise des pollutions liées aux effluents d'élevage ; Arrêté du 26 février 2002 relatif aux

2006/7/CE en matière d'eaux de baignade fait l'objet de six textes de transposition, et la Directive 98/83/CE en matière d'eau potable, 13 textes de transposition.[685]

258. La rencontre entre le droit de l'Union européenne et le droit français complique donc encore plus le régime de protection des eaux. Le fait que le droit de l'environnement fasse partie d'un domaine de compétences partagées n'est pas étranger au phénomène. La tendance apparaît similaire entre les droits canadien et québécois.

2. La superposition du régime juridique fédéral au régime québécois

259. Le gouvernement fédéral canadien va lui aussi s'intéresser de près à la question de la protection de la qualité des eaux douces, à la suite de plusieurs évènements ayant mis en émoi l'opinion publique canadienne. Les problèmes environnementaux acquièrent progressivement une envergure nationale.[686] Les catastrophes écologiques touchant l'eau dépassent en effet le cadre strictement provincial.[687] De 1968 à 1972, le Parlement fédéral adopte plusieurs lois environnementales en matière de protection des eaux, et crée un ministère (fédéral) de l'environnement. Notamment, la *Loi sur les ressources en eau du Canada*[688] est adoptée en 1970, de même qu'une modification fondamentale à la *Loi sur les pêches* en 1971.[689]

260. Tout comme en Europe, la crise économique de la fin des années 1970 ralentit le rythme législatif en matière de protection de l'environnement. L'opinion publique place alors les enjeux économiques au sommet de l'échelle des priorités pour l'action gouvernementale.[690]

261. C'est à la fin des années 1980 qu'une seconde vague législative débute. De nouvelles catastrophes écologiques ont lieu et l'économie a amorcé une reprise. Le déversement chimique de la firme *Union Carbide* à Bhopal en Inde en 1984, et l'accident nucléaire de Tchernobyl en 1986 notamment ravivent les craintes de l'opinion publique. De plus, au Canada, on découvre en 1985 une fuite de substances toxiques provenant de l'usine *Dow Chemical*, se déversant dans la rivière St Clair en Ontario. Ces évènements entraînent un

---

travaux de maîtrise des pollutions liées aux effluents d'élevages ; Décret n° 2002-755 du 2 mai 2002 relatif à l'instauration d'une indemnité compensatoire de couverture des sols ; Arrêté du 24 décembre 2002 fixant les règles techniques auxquelles doivent satisfaire les élevages de bovins soumis à autorisation au titre du livre V du code de l'environnement ; Décret n° 2005-634 du 30 mai 2005 modifiant le Décret n° 2001-34 du 10 janvier 2001 relatif aux programmes d'action à mettre en oeuvre en vue de la protection des eaux contre la pollution par les nitrates d'origine agricole ; Arrêté du 15 septembre 2005 modifiant l'arrêté du 26 février 2002 relatif aux travaux de maîtrise des pollutions liées aux effluents d'élevage. Site internet de légifrance : http//:www.legifrance.gouv.fr (page consultée le 7 juill. 2014).

[685] Voy. à ce sujet le site internet de légifrance : http//:www.legifrance.gouv.fr, rubrique « transposition des directives » (page consultée le 7 juill. 2014).

[686] M. TREMBLAY (dir.), *Les Politiques publiques canadiennes*, Québec, Les Presses de l'Université Laval, 1998, p 163.

[687] En plus des désastres écologiques survenus dans le monde, le Canada n'est pas en reste. En 1969, un pétrolier s'échoue dans la baie de Chedabucto, ce qui déverse quelques 16 000 tonnes d'essence dans les eaux de la Nouvelle-Écosse. Voy. M. TREMBLAY (dir.), *op. cit.*, p 164.

[688] *Loi sur les ressources en eau du Canada* (L.R.C. (1985), ch. C-11).

[689] *Loi sur les pêches* (L.R. (1985), ch. F-16). Cette modification est très importante étant donné qu'elle permet de contrôler le déversement dans l'eau de substances affectant les poissons. Voy. à ce sujet M. TREMBLAY (dir.), *op. cit.*, p 164.

[690] *Ibid.*, p 164.

resserrement des normes environnementales par le gouvernement fédéral. La *Loi canadienne de protection de l'environnement* (1985) [691] et la *Loi canadienne sur l'évaluation environnementale* (1992) sont notamment adoptées.[692]

262. L'approche événementielle et fragmentaire touche donc également le droit fédéral canadien. Il est pluriel, omniprésent[693] et se superpose à l'ordre juridique québécois. Une approche globale mise en place par une loi-cadre, à l'instar de la DCE dans l'Union européenne, n'a pas encore été adoptée dans l'ordre juridique fédéral. Néanmoins, une approche intégrée par le biais de bassins versants a été mise en place.[694]

263. Treize lois fédérales régissent la protection de la qualité des eaux douces au Canada. Les plus importantes sont au nombre de cinq, elles font partie d'un maillage de règles beaucoup plus important, dont la lisibilité est très réduite. La *Loi sur la protection de l'environnement*,[695] la *Loi sur les pêches*, [696] la *Loi sur la protection des eaux navigables*,[697] la *Loi sur les ressources en eau du Canada*, [698] et la *Loi canadienne sur l'évaluation environnementale*, [699] sont le noyau dur de la réglementation fédérale en matière de protection de la qualité des eaux douces. L'approche adoptée est représentative de la tendance occidentale, étant très marquée par les usages de l'eau.[700]

Ces lois sont complétées par plusieurs dizaines de règlements fédéraux.[701] Ils sont chargés de compléter les lois avec des éléments plus précis. Il s'agit notamment du *Règlement sur les mines et les usines de concentration d'uranium* datant de 2000,[702] du *Règlement sur les effluents des mines de métaux*,[703] ou du *Règlement sur les produits antiparasitaires*.[704]

---

[691] *Loi canadienne sur la protection de l'environnement* (L.R. (1985), ch.16) ; (L.R. (1999), ch. 33).

[692] *Loi canadienne sur l'évaluation environnementale* (L.R. (1992), ch. 37). Voy. à ce sujet M. TREMBLAY (dir.), *op. cit.*, pp 165-166.

[693] En effet, plus de vingt ministères et organismes fédéraux possèdent des responsabilités dans le domaine de la protection de la qualité des eaux douces. Voy. à ce sujet le site Internet d'Environnement Canada : http//:ec.gc.ca (page consultée le 7 juill. 2014).

[694] Voy. *infra* §856 & s.

[695] *Loi canadienne sur la protection de l'environnement* (L.R. (1985), ch.16) ; (L.R. (1999), ch. 33).

[696] *Loi sur les pêches* (L.R. (1985), ch. F-16).

[697] *Loi sur la protection des eaux navigables* (L.R. (1985), ch. N-22).

[698] *Loi sur les ressources en eau du Canada* (L.R.C. (1985), ch. C-11).

[699] *Loi canadienne sur l'évaluation environnementale* (L.R. (1992), ch. 37).

[700] Voy. à ce sujet A. BRUN, F. LASSERRE, « Les politiques territoriales de l'eau au Québec (Canada) : des plans directeurs de l'eau à la mise en œuvre des contrats de bassin », *Développement durable et territoires*, Dossier 6 « Les territoires de l'eau », 19 mai 2006, paragraphe 11, site Internet : developpementdurable.revues.org/index2762.html (page consultée le 7 juill. 2014), p 5.

[701] Au même titre qu'en droit québécois, les règlements fédéraux sont des normes gouvernementales de portée générale, pour lesquelles le gouvernement fédéral doit être habilité par une loi. Les règlements sont subordonnés à la Constitution, aux lois et aux règles issues du *Common law*. Voy. pour plus de précisions H. BRUN, G. TREMBLAY, E. BROUILLET, *Droit constitutionnel*, Cowansville, Yvon Blais, 2008, p 35.

[702] *Règlement sur les mines et les usines de concentration d'uranium* (DORS/2000-206).

[703] *Règlement sur les effluents des mines de métaux* (DORS/2002-222).

[704] *Règlement sur les produits antiparasitaires* (DORS/2006-124).

264. Au-delà du cadre directement environnemental, et tout comme dans l'Union européenne, le Parlement fédéral a édicté plusieurs règles s'appliquant à la protection de la qualité des eaux douces, mais ne faisant pas explicitement partie du domaine de l'environnement.[705]

265. Ce régime juridique fédéral protégeant la qualité des eaux douces se superpose avec le régime québécois. Selon la *Loi constitutionnelle de 1867*,[706] chaque ordre de gouvernement peut adopter des lois par le biais de son parlement, et ce, en théorie, dans la limite des domaines de compétences qui lui ont été alloués par le texte constitutionnel. Les lois adoptées par le Parlement fédéral relèvent des titres de compétence énumérés aux articles 91, 92 (10), 94, 94A, 95, 100, 101 et 132 de la *Loi constitutionnelle de 1867*.[707] Elles s'appliquent alors à l'ensemble du Canada,[708] ce qui implique une applicabilité directe des lois fédérales sur les territoires provinciaux.

266. Le domaine de compétence de la protection de la qualité des eaux douces n'apparaît pas dans la *Loi constitutionnelle* comme un titre en soi. Il fait l'objet de l'intervention des deux ordres de gouvernement.[709] Les normes législatives et gouvernementales se superposent alors, créant une complexité importante. D'autant plus que l'ordre juridique canadien appréhende également la ressource de façon fragmentée et selon une approche utilitariste.

C. La dernière strate du droit de la protection de la qualité des eaux douces : le droit international de l'environnement

267. Les organisations et associations internationales sont intervenues massivement en faveur d'un droit de la protection des eaux internationales et frontalières au milieu des années 1960.

L'action internationale dans ce domaine est en réalité ancienne : on date le premier acte de droit international de l'eau en 805. Il s'agit d'un traité contracté par Charlemagne.[710] Aux XIXème et XXème siècles, plusieurs milliers d'actes sont signés à travers le monde. Ils concernent surtout la liberté de navigation, la production d'énergie électrique, ou le règlement des différends internationaux. L'objectif est davantage de favoriser le commerce de marchandises par voie d'eau, que de protéger la ressource.[711] De plus, il s'agit surtout d'accords bilatéraux. L'un des premiers textes bilatéraux protégeant vraiment l'environnement est le Traité du 11 janvier 1909, entre les

---

[705] Voy. à ce sujet *infra* §1361 & s.

[706] *Loi constitutionnelle de 1867*, L.R.C. (1985), app. II, n°5.

[707] *Ibid.*

[708] Certaines exceptions demeurent, certaines lois pouvant être adoptées par le Parlement fédéral et destinées à un seul territoire ou une seule province. Voy. à ce sujet *A.-G. British Columbia c. Smith*, [1967] R.C.S. 702, 711. Les lois adoptées par les parlements provinciaux ne s'appliquent qu'au territoire de la province et doivent respecter les prescriptions supralégislatives. Voy. H. BRUN, G. TREMBLAY, E. BROUILLET, *Droit constitutionnel*, Cowansville, Yvon Blais, 2008, pp 16-18.

[709] La protection de la qualité des eaux douces fait en effet partie du domaine de l'environnement, qui constitue un agrégat de matières. Voy. à ce sujet *Friends of the Oldman River Society* c. *Ministre des Transports du Canada*, [1992] 1 R.C.S. 3, 77 ; H. BRUN, G. TREMBLAY, E. BROUILLET, *op. cit.*, p 563 ; A. BRUN, F. LASSERRE (dir.), *Gestion de l'eau, Approche territoriale et institutionnelle*, Québec, PUQ, 2012, p 20 ; P.W. HOGG, *Constitutional Law of Canada*, Scarborough (Ontario-Canada), Thomson Carswell, 2008, p 848.

[710] Rapport du Conseil d'État, *L'eau et son droit*, 18 février 2010, p 250.

[711] *Ibid.*, p 251.

États-Unis et la Grande-Bretagne au sujet des eaux frontalières entre les États-Unis et le Canada.[712]

268. De même, les années 1950 voient se multiplier les dispositions sur les eaux frontalières. Certains États concluent des accords avec tous les États voisins au sujet de la question de l'utilisation de ces eaux. Il ne s'agit donc pas de fixer des normes de qualité, mais d'instituer des commissions bilatérales pour chaque situation.[713]

269. Un véritable tournant en direction d'une protection de la ressource s'opère dans les années 1960. Les réactions de plus en plus intenses de l'opinion publique face aux désastres écologiques sont à l'origine de cette intervention massive. Dans un premier temps, l'Association de droit international édicte en 1966 les Règles d'Helsinki. Elles permettent de donner un cadre précis en la matière puisqu'elles définissent précisément le bassin de drainage international, affirment le principe d'unité des eaux de surface et des eaux souterraines, et établissent un cadre pour la préservation de la santé, et la survie des populations en cas de conflit armé.[714]

270. Dès 1968, les organisations internationales interviennent massivement à l'instar de l'Assemblée générale des Nations Unies qui entame un mouvement de codification du droit international de l'eau par la Résolution du 8 décembre 1970.[715] Depuis, les textes de protection des eaux internationales et frontalières se sont considérablement multipliés. Le Conseil d'État décompte plus de 300 traités en vigueur à ce jour, précisant qu'il s'agit en majorité de traités bilatéraux.[716]

271. Les principaux textes pouvant concerner le Canada, l'Union européenne, la France et le Québec sont au nombre de trois. En premier lieu, la Convention sur la protection et l'utilisation des cours d'eau transfrontaliers et des lacs internationaux de 1992, dite Convention d'Helsinki.[717] Elle a été préparée par la Commission économique des Nations Unies pour l'Europe, dite CEE-ONU, à laquelle la France et le Canada sont parties.[718] En second lieu, le Protocole à la Convention d'Helsinki sur l'eau et la santé, dit Protocole de Londres, de 1999.[719] En troisième lieu, la Convention de New York sur le

---

[712] Le Canada est à cette époque un dominion faisant partie de l'Empire britannique. Ce Traité est toujours en vigueur, mais il a été considérablement élargi depuis les années 1970. Voy. à ce sujet A. KISS, J.-P. BEURIER, *Droit International de l'Environnement*, Paris, Éditions A. Pedone, 2010, p 38.

[713] Voy. à ce sujet *Ibid.*, p 39.

[714] Rapport du Conseil d'État, *L'eau et son droit*, 18 février 2010, p 253.

[715] Résolution 2669 (XXV), 8 décembre 1970, « Développement progressif et codification des règles de droit international relatives aux voies d'eau internationales ».

[716] Rapport du Conseil d'État, *op. cit.*, p 251.

[717] Convention sur la protection et l'utilisation des cours d'eau transfrontaliers et des lacs internationaux, 17 mars 1992, Helsinki (entrée en vigueur le 6 oct. 1996). Disponible sur le site Internet de la Commission d'Helsinki : http://www.helcom.fi/Convention/en_GB/text/ (page consultée le 7 juill. 2014).

[718] La France est partie à la Convention d'Helsinki depuis 1997, et la Communauté européenne y a adhéré dans sa Décision n°95/308/CE du Conseil, du 24 juillet 1995, relative à la conclusion, au nom de la Communauté, de la Convention sur la protection et l'utilisation des cours d'eau transfrontières et des lacs internationaux (Convention d'Helsinki), JOUE 1995, L 186/42. Le Canada a un statut d'associé à la Convention.

[719] Protocole de Londres sur l'eau et la santé à la Convention de 1992 sur la protection et l'utilisation des cours d'eau transfrontières et des lacs internationaux, 17 juin 1999, Londres (entrée en vigueur le 4 août 2005 en France, le Canada n'est pas partie à ce protocole), site Internet de l'Organisation mondiale de la propriété intellectuelle :

droit relatif aux utilisations des cours d'eau à des fins autres que la navigation de 1997.[720]

En ce qui concerne les textes régionaux, on peut citer la Charte européenne sur les ressources en eau de 2001, préparée par le Conseil de l'Europe.[721]

272. Le droit international offre donc un cadre fragmenté à la protection des eaux internationales et frontalières. Des textes universels, régionaux, et bilatéraux jalonnent ce domaine, ce qui pose un problème important de lisibilité. De même, on peut remarquer que le plus grand nombre de textes encadre en priorité l'usage des eaux et non la protection de leur qualité.

273. Propos conclusifs. - Le droit de la protection des eaux douces tant au Québec, en France, au Canada, dans l'Union européenne qu'en droit international s'est construit par strates, en fonction des différents désastres écologiques survenus depuis la fin des années 1960. Malgré les efforts de cohérence de la fin des années 1990, les régimes juridiques de protection des eaux n'ont pas su abandonner la nomenclature traditionnelle issue du droit romain. Le « poids de l'histoire »[722] pèse encore sur ces régimes juridiques. Selon J.-L. Gazzaniga, s'il y a un caractère permanent au droit de l'eau, « c'est bien celui de sa complexité »[723].

274. On peut y ajouter une particularité propre aux droits canadien et européen. En raison de la centralité des usages de l'eau dans ces deux organisations, le droit de la protection de la qualité des eaux douces fait l'objet des enjeux inhérents à chaque ordre juridique. Il est ainsi soumis à la dialectique entre autonomie et interdépendance au Canada comme en Europe.

SECTION II. LA QUALITÉ DE L'EAU DOUCE : UN OBJET JURIDIQUE SOUMIS EN PERMANENCE À UNE DIALECTIQUE NÉCESSAIRE

275. Le droit de la protection des eaux, en parallèle à sa complexité intrinsèque, a connu historiquement et de façon régulière des prémices de dialectique (*paragraphe I*). De par les multiples enjeux qui y sont rattachés, il a en effet relevé en permanence de plusieurs niveaux de prise de décision. De plus, en explorant les disciplines des sciences politiques et économiques, il apparaît qu'une forme de dialectique serait nécessaire pour un droit de protection des eaux optimal (*paragraphe II*).

Paragraphe I. Un objet juridique historiquement soumis à une dialectique entre protection centrale et protection locale

---

http://www.wipo.int/wipolex/fr/other_treaties/parties.jsp?treaty_id=264&group_id=22 (page consultée le 7 juill. 2014).

[720] Convention sur le droit relatif aux utilisations des cours d'eau internationaux à des fins autres que la navigation, 21 mai 1997, New York (non encore en vigueur, le Canada n'est pas partie à cette convention), site internet des Nations Unies : http://treaties.un.org/Pages/ (page consultée le 7 juill. 2014). Voy. à ce sujet J.-M. LAVIEILLE, *Droit international de l'environnement*, Paris, Ellipses Édition, 2010, pp 229-230.

[721] *Ibid.*, p 231.

[722] J.-L. GAZZANIGA, X. LARROUY-CASTÉRA, « Le droit de l'eau en France entre permanences et mutations », *Les Cahiers de Droit*, vol. 51, 3-4, septembre-décembre 2010, p 902.

[723] *Ibid.*, p 920.

Paragraphe II. La dialectique entre protection locale et protection centrale de la qualité des eaux douces : une nécessité en sciences économiques et politiques

Paragraphe I. Un objet juridique historiquement soumis à une dialectique entre protection centrale et protection locale

276. Selon Ph. Marc, « les cours d'eau se perdent largement dans les méandres du Droit », tant les « textes se sont empilés au cours du temps »[724]. En France, un véritable « maquis juridique »[725] s'est constitué par strates, chacune répondant au souci propre à une époque donnée. L'auteur fait ressortir à ce sujet que le régime juridique de la protection des cours d'eau a traditionnellement protégé les eaux, le cours d'eau en soi n'ayant pas fait l'objet d'une définition juridique. L'eau est alors « saisie par le droit comme 'un accessoire de la terre' »[726]. Cet accessoire fait l'objet de protections diverses, par lesquelles interviennent de nombreuses codifications et administrations, sans cohérence lisible.[727]

277. L'objet juridique des eaux douces fait l'objet d'une appréhension complexe, qui trouve ses fondements dans une dualité héritée de l'Antiquité (*A*-), tant en droit français qu'en droit québécois.[728] Cette dualité a connu d'importantes évolutions, pour la plupart liées aux besoins et enjeux propres à chaque époque et à chaque région. On retrouve dans cette dualité diluée avec le temps, les prémices de la dialectique propre à la protection de la qualité des eaux douces (*B*-).

A. Une dialectique originaire de l'Antiquité : les évolutions du Moyen-Âge à la Révolution française[729]

278. Les prémices du droit des eaux douces se trouvent dans le droit romain, fondé sur la possibilité d'acquérir la propriété des eaux.[730] Le droit romain établit une dualité de la qualification de l'objet juridique « eau ». Il s'agit de classer les éléments de la Nature selon la capacité humaine à les maîtriser.[731] La qualification juridique de l'eau s'envisage alors par le biais de l'eau comme un bien, fondant le principe de propriété, ou de l'eau comme une chose vouée à l'usage commun.[732] Le droit des eaux est donc largement influencé en France par des considérations historiques et politiques, rattachées à la qualification de bien ou de chose commune. Cela transparaît lors du

---

[724] Ph. MARC, *Les cours d'eau et le droit*, Paris, Éditions Johanet, 2006, p 23.
[725] *Ibid.*, p 23.
[726] *Ibid.*, p 24 ; Voy. également D. FISHER, *The Law and Governance of Water Resources – The Challenge of Sustainability*, Cheltenham (RU), Edward Elgar Publishing Limited, 2009, p 97.
[727] Ph. MARC, *op. cit.*, p 24.
[728] Voy. *supra* §185 & s.
[729] En ce qui concerne cette période de l'histoire, il ne sera pas traité du cas du Québec dans la mesure où les premiers textes en matière de pollution y sont édictés à partir de 1676.
[730] Voy. à ce sujet *supra* §202 & s. Voy. également A. SAOUT, *Théorie et pratique du droit de l'eau*, Paris, Éditions Johanet, 2011, p 19.
[731] Ph. MARC, *Les cours d'eau et le droit*, Paris, Éditions Johanet, 2006, p 25.
[732] D. FISHER, *The Law and Governance of Water Resources – The Challenge of Sustainability*, Cheltenham (RU), Edward Elgar Publishing Limited, 2009, p 97.

morcellement du pouvoir en France (*1-*), et malgré la reconquête progressive du pouvoir par le Roi (*2-*).

1. Le morcellement du pouvoir en France et ses conséquences

279. De l'Antiquité jusqu'au XIIème siècle très peu de sources permettent d'attester de l'utilisation de la dualité issue du droit romain pour la protection des eaux. Dès les XIIème et XIIIème siècles la multiplication des sources à ce sujet rend possible une analyse historique.[733] Une étude du droit féodal français permet de dégager les principes originels du droit québécois dans ce domaine.

280. Au début du haut Moyen-Âge,[734] la rupture avec les acquis de l'Antiquité n'est pas nette : la superposition d'une autre culture se produit avec les bases posées par l'Empire romain. Les rois mérovingiens héritent alors des droits des chefs, ce qui leur permet de conserver un « plein et entier pouvoir » sur les cours d'eau.[735]

281. Dans la seconde partie du haut Moyen-Âge, l'eau, objet de propriété et accessoire de la terre, subit le morcellement du pouvoir par l'avènement des rois carolingiens sur le trône. Le sol, surtout urbain, peut appartenir à plusieurs seigneurs. Saint Malo est un modèle de coseigneurie : le droit de propriété relève selon l'endroit de l'évêque seul, du corps des chanoines ou d'un fief commun aux deux autorités.[736]

282. Le morcellement de la propriété du royaume sous le règne des Carolingiens crée un démembrement du domaine : de nombreuses distributions royales de terres ont lieu au profit des fidèles du roi et des monastères.[737] L'administration royale oeuvre tout au long du bas Moyen-Âge pour recomposer le territoire royal. Un chevauchement se produit entre les diverses interventions pour la protection des eaux. Chaque intervenant justifie de ses actions tantôt par son titre de propriété, tantôt par le droit d'usage qui lui est conféré.

283. Le Moyen-Âge connaît une aggravation de la pollution des eaux tout d'abord avec la croissance démographique et l'essor économique des villes, puis aux XIVème et XVème siècles avec les guerres, les pandémies et l'essor d'industries salissantes.[738]

284. Grâce au morcellement du territoire, le roi, les seigneurs, les princes et les communes agissent de façon incohérente et indisciplinée

---

[733] En effet, les premières archives municipales apparaissent à cette époque, et les Ordonnances princières et royales se développent, offrant une base documentaire importante. La prolifération des textes de loi traitant du problème de la pollution dès le XIVème siècle rend l'étude plus riche. Voy. à ce sujet J.-P. LEGUAY, *L'eau dans la ville au Moyen âge*, Rennes, Presses Universitaires de Rennes, 2002, pp 7-9.

[734] Il correspond à la chute de l'Empire romain d'occident en 476.

[735] Ph. MARC, *Les cours d'eau et le droit*, Paris, Éditions Johanet, 2006, pp 35 & s.

[736] Voy. également l'exemple de Paris. J.-P. LEGUAY, *op. cit.*, pp 48-49.

[737] Par exemple, Charlemagne aurait concédé lui-même au monastère de la Daurade à Toulouse la propriété d'une partie du fleuve Garonne. G. SICARD, *Les moulins de Toulouse au Moyen-Âge, aux origines des sociétés anonymes*, Paris, Armand Colin, 1953, pp 55 & s. ; Voy. également Ph. MARC, *op. cit.*, pp 35-37.

[738] J.-P. LEGUAY, *L'eau dans la ville au Moyen âge*, Rennes, Presses Universitaires de Rennes, 2002, pp 9-10 & 118-119.

contre la pollution des eaux pour trois types de raisons principales. Ces motivations les incitent au cours du bas Moyen-Âge à intervenir massivement.

285. Des questions esthétiques et symboliques comme l'honneur et la beauté d'un territoire sont le premier type de motivation. Symboles des louanges de Dieu, de l'honneur du roi ou encore de la gloire du royaume, ils « ne se conçoivent pas dans un environnement d'*immundicitez* »[739]. C'est ce que Charles VI fait ressortir dans le Préambule de son Ordonnance de janvier 1405 à l'égard de Paris, il souhaite : « *cette bonne ville préserver d'immondices et maintenir necte et en bonne ordonnance, si et en tele manière que par dessus toutes elle soit recommandée en décoracion et excellence* »[740]. En 1416, Charles VI réitérera ses exigences dans une Ordonnance au regard du mauvais état de l'eau de la Seine et de ses affluents : « *l'eau n'est pas proffitable à user* »[741]. L'image renvoyée par la propreté des eaux d'une ville profite à tout le royaume et d'autant plus quand il s'agit de la capitale. Princes et communes ont à cœur de donner de leur territoire la meilleure image possible. Les Règlements municipaux sont à ce sujet d'une précision telle que J-P Leguay les qualifie de « véritables codes de l'urbanisme »[742].

286. La seconde raison à l'intervention des différents propriétaires des sols riverains des cours d'eau est la motivation commerciale : le bon écoulement des eaux est indispensable à la circulation des hommes et des biens. Cela conditionne la richesse des échanges commerciaux. Une bonne navigation fait en effet l'objet de toutes les attentions de la part du Roi, des princes territoriaux et des municipalités à la suite de la guerre de Cent Ans. Il s'agit de relancer l'économie des régions et agglomérations dévastées, et d'engager de nouvelles recettes fiscales. La prolifération des textes d'aménagement des voies d'eau et des installations portuaires atteste des enjeux pour chaque palier de pouvoir. La voie d'eau constitue pour une ville un énorme atout commercial, la navigation étant préférée aux grands chemins mal entretenus, vite dégradés à la mauvaise saison.[743]

287. La troisième raison d'intervention de la part des différents paliers de pouvoir est celle de la peur de la contamination. Les territoires du Midi et du Nord font l'objet d'une prise de conscience précoce provoquée par la *pestilence* de 1348. Les périodes de rémission sont de plus en plus courtes et rapprochées entre le XVème et le XVIème siècle. L'idée d'une corruption de l'eau comme responsable des infections prend son essor. C'est pour cette raison que Charles VI ordonne le 13 mai 1416 la démolition de la Grande Boucherie de la place du Châtelet à Paris. L'objectif est d'éviter « *les corruptions et infections nuisables a corps humain* »[744]. Des mesures sont également engagées par d'autres paliers : la municipalité rémoise prend ses dispositions contre la typhoïde, et les statuts des poissonniers de Toulouse interdisent en 1465 de laver des merluches dans les caniveaux des rues.[745]

---

[739] *Ibid.*, p 163.
[740] *Ibid.*, p 163.
[741] *Ibid.*, p 120.
[742] Voy. par exemple le Livre Noir d'Amiens datant du XVème siècle ; *Ibid.*, p 164.
[743] *Ibid.*, pp 295-296.
[744] J.-P. LEGUAY, *L'eau dans la ville au Moyen âge*, Rennes, Presses Universitaires de Rennes, 2002, p 165.
[745] *Ibid.*, p 166.

288. Le morcellement administratif du royaume conditionne le morcellement des interventions. Lors du début de règne de Capétiens en 987, le Roi est un seigneur comme les autres, ce qui favorise des chevauchements dans les actions.

Le Roi et les seigneurs laïcs et ecclésiastiques qui possèdent sur leur fief des pouvoirs régaliens s'opposent très régulièrement dans tout le bas Moyen-Âge. Les pouvoirs des seigneurs se sont transformés avec le temps en véritables droits de propriété : ils disposent de la juridiction de la grande voirie sur les fleuves publics.[746] Par exemple, il apparaît que l'Église détient de nombreuses possessions sur la Garonne : à Toulouse, le prieur de la Daurade exerce son autorité sur la partie de la Garonne correspondant au territoire de Saint-Michel-du-château dominant le confluent du Touch, ainsi qu'entre Toulouse, Blagnac et la Motte-Saint-Hilaire. À l'aval de Toulouse, la Garonne est une propriété privée de l'abbaye de Moissac entre Castelsarrasin et l'Auriol.[747]

289. Les seigneurs disposent par le biais de leurs possessions de l'obligation la plus représentative du pouvoir sur les voies de communication : le prélèvement de redevances sur les marchandises transportées par voie d'eau grâce aux péages. On dénombre par exemple 39 stations péagères sur la Garonne dans les années 1320, dont les revenus reviennent aux divers seigneurs riverains de la Garonne, dont le Roi.[748]

290. À côté du pouvoir des seigneurs en raison de leur propriété, un autre élément vient se superposer. Les communautés bénéficient de divers usages locaux sur les cours d'eau qui n'ont jamais été interdits : puisage, abreuvage des troupeaux, irrigation. Il s'agit d'un élément de la vie communale pour lequel les communes interviennent juridiquement.[749]

291. La rédaction des Chartes au XIIIème siècle représente bien cette répartition favorisant nombre de chevauchements : une situation d'entre-deux se cristallise. D'un côté le cours d'eau appartient à un ou plusieurs seigneur(s) du fonds, et d'un autre le cours d'eau est qualifié de public par les coutumes en raison d'usages communs à tous qui s'y sont développés.[750] **On retrouve la dualité du régime juridique du cours d'eau établi par le droit romain : le bien et la chose commune.**

---

[746] Ph. MARC, *Les cours d'eau et le droit*, Paris, Éditions Johanet, 2006, p 36.

[747] Voy. pour plus de précisions Ch. HIGOUNET, « Un mémoire sur les péages de la Garonne au début du XIVème siècle », *Annales du Midi*, 1948, p 320 ; et Ph. MARC, *op. cit.*, p 36, note 92.

[748] Pour exemples : le péage de Saint-Nicolas-de-La-Grave appartient au Vicomte de Lomagne, celui d'Auvillar au Vicomte et aux bourgeois d'Auvillar, celui de Lapeyres à Bernard Jourdain de l'Isle, Bernard de Durfort, Beaudouin et Arnaud de Durfort. Les péages de Lafox, Layrac et Auterive appartiennent au Vicomte de Fesenzaguet, celui de Port-Sainte-Marie appartient à Raimond Bernard de Sainte-Foy, celui de la Réole au prieur de la Réole et seigneur de Piis. Le Roi détient la propriété des péages de Verdun, Bourret, Castelsarrasin et Moissac. Voy. pour plus de précisions C. HIGOUNET, « Géographie des péages de la Garonne et de ses affluents au Moyen Âge », *Journal des Savants*, Janv.-Mars, Avril-Juin, 1978, pp 105-130 ; et Ph. MARC, *op. cit.*, p 36, note 99.

[749] *Ibid.*, p 37.

[750] *Ibid.*

2. La reconquête progressive du pouvoir par le Roi

292. Une reconquête du pouvoir du Roi se produit tout au long du Moyen-Âge. Elle a lieu de manière progressive et vient se superposer au système déjà dualiste de la féodalité en matière de cours d'eau.

293. Dans un premier temps, la doctrine juridique reconnaît au Roi des pouvoirs de juridiction et de police, alors que la majorité des coutumes reconnaît aux seigneurs la police des fleuves et des rivières navigables. Il s'agit alors d'accepter que le Roi puisse intervenir pour limiter les abus commis par les seigneurs dans cet exercice.[751] Ce pouvoir de juridiction permet d'affermir le contrôle du pouvoir royal sur les fleuves et les rivières navigables.

294. Dans un second temps, une Ordonnance de Philippe le Bel d'août 1291 crée spécifiquement un juge spécialisé : le maître des eaux et forêts.[752] Pour étendre progressivement le pouvoir royal sur les voies de communication, cette institution supprime les abus des riverains comme les entraves à la navigation (les péages notamment) ou encore contrôle les travaux effectués sur les rivières et les ponts, et bénéficie d'un droit de regard sur les pêches.[753]

295. Le XVIème siècle confirme le monopole de juridiction du Roi à l'égard des cours d'eau, grâce à la reprise en main effectuée lors des siècles précédents. [754] L'Ordonnance de décembre 1543 entérine cette évolution : elle confisque aux seigneurs tout droit de police et de juridiction à l'égard des cours d'eau. Elle permet aux maîtres des eaux et forêts des domaines royaux de connaître tous les différends relatifs aux rivières appartenant aux particuliers, malgré la concurrence avec les seigneurs hauts justiciers.[755]

296. L'Ordonnance de 1669 sur les Eaux et forêts consacre par la suite l'appropriation publique des cours d'eau : elle légitime la propriété du Roi sur « *tous les fleuves et rivières portant bateaux de leurs fonds, sans artifices et ouvrages de mains dans notre royaume et terres de notre obéissance nonobstant tous les titres et possession contraires sauf les droits de pêche, moulins, bacs et autres usages que les particuliers peuvent y ouvrir, par titres et possession valable auxquels ils seront maintenus* »[756]. Cela permet donc au pouvoir royal de considérer légitimement les fleuves et les rivières comme des éléments de son patrimoine.

297. Si la propriété royale est largement admise, cela a suscité de nombreuses réactions de la part des seigneurs. La royauté a donc dû tempérer le principe par un Édit de 1683, qui reconnaît propriété et possession en faveur de ceux qui détiennent des titres de propriété authentiques antérieurs à 1566, en échange du versement d'une redevance. Des aménagements sont

---

[751] *Ibid.*, pp 37-38.
[752] *Ibid.*, p 38.
[753] *Ibid.*
[754] J.-L. GAZZANIGA, X. LARROUY-CASTÉRA, « Le droit de l'eau en France entre permanences et mutations », *Les Cahiers de Droit*, vol. 51, 3-4, septembre-décembre 2010, p 906.
[755] Ph. MARC, *op. cit.*, p 38.
[756] Article 41 du Titre XXVII de l'ordonnance d'août 1669. Voy. à ce sujet Ph. MARC, *op. cit.*, p 39.

également consentis aux communautés religieuses et à ceux dans l'incapacité de rapporter un titre de propriété ou une preuve d'une donation royale.[757]

298. Malgré une prise en main du droit de propriété sur le territoire par le pouvoir royal, une dialectique multiple et peu lisible demeure entre interventions royales, seigneuriales, et communales basées sur le droit de propriété et sur les usages. Les régimes juridiques des cours d'eau sont des superpositions de textes accumulés et provenant de tous les paliers de pouvoir.

299. À la veille de la révolution, la propriété des cours d'eau est bien établie : le Roi détient les rivières navigables et flottables, les seigneurs détiennent les petites rivières, et les petits ruisseaux appartiennent aux particuliers riverains.[758] La répartition entre les divers protagonistes va encore évoluer, ce qui permet d'envisager ces oscillations dans le régime juridique de la protection des cours d'eau comme des prémices à une dialectique entre protection locale et protection centrale.

B. Les oscillations diffusées par la colonisation au Québec

300. Les colonisations française et britannique ont permis de transmettre au Canada et au Québec les prémices de dialectique que chacun des deux ordres juridiques a connu (*1-*) ; ces prémices se sont si profondément ancrées dans les ordres juridiques, que l'on retrouve une dialectique dans les codes civils français et québécois (*2-*).

1. La colonisation française et britannique : la transmission de dialectiques

301. Le Québec a connu la colonisation française de 1534 à 1760.[759] Appelé Nouvelle-France durant cette période, le Québec bénéficie de l'application du droit français à l'instar de toutes les colonies françaises de l'époque. La Nouvelle-France se voit appliquer les mêmes textes qu'en métropole : « le droit de la colonie de Nouvelle-France, globalement, était celui de l'ensemble du royaume de France »[760]. Quelques exceptions cependant : certaines ordonnances spécialement édictées pour le Canada, ainsi que les interprétations jurisprudentielles des organes locaux sont venues compléter ce droit.[761] La Nouvelle-France est régie par la Coutume de Paris, et les ordonnances propres à chaque domaine.[762]

302. En ce qui concerne le droit de l'eau douce, une ordonnance en particulier s'applique en Nouvelle-France : l'ordonnance de 1669.[763] Elle

[757] A. DESCOURS, *Des eaux courantes en droit romain et des cours d'eaux navigables en flottables en droit* français, Caen, Thèse, 1877, dact., p 67. Voy. également Ph. MARC, *op. cit.*, pp 39-40.

[758] J.-L. GAZZANIGA, X. LARROUY-CASTÉRA, « Le droit de l'eau en France entre permanences et mutations », *Les Cahiers de Droit*, vol. 51, 3-4, septembre-décembre 2010, p 906.

[759] Jusqu'en 1627, le territoire est peu occupé. La Nouvelle-France est alors un comptoir de traite où une dizaine de personnes passe l'hiver.

[760] H. BRUN, « Le droit québécois de l'eau (1663-1969) », *Les Cahiers de Droit*, vol. 11, 7, 1970, p 12.

[761] *Ibid.*

[762] *Ibid.*, p 16.

[763] Avec l'ordonnance *De la Marine* de 1681, il s'agit de l'essentiel du droit français régissant les eaux. Voy. à ce sujet H. BRUN, *op. cit.*, p 13.

est complétée par plusieurs édits chargés de l'expliciter, dont celui de 1683 applicable également dans la colonie.

L'ordre juridique régissant le droit des cours d'eau est donc globalement similaire à l'ordre juridique français de l'époque, ce qui permet d'affirmer que les dualismes propres au droit français ont été transmis à la Nouvelle-France. Une particularité apparaît néanmoins : il semble que l'ordonnance de 1669 n'a jamais été enregistrée en Nouvelle-France. Pourtant, l'ensemble des textes royaux devaient faire l'objet d'un enregistrement, mesure de publicité et de conservation, afin d'être appliqués dans toutes les parties du royaume. Malgré cela, cette ordonnance a été appliquée par toutes les cours locales.[764]

303. La France perd la Nouvelle-France lors de la conquête britannique de 1760, une perte entérinée par l'Acte de capitulation de Montréal. Une période de transition est instaurée jusqu'en 1763, durant laquelle la colonie est sous l'administration du Général Amherst.

La France cède définitivement ses colonies canadiennes à l'Angleterre lors du Traité de Paris le 10 février 1763, ce qui met un terme à la Guerre de 7 ans.[765] Par une proclamation royale d'octobre 1763, l'Angleterre établit de nouvelles structures administratives, ainsi que de nouvelles frontières à l'ancienne Nouvelle-France, afin d'apaiser les rivalités entre les villes de Québec et Montréal dans l'industrie de la pêche et la traite des fourrures. Les lois civiles anglaises remplacent alors la Coutume de Paris, ainsi que les ordonnances qui s'appliquaient jusque-là. La population des Canadiens français ne peut participer à la vie administrative et politique. Notamment, elle ne bénéficie pas d'une assemblée populaire pour la représenter.[766]

304. De 1763 à 1774, l'Angleterre applique le droit anglais dans la nouvelle colonie britannique.[767] Les documents de cette époque sont peu nombreux, mais il est possible de relever un élément intéressant concernant le droit des cours d'eau.

305. Selon J. Getzler, le droit de l'eau en Angleterre est l'un des droits les plus romanesques de tout le droit anglais. L'auteur démontre que le domaine de l'eau fait partie des domaines dans lesquels le droit de *common law* et le droit de tradition civiliste se sont mélangés.[768]

306. Au Moyen Âge, les principes appliqués par les cours britanniques sont en effet issus en partie de l'adaptation du droit romain par les juristes civilistes. Cela se remarque surtout en ce qui concerne les catégories juridiques.[769] Par la suite, les *New Water Doctrines* apparaissent : des concepts

---

[764] *Ibid.*, pp 15-16. Voy. également D. GILLES, « Aménager, canaliser, encadrer juridiquement les rivières du Québec : le poids de l'histoire ? », *Les Cahiers de Droit*, vol.51, 3-4, sept.-déc. 2010, p 934.

[765] L. SABOURIN, *Le système politique du Canada, Institutions fédérales et québécoises*, Éditions de l'Université d'Ottawa, 1970, pp 21 & s.

[766] *Ibid.*, p 22 ; Voy. également B. LASKIN, *The British Tradition in Canadian Law*, Londres, Stevens & Sons, 1969, p 4.

[767] J.E.C. BRIERLEY, « Reception of English Law in the Canadian Province of Quebec », in M. DOUCET, J. VANDERLINDEN, *La Réception des Systèmes Juridiques : Implantation et Destin*, Textes présentés au premier colloque international du Centre International de la common law en français (CICLEF), Bruxelles, Bruylant, 1994, pp 106-107.

[768] J. GETZLER, *A History of Water Rights at Common Law*, Oxford Scholarship Online, 2006, p 46.

[769] Il s'agit notamment de la *Bracton Doctrine*. Elle trouve son origine dans le droit romain, mais fait l'objet d'une application partielle. Aux XVème et XVIème siècles, les droits de l'eau

issus de la tradition civiliste tels que le bien commun et le droit naturel de propriété sont développés et interprétés. Les cours oscillent entre différentes interprétations, favorisant d'un côté le critère de l'occupation, puis d'un autre le lien entre l'eau et la terre.[770] À l'époque de l'application des lois civiles anglaises dans la nouvelle colonie britannique, c'est le critère de l'occupation qui semble l'emporter. Le droit anglais est donc lui-même empreint d'une coloration dualiste, les oscillations entre les qualifications de bien et de chose commune y apparaissant également.

307. Depuis le Traité de Paris, le contexte politique nord-américain se fait de plus en plus incertain. Un soulèvement des colonies américaines devient imminent et à l'intérieur du Québec, les Canadiens français multiplient leurs protestations à l'égard de la colonisation britannique. En réponse à ces protestations, et pour s'assurer de la loyauté des Canadiens français en cas de soulèvement américain, le parlement anglais vote en juin 1774, l'Acte de Québec. Ce texte proclame l'abrogation de la proclamation de 1763, restaure les anciennes frontières de la Nouvelle-France et rétablit l'usage des lois civiles françaises.[771] Toutes les matières dans le domaine de la propriété et des droits civils relèvent de nouveau du droit canadien, c'est-à-dire du droit français anciennement appliqué.[772] Le droit privé français survit finalement en quelque sorte à cette domination anglaise, tandis que le droit public d'origine française est éliminé.

308. En ce qui concerne le droit des cours d'eau, une question se pose : s'agit-il d'une partie du droit public, ce qui impliquerait que l'ancien droit français ne s'applique pas ; ou s'agit-il d'une partie du droit privé, permettant d'appliquer à nouveau l'ancien droit ?

Au préalable, il apparaît que la question a été traitée en reprenant la distinction issue du droit romain : le cours d'eau comme un bien objet de propriété fait face à la qualification de chose commune faisant l'objet d'un droit d'accès et d'usage. Le mode de transmission diffère selon la qualification adoptée.

309. Le cours d'eau comme bien objet de propriété est régi avant la conquête britannique par l'ordonnance de 1669. Elle établit le régime de propriété du Roi, de l'État, sur certains biens. Au Canada, la détermination du domaine de l'État a longtemps fait partie du droit privé : ce domaine n'était pas dissocié de l'étude des problèmes généraux de propriété civile. À l'époque

---

sont encore largement considérés au regard de servitudes en vertu de la possession ou de la propriété de la terre. Voy. à ce sujet D. FISHER, *The Law and Governance of Water Resources – The Challenge of Sustainability*, Cheltenham (RU), Edward Elgar Publishing Limited, 2009, pp 98-99.

[770] Au XVIIIème siècle, c'est l'*Appropriation Doctrine* appelée aussi *Blackstone Doctrine* qui est la plus communément appliquée par les cours anglaises. Le juge favorise le critère de l'occupation, de l'usage de l'eau. En 1833, un *Chief Justice* développera une nouvelle interprétation : la *Riparian Doctrine*, où l'eau et la terre sont considérées comme des ressources interconnectées avec une valeur économique et commerciale. Voy. à ce sujet D. FISHER, *op. cit.*, pp 99-101.

[771] L. SABOURIN, *Le système politique du Canada, Institutions fédérales et québécoises*, Éditions de l'Université d'Ottawa, 1970, p 23. Voy. également J.E.C. BRIERLEY, « Reception of English Law in the Canadian Province of Quebec », in M. DOUCET, J. VANDERLINDEN, *La Réception des Systèmes Juridiques : Implantation et Destin*, Textes présentés au premier colloque international du Centre International de la common law en français (CICLEF), Bruxelles, Bruylant, 1994, pp 106-107.

[772] B. LASKIN, *The British Tradition in Canadian Law*, Londres, Stevens & Sons, 1969, p 5.

de la domination britannique, le droit des cours d'eau est considéré comme faisant partie du droit privé.[773]

310. À la fin du XVIIIème siècle le droit des cours d'eau est donc régi par l'ancien droit français par l'intermédiaire de l'ordonnance de 1669. Dès lors, et surtout au XIXème siècle, les tribunaux canadiens vont affirmer l'autorité de ce droit, sans pour autant en fournir les sources précises, ni les limites d'applicabilité.[774] Il est important de préciser que le droit général français issu de l'Ancien Régime a trouvé une application tardive et partielle avant la conquête britannique. Comme le relève H. Brun, le droit de l'eau ne commence paradoxalement à s'intégrer véritablement dans la vie de la colonie que sous domination britannique.[775]

311. Dans ce droit du Bas-Canada,[776] on distingue les eaux navigables des eaux non navigables, tout comme le faisait l'ancien droit français. On retrouve les difficultés posées par ce type de distinction avec un régime seigneurial appliqué tardivement.

312. Jusqu'en 1854, le Québec connaît en effet un régime seigneurial.[777] Si l'esprit est le même, le régime est sensiblement différent de celui de l'ancien régime en France : le seigneur est davantage un agent de l'État, avec un régime juridique agraire. Les eaux non navigables appartiennent alors aux seigneurs riverains. Tout comme en droit romain : l'eau est un accessoire de la terre.[778] Le même type de difficultés liées à des chevauchements des sources du droit, une accumulation de textes, se pose au Québec.

313. La Cour seigneuriale confirme en 1856 le statut des eaux non navigables au regard de l'aspect patrimonial. Malgré la liquidation du régime seigneurial, le principe perdure : les eaux non navigables appartiennent aux riverains des cours d'eau. Aucun texte législatif ne modifiera ce régime avant le XXème siècle.[779]

Le statut patrimonial des eaux navigables est explicitement établi par l'ordonnance de 1669 : il relève du domaine de l'État. Cela a donc également survécu à la conquête de 1760.[780]

314. Le Québec a historiquement connu le principe selon lequel l'eau est un accessoire de la terre, ce qui a eu des conséquences équivalentes à celles connues en France. La présence de la dialectique au Québec ne s'arrête pas à cet aspect patrimonial où l'eau est un bien objet de propriété. La province a historiquement connu les droits d'accès et d'usage aux cours d'eau.

---

773 Il s'agit d'un héritage féodal britannique transmis en Nouvelle-France. Depuis, ce domaine relève du droit public. Voy. à ce sujet H. BRUN, « Le droit québécois de l'eau (1663-1969) », *Les Cahiers de Droit*, vol. 11, 7, 1970, pp 14-15. Voy. également D. GILLES, « Aménager, canaliser, encadrer juridiquement les rivières du Québec : le poids de l'histoire ? », *Les Cahiers de Droit*, vol.51, 3-4, sept.-déc. 2010, p 934.

774 Voy. notamment : *Minor* v. *Gilmour*, (1859) 9 L.C.R. 115 (C.P.), p 158 ; *Bell* v. *City of Quebec*, (1879) 5 App. Cas. 84, p 98 ; *North Shore Ry.* v. *Pion*, (1889) 14 App. Cas. 612. Voy. à ce sujet H. BRUN, *op. cit.*, p 15.

775 H. BRUN, *op. cit.*, pp 12-13.

776 Le Bas-Canada est la dénomination du Québec d'aujourd'hui entre 1791 et 1840.

777 D. GILLES, « Aménager, canaliser, encadrer juridiquement les rivières du Québec : le poids de l'histoire ? », *Les Cahiers de Droit*, vol.51, 3-4, sept.-déc. 2010, p 934.

778 H. BRUN, *op. cit.*, pp 18-19.

779 *Ibid.*, p 19.

780 *Ibid.*, p 20.

315. À ce sujet, il apparaît que le droit québécois a suivi régulièrement les orientations du droit français coutumier.[781] Le domaine de la pêche est un exemple représentatif de cette tendance. La pêche est considérée à cette époque comme un accessoire de propriété des eaux, tout comme sous le régime français.[782]

316. De cette colonisation française, le droit québécois a hérité de la coloration dualiste du droit romain : le cours d'eau oscille entre le bien et la chose commune. Cela s'est confirmé par la suite : l'*Union Act*[783] de 1840 n'a pas affecté l'existence continue du droit français en Bas-Canada.[784] Également, le Code civil du Bas-Canada de 1866 a repris beaucoup d'éléments de l'ancien droit français, tout en s'inspirant du Code civil napoléonien de 1804.

2. Les Codes civils français et québécois : la confirmation d'une dialectique

317. Le Code civil de 1804 a permis d'unifier le droit des cours d'eau en France. En ce sens, le Code civil a pu mettre fin dans une certaine mesure à ce que Portalis désignait comme un immense chaos : l'entremêlement de coutumes, d'ordonnances abrogées et non abrogées, etc.[785]

Pour autant, les chevauchements et la dialectique propres à l'objet juridique « eau douce » ne semblent pas avoir disparu. Le Code Napoléon reprend la dualité originaire du droit romain dans ses dispositions.[786] Il reprend plus précisément les dispositions du décret des 22 novembre et 1er décembre 1790, confirmant le principe de propriété qui avait été établi avant la révolution, tout en substituant la Nation au Roi.[787]

318. L'oscillation du droit des cours d'eau entre droit de propriété et droit d'usage commun semble également demeurer. L'article 538 traite de la qualification de « bien » des fleuves et rivières navigables et flottables, et a été étendu aux cours d'eau non navigables par la loi du 8 avril 1898 sur le régime des eaux.[788] Les cours d'eau définis comme des eaux courantes et traités par l'article 714, bénéficient du statut de chose commune. Cet article pose le principe de l'usage commun de ces eaux courantes.[789]

---

[781] *Ibid.*, pp 35-36.

[782] *Ibid.*, p 30.

[783] L'*Union Act* est adopté par le parlement anglais en juin 1840 et permet d'unir les colonies du Haut-Canada et du Bas-Canada pour n'en constituer qu'une seule.

[784] J.-G. CASTEL, *The Civil Law System of the Province of Quebec*, Toronto, Butterworths, 1962, p 23.

[785] G.-J. MACGRADY, « The Navigability Concept in the Civil and Common Law : Historical Development, Current Importance, and Some Doctrines that Don't Hold Water », *Florida State University Law Review*, vol.3, 4, Fall 1975, p 542.

[786] A. SAOUT, *Théorie et pratique du droit de l'eau*, Paris, Éditions Johanet, 2011, p 19. Voy. également J.-L. GAZZANIGA, X. LARROUY-CASTÉRA, « Le droit de l'eau en France entre permanences et mutations », *Les Cahiers de Droit*, vol. 51, 3-4, septembre-décembre 2010, p 903.

[787] L'article 2 du décret de 1790 dispose : « les chemins publics, les rues et places des villes, les fleuves et rivières navigables, les rivages, lais et relais de la mer, les ports, les havres, les rades [...], et en général toutes les portions du territoire national qui ne sont pas susceptibles d'une propriété privée, sont considérés comme des dépendances du domaine public ». Voy. à ce sujet Ph. MARC, *Les cours d'eau et le droit*, Paris, Éditions Johanet, 2006, p 41.

[788] Selon cette qualification, les cours d'eau sont « des biens appropriés pour satisfaire des usages d'intérêt public ». Voy. *Ibid.*, p 31.

[789] L'article 714 du Code civil a connu de nombreuses modifications en dehors du Code. Ph. Marc fait ressortir à ce sujet qu'une certaine dénaturation du statut de chose commune a eu lieu

319. Au Québec, afin de consolider l'application du droit du Bas-Canada, un processus de codification est lancé par l'intermédiaire de l'Acte de 1857. Cette codification est largement inspirée du Code Napoléon. L'article 7 de cet Acte l'énonce clairement : si nécessaire, le plan général du Code Napoléon, ainsi que son contenu pourront être repris à l'identique. De même, le code de commerce et le code de procédure civile français font l'objet d'une attention particulière.[790]

320. Le Code civil du Bas-Canada reprend la distinction entre bien et chose commune, développée dans le Code Napoléon en ce qui concerne les cours d'eau. Ce code a tendance à évoluer en parallèle avec le Code français. Par exemple, alors qu'en France le test de navigabilité est définitivement abandonné comme critère de distinction dans le droit de propriété en 1910,[791] une loi de 1918 vient ajouter un paragraphe à l'article 400 du Code civil du Bas-Canada, faisant de ce critère un critère secondaire de distinction.[792]

321. Propos conclusifs. - Il ressort de cette analyse historique que l'eau douce a toujours fait l'objet de dialectiques dans son traitement par le droit. Juridiquement considérée comme un accessoire de la terre, l'eau douce a pu subir directement le morcellement du pouvoir, plus ou moins prononcé suivant les époques. Également, la dualité issue du droit romain a été utilisée de façon régulière en France comme au Québec. Cet objet juridique complexe et difficilement saisissable a donc toujours fait l'objet d'une ou plusieurs dialectiques dans son traitement juridique.

322. Une oscillation permanente entre intervention centrale et intervention locale peut être synonyme de complexité voire d'insécurité juridique du point de vue des sciences juridiques. Il n'en est pas de même pour les sciences politiques et économiques. Comme nous allons le voir, les travaux dans ces deux matières ont tendance à préconiser l'utilisation d'une dialectique pour assurer la protection de la qualité des eaux douces, en raison de la spécificité de cet objet juridique complexe.

Paragraphe II. La dialectique entre protection locale et protection centrale de la qualité des eaux douces : une nécessité en sciences économiques et politiques

323. La question du niveau de décision auquel les instruments de protection de l'environnement doivent être introduits apparaît fondamentale sous les perspectives des sciences économiques et politiques.[793] L. Krämer va plus loin en affirmant que la question du niveau approprié d'intervention en matière

---

à une certaine époque, notamment par une « offensive de l'appropriation de l'eau ». Puis une rénovation de ce statut est apparue grâce à la qualification de l'eau en « patrimoine commun », introduite dans la loi sur l'eau de 1992. Voy. *Ibid.*, pp 108-138.

[790] J.-G. CASTEL, *The Civil Law System of the Province of Quebec*, Toronto, Butterworths, 1962, pp 23-25.

[791] Loi du 8 avril 1910. Voy. à ce sujet G.-J. MACGRADY, « The Navigability Concept in the Civil and Common Law : Historical Development, Current Importance, and Some Doctrines that Don't Hold Water », *Florida State University Law Review*, vol.3, 4, Fall 1975, p 544.

[792] H. BRUN, « Le droit québécois de l'eau (1663-1969) », *Les Cahiers de Droit*, vol. 11, 7, 1970, p 19.

[793] M. FAURE, *L'analyse économique du droit de l'environnement*, Maastricht, Bruxelles, Metro Institute for Transnational Legal Research, Bruylant, 2007, p 264.

environnementale n'est pas une question d'ordre juridique, ni technique : il s'agit seulement d'une question politique.[794]

324. E. Ostrom précise que la protection de la qualité des eaux douces a besoin, pour être optimale, de la mise en place de nouvelles institutions pour l'encadrer, et non d'un nouveau type d'ingénierie spécifique.[795] L'encadrement institutionnel joue donc un rôle déterminant dans la protection des ressources.

325. L. Juillet énonce que la responsabilité pour la gestion des problèmes environnementaux devrait être accordée au niveau de compétence qui correspond le mieux à leur étendue.[796] Beaucoup d'auteurs en sciences politiques et sciences économiques adoptent cette approche, en invoquant des arguments différents suivant la discipline.[797] Tant dans la doctrine en sciences économiques (*A*-), que dans la doctrine en sciences politiques (*B*-), les préconisations sont équivalentes : une dialectique entre protection centrale et protection locale[798] est nécessaire dans le domaine de la protection de la qualité des eaux douces.

A. Une dialectique nécessaire selon les arguments issus des sciences économiques

326. La réponse à la question du niveau de compétence en matière environnementale trouve souvent un fondement commun en sciences économiques : la théorie de Tiebout.[799] Selon cette théorie, lorsque des individus présentant les mêmes préférences se regroupent en communautés, une concurrence entre les autorités locales mène à une efficacité dans la répartition des tâches. Dans le contexte de l'Union européenne, les citoyens se déplaceront vers l'État membre qui leur offre des services locaux les mieux adaptés à leurs goûts. Il s'agit du fameux « vote avec les pieds »[800].

---

[794] I. WEIBUST, *Green Leviathan : the case for a federal rôle in environmental policy*, Farnham, Surrey, England, 2009, p 177.

[795] Voy. notamment E. OSTROM, « Constituting Social Capital and Collective Action », *Journal of Theoretical Politics*, n°6, 1994, pp 527-562 ; voy. également E. OSTROM, « Coping with Tragedies of the Commons », *Annu. Rev. Polit. Sci.*, n°2, 1999, pp 493-535 ; et M. LAMARY, M. SPROULE-JONES, « L'économique et l'institutionnel dans l'étude de la contamination diffuse des eaux potables dans les États fédérés », in L. IMBEAU (dir.), *Politiques publiques comparées dans les Etats fédérés*, Québec, Les Presses de l'Université Laval, Coll. Management public et gouvernance, 2005, p 193.

[796] L. JUILLET, « Les politiques environnementales canadiennes », in M. TREMBLAY (dir.), *Les Politiques publiques canadiennes*, Québec, Les Presses de l'Université Laval, 1998, p 188.

[797] Nous présentons dans ce paragraphe les arguments de certains auteurs provenant de ces deux disciplines. Cette présentation est non exhaustive, compte tenu de la richesse de chaque doctrine. Pour une présentation de l'économie appliquée aux droits de tradition romano-germanique, voy. B. DEFFAINS, *L'analyse économique du droit dans les pays de droit civil*, Actes du Colloque organisé par le Centre de Recherches et de Documentation Economiques de l'Université de Nancy 2 les 28 & 29 Juin 2000, Paris, Éditions Cujas, 2002. Pour une présentation de l'application de l'économie aux droits de tradition de *Common law*, voy. C. VELJANOVSKI, *Economic Principles of Law*, Cambridge University Press, 2007, 282 pages.

[798] Pour rappel : dans le cadre de notre étude, « local » s'entend relativement à « central » : le niveau local est celui des États membres de l'Union européenne et des provinces canadiennes, et le niveau central représente l'Union européenne et le niveau fédéral canadien.

[799] M. FAURE, *L'analyse économique du droit de l'environnement*, Maastricht, Bruxelles, Metro Institute for Transnational Legal Research, Bruylant, 2007, p 268.

[800] Ch. M. TIEBOUT, « A Pure Theory of Local Expenditures », *Journal of Political Economy*, 64, n°5, Oct. 1956, p 419. Voy. également à ce sujet M. FAURE, *op. cit.*, p 268.

327. Cette théorie a trouvé une application en matière juridique à travers les travaux de R. Van den Bergh.[801] Il applique en effet certaines règles de sciences économiques au principe de subsidiarité européen. Retranscrite en droit, la théorie de Ch. M. Tiebout implique qu'une concurrence entre législateurs permet d'aboutir à une législation qui correspond mieux aux préférences des citoyens. Les citoyens, bien informés, ont le choix de se déplacer vers un État ou une province où la législation correspond davantage à leurs attentes. Ainsi, au Canada, un entrepreneur québécois, mécontent de la législation québécoise dans son domaine d'activité, peut « voter avec les pieds » et se délocaliser en Ontario, si la législation lui convient mieux. Deux conditions sont requises : le citoyen doit être bien informé des législations, et les coûts de déplacement doivent être relativement faibles.[802]

328. Dans ce cadre, le niveau d'intervention local est optimal : dans l'Union européenne, la concurrence entre les législateurs espagnol et français produirait selon cette théorie une surenchère de législations toujours plus protectrices.

329. R. Van den Bergh précise cependant un point : plusieurs cas de figure peuvent rendre nécessaire une prise de décision centrale. Selon l'auteur, la concurrence entre législateurs dans l'Union européenne[803] rend parfois nécessaire une organisation par l'Union. Un cadre doit être posé : la concurrence entre législateurs peut être faussée par des conditions imparfaites sur le marché. Par exemple, des problèmes d'information entre les opérateurs peuvent se poser. Dans ce cas, une action corrective par le législateur européen apparaît nécessaire. Néanmoins, R. Van den Bergh précise que l'harmonisation doit être *a minima*, et soutenue par une reconnaissance mutuelle entre les États membres, au lieu d'une harmonisation complète ou « full harmonization »[804].

330. De plus, l'auteur applique brièvement ses arguments au droit de l'environnement dans l'Union européenne.[805] Le principe reste le même : la diversité des législations en matière de protection de l'environnement est importante, et certains types de pollution ne nécessitent pas une action de la part de l'Union, car elles n'ont pas de caractère transfrontalier. Une intervention de l'Union peut devenir nécessaire soit parce que l'action de l'ensemble des États membres est nécessaire, soit parce qu'un *dilemme du prisonnier* peut se poser.[806] R. Van den Bergh semble donc poser un socle pour une dialectique entre protection centrale et protection nationale ou provinciale.

331. M. Faure confirme cette assertion. Selon lui, pour la majorité de la doctrine en sciences économiques, le point de départ d'une analyse sur les niveaux de compétence est forcément le niveau local. Une intervention

---

[801] R. VAN DEN BERGH, « The Subsidiarity Principle in European Community Law: Some Insights from Law and Economics », *Maastricht J. Eur. & Comp. L.*, 1, 1994, pp 339 & s.

[802] *Ibid.*, pp 339 & s. ; voy. également M. FAURE, *op. cit.*, pp 268-269.

[803] Au moment de la rédaction de son article, il s'agissait encore de la Communauté européenne.

[804] Voy. à ce sujet R. VAN DEN BERGH, « The Subsidiarity Principle in European Community Law: Some Insights from Law and Economics », *Maastricht J. Eur. & Comp. L.*, 1, 1994, p 343, et pp 350 & s.

[805] *Ibid.*, p 354 & s.

[806] Pour plus de précisions au sujet du dilemme du prisonnier, voy. *Ibid.*, p 355 notamment.

centrale est possible, mais elle doit être justifiée.[807] Cet auteur a également appliqué les arguments de Ch. M. Tiebout aux problèmes environnementaux. Il reprend une partie du raisonnement de R. Van den Bergh. L'auteur formule l'idée selon laquelle l'intervention du niveau local en matière de protection de l'environnement n'est valable que tant que le problème environnemental est cantonné au niveau national ou provincial :[808]

> Si le problème à régler dépasse la compétence de l'autorité réglementaire concernée, le pouvoir de décider doit être transféré à une autorité réglementaire supérieure, de préférence à une autorité dont la juridiction est assez vaste pour traiter le problème dans sa globalité.[809]

332. Les problèmes environnementaux touchant les eaux douces peuvent s'avérer être souvent des problèmes transfrontaliers. Plusieurs cours d'eau traversent le territoire de différentes provinces au Canada ou différents États membres dans l'Union européenne. Le fleuve St Laurent au Canada traverse en effet l'Ontario et le Québec. Dans l'Union européenne, le Rhin traverse l'Allemagne et la France. Une substance dangereuse déversée dans le Rhin en France peut avoir des conséquences sur l'écosystème du fleuve en Allemagne. Dans ce cas, le problème environnemental dépasse la compétence des autorités françaises et allemandes. Il concerne, selon la théorie de M. Faure, une autorité réglementaire supérieure : l'Union européenne. De même, une pollution touchant le St Laurent au Québec et provenant de l'Ontario, nécessite une réponse fédérale.

333. Selon les arguments de Ch. M. Tiebout, R. Van den Bergh et M. Faure, il apparaît qu'une partie de la doctrine en sciences économiques favorise une dialectique entre protection centrale et protection nationale ou provinciale. Le principe est en théorie très simple : l'autorité nationale ou provinciale règle un problème d'envergure locale, c'est le principe. L'autorité centrale intervient en cas de problème plus global, c'est l'exception. L'objectif étant que l'intervention centrale ne soit pas inutilement coûteuse. Dans le domaine de la protection de la qualité des eaux douces, le curseur est difficile à placer entre les interventions locale et centrale. En effet, toute pollution aquatique peut potentiellement se diffuser sur d'autres territoires.

334. Au-delà de cette approche, la doctrine en sciences économiques propose l'application d'une seconde théorie aux problèmes environnementaux : la *course vers le fond*. Cette théorie implique qu'il existe bien une concurrence entre les législateurs, mais elle se situe sur un autre terrain que dans la théorie de R. Van den Bergh. Les législateurs tenteraient d'attirer les investisseurs étrangers en adoptant des législations de

---

[807] M. FAURE, *L'analyse économique du droit de l'environnement*, Maastricht, Bruxelles, Metro Institute for Transnational Legal Research, Bruylant, 2007, p 270.

[808] Ce que Tiebout avait clairement identifié dans un domaine plus général en distinguant sa théorie, préconisant l'intervention du niveau local, de la théorie de R.A. Musgrave, dont le postulat de départ serait implicitement centré sur une intervention au niveau fédéral en matière de dépenses. Voy. Ch. M. TIEBOUT, « A Pure Theory of Local Expenditures », *Journal of Political Economy*, 64, n°5, Oct. 1956, pp 416-418. Pour une idée du postulat de départ de R.A. Musgrave voy. notamment R.A. MUSGRAVE, « Approaches to A Fiscal Theory of Political Federalism », Universities-National Bureau (dir.), *Public Finances: Needs, Sources, and Utilization*, Cambridge, NBER, 1961, pp 97-134.

[809] M. FAURE, *op. cit.*, p 270.

protection de l'environnement inefficaces. Cela présuppose qu'une législation efficace contre un type de pollution transfère des coûts à l'industrie.[810]

335. Plusieurs auteurs ont mené des études empiriques aux États-Unis à ce sujet, les résultats sont quelque peu mitigés. En premier lieu, R. Repetto a établi que les coûts de lutte contre la pollution représentent un coût très faible au regard du chiffre d'affaires des entreprises.[811] De plus, il a été établi par A.B. Jaffe, S. Peterson, P. Portney et R. Stavins que les coûts sont si infimes pour l'industrie que cela ne conduirait pas les entreprises à se relocaliser dans un autre État.[812] Néanmoins, Y. Xing et Ch. D. Kolstad ont établi que le laxisme des réglementations de certains États américains est déterminant pour l'investissement direct étranger, dans le domaine de l'industrie chimique.[813]

336. M. Faure énonce qu'à la lumière de ces études, il n'est pas si évident que la *course vers le fond* s'applique aux problèmes environnementaux. La théorie qui pourrait justifier une centralisation de la prise de décision au niveau environnemental manque d'études empiriques, surtout dans le domaine de la protection de la qualité des eaux douces.[814]

337. Dans le cas du Canada, L. Juillet confirme cette assertion en employant un autre argument :

> [...] en l'absence de normes nationales, les gouvernements provinciaux pourraient être tentés de réduire leurs normes environnementales, afin d'attirer des entreprises en activité dans d'autres provinces ayant des normes plus sévères. Toutefois [...], il est [...] raisonnable de croire que, en période où l'environnement figure en tête de liste des préoccupations populaires, la concurrence politique entre les provinces et le gouvernement fédéral puisse également résulter en un resserrement des normes .[815]

338. Une troisième théorie a été développée à ce sujet en sciences économiques : la question de la création de conditions de concurrence équitables pour le fonctionnement d'un marché commun. Cette théorie a souvent été invoquée dans l'Union européenne, avant que la Communauté européenne ne bénéficie de la compétence environnementale directement par les Traités.[816] Les règles de protection de l'environnement sont considérées comme des conditions de concurrence agissant dans le marché commun. Une harmonisation des conditions de concurrence apparaît nécessaire au

---

[810] M. FAURE, *L'analyse économique du droit de l'environnement*, Maastricht, Bruxelles, Metro Institute for Transnational Legal Research, Bruylant, 2007, p 272.

[811] R. REPETTO, « Trade and Sustainable Development », *UNEP*, *Environment and Trade Series*, vol. 1, 1994.

[812] A.B. JAFFE, S. PETERSON, P. PORTNEY, R. STAVINS, « Environmental Regulation and the competitiveness of US Manufacturing : What does the Evidence tell us ? », *Journal of Economic Literature*, vol. 33, 1995, pp 132-163.

[813] Y. XING, Ch. KOLSTAD, « Do Lax Environmental Regulations attract Foreign Investment? », *Environmental and Resource Economics*, Vol. 21, 2002, pp 1-22. Voy. également M. FAURE, *op. cit.*, pp 272-273.

[814] M. FAURE, *L'analyse économique du droit de l'environnement*, Maastricht, Bruxelles, Metro Institute for Transnational Legal Research, Bruylant, 2007, pp 272-273.

[815] L'auteur évoque notamment que la concurrence entre les provinces aurait influencé positivement la production de normes dans le secteur des pâtes et papiers. Voy. à ce sujet L. JUILLET, « Les politiques environnementales canadiennes », in M. TREMBLAY (dir.), *Les Politiques publiques canadiennes*, Québec, Les Presses de l'Université Laval, 1998, pp 189-190.

[816] I. WEIBUST, *Green Leviathan : the case for a federal role in environmental policy*, Farnham (England), Ashgate, 2009, p 177.

fonctionnement de ce marché, afin d'éviter les distorsions. Il s'agit de créer « un terrain de jeu nivelé »[817] entre les acteurs du marché. Il s'agit donc selon cette théorie d'harmoniser les règles de protection de l'environnement afin que le marché commun canadien ou européen ne subisse pas de distorsions.

339. I. Weibust fait ressortir que le critère des conditions de concurrence est défini beaucoup trop largement dans cette théorie, surtout par l'Union européenne. L'auteure ajoute que beaucoup de problèmes environnementaux sont strictement locaux. Ils ne causent donc aucune distorsion en termes de concurrence sur le marché commun européen ou canadien.[818] On retrouve un critère de distinction qui apparaît comme un socle de la dialectique : le critère transfrontalier. Cette troisième théorie n'est en effet valable qu'en présence d'un élément d'extranéité caractéristique des problèmes transfrontaliers.[819] Cela implique qu'elle ne s'applique pas aux problèmes environnementaux locaux.

340. Ces trois théories issues des sciences économiques semblent se rejoindre sur la nécessité d'appliquer une grille de lecture souple aux problèmes environnementaux, en s'adaptant à leurs spécificités. Le critère transfrontalier semble être le dénominateur commun. Les auteurs préconisent l'application d'une dialectique entre protection centrale (fédérale et européenne) et protection nationale ou provinciale pour résoudre les problèmes environnementaux, notamment en matière de protection de la qualité des eaux. La doctrine en sciences politiques rejoint le même constat, en invoquant des arguments différents.

B. Les arguments issus des sciences politiques

341. Les travaux en sciences politiques au sujet de la protection de la qualité des eaux douces et du droit de l'environnement font échos à ceux en sciences économiques. Le critère transfrontalier est un socle de réflexion important pour déterminer le niveau de compétence adéquat. Certains auteurs appréhendent également la question autour d'une oscillation, d'une dialectique entre protection centrale et protection nationale ou provinciale. Mais la doctrine est davantage divisée qu'en sciences économiques : les tenants d'une non-centralisation en matière de protection de l'environnement (*1*-), font face aux tenants de la dialectique (*2*-).

1. Une non-centralisation préconisée

342. En ce qui concerne l'Union européenne, I.J. Koppen fait ressortir qu'une « action gouvernementale décentralisée » est nécessaire. Il est important de respecter les actions menées par les États membres et leurs collectivités en matière de protection de l'environnement. L'auteure apporte

---

[817] M. FAURE, *op. cit.*, p 266.

[818] I. WEIBUST, *Green Leviathan : the case for a federal role in environmental policy*, Farnham (England), Ashgate, 2009, p 178.

[819] Le critère de l'élément d'extranéité est emprunté au droit international privé, matière dont le champ s'étend exclusivement aux conflits transfrontaliers de droit privé. Voy. à ce sujet H. MUIR WATT, D. BUREAU, *Droit international privé : Partie générale*, Paris, Presses Universitaires de France, 2010, 693 pages.

une première raison à cela.[820] Elle soulève que les caractéristiques de l'environnement peuvent différer selon les régions, et les États. Cela nécessite selon l'auteure une connaissance des conditions environnementales locales, et de fait une adaptation de la prise de décision à celles-ci, pour mener à bien une protection adaptée du milieu.[821]

343. A. Weale fournit une seconde raison à cet argument. L'auteur énonce que des mesures d'harmonisation trop nombreuses de la part de l'Union européenne risquent de forcer les États membres à revoir à la baisse leurs standards nationaux. En effet, les décisions prises au niveau de l'Union en matière d'environnement font l'objet de lourdes négociations tant les enjeux sont importants. Les textes adoptés apparaissent, par le jeu des négociations, comme des textes de protection « au rabais »[822]. A. Weale explique que les politiques les plus importantes ne sont pas adoptées dans le pire des cas. La prise de décision en matière de protection de l'environnement est en Europe si particulière, que ce domaine ne répond même plus aux critères des théories classiques. Il cristallise tant les conflits d'intérêts entre les entreprises et les citoyens que le processus de décision ne peut faire l'objet que d'une théorie à part en sciences politiques.[823]

344. Ainsi, la meilleure garantie de protection de l'environnement est selon I.J. Koppen et A. Weale de laisser aux États membres leur liberté d'adopter leurs mesures nationales.[824]

345. En ce qui concerne la protection des eaux douces au Canada, un auteur s'impose comme une référence en sciences politiques : E. Ostrom. Partant des écrits précurseurs de V. Ostrom, l'auteure a développé une théorie qui propose un mode de gouvernance durable dans les États fédéraux, particulièrement adaptée aux ressources hydrauliques, appelées les « common-pool ressources »[825].

346. M. Lamary et M. Sproule-Jones soulèvent « deux leviers de politiques publiques » dans cette théorie.[826] Le premier levier propose de mettre en place une gouvernance basée sur l'indépendance des décideurs. Il s'agit d'une gouvernance polycentrique, dans laquelle les citoyens s'organisent, s'adaptent à l'évolution des contextes et influencent les divers centres de décision.[827] Cette gouvernance est décentralisée : elle se base sur plusieurs lieux de

[820] I.J. KOPPEN, « The Role of the European Court of Justice », in A. JORDAN (dir.), *Environmental Policy in the European Union*, London, Earthscan, 2007, p 84.
[821] *Ibid.*, p 84.
[822] L'auteur parle de règles « sub-optimal ». Voy. à ce sujet A. WEALE, « Environnemental Rules and Rule-making in the European Union», in A. JORDAN (dir.), *Environmental Policy in the European Union*, London, Earthscan, 2007, p 125 & s.
[823] *Ibid.*, pp 125-126.
[824] I.J. KOPPEN, *op. cit.*, p 84.
[825] E. OSTROM, « Coping with Tragedies of the Commons », *Annu. Rev. Polit. Sci.*, 2, 1999, p 496.
[826] M. LAMARY, M. SPROULE-JONES, « L'économique et l'institutionnel dans l'étude de la contamination diffuse des eaux potables dans les États fédérés », in L. IMBEAU (dir.), *Politiques publiques comparées dans les États fédérés*, Québec, Les Presses de l'Université Laval, Coll. Management public et gouvernance, 2005, p 194.
[827] E. OSTROM, *op. cit.*, p 528.

décision en matière de protection de la qualité des eaux.[828] E. Ostrom le précise bien : il ne faut pas d'autorité centrale dominante.[829]

347. Le second levier est celui de l'encouragement du capital social. E. Ostrom préconise d'établir des relations, réseaux et normes qui renforcent la collaboration et la confiance. La création d'infrastructures sociales et pas seulement physiques participe à une meilleure protection de la qualité des eaux. Cela permet de diffuser les compétences et connaissances des individus entre eux.[830] C'est une prise en compte des « actifs relationnels », fondamentaux pour le bon fonctionnement de la gouvernance.[831]

348. La théorie d'E. Ostrom préconise donc une non-centralisation et va plus loin : il est nécessaire de dépasser l'action publique par l'État et les agences gouvernementales. Elle propose de changer de socle pour la protection de la qualité des eaux douces. Il s'agit de reposer principalement cette protection sur un réseau de citoyens et de laisser les institutions étatiques s'effacer.[832]

349. La formule préconisée par A. Jordan, A. Weale et E. Ostrom place le curseur dans la dialectique du côté de la non-centralisation. Certes, l'adaptation de la prise de décision aux conditions environnementales locales est indispensable à une protection adaptée de la protection de la qualité des eaux douces. Mais, une difficulté se pose au sujet des problèmes environnementaux qui dépassent largement les frontières d'une province au Canada ou d'un État membre dans l'Union européenne. C'est ce qu'avancent plusieurs auteurs en sciences politiques.

2. Les tenants d'une dialectique

350. Une partie importante des auteurs de sciences politiques propose de placer le curseur à mi-chemin entre centralisation et non-centralisation en matière de protection de la qualité des eaux douces. Le critère majoritairement utilisé pour répartir les problèmes de pollution est le critère transfrontalier. Même si les auteurs canadiens sont traditionnellement divisés sur cette question quant aux arguments, ils préconisent tous une certaine forme de dialectique.

351. Dans les travaux européens, deux arguments aux effets contraires cohabitent au sujet de l'Union. D'un côté, il apparaît nécessaire d'adapter la protection de l'environnement aux particularités de l'environnement de chaque région. Par exemple en France, les problématiques de la Seine ne sont pas les mêmes que celles de la Garonne. D'un autre côté, l'eau ne connaît pas de frontières. Les dommages causés à la ressource peuvent donc potentiellement

---

[828] E. OSTROM, « Constituting Social Capital and Collective Action », *Journal of Theoretical Politics*, 6, 1994, pp 527-562 ; M. LAMARY, M. SPROULE-JONES, *op. cit.*, p 194.

[829] « […] without one dominating central authority », voy. E. OSTROM, « Coping with Tragedies of the Commons », *Annu. Rev. Polit. Sci.*, 2, 1999, p 528.

[830] E. OSTROM, « Constituting Social Capital and Collective Action », *Journal of Theoretical Politics*, 6, 1994, p 528.

[831] *Ibid.*, p 529 & s. ; M. LAMARY, M. SPROULE-JONES, « L'économique et l'institutionnel dans l'étude de la contamination diffuse des eaux potables dans les États fédérés », in L. IMBEAU (dir.), *Politiques publiques comparées dans les États fédérés*, Québec, Les Presses de l'Université Laval, Coll. Management public et gouvernance, 2005, p 194.

[832] E. OSTROM, « Coping with Tragedies of the Commons », *Annu. Rev. Polit. Sci.*, 2, 1999, p 530.

se propager. Cette cohabitation est le socle d'une dialectique que les travaux en sciences politiques présentent comme nécessaire à la protection de la ressource. Le critère permettant de déplacer le curseur entre centralisation et non-centralisation est le critère transfrontalier. A. Brunet évoque que ce critère est devenu l'argument principal de l'intervention de l'Union européenne dans le domaine environnemental.[833]

352. Le principe préconisé semble être le même que pour certains auteurs de sciences économiques : une action en principe nationale, dont l'exception est la pollution de l'eau se diffusant sur le territoire d'un ou plusieurs autre(s) État(s) membre(s). L. Krämer confirme cette idée : la question de la qualité de certaines eaux comme les eaux de baignade est de nature locale, et ne devrait donc par être réglementée par l'Union européenne.[834]

353. I. Weibust reprend cet argument : polluer les plages du Royaume-Uni n'engendre pas de pollution dans les autres États membres. Le critère transfrontalier n'étant pas rempli, l'Union européenne ne devrait pas intervenir.[835]

354. Cette dialectique se réalise dans l'Union européenne par l'intermédiaire du principe de subsidiarité.[836] Ce « principe régulateur de l'exercice des compétences de la Communauté, [...] permet de dire quel est le meilleur niveau pour exercer une compétence appartenant aussi bien à la Communauté qu'aux États membres »[837].

355. Selon I. Weibust, le principe de subsidiarité est nécessaire dans l'Union européenne en matière environnementale.[838] Il permet en effet de sauvegarder une certaine dialectique entre centralisation et non-centralisation, tout en offrant une réponse au cas par cas, adaptée à chaque problème environnemental. Il permet également, en théorie, de garder la prise de décision au niveau le plus proche du citoyen.[839]

356. M. Lamary et M. Sproule-Jones font état à ce sujet des travaux de A. Kraemer sur le principe de subsidiarité en Allemagne. Selon eux, ce principe permet aux länder de sauvegarder une certaine autonomie. La protection de l'eau est, par ce biais, « fortement décentralisée »[840].

357. Il semble donc qu'une dialectique est communément préconisée par les auteurs de sciences politiques pour le cas de l'Union. Quant au

---

[833] A. BRUNET, « La régulation juridique des questions environnementales et le principe de subsidiarité », *La Gazette du Palais*, Gazette Européenne, 11-12 juin 2004, p 10.
[834] « [...] it may well be argued that the quality of the (local) bathing waters, drinking water or urban waste water are questions of a purely local nature and should, therefore, not be regulated at the EC level ». Voy. L. KRÄMER, *EU environmental law*, London, Sweet & Maxwell, 2011, 465 pages. Voy. également I. WEIBUST, *Green Leviathan : the case for a federal rôle in environmental policy*, Farnham, Surrey, England, 2009, p 178.
[835] I. WEIBUST, *op. cit.*, p 178.
[836] Art. 5-3 du Traité sur l'Union européenne.
[837] A. BRUNET, *op. cit.*, p 9. Pour plus de précisions, voy. *infra* §439 & s.
[838] I. WEIBUST, *op. cit.*, p 178.
[839] Voy. *infra* §439 & s.
[840] M. LAMARY, M. SPROULE-JONES, « L'économique et l'institutionnel dans l'étude de la contamination diffuse des eaux potables dans les États fédérés », in L. IMBEAU (dir.), *Politiques publiques comparées dans les États fédérés*, Québec, Les Presses de l'Université Laval, Coll. Management public et gouvernance, 2005, p 196.

Canada, les auteurs offrent une réponse équivalente, mais le raisonnement est quelque peu différent.

358. Si la réponse est équivalente entre les travaux de sciences politiques au sujet du Canada, il est nécessaire de procéder à une distinction préalable. Les travaux francophones offrent en effet une perception différente de celle des travaux anglo-saxons. Cette question est intrinsèquement liée à la perception du fédéralisme canadien, qui diffère suivant la provenance des travaux.[841]

359. Les auteurs francophones à l'instar de L. Juillet, adoptent un raisonnement sensiblement similaire à celui des auteurs travaillant sur l'Union européenne. Les caractéristiques de l'environnement naturel varient selon les régions, il est donc préférable selon l'auteur que les normes environnementales soient adaptées aux particularités locales. Un régime de protection « décentralisé » est donc souhaitable pour « certaines formes de pollution »[842]. Mais l'auteur applique également le critère transfrontalier :

La pollution ne connaissant pas de frontières, […] une province se voit dans l'impossibilité de contrôler une source de pollution en provenance d'une province voisine. Cela requiert alors une intervention fédérale ou une entente entre les provinces en cause.[843]

360. Selon L. Juillet, la majorité de la doctrine en sciences politiques s'accorde pour affirmer qu'une intervention fédérale peut être nécessaire dans les cas de pollution à « dimension interjuridictionnelle »[844]. Le seul point restant à préciser est celui de l'importance de l'intervention fédérale optimale, « l'essence même de l'environnement (semblant) exiger une compétence partagée »[845].

361. Selon cet auteur, la majorité de la doctrine en sciences politiques semble donc préconiser une dialectique entre centralisation et non-centralisation. Le sujet de l'importance de l'intervention fédérale reste néanmoins sensible.

362. Les auteurs anglo-saxons semblent en majorité adopter également une approche fondée sur la dialectique, mais selon une perspective différente.

363. I. Weibust établit que le Canada est un État fédéral très « décentralisé », et qu'il subit un manque cruel d'information sur l'état de l'environnement entre les différentes provinces. L'auteure avance que le niveau de « décentralisation » du Canada engendre un niveau de protection de l'environnement particulièrement faible.[846] Elle précise que la décentralisation est la raison principale de la mauvaise performance du droit canadien de l'environnement.[847] I. Weibust préconise donc de mettre en place des standards

---

[841] Voy. à ce sujet *supra* §170 & s.

[842] L. JUILLET, « Les politiques environnementales canadiennes », in M. TREMBLAY (dir.), *Les Politiques publiques canadiennes*, Québec, Les Presses de l'Université Laval, 1998, p 188.

[843] *Ibid.*, p 189.

[844] *Ibid.*, p 190.

[845] *Ibid.*

[846] L'auteure affirme en effet : « the decentralized character of canadian environmental policymaking has resulted in lower levels of environmental protection » ; voy. I. WEIBUST, *Green Leviathan : the case for a federal rôle in environmental policy*, Farnham, Surrey, England, 2009, pp 119-120.

[847] *Ibid.*, p 120.

nationaux minimums de protection de l'environnement.[848] Selon l'auteure, un rôle plus important doit être alloué au niveau fédéral au Canada.[849]

364. C. M. Johns affirme la même idée dans sa thèse de doctorat en matière de protection de la qualité des eaux : la politique fédérale manque de leadership au Canada.[850] Cet argument est repris par M. Lamary et M. Sproule-Jones.[851] En réalité, les provinces assurent de façon ponctuelle la protection de la qualité des eaux contre les pollutions diffuses. C. M. Johns établit de façon plus générale, par l'intermédiaire d'une comparaison entre le Canada et les États-Unis, que les organisations dans lesquelles le niveau de contrôle et d'évaluation de la protection de la qualité des eaux contre les pollutions diffuses est plus élevé, ont tendance à adopter des politiques plus effectives. Pour l'auteure, les États-Unis ont des politiques de protection de la qualité des eaux contre les pollutions diffuses plus effectives que le Canada pour cette raison. La théorie de C.M. Johns répond au besoin de dialectique : quand il s'agit de pollution diffuse des eaux douces, c'est-à-dire des pollutions transfrontalières, la protection est mieux assurée par le niveau plus central.[852]

365. Néanmoins, l'ensemble des auteurs anglo-saxons ne préconisent pas pour autant une centralisation massive. I. Weibust rappelle l'importance du critère transfrontalier, même si elle préfère une intervention plus importante du niveau fédéral.[853]

366. Propos conclusifs. - Tant les travaux francophones qu'Anglo-saxons s'accordent donc sur la nécessité d'une dialectique entre centralisation et non-centralisation en matière de protection de la qualité des eaux douces canadiennes. Même si la perspective a tendance à quelque peu différer suivant l'origine des auteurs.

367. Plus globalement, M. Lamary et M. Sproule-Jones avancent qu'il est difficile d'établir quel palier de gouvernement doit intervenir en matière de problèmes environnementaux. Les auteurs résument le dilemme en affirmant finalement : « L'essence même de l'environnement semble exiger une compétence partagée »[854]. C'est ce à quoi s'emploient le Canada et l'Union européenne en matière de protection de la qualité des eaux douces.

---

[848] *Ibid.*, p 159.
[849] *Ibid.*, p 170.
[850] C.M. JOHNS, *Non-Point Source Water Pollution Management in Canada and the United States : A Comparative Analysis of Institutional Arrangements and Policy Instruments*, Thése de doctorat, Mac Master University, 2000.
[851] M. LAMARY, M. SPROULE-JONES, « L'économique et l'institutionnel dans l'étude de la contamination diffuse des eaux potables dans les États fédérés », in L. IMBEAU (dir.), *Politiques publiques comparées dans les États fédérés*, Québec, Les Presses de l'Université Laval, Coll. Management public et gouvernance, 2005, p 196.
[852] C.M. JOHNS, *Non-Point Source Water Pollution Management in Canada and the United States : A Comparative Analysis of Institutional Arrangements and Policy Instruments*, Thése de doctorat, Mac Master University, 2000.
[853] I. WEIBUST, *Green Leviathan : the case for a federal role in environmental policy*, Farnham (England), Ashgate, 2009, p 170.
[854] M. LAMARY, M. SPROULE-JONES, *op. cit.*, p 190.

CONCLUSION DU CHAPITRE SECOND

368. L'objet juridique « eau douce » est singulier en raison des origines du régime qui lui est applicable. Historiquement, l'appréhension de l'eau par le droit occidental est influencée par le droit romain et les valeurs du christianisme. Elle est fondée sur les usages de l'eau. Le droit de la protection de la ressource a hérité de cette démarche. Il en résulte une fragmentation importante du tissu normatif de la protection des eaux douces, au Canada comme en Europe. Les droits français et québécois fournissent un premier niveau de complexité, qui est complété par la superposition respective du droit de l'Union européenne et du droit canadien.

369. Au milieu de ce « maquis juridique »[855], l'eau douce est un révélateur des problématiques de chaque ordre juridique. Les questionnements entourant le niveau optimal de décision pour sa protection sont caractérisés par la présence de la dialectique entre autonomie et interdépendance. La protection de l'eau douce est en effet l'objet de nombreux enjeux tant locaux que mondiaux. Pour être protégée de façon adéquate, la qualité de l'eau douce est soumise à un entre-deux caractérisé par une grande flexibilité.

---

[855] Ph. MARC, *Les cours d'eau et le droit*, Paris, Éditions Johanet, 2006, p 23.

CONCLUSION DU TITRE PREMIER

370. Les ordres juridiques canadien et européen sont fondés sur un socle similaire : la nécessité de gérer l'union tout en maintenant la diversité. Pour cela, ils utilisent un instrument qui est le soubassement de leur fonctionnement. Il s'agit de la dialectique entre autonomie et interdépendance, par laquelle la liberté des entités provinciales et nationales est garantie tout en mettant en commun certaines prérogatives.

371. Pour que cette dialectique survive dans un temps long, le Canada comme l'Union européenne ont adopté un idéal à atteindre : le principe d'équilibre dynamique. L'intention réside dans le maintien permanent d'une égalité entre les prérogatives centrales (fédérales et européennes) et les compétences provinciales et nationales. Elle se réalise par trois composantes : la non-centralisation des compétences au profit d'un ordre de gouvernement, l'absence de subordination des entités provinciales et nationales aux décisions centrales. Ces deux premiers éléments sont sauvegardés par le troisième : les garanties juridictionnelles.

372. Cette intention irrigue l'ensemble des ordres juridiques canadien et européen. La protection de la qualité des eaux douces au Canada et dans l'Union européenne est portée, dans sa structure originelle, par cette ambition. Sa singularité s'y prête : son aspect multifactoriel nécessite une appréhension dynamique. Son régime juridique est de plus fondé sur les usages de l'eau, ce qui produit une fragmentation importante de sa structure. Enfin, les multiples enjeux liés à la ressource en eau nécessitent une prise en compte des nombreuses questions posées aux droits constitutifs européen et canadien.

373. Les ordres juridiques canadien et européen ont mis en place des instruments pour assurer un équilibre dans cette dialectique. Ces outils font partie du régime juridique de la protection de la qualité des eaux douces. On retrouve ainsi le principe d'équilibre dans les règles du partage des compétences de ce domaine, présidées par le principe fédératif au Canada et le principe de subsidiarité européen.

TITRE SECOND

Les instruments normatifs du partage des compétences de la protection de l'eau

374. Tant au Canada que dans l'Union européenne, la protection de la qualité des eaux douces appartient à un domaine de compétence plus large : la protection de l'environnement. Apparu récemment, ce domaine de compétence fait l'objet dans les deux ordres juridiques d'un partage des pouvoirs entre l'entité centrale (fédérale ou de l'Union européenne) et les entités provinciales ou étatiques. Il s'agit de la logique des agrégats : la protection de la qualité des eaux douces est divisée en petits domaines de compétence, rattachés au cas par cas soit à l'entité centrale, soit aux entités provinciales ou étatiques.[856]

375. Deux principes[857] permettent d'assurer un équilibre dans ce partage : le principe de subsidiarité pour l'Union européenne, et le principe fédératif au Canada. Ce sont les principes directeurs du partage des compétences dans le domaine de la protection de la qualité des eaux douces (*Chapitre Premier*) ; ceux-ci assurent un équilibre dans la logique des agrégats appliquée à la protection de la qualité des eaux douces (*Chapitre Second*).

[856] La logique des agrégats est aussi communément appelée en Europe « compétence partagée ». Voy. pour l'Union européenne : Art. 2-2 TFUE et Art. 4-2 e) TFUE. En ce qui concerne la logique des agrégats au Canada voy. *Avis sur la Loi anti-inflation*, [1976] 2 R.C.S. 373, 458 ; *Friends of the Oldman River Society* c. *Ministre des Transports du Canada*, [1992] 1 R.C.S. 3, 65-69 ; *R.* c. *Hydro-Québec*, [1997] 3 R.C.S. 213, 286-289. Pour davantage de précisions, voy. *infra* §526 & s.

[857] « Principe » désigne ici une règle première, une règle fondatrice de l'ordonnancement constitutionnel dans son ensemble. Voy. à ce sujet Y. GAUDEMET, « Libres propos sur la subsidiarité, spécialement en Europe », in G. COHEN-JONATHAN (dir.), *Mélanges Paul AMSELEK*, Bruxelles, Bruylant, 2005, pp 315-329.

CHAPITRE PREMIER

Les principes directeurs du partage des compétences

« *[...] autant de liberté que possible, autant d'autorité que nécessaire* »[858].

376. Le principe fédératif et le principe de subsidiarité apparaissent comparables si l'on se réfère à leur fonction dans leur ordre juridique respectif. Il se joue en effet une forme d'équivalence fonctionnelle entre ces deux principes.[859] Cette équivalence fonctionnelle est le résultat de plusieurs facteurs, et s'explique en partie par une parenté des deux principes. E. Brouillet affirme que « le principe fédératif participe de l'idée de la subsidiarité ». Elle cite G. Hirsh, citation que nous nous permettons de reprendre : « l'État fédéral constitue la subsidiarité pratiquée au niveau politique et au niveau du droit étatique »[860].

377. Ce lien entre principe de subsidiarité et principe fédératif apparaît à plusieurs titres, mais semble complexe à appréhender. Il est clairement identifiable que ces principes revêtent une finalité équivalente par l'intermédiaire d'une fonction similaire : celle d'assurer un équilibre entre les compétences des ordres de gouvernement. Mais ces deux principes sont à la fois flous et dynamiques, ce qui ne facilite pas leur appréhension (*Section I*) ; et ils font l'objet d'un contrôle équivalent *a priori* et *a posteriori* (*Section II*).

Section I. Des principes flous et dynamiques permettant un équilibre entre les compétences des deux ordres de gouvernement

Section II. Un contrôle équivalent *a priori* et *a posteriori*

---

[858] Y. GAUDEMET, « Libres propos sur la subsidiarité, spécialement en Europe », in G. COHEN-JONATHAN (dir.), *Mélanges Paul AMSELEK*, Bruxelles, Bruylant, 2005, p 316.

[859] Leur équivalence fonctionnelle nous permet de les comparer, puis d'analyser les conséquences de leur application en seconde partie. Au regard de cette démarche, nous empruntons à la théorie fonctionnaliste un élément clé permettant d'entamer la démarche comparative. La méthode fonctionnelle, appelée aussi méthode classique du droit comparé, consiste en 5 règles méthodologiques, qui ont été établies par K. Zweigert et H. Kötz. Voy. à ce sujet K. ZWEIGERT, H. KOTZ, *An Introduction to Comparative Law*, Oxford University Press, 1998, 714 pages.

[860] E. BROUILLET, « Canadian federalism and the principle of subsidiarity: should we open Pandora's box? », *Supreme Court law review*, vol. 54, 2011, pp 601 & s.

SECTION I. DES PRINCIPES FLOUS ET DYNAMIQUES PERMETTANT UN ÉQUILIBRE ENTRE LES COMPÉTENCES DES DEUX ORDRES DE GOUVERNEMENT

378. Dans la doctrine canadienne, le principe fédératif fait l'objet de très nombreuses analyses dans le domaine de la science politique,[861] mais peu dans une perspective normative.[862] Du point de vue juridique, E. Brouillet et A. Gagnon l'ont désigné comme un principe pouvant faire l'objet de plusieurs interprétations et permettant de maintenir l'équilibre entre union et diversité.[863] Il devient un kaléidoscope sous la plume de R.A. Macdonald, lui reconnaissant de « multiples dimensions et (des) distributions changeantes de l'autorité »[864].

379. En ce qui concerne le principe de subsidiarité dans l'Union européenne, la situation doctrinale est quelque peu différente. Le sujet bénéficie d'une large couverture de la part de la doctrine juridique.[865] Une certaine incertitude quant à ses contours semble dominer. K. Lenaerts et G. Isaac l'analysent comme un mécanisme permettant une régulation de la répartition des compétences partagées dans l'Union européenne dont l'utilisation apparaît davantage politique que juridique.[866] G. De Burca qualifie le principe de subsidiarité d'ambigu, politiquement complexe et juridiquement incertain.[867] Certains auteurs, à l'instar de M. Verdussen,[868] l'ont envisagé dans une perspective plus large, en considérant que toute question sur les « rapports

---

[861] À ce sujet voy. notamment J. ERK, W. SWENDEN (dir.), *New Directions in Federalism Studies,* New York, Routledge/ECPR, 2010, 238 pages.

[862] Voy. notamment A.G. GAGNON, *Le fédéralisme canadien contemporain: fondements, traditions, institutions,* Les Presses de l'Université de Montréal, 2006, 559 pages ; et E. BROUILLET, *La négation de la nation : l'identité culturelle québécoise et le fédéralisme canadien,* Ste-Foy (Québec-Canada), Septentrion, 2005, 478 pages.

[863] Voy. notamment à ce sujet E. BROUILLET, « La dilution du principe fédératif et la jurisprudence de la Cour suprême du Canada », *Les Cahiers de Droit,* vol.45, 1, mars 2004, pp 7-67 ; A.G. GAGNON, *op. cit.* ; ainsi que *Renvoi : résolution pour modifier la Constitution,* [1981] 1 R.C.S. 753 ; *Renvoi relatif à la sécession du Québec,* [1998] 2 R.C.S. 217.

[864] R.A. MACDONALD, « Kaleidoscopic Federalism », in J.-F. GAUDREAULT-DESBIENS, F. GELINAS (dir.), *Le Fédéralisme dans tous ses états : gouvernance, identité et méthodologie – The states and moods of federalism : governance, identity and methodology*, Cowansville (Québec), Éditions Y. Blais, Bruxelles, Bruylant, 2005, p 262.

[865] G. De Burca relève cet engouement doctrinal en parlant de « [...] *abundant literature on the subject* [...] », in G. BURCA (de), « The Principle of Subsidiarity and the Court of Justice as an Institutionnal Actor », in *Journal of Common Market Studies,* vol. 36, 2, Oxford, Blackwell publishers, June 1998, p 218 ; Voy. notamment sur le sujet J-M. FAVRET, *Droit et pratique de l'Union européenne,* Paris, Gualino, Lextenso Éditions, 6ème édition, 2009, 632 pages ; A. MASSON, *Droit communautaire – Droit institutionnel et droit matériel – Théorie, exercices et éléments de méthodologie,* Bruxelles, Groupe De Boeck, Larcier, 2ème édition, 2009, 576 pages ; ou encore G. ISAAC, M. BLANQUET, *Droit Général de l'Union Européenne,* Paris, Sirey, 10ème Edition, 2012, 768 pages.

[866] Voy. notamment à ce sujet K. LENAERTS, P. VAN YPERSELE, « Principe de subsidiarité et son contexte : étude de l'article 3B Traité CE », *CDE,* 1-2, 1994, p 81 ; et G. ISAAC, M. BLANQUET, *Droit Général de l'Union Européenne,* Paris, Sirey, 10ème Edition, 2012, 768 pages.

[867] L'auteur le décrit en ces termes : « [...] *a cloudy and ambiguous concept* [...]. *The principle is politically complex and legally uncertain* » in G. BURCA (de), « The Principle of Subsidiarity and the Court of Justice as an Institutionnal Actor », in *Journal of Common Market Studies,* vol. 36, 2, Oxford, Blackwell publishers, June 1998, p 218.

[868] M. VERDUSSEN (dir.), *L'Europe de la subsidiarité*, Bruxelles, Bruylant, 2001, 283 pages. Cité dans J.-S. BERGÉ, S. ROBIN-OLIVIER, *Droit européen*, Paris, PUF, 2011, p 491.

entre le droit national et le droit européen » relève de la subsidiarité.[869] Le principe « dépasse le seul contrôle de l'exercice de la compétence européenne »[870]. Or, cela revient à se placer très loin de la valeur du principe en droit positif qui est beaucoup plus limitée.[871] Enfin, sa mise en relation avec un principe présent au Canada est nettement moins traitée, dans la mesure où ce principe n'y a pas de pendant.[872] Ces deux principes présentent des contours incertains (*paragraphe I*) ; et revêtent une finalité équivalente : celle d'assurer un équilibre entre les compétences des ordres de gouvernement (*paragraphe II*).

Paragraphe I. Des principes flous et dynamiques

380. Le principe fédératif et le principe de subsidiarité apparaissent comme des principes dont l'origine semble avoir été en partie commune, ce qui n'assure pas pour autant une unité dans leur signification (*A-*). Leur traitement par le droit n'en est que plus incertain : leur substance n'est pas clairement établie dans les textes constituants ni dans l'interprétation formulée par les institutions, et leur interprétation varie en fonction des circonstances (*B-*).

A. Un double aspect originel

381. Les principes fédératif et de subsidiarité sont liés par une parenté que l'on retrouve dans l'idée de philosophie politique qui sous-tend chacun d'eux. Devenus récemment principes de répartition des pouvoirs, le double aspect qui

---

[869] Cela renvoie aux importants débats doctrinaux portant sur « la préexistence du droit national, dans ses rapports au droit européen ». Comme l'affirment J.-S. Bergé et S. Robin-Olivier, la « doctrine européaniste » considère que « sur le terrain des compétences », l'Union est « le titulaire de compétences propres spécialement créées pour être exercées au niveau européen », et non un « destinataire de compétences préexistantes qui lui auraient été transférées par les États ». Le principe de subsidiarité ne revêt pas la même ampleur selon la proposition. Cela fait appel plus largement aux questions doctrinales relatives à la nature du droit communautaire, qui opposent les auteurs en faveur d'une vision autonome du droit communautaire, et ceux considérant l'Union dans une dimension interétatique, relevant du droit international. Voy. à ce sujet J.-S. BERGÉ, S. ROBIN-OLIVIER, *op. cit.*, pp 490-491 ; ainsi que V. CONSTANTINESCO, *Compétences et pouvoirs dans les Communautés européennes : contribution à l'étude de la nature juridique des communautés*, Paris, L.G.D.J., 1974, 492 pages ; et O. BEAUD, *Théorie de la Fédération*, Paris, PUF, 2007, 447 pages ; D. SIMON, « Droit communautaire », in D. ALLAND, S. RIALS (dir.), *Dictionnaire de la culture juridique*, Paris, Quadrige, Lamy, PUF, 2003, pp 449 & s. ; L. FAVOREU, *et al.*, *Droit constitutionnel*, Paris, Dalloz, 16ème Éd., 2014, pp 51 & s. ; G. ISAAC, M. BLANQUET, *Droit général de l'Union européenne*, Paris, Sirey, 10ème Édition, 2012, pp XIX & s. ; N. LEVRAT, « L'Union européenne, Une Fédération Internationale », in J.-F. GAUDREAULT-DESBIENS, F. GELINAS (dir.), *Le Fédéralisme dans tous ses états : gouvernance, identité et méthodologie – The states and moods of federalism : governance, identity and methodology*, Cowansville (Québec), Éditions Y. Blais, Bruxelles, Bruylant, 2005, pp 286 & s.

[870] S. BERGÉ, S. ROBIN-OLIVIER, *op. cit.*, p 491.

[871] *Ibid.*

[872] Une sorte de principe de subsidiarité a néanmoins été évoquée dans la jurisprudence de la Cour suprême canadienne. Voy. à ce sujet : *Banque canadienne de l'Ouest c. Alberta,* [2007] 2 R.C.S. 3, par. 45 ; *114957 Canada Ltée (Spraytech Société d'arrosage)* c. *Hudson (Ville)*, [2001] 2 R.C.S. 241, par. 3 et 4 ; l'opinion des juges dissidents dans *Québec (Procureur général) c. Lacombe,* [2010] 2 R.C.S. 38, 453, par. 119 (opinion dissidente) ; et *Renvoi relatif à la Loi sur la procréation assistée*, [2010] 3 R.C.S. 457, par.72 (quatre juges) et par. 273 (quatre juges).

leur est inhérent apparaît dans les textes constituants canadien et de l'Union européenne. On retrouve ainsi une parenté de ces deux principes dans l'histoire des idées politiques (*1-*) ; complétée par un caractère polysémique porteur d'un double aspect (*2-*).

1. Une parenté dans l'histoire des idées politiques

382. Les idées fédérative et de subsidiarité ne sont pas nouvelles : elles apparaissent très tôt dans l'histoire des idées politiques. C'est récemment qu'elles sont devenues des principes de répartition des pouvoirs.[873]

Dans l'histoire des idées politiques, deux aspects fondamentaux apparaissent : un postulat de départ en commun, et une idée matricielle similaire.

383. Le postulat de départ est celui d'une dialectique entre autorité et liberté, dans laquelle tant l'idée fédérative que la subsidiarité interviennent. Cette dialectique se retrouve dans une formule citée par Y. Gaudemet au sujet de la subsidiarité : « […] autant de liberté que possible, autant d'autorité que nécessaire »[874].

Nous nous plaçons dans l'analyse des rapports sociaux : la liberté est celle de l'individu, et l'autorité doit s'accommoder du principe de liberté tout en restant efficace. La subsidiarité permet de réguler cette dialectique afin de s'assurer d'un équilibre entre les deux pôles. Cette dialectique entre autorité et liberté se retrouve dans les travaux de Proudhon au sujet de l'idée fédérative : « L'ordre politique repose sur deux principes corollaires : autorité et liberté », qui forment « un couple […] dont les deux termes, indissociablement liés l'un à l'autre, sont néanmoins irréductibles l'un à l'autre, et restent, quoi que nous fassions, en lutte perpétuelle »[875]. Pour réguler cette dialectique, Proudhon fait appel à l'idée fédérative.[876]

384. La parenté des idées fédérative et de subsidiarité se situe donc en premier lieu sur un postulat de départ commun. Ce qui semble cimenter cette parenté, est l'existence d'une idée matricielle commune et interprétée différemment suivant les époques et les courants de philosophie politique :[877] l'idée de suppléance.

385. Aristote[878] a développé une idée matricielle[879] d'organisation de la société qui va être largement reprise et interprétée dans les siècles suivants : celle de suppléance, qui permet d'assurer une légitimité du pouvoir.[880]

---

[873] A. DELCAMP, « Droit constitutionnel et droit administratif – Principe de subsidiarité et décentralisation », *Revue française de Droit constitutionnel*, n°23, 1995, p 609 ; S. HANSON, *Entre Union européenne et région Wallonne : multiplicité des échelons de pouvoir et subsidiarité territoriale - Analyse de la subsidiarité territoriale au travers des directives Seveso, IPPC, responsabilité environnementale et de leurs mesures de transposition en Région wallonne*, Thèse de Doctorat, Université de Liège (Belgique), 2011-2012, p 24.

[874] Y. GAUDEMET, « Libres propos sur la subsidiarité, spécialement en Europe », in G. COHEN-JONATHAN (dir.), *Mélanges Paul AMSELEK*, Bruxelles, Bruylant, 2005, p 316.

[875] P.-J. PROUDHON, *Du principe Fédératif et de la Nécessité de Reconstituer le Parti de la Révolution*, Paris, E. Dentu, 1863, p 21.

[876] *Ibid.*, pp 67 & s.

[877] E. BROUILLET, « Canadian federalism and the principle of subsidiarity: should we open Pandora's box? », *Supreme Court law review*, vol. 54, 2011, pp 604-605.

[878] 384-322 av. J.-C.

[879] Le terme « matriciel » renvoie à l'idée de « matrice » qui signifie : milieu où quelque chose prend racine, se développe, se produit. Voy. à ce sujet, *Dictionnaire Trésor de la Langue*

Ch. Millon-Delsol présente et explicite cette idée :

> […] la société décrite par Aristote se compose de groupes emboîtés les uns dans les autres, dont chacun accomplit des tâches spécifiques et pourvoit à ses besoins propres. […] (Les) groupes les plus petits ne sauraient pas […] vivre en autarcie, […] ils réclament l'appartenance à un groupe plus vaste pour l'accomplissement de certaines tâches. […] Chaque groupe travaille à répondre aux besoins insatisfaits de la sphère immédiatement inférieure en importance.[881]

386. L'idée centrale est celle de la suppléance du groupe supérieur sur le groupe inférieur.[882] La cité permet de répondre au besoin du « bien-vivre », là où les groupes inférieurs n'arrivent pas à atteindre cet objectif. L'œuvre d'Aristote décrit un échelon de compétence adéquat pour chaque tâche, une autorité supérieure n'intervenant que pour pallier les insuffisances de l'autorité inférieure.[883]

387. Au XIIIème siècle, Saint Thomas d'Aquin poursuit le raisonnement d'Aristote.[884] Il va « rénover » son idée matricielle,[885] en accordant à l'individu une place plus centrale. L'objectif est de protéger l'individu contre la toute-puissance de l'État. [886] Ici, chaque corps, groupe ou société a une responsabilité particulière. L'État se charge de faire ce que les différentes communautés de la cité ne peuvent assumer avec efficacité.

388. Cette idée va connaître un essor important avec l'avènement des pensées libérales. Deux aspects vont être repris et développés : la non-ingérence étatique et le critère de l'efficacité. L'idée générale qui sous-tend les théories libérales est la crainte d'une menace des libertés individuelles par un État tentaculaire. Montesquieu,[887] Hobbes[888] et Locke[889] évoquent l'idée matricielle de suppléance.[890] Selon Montesquieu, la fonction de l'État devrait

---

Française Informatisé (TLFI), ATILF, CNRS, Université Nancy 2, site Internet du dictionnaire : http://atilf.atilf.fr/tlfi.htm (page consultée le 7 juill. 2014).

880 C. MILLON-DELSOL, *L'Etat subsidiaire : ingérence et non-ingérence de l'Etat, le principe de subsidiarité aux fondements de l'histoire européenne*, Paris, Presses universitaires de France, 1992, p 13 ; A. DELCAMP, « Droit constitutionnel et droit administratif – Principe de subsidiarité et décentralisation », *Revue française de Droit constitutionnel*, n°23, 1995, p 614.

881 ARISTOTE, *Politique*, trad. en français par J. BARTHÉLÉMY-SAINT-HILAIRE, Paris, Ladrange, 1874, p 6 & p 8. Disponible sur le site Internet de la Bibliothèque Nationale de France: http://gallica.bnf.fr/ark:/12148/bpt6k2079427/f1.image (page consultée le 7 juill. 2014) ; C. MILLON-DELSOL, *op. cit.*, pp 15-16.

882 ARISTOTE, *op. cit.*, p 175 & p 181.

883 C. MILLON-DELSOL, *op. cit.*, pp 15 & s. ; S. HANSON, *Entre Union européenne et région Wallonne : multiplicité des échelons de pouvoir et subsidiarité territoriale - Analyse de la subsidiarité territoriale au travers des directives Seveso, IPPC, responsabilité environnementale et de leurs mesures de transposition en Région wallonne*, Thèse de Doctorat, Université de Liège (Belgique), 2011-2012, p 15 ; J.-Ph. DEROSIER, « La dialectique centralisation/décentralisation – Recherches sur le caractère dynamique du principe de subsidiarité », *R.I.D.C.*, 1, 2007, p 126 ; L. GUILLOUD, « Le principe de subsidiarité en droit communautaire et en droit constitutionnel », *Petites Affiches*, 79, 19 avril 2007, p 53.

884 L. GUILLOUD, *op. cit.*, p 53.

885 C. MILLON-DELSOL, *op. cit.*, p 20.

886 S. HANSON, *op. cit.*, pp 15-16.

887 1689-1755.

888 1588-1679.

889 1632-1704.

890 S. HANSON, *Entre Union européenne et région Wallonne : multiplicité des échelons de pouvoir et subsidiarité territoriale - Analyse de la subsidiarité territoriale au travers des*

être secondaire et complémentaire.[891] Locke encense l'idée d'autorité supplétive[892] et Hobbes insiste sur le principe de non-ingérence étatique.[893]

Ch. Millon-Delsol, S. Hanson ou encore J.-Ph. Derosier considèrent que l'idée matricielle d'Aristote, revisitée par Saint Thomas d'Aquin et les auteurs libéraux est la source de l'idée de subsidiarité.[894]

389. Il se trouve qu'en parallèle aux auteurs libéraux, les travaux de deux auteurs fondamentaux du fédéralisme soutiennent les mêmes idées : Johannes Althusius et Alexis de Tocqueville. Ils font eux aussi référence à l'idée de suppléance pour régler les questions attenantes à l'organisation de la structure de l'État.[895]

390. Johannes Althusius [896] est communément considéré comme le précurseur de la pensée fédéraliste.[897] À l'instar de celle d'Aristote, la société qu'il décrit n'est pas composée d'individus, mais de communautés superposées en trois niveaux : la base, l'échelon intermédiaire et le sommet. Chaque communauté détient les capacités d'atteindre sa propre finalité. L'intervention d'une société supérieure ne se conçoit qu'en cas de négligence ou d'incapacité d'une communauté inférieure. Ch. Millon-Delsol présente cet auteur comme ayant participé à enrichir la théorie de la subsidiarité.[898] S. Hanson procède à un lien direct entre subsidiarité et idée fédérative : c'est une formulation claire du principe de subsidiarité.[899]

391. Alexis de Tocqueville[900]développe une subsidiarité plus territoriale : les échelons élevés sont amenés à effectuer les tâches que les corps intermédiaires ne sont pas en mesure de satisfaire.[901] Ce qui se rapproche beaucoup de l'idée matricielle de suppléance.

P. Duclos procède à un lien direct entre l'idée fédérative et celle de subsidiarité en affirmant : « (u)ne constitution fédéraliste bien faite proportionnera les droits de chacune des sociétés composant la fédération aux moyens d'action dont elles disposent ; ce principe : celui-ci est dit de

---

directives Seveso, IPPC, responsabilité environnementale et de leurs mesures de transposition en Région wallonne, Thèse de Doctorat, Université de Liège (Belgique), 2011-2012, p 18.

[891] *Ibid.*, p 18.

[892] C. MILLON-DELSOL, *L'Etat subsidiaire : ingérence et non-ingérence de l'Etat, le principe de subsidiarité aux fondements de l'histoire européenne*, Paris, Presses universitaires de France, 1992, p 83.

[893] S. HANSON, *op. cit.*, p 17.

[894] C. MILLON-DELSOL, *op. cit.*, pp 15 & s. ; J.-Ph. DEROSIER, « La dialectique centralisation/décentralisation – Recherches sur le caractère dynamique du principe de subsidiarité », *R.I.D.C.*, 1, 2007, p 126 ; S. HANSON, *op. cit.*, pp 15 & s.

[895] S. HANSON, *op. cit.*, p 19.

[896] 1557-1638.

[897] S. HANSON, *op. cit.*, p 19.

[898] C. MILLON-DELSOL, *op. cit.*, p 23.

[899] S. HANSON, *Entre Union européenne et région Wallonne : multiplicité des échelons de pouvoir et subsidiarité territoriale - Analyse de la subsidiarité territoriale au travers des directives Seveso, IPPC, responsabilité environnementale et de leurs mesures de transposition en Région wallonne*, Thèse de Doctorat, Université de Liège (Belgique), 2011-2012, p 20.

[900] 1805-1859.

[901] « Toutefois, il est certains intérêts généraux auxquels une autorité générale peut seule utilement pourvoir. A l'Union fut abandonné le droit de régler tout ce qui a rapport à la valeur de l'argent ; on la chargea du service des postes ; on lui donna le droit d'ouvrir les grandes communications qui devaient unir les diverses parties du territoire [...] », in A. TOCQUEVILLE (de), *De la démocratie en Amérique I*, Paris, Gallimard, 1961, pp 186-187. Voy. également S. HANSON, *op. cit.*, p 21.

subsidiarité »[902]. A. Alen fait de même : il qualifie la subsidiarité de « caractéristique typique des systèmes d'États fédéraux »[903].

392. Les idées fédérative et de subsidiarité semblent donc être parentes, en ce qu'elles proposent une suppléance de l'action de l'entité supérieure par rapport aux entités inférieures. Cela rend leur comparabilité plus évidente, même si la signification de chacun de ces principes va être considérablement enrichie. Cela va quelque peu brouiller les pistes puisque les valeurs qui les sous-tendent vont être différenciées. Pour autant, une caractéristique similaire apparaît : leur polysémie.

2. Deux idées polysémiques porteuses d'un double aspect

393. Les idées fédérative et de subsidiarité mobilisent des fondements et des significations différentes. Néanmoins, elles présentent une similitude : tant l'idée de subsidiarité (*a-*) que l'idée fédérative (*b-*) sont polysémiques et sont porteuses d'un double aspect. Cela conduira à des conséquences similaires lors de leur transposition sur le terrain du droit.

a. L'idée polysémique de subsidiarité

394. L'idée de subsidiarité en philosophie politique va être considérablement enrichie au cours des siècles, ce qui va lui conférer un caractère polysémique.[904] Le point de repère qui peut nous aiguiller quant aux différents sens apposés à cette idée est l'origine de l'acception moderne de la subsidiarité :[905] les principes de partage des compétences au sein de l'Église catholique, et notamment sa doctrine sociale.[906] C'est dans ces principes qu'apparaissent « les germes de plusieurs interprétations » qui seront à l'origine de « sa profonde ambiguïté »[907]. Cette analyse nous permettra d'éclairer les différentes facettes de la subsidiarité. Elle est marquée en premier lieu par une multiplicité de domaines d'application, puis par un double aspect en second lieu.

395. En premier lieu, il apparaît dans la doctrine sociale catholique que la subsidiarité revêt plusieurs domaines d'application. L'Église se sert tout d'abord de l'idée de subsidiarité dans ses relations avec les souverains, au moment où l'Église détient des prérogatives très importantes dans les affaires

---

[902] P. DUCLOS, *L'Être fédéraliste*, Paris, Pichon et Durand-Auzias, 1968, p 11.

[903] A. ALEN, « Le principe de subsidiarité et le fédéralisme belge », in F. DELPÉRÉE (dir.), *Le principe de subsidiarité*, Bruxelles, Bruylant, Paris, L.G.D.J., 2002, p 462.

[904] Son idée de base va bénéficier d'une vingtaine de définitions différentes. Voy. à ce sujet A. DELCAMP, « Droit constitutionnel et droit administratif – Principe de subsidiarité et décentralisation », *Revue française de Droit constitutionnel*, n°23, 1995, p 614, note 14 ; voy. également E. BROUILLET, « Canadian federalism and the principle of subsidiarity: should we open Pandora's box? », *Supreme Court law review*, vol. 54, 2011, pp 604-605.

[905] S. HANSON, *Entre Union européenne et région Wallonne : multiplicité des échelons de pouvoir et subsidiarité territoriale - Analyse de la subsidiarité territoriale au travers des directives Seveso, IPPC, responsabilité environnementale et de leurs mesures de transposition en Région wallonne*, Thèse de Doctorat, Université de Liège (Belgique), 2011-2012, p 23.

[906] J.-Ph. DEROSIER, « La dialectique centralisation/décentralisation – Recherches sur le caractère dynamique du principe de subsidiarité », *R.I.D.C.*, 1, 2007, p 126 ; L. GUILLOUD, « Le principe de subsidiarité en droit communautaire et en droit constitutionnel », *Petites Affiches*, 79, 19 avril 2007, p 53.

[907] A. DELCAMP, *op. cit.*, p 614.

des États. Selon S. Hanson, il s'agit de la subsidiarité procédurale. Avec l'évolution de la place de la religion dans les affaires des États, le principe s'est peu à peu cantonné à une intervention limitée aux affaires religieuses des États, et conditionnée au principe d'efficacité.[908] Si l'on s'en tient à ce principe, il s'agit d'une forme substantielle de subsidiarité qui dirige le partage des compétences en fonction du contenu de chaque compétence.

396. Ensuite, l'Église se sert de l'idée de subsidiarité pour un deuxième domaine d'application. Son organisation institutionnelle a été marquée par une subsidiarité territoriale. Les relations entre l'Église pontificale et les églises locales auraient été régies par l'idée de subsidiarité. Il s'agit ici de la subsidiarité d'un pouvoir par rapport à un autre pouvoir, ce que S. Hanson rapproche de l'idée fédérative. Ici, la subsidiarité s'applique à « une superposition d'autorités politiques impliquant une répartition des tâches et des moyens entre elles »[909].

397. Un troisième domaine d'application a été dédié à la subsidiarité dans la doctrine sociale de l'Église au cours du XIXème siècle : la subsidiarité fonctionnelle.[910] Ch. Millon-Delsol présente Saint Thomas d'Aquin comme précurseur de cette doctrine.[911] Face au libéralisme qui a placé le profit au centre des valeurs de la société, il apparaît nécessaire que « l'entité supérieure intervienne pour aider les plus faibles », victimes de nombreux maux engendrés par ce nouveau paradigme économique et social.[912] Cette subsidiarité intervient dans la relation entre un pouvoir et la liberté, elle est présentée comme fonctionnelle.[913]

398. En second lieu, l'idée de subsidiarité, telle que présentée dans la doctrine sociale de l'Église, est marquée par un double aspect. Cette doctrine, proclamée en 1891 et confirmée régulièrement depuis,[914] s'inspire des écrits de Von Ketteler, Taparelli et La Tour-du-Pin.[915] L'idée de subsidiarité « réclame que chaque incapacité se fasse suppléer, sous forme de secours, par l'instance immédiatement supérieure, c'est-à-dire plus élaborée et

---

[908] S. HANSON, *Entre Union européenne et région Wallonne : multiplicité des échelons de pouvoir et subsidiarité territoriale - Analyse de la subsidiarité territoriale au travers des directives Seveso, IPPC, responsabilité environnementale et de leurs mesures de transposition en Région wallonne*, Thèse de Doctorat, Université de Liège (Belgique), 2011-2012, p 22.

[909] *Ibid.*, p 24. Voy. également à ce sujet : A. DELCAMP, « Droit constitutionnel et droit administratif – Principe de subsidiarité et décentralisation », *Revue française de Droit constitutionnel*, n°23, 1995, p 614 ; ainsi que F. LEURQUIN-DE VISSCHER, « Existe-t-il un principe de subsidiarité ? », in F. DELPÉRÉE (dir.), *Le principe de subsidiarité*, Bruxelles, Bruylant, Paris, L.G.D.J., 2002, p 24.

[910] S. HANSON, *op. cit.*, p 22.

[911] C. MILLON-DELSOL, *L'Etat subsidiaire : ingérence et non-ingérence de l'Etat, le principe de subsidiarité aux fondements de l'histoire européenne*, Paris, Presses universitaires de France, 1992, p 22.

[912] S. HANSON, *op. cit.*, p 23.

[913] A. DELCAMP, *op. cit.*, p 614 ; S. HANSON, *op. cit.*, p 24.

[914] Cette doctrine est proclamée dans l'Encyclique « *Rerum Novarum* » du 15 mai 1891 de Léon XIII, et sera confirmée tous les trente ans environ par le magistère de l'Église. Voy. pour plus de précisions S. HANSON, *Entre Union européenne et région Wallonne : multiplicité des échelons de pouvoir et subsidiarité territoriale - Analyse de la subsidiarité territoriale au travers des directives Seveso, IPPC, responsabilité environnementale et de leurs mesures de transposition en Région wallonne*, Thèse de Doctorat, Université de Liège (Belgique), 2011-2012, pp 23-24.

[915] C. MILLON-DELSOL, *L'Etat subsidiaire : ingérence et non-ingérence de l'Etat, le principe de subsidiarité aux fondements de l'histoire européenne*, Paris, Presses universitaires de France, 1992, p 129.

par là plus puissante »[916]. Ce qui apparaissait jusque là en filigrane devient plus clair. L'idée de subsidiarité fait l'objet d'un double aspect : l'idée de suppléance qui apparaissait clairement dans les travaux d'Aristote, et l'idée de devoir de secours.[917] Ce double aspect apparaît dans l'étymologie du terme subsidiarité : *subsidium* renvoie à l'idée de renfort, de ressource, et *subsidiarus* renvoie à l'idée de ce qui est en réserve.[918] L'idée ancienne de suppléance apparaît, supposant un devoir de non-ingérence et dénommée « subsidiarité négative ». D'un autre côté, apparaît l'idée de secours, ou devoir de secours, appelé « subsidiarité positive »[919].

399. Cette idée de subsidiarité n'implique pas seulement une « limite à l'intervention d'une autorité supérieure vis-à-vis d'une personne ou d'une collectivité qui est en mesure d'agir elle-même, c'est aussi une obligation pour cette autorité d'agir vis-à-vis de cette personne ou de cette collectivité [...] »[920].

400. Les différentes facettes de l'idée de subsidiarité développées par l'Église catholique vont s'imbriquer et participer à ce que la subsidiarité soit difficilement appréhendable. Elle va donner lieu à des interprétations diverses, à tel point que le principe de subsidiarité appliqué dans l'Union européenne est caractérisé par une profonde ambiguïté.[921]

b. La polysémie de l'idée fédérative

401. L'idée matricielle de suppléance va prendre des chemins de traverse et engendrer, par ses multiples interprétations, une polysémie importante de l'idée fédérative.[922]

402. Tout d'abord, l'idée fédérative a évolué dans le temps, tout comme le fédéralisme a évolué dans la philosophie politique. Althusius, prônant un fédéralisme traditionnel, défend une idée fédérative qui implique un partage entre plusieurs groupements (famille, cité, État, etc.)[923]. Mais Hamilton et Madison, pères fondateurs de la fédération américaine et ayant largement influencé la construction d'autres fédérations dans le monde, portent un regard différent. Il ne s'agit plus d'un partage du pouvoir entre différents

---

[916] *Ibid.*, p 129.

[917] *Ibid.*, pp 119 & s. ; A. DELCAMP, « Droit constitutionnel et droit administratif – Principe de subsidiarité et décentralisation », *Revue française de Droit constitutionnel*, n°23, 1995, pp 614-615.

[918] J.-Ph. DEROSIER, « La dialectique centralisation/décentralisation – Recherches sur le caractère dynamique du principe de subsidiarité », *R.I.D.C.*, 1, 2007, p 125.

[919] E. BROUILLET, « Canadian federalism and the principle of subsidiarity: should we open Pandora's box? », *Supreme Court law review*, Vol. 54, 2011, p 605 ; F. LEURQUIN-DE VISSCHER, « Existe-t-il un principe de subsidiarité ? », in F. DELPÉRÉE (dir.), *Le principe de subsidiarité*, Bruxelles, Bruylant, Paris, L.G.D.J., 2002, p 23 ; A. DELCAMP, *op. cit.*, p 615.

[920] Cité dans A. DELCAMP, *op. cit.*, p 621 ; E. BROUILLET, *op. cit.*, p 605.

[921] A. DELCAMP, « Droit constitutionnel et droit administratif – Principe de subsidiarité et décentralisation », *Revue française de Droit constitutionnel*, n°23, 1995, p 614.

[922] Il est important de préciser que l'idée fédérative représente dans cette étude le partage de la fonction législative au sein d'un État fédéral. Il s'agit d'une composante du fédéralisme. Son « essence » est de procéder au « partage de la fonction législative entre deux ordres de gouvernement ». Voy. E. BROUILLET, *L'identité culturelle québécoise et le fédéralisme canadien*, Thèse de Doctorat, Québec, Faculté des études supérieures, Université Laval, 2003, p 94.

[923] *Ibid.*, p 84.

groupements, mais d'un partage entre deux communautés politiques. Pour les pères fondateurs américains, la fédération regroupe l'ensemble des individus qui la composent. Ces individus relèvent tous de la compétence de deux communautés politiques : celle d'un État fédéré, et celle de l'État fédéral.[924] L'idée fédérative change de signification en ce que l'idée de suppléance concerne des entités différentes suivant l'appréhension d'Althusius, ou celle d'Hamilton et de Madison. Cette idée fédérative pourrait donc s'apparenter à un caméléon, s'adaptant au contexte et survivant aux évolutions des sociétés et des idées politiques.

403. Ensuite, l'idée fédérative relève de plusieurs domaines d'application, ce qui lui confère une certaine ambiguïté. Munissons-nous de la définition de la société fédérale telle qu'elle est énoncée par Proudhon :

> [...] une convention par laquelle un ou plusieurs chefs de famille, une ou plusieurs communes, un ou plusieurs groupes de communes ou États, s'obligent réciproquement et également les uns envers les autres pour un ou plusieurs objets particuliers, dont la charge incombe spécialement alors et exclusivement aux délégués de la fédération.[925]

404. Selon P.-J. Proudhon, cette convention est établie « [...] pour un ou plusieurs objets particuliers [...] ». L'idée fédérative revêt en ce sens une forme substantielle. Elle implique en effet une division de la compétence législative en plusieurs matières, qui sont réparties entre la fédération et les différents groupements.

405. Ensuite, P.-J. Proudhon énonce que les groupements « s'obligent réciproquement ».[926] Cela laisse transparaître une territorialité de l'idée fédérative : elle permet de procéder au partage d'un pouvoir par rapport à un autre pouvoir. Il s'agit de procéder à ce partage entre « les entités fédérées et les instances centrales ».[927] De même, cette idée implique « une superposition d'autorités politiques impliquant une répartition des tâches et des moyens entre elles »[928]. L'idée fédérative implique bien un partage entre les différents niveaux de pouvoir.

406. Enfin, et à l'instar de l'idée de subsidiarité, l'idée fédérative contient un double aspect. Néanmoins, il s'agit d'un double aspect différent de celui de la subsidiarité, l'approche étant quelque peu différente. Là où la suppléance impliquait un devoir de secours dans l'idée de subsidiarité, il en est différemment pour l'idée fédérative. Le terme « fédératif » vient du latin *foedus* qui signifie pacte, contrat, convention ou alliance. Cette idée ressort dans la définition de Proudhon : « une convention [...] » par laquelle les parties « s'obligent réciproquement et également les un(e)s envers les

---

[924] *Ibid.*, p 87.

[925] P.-J. PROUDHON, *Du principe Fédératif et de la Nécessité de Reconstituer le Parti de la Révolution*, Paris, E. Dentu, 1863, p 67.

[926] *Ibid.*

[927] E. BROUILLET, *L'identité culturelle québécoise et le fédéralisme canadien*, Thèse de Doctorat, Québec, Faculté des études supérieures, Université Laval, 2003, p 94.

[928] Tout comme l'idée de subsidiarité. Voy. S. HANSON, *Entre Union européenne et région Wallonne : multiplicité des échelons de pouvoir et subsidiarité territoriale - Analyse de la subsidiarité territoriale au travers des directives Seveso, IPPC, responsabilité environnementale et de leurs mesures de transposition en Région wallonne*, Thèse de Doctorat, Université de Liège (Belgique), 2011-2012, p 24.

autres »[929]. L'idée matricielle de suppléance est donc couplée avec une idée d'alliance et non une idée de devoir de secours. La suppléance se réalise par un pacte entre plusieurs groupes ou plusieurs niveaux de compétence, qui s'obligent réciproquement et à égalité. Althusius avait également insisté sur cette idée d'alliance.[930]

407. Le double aspect de l'idée fédérative se situe donc davantage entre la suppléance et l'alliance. Dans la philosophie politique, l'idée fédérative apparaît donc comme un principe assez nébuleux, en tous les cas polysémique de par ses multiples significations. Cela participe au fait que cette idée fédérative, tout comme la subsidiarité, reçoive une appréhension par le droit qui est incertaine.

408. L'idée fédérative et l'idée de subsidiarité, en tant que principes de philosophie politique, ont en commun d'apparaître en filigrane dans l'histoire des idées de façon assez ancienne. Leur transposition sur le terrain des institutions, c'est-à-dire de l'organisation institutionnelle et constitutionnelle des États et de l'Union européenne est récente au regard de leur ancienneté philosophique.[931]

B. Deux principes flous et dynamiques dans leur appréhension par le droit

409. Le traitement par le droit des idées fédérative et de subsidiarité, devenus principe fédératif et principe de subsidiarité est intervenu relativement récemment. Tant le principe fédératif que le principe de subsidiarité ont en commun d'avoir été, dès leur introduction dans leur ordre juridique respectif, source d'une ambiguïté importante (*1*-). Leur double aspect a été transposé en droit, en ce que ce sont des principes « ascendants » et « descendants »[932] (*2*-).

1. Des principes flous

410. L'ambiguïté originelle des idées fédératives et de subsidiarité a été transposée lors de leur incorporation sur le terrain des institutions. Ainsi, tant le principe de subsidiarité (*a*-), que le principe fédératif (*b*-) revêt un caractère confus.

a. Les confusions du principe de subsidiarité

411. Le principe de subsidiarité bénéficie d'une double filiation : allemande et communautaire.

412. Dans le droit constitutionnel allemand, il s'agit d'un « principe de droit constitutionnel fédéral ». Pourtant, il apparaît déjà un flou juridique : il

---

929 P.-J. PROUDHON, *op. cit.*, p 67.

930 E. BROUILLET, *L'identité culturelle québécoise et le fédéralisme canadien*, Thèse de Doctorat, Québec, Faculté des études supérieures, Université Laval, 2003, p 84.

931 Y. GAUDEMET, « Libres propos sur la subsidiarité, spécialement en Europe », in G. COHEN-JONATHAN (dir.), *Mélanges Paul AMSELEK*, Bruxelles, Bruylant, 2005, p 315.

932 Ces termes sont employés en contexte canadien, et se révèlent très pertinents pour décrire le droit de l'Union européenne. C'est pourquoi nous les utilisons pour analyser tant le droit communautaire que le droit canadien. Voy. en particulier E. BROUILLET, « La dilution du principe fédératif et la jurisprudence de la Cour suprême du Canada », *Les Cahiers de Droit*, vol.45, 1, mars 2004, p 28.

n'existe pas, selon A. Delcamp, de définition générale du principe de subsidiarité, « seulement des applications à tel ou tel domaine particulier »[933]. La première source juridique du principe de subsidiarité ne permet pas d'éclairer précisément sa substance. Le droit communautaire est la seconde source de filiation du principe de subsidiarité. Le principe de droit constitutionnel allemand a été transposé en droit de l'Union européenne par la Cour de justice de la Communauté européenne[934] dans l'affaire Kramer.[935] Le principe de subsidiarité est alors utilisé comme un « critère d'exercice des compétences concurrentes »[936].

413. Une des premières références expresses au principe de subsidiarité est dans le projet de Traité d'Union européenne adopté par le Parlement européen en 1984, dit « Rapport Spinelli ». Son Préambule pose le principe selon lequel seront confiées aux institutions communes « conformément au principe de subsidiarité, les seules compétences nécessaires pour mener à bien des tâches qu'elles pourront réaliser de manière plus satisfaisante que les États pris isolément »[937]. L'Acte unique de 1986 applique ce principe de subsidiarité dans certains domaines, notamment celui de l'environnement. C'est grâce au Traité de Maastricht de 1992 que le principe de subsidiarité apparaît expressément comme moyen de régulation de l'exercice des pouvoirs.[938]

414. L'article 3 B de ce Traité est rédigé de façon suffisamment vague pour satisfaire toutes les sensibilités :

> Dans les domaines qui ne relèvent pas de sa compétence exclusive, la Communauté n'intervient, conformément au principe de subsidiarité, que si et dans la mesure où les objectifs de l'action envisagée ne peuvent pas être réalisés de manière suffisante par les États membres et peuvent donc, en raison des dimensions ou des effets de l'action envisagée, être mieux réalisés au niveau

---

[933] A. DELCAMP, « Droit constitutionnel et droit administratif – Principe de subsidiarité et décentralisation », *Revue française de Droit constitutionnel*, n°23, 1995, p 610, note 4 ; C. MILLON-DELSOL, *Le principe de subsidiarité*, Paris, Que sais-je, Presses universitaires de France, 1993, p 39 ; S. HANSON, *Entre Union européenne et région Wallonne : multiplicité des échelons de pouvoir et subsidiarité territoriale - Analyse de la subsidiarité territoriale au travers des directives Seveso, IPPC, responsabilité environnementale et de leurs mesures de transposition en Région wallonne*, Thèse de Doctorat, Université de Liège (Belgique), 2011-2012, p 32.

[934] Aujourd'hui dénommée Cour de justice de l'Union européenne.

[935] Aff. Kramer, 14 juill. 1976, Aff. 34 et 6/76, Recueil, p 1308 ; voy. à ce sujet A. DELCAMP, *op. cit.*, p 609.

[936] A. DELCAMP, « Droit constitutionnel et droit administratif – Principe de subsidiarité et décentralisation », *Revue française de Droit constitutionnel*, n°23, 1995, p 609.

[937] Cité par *Ibid.* p 610. Notons que le principe de subsidiarité est historiquement intervenu avant son inscription explicite dans les traités en 1986. Pour certains auteurs, il est apparu implicitement au sujet de la protection de l'environnement par l'utilisation des art. 100 et 235 TCE comme bases juridiques à l'adoption de textes de protection de l'environnement. Voy. à ce sujet S. HANSON, *Entre Union européenne et région Wallonne : multiplicité des échelons de pouvoir et subsidiarité territoriale - Analyse de la subsidiarité territoriale au travers des directives Seveso, IPPC, responsabilité environnementale et de leurs mesures de transposition en Région wallonne*, Thèse de Doctorat, Université de Liège (Belgique), 2011-2012, pp 37 & s. ; ainsi que L. GUILLOUD, « Le principe de subsidiarité en droit communautaire et en droit constitutionnel », *Petites Affiches*, 79, 19 avril 2007, p 53.

[938] Art. 130 R de l'Acte unique de 1986, JOCE *L 169 du 29 juin 1987 ;* Art.3 al.2 & art. 3B du Traité de l'Union européenne de 1992, JOCE C 191 du 29 juillet 1992, dit « Traité de Maastricht » ; voy. à ce sujet A. DELCAMP, *op. cit.*, p 612.

communautaire. La Communauté n'excède pas ce qui est nécessaire pour atteindre les objectifs du présent traité.[939]

415. L'introduction du principe de subsidiarité dans le droit de l'Union apparaît pour beaucoup d'auteurs comme un acte davantage politique que propre à la technique juridique.[940] En réalité, pour plusieurs auteurs, le principe de subsidiarité était déjà implicitement appliqué dès 1957.[941] Son apparition dans les traités correspond à une volonté politique des États membres de limiter l'extension progressive des compétences de la Communauté européenne dans les années 1980.[942]

Lors du vote du Traité de Maastricht, les instances communautaires, surtout la Commission, se sont vu reprocher de « confisquer [...] la compétence des États »[943]. Le principe de subsidiarité a donc une signification politique très forte lors de son introduction explicite dans les traités. Ch. Million-Delsol relève la « perception tronquée de l'idée de subsidiarité, parce qu'elle se trouve utilisée de manière opportuniste, récupérée par le besoin davantage que par la conviction »[944].

416. Au-delà de ces considérations politiques, le principe de subsidiarité apparaît ambigu en droit à plusieurs titres.[945] En premier lieu,

---

[939] Art. 3 B du Traité de l'Union européenne de 1992, JOCE C 191 du 29 juillet 1992, dit « Traité de Maastricht ».

[940] G. BURCA (de), « The Principle of Subsidiarity and the Court of Justice as an Institutionnal Actor », in *Journal of Common Market Studies*, vol. 36, 2, Oxford, Blackwell publishers, June 1998, p 220.

[941] K. LENAERTS, P. VAN YPERSELE, « Principe de subsidiarité et son contexte : étude de l'article 3B Traité CE », *CDE,* n°1-2, 1994, p 9 ; L. GUILLOUD, *op. cit.*, p 53. Le TPICE a précisé à ce sujet que le principe de subsidiarité n'était effectivement pas dénué de précédents historiques dans le Traité de Rome. Néanmoins, le Tribunal a affirmé la non-rétroactivité du principe. Voy. à ce sujet TPICE, 21 févr. 1995, *VSOB*, aff. T-29/92 : *Rec.*, II-289 ; ainsi que C. BLUMANN, L. DUBOUIS, *Droit institutionnel de l'Union européenne*, Paris, Litec, 3ème Édition, 2007, p 358.

[942] Cela correspond aux arguments de la doctrine intergouvernementaliste selon lesquels les États membres créent et font évoluer les organisations supranationales au gré de leurs intérêts. Voy. à ce sujet X. MARCHAND-TONEL, « La subsidiarité, un enjeu des débats sur l'Union européenne » Présentation du dossier, *Droit et société,* 2012/1 n° 80, p 7 ; et A. STONE SWEET, J.A. CAPORASO, « La Cour de Justice et l'intégration européenne », *Revue française de science politique*, vol. 48, n°2, 1998, pp 200 & s. Les États membres ont souhaité éviter de perdre leur contrôle politique. Leur méfiance envers le Communauté européenne s'est accrue suite à l'utilisation de plusieurs mécanismes juridiques par la Communauté : la règle du vote à la majorité qualifiée en matière de compétences partagées, et l'utilisation soutenue de l'art.95 TCE permettant une augmentation significative du nombre de compétences de la Communauté dans le cadre du marché commun. De même, en matière environnementale, avant l'apparition de l'art. 130 R TCE par l'Acte Unique fondant la compétence en matière d'environnement, la majorité des Directives adoptées par la Communauté européenne dans les années 1970-1980 s'est faite sur la base juridique des art. 100 et 235 TCE au sujet de l'harmonisation des législations. Voy. à ce sujet K. LENAERTS, P. VAN YPERSELE, *op. cit.*, p 9 ; J-M. FAVRET, *Droit et pratique de l'Union européenne,* Paris, Gualino, Lextenso Éditions, 6ème édition, 2009, p 51 ; M. LEE, *EU Environmental Law – Challenges, Change and Decision-making,* Oxford, Hart publishing, 2005, p 10 ; L. GUILLOUD, *op. cit.*, p 54.

[943] C. MILLON-DELSOL, *Le principe de subsidiarité*, Paris, Que sais-je, Presses universitaires de France, 1993, p 99.

[944] *Ibid.*, p 97.

[945] S. HANSON, *Entre Union européenne et région Wallonne : multiplicité des échelons de pouvoir et subsidiarité territoriale - Analyse de la subsidiarité territoriale au travers des directives Seveso, IPPC, responsabilité environnementale et de leurs mesures de transposition en Région wallonne*, Thèse de Doctorat, Université de Liège (Belgique), 2011-2012, pp 56 & s.

à l'instar de l'idée de subsidiarité dans la doctrine de l'Église catholique, le principe de subsidiarité relève de plusieurs domaines d'application, ce qui rend sa substance complexe à appréhender.[946] En second lieu, en tant que principe de régulation de l'exercice des compétences, le principe de subsidiarité est caractérisé par le double aspect hérité de la philosophie politique alliant suppléance et devoir de secours. Ce double aspect juridique est très important car il semble être à l'origine de beaucoup d'ambiguïtés au sujet du principe de subsidiarité.

Il ressort des traités :

> Lorsque les traités attribuent à l'Union une compétence partagée avec les États membres dans un domaine déterminé, l'Union et les États membres peuvent légiférer et adopter des actes juridiquement contraignants dans ce domaine. Les États membres exercent leur compétence dans la mesure où l'Union n'a pas exercé la sienne. Les États membres exercent à nouveau leur compétence dans la mesure où l'Union a décidé de cesser d'exercer la sienne.[947]

> En vertu du principe de subsidiarité, dans les domaines qui ne relèvent pas de sa compétence exclusive, l'Union intervient seulement si, et dans la mesure où, les objectifs de l'action envisagée ne peuvent pas être atteints de manière suffisante par les États membres, tant au niveau central qu'au niveau régional et local, mais peuvent l'être mieux, en raison des dimensions ou des effets de l'action envisagée, au niveau de l'Union.[948]

417. Ce double aspect ressort dans les diverses explications fournies par les institutions communautaires. Le Conseil européen d'Édimbourg des 11 et 12 décembre 1992 a fait l'objet d'un Accord interinstitutionnel entre le Parlement, le Conseil et la Commission du 25 octobre 1993.[949] C'est notamment dans cet Accord qu'ont été précisées les caractéristiques du principe de subsidiarité.[950] Le double aspect apparaît clairement dans ce texte. Le principe de subsidiarité est tout d'abord présenté comme un principe « descendant », il « donne une satisfaction apparente à ceux qui entendent lutter contre une centralisation excessive de la Communauté »[951] :

> L'Union européenne repose sur le principe de subsidiarité, comme l'indiquent les articles A et B du titre I du traité sur l'Union européenne. Ce principe contribue au respect de l'identité nationale des États membres et préserve leurs compétences. Il

---

Voy. également J. BARROCHE, « Discours et pratique de la subsidiarité européenne depuis le traité de Maastricht jusqu'à nos jours », *Droit et société,* 2012, vol. 1, 80, pp 13-29.

[946] Voy. à ce sujet K. LENAERTS, P. VAN YPERSELE, « Principe de subsidiarité et son contexte : étude de l'article 3B Traité CE », *CDE,* n°1-2, 1994, pp 30 & s. ; ainsi que G. BURCA (de), « The Principle of Subsidiarity and the Court of Justice as an Institutionnal Actor », in *Journal of Common Market Studies*, vol. 36, 2, Oxford, Blackwell publishers, June 1998, pp 218-219.

[947] TFUE, JOUE C 83 du 30 mars 2010, art. 2-2.

[948] TUE, JOUE C 83 du 30 mars 2010, art.5.

[949] Accord inter-institutionnel du 25 oct. 1993 entre le Parlement européen, le Conseil et la Commission, *Bulletin des Communautés européennes*, 10-1993.

[950] J.-Ph. DEROSIER, « La dialectique centralisation/décentralisation – Recherches sur le caractère dynamique du principe de subsidiarité », *R.I.D.C.*, 1, 2007, p 133.

[951] A. DELCAMP, « Droit constitutionnel et droit administratif – Principe de subsidiarité et décentralisation », *Revue française de Droit constitutionnel*, n°23, 1995, p 613.

vise à ce que les décisions soient prises au sein de l'Union européenne aussi près que possible du citoyen.[952]

Concrètement, on retrouve cet état d'esprit à la fin de cet article 2-2 TFUE : « [...] Les États membres exercent à nouveau leur compétence dans la mesure où l'Union a décidé de cesser d'exercer la sienne »[953]. Il permet donc de sauvegarder une décentralisation des compétences au profit des États membres.[954] D'un autre côté, le principe de subsidiarité apparaît comme « ascendant ». Il est alors présenté comme un principe réversible :[955] « (l)a subsidiarité permet d'élargir l'action de la Communauté lorsque les circonstances l'exigent et, inversement, de la restreindre ou de l'interrompre lorsqu'elle n'est pas justifiée »[956].

Le principe de subsidiarité est donc « ascendant » car il permet à l'Union européenne de fonder une centralisation des compétences. Le principe de subsidiarité semble donc fonder « les entités inférieures à agir, tant qu'elles sont en mesure de le faire [...], (et) il fonde [...] l'entité supérieure à agir dès lors que des exigences d'homogénéité et de cohésion de l'ordre juridique sont en cause »[957].

418. Cela a suscité de nombreuses interprétations divergentes tant les termes sont vagues. Pour certains, ce principe de subsidiarité permet de faire avancer l'Union européenne vers une union fédérale, et pour d'autres il apparaît comme un facteur d'intégration européenne.[958] D'autres textes des institutions communautaires sont venus s'ajouter pour aider à la définition de ce principe ambigu. Les termes utilisés restent vagues : le Protocole additionnel au Traité d'Amsterdam[959] est basé sur les mêmes orientations que l'Accord de 1993.[960]

---

[952] Conclusions de la présidence du Conseil européen concernant le principe de subsidiarité, *Actualités communautaires*, n°283, fèvr. 1993, p 21 ; cité dans A. DELCAMP, *op. cit.*, p 613.
[953] TFUE, JOUE *C 83 du 30 mars 2010*, art. 2-2.
[954] J.-Ph. DEROSIER, *op. cit.*, pp 130 à 139.
[955] C'est cette réversibilité qui permet de différencier le principe de subsidiarité européen du principe de subsidiarité tel qu'il apparaît dans la jurisprudence récente de la Cour suprême du Canada. Le principe de subsidiarité canadien ne revêt pas cet aspect réversible, il est seulement ascendant, permettant une centralisation des compétences, sans avoir de pendant descendant. Voy. à ce sujet *Banque canadienne de l'Ouest c. Alberta,* [2007] 2 R.C.S. 3 ; *114957 Canada Ltée (Spraytech Société d'arrosage)* c. *Hudson (Ville)*, [2001] 2 R.C.S. 241, par. 3 et 4 ; l'opinion des juges dissidents dans *Québec (Procureur général) c. Lacombe,* [2010] 2 R.C.S. 38, 453, par. 119 (opinion dissidente) ; et *Renvoi relatif à la Loi sur la procréation assistée*, [2010] 3 R.C.S. 457, par.72 (quatre juges) et par. 273 (quatre juges). Voy. également E. BROUILLET, « Canadian federalism and the principle of subsidiarity: should we open Pandora's box? », *Supreme Court law review*, vol. 54, 2011, pp 619 & s. ; ainsi que J. FRÉMONT, « La face cachée de l'évolution contemporaine du fédéralisme canadien », in G.-A. BEAUDOIN *et al.*, *Le fédéralisme de demain : réformes essentielles/Federalism for the Future : Essential Reforms*, Montréal, Wilson & Lafleur, 1998, p 55.
[956] Conclusions de la présidence du Conseil européen concernant le principe de subsidiarité, *Actualités communautaires*, n°283, fèvr. 1993, p 21 ; cité dans A. DELCAMP, *op. cit.*, p 613.
[957] J.-Ph. DEROSIER, *op. cit.*, p 129.
[958] Voy. à ce sujet A. DELCAMP, *op. cit.*, p 613.
[959] Traité d'Amsterdam modifiant le Traité sur l'Union européenne, les traités instituant les Communautés européennes et certains actes associés, JOUE C 340 du 10 Novembre 1997, dit « Traité d'Amsterdam ».
[960] G. BURCA (de), « The Principle of Subsidiarity and the Court of Justice as an Institutionnal Actor », in *Journal of Common Market Studies*, Vol. 36, 2, Oxford, Blackwell publishers, June 1998, p 219.

Mais les explications quant à la teneur du principe de subsidiarité qui apparaissaient dans les textes explicatifs antérieurs ont disparu du Protocole n°2 au traité sur l'Union européenne sur l'application des principes de subsidiarité et de proportionnalité.[961] Le principe de subsidiarité apparaît encore plus ambigu, son double aspect n'ayant pas encore trouvé de contours précis. A. Delcamp reconnaît cette caractéristique, mais en fait ressortir l'aspect positif : l'ambiguïté du principe de subsidiarité le rend flexible. Elle permet donc une meilleure adaptation des institutions de l'Union et des États membres aux évolutions de la société.[962]

b. Le caractère confus du principe fédératif

419. Le principe fédératif bénéficie également d'un traitement confus par le droit, et ce depuis l'origine de la fédération canadienne. Lors de l'établissement de l'Acte de l'Amérique du Nord britannique (A.A.N.B.) en 1867 le principe fédératif n'apparaît pas clairement. Le terme « fédéral » n'apparaît qu'une seule fois dans le préambule du texte. De même, l'idée de suppléance y est nébuleuse.[963]

420. La Constitution canadienne, comme toute constitution fédérative, est rédigée de façon très large pour permettre une adaptation du texte constitutionnel aux évolutions de la société.[964] En matière de partage des compétences, P. Foucher soulève « le caractère généralement vague des termes employés aux articles 91 et 92 de la *Loi constitutionnelle de 1867* »[965]. Si cette flexibilité peut apparaître positive sous certains aspects, il en résulte néanmoins une porte ouverte aux interprétations les plus diverses.

421. Le principe fédératif en tant que tel n'apparaît pas expressément dans le dispositif de la *Loi constitutionnelle de 1867*. Un seul indice apparaît dans son préambule : « les provinces [...] ont exprimé le désir de contracter une union fédérale »[966]. Le principe fédératif apparaît dans le texte de la *Loi constitutionnelle* comme un « principe sous-jacent à la Constitution écrite »[967], reconnu par le Conseil privé puis par la Cour suprême.[968] C'est donc de l'interprétation du Conseil privé et de la Cour suprême que les contours du principe fédératif ont été précisés.

Le Comité judiciaire du Conseil privé a reconnu à « de multiples reprises », la nature fédérale du Canada, en insistant sur l'autonomie des provinces dans

---

[961] Protocole n°2 sur l'application des principes de subsidiarité et de proportionnalité, JOUE C 83/206 du 30 mars 2010. Voy. à ce sujet J.-Ph. DEROSIER, *op. cit.*, p 132.

[962] A. DELCAMP, *op. cit.*, pp 621 & s.

[963] M. CHEVRIER, « La genèse de l'idée fédérale chez les pères fondateurs américains et canadiens », in A.G. GAGNON, *Le fédéralisme canadien contemporain: fondements, traditions, institutions,* Les Presses de l'Université de Montréal, 2006, p 32.

[964] E. BROUILLET, *L'identité culturelle québécoise et le fédéralisme canadien*, Thèse de Doctorat, Québec, Faculté des études supérieures, Université Laval, 2003, p 100.

[965] P. FOUCHER, « Flexibilité du Fédéralisme », in G.-A. BEAUDOIN *et al.*, *Le fédéralisme de demain : réformes essentielles/Federalism for the Future : Essential Reforms*, Montréal, Wilson & Lafleur, 1998, p 73.

[966] *Loi constitutionnelle de 1867*, L.R.C. (1985), app. II, n°5. Voy. également E. BROUILLET, « La dilution du principe fédératif et la jurisprudence de la Cour suprême du Canada », *Les Cahiers de Droit*, vol.45, n°1, mars 2004, p 7.

[967] *Renvoi relatif à la sécession du Québec*, [1998] 2 R.C.S. 217.

[968] Le Comité judiciaire du Conseil privé a été le dernier tribunal d'appel jusqu'en 1949. La Cour suprême a pris relai par la suite. E. BROUILLET, *op. cit., p* 13.

leurs domaines de compétence.[969] La Cour suprême a fait de même dans le *Renvoi sur le rapatriement*[970] de 1981 et le *Renvoi sur la Sécession* en 1998, où elle énonce que le fédéralisme est un principe sous-jacent à la Constitution écrite, et un « thème central dans la structure » de la Constitution.[971]

422. R. Elliot et E. Brouillet font ressortir que le principe fédératif, tel qu'il a été interprété par la Cour suprême, pointe dans deux directions : l'unité et la diversité. Si dans certaines affaires, la Cour suprême a mis l'accent, dans son interprétation du principe fédératif, sur la diversité au détriment de l'unité,[972]elle aurait fait l'inverse dans plusieurs autres décisions. La préférence de la Cour suprême pour l'unité ou la diversité, dépend de la mise en danger sérieuse de l'une ou de l'autre de ces valeurs dans les circonstances d'une affaire précise.

E. Brouillet précise que « [...] le fédéralisme est un processus politique et juridique d'adaptation perpétuelle oscillant entre deux besoins, l'unité et la diversité, entre centralisation et décentralisation du pouvoir »[973]. Cet extrait appelle un constat : il s'agit d'un principe ambigu. Au même titre que le principe de subsidiarité, il est caractérisé par un double aspect qui donne lieu à plusieurs interprétations. Le principe fédératif est en effet ascendant : il répond au besoin d'unité et de centralisation des compétences dans les cas où cela s'avère nécessaire. Le principe fédératif est également descendant en ce qu'il répond au besoin de diversité, et par là même à une forme de non-centralisation des compétences.[974]

Cela répond à l'idée fédérative dont il est issu. L'objectif étant de conserver « l'intégrité de la structure fédérale »[975].

Ce principe fédératif apparaît dans la *Loi constitutionnelle de 1867*. La Cour suprême en tient compte par l'intermédiaire du contexte historique de la rédaction de la Constitution.[976] Avant la fin des années 2000, il faisait l'objet d'un traitement sporadique de la part de la Cour suprême.[977] Le principe fédératif était interprété de façon très variée.

---

[969] Voy. à ce sujet la célèbre jurisprudence *Liquidators of the Maritime Bank of Canada* v. *Receiver-General of New Brunswick,* [1892] A.C. 437, 440-442. Ainsi que *Citizens Insurance Company of Canada* v. *Parsons,* [1881-82] 7 A.C. 96, 108 ; *Hodge* v. *The Queen,* [1883] 9 A.C. 117, 132 ; *A.-G. for Ontario* v. *A.-G. for Canada,* [1896] A.C. 348, 360 et 361 ; *In re the Initiative and Referendum Act,* [1919] A.C. 935, 942 ; *British Coal Corporation* v. *The King,* [1935] A.C. 500, 518 ; *A.-G. for Canada* v. *A.-G. for Ontario,* [1937] A.C. 326, 366 et 367 ; *Shannon* v. *Lower Mainland Dairy Products Board,* [1938] A.C. 708, 722. Pour plus de précisions voy. E. BROUILLET, *op. cit.*, p 12.

[970] *Renvoi : résolution pour modifier la Constitution*, [1981] 1 R.C.S. 753, 905 et s.

[971] *Renvoi relatif à la sécession du Québec*, [1998] 2 R.C.S. 217, 250 et s. Voy. également E. BROUILLET, *op. cit.*, pp 12-13.

[972] Comme dans le *Renvoi relatif à la sécession du Québec*, [1998] 2 R.C.S. 217, 250 et s. Voy. à ce sujet E. BROUILLET, *op. cit.*, p 28.

[973] Décentralisation ne revêt pas ici le sens du droit français. Il est à appréhender au sens de non centralisation. E. BROUILLET, *op. cit.*, p 28.

[974] *Ibid.*

[975] *Renvoi : résolution pour modifier la Constitution*, [1981] 1 R.C.S. 753, 820 et s. (opinions dissidentes) ; cité dans E. BROUILLET, *op. cit.*, p 20.

[976] Ce que la Cour suprême refusait de faire avant 1998. Voy. *Renvoi relatif à la sécession du Québec*, [1998] 2 R.C.S. 217, 250 et s. ; et E. BROUILLET, *op. cit.*, p 24.

[977] La Cour suprême a accepté de traiter du principe fédératif dans son double aspect dans quelques rares jurisprudences : *Renvoi : résolution pour modifier la Constitution*, [1981] 1 R.C.S. 753, 820 et s. (opinions dissidentes) ; *Renvoi relatif à la sécession du Québec*, [1998] 2

423. Deux rapports représentent bien les divergences d'interprétation, démontrant l'aspect confus du principe : le Rapport de la Commission Tremblay, et celui de la Commission Rowell-Sirois. La différence d'approche de ces deux rapports cristallise les points de vue divergents des auteurs anglophones et francophones. Dans le Rapport de la Commission Tremblay, ainsi que dans les travaux francophones, le principe fédératif est présenté comme favorisant le partage initial des pouvoirs, insistant donc sur la sphère d'autonomie des provinces. L'idée de suppléance est fortement ancrée dans cette interprétation du principe fédératif.[978] À l'inverse, le Rapport Rowell-Sirois et la majorité des travaux anglophones insistent davantage sur l'idée d'union. Les auteurs canadiens anglophones font ressortir que l'intention contenue dans la lettre du texte de la *Loi constitutionnelle de 1867* est celle d'un pouvoir fédéral dominant.[979] Selon ces auteurs, la primauté du niveau fédéral qui a été établie par la Constitution, n'est pas mise en œuvre. Par l'interprétation du Conseil privé et de la Cour suprême, les provinces bénéficient de davantage d'autonomie. Dans cette perspective, selon une partie de la doctrine, le Canada est considéré comme l'un des États fédéraux les plus décentralisés au monde. Le principe fédératif dans les travaux anglophones souffre d'une absence de réflexion, ce qui peut s'expliquer par un mode d'interprétation axé sur l'union.[980]

Ces deux interprétations offrent donc des perspectives radicalement différentes au sujet du principe fédératif, ce qui n'aidait pas à tracer ses contours de manière précise.

Néanmoins, une évolution semble se dessiner depuis la fin des années 2000, et le début des années 2010. La Cour suprême semble disserter plus longuement au sujet du principe fédératif, et se positionner explicitement en faveur d'un fédéralisme coopératif.[981]

424. Tant le principe de subsidiarité que le principe fédératif apparaissent donc comme des principes aux contours nébuleux, ce qui rappelle les difficultés historiques à poser des principes de partage des pouvoirs dans les sociétés antiques ou du XVIIIème siècle.

2. Des principes dynamiques

425. L'aspect vague des deux principes a créé une sorte de flexibilité de leur substance. Cela leur permet d'être adaptés aux évolutions de leur ordre juridique respectif et des sociétés dans lesquels ils s'appliquent.

R.C.S. 217, 250 et s. ; *R.* c. *Crown Zellerbach Canada ltd.*, [1988] 1 R.C.S. 401 ; *Renvoi relatif au régime d'assistance publique du Canada*, [1991] 2 R.C.S. 525.

[978] F. ROCHER, « La dynamique Québec-Canada ou le refus de l'idéal fédéral », in A.G. GAGNON, *Le fédéralisme canadien contemporain: fondements, traditions, institutions,* Les Presses de l'Université de Montréal, 2006, pp 93 & s.

[979] M.A. FIELD, « The differing federalisms of Canada and the United States », *Law and Contemporary Problems*, vol. 55, 1, Winter 1992, p 107.

[980] F. ROCHER, *op. cit.*, pp 94 & s.

[981] Voy. à ce sujet *Banque canadienne de l'Ouest*, [2007] 2 R.C.S. 3, par. 24 ; *Renvoi relatif à la Loi sur la procréation assistée*, [2010] 3 R.C.S. 457, par. 43, 74 ; *Renvoi relatif à la Loi sur les valeurs mobilières*, [2011] 3 R.C.S. 837, par. 7.

426. Le principe de subsidiarité bénéficie, de par sa filiation allemande, de la flexibilité d'application à tel ou tel domaine particulier.[982] Les textes qui sont venus expliciter la portée du principe font ressortir cette caractéristique. Il est un principe « dynamique »[983], « [...] qui devrait être appliqué à la lumière des objectifs énoncés dans le traité »[984]. Cela permet une souplesse du partage des compétences car, comme l'indique J.-Ph. Derosier : « cette dynamique ouvre la possibilité d'une variation des niveaux de compétence en fonction des missions que doit poursuivre un ordre juridique, tout en respectant les normes répartissant les compétences »[985].

427. Concrètement, cela implique que le principe de subsidiarité n'est pas rigide ; il permet une organisation du partage des compétences évoluant dans le temps, en fonction de chaque cas et des nécessités du moment.[986] C'est au juge communautaire que revient la tâche d'interpréter le principe de subsidiarité à la lumière des circonstances de chaque affaire.[987] Lors d'un recours en annulation à l'encontre d'une mesure, le juge communautaire va procéder à l'analyse de cette mesure, en tenant compte des exigences du principe de subsidiarité.[988] Cela lui confère un rôle central d'arbitre du partage des compétences et de l'exercice des pouvoirs.[989]

Le principe de subsidiarité revêt donc un « caractère dynamique » car : « [...] d'un côté, il permet de limiter l'action de la Communauté, voire d'y mettre fin lorsqu'elle ne se justifie plus, de l'autre il permet de l'étendre dans les limites de ses compétences »[990].

428. On retrouve le double aspect « ascendant » et « descendant » du principe, qui lui confère un caractère confus, mais permet également une souplesse du partage des compétences, nécessaire à tout ordre juridique. Le principe de subsidiarité « donne une orientation pour la manière dont (l)es

---

[982] A. DELCAMP, « Droit constitutionnel et droit administratif – Principe de subsidiarité et décentralisation », *Revue française de Droit constitutionnel*, n°23, 1995, p 610, note 4.

[983] « Protocole sur l'application des principes de subsidiarité et de proportionnalité », § 3, annexé au Traité d'Amsterdam modifiant le Traité sur l'Union européenne, les traités instituant les Communautés européennes et certains actes associés, JOUE C 340 du 10 Novembre 1997, dit « Traité d'Amsterdam » ; L. GUILLOUD, « Le principe de subsidiarité en droit communautaire et en droit constitutionnel », *Petites Affiches*, 79, 19 avril 2007, p 54.

[984] « Protocole sur l'application des principes de subsidiarité et de proportionnalité », § 3, annexé au Traité d'Amsterdam modifiant le Traité sur l'Union européenne, les traités instituant les Communautés européennes et certains actes associés, JOUE C 340 du 10 Novembre 1997, dit « Traité d'Amsterdam » ; et Accord inter-institutionnel du 25 oct. 1993 entre le Parlement européen, le Conseil et la Commission, *Bulletin des Communautés européennes*, 10-1993, p 21. Voy. à ce sujet A. DELCAMP, *op. cit.*, p 613 ; et J.-Ph. DEROSIER, « La dialectique centralisation/décentralisation – Recherches sur le caractère dynamique du principe de subsidiarité », *R.I.D.C.*, 1, 2007, pp 131-132.

[985] J.-Ph. DEROSIER, *op. cit.*, p 133.

[986] A. DELCAMP, *op. cit.*, p 621 ; J-M. FAVRET, *Droit et pratique de l'Union européenne*, Paris, Gualino, Lextenso Éditions, 6ème édition, 2009, p 206 ; E. BROUILLET, « Canadian federalism and the principle of subsidiarity: should we open Pandora's box? », *Supreme Court Law Review*, vol. 54, 2011, pp 606 & s.

[987] J-M. FAVRET, *Droit et pratique de l'Union européenne*, Paris, Gualino, Lextenso Éditions, 6ème édition, 2009, p 206.

[988] *Ibid.*, pp 205 & s. ; A. MASSON, *Droit communautaire – Droit institutionnel et droit matériel – Théorie, exercices et éléments de méthodologie*, Bruxelles, Groupe De Boeck, Larcier, 2ème édition, 2009, p 52.

[989] Voy. à ce sujet *infra* §486 & s.

[990] *Mieux légiférer 2000*, Rapport de la Commission au Conseil européen, COM (2001) 728 final, p 4.

compétences doivent être exercées au niveau communautaire »[991]. Il permet « d'injecter une dose de souplesse dans la gouvernance en tentant de favoriser un certain équilibre entre le respect de la diversité des entités et les exigences d'une certaine cohésion étatique »[992].

De l'aspect flou du principe fédératif, ressort également la caractéristique de flexibilité. E. Brouillet affirme en effet que « [...] le fédéralisme est un processus politique et juridique d'adaptation perpétuelle oscillant entre deux besoins, l'unité et la diversité, entre centralisation et décentralisation du pouvoir »[993].

429. Le principe fédératif revêt un caractère dynamique : pour E. Brouillet et P. Duclos il s'agit davantage d'un « processus »[994]. Le principe fédératif implique un ajustement permanent du partage des compétences.[995] Proudhon relevait déjà l'importance de l'aspect évolutif du principe fédératif en fonction de l'évolution des mœurs et de la société.[996] Le fédéralisme apparaît dans la majorité de la doctrine comme un principe flexible.[997]

Concrètement, cette flexibilité apparaît par le biais d'une particularité : l'interprétation du principe fédératif varie en fonction des circonstances. C'est au juge que revient la tâche de déterminer quelle interprétation prédomine.[998] La préférence pour la centralisation ou la non-centralisation dépend de la mise en danger sérieuse de l'autonomie des provinces ou de l'union fédérale.[999] L'interprétation du principe fédératif varie donc au cas par cas, ce qui lui procure un certain caractère parcellaire. En effet, la Cour suprême ne peut pas se prononcer sur tous les conflits impliquant le principe fédératif, mais seulement sur ceux qui lui sont soumis en appel ou lors de renvois.[1000] De plus,

---

[991] Art. 3 du Traité d'Amsterdam modifiant le Traité sur l'Union européenne, les traités instituant les Communautés européennes et certains actes associés, JOUE C 340 du 10 Novembre 1997, dit « Traité d'Amsterdam » ; cité dans E. BROUILLET, « Canadian federalism and the principle of subsidiarity: should we open Pandora's box? », *Supreme Court Law Review*, vol. 54, 2011, pp 606 & s.

[992] E. BROUILLET, *op. cit.*, p 607.

[993] E. BROUILLET, « La dilution du principe fédératif et la jurisprudence de la Cour suprême du Canada », *Les Cahiers de Droit*, vol.45, 1, mars 2004, p 13, p 28.

[994] E. BROUILLET, « Canadian federalism and the principle of subsidiarity: should we open Pandora's box? », *Supreme Court Law Review*, vol. 54, 2011, p 607 ; P. DUCLOS, *L'Être fédéraliste*, Paris, Pichon et Durand-Auzias, 1968, p 6.

[995] E. BROUILLET, *L'identité culturelle québécoise et le fédéralisme canadien*, thèse de Doctorat, Québec, Faculté des études supérieures, Université Laval, 2003, p 101.

[996] P.-J. PROUDHON, *Du principe Fédératif et de la Nécessité de Reconstituer le Parti de la Révolution*, Paris, E.Dentu, 1863, p 83.

[997] P. FOUCHER, « Flexibilité du Fédéralisme », in G.-A. BEAUDOIN *et al.*, *Le fédéralisme de demain : réformes essentielles/Federalism for the Future : Essential Reforms*, Montréal, Wilson & Lafleur, 1998, pp 67 & s. ; J. E. MAGNET, « Federalism and its Discontents », in G.-A. BEAUDOIN *et al.*, *Le fédéralisme de demain : réformes essentielles/Federalism for the Future : Essential Reforms*, Montréal, Wilson & Lafleur, 1998, pp 78 & s.

[998] E. BROUILLET, Y. TANGUAY, « The Legitimacy of the Constitutional Arbitration Process in a Multinational Federative Regime : The Case of The Supreme Court of Canada », *U.B.C. L. Rev.*, vol. 45, 1, 2012, pp 47-101 ; voy. également *infra* §486 & s.

[999] *Renvoi relatif à la sécession du Québec*, [1998] 2 R.C.S. 217 ; voy. à ce sujet E. BROUILLET, « La dilution du principe fédératif et la jurisprudence de la Cour suprême du Canada », *Les Cahiers de Droit*, vol.45, 1, mars 2004, p 13, p 28.

[1000] G. TREMBLAY, « La Cour suprême du Canada, dernier arbitre des conflits d'ordre politique », in I. BERNIER, A. LAJOIE (dir.), *La Cour suprême du Canada comme agent de changement politique*, Commission Royale sur l'Union économique et les perspectives de développement du Canada, Ottawa, 1986, pp 193-194.

le *common law* force à ne retenir que les opinions majoritaires de la Cour suprême.[1001]

430. Globalement, jusqu'à la fin des années 2000, l'interprétation du principe fédératif par la Cour suprême oscillait entre deux pôles : un fédéralisme rigide (ou dualiste ou classique) et un fédéralisme moderne (ou coopératif). Tout dépendait de ce que la Cour suprême voulait privilégier dans un cas précis : l'unité ou la diversité.

Le fédéralisme dualiste implique un partage rigide des compétences. Il s'agit de la métaphore des cloisons étanches.[1002] Chaque niveau de gouvernement est séparé et indépendant de l'autre selon des compétences propres à chacun et considérées comme étanches.[1003] Le principe fédératif va intervenir lors de conflits entre les compétences de chaque niveau de gouvernement pour déterminer et réguler l'exercice des pouvoirs.

À l'inverse, le fédéralisme moderne implique un plus grand nombre de chevauchements des compétences législatives. C'est dans ce cadre que vont jouer la théorie du double aspect, et le principe fédératif dans une plus large mesure.[1004] La Cour suprême semble récemment se fixer plus clairement en faveur du fédéralisme coopératif.[1005]

431. Le principe fédératif est donc un principe évolutif, dont l'interprétation et la signification peuvent varier au cas par cas. Selon E. Brouillet, cet aspect dynamique est positif car cela permet une adaptation du partage des compétences de la Constitution aux évolutions de la société, tout en respectant la volonté des fondateurs.[1006]

432. Propos conclusifs. - Le principe de subsidiarité et le principe fédératif ont en commun d'être des principes flous, tant dans les textes constituants que dans la jurisprudence ou la doctrine. Ils revêtent un caractère dynamique, permettant au partage des compétences de s'adapter aux évolutions de la société. Cela provient d'un double aspect similaire : ils sont tous deux à la fois « ascendant » et « descendant ». Mais plus important encore, ils revêtent une finalité commune : « (i)ls constituent [...] tous deux un élément de réponse à la dialectique de la centralisation et de la décentralisation du pouvoir et possèdent les mêmes vertus au plan de la gouvernance étatique »[1007].

[1001] *Ibid.*, p 194.

[1002] *Renvoi sur les conventions de travail*, [1937] A.C. 326, p 354, Lord Atkin. Cité par P. FOUCHER, « Flexibilité du Fédéralisme », in G.-A. BEAUDOIN *et al.*, *Le fédéralisme de demain : réformes essentielles/Federalism for the Future : Essential Reforms*, Montréal, Wilson & Lafleur, 1998, p 73.

[1003] R. PELLETIER, « Fédéralisme et fédérations : approches et pratiques », in L. IMBEAU (dir.), *Politiques publiques comparées dans les Etats fédérés*, Québec, Les Presses de l'Université Laval, Coll. Management public et gouvernance, 2005, p 30.

[1004] Multiple Access c. McCutcheon, [1982] 2 R.C.S. 161 ; cité dans P. FOUCHER, *op. cit.*, p 73. Voy. également R. PELLETIER, *op. cit.*, pp 32 & s.

[1005] Voy. à ce sujet *Banque canadienne de l'Ouest*, [2007] 2 R.C.S. 3, par. 24 ; *Renvoi relatif à la Loi sur la procréation assistée*, [2010] 3 R.C.S. 457, par. 43, 74 ; *Renvoi relatif à la Loi sur les valeurs mobilières*, [2011] 3 R.C.S. 837, par. 7.

[1006] E. BROUILLET, « La dilution du principe fédératif et la jurisprudence de la Cour suprême du Canada », *Les Cahiers de Droit*, vol.45, 1, mars 2004, p 25.

[1007] E. BROUILLET, « Canadian federalism and the principle of subsidiarity: should we open Pandora's box? », *Supreme Court Law Review*, vol. 54, 2011, p 607.

Paragraphe II. Une finalité équivalente : assurer un équilibre entre les compétences des ordres de gouvernement

433. Le principe fédératif et le principe de subsidiarité revêtent une fonction analogue dans leur ordre juridique respectif : réguler l'exercice des pouvoirs. On peut l'observer en matière de protection de la qualité des eaux douces tant au Canada que dans l'Union européenne (*A-*). Cette fonction analogue leur permet d'assurer un équilibre entre les compétences des ordres de gouvernement (*B-*).

A. Une fonction analogue : la régulation de l'exercice des pouvoirs dans la protection de la qualité des eaux douces

434. Ces principes sont deux principes-guides qui revêtent une double fonction. La première est une fonction supraconstitutionnelle[1008] : ils ont influé sur le partage des compétences initial, tel qu'opéré dans le Traité de Rome de 1957[1009] et dans la *Loi constitutionnelle de 1867.*[1010] E. Brouillet affirme en effet que le partage des compétences législatives est le cœur du principe fédératif au Canada.[1011] K. Lenaerts et P. Van Ypersele évoquent la « première fonction » du principe de subsidiarité : « présider à la répartition constitutionnelle des compétences »[1012].

Tant l'ordre juridique canadien que l'ordre juridique européen ont pour objectif au départ de confier à une entité centrale des tâches que les entités fédérées/étatiques ne sont plus à même de rencontrer efficacement par leur action prise isolément.[1013] Le principe fédératif et le principe de subsidiarité ont donc irrigué la construction même de l'ordre juridique qu'ils régulent. On retrouve tant l'idée de suppléance commune aux deux principes, que l'idée d'alliance du principe fédératif ou l'idée de devoir de secours du principe de subsidiarité dans les raisons de la construction juridique du Canada et de l'Union.[1014] Ces deux principes sous-tendent donc l'ordre juridique qu'ils habitent.

435. Mais c'est la seconde fonction de ces deux principes qui intéressera davantage notre propos : celle de la régulation de l'exercice des pouvoirs. Cette fonction est en effet à l'œuvre dans le domaine de la protection de la qualité des eaux douces au Canada et dans l'Union.

436. Rappelons que selon K. Zweigert, « la méthode comparative est [...] une méthode *fonctionnelle*, c'est-à-dire qu'elle recherche comment la réalisation d'un besoin juridique des parties ou d'un objectif d'ordre public est

---

[1008] K. LENAERTS, P. VAN YPERSELE, « Principe de subsidiarité et son contexte : étude de l'article 3B Traité CE », *CDE*, 1-2, 1994, p 8 ; S. HANSON, *Entre Union européenne et région Wallonne : multiplicité des échelons de pouvoir et subsidiarité territoriale - Analyse de la subsidiarité territoriale au travers des directives Seveso, IPPC, responsabilité environnementale et de leurs mesures de transposition en Région wallonne*, Thèse de Doctorat, Université de Liège (Belgique), 2011-2012, p 32.

[1009] Traité de Rome du 25 mars 1957.

[1010] *Loi constitutionnelle de 1867*, L.R.C. (1985), app. II, n°5.

[1011] E. BROUILLET, « La dilution du principe fédératif et la jurisprudence de la Cour suprême du Canada », *Les Cahiers de Droit*, vol.45, 1, mars 2004, p 7.

[1012] K. LENAERTS, P. VAN YPERSELE, *op. cit.*, p 8.

[1013] S. HANSON, *op. cit.*, p 3. Voy. également *supra* §50 & s.

[1014] Voy. *supra* §90 & s.

assurée à l'aide des institutions et des notions juridiques les plus diverses »[1015]. Il s'agit de comparer « une série d'institutions analogues par leur fonction »[1016]. Nous empruntons à la méthode fonctionnaliste de K. Zweigert, complétée à l'aide des idées de H. Kötz, la démarche de comparaison d'institutions analogues par leur fonction : le principe de subsidiarité et le principe fédératif. Il s'agit de révéler la concordance de leur fonction dans leur ordre juridique respectif.

437. Le terme *fonction* vient du latin *functio*, qui signifie accomplissement, exécution. Ce terme implique un « rôle caractéristique joué par un élément au sein d'un ensemble »[1017]. Le terme *analogue* vient du grec *analogos,* qui signifie « proportionnel à, en rapport avec ». Plus largement cela implique un rapport de ressemblance avec un autre objet, une autre idée.[1018] Enfin, le terme *régulation* vient du verbe *réguler* qui signifie contrôler, maintenir et conserver la maîtrise de l'évolution d'un phénomène.[1019]

438. Le principe de subsidiarité et le principe fédératif présentent certes des différences, mais ont en commun d'être des principes régulant l'exercice des pouvoirs.[1020] Le principe de subsidiarité est « *a general principle to guide legislative institutions in their exercise of power* »[1021]. L'essence du principe fédératif est le partage des compétences législatives, [1022] et participe concrètement à la régulation de l'exercice des pouvoirs.

Notons tout d'abord que le principe de subsidiarité et le principe fédératif interviennent dans un champ d'application faisant l'objet de la logique des agrégats. Précisons que le principe de subsidiarité intervient dans le cadre de

---

[1015] K. ZWEIGERT, « Des solutions identiques par des voies différentes (Quelques observations en matière de droit comparé) », *Revue internationale de droit comparé*, vol.18, 1, Janv.-mars 1966, p 7.

[1016] *Ibid.*, p 9 ; voy. également K. ZWEIGERT, H. KOTZ, *An Introduction to Comparative Law*, Oxford University Press, 1998, pp 34 & s. Cette affirmation n'est pas partagée par l'ensemble de la doctrine comparatiste, qui connaît une absence d'harmonisation en termes méthodologiques. Des critiques ont été formulées par des auteurs tenants du réalisme juridique américain, tel que Watson ; ainsi que par des auteurs post-modernistes tels que Habbermas, Popper ou encore Legrand. Des variantes à la théorie fonctionnaliste ont été proposées par Constantinesco, Krusse et Sako. Voy. à ce sujet U. KISCHEL, *Critique de la comparaison fonctionnelle et ses alternatives*, Séminaire doctoral, Université Toulouse 1 Capitole, nov. 2011.

[1017] *Dictionnaire Trésor de la Langue Française Informatisé (TLFI)*, ATILF, CNRS, Université Nancy 2, site Internet du dictionnaire : http://atilf.atilf.fr/tlfi.htm (page consultée le 7 juill. 2014).

[1018] *Ibid.*

[1019] *Ibid.*

[1020] Rappelons que ces deux principes permettent également d'attribuer des compétences. Voy. *supra* §434 & s. K. LENAERTS, P. VAN YPERSELE, « Principe de subsidiarité et son contexte : étude de l'article 3B Traité CE », *CDE*, 1-2, 1994, pp 44 & s. ; J.-Ph. DEROSIER, « La dialectique centralisation/décentralisation – Recherches sur le caractère dynamique du principe de subsidiarité », *R.I.D.C.*, 1, 2007, p 4 ; S. HANSON, *Entre Union européenne et région Wallonne : multiplicité des échelons de pouvoir et subsidiarité territoriale - Analyse de la subsidiarité territoriale au travers des directives Seveso, IPPC, responsabilité environnementale et de leurs mesures de transposition en Région wallonne*, Thèse de Doctorat, Université de Liège (Belgique), 2011-2012, pp 55 & s.

[1021] G. BURCA (de), « The Principle of Subsidiarity and the Court of Justice as an Institutionnal Actor », in *Journal of Common Market Studies*, vol. 36, 2, Oxford, Blackwell publishers, June 1998, p 222.

[1022] E. BROUILLET, « La dilution du principe fédératif et la jurisprudence de la Cour suprême du Canada », *Les Cahiers de Droit*, vol.45, 1, mars 2004, p 7.

compétences qui ne sont ni exclusives, ni d'appui.[1023] Notons également que récemment, la Cour suprême du Canada a disserté sur le principe fédératif dans des matières dépassant celles faisant l'objet de la logique des agrégats.[1024] Au-delà de cet aspect, ces deux principes revêtent une fonction analogue dans leur ordre juridique respectif. Tant le principe fédératif (*2-*) que le principe de subsidiarité (*1-*) assurent la régulation de l'exercice des pouvoirs dans une logique des agrégats.[1025]

1. La fonction du principe de subsidiarité dans l'ordre juridique européen

439. Le principe de subsidiarité permet de répondre à la question de la nécessité de l'action communautaire.[1026] Cela le distingue du principe de proportionnalité qui répond à la question de l'intensité de l'action communautaire.[1027] Le principe de subsidiarité « donne une orientation pour la manière dont ces compétences doivent être exercées au niveau communautaire »[1028] selon la règle suivante : « [...] l' Union intervient seulement si, et dans la mesure où, les objectifs de l'action envisagée ne peuvent pas être atteints de manière suffisante par les États membres, tant au niveau central qu'au niveau régional et local, mais peuvent l'être mieux, en raison des dimensions ou des effets de l'action envisagée, au niveau de l'Union »[1029].

Le principe de subsidiarité détermine quel niveau de compétence est le plus légitime à exercer son pouvoir. Il oriente sur la nécessité d'une action de l'Union en matière de protection de la qualité des eaux douces.[1030] Ce principe permet donc de traduire concrètement l'idée de suppléance : chaque institution communautaire, dans le domaine de la protection de la qualité des eaux douces, doit se poser la question de la nécessité de son action, au regard de l'incapacité des États membres à connaître cette action. L'Union ne peut intervenir que si elle est susceptible de mieux satisfaire aux objectifs des traités que les États membres. Elle doit donc démontrer au cas par cas que son action est nécessaire au regard des objectifs des traités et qu'elle peut mieux réaliser ces objectifs que chaque État membre pris isolément.[1031] L'intervention doit donc être justifiée au regard de la conjonction d'un critère

---

[1023] Art. 4 al 1er ; voy. également S. HANSON, *op. cit.*, pp 65-67.

[1024] Voy. à ce sujet *Banque canadienne de l'Ouest*, [2007] 2 R.C.S. 3, par. 24 ; *Renvoi relatif à la Loi sur la procréation assistée*, [2010] 3 R.C.S. 457, par. 43, 74 ; *Renvoi relatif à la Loi sur les valeurs mobilières*, [2011] 3 R.C.S. 837, par. 7.

[1025] Au sujet du principe de subsidiarité, voy. G. ISAAC, M. BLANQUET, *Droit général de l'Union européenne*, Paris, Sirey, 10ème Édition, 2012, p 91.

[1026] E. BROUILLET, « Canadian federalism and the principle of subsidiarity: should we open Pandora's box? », *Supreme Court Law Review*, vol. 54, 2011, p 612.

[1027] *Ibid.*

[1028] Protocole n°2 sur l'application des principes de subsidiarité et de proportionnalité, JOUE C 83/206 du 30 mars 2010, p 3.

[1029] Art.5 du Traité sur l'Union européenne, JOUE C 83 du 30 mars 2010.

[1030] L. GUILLOUD, « Le principe de subsidiarité en droit communautaire et en droit constitutionnel », *Petites Affiches*, 79, 19 avril 2007, p 54.

[1031] S. HANSON, *Entre Union européenne et région Wallonne : multiplicité des échelons de pouvoir et subsidiarité territoriale - Analyse de la subsidiarité territoriale au travers des directives Seveso, IPPC, responsabilité environnementale et de leurs mesures de transposition en Région wallonne*, Thèse de Doctorat, Université de Liège (Belgique), 2011-2012, p 51.

de nécessité avec un critère d'efficacité,[1032] ce qui régule l'exercice des pouvoirs de l'Union. Plus précisément, deux critères de nécessité et un critère de valeur ajoutée doivent être remplis. Le Rapport *Mieux légiférer 2002* apporte des précisions à ce sujet.[1033] Le premier critère de nécessité exige que la question implique « des aspects transnationaux qui ne peuvent être réglés de manière satisfaisante par l'action des États membres ». Le second critère de nécessité exige qu'une action au niveau national, ou l'absence d'action au niveau de l'Union soit « contraire aux exigences du traité ou léserait grandement d'une autre manière les intérêts des États membres ». Enfin, le Rapport énonce un critère de valeur ajoutée : « une action menée au niveau de l'Union présenterait des avantages manifestes par rapport à une action au niveau des États membres »[1034].

2. La fonction du principe fédératif dans l'ordre juridique canadien

440. Le principe fédératif bénéficie d'un traitement par le droit canadien nettement moins explicite. Il apparaît en effet en filigrane parmi les règles de partage des compétences. Son champ d'application *ratione materiae* est donc plus difficile à appréhender. C'est dans l'analyse des règles de partage des compétences qu'il sera plus aisé de l'identifier.[1035] Néanmoins, on peut soulever certains éléments permettant d'établir que le principe fédératif a pour fonction de réguler l'exercice des pouvoirs dans le contexte de la logique des agrégats.

441. E. Brouillet fait ressortir que le principe fédératif est utilisé comme guide dans l'interprétation des dispositions expresses de la Constitution, notamment en ce qui concerne le partage des compétences législatives entre les deux ordres de gouvernement.[1036] Le principe fédératif est utilisé pour procéder à un équilibre des forces dans l'exercice des pouvoirs attenants à ces compétences.[1037] Cela apparaît de façon implicite dans la jurisprudence du Comité judiciaire du Conseil privé. Notamment, en 1883 dans l'arrêt *Hodge*, le raisonnement des juges se base sur un équilibre sous-jacent dans l'exercice des compétences en vertu des articles 91 et 92.[1038] En 1892, le Comité judiciaire précise son raisonnement. La *Loi constitutionnelle de 1867* a établi un État fédéral, ce qui a été réalisé par le partage de pouvoirs entre les provinces et le Dominion. Le Dominion ne doit être doté de ces

---

[1032] Pour plus de précisions, voy. *infra* §488 & s.

[1033] *Mieux légiférer 2002*, Rapport de la Commission au Conseil européen, COM (2003) 770 final, p 17.

[1034] *Ibid.*

[1035] Voy. *infra* §526 & s.

[1036] E. BROUILLET, « La dilution du principe fédératif et la jurisprudence de la Cour suprême du Canada », *Les Cahiers de Droit*, vol.45, 1, mars 2004, p 13.

[1037] E. BROUILLET, « Canadian federalism and the principle of subsidiarity: should we open Pandora's box? », *Supreme Court Law Review*, vol. 54, 2011, p 602.

[1038] *Hodge* v. *The Queen,* [1883] 9 A.C. 117, 125-127. Cette utilisation implicite apparaît également dans *A.-G. for Ontario* v. *A.-G. for Canada,* [1896] A.C. 348, 360-361 ; ainsi que dans *In re the Initiative and Referendum Act,* [1919] A.C. 935, 942 ; *British Coal Corporation* v. *The King,* [1935] A.C. 500, 518 ; *A.-G. for Canada* v. *A.-G. for Ontario,* [1937] A.C. 326, 366 et 367 ; *Shannon* v. *Lower Mainland Dairy Products Board,* [1938] A.C. 708, 722.

pouvoirs que dans la limite de ce qui est nécessaire à l'accomplissement de ses fonctions constitutionnelles.[1039]

Par la suite, les juges dissidents Martland et Ritchie de la Cour suprême ont établi dans le *Renvoi sur le Rapatriement* que l'objectif de la division de la compétence législative en différentes matières est de « préserver l'intégrité de la structure fédérale »[1040]. De même, la Cour suprême a affirmé que le principe fédératif est un principe inhérent et sous-jacent à la Constitution.[1041] Également, dans le *Renvoi sur les juges de la cour provinciale*,[1042] la Cour suprême indique que les principes structurels apparaissant dans le préambule de la *Loi constitutionnelle de 1867* établissent le désir de construire une fédération, ce qui concerne notamment l'interprétation du partage des compétences. Rappelons que le principe fédératif est un de ces principes. Par ce biais, le principe fédératif procède à un équilibre de l'exercice des pouvoirs dévolus aux ordres de gouvernement fédéral et fédéré.[1043] Selon E. Brouillet, il permet donc un équilibre des forces,[1044] grâce à sa fonction de régulation de l'exercice des pouvoirs.

442. La fonction analogue des principes fédératif et de subsidiarité leur permet de poursuivre une finalité équivalente : assurer un équilibre entre les compétences des ordres de gouvernement.

B. Une fonction répondant au principe d'équilibre dynamique

443. Au Canada, l'objectif de la *Loi constitutionnelle de 1867* est d'instaurer un régime fédératif. Les tribunaux ont œuvré à maintenir un certain équilibre entre les compétences fédérales et provinciales.[1045] Dans l'Union, cet équilibre apparaît de façon implicite dans l'article premier du TUE.[1046]

444. Les principes fédératif et de subsidiarité « [...] constituent [...] tous deux un élément de réponse à la dialectique de centralisation et de décentralisation du pouvoir et possèdent les mêmes vertus au plan de la gouvernance étatique »[1047]. Ils ont en effet en commun de répondre à la question de l'équilibre dans le partage des responsabilités étatiques.[1048] Pour cela, ils remplissent les critères du principe d'équilibre de la dialectique entre

---

[1039] « [...] *the Dominion Government should be vested with such of these powers, [...] as were necessary for the due performance of its constitutional functions* [...] », in *Liquidators of the Maritime Bank of Canada* v. *Receiver-General of New Brunswick,* [1892] A.C. 437, 440. Notre traduction.

[1040] *Renvoi : résolution pour modifier la Constitution*, [1981] 1 R.C.S.753, 821.

[1041] *Renvoi : droits linguistiques au Manitoba*, [1985] 1 R.C.S. 721, 751-752 ; *Renvoi relatif à la sécession du Québec*, [1998] 2 R.C.S. 217, 250 & s.

[1042] *Renvoi sur les juges de la cour provinciale,* [1997] 3 R.C.S. 3, 69.

[1043] E. BROUILLET, *op. cit.*, p 602. Traduction de l'auteure.

[1044] *Ibid.*

[1045] *Supermarchés Dominion Ltée* c. *La Reine*, [1980] 1 R.C.S. 844, 862 ; voy. à ce sujet H. BRUN, G. TREMBLAY, E. BROUILLET, *Droit constitutionnel*, Cowansville, Yvon Blais, 2008, p 444.

[1046] « Le présent traité marque une nouvelle étape dans le processus créant une union sans cesse plus étroite entre les peuples de l'Europe, dans laquelle les décisions sont prises dans le plus grand respect possible du principe d'ouverture et le plus près possible des citoyens », TUE, JOUE C 83 du 30 mars 2010, art. 1er al. 2.

[1047] E. BROUILLET, « Canadian federalism and the principle of subsidiarity: should we open Pandora's box? », *Supreme Court Law Review*, vol. 54, 2011, p 607.

[1048] E. BROUILLET, *L'identité culturelle québécoise et le fédéralisme canadien*, Thèse de Doctorat, Québec, Faculté des études supérieures, Université Laval, 2003, p 103.

autonomie et interdépendance tout en assurant son dynamisme. Ces principes assurent une non-centralisation des compétences (*1-*) ; une non-subordination des entités nationales et provinciales à l'égard de l'entité centrale (*2-*) ; tout en étant protégés par des garanties juridictionnelles (*3-*).

1. Des principes assurant une non-centralisation des compétences

445. Le premier critère est celui de la non-centralisation des compétences des entités fédérées ou nationales au profit d'un ordre de gouvernement central. Rappelons que selon F. Rocher, ce principe implique que « les domaines relevant des communautés fédérées ne peuvent être centralisés unilatéralement »[1049]. Cela signifie qu'aucun des deux ordres étatiques ne peut détenir un pouvoir absolu, mais aussi qu'aucun glissement ne peut s'opérer des responsabilités d'un ordre de gouvernement vers un autre, dans le cadre de l'exercice de leurs compétences.[1050]

446. Comme nous l'avons établi, le principe de subsidiarité a pour fonction de réguler l'exercice des pouvoirs, en soumettant celui-ci à deux critères : celui de l'efficacité et celui de la nécessité de l'action de l'ordre de gouvernement. L'objectif du principe de subsidiarité, selon le Protocole additionnel au Traité d'Amsterdam, est « de faire en sorte que la prise de décision ait lieu à un niveau aussi proche que possible du citoyen de l'Union »[1051]. La règle de principe est l'action des États membres. Si elle se révèle insuffisante, l'Union aura alors toute la légitimité pour agir.[1052] L'exercice de certaines compétences par l'Union est suspendu « à la preuve de l'insuffisance des États membres »[1053]. K. Lenaerts et P. Van Ypersele évoquent à ce sujet une subordination de l'action communautaire dans les domaines de compétences non exclusives, à cette insuffisance.[1054] L'idée de suppléance que sous-tend le principe de subsidiarité est ici à l'œuvre.[1055] Ces auteurs considèrent que le principe de subsidiarité implique davantage une désintégration qu'une intégration communautaire.[1056] Ce principe permettrait en effet « (d')éviter tout centralisme abusif »,[1057] ce qui a été un des arguments soulevés par les États membres au moment des négociations du Traité de Maastricht.[1058] Il s'agissait en effet de limiter l'extension progressive des compétences de ce qui

---

[1049] F. ROCHER, « La dynamique Québec-Canada ou le refus de l'idéal fédéral », in A.G. GAGNON, *Le fédéralisme canadien contemporain: fondements, traditions, institutions*, Les Presses de l'Université de Montréal, 2006, p 104.

[1050] Voy. *supra* §114 & s.

[1051] Protocole n°2 sur l'application des principes de subsidiarité et de proportionnalité, JOUE C 83/206 du 30 mars 2010.

[1052] F. CHALTIEL, C.J. BERR, S. FRANCQ, C. PRIETO, « Chronique de jurisprudence du Tribunal et de la Cour de justice des Communautés européennes – chronique 4», *Journal du droit international (Clunet)*, 2, 2008, p 3.

[1053] K. LENAERTS, P. VAN YPERSELE, « Principe de subsidiarité et son contexte : étude de l'article 3B Traité CE », *CDE*, 1-2, 1994, p 82.

[1054] *Ibid.*

[1055] Voy. *supra* §384 & s.

[1056] K. LENAERTS, P. VAN YPERSELE, *op. cit.*, p 81.

[1057] E. BROUILLET, « Canadian federalism and the principle of subsidiarity: should we open Pandora's box? », *Supreme Court Law Review*, vol. 54, 2011, p 612.

[1058] Traité de l'Union européenne de 1992, JOCE C 191 du 29 juillet 1992, dit « Traité de Maastricht ».

était encore appelé la Communauté européenne.[1059] K. Lenaerts et Y. Van Ypersele l'affirment : « les États membres (ont) acquis la garantie que jamais plus intégration ne rimera jamais avec centralisation »[1060]. Le principe de subsidiarité remplit donc, dans son esprit et dans sa lettre, le critère de la non-centralisation des compétences au profit d'un ordre de gouvernement.

447. Le principe fédératif implique également « [...] un partage du pouvoir législatif entre deux ordres de gouvernement »[1061]. Pour cela, il procède à un équilibre de l'exercice des pouvoirs dévolus aux ordres de gouvernement fédéral et fédéré.[1062] Il permet en effet un équilibre des forces.[1063] Pour cela, les juges dissidents Martland et Ritchie de la Cour suprême dans le *Renvoi sur le Rapatriement*[1064] affirment que les implications du fédéralisme sont claires : « (o)n ne devrait permettre à aucun ordre de gouvernement d'empiéter sur l'autre, que ce soit directement ou indirectement »[1065]. Le principe fédératif, principe régulateur de l'exercice des pouvoirs, implique donc une non-centralisation des compétences des entités fédérées au profit de l'ordre central. De même, chaque ordre de gouvernement ne peut pas exercer un pouvoir entrant dans le champ de compétence de l'autre ordre de gouvernement.

2. Des principes garantissant une non-subordination des entités nationales et provinciales

448. Le second critère est celui de la non-subordination d'un ordre de gouvernement envers l'autre. Il s'agit du principe corollaire à celui de la non-centralisation. Les groupes hétérogènes doivent être affranchis « de toute tutelle ou de tout lien hiérarchique à l'égard du pouvoir général ». Il doit donc y avoir une « absence de lien tutélaire » et une liberté des groupes hétérogènes dans les domaines où ils sont présumés autonomes.[1066]

449. Le principe de subsidiarité assure une forme d'autonomie de chaque ordre de gouvernement. Il s'agit de protéger les compétences de chacun, et notamment les compétences nationales[1067] contre une forme de tutelle de la part de l'Union. Le principe de subsidiarité permet en effet « (d')apporter une

---

[1059] K. LENAERTS, P. VAN YPERSELE, *op. cit.*, p 9 ; J.-M. FAVRET, *Droit et pratique de l'Union européenne,* Paris, Gualino, Lextenso Éditions, 6ème édition, 2009, p 51 ; M. LEE, *EU Environmental Law – Challenges, Change and Decision-making,* Oxford, Hart publishing, 2005, p 10 ; L. GUILLOUD, « Le principe de subsidiarité en droit communautaire et en droit constitutionnel », *Petites Affiches*, 79, 19 avril 2007, p 54.

[1060] K. LENAERTS, P. VAN YPERSELE, *op. cit.*, p 83.

[1061] E. BROUILLET, *L'identité culturelle québécoise et le fédéralisme canadien,* Thèse de Doctorat, Québec, Faculté des études supérieures, Université Laval, 2003, p 94. Voy. également K.C.WHEARE, *Federal Government*, 4ème édition, Londres, Oxford University Press, 1963, p 10 ; ainsi que E. BROUILLET, « La dilution du principe fédératif et la jurisprudence de la Cour suprême du Canada », *Les Cahiers de Droit*, vol.45, 1, mars 2004, p 34.

[1062] E. BROUILLET, « Canadian federalism and the principle of subsidiarity: should we open Pandora's box? », *Supreme Court Law Review*, vol. 54, 2011, p 602. Traduction de l'auteure.

[1063] *Ibid.*

[1064] *Renvoi : résolution pour modifier la Constitution*, [1981] 1 R.C.S.753, 821.

[1065] *Ibid.*

[1066] F. ROCHER, « La dynamique Québec-Canada ou le refus de l'idéal fédéral », in A.G. GAGNON, *Le fédéralisme canadien contemporain: fondements, traditions, institutions,* Les Presses de l'Université de Montréal, 2006, p 103. Voy. également *supra* §140 & s.

[1067] F. CHALTIEL, C.J. BERR, S. FRANCQ, C. PRIETO, « Chronique de jurisprudence du Tribunal et de la Cour de justice des Communautés européennes – chronique 4», *Journal du droit international (Clunet)*, 2, 2008, p 3.

réponse commune à des problèmes qui ne peuvent être traités qu'en commun », par l'exercice de ses compétences par l'Union, « tout en laissant les États membres régler eux-mêmes les problèmes qu'ils sont aptes à résoudre dans les domaines en cause »[1068]. Le principe de subsidiarité remplit donc le critère de non-subordination.

450. Au sujet du principe fédératif, le Comité judiciaire du Conseil privé a établi en 1892 que la législation de chaque province doit être dégagée de tout contrôle de la part du Dominion.[1069] Le Comité judiciaire du Conseil privé a produit une jurisprudence constante à ce sujet.[1070] Notamment, dans *Hodge v. The Queen*, le Comité judiciaire rappelle le principe selon lequel les pouvoirs exercés par les provinces le sont en vertu des compétences qu'elles ont reçues de l'article 92 de la *Loi constitutionnelle de 1867*, et non en vertu d'une délégation de pouvoir de la part du parlement du Dominion.[1071] De même, les juges de la Cour suprême ont établi qu'un partage des pouvoirs fédératifs a été opéré et qu'il est soutenu par une autonomie des ordres de gouvernement : « [...] chacun (est) souverain dans sa propre sphère [...] »[1072]. Selon H. Brun, G. Tremblay et E. Brouillet, « le fédéralisme consiste en une fusion partielle pour la réalisation de certaines tâches communes sans, pour autant, que ne soit sacrifiée en d'autres matières l'autonomie des composantes »[1073]. E. Brouillet le redit en d'autres termes : le « principe fédératif [...] implique un partage du pouvoir législatif entre deux ordres de gouvernement, chacun étant, dans ses sphères de compétences, indépendant et coordonné »[1074].

Concrètement, cela se traduit par l'exclusivité des pouvoirs provinciaux et l'autonomie de chaque ordre de gouvernement dans leur domaine de compétence. L'interprétation de la part des auteurs canadiens anglophones est intéressante sur ce point. Ils se différencient des auteurs francophones sur l'interprétation des intentions originelles des pères fondateurs, ainsi que sur le

---

[1068] K. LENAERTS, P. VAN YPERSELE, « Principe de subsidiarité et son contexte : étude de l'article 3B Traité CE », *CDE*, 1-2, 1994, p 82.

[1069] « [...] *the legislation of each Province continues to be free from the control of the Dominion* [...] », in *Liquidators of the Maritime Bank of Canada* v. *Receiver-General of New Brunswick*, [1892] A.C. 437, 441. Notre traduction.

[1070] Voy. à ce sujet *Citizens Insurance Company of Canada* v. *Parsons*, [1881-82] 7 A.C. 96, 108 ; *Hodge* v. *The Queen*, [1883] 9 A.C. 117, 132 ; *A.-G. for Ontario* v. *A.-G. for Canada*, [1896] A.C. 348, 360 et 361 ; *In re the Initiative and Referendum Act*, [1919] A.C. 935, 942 ; *British Coal Corporation* v. *The King*, [1935] A.C. 500, 518 ; *A.-G. for Canada* v. *A.-G. for Ontario*, [1937] A.C. 326, 366 et 367 ; *Shannon* v. *Lower Mainland Dairy Products Board*, [1938] A.C. 708, 722. Pour plus de précisions voy. E. BROUILLET, « La dilution du principe fédératif et la jurisprudence de la Cour suprême du Canada », *Les Cahiers de Droit*, vol.45, 1, mars 2004, p 12.

[1071] *Hodge* v. *The Queen*, [1883] 9 A.C. 117, 117.

[1072] Voy. la dissidence des juges dans *Renvoi : résolution pour modifier la Constitution*, [1981] 1 R.C.S.753, 821 ; Cela a été confirmé par la majorité des juges de la Cour dans des décisions récentes : *Banque canadienne de l'Ouest*, [2007] 2 R.C.S. 3, par. 24 ; *Renvoi relatif à la Loi sur la procréation assistée*, [2010] 3 R.C.S. 457, par. 43, 74 ; *Renvoi relatif à la Loi sur les valeurs mobilières*, [2011] 3 R.C.S. 837, par. 7.

[1073] H. BRUN, G. TREMBLAY, E. BROUILLET, *Droit constitutionnel*, Cowansville, Yvon Blais, 2008, p 404.

[1074] E. BROUILLET, *L'identité culturelle québécoise et le fédéralisme canadien*, Thèse de Doctorat, Québec, Faculté des études supérieures, Université Laval, 2003, p 94 ; E. BROUILLET, « La dilution du principe fédératif et la jurisprudence de la Cour suprême du Canada », *Les Cahiers de Droit*, vol.45, 1, mars 2004, p 34.

texte de la *Loi constitutionnelle*.[1075] Ces auteurs relèvent que si l'autonomie des provinces n'était pas favorisée au départ dans le texte de la *Loi constitutionnelle de 1867*, ce sont le Conseil privé et la Cour suprême qui ont permis, par leur interprétation du principe fédératif, un élargissement de cette autonomie.[1076] Selon ce point de vue, ce n'est donc pas de la lettre du texte de la *Loi constitutionnelle*, mais de son interprétation par les deux hautes cours que le principe fédératif tire sa coloration autonomiste. D'une interprétation à l'autre, le principe d'autonomie apparaît comme un corollaire au principe fédératif, même si cela n'emprunte pas le même raisonnement. Dans les deux cas cela implique une non-subordination : en étant indépendant dans l'exercice de ses pouvoirs, chaque ordre de gouvernement n'est « [...] subordonné d'aucune façon à l'autre palier législatif »[1077]. Le principe fédératif permet donc d'assurer une non-subordination d'un ordre de gouvernement par rapport à un autre. Il permet d'éviter que chaque ordre de gouvernement détienne un pouvoir absolu, qu'il exercerait au détriment de la structure fédérale.

3. Les garanties juridictionnelles de ces principes

451. Il s'agit du troisième critère du principe d'équilibre que nous avons proposé, sur la base des travaux de J.-Ph. Derosier.[1078] Pour rappel, il s'agit pour les entités d'un ordre juridique (les provinces, les États membres, le parlement fédéral et l'Union européenne) de la capacité à « faire valoir leurs compétences et de faire respecter leurs décisions à travers le recours à un organe habilité à accéder à leur requête et à trancher les éventuels litiges »[1079]. L'objectif est qu'un arbitrage soit prévu et assuré en cas de conflit entre les entités au sujet du partage des compétences. Chaque entité peut faire valoir devant un arbitre impartial, un de ses domaines de compétence, afin que son autonomie, à travers la pérennité de cette compétence, lui soit assurée.[1080] L'intervention de cet arbitre permet également une continuité dans l'application du principe d'équilibre dynamique. Cet arbitre applique alors les critères du principe régulateur de l'exercice des pouvoirs, afin de déterminer si la loi contestée doit être remise en question ou non.

452. Tant le principe fédératif que le principe de subsidiarité remplissent ce critère. Selon J.-Ph. Derosier, « la possibilité pour cette [...] entité de faire valoir auprès du juge l'application du principe de subsidiarité est un critère du caractère effectif de ce principe »[1081]. Le juge communautaire joue un rôle

[1075] *Loi constitutionnelle de 1867*, L.R.C. (1985), app. II, n°5.

[1076] M.A. FIELD, « The differing federalisms of Canada and the United States », *Law and Contemporary Problems*, Vol. 55, 1, Winter 1992, p 107 ; K.C.WHEARE, *Federal Government*, 4ème édition, Londres, Oxford University Press, 1963 ; P.J. MONAHAN, *Constitutional Law*, Toronto, Irwin Law, 2006, p 101 ; F. ROCHER, « La dynamique Québec-Canada ou le refus de l'idéal fédéral », in A.G. GAGNON, *Le fédéralisme canadien contemporain: fondements, traditions, institutions*, Les Presses de l'Université de Montréal, 2006, pp 94 & s.

[1077] BROUILLET, « La dilution du principe fédératif et la jurisprudence de la Cour suprême du Canada », *Les Cahiers de Droit*, vol.45, n°1, mars 2004, p 34.

[1078] Voy. *supra* §141.

[1079] H. KELSEN, *Théorie Générale du Droit et de l'État*, Paris, L.G.D.J., 1997, p 355 ; J.-Ph. DEROSIER, « La dialectique centralisation/décentralisation – Recherches sur le caractère dynamique du principe de subsidiarité », *R.I.D.C.*, 1, 2007, p 109.

[1080] J.-Ph. DEROSIER, *op. cit.*, p 138.

[1081] J.-Ph. DEROSIER, *op cit*, p 139.

central pour le principe de subsidiarité : il l'applique, l'interprète et conditionne son effectivité.[1082] Comme le principe de subsidiarité est un principe confus, le rôle du juge communautaire n'en est que plus fondamental pour préciser ses contours.[1083]

453. Le principe fédératif bénéficie également d'une garantie juridictionnelle par l'intermédiaire du contrôle de constitutionnalité.[1084] La Cour suprême le soulève en 2010 dans le *Renvoi relatif à la Loi sur la procréation assistée*[1085] en vérifiant le respect de « l'équilibre fédératif »[1086]. Elle le redit autrement en 2011 dans le *Renvoi relatif à la Loi sur les valeurs mobilières*[1087] en affirmant que le fédéralisme « exige [...] d'établir un équilibre qui permet tant au Parlement qu'aux législatures d'agir efficacement dans leurs sphères de compétence respectives »[1088].

Une partie de la Cour suprême avait déjà approché ce principe dans sa décision *Renvoi sur le Rapatriement*,[1089] les juges dissidents Martland et Ritchie évoquant : « L'A.A.N.B. ne précise pas les moyens de déterminer la constitutionnalité de lois fédérales ou provinciales. Les tribunaux ont assumé et exécuté cette tâche et l'autorité suprême, confiée à l'origine au Comité judiciaire du Conseil privé, l'est depuis 1949 à cette Cour »[1090]. Ils précisaient que : « [...] les tribunaux ont eu la possibilité d'élaborer des principes juridiques fondés sur la nécessité de préserver l'intégrité de la structure fédérale »[1091].

C'est ainsi par l'intermédiaire du contrôle de constitutionnalité que le principe fédératif sera appliqué par la Cour suprême. Lors de la vérification de la conformité d'une loi contestée à la *Loi constitutionnelle de 1867*,[1092] le juge va procéder à l'analyse du caractère véritable de cette loi. C'est sur cette base qu'il déterminera, à la lumière du principe fédératif notamment, si cette loi a été adoptée sur la base d'une compétence qui répond à la *Loi constitutionnelle*.[1093]

1082 G. BURCA (DE), « The Principle of Subsidiarity and the Court of Justice as an Institutionnal Actor », in *Journal of Common Market Studies*, Vol. 36, 2, Oxford, Blackwell publishers, June 1998, pp 220 & s. ; K. LENAERTS, P. VAN YPERSELE, « Principe de subsidiarité et son contexte : étude de l'article 3B Traité CE », *CDE*, 1-2, 1994, pp 71 & s. ; J.-M. FAVRET, *Droit et pratique de l'Union européenne*, Paris, Gualino, Lextenso Éditions, 6ème édition, 2009, p 205 ; A. MASSON, *Droit communautaire – Droit institutionnel et droit matériel – Théorie, exercices et éléments de méthodologie*, Bruxelles, Groupe De Boeck, Larcier, 2ème édition, 2009, p 52.

1083 Pour plus de précisions, voy. *infra* §488 & s.

1084 E. BROUILLET, *L'identité culturelle québécoise et le fédéralisme canadien*, Thèse de Doctorat, Québec, Faculté des études supérieures, Université Laval, 2003, p 100.

1085 *Renvoi relatif à la Loi sur la procréation assistée*, [2010] 3 R.C.S. 457, par. 43, 74.

1086 *Ibid.*, par. 74.

1087 *Renvoi relatif à la Loi sur les valeurs mobilières*, [2011] 3 R.C.S. 837, par. 7.

1088 *Ibid.*

1089 *Renvoi : résolution pour modifier la Constitution*, [1981] 1 R.C.S.753, 821.

1090 *Ibid.* En citant l'A.A.N.B., les juges dissidents évoquent les Actes d'Amérique du Nord Britannique, un ensemble de lois du Parlement britannique adoptées entre 1867 et 1975, qui ont établi puis amendées ce qui constitue la Constitution canadienne. Pour plus de précisions, voy. H. BRUN, G. TREMBLAY, E. BROUILLET, *Droit constitutionnel*, Cowansville, Yvon Blais, 2008, pp 1 & s. ; ainsi que M. LAMONTAGNE, *Le Fédéralisme canadien : Évolution et problèmes*, Québec, Les Presses de l'Université Laval, 1954, 298 pages.

1091 *Renvoi : résolution pour modifier la Constitution*, *op. cit.*, 821.

1092 *Loi constitutionnelle de 1867*, L.R.C. (1985), app. II, n°5.

1093 Pour plus de précisions, voy. *infra* §560 & s.

454. Le principe de subsidiarité et le principe fédératif remplissent donc les trois critères cumulatifs du principe d'équilibre. Ils permettent donc d'assurer un équilibre entre autonomie et interdépendance.

455. Propos conclusifs. - Le principe d'équilibre tel que nous l'avons établi présente la caractéristique d'être dynamique.[1094] Il se représenterait comme un curseur oscillant en permanence entre centralisation et non-centralisation, en fonction des besoins de l'ordre juridique et de la société.[1095] C'est cet aspect dynamique qui permet à l'ordre juridique d'être pérenne.

456. Le principe de subsidiarité et le principe fédératif permettent à un équilibre dynamique de s'opérer. En effet, ils revêtent tous les deux un double aspect : ils sont à la fois « ascendants », permettant une action de l'entité centrale quand cela est nécessaire ; et ils sont « descendants », favorisant la prise de décision au plus proche du citoyen.[1096] Ces deux principes apportent une certaine flexibilité, ce qui permet une adaptation de l'ordre juridique aux évolutions de la société. Ils permettent une oscillation permanente entre centralisation et non-centralisation, ce qui correspond à la dialectique entre autonomie et interdépendance.

457. Ces deux principes présentent donc une fonction analogue dans leur ordre juridique respectif : celle de réguler l'exercice des pouvoirs.[1097] Par ce biais, ils assurent un équilibre entre les compétences des ordres de gouvernement, et donc entre autonomie et interdépendance. Cette finalité leur confère un caractère central pour la pérennité de leur ordre juridique, c'est pourquoi leur prise en compte fait l'objet d'un contrôle *a priori* dans les institutions, et d'un contrôle *a posteriori* par le juge.

SECTION II. UN CONTRÔLE ÉQUIVALENT *A PRIORI* ET *A POSTERIORI*

458. Le principe de subsidiarité et le principe fédératif font l'objet de plusieurs contrôles de leur prise en compte par les institutions. Principes fondamentaux pour la pérennité de la structure fédérale et l'équilibre de l'Union, leur prise en compte est contrôlée *a priori* par les institutions lors de l'adoption d'un acte législatif (*paragraphe I*) ; et *a posteriori* par le juge, lors de l'appréciation de la validité d'un acte, ce qui lui confère un rôle central d'arbitre (*paragraphe II*).[1098]

Paragraphe I. Un contrôle *a priori* par les institutions

459. Tant au Canada qu'en Europe, les institutions font l'objet d'une obligation de respect respectivement du principe fédératif et du principe de subsidiarité, lors de la phase prélégislative. La logique s'appliquant aux

---

[1094] Voy. *supra* §147 & s.
[1095] Voy. *supra* §147 & s.
[1096] Voy. *supra* §376 & s.
[1097] Rappelons que ces principes assurent également l'équilibre dans la répartition des compétences.
[1098] A. MASSON, *Droit communautaire – Droit institutionnel et droit matériel – Théorie, exercices et éléments de méthodologie*, Bruxelles, Groupe De Boeck, Larcier, 2ème édition, 2009, p 52.

institutions canadiennes et européennes semble différente entre les deux ordres juridiques : la charge de la preuve de la prise en compte du principe de régulation de l'exercice des pouvoirs ne repose pas sur les mêmes institutions. En effet, si le législateur européen doit apporter la preuve qu'il a tenu compte du principe de subsidiarité en édictant un acte, au Canada il revient au juge de présumer de la constitutionnalité des normes.[1099]

C'est pourquoi nous traiterons à part des deux cas : l'Union européenne a formulé un contrôle explicite du respect du principe de subsidiarité qui a fait l'objet d'une évolution importante depuis l'entrée en vigueur du Traité de Lisbonne (*A*-) ; les institutions canadiennes font l'objet d'une obligation plus indirecte et implicite de respect du principe fédératif (*B*-).

A. Le contrôle *a priori* de la prise en compte du principe de subsidiarité dans l'Union européenne

460. L'introduction du principe de subsidiarité en droit communautaire en matière environnementale par l'Acte unique, puis de façon généralisée par le Traité de Maastricht, est un acte politique fort de la part des États membres. Il suppose, dès 1992, un encadrement des institutions, au premier rang desquelles se trouve la Commission européenne. Notons que le contrôle du respect du principe de subsidiarité concerne surtout le travail des institutions de l'Union, de par la logique même du principe de subsidiarité telle qu'appliquée dans l'Union. En effet, la règle de principe pour une compétence partagée comme la protection de la qualité des eaux douces, est le principe de proximité : on présume de la compétence des États membres. Si l'Union souhaite intervenir, elle devra justifier cette intervention au regard du principe de subsidiarité. L'encadrement de la prise en compte du principe par les institutions de l'Union a évolué de façon significative lors de l'entrée en vigueur du Traité de Lisbonne : il s'agit d'adoucir les exigences attendues de la part des institutions (*1*-) ; et de mettre en place une nouvelle forme de contrôle *a priori* du principe de subsidiarité : celui des parlements nationaux (*2*-).

1. Un contrôle *a priori* par les institutions de l'Union adouci

461. Le contrôle *a priori* du principe de subsidiarité intervient lors de la phase prélégislative, au stade de la proposition d'un acte. Une évolution importante s'est produite lors de l'entrée en vigueur du Traité de Lisbonne : on passe d'une subsidiarité matérielle à une subsidiarité plus procédurale.[1100]

462. Lors de l'introduction explicite du principe de subsidiarité dans les traités en matière environnementale, aucun texte n'est venu préciser les modalités de sa prise en compte par les institutions. C'est lors de la généralisation du principe que le besoin de préciser les conditions procédurales

---

[1099] Les lois du Parlement sont en effet réputées constitutionnelles. Voy. *Severn* c. *La Reine*, [1878] 2 R.C.S. 70, 103 & 107-108 ; *Hewson* c. *Ontario Power Co.*, (1905) 36 R.C.S. 596, 602-604 & 607. Voy. également à ce sujet H. BRUN, G. TREMBLAY, E. BROUILLET, *Droit constitutionnel*, Cowansville, Yvon Blais, 2008, pp 195 & s.

[1100] S. HANSON, *Entre Union européenne et région Wallonne : multiplicité des échelons de pouvoir et subsidiarité territoriale - Analyse de la subsidiarité territoriale au travers des directives Seveso, IPPC, responsabilité environnementale et de leurs mesures de transposition en Région wallonne*, Thèse de Doctorat, Université de Liège (Belgique), 2011-2012, pp 75 & s.

de son application est apparu. Le contexte politique de l'époque offre un éclairage intéressant : les négociations du traité de Maastricht sont très difficiles, à tel point que la crainte de les voir échouer est réelle. Suite au vote négatif danois lors du référendum sur la ratification du Traité de Maastricht, le Conseil réuni à Lisbonne, a réaffirmé l'importance du principe de subsidiarité. Il a incité les institutions communautaires à prendre les mesures nécessaires sur le plan procédural et technique pour mettre en œuvre ce principe.[1101] Un premier pas est effectué dans ce sens lors du Conseil européen de Birmingham le 16 octobre 1992. Mais ce sont les conclusions de la présidence du Conseil d'Édimbourg des 11 et 12 décembre 1992[1102] qui établissent réellement une approche applicable par les institutions participant au processus législatif.[1103] Ainsi, le Conseil d'Édimbourg détermine les principes fondamentaux, des lignes directrices sur la mise en œuvre du principe de subsidiarité et des procédures pratiques à l'attention des institutions communautaires. Mais le contrôle proposé est quelque peu restrictif.

463. Quelques jours avant l'entrée en vigueur du Traité de Maastricht,[1104] la Commission, le Conseil et le Parlement adoptent un accord complétant la mise en œuvre du principe de subsidiarité telle qu'énoncée par le Conseil d'Édimbourg.[1105] Pour chaque institution, des procédures à suivre pour veiller à la bonne application du principe de subsidiarité sont établies.[1106] Une ligne de conduite relativement précise a donc été dégagée et codifiée dans le Protocole sur l'application des principes de subsidiarité et de proportionnalité, annexé au Traité d'Amsterdam.[1107]

Ce Protocole fournit une ligne de conduite pour les institutions au regard du principe de subsidiarité. L'article 4 dispose :

> Pour toute proposition de texte législatif communautaire, les motifs sur lesquels elle se fonde font l'objet d'une déclaration tendant à la justifier en démontrant qu'elle est conforme aux principes de subsidiarité et de proportionnalité ; les raisons permettant de conclure qu'un objectif communautaire peut être mieux

---

[1101] S. HANSON, *Entre Union européenne et région Wallonne : multiplicité des échelons de pouvoir et subsidiarité territoriale - Analyse de la subsidiarité territoriale au travers des directives Seveso, IPPC, responsabilité environnementale et de leurs mesures de transposition en Région wallonne*, Thèse de Doctorat, Université de Liège (Belgique), 2011-2012, p 76 note 345.

[1102] Conseil européen d'Édimbourg, *Bulletin C.E.*, 12-1992 ; Conclusions de la présidence du Conseil européen concernant le principe de subsidiarité, *Actualités communautaires*, n°283, févr. 1993.

[1103] S. HANSON, *op. cit.*, p 76 note 345.

[1104] Le 1er novembre 1993.

[1105] Accord inter-institutionnel du 25 oct. 1993 entre le Parlement européen, le Conseil et la Commission, *Bulletin des Communautés européennes*, 10-1993, JOCE C 329.

[1106] Le Sénat français a affirmé que ce texte « officialisait la volonté commune aux trois institutions de ne pas garantir le respect du principe de subsidiarité [...] ». Voy. Ch. MALÈNE (de la), « L'application du principe de subsidiarité », *Délégation du Sénat pour l'Union européenne*, 46, 1996-1997. Voy. également Accord inter-institutionnel du 25 oct. 1993 entre le Parlement européen, le Conseil et la Commission, *Bulletin des Communautés européennes*, 10-1993, JOCE C 329, p 129 notamment ; S. HANSON, *op. cit.*, p 76 note 345.

[1107] Protocole sur l'application des principes de subsidiarité et de proportionnalité, JOUE C 340 du 10 Novembre 1997. Notons qu'un protocole additionnel à un traité a la même valeur juridique que le traité lui-même. Voy. à ce sujet C. BLUMANN, L. DUBOUIS, *Droit institutionnel de l'Union européenne*, Paris, Litec, 3ème Édition, 2007, p 426.

réalisé à l'échelon communautaire doivent s'appuyer sur des indicateurs qualitatifs et, chaque fois que c'est possible, quantitatifs.[1108]

L'article 5 alinéa 1 précise :

> Pour être justifiée, une action de la Communauté doit répondre aux deux aspects du principe de subsidiarité : les objectifs de l'action proposée ne peuvent pas être réalisés de manière suffisante par l'action des États membres dans le cadre de leur système constitutionnel national et peuvent donc être mieux réalisés par une action de la Communauté.[1109]

Le Protocole donne davantage de précisions dans le second alinéa en établissant des lignes directrices à suivre par les institutions, avec trois critères à remplir :[1110]

> Pour déterminer si la condition susmentionnée est remplie, il convient de suivre les lignes directrices suivantes :
>
> - la question examinée a des aspects transnationaux qui ne peuvent pas être réglés de manière satisfaisante par l'action des États membres ;
>
> - une action au seul niveau national ou l'absence d'action de la Communauté serait contraire aux exigences du traité (comme la nécessité de corriger les distorsions de concurrence, d'éviter des restrictions déguisées aux échanges ou de renforcer la cohésion économique et sociale) ou léserait grandement d'une autre manière les intérêts des États membres ;
>
> - une action menée au niveau communautaire présenterait des avantages manifestes, en raison de ses dimensions ou de ses effets, par rapport à une action au niveau des États membres.[1111]

Selon A. Masson, ce contrôle est éminemment politique car il est opéré par les institutions communautaires, en dehors de toute intervention de la Cour de Justice de l'Union européenne.[1112] La mise en oeuvre du principe de subsidiarité qui découle de ce contrôle incombe à chaque institution communautaire, dès lors qu'elle fait usage des pouvoirs conférés par les traités.[1113]

464. En première ligne apparaît la Commission européenne, grâce à son pouvoir d'initiative des textes de l'Union. La Commission est spécifiquement concernée par les obligations de l'article 9 du Protocole : elle se doit de mener de larges consultations et de « motiver dans l'exposé des motifs la pertinence

---

[1108] Protocole sur l'application des principes de subsidiarité et de proportionnalité, JOUE C 340 du 10 Novembre 1997, art. 4.

[1109] *Ibid.*, art. 5 al.1.

[1110] A. MASSON, *Droit communautaire – Droit institutionnel et droit matériel – Théorie, exercices et éléments de méthodologie*, Bruxelles, Groupe De Boeck, Larcier, 2ème édition, 2009, p 52 ; G. BURCA (de), « The Principle of Subsidiarity and the Court of Justice as an Institutionnal Actor », *Journal of Common Market Studies*, vol. 36, 2, Oxford, Blackwell publishers, June 1998, p 221.

[1111] Protocole sur l'application des principes de subsidiarité et de proportionnalité, JOUE C 340 du 10 Novembre 1997, art. 5 al. 2.

[1112] Ci après « CJUE ». Voy. à ce sujet A. MASSON, *Droit communautaire – Droit institutionnel et droit matériel – Théorie, exercices et éléments de méthodologie*, Bruxelles, Groupe De Boeck, Larcier, 2ème édition, 2009, p 52.

[1113] K. LENAERTS, P. VAN YPERSELE, « Principe de subsidiarité et son contexte : étude de l'article 3B Traité CE », *CDE*, 1-2, 1994, pp 33-34.

de ses propositions au regard de principe de subsidiarité »[1114]. De même, la Commission doit fournir des explications sur le financement communautaire d'une action, et doit « veiller à ce que les raisons permettant de conclure qu'un objectif communautaire peut être mieux réalisé à l'échelon communautaire s'appuient '*sur des indicateurs qualitatifs et, chaque fois que c'est possible, quantitatifs*' »[1115].

465. Les actions du Parlement et du Conseil sont également encadrées par le Protocole, à l'article 11 : ils doivent procéder, dans le cadre de la procédure d'adoption d'un acte, à un examen de conformité de ces propositions avec le principe de subsidiarité.[1116]

466. Ces obligations apparaissent assez précises au regard de ce qui est désormais exigé depuis l'entrée en vigueur du traité de Lisbonne. Néanmoins, S. Hanson évoque que ces dispositions sont particulièrement larges, laissant aux institutions communautaires une marge de manœuvre et d'appréciation importante. Les Rapports annuels « Mieux légiférer » de la Commission éclairent davantage sur cet aspect, en étant assez évasifs sur les obligations des institutions de l'Union.[1117]

D'autant que le juge communautaire n'a pas exigé des institutions communautaires une précision méticuleuse dans leurs justifications au regard du principe de subsidiarité. Pour chaque acte législatif contesté au regard du principe de subsidiarité, la Cour de Justice des Communautés européennes[1118] est chargée de vérifier entre autres l'existence et la pertinence des motifs de l'acte par rapport au principe de subsidiarité. Dans un arrêt du 13 mai 1997, la CJCE a affirmé que « l'obligation de motivation des actes communautaires n'est pas violée, au seul motif que ces actes ne feraient pas explicitement référence au principe de subsidiarité, dès lors que leur adoption est dûment justifiée au regard de ce principe » [1119]. Il s'agit donc davantage d'une obligation générale que d'une véritable contrainte.

Malgré cela, ce Protocole a l'avantage d'avoir imposé aux institutions communautaires des procédures et des critères d'appréciation. Un tournant en la matière s'est opéré lors de l'entrée en vigueur du Traité de Lisbonne.[1120]

467. Un nouveau Protocole sur l'application des principes de subsidiarité et de proportionnalité est annexé au TUE.[1121] **Il emprunte une**

[1114] *Mieux légiférer 2001*, Rapport de la Commission au Conseil européen, COM (2002) 715 final, p 6.

[1115] *Ibid.*

[1116] Protocole sur l'application des principes de subsidiarité et de proportionnalité, *op. cit.*, art. 11.

[1117] Voy. par exemple *Mieux légiférer 2000*, Rapport de la Commission au Conseil européen, COM (2001) 728 final, p 4 ; *Mieux légiférer 2001*, Rapport de la Commission au Conseil européen, COM (2002) 715 final, p 5 ; *Mieux légiférer 2002*, Rapport de la Commission au Conseil européen, COM (2003) 770 final, p 18 ; *Mieux légiférer 2005*, Rapport de la Commission au Conseil européen, COM (2006) 289 final, p 8.

[1118] Ci après « CJCE », dénommée « Cour de Justice de l'Union européenne » depuis l'entrée en vigueur du Traité de Lisbonne le 1er décembre 2009.

[1119] CJCE, 13 mai 1997, *Allemagne c/ Parlement européen et Conseil*, Aff. C-233/94, *Rec.* I.2405.

[1120] S. HANSON, *Entre Union européenne et région Wallonne : multiplicité des échelons de pouvoir et subsidiarité territoriale - Analyse de la subsidiarité territoriale au travers des directives Seveso, IPPC, responsabilité environnementale et de leurs mesures de transposition en Région wallonne*, Thèse de Doctorat, Université de Liège (Belgique), 2011-2012, pp 75 & s.

vision nettement allégée par rapport au premier Protocole en la matière. Le contexte d'adoption est quelque peu différent. Le texte du Protocole n°2 est très largement inspiré de la proposition qui était annexée au projet de Constitution européenne.[1122] Le Protocole n°2 précise les conditions de mise en œuvre de l'article 5 TUE[1123] par les institutions européennes. Les termes du Protocole n°2 sont beaucoup plus généraux que ceux du premier Protocole :[1124]

> Les projets d'actes législatifs sont motivés au regard des principes de subsidiarité et de proportionnalité. Tout projet d'acte législatif devrait comporter une fiche contenant des éléments circonstanciés permettant d'apprécier le respect des principes de subsidiarité et de proportionnalité. Cette fiche devrait comporter des éléments permettant d'évaluer son impact financier et, lorsqu'il s'agit d'une directive, ses implications sur la réglementation à mettre en œuvre par les États membres, y compris, le cas échéant, la législation régionale. Les raisons permettant de conclure qu'un objectif de l'Union peut être mieux atteint au niveau de celle-ci s'appuient sur des indicateurs qualitatifs et, chaque fois que c'est possible, quantitatifs. Les projets d'actes législatifs tiennent compte de la nécessité de faire en sorte que toute charge, financière ou administrative, incombant à l'Union, aux gouvernements nationaux, aux autorités régionales ou locales, aux opérateurs économiques et aux citoyens soit la moins élevée possible et à la mesure de l'objectif à atteindre.[1125]

Ce qui était jusqu'à l'entrée en vigueur du Traité de Lisbonne des lignes directrices et des procédures, est très simplifié. De même, l'emploi du conditionnel est une nouveauté qui montre un certain adoucissement des exigences envers les institutions de l'Union au sujet du principe de subsidiarité.[1126] Notons également que les trois critères à suivre par la Commission européenne pour établir la conformité de l'acte qu'elle propose au principe de subsidiarité, n'apparaissent plus explicitement dans ce nouveau Protocole.[1127] Les institutions ne se voient donc plus imposer de véritables obligations. Elles doivent seulement s'efforcer de suivre la ligne de conduite non contraignante posée par l'Accord interinstitutionnel de 1993.[1128]

468. Les Rapports « Mieux légiférer » de 2011 et de 2012 viennent apporter des précisions sur la matérialisation concrète de ce nouveau Protocole. On remarque que les exigences ne vont pas plus loin que ce qui est énoncé dans le Protocole n°2 : la Commission devrait formuler des « fiches

---

[1121] Protocole n°2 sur l'application des principes de subsidiarité et de proportionnalité, JOUE C 83/206 du 30 mars 2010. Ci après « Protocole n°2 ».
[1122] S. HANSON, *op. cit.*, p 74 note 336 & p 78.
[1123] Art. 5 al. 3 TUE, JOUE C 83 du 30 mars 2010.
[1124] S. HANSON, *Entre Union européenne et région Wallonne : multiplicité des échelons de pouvoir et subsidiarité territoriale - Analyse de la subsidiarité territoriale au travers des directives Seveso, IPPC, responsabilité environnementale et de leurs mesures de transposition en Région wallonne*, Thèse de Doctorat, Université de Liège (Belgique), 2011-2012, p 76.
[1125] Protocole n°2 sur l'application des principes de subsidiarité et de proportionnalité, *op. cit.*, art. 5.
[1126] S. HANSON, *op. cit.*, pp 76-78.
[1127] C. BLUMANN, L. DUBOUIS, *Droit institutionnel de l'Union européenne*, Paris, Litec, 4ème Édition, 2010, p 452. Voy. également S. HANSON, *op. cit.*, p 78.
[1128] Accord inter-institutionnel du 25 oct. 1993 entre le Parlement européen, le Conseil et la Commission, *Bulletin des Communautés européennes*, 10-1993, JOCE C 329. Voy. à ce sujet J.-Ph. DEROSIER, « La dialectique centralisation/décentralisation – Recherches sur le caractère dynamique du principe de subsidiarité », *R.I.D.C.*, 1, 2007, pp 132-133.

subsidiarité » accompagnant les projets de texte.[1129] La fiche subsidiarité est présentée dans l'exposé des motifs et son contenu est rappelé dans les considérants de la proposition. Le Rapport « Mieux légiférer 2011 » de 2012 précise qu'il s'agit d'une fiche avec les « éléments circonstanciés permettant aux parties intéressées d'apprécier le respect du principe de subsidiarité »[1130]. De même, la Commission devrait publier des feuilles de route pour toutes les initiatives majeures, présentant les intentions de la Commission. Cela constitue en soi « une justification au regard (du) principe de subsidiarité »[1131]. Enfin, en cas de « propositions ayant des incidences importantes », la Commission procède à des analyses d'impact, qui fournissent « l'analyse la plus détaillée en matière de subsidiarité »[1132]. Un comité d'analyse d'impact vérifie la qualité de ces analyses. Ce comité a formulé en 2010 des observations sur la subsidiarité, et a insisté sur trois « domaines susceptibles d'amélioration ». Une justification plus approfondie en matière de valeur ajoutée de l'action de l'Union est requise, de même qu'une « analyse plus approfondie de la subsidiarité pour les initiatives qui étendent le champ d'intervention de l'Union »[1133]. Un effort de la part de la Commission semble donc nécessaire, au regard d'exigences qui apparaissaient explicitement dans le premier Protocole et qui ont disparu dans le Protocole n°2.

469. Le Parlement européen et le Conseil interviennent également lors de leur validation de la « conformité de la proposition avec le principe de subsidiarité […] »[1134]. Dans ce cadre, ils doivent fournir une justification « appropriée pour tout amendement entraînant une modification du champ d'intervention de l'Union », à la lumière de l'Accord interinstitutionnel de 1993.[1135]

Si l'on se réfère aux deux rapports « Mieux légiférer » de 2011 et de 2012, on peut attester de la volonté de la part de la Commission de préciser les contours du contrôle du principe de subsidiarité par les institutions. Néanmoins, ces précisions n'apparaissent pas dans des textes à caractère contraignant. La marge de manœuvre des institutions de l'Union face au principe de subsidiarité est donc élargie, et ses contours en sont d'autant plus flous.

[1129] Voy. par exemple : *Mieux légiférer 2010*, Rapport de la Commission au Conseil européen, COM (2011) 344 final, p 4. Voy. également S. HANSON, *Entre Union européenne et région Wallonne : multiplicité des échelons de pouvoir et subsidiarité territoriale - Analyse de la subsidiarité territoriale au travers des directives Seveso, IPPC, responsabilité environnementale et de leurs mesures de transposition en Région wallonne*, Thèse de Doctorat, Université de Liège (Belgique), 2011-2012, p 75.

[1130] *Mieux légiférer 2011*, Rapport de la Commission au Conseil européen, COM (2012) 373 final, p 3.

[1131] *Mieux légiférer 2010*, Rapport de la Commission au Conseil européen, COM (2011) 344 final, p 4 ; *Mieux légiférer 2011*, Rapport de la Commission au Conseil européen, COM (2012) 373 final, pp 3-4.

[1132] *Mieux légiférer 2010*, *op. cit.*, p 4.

[1133] *Ibid.*; voy. également *Mieux légiférer 2011*, *op. cit.*, pp 3-4.

[1134] *Mieux légiférer 2010*, *op. cit.*, p 5. Concrètement, au Parlement européen, ce sont les commissions chargées de dossiers législatifs spécifiques, et la commission des affaires juridiques qui remplissent cette mission. Au Conseil, il s'agit du Comité des représentants permanents des gouvernements des États membres (Coreper). Le Comité des régions rend également des avis sur la question. Voy. à ce sujet *Mieux légiférer 2011*, *op. cit.*, pp 5-6.

[1135] *Mieux légiférer 2010*, Rapport de la Commission au Conseil européen, COM (2011) 344 final, p 5.

470. Le Traité de Lisbonne a donc apporté un changement important quant au travail des institutions à l'égard du principe de subsidiarité. Mais il a également mis en place une nouvelle catégorie de contrôle : celui des parlements nationaux, véritable innovation du Traité.

2. Le nouveau contrôle par les parlements nationaux

471. L'idée de l'intégration des parlements nationaux au contrôle de la prise en compte du principe de subsidiarité n'est pas neuve, elle fait son chemin depuis le Traité de Maastricht de 1992.[1136] Elle était déjà à l'œuvre, mais de façon moins prononcée notamment depuis 2004. En effet, en vertu de l'article 3 du Protocole sur le rôle des parlements nationaux dans l'Union européenne du 16 décembre 2004, les parlements nationaux pouvaient déjà adresser aux présidents du Parlement européen, du Conseil et de la Commission, un avis motivé concernant la conformité d'un projet d'acte législatif européen avec le principe de subsidiarité.[1137]

Il s'agit d'une idée aux enjeux politiques importants : depuis que le Parlement européen est élu au suffrage universel direct,[1138] une coupure a été opérée entre la construction européenne et les parlements nationaux. L'objectif du Traité de Lisbonne est donc de les intégrer davantage dans le processus européen, pour qu'ils puissent mieux relayer les décisions prises au niveau de l'Union. Ce nouveau contrôle démocratique permettrait aux élus du peuple de se réapproprier le projet européen.[1139] Le contrôle du respect du principe de subsidiarité est effectué par les parlements nationaux en vertu de l'article 12 b) TUE, qui dispose :

> Les parlements nationaux contribuent activement au bon fonctionnement de l'Union : [...]
>
> b) en veillant au respect du principe de subsidiarité conformément aux procédures prévues par le protocole sur l'application des principes de subsidiarité et de proportionnalité ; [...].[1140]

1136 Traité de l'Union européenne de 1992, JOCE C 191 du 29 juillet 1992, dit « Traité de Maastricht ». Voy. à ce sujet S. HANSON, *Entre Union européenne et région Wallonne : multiplicité des échelons de pouvoir et subsidiarité territoriale - Analyse de la subsidiarité territoriale au travers des directives Seveso, IPPC, responsabilité environnementale et de leurs mesures de transposition en Région wallonne*, Thèse de Doctorat, Université de Liège (Belgique), 2011-2012, p 74 note 337 ; ainsi que par exemple *Mieux légiférer 2002*, Rapport de la Commission au Conseil européen, COM (2003) 770 final.

1137 Protocole sur le rôle des parlements nationaux dans l'Union européenne, JOUE C 310 du 16 déc. 2004, p 204. Voy. également à ce sujet A. MASSON, *Droit communautaire – Droit Institutionnel et droit matériel – Théorie, exercices et éléments de méthodologie*, Bruxelles, Groupe De Boeck, Larcier, 2ème édition, 2009, p 52 ; ainsi que F. CHALTIEL, C.J. BERR, S. FRANCQ, C. PRIETO, « Chronique de jurisprudence du Tribunal et de la Cour de justice des Communautés européennes – chronique 4», *Journal du droit international (Clunet)*, 2, 2008, p 4.

1138 Depuis 1979.

1139 S. HANSON, *Entre Union européenne et région Wallonne : multiplicité des échelons de pouvoir et subsidiarité territoriale - Analyse de la subsidiarité territoriale au travers des directives Seveso, IPPC, responsabilité environnementale et de leurs mesures de transposition en Région wallonne*, Thèse de Doctorat, Université de Liège (Belgique), 2011-2012, p 74 note 337.

1140 JOUE C 83 du 30 mars 2010.

L'article 6 du Protocole n°2 en précise les conditions :

Tout parlement national ou toute chambre de l'un de ces parlements peut, dans un délai de huit semaines à compter de la date de transmission d'un projet d'acte législatif dans les langues officielles de l'Union, adresser aux présidents du Parlement européen, du Conseil et de la Commission un avis motivé exposant les raisons pour lesquelles il estime que le projet en cause n'est pas conforme au principe de subsidiarité. Il appartient à chaque parlement national ou à chaque chambre d'un parlement national de consulter, le cas échéant, les parlements régionaux possédant des pouvoirs législatifs.[1141]

472. Concrètement, le nouveau mécanisme permet aux parlements nationaux des États membres de signaler le non-respect du principe de subsidiarité par un projet d'acte législatif, si au moins un tiers des avis de l'ensemble des voix qui leur sont attribuées vont dans ce sens. Le projet d'acte législatif doit alors être réexaminé. À l'issue de ce réexamen, la Commission peut maintenir sa proposition d'acte ; dans ce cas, elle doit la modifier. Sinon, elle peut retirer sa proposition.

Si la moitié des avis de l'ensemble des voix attribuées aux parlements des États membres conclut au non-respect du principe de subsidiarité par une proposition d'acte, et la Commission choisit de maintenir sa proposition de texte, une exigence est ajoutée. La Commission doit dans ce cas justifier ce maintien dans un avis motivé accompagné des avis des parlements nationaux. Le tout est pris en compte par le Parlement européen et le Conseil dans le cadre de la procédure d'adoption du texte.[1142]

L'avis des parlements nationaux est donc intégré à la procédure de la phase prélégislative.[1143]

473. Selon C. Blumann et L. Dubouis, les modifications du Traité de Lisbonne ont entraîné une déjuridicisation du principe de subsidiarité, « au profit d'une 'resubjectivisation' ou d'une certaine repolitisation »[1144]. L'Union a donc choisi d'encadrer explicitement l'action prélégislative de ses institutions au regard du principe de subsidiarité. Si cet encadrement est devenu plus large et moins contraignant, il a le mérite d'exister dans les traités et leurs textes additionnels. La logique qui s'applique au Canada est différente : l'approche adoptée est davantage implicite, dans la mesure où les lois du Parlement sont présumées constitutionnelles.[1145]

[1141] Protocole n°2 sur l'application des principes de subsidiarité et de proportionnalité, JOUE C 83/206 du 30 mars 2010.

[1142] S. HANSON, *Entre Union européenne et région Wallonne : multiplicité des échelons de pouvoir et subsidiarité territoriale - Analyse de la subsidiarité territoriale au travers des directives Seveso, IPPC, responsabilité environnementale et de leurs mesures de transposition en Région wallonne*, Thèse de Doctorat, Université de Liège (Belgique), 2011-2012, p 74 note 337. Voy. également A. MEYER-HEINE, « La participation des Parlements au fonctionnement de l'Union européenne : quand la subsidiarité renforce la démocratisation de l'Union », *Droit et société,* 2012/1, 80, pp 31-46.

[1143] G. ISAAC, M. BLANQUET, *Droit général de l'Union européenne*, Paris, Sirey, 10ème Édition, 2012, p 96 ; C. BLUMANN, L. DUBOUIS, *Droit institutionnel de l'Union européenne*, Paris, Litec, 4ème Édition, 2010, p 454.

[1144] *Ibid.*, p 452.

[1145] Voy. *Severn* c. *La Reine*, [1878] 2 R.C.S. 70, 103 & 107-108 ; *Hewson* c. *Ontario Power Co.*, (1905) 36 R.C.S. 596, 602-604 & 607. Voy. également à ce sujet H. BRUN, G. TREMBLAY, E. BROUILLET, *Droit constitutionnel*, Cowansville, Yvon Blais, 2008, pp 195 & s.

B. Le contrôle *a priori* du principe fédératif au Canada

474. Les exigences quant à la prise en compte du principe fédératif dans la phase prélégislative apparaissent de façon implicite et indirecte dans les textes canadiens. La logique diffère de celle appliquée dans l'Union européenne : il n'existe pas de présomption de la compétence des provinces en matière de protection de la qualité des eaux douces. La logique des agrégats met l'ordre de gouvernement fédéral et les ordres de gouvernement provinciaux sur un pied d'égalité sur ce point.

De même, aucune disposition expresse de la Constitution n'exige explicitement le respect du principe fédératif par les institutions. Notons également qu'il n'existe pas de mécanisme juridique permettant aux provinces canadiennes de procéder à un tel contrôle envers le travail législatif fédéral.[1146] On peut néanmoins déduire du principe de primauté du droit envers l'administration, une obligation indirecte de respect du principe fédératif (*1*-) ; également, il apparaît que la Cour suprême peut contrôler *a priori* le respect de ce principe lors de la phase prélégislative par l'intermédiaire de la procédure du renvoi (*2*-).

1. Des exigences indirectes dérivées du principe de primauté du droit sur l'administration

475. Issue de la tradition britannique, la procédure législative fédérale et provinciale laisse une place centrale à l'initiative du gouvernement.[1147] C'est lui qui élabore la très grande majorité des lois qui sont votées par le parlement. Selon H. Brun, G. Tremblay et E. Brouillet, tout député peut présenter un projet de loi, mais les chances pour que ce texte soit adopté par le parlement sont infimes.[1148] Afin de préciser les contours de sa future politique, le gouvernement peut faire appel à un organisme d'enquête ou d'étude, qui peut être un comité du Conseil exécutif ou du Cabinet, un comité *ad hoc* de fonctionnaires du ministère concerné ou encore une commission parlementaire pour les cas les plus importants.[1149] Par la suite, le gouvernement peut réunir les morceaux choisis des résultats de ces travaux dans un livre blanc, et charge des spécialistes de mettre en forme le projet de loi.

[1146] Le Sénat, pourtant censé, selon les termes de la Cour suprême « assurer la protection des divers intérêts régionaux au Canada quant à l'adoption de la législation fédérale », ne permet pas une telle représentation dans les faits. Les sénateurs sont en effet nommés par le Gouvernement fédéral. Voy. à ce sujet *Avis sur la compétence du Parlement relativement à la Chambre haute*, [1980] 1 R.C.S. 54, 67 & 78 ; ainsi que *A.-G. Nova Scotia* c. *A.-G. Canada*, [1951] R.C.S. 31. De même, la Chambre des communes est composée de représentants de l'ensemble du Canada au prorata de la population et non des provinces. Un espace de représentation est alloué aux provinces auprès de l'activité politique fédérale : les conférences fédérales et provinciales, et interprovinciales, ainsi que le Conseil canadien des ministres de l'environnement. Néanmoins, ces espaces de représentation offrent un impact très limité d'un point de vue juridique. Voy. à ce sujet H. BRUN, G. TREMBLAY, E. BROUILLET, *Droit constitutionnel*, Cowansville, Yvon Blais, 2008, pp 420-421 ; et voy. *infra* §1114 & s.

[1147] Le droit public canadien est directement issu de la tradition britannique. Au Québec, c'est le cas depuis le Traité de Paris de 1763. Voy. à ce sujet L. SABOURIN, *Le système politique du Canada, Institutions fédérales et québécoises*, Éditions de l'Université d'Ottawa, 1970, pp 21 & s.

[1148] H. BRUN, G. TREMBLAY, E. BROUILLET, *Droit constitutionnel*, Cowansville, Yvon Blais, 2008, p 722.

[1149] H. BRUN, G. TREMBLAY, E. BROUILLET, *op. cit.*, p 722.

476. Lors de ce processus d'élaboration de la loi, le gouvernement est soumis, comme pour l'ensemble de ses activités, au principe de primauté du droit par rapport au statut de l'administration. Le gouvernement fédéral, ainsi que les gouvernements provinciaux sont « sujets au droit tel qu'interprété par les tribunaux judiciaires ». Cela « exprime [...] le droit des individus à la sécurité juridique »[1150]. Cela signifie que le gouvernement et son administration sont soumis en principe à tout l'ordre juridique en vigueur sur le territoire.[1151] Dans l'exercice de son pouvoir d'initiative législative, le gouvernement est donc soumis à la Constitution, et à l'ensemble des principes qui y sont inscrits et interprétés par les tribunaux. Le principe fédératif apparaissant dans la *Loi constitutionnelle* et la jurisprudence de la Cour suprême, il doit donc être respecté par tout gouvernement. Mais à l'inverse de l'Union européenne pour le principe de subsidiarité, il n'est pas exigé explicitement dans les textes constituants un respect ciblé du principe fédératif.

477. On peut constater la véracité de cette assertion dans la jurisprudence constitutionnelle en matière de partage des compétences. Pour déterminer la constitutionnalité d'une loi contestée, la Cour suprême a établi la nécessité de rechercher son caractère véritable. Cette loi est valide si son caractère véritable relève d'un titre de compétence de l'ordre de gouvernement qui l'a adoptée. Elle est invalide dans le cas contraire.[1152]

Le juge a apporté une précision qui apparaît intéressante dans la perspective de la comparaison avec l'Union européenne : pour déterminer le caractère véritable d'une loi contestée, il s'agit de rechercher l'objet réel de cette législation et non son objectif déclaré ou apparent. La forme de la législation n'est pas un critère déterminant pour la jurisprudence pour déterminer le caractère véritable de la loi contestée.[1153]

478. Dans cet exercice de détermination du caractère véritable de la loi contestée, le juge peut tenir compte de preuves extrinsèques :[1154] les rapports de commission d'enquête, les livres blancs, les rapports de commissions scientifiques ou encore les études scientifiques.[1155] Tout ce qui permet d'éclairer le juge sur l'objet de la loi contestée peut être pris en compte.[1156]

À l'inverse de l'Union européenne, les objectifs exposés dans les motifs de la loi qui justifieraient son édiction au regard du principe fédératif ne sont pas pris en compte par les tribunaux. Une étude approfondie des documents préparatoires est menée, quand une loi est contestée sur le fondement du partage des compétences.

1150 *Ibid.*, p 697.

1151 *Renvoi relatif à la sécession du Québec*, [1998] 2 R.C.S. 217, 258.

1152 H. BRUN, G. TREMBLAY, E. BROUILLET, *Droit constitutionnel*, Cowansville, Yvon Blais, 2008, p 449.

1153 Voy. *A.-G. Ontario* c. *Reciprocal Insurers*, [1924] A.C. 328, 337 & s.; ainsi que *Board of Trustees of Lethbridge Irrigation District* c. *Independant Order of Foresters*, [1940] A.C. 513, 534.

1154 Voy. *Schneider* c. *La Reine*, [1982] 2 R.C.S. 112, 131.

1155 *R.J.R.-MacDonald Inc.* c. *Canada (Procureur général)*, [1995] 3 R.C.S. 199, 242-245 ; *R.* c. *Zelensky*, [1978] 2 R.C.S. 940, 952-953 ; *Central Canada Potash Ltd.* c. *Gouvernement de la Saskatchewan*, [1979] 1 R.C.S. 42, 69-72 ; *Avis sur la Loi de 1979 sur la location résidentielle*, [1981] 1 R.C.S. 714, 720 & s. ; *Renvoi relatif à la taxe sur le gaz naturel exporté*, [1982] 1 R.C.S. 1004.

1156 H. BRUN, G. TREMBLAY, E. BROUILLET, *op. cit.*, pp 450-451.

479. Le contrôle *a priori* du respect du principe fédératif par les institutions fédérales et provinciales apparaît donc indirectement, et n'est pas explicitement exigé dans les textes constituants. Une forme de contrôle peut néanmoins avoir lieu pendant la phase prélégislative. Elle est exercée au niveau juridictionnel.

2. Un contrôle *a priori* par les tribunaux : le mécanisme du renvoi

480. Les tribunaux peuvent procéder à un contrôle constitutionnel *a priori*, pendant la phase prélégislative. C'est par ce biais qu'ils peuvent contrôler le respect du principe fédératif.

481. Selon la procédure du renvoi (ou demande d'opinion consultative), tout gouvernement peut soumettre des questions aux tribunaux supérieurs. Ainsi, le gouvernement québécois peut formuler une demande d'avis consultatif devant sa Cour d'appel. De même, le gouvernement fédéral peut s'adresser directement à la Cour suprême pour recueillir cet avis.[1157]

Ces questions peuvent porter sur une loi en vigueur, mais aussi sur un projet de loi que le gouvernement voudrait faire adopter par le Parlement.[1158] Également, le gouvernement peut poser des questions théoriques ou politiquement importantes.[1159] Il s'agit donc d'un « contrôle juridictionnel *a priori* en droit canadien »[1160]. La Cour suprême est alors tenue de répondre à cette ou ces questions, à moins que cela ne soit de nature essentiellement politique.[1161]

482. La question du respect du principe fédératif peut être évoquée lors de cette procédure. Cela a donné à la Cour suprême l'occasion de s'exprimer sur le sujet, notamment à l'occasion du *Renvoi sur la sécession*,[1162] ainsi que du *Renvoi sur le rapatriement*.[1163] Par ces deux avis, la Cour a pu développer de façon importante son interprétation de la Constitution au sujet du principe fédératif.[1164]

483. Ces avis consultatifs ont en théorie une portée juridique nulle : ils ne lient ni les cours, ni les gouvernements. Ils ne détiennent pas de force de la chose jugée, et ne créent pas de précédent.[1165] Il en est tout autrement en

---

[1157] *Loi sur la Cour suprême,* L.R.C. 1985, c. S-26, art. 53. Voy. à ce sujet G.-A. BEAUDOIN, « Le contrôle judiciaire de la constitutionnalité des lois », *McGill Law Journal/Revue de Droit de McGill*, vol.48, 2003, p 331.

[1158] G.-A. BEAUDOIN, *op. cit.*, p 331.

[1159] E. BROUILLET, Y. TANGUAY, « The Legitimacy of the Constitutional Arbitration Process in a Multinational Federative Regime : The Case of The Supreme Court of Canada », *U.B.C. L. Rev.*, vol. 45, 1, 2012, p 40.

[1160] F. GÉLINAS, « La primauté du droit et les effets d'une loi inconstitutionnelle », *Can. Bar Rev.*, Vol. 67, 1988, p 459.

[1161] *Renvoi : résolution pour modifier la Constitution,* [1981] 1 R.C.S. 753, 768 & 884 ; *Renvoi : opposition du Québec à une résolution pour modifier la Constitution,* [1982] 2 R.C.S. 753, 805 ; *Renvoi sur la sécession du Québec,* [1998] 2 R.C.S. 217, 235 & s.

[1162] *Renvoi relatif à la sécession du Québec*, [1998] 2 R.C.S. 217.

[1163] *Renvoi : résolution pour modifier la Constitution, op cit*, 905 et s.

[1164] Voy. à ce sujet E. BROUILLET, « La dilution du principe fédératif et la jurisprudence de la Cour suprême du Canada », *Les Cahiers de Droit*, vol.45, 1, mars 2004, pp 7-67.

[1165] F. GÉLINAS, *op. cit.*, p 459.

pratique : ces renvois sont considérés comme des décisions de justice à part entière, tant par les tribunaux que par les gouvernements.[1166]

484. La Cour suprême et les tribunaux provinciaux peuvent donc être amenés à contrôler le respect du principe fédératif par le biais de cette procédure du renvoi. Ce type de contrôle du respect du principe fédératif par le renvoi apparaît moins fréquent en comparaison avec le système européen. Néanmoins, la portée juridique de ces renvois est très importante et semble permettre au système canadien de contrôler *a priori* le respect du principe par les institutions.

485. Propos conclusifs. - Le Canada et l'Union européenne ont mis en place des formes très différentes de contrôle *a priori* du principe fédératif et du principe de subsidiarité. Le contrôle *a posteriori* du respect de ces principes permet de rapprocher les deux ordres juridiques : ils ont en commun de donner une place centrale à leur juge respectif.

Paragraphe 2. Un contrôle *a posteriori* par la Cour suprême et la Cour de Justice de l'Union européenne

486. Tant au Canada que dans l'Union, le juge joue un rôle central dans le contrôle de la mise en œuvre des principes fédératif et de subsidiarité. La Cour suprême du Canada et la Cour de Justice[1167] ont pour mission d'interpréter impartialement le texte constituant pour procéder à la régulation de l'exercice des pouvoirs.[1168]

Le Doyen Hauriou a soulevé la place particulière attribuée au pouvoir judiciaire dans un État fédéral. Il qualifie le travail du pouvoir judiciaire de

---

[1166] *Ibid.*; E. BROUILLET, Y. TANGUAY, *op. cit.*, p 40.

[1167] Il s'agit d'envisager dans ce paragraphe la place centrale accordée à la Cour suprême et à la Cour de Justice en tant que gardiennes ultimes du partage des compétences. Le travail des juges français n'est pas envisagé dans cette recherche pour plusieurs raisons. Le juge français n'a pas de place centrale dans l'interprétation du principe de subsidiarité, puisque ce principe n'aurait pas d'effet direct. Le Conseil européen d'Édimbourg l'a affirmé en 1992 : le juge national ne peut pas statuer sur cette question. Il doit formuler une question préjudicielle auprès de la Cour de Justice en vertu de l'article 267 TFUE. Voy. à ce sujet Conseil européen d'Édimbourg, *Bulletin C.E.*, 12-1992 ; ainsi que J.-M. FAVRET, *Droit et pratique de l'Union européenne*, Paris, Gualino, Lextenso Éditions, 6ème édition, 2009, p 206. Cette assertion ne fait pas l'objet d'une unanimité dans la doctrine, certains auteurs soulevant la logique erronée du raisonnement du Conseil d'Édimbourg. Voy. à ce sujet K. LENAERTS, P. VAN YPERSELE, « Principe de subsidiarité et son contexte : étude de l'article 3B Traité CE », *CDE*, 1-2, 1994, p 74 ; ainsi que C. BLUMANN, L. DUBOUIS, *Droit institutionnel de l'Union européenne*, Paris, Litec, 2007, p 358. Une forme de subsidiarité concerne les tribunaux français : la subsidiarité juridictionnelle, dont la substance diffère grandement du principe de subsidiarité que nous envisageons dans ce développement. Voy. à ce sujet J. DUPONT-LASSALLE, « La « subsidiarité juridictionnelle », instrument de l'intégration communautaire ? », *Droit et société*, 2012, vol. 1, 80, pp 47-71. Au Canada, la Cour suprême est la cour chargée de connaître en dernier ressort du partage des compétences. Elle interprète la Constitution au regard du principe fédératif et ses décisions lient l'ensemble des Cours canadiennes. La Cour supérieure ou la Cour d'appel du Québec ne peuvent contredire une *ratio decidendi* de la Cour suprême. Voy. à ce sujet *Syndicat des enseignants et enseignantes du Cegep Lévis-Lauzon* c. *P.G. Québec*, [1986] R.J.Q. 648 (C.S.) ; *R.* c. *Daviault*, [1993] R.J.Q. 692 (C.A.) ; *P.G. Canada* c. *Marchand Syndics Inc.*, [2007] R.J.Q. 1473 (C.A.), 1481. Voy. également H. BRUN, G. TREMBLAY, E. BROUILLET, *Droit constitutionnel*, Cowansville, Yvon Blais, 2008, p 32.

[1168] Rappelons qu'il en est de même pour la répartition des compétences.

« contrôle de fédéralisme ».[1169] Selon J.-Y. Morin, l'interprétation impartiale de la Constitution implique de la part du juge une indépendance du « pouvoir central et des États membres », de manière à ce que les problèmes soient résolus « sous un angle essentiellement juridique et non à la lumière de critères politiques »[1170].

La Cour suprême et la Cour de Justice procèdent à la régulation de l'exercice des pouvoirs en interprétant leurs textes constituants respectifs. Elles bénéficient d'un statut central d'arbitre impartial de l'exercice des pouvoirs (*A*-), tout en précisant les contours respectifs du principe fédératif et du principe de subsidiarité (*B*-).

A. La Cour suprême et la Cour de Justice : arbitres indépendants de l'exercice des pouvoirs

487. Les deux hautes cours jouent un rôle central dans l'équilibre du partage des compétences, et donc dans l'équilibre entre autonomie et interdépendance. Selon G. Otis, lorsque le juge canadien « interprète et sanctionne les règles de répartition des compétences, [...] il se fait 'aiguilleur de la loi' »[1171] ; « il fait œuvre de 'macroconstruction' du droit car son action se fait sentir non pas dans le détail, mais à l'échelle systémique »[1172]. G. Isaac et M. Blanquet précisent que la Cour de justice européenne a une mission constitutionnelle qui consiste notamment à « préserver l'équilibre des pouvoirs à l'intérieur (des compétences des États membres et de l'Union) »[1173].

Tant la Cour suprême du Canada (*2*-) que la Cour de Justice de l'Union européenne (*1*-) bénéficient ainsi d'un rôle central : celui d'arbitre impartial du partage des compétences et de l'exercice des pouvoirs dans leur ordre juridique respectif. Cela leur confère une place fondamentale au regard du principe d'équilibre entre autonomie et interdépendance.

1. La Cour de Justice de l'Union : un arbitre indépendant de l'exercice des pouvoirs

488. La Cour de Justice régule l'exercice des compétences en contrôlant la bonne prise en compte du principe de subsidiarité par les institutions de l'Union.[1174] La Cour de Justice est compétente en vertu de l'article 263 TFUE :

[1169] M. HAURIOU, *Précis de droit constitutionnel*, Paris, Éd. du C.N.R.S., 1965, p 126 ; cité dans D. ALLAND, S. RIALS (dir.), *Dictionnaire de la culture juridique*, Paris, Quadrige, Lamy, PUF, 2003, p 714.

[1170] J.-Y. MORIN, *Le Fédéralisme : Théorie et Critique, 1963-1964*, Montréal, 1964, p 96.

[1171] G. OTIS, « La Justice constitutionnelle au Canada à l'approche de l'an 2000 : uniformisation ou construction plurielle du droit? », *Revue de Droit d'Ottawa/Ottawa Law Review*, 27, 1995, p 265.

[1172] *Ibid.*, p 265.

[1173] G. ISAAC, M. BLANQUET, *Droit général de l'Union européenne*, Paris, Sirey, 10ème Édition, 2012, p 489.

[1174] S'il est aujourd'hui établi, le contrôle judiciaire du principe de subsidiarité n'a pas toujours été une évidence pour la doctrine. Voy. notamment à ce sujet K. LENAERTS, P. VAN YPERSELE, « Principe de subsidiarité et son contexte : étude de l'article 3B Traité CE », *CDE*, 1-2, 1994, p 72 note 148 ; ainsi que G. BURCA (de), « The Principle of Subsidiarity and the Court of Justice as an Institutionnal Actor », in *Journal of Common Market Studies*, vol. 36, 2, Oxford, Blackwell publishers, June 1998, pp 222-223.

La Cour de justice de l'Union européenne contrôle la légalité des actes législatifs, des actes du Conseil, de la Commission et de la Banque centrale européenne, autre que les recommandations et les avis, et des actes du Parlement européen et du Conseil européen destinés à produire des effets juridiques à l'égard des tiers. Elle contrôle aussi la légalité des actes des organes ou organismes de l'Union destinés à produire des effets juridiques à l'égard des tiers.

À cet effet, la Cour est compétente pour se prononcer sur les recours pour incompétence, violation des formes substantielles, violation des traités ou de toute règle de droit relative à leur application, ou détournement de pouvoir, formés par un État membre, le Parlement européen, le Conseil ou la Commission [...].[1175]

Le Protocole n°2 annexé au TUE donne des précisions dans son article 8 quant au contrôle du respect du principe de subsidiarité :

La Cour de justice de l'Union européenne est compétente pour se prononcer sur les recours pour violation, par un acte législatif, du principe de subsidiarité formés, conformément aux modalités prévues à l'article 263 du traité sur le fonctionnement de l'Union européenne, par un État membre ou transmis par celui-ci conformément à son ordre juridique au nom de son parlement national ou d'une chambre de celui-ci [...].[1176]

489. Aucune procédure particulière n'est prévue pour cette fonction centrale de la Cour de Justice.[1177] Elle peut être saisie par les institutions de l'Union, les États membres, ainsi que par le Comité des Régions dans les cas restrictifs où sa consultation est prévue. [1178] De même, les Parlements nationaux peuvent saisir la Cour indirectement, par une requête auprès de leur État membre.[1179] La violation du principe de subsidiarité peut être invoquée par toute voie de droit permettant de contester la légalité des actes de l'Union.[1180]

490. Le Protocole n°2 et l'article 263 TFUE forment les bases juridiques de l'action de la Cour de Justice au regard du principe de subsidiarité, mais ne précisent pas les modalités de ce contrôle.[1181] Son rôle n'est donc pas précisément explicité. La haute cour interprète les traités et notamment les dispositions au regard du partage et de l'exercice des compétences. Cela peut conduire à une augmentation du champ de compétence de l'Union, ou à restreindre celui-ci. Concrètement, la Cour de Justice analyse

---

1175 Traité sur le fonctionnement de l'Union européenne, JOUE C 83 du 30 mars 2010, art. 263.

1176 Protocole n°2 sur l'application des principes de subsidiarité et de proportionnalité, JOUE C 83/206 du 30 mars 2010, art. 8.

1177 K. LENAERTS, P. VAN YPERSELE, « Principe de subsidiarité et son contexte : étude de l'article 3B Traité CE », *CDE*, 1-2, 1994, p 72 ; C. BLUMANN, L. DUBOUIS, *Droit institutionnel de l'Union européenne*, Paris, Litec, 3ème Édition, 2007, p 357.

1178 Protocole n°2 sur l'application des principes de subsidiarité et de proportionnalité, JOUE C 83/206 du 30 mars 2010, art. 8 al. 2 ; K. LENAERTS, P. VAN YPERSELE, *op. cit.*, p 72 ; J.-M. FAVRET, *Droit et pratique de l'Union européenne*, Paris, Gualino, Lextenso Éditions, 6ème édition, 2009, p 206 ; *Mieux légiférer 2011*, Rapport de la Commission au Conseil européen, COM (2012) 373 final, p 7.

1179 Protocole n°2 sur l'application des principes de subsidiarité et de proportionnalité, JOUE C 83/206 du 30 mars 2010, art. 8 al. 1er. Voy. à ce sujet C. BLUMANN, L. DUBOUIS, *op. cit.*, p 360.

1180 K. LENAERTS, P. VAN YPERSELE, *op. cit.*, p 72.

1181 Ce qui était déjà le cas avec le Protocole n°1. Voy. à ce sujet G. BURCA (de), « The Principle of Subsidiarity and the Court of Justice as an Institutionnal Actor », in *Journal of Common Market Studies*, Vol. 36, 2, Oxford, Blackwell publishers, June 1998, p 222.

la validité d'un acte contesté au regard des traités, en se servant du principe de subsidiarité comme outil de régulation.

491. Selon G. De Burca, ce travail d'interprétation est une forme d'exercice d'un pouvoir créateur de droit par la Cour de Justice,[1182] tant les dispositions des traités sont vagues. De même, le caractère flou et dynamique du principe de subsidiarité renforce la Cour de Justice dans cette capacité créatrice du droit. Cela lui permet potentiellement de déterminer l'existence de pouvoirs législatifs par une interprétation extensive des traités. Par ce biais, la Cour est un arbitre de l'exercice des pouvoirs, ce qui lui confère une place centrale parmi les institutions de l'Union, au regard des traités.[1183]

492. La Cour de Justice apparaît comme un acteur stratégique dans le processus d'intégration de l'Union.[1184] G. De Burca avance que la haute cour joue un rôle politique important au sein de l'Union, puisqu'elle est chargée d'interpréter et de mettre en œuvre un principe hautement politique : le principe de subsidiarité. Il s'agit pour l'auteure d'un véritable acteur institutionnel.[1185] L'avocat général Fennelly confirme le rôle central de la Cour de justice en affirmant :

> Il incombe à la Cour, en tant que dépositaire de la confiance des institutions communautaires, des États membres et des citoyens de l'Union, de s'acquitter de cette fonction difficile de maintien de la séparation constitutionnelle des pouvoirs respectifs de la Communauté et des États membres, sur la base de critères objectifs.[1186]

Également, il s'agit d'un acteur dont on attend la plus grande indépendance à l'égard de son environnement institutionnel. L'article 253 TFUE dispose :

> Les juges et les avocats généraux de la Cour de justice, choisis parmi des personnalités offrant toutes garanties d'indépendance et qui réunissent les conditions requises pour l'exercice, dans leurs pays respectifs, des plus hautes fonctions juridictionnelles, ou qui sont des jurisconsultes possédant des compétences notoires, sont nommés d'un commun accord pour six ans par les gouvernements des États membres, après consultation du comité prévu par l'article.[1187]

L'article 19 alinéa 2 du TUE fait état du même principe :

> Les juges et les avocats généraux de la Cour de justice et les juges du Tribunal sont choisis parmi des personnalités offrant toutes garanties d'indépendance et réunissant les conditions visées aux articles 253 et 254 du traité sur le fonctionnement de l'Union européenne. Ils sont nommés d'un commun accord par

---

1182 « Law making power ». G. BURCA (de), *op. cit.*, pp 222-226. Notre traduction.

1183 Voy. par exemple à ce sujet : CJCE, 12 nov. 1996, *RU c/ Conseil*, Aff. C-84/94, I.5755 ; ou encore CJCE, 13 mai 1997, *Allemagne c/ Parlement européen et Conseil*, Aff. C-233/94, I.2405.

1184 Ce que la doctrine en sciences politiques ne reconnaît pas de façon unanime. Voy. à ce sujet G. BURCA (de), « The Principle of Subsidiarity and the Court of Justice as an Institutionnal Actor », in *Journal of Common Market Studies*, vol. 36, 2, Oxford, Blackwell publishers, June 1998, pp 230-231.

1185 *Ibid.*, pp 218-232.

1186 Conclusions de l'Avocat Général Fennelly présentées le 15 juin 2000, Aff. C-74/99, *Rec.* p 8419. Citées dans Ch. KOHLER, J.-Ch. ENGEL, « Le choix approprié de la base juridique pour la législation communautaire : enjeux constitutionnels et principes directeurs », *Europe*, 1, 2007, p 7. Nous soulignons.

1187 Traité sur le fonctionnement de l'Union européenne, JOUE C 83 du 30 mars 2010, art. 253. Nous soulignons.

les gouvernements des États membres pour six ans. Les juges et les avocats généraux sortants peuvent être nommés de nouveau.[1188]

493. La Cour de Justice est donc censée être indépendante par rapport aux États membres et aux autres institutions de l'Union.[1189] Elle fait l'objet de recours introduits par des États membres à l'encontre d'un acte d'une institution de l'Union,[1190] ou inversement. Elle doit donc garantir la plus grande indépendance et la plus grande impartialité afin de mener à bien sa mission de sauvegarde des traités.[1191] Notons que comme tout tribunal dont l'ordre juridique est partie à la Convention européenne des Droits de l'Homme, la Cour de Justice doit remplir ces exigences d'indépendance et d'impartialité.[1192] De même, cela est garanti par l'article 47 de la Charte des droits fondamentaux de l'Union européenne.[1193]

494. La Cour de Justice est donc un acteur central, un arbitre impartial et indépendant de l'exercice des pouvoirs. On retrouve des caractéristiques similaires en ce qui concerne la Cour suprême du Canada.

2. La Cour suprême du Canada : un arbitre indépendant de l'exercice des pouvoirs

495. La Cour suprême a été créée en 1875 en vertu de l'article 101 de la *Loi constitutionnelle de 1867*. Elle est l'arbitre ultime de l'exercice des pouvoirs depuis 1949,[1194] et interprète « en dernier ressort les règles partageant les compétences législatives entre le fédéral et les

---

[1188] Traité sur l'Union européenne, JOUE C 83 du 30 mars 2010, art. 19 al. 2. Nous soulignons.

[1189] Cela même alors que ce sont les États membres qui nomment les juges de la Cour de Justice. Voy. G. BURCA (de), « The Principle of Subsidiarity and the Court of Justice as an Institutionnal Actor », in *Journal of Common Market Studies*, vol. 36, 2, Oxford, Blackwell publishers, June 1998, p 223 ; ainsi que X. MARCHAND-TONEL, « La subsidiarité, un enjeu des débats sur l'Union européenne » Présentation du dossier, *Droit et société,* 2012, vol. 1, 80, pp 10-11.

[1190] Voy. par exemple CJCE, 12 nov. 1996, *RU c/ Conseil*, Aff. C-84/94, I.5755 ; ou CJCE, 13 mai 1997, *Allemagne c/ Parlement européen et Conseil*, Aff. C-233/94, I.2405.

[1191] La doctrine est divisée sur ce point. Les auteurs néofonctionnalistes confirment l'existence de l'autonomie de la Cour de Justice : un pouvoir judiciaire autonome s'est développé en Europe, ayant créé ses propres règles et ses propres procédures. A l'inverse, la doctrine intergouvernementaliste allègue que la Cour de Justice est largement influencée par les États membres, qui ont établi ses règles de fonctionnement. Voy. A. STONE SWEET, J.A. CAPORASO, « La Cour de Justice et l'intégration européenne », *Revue française de science politique*, vol. 48, 2, 1998, pp 200 & s.

[1192] Convention de sauvegarde des droits de l'homme et des libertés fondamentales, Rome, 4.XI.1950, art. 6. Selon l'art. 6 alinéa 2 du TUE, l'Union respecte les droits fondamentaux tels que garantis par la Convention européenne des droits de l'homme « en tant que principes généraux du droit communautaire ». Voy. à ce sujet G. ISAAC, M. BLANQUET, *Droit général de l'Union européenne*, Paris, Sirey, 10ème Édition, 2012, pp 362 & s.

[1193] « Toute personne dont les droits et libertés garantis par le droit de l'Union ont été violés a droit à un recours effectif devant un tribunal dans le respect des conditions prévues au présent article. Toute personne a droit à ce que sa cause soit entendue équitablement, publiquement et dans un délai raisonnable par un tribunal indépendant et impartial, établi préalablement par la loi. Toute personne a la possibilité de se faire conseiller, défendre et représenter […] », Charte des droits fondamentaux de l'Union européenne, JOCE n° C 364/1 du 18 déc. 2000, art. 47.

[1194] En 1949, la possibilité de faire appel de ses décisions devant le Comité Judiciaire du Conseil Privé est abolie. Voy. à ce sujet E. BROUILLET, Y. TANGUAY, « The Legitimacy of the Constitutional Arbitration Process in a Multinational Federative Regime : The Case of The Supreme Court of Canada », *U.B.C. L. Rev.*, vol. 45, 1, 2012, p 70.

provinces » [1195]. Ce rôle lui confère une place centrale au regard du fédéralisme canadien : les règles du fédéralisme, et notamment les règles régulant l'exercice des pouvoirs, sont anciennes et rédigées dans des termes vagues. On retrouve le caractère flou du principe fédératif. L'interprétation de ces règles par la haute cour prend donc des proportions importantes.[1196] D'autant plus que la procédure de révision constitutionnelle est particulièrement rigide.[1197]

Le respect du principe fédératif est donc pleinement assuré par un arbitre impartial et indépendant. [1198] Cela implique que « l'arbitrage du texte constitutionnel doit être neutre, c'est-à-dire qu'il ne doit pas relever de l'une ou l'autre des parties »[1199].

496. La Cour suprême exerce cette « fonction clé » : elle est « l'arbitre des conflits fédératifs »[1200] au Canada. Elle se doit de présenter un certain nombre de garanties de neutralité, lui assurant indépendance et impartialité. Notons que cette exigence fait l'objet de débats importants et anciens. Ces débats portent surtout sur la nomination des juges de la haute cour, à laquelle les provinces ne participent pas : c'est au gouvernement fédéral que revient cette responsabilité.[1201] La Cour suprême apparaît donc comme un arbitre dont l'impartialité est contestée,[1202] mais dont le rôle est central puisqu'elle permet un arbitrage de l'exercice des pouvoirs sur la base du principe fédératif. Les implications politiques sont importantes car ce travail d'interprétation peut tantôt favoriser une centralisation des compétences en faveur de l'ordre de gouvernement fédéral, tantôt mettre l'accent sur une non-centralisation, favorisant l'autonomie des provinces.

497. D'autant plus que la Cour suprême est le dernier arbitre des conflits fédératifs. [1203] La haute cour est placée au sommet de la hiérarchie des juridictions au Canada. Elle connaît donc des conflits en dernière instance,

---

[1195] H. BRUN, G. TREMBLAY, E. BROUILLET, *Droit constitutionnel*, Cowansville, Yvon Blais, 2008, p 411.

[1196] *Ibid.* La doctrine canadienne anglophone est en accord sur ce point et suit le même raisonnement. Voy. par exemple W.R. LEDERMAN, "Unity and Diversity in Canadian Federalism : Ideals and Methods of Moderation", in G. STEVENSON (dir.), *Federalism in Canada*, Toronto, McClelland & Stewart Inc. - *The Canadian Publishers*, 1989, p 144.

[1197] H. BRUN, G. TREMBLAY, E. BROUILLET, *op. cit.*, p 411.

[1198] E. BROUILLET, *L'identité culturelle québécoise et le fédéralisme canadien*, Thèse de Doctorat, Québec, Faculté des études supérieures, Université Laval, 2003, p 100.

[1199] *Ibid.*

[1200] E. BROUILLET, Y. TANGUAY, *op. cit.*, p 76. Notre traduction.

[1201] Lors de la Conférence de Victoria en 1971, le gouvernement fédéral semblait avancer l'idée d'une révision constitutionnelle à laquelle serait intégrée la réforme de la nomination des juges. Mais aucune réforme n'est intervenue dans ce domaine lors du rapatriement de la Constitution en 1982. Voy. à ce sujet H. BRUN, G. TREMBLAY, E. BROUILLET, *Droit constitutionnel*, Cowansville, Yvon Blais, 2008, pp 411-412. Pour un avis divergent, voy. P.W. HOGG, « Is the Supreme Court of Canada Biased in Constitutional Cases ? », in G. STEVENSON (dir.), *Federalism in Canada*, McClelland & Stewart Inc. - *The Canadian Publishers*, Toronto, 1989, pp 167 & s.

[1202] Certains auteurs la qualifient de « créature exclusivement fédérale ». Voy. H. BRUN, G. TREMBLAY, E. BROUILLET, *op. cit.*, p 411.

[1203] G. TREMBLAY, « La Cour suprême du Canada, dernier arbitre des conflits d'ordre politique », in I. BERNIER, A. LAJOIE (dir.), *La Cour suprême du Canada comme agent de changement politique*, Ottawa, Commission Royale sur l'Union économique et les perspectives de développement du Canada, 1986, pp 193 & s.

quel que soit le domaine, dont les conflits en matière de compétences.[1204] Cela apparaît explicitement dans l'article 101 de la *Loi constitutionnelle de 1867* : « Le parlement du Canada pourra, nonobstant toute disposition contraire énoncée dans la présente loi, lorsque l'occasion le requerra, adopter des mesures à l'effet de créer, maintenir et organiser une cour générale d'appel pour le Canada […] »[1205]. Il s'agit donc d'une cour statuant en dernier ressort. La Cour suprême du Canada est donc l'arbitre de l'exercice des pouvoirs, ce qui lui confère un rôle central au regard du principe fédératif.

498. La Cour de Justice et la Cour suprême sont donc les arbitres principaux de l'exercice des pouvoirs et par ce biais du partage des compétences. Ils bénéficient d'une place centrale en matière de protection de la qualité des eaux douces, matière pour laquelle le partage des pouvoirs apparaît incertain dans les deux ordres juridiques. Leur principale fonction dans le règlement des différends en matière de conflits de compétences est d'interpréter leurs textes constituants respectifs à la lumière du principe de subsidiarité ou du principe fédératif.

B. Des juges précisant les contours des principes fédératif et de subsidiarité : une marge de manœuvre importante

499. Le principe de subsidiarité et le principe fédératif ont en commun d'apparaître comme des principes aux contours très flous et dynamiques.[1206] Les deux hautes cours ont pour rôle d'interpréter leurs textes constituants respectifs à la lumière de ces principes. Mais pour cela, elles doivent tout d'abord préciser les contours de ces principes, afin de pouvoir les utiliser pour réguler l'exercice des pouvoirs. La Cour suprême et la Cour de Justice ont en commun de bénéficier d'une marge de manœuvre importante, bien que le traitement de chacun des principes connaisse des différences.

500. La Cour de Justice a interprété et appliqué les critères du principe de subsidiarité présents dans les traités sans grande précision (*1-*) ; alors que la Cour suprême a procédé à un travail davantage créateur de droit au sujet du principe fédératif (*2-*). Malgré ces différences, les deux hautes cours ont considérablement fait évoluer leur principe régulateur respectif de l'exercice des pouvoirs, en tant que gardiennes de leur interprétation.

1. La Cour de Justice : gardienne du principe de subsidiarité

501. Lors de l'introduction du principe de subsidiarité en matière d'environnement dans l'Acte unique,[1207] une certaine perplexité doctrinale est apparue au sujet de sa justiciabilité.[1208] Le caractère flou de la compétence en matière d'environnement en était une raison centrale. Lors de la généralisation

---

[1204] E. BROUILLET, Y. TANGUAY, « The Legitimacy of the Constitutional Arbitration Process in a Multinational Federative Regime : The Case of The Supreme Court of Canada », *U.B.C. L. Rev.*, vol. 45, 1, 2012, p 85.

[1205] *Loi constitutionnelle de 1867*, L.R.C. (1985), app. II, n°5, art. 101.

[1206] Voy. *supra* §378 & s.

[1207] Art. 130 R TCEE institué par l'Acte unique de 1986, JOCE L 169 du 29 juin 1987.

[1208] La CJUE ne disposait pas selon certains auteurs des instruments juridiques adéquats à l'interprétation du principe de subsidiarité. Voy. C. BLUMANN, L. DUBOUIS, *Droit institutionnel de l'Union européenne*, Paris, Litec, 3ème Édition, 2007, p 357 ; G. ISAAC, M. BLANQUET, *Droit général de l'Union européenne*, Paris, Sirey, 10ème Édition, 2012, p 97.

du principe de subsidiarité par le Traité de Maastricht[1209] le débat se restreint.[1210] La Cour de Justice a confirmé la justiciabilité du principe de subsidiarité en 1996.[1211] Il relève donc de sa compétence par le biais des procédures de droit commun. C. Blumann et L. Dubouis soulèvent la « plénitude de compétence » de la Cour de Justice à son égard.[1212]

502. Le rôle de gardien du principe de subsidiarité est dévolu à la Cour en vertu de l'article 263 TFUE[1213] et du Protocole n°2, article 8.[1214] La Cour contrôle le respect de ce principe par les institutions de l'Union et précise ses contours. L'application du principe de subsidiarité par la Cour de Justice lui permet d'avoir un caractère effectif et ainsi de « réguler la variation des niveaux de compétence »[1215]. Dans les deux cas, la Cour a toujours bénéficié d'une grande marge de manœuvre dans son interprétation du principe.

503. En premier lieu, la Cour procède à un important travail d'interprétation en bénéficiant d'une marge d'appréciation assez large.[1216] Elle a interprété les critères du principe de subsidiarité sur la base des dispositions des traités. Ces critères ont le mérite d'exister, mais ils ne sont pas clairs : la Cour de Justice contrôle le principe de subsidiarité *a posteriori*, mais il est difficile de savoir comment. D'autant plus que l'article 5 alinéa 3 TUE[1217] semble délimiter le champ d'application du principe de subsidiarité,

---

1209 Art. 3 B du TCE institué par le Traité de l'Union européenne de 1992, JOCE C 191 du 29 juillet 1992, dit « Traité de Maastricht ».

1210 La portée normative du principe de subsidiarité a continué à faire débat jusqu'en 1996. Voy. J. BARROCHE, « Discours et pratique de la subsidiarité européenne depuis le traité de Maastricht jusqu'à nos jours », *Droit et société*, 2012, vol. 1, 80, p 22 note 21.

1211 CJCE, 12 nov. 1996, *RU c/ Conseil*, Aff. C-84/94, *Rec.* I.5755 ; voy. à ce sujet G. ISAAC, M. BLANQUET, *op. cit.*, p 97.

1212 C. BLUMANN, L. DUBOUIS, *Droit général de l'Union européenne*, Paris, Sirey, 10ème Édition, 2012, p 357.

1213 « La Cour de justice de l'Union européenne contrôle la légalité des actes législatifs, des actes du Conseil, de la Commission et de la Banque centrale européenne, autres que les recommandations et les avis, et des actes du Parlement européen et du Conseil européen destinés à produire des effets juridiques à l'égard des tiers. Elle contrôle aussi la légalité des actes des organes ou organismes de l'Union destinés à produire des effets juridiques à l'égard des tiers. À cet effet, la Cour est compétente pour se prononcer sur les recours pour incompétence, violation des formes substantielles, violation des traités ou de toute règle de droit relative à leur application, ou détournement de pouvoir, formés par un État membre, le Parlement européen, le Conseil ou la Commission […] », Traité sur le fonctionnement de l'Union européenne, JOUE C 83 du 30 mars 2010, art. 263.

1214 « La Cour de justice de l'Union européenne est compétente pour se prononcer sur les recours pour violation, par un acte législatif, du principe de subsidiarité formés, conformément aux modalités prévues à l'article 263 du traité sur le fonctionnement de l'Union européenne, par un État membre ou transmis par celui-ci conformément à son ordre juridique au nom de son parlement national ou d'une chambre de celui-ci […] », Protocole n°2 sur l'application des principes de subsidiarité et de proportionnalité, JOUE C 83/206 du 30 mars 2010, art. 8.

1215 J.-Ph. DEROSIER, « La dialectique centralisation/décentralisation – Recherches sur le caractère dynamique du principe de subsidiarité », *R.I.D.C.*, 1, 2007, p 139.

1216 E. BROUILLET, « Canadian federalism and the principle of subsidiarity: should we open Pandora's box? », *Supreme Court Law Review*, vol. 54, 2011, p 636.

1217 « En vertu du principe de subsidiarité, dans les domaines qui ne relèvent pas de sa compétence exclusive, l'Union intervient seulement si, et dans la mesure où, les objectifs de l'action envisagée ne peuvent pas être atteints de manière suffisante par les États membres, tant au niveau central qu'au niveau régional et local, mais peuvent l'être mieux, en raison des dimensions ou des effets de l'action envisagée, au niveau de l'Union.
Les institutions de l'Union appliquent le principe de subsidiarité conformément au protocole sur l'application des principes de subsidiarité et de proportionnalité. Les parlements nationaux

sans pour autant le définir précisément.[1218] De même, le Protocole n°2[1219] ne reprend pas les précisions qu'apportait son prédécesseur sur les critères du principe de subsidiarité.[1220]

504. La jurisprudence de la Cour sur le principe de subsidiarité a beaucoup évolué malgré le peu d'affaires où elle s'empare de la question. Dans un premier temps, elle se limite à un contrôle de forme de la motivation de l'acte en cause. Il n'est alors pas nécessaire, selon la Cour, que les motifs d'un acte fassent apparaître une référence explicite au principe de subsidiarité.[1221] Il suffit que l'ensemble des motifs prouve que la compétence du législateur européen ait été examinée au regard du principe de subsidiarité, de façon claire et non équivoque.[1222]

505. Dès le début des années 2000, la Cour semble abandonner ce raisonnement au profit d'un examen au fond de l'affaire. Dans un arrêt du 9 octobre 2001, la Cour examine sur le fond la validité d'une directive sur la brevetabilité du vivant, sur la base de deux critères : un positif et un négatif. La Cour énonce que :

> L'objectif recherché par la directive, consistant à assurer le bon fonctionnement du marché intérieur en prévenant, voire en éliminant, des divergences entre les législations et pratiques des différents États membres dans le domaine de la protection des inventions biotechnologiques, n'aurait pas pu être atteint par une action entreprise au niveau des seuls États membres.[1223]

Également, la Cour expose un critère positif : « […] l'objectif en question pouvait, en raison des dimensions et des effets de l'action envisagée, être mieux réalisé au niveau communautaire » [1224].

La Cour fait œuvre d'interprétation de l'article 5 alinéa 2 TCE, sans davantage de précisions. Les affaires suivantes vont révéler ce que C. Blumann et L. Dubouis considèrent comme « une jurisprudence quasi linéaire tendant à établir un contrôle jurisprudentiel poussé sur le principe de subsidiarité »[1225].

---

veillent au respect du principe de subsidiarité conformément à la procédure prévue dans ce protocole », Traité sur l'Union européenne, JOUE C 83 du 30 mars 2010, art. 5 al.3.

[1218] C. BLUMANN, L. DUBOUIS, *Droit institutionnel de l'Union européenne*, Paris, Litec, 3ème Édition, 2007, p 353.

[1219] Protocole n°2 sur l'application des principes de subsidiarité et de proportionnalité, JOUE C 83/206 du 30 mars 2010.

[1220] C. BLUMANN, L. DUBOUIS, *op. cit.*, p 355.

[1221] CJCE, 13 mai 1997, *Allemagne c/ Parlement européen et Conseil*, Aff. C-233/94, *Rec.* I.2405.

[1222] C. BLUMANN, L. DUBOUIS, *op. cit.*, p 457 ; J.-M. FAVRET, *Droit et pratique de l'Union européenne,* Paris, Gualino, Lextenso Éditions, 6ème édition, 2009, p 205.

[1223] CJCE, 9 oct. 2001, *Royaume des Pays Bas c/ Parlement et Conseil*, Aff. C-377/98, *Rec.* I.7079, point 32. Nous soulignons.

[1224] *Ibid.* Nous soulignons.

[1225] C. BLUMANN, L. DUBOUIS, *Droit institutionnel de l'Union européenne*, Paris, Litec, 4ème Édition, 2010, p 457. Voy. CJCE, 10 déc. 2002, *British American Tobacco et Imperial Tobacco*, Aff. C-491/01, *Rec.* I.11453 ; CJCE, 22 mai 2003, *Commission c/ Allemagne*, Aff. C-103/01, *Rec.* I-5369 ; CJCE, 12 juill. 2005, *Alliance for Natural Health e. a.*, Aff. C-154 et 155/04, *Rec.* I-6451 ; TPI, 27 sept. 2006, *GlaxoSmithKline Services c/ Commission*, Aff. T-168/01, *Rec.* II-2969 ; CJCE, 24 avr. 2008, *Arcor*, Aff. C-55/06, *Rec.* I-2931 ; CJCE, 17 juill. 2008, *Coleman*, Aff. C-303/06, *Rec.* I-5603 ; TPI (Ord.), 26 sept. 2008, *Ellinikos Niognomon*, Aff. T-312/08R, *Rec.* II-204 ; TPI, 3 sept. 2009, *Cheminova e. a.*, Aff. T-326/07, *Rec.* II-2685 ; CJCE, 8 Sept. 2009, *Commission c/ Parlement et Conseil*, Aff. C-411/06, *Rec.* I-7585 ; CJ (Ord.), 9 mars 2010, *Buzzi Unicem*, Aff. C-478 et 479/08, *Rec.* I-31 ; CJ, 9 mars 2010, *ERG e. a.*, Aff. C-379 et

L'évolution soudaine du travail de la Cour de Justice semble à première vue être allée dans le sens d'un contrôle plus substantiel en termes de subsidiarité, exigeant « la justification d'une action communautaire »[1226]. Selon G. Issac et M. Blanquet, la Cour procède depuis cet arrêt à un « contrôle complet des motifs de l'acte et non (à) un contrôle minimum »[1227].

506. En second lieu, il apparaît que son champ d'action est tel que le rayonnement de ses décisions dépasse le domaine juridique : son contrôle du principe de subsidiarité peut apparaître politiquement dangereux, au regard des enjeux politiques qui sous-tendent ce principe. La crainte d'un « gouvernement des juges »[1228] a plusieurs fois été soulevée au sujet de ce contrôle. C'est peut-être la raison pour laquelle la Cour de Justice a longtemps été si discrète quant aux détails de son interprétation du principe de subsidiarité.

507. La Cour de Justice est la gardienne du principe de subsidiarité, fonction pour laquelle elle bénéficie d'une marge de manœuvre très large. La Cour suprême du Canada semble elle aussi recevoir un champ d'action étendu.

2. La Cour suprême du Canada : gardienne du principe fédératif

508. La Cour suprême est la gardienne du principe fédératif et exerce cette fonction par son travail d'interprétation de la Constitution. Elle bénéficie d'une marge de manœuvre importante, ce principe étant particulièrement flou et dynamique. Au gré des affaires, mais aussi des changements politiques et sociétaux, les contours du principe fédératif sont soumis à évolution.[1229] La haute cour a largement exploité ce potentiel d'évolution du principe fédératif : elle a fait évoluer le principe d'une forme classique à une forme moderne (*a*-) et après avoir eu tendance à osciller entre les deux, elle semble récemment se placer en faveur du fédéralisme coopératif (*b*-).

a. L'évolution d'une forme classique à une forme moderne

509. Le Comité judiciaire du Conseil privé[1230] a développé un large respect du principe fédératif comme « principe directeur ayant guidé l'interprétation

---

380/08, *Rec.* I-2007 ; CJ, 8 juin 2010, *Vodaphone*, Aff. C-58/08, *Rec.* I-04999 ; CJ, 12 mai 2011, *Luxembourg c/ Parlement et Conseil*, Aff. C-176/09, np.

1226 G. ISAAC, M. BLANQUET, *Droit général de l'Union européenne*, Paris, Sirey, 10ème Édition, 2012, p 97.

1227 *Ibid.*, p 98. Nous verrons dans la Seconde Partie, Titre second, chapitre 2nd que ce contrôle complet des motifs de l'acte n'apparaît pas avec tant d'évidence dans les arrêts de la Cour en matière de protection de l'environnement.

1228 Voy. notamment C. BLUMANN, L. DUBOUIS, *op. cit.*, p 456 ; ainsi que P. MAGNETTE, *L'Europe, l'Etat et la Démocratie : le souverain apprivoisé*, Bruxelles, Éditions Complexe, Collection Études européennes, 2000, pp 77 & s.

1229 K. NORRIE, R. SIMEON, M. KRASNICK, *Le fédéralisme et l'union économique au Canada*, Ottawa, Commission royale sur l'Union économique et les perspectives de développement du Canada, Centre d'édition du gouvernement du Canada, 1986, p 67.

1230 La Cour suprême du Canada a été crée en 1875, mais jusqu'en 1949, tous les appels de la Cour suprême sont traités par le Comité Judiciaire du Conseil privé à Londres. En 1949, ces appels sont abolis et la Cour suprême devient le dernier tribunal d'appel du Canada. Voy. à ce sujet E. BROUILLET, *L'identité culturelle québécoise et le fédéralisme canadien*, Thèse de Doctorat, Québec, Faculté des études supérieures, Université Laval, 2003, p 383.

des règles relatives au partage des compétences législatives [...] »[1231]. Son interprétation du texte constituant a été marquée par le « respect de l'équilibre entre les pouvoirs législatifs provinciaux et fédéraux »[1232]. Plus précisément, il s'agit pour le Comité judiciaire de respecter l'autonomie de chaque ordre de gouvernement en assurant le plus possible l'étanchéité des compétences. Il procède à une interprétation littérale du texte de la Constitution, en tenant compte du principe fédératif :[1233] la sphère d'autonomie est conservée par l'exclusivité des champs de compétence législative,[1234] principe qui apparaît dans le texte de la *Loi constitutionnelle de 1867*. L'article 91 évoque en effet « l'autorité législative exclusive du parlement du Canada »[1235]. L'article 92 affirme que « (d)ans chaque province la législature pourra exclusivement faire des lois [...] »[1236].

510. Le Comité judiciaire a donné un plein effet au principe fédératif dans sa jurisprudence. En 1881, dans une affaire portant sur le commerce en Ontario, le Comité judiciaire prend soin d'interpréter les dispositions du partage des compétences en préservant l'exclusivité des compétences de chaque ordre de gouvernement. Pour cela, Sir Montague Smith fait ressortir la nécessité d'une interprétation corrélative en fonction des compétences de l'autre ordre de gouvernement. Cela permet d'éviter le plus possible tout conflit entre les compétences des différents ordres de gouvernement.[1237] Le Comité judiciaire va réitérer en 1924 dans *A.-G. Ontario* v. *Reciprocal Insurers*[1238] en réaffirmant l'exclusivité des compétences des provinces. En 1937, Lord Atkin, dans l'arrêt *A.-G. for Canada* v. *A.-G. for Ontario*, va préciser le raisonnement du Comité judiciaire en comparant les articles 91 et 92 de la *Loi constitutionnelle de 1867* à des compartiments étanches.[1239] Il faut donc éviter le plus possible les chevauchements de compétences. La Comité judiciaire a développé une interprétation corrélative des deux articles, de sorte qu'une ligne de démarcation soit tracée entre les compétences fédérales et provinciales. [1240] Il s'agit d'une conception classique ou dualiste du

---

[1231] *Ibid.*, pp 380-381.
[1232] *Ibid.*, p 381.
[1233] E. BROUILLET, *L'identité culturelle québécoise et le fédéralisme canadien*, Thèse de Doctorat, Québec, Faculté des études supérieures, Université Laval, 2003, p 382.
[1234] B. RYDER, « The Demise and Rise of the Classical Paradigm in Canadian Federalism : Promoting Autonomy for the Provinces and First Nations », *McGill Law Journal*, 36, 1990-1991, p 312.
[1235] *Loi constitutionnelle de 1867*, L.R.C. (1985), app. II, n°5, art. 91.
[1236] *Ibid.*
[1237] *Citizens Insurance Company of Canada* v. *Parsons,* [1881-82] 7 A.C. 96, 108. Voy. à ce sujet B. RYDER, *op. cit.*, p 328.
[1238] *A.-G. Ontario* v. *Reciprocal Insurers*, [1924] A.C. 328 à 340.
[1239] Lord Atkin affirme : « [...] while the ship of state now sails on larger ventures and into foreign waters she still retains the watertight compartments which are an essential part of her original structure », in *A.-G. for Canada* v. *A.-G. for Ontario,* [1937] A.C. 326, 354. Nous soulignons. Voy. également B. RYDER, *op. cit.*, p 312 ; ainsi que E. BROUILLET, « La dilution du principe fédératif et la jurisprudence de la Cour suprême du Canada », *Les Cahiers de Droit*, vol.45, 1, mars 2004, p 34 ; et P. FOUCHER, « Flexibilité du Fédéralisme », in G.-A. BEAUDOIN *et al.*, *Le fédéralisme de demain : réformes essentielles/Federalism for the Future : Essential Reforms*, Montréal, Wilson & Lafleur, 1998, p 73.
[1240] E. BROUILLET, *op. cit.*, p 34.

fédéralisme, dans sa dominante du partage des compétences. L'accent est mis sur l'exclusivité des compétences.[1241]

Avec cette interprétation, le Comité a été très critiqué par la doctrine canadienne anglophone. Elle ne permettait pas, selon les auteurs anglophones, l'adaptation des institutions aux évolutions de la société et surtout aux évolutions de l'économie canadienne. [1242] De même cette interprétation impliquait selon ces auteurs une décentralisation des pouvoirs, retirant au palier fédéral toute marge de manœuvre.[1243]

511. En 1949, la Cour suprême du Canada devient le dernier tribunal d'appel du Canada. [1244] Progressivement, l'interprétation du principe fédératif va considérablement varier vers une forme plus souple : le fédéralisme coopératif.

512. La Cour suprême est à l'origine un tribunal statutaire : l'article 101 de la *Loi constitutionnelle de 1867* ne fait qu'autoriser la création d'une cour générale d'appel. La composition et le fonctionnement de cette Cour ne sont alors pas garantis par le texte constituant et dépendent uniquement du parlement fédéral. Néanmoins, il est clair depuis le *Renvoi relatif à la Loi sur la Cour suprême* rendu en avril 2014,[1245] que la composition de la Cour et ses autres caractéristiques essentielles sont constitutionnalisées. Notons que l'ordre fédéral a tout de même conservé son pouvoir de nommer tous les juges de la Cour suprême.

513. La Cour suprême, en tant qu'interprète d'un texte constitutionnel, bénéficie d'une « marge de discrétion dans la détermination du sens des règles de droit »[1246]. La généralité des termes utilisés dans la Constitution et la confusion qui règne autour du principe fédératif sont autant de facteurs amplifiant cette discrétion aux « proportions considérables »[1247]. Le Comité judiciaire a exercé cette discrétion en mettant en place une interprétation classique du principe fédératif. La Cour suprême privilégie une approche plus souple du principe, ayant fait considérablement évoluer les termes de la *Loi constitutionnelle de 1867.*[1248]

[1241] Pour davantage de précisions sur le paradigme classique, voy. B. RYDER, « The Demise and Rise of the Classical Paradigm in Canadian Federalism : Promoting Autonomy for the Provinces and First Nations », *McGill Law Journal*, 36, 1990-1991, pp 322 & s. Pour un résumé des raisons historiques du choix d'application du paradigme classique par le Comité Judiciaire, voy. *Ibid.*, pp 327 & s.

[1242] E. BROUILLET, *L'identité culturelle québécoise et le fédéralisme canadien*, Thèse de Doctorat, Québec, Faculté des études supérieures, Université Laval, 2003, p 389. Pour une idée des arguments formulés par la doctrine canadienne anglophone, voy. W.R. LEDERMAN, "Unity and Diversity in Canadian Federalism : Ideals and Methods of Moderation", in G. STEVENSON (dir.), *Federalism in Canada*, Toronto, McClelland & Stewart Inc. - *The Canadian Publishers*, 1989, pp 142 & s.

[1243] Par exemple, voy. F.R. SCOTT, « Centralization and Decentralization in Canadian Federalism », in G. STEVENSON (dir.), *Federalism in Canada*, McClelland & Stewart Inc. - *The Canadian Publishers*, Toronto, 1989, pp 60 & s.

[1244] E. BROUILLET, *op. cit.*, p 383.

[1245] *Renvoi relatif à la Loi sur la Cour suprême, art. 5 et 6*, [2014] CSC 21.

[1246] E. BROUILLET, *op. cit.*, p 387.

[1247] *Ibid.*

[1248] G.-A. BEAUDOIN *et al.*, *Le fédéralisme de demain : réformes essentielles/Federalism for the Future : Essential Reforms*, Montréal, Wilson & Lafleur, 1998, p 33 ; P. FOUCHER, « Flexibilité du Fédéralisme », in *Ibid.*, p 73.

514. Dans un premier temps, le paradigme classique est appliqué par la Cour suprême à l'instar du *Renvoi relatif à la taxe sur le gaz naturel exporté*.[1249] La majorité des juges conclut en effet à l'inapplicabilité d'une taxe fédérale au gaz naturel produit et exporté par le gouvernement albertain. Plus précisément, la Cour privilégie une interprétation corrélative de l'article 91 (3) et de l'article 125 de la *Loi constitutionnelle*.[1250]

515. Dans un second temps, la Cour se dirige davantage vers une interprétation souple du partage des compétences. Dans l'arrêt *SEFPO* de 1987,[1251] le Juge en chef Dickson, dans des motifs séparés, mais non contredits par les autres juges, expose clairement ce qu'E. Brouillet considère comme un « plaidoyer général en faveur d'une conception moderne du partage des compétences législatives » [1252]. Il ressort de cet arrêt que le principe d'exclusivité n'est plus un principe absolu, car le droit constitutionnel canadien a permis des chevauchements et interactions entre les compétences des ordres de gouvernement.[1253] Cela favorise l'existence de larges domaines de compétences concurrentes.[1254]

516. Le raisonnement qui avait été mis en place par le Comité judiciaire s'est donc inversé. Un nouveau raisonnement est donc appliqué en matière de régulation de l'exercice des pouvoirs : l'établissement du caractère véritable d'un acte, et son potentiel double aspect. [1255] Cela semble en totale contradiction avec le raisonnement classique qui avait été établi au sujet du fédéralisme.

517. Le principe fédératif est alors chargé d'assurer un équilibre entre les ordres de gouvernement dans un contexte éminemment différent. D'autant plus que l'utilisation du paradigme moderne par la Cour apparaît régulière.[1256]

[1249] *Renvoi relatif à la taxe sur le gaz naturel exporté*, [1982] 1 R.C.S. 1004. Voy. également E. BROUILLET, « La dilution du principe fédératif et la jurisprudence de la Cour suprême du Canada », *Les Cahiers de Droit*, vol.45, 1, mars 2004, p 56.

[1250] Pour davantage de précisions voy. Voy. également E. BROUILLET, *op. cit.*, p 56.

[1251] *Le procureur général de l'Ontario c. SEFPO*, [1987] 2 R.C.S. 2.

[1252] E. BROUILLET, *op. cit.*, p 36.

[1253] *Le procureur général de l'Ontario c. SEFPO*, [1987] 2 R.C.S. 2, paragraphe 27.

[1254] E. BROUILLET, *op. cit.*, p 35 ; P. FOUCHER, *op. cit.*, p 73 ; J. LECLAIR, « The Supreme Court of Canada's Understanding of Federalism: Efficiency at the Expense of Diversity", in J.-F. GAUDREAULT-DESBIENS, F. GELINAS (dir.), *Le Fédéralisme dans tous ses états : gouvernance, identité et méthodologie – The states and moods of federalism : governance, identity and methodology*, Cowansville (Québec), Éditions Y. Blais, Bruxelles, Bruylant, 2005, pp 388 & s.

[1255] Pour plus de précisions v. J. LECLAIR, « The Supreme Court of Canada's Understanding of Federalism: Efficiency at the Expense of Diversity", in J.-F. GAUDREAULT-DESBIENS, F. GELINAS (dir.), *Le Fédéralisme dans tous ses états : gouvernance, identité et méthodologie – The states and moods of federalism : governance, identity and methodology*, Cowansville (Québec), Éditions Y. Blais, Bruxelles, Bruylant, 2005, pp 388 & s. ; ainsi que *infra* §574 & s.

[1256] Voy. notamment *R.* c. *Hydro-Québec*, [1997] 3 R.C.S. 213 ; *Renvoi relatif à la Loi sur les armes à feu,* [2000] 1 R.C.S. 783 ; *Ward* c. *Canada (P.G.)*, [2002] 1 R.C.S. 569. En matière d'interprétation de la théorie des dimensions nationales voy. *R.* c. *Crown Zellerbach Canada ltd.*, [1988] 1 R.C.S. 401. La Cour a également étendu cette appréhension du fédéralisme à des procédures autres que celle mettant en cause la validité constitutionnelle d'un texte, et notamment en matière d'immunité juridictionnelle. Voy. par exemple : *Première Nation de Westbank* c. *B.C. Hydro*, [1999] 3 R.C.S. 134. Pour davantage de précisions à ce sujet, voy. E. BROUILLET, « La dilution du principe fédératif et la jurisprudence de la Cour suprême du Canada », *Les Cahiers de Droit*, vol.45, 1, mars 2004, pp 36-44.

518. De même, cette marge de manœuvre de la Cour au sujet du principe fédératif semble amplifiée par le fait que son interprétation semble osciller entre les deux paradigmes. Dans certains cas, la Cour suprême va revenir ponctuellement au paradigme classique.

b. D'une tendance à l'oscillation au choix du paradigme moderne

519. La Cour suprême semble cultiver la liberté dont elle a été dotée pour l'interprétation de la Constitution, et corrélativement du principe fédératif. Malgré une jurisprudence assez abondante privilégiant le paradigme moderne, elle a pu revenir à l'occasion de circonstances particulières à une approche plus classique. Cela implique alors une coloration différente du principe fédératif. Néanmoins, il ressort de décisions récentes que son choix se soit porté sur le fédéralisme coopératif.

520. En 1988, dans l'arrêt *Bell Canada* c. *Québec*,[1257] la Cour suprême invoque le principe d'exclusivité des compétences législatives. Le Juge Beetz en appelle à un strict respect du principe d'exclusivité des compétences, en invoquant la dangerosité de la théorie du double aspect. L'affaire porte sur la question de savoir si certaines dispositions de la *Loi provinciale sur la santé et la sécurité au travail* s'appliquent à une entreprise fédérale. L'objectif semble être de restreindre l'exercice des compétences provinciales dans ce domaine.

Également, dans l'affaire *Ontario Hydro*[1258] la majorité des juges a choisi une interprétation classique du partage des compétences en faveur du palier fédéral. Les juges minoritaires avaient privilégié une conception moderne, mais elle favoriserait l'autonomie des ordres de gouvernement provinciaux.[1259] Il en a été de même dans l'affaire *Husky Oil Operation Ltd*[1260] où la Cour suprême a conclu à l'inapplicabilité d'une loi provinciale empiétant sur un domaine de compétence exclusive.[1261]

Si pendant plusieurs années, la Cour a oscillé entre les conceptions dualiste et coopérative du principe fédératif, elle semble se fixer plus clairement en faveur du fédéralisme coopératif, depuis la fin des années 2000. Elle affirme en 2007 dans la décision *Banque canadienne de l'Ouest* que : « [...] les tribunaux ont développé certaines doctrines constitutionnelles qui [...] permettent d'établir un équilibre approprié dans la reconnaissance et l'aménagement des chevauchements inévitables des règles adoptées par les deux ordres de gouvernement [...] »[1262].

En 2011, dans le *Renvoi relatif à la Loi sur les valeurs mobilières*,[1263] la Cour confirme son choix en disposant : « Il est possible que les gouvernements fédéral et provinciaux exercent harmonieusement leurs pouvoirs respectifs quant aux valeurs mobilières, dans l'esprit du fédéralisme coopératif »[1264].

1257 *Bell Canada* c. *Québec (C.S.S.T.)*, [1988] 1 R.C.S. 749. Pour plus de précisions voy. E. BROUILLET, *op. cit.*, p 51.
1258 *Ontario Hydro* c. *Ontario (Commission des relations de travail)*, [1993], 3 R.C.S. 327. Pour plus de précisions voy. E. BROUILLET, *op. cit.*, p 52.
1259 E. BROUILLET, *op. cit.*, p 52.
1260 *Husky Oil Operation Ltd.* c. *M.R.N.*, [1995] 3 R.C.S. 453.
1261 Pour davantage de précisions voy. E. BROUILLET, *op. cit.*, p 55.
1262 *Banque canadienne de l'Ouest*, [2007] 2 R.C.S. 3, par. 24. Nous soulignons.
1263 *Renvoi relatif à la Loi sur les valeurs mobilières*, [2011] 3 R.C.S. 837, par. 7. Voy. également *Renvoi relatif à la Loi sur la procréation assistée*, [2010] 3 R.C.S. 457, par. 43, 74.
1264 *Renvoi relatif à la Loi sur les valeurs mobilières*, *op. cit.*, par. 7. Nous soulignons.

521. La tendance semble donc être au choix clair d'un fédéralisme coopératif, favorisant les chevauchements de compétences. Plus globalement, la Cour suprême dispose d'une marge de manœuvre importante dans son interprétation du partage des compétences et corrélativement du principe fédératif. Dernier arbitre des conflits entre les ordres de gouvernement, la Cour suprême détermine le mode de raisonnement à suivre pour régler les litiges, en fonction des circonstances de l'affaire. Son contrôle du principe fédératif est donc étendu.

522. Propos conclusifs. - Le principe de subsidiarité et le principe fédératif font donc l'objet d'un contrôle *a posteriori* par leur gardien respectif : la Cour de Justice et la Cour suprême. Ces deux hautes cours appliquent un raisonnement très différent, dû en partie au contenu des textes constituants qu'elles interprètent. Les traités européens demeurent sur les points développés ci-dessus plus explicites que la *Loi constitutionnelle* canadienne, malgré les évolutions en cours.

Malgré ces différences, il apparaît certain que ces deux principes sont les principes directeurs assurant un équilibre dans la logique des agrégats appliquée en matière de protection de la qualité des eaux douces.

CONCLUSION DU CHAPITRE PREMIER

523. Le principe fédératif et le principe de subsidiarité présentent une parenté à plusieurs titres. Ce sont des principes flous et dynamiques, ce qui les rend difficiles à appréhender. Cela leur confère aussi une flexibilité pertinente au regard de leur fonction dans leur ordre juridique respectif. Ils présentent en effet une finalité analogue assurée par une fonction similaire : assurer un équilibre entre les compétences des ordres de gouvernement.

524. Cette fonction fait d'eux des principes centraux pour le maintien de l'équilibre dynamique entre autonomie et interdépendance, un fondement des ordres juridiques canadien et européen. C'est pourquoi leur prise en compte est contrôlée *a priori* par les institutions communautaires et dans une moindre mesure fédérales. Mais surtout, leur application doit être examinée *a posteriori* par la Cour suprême et la Cour de justice européenne. Ces juges sont les arbitres impartiaux du partage et de l'exercice des compétences.

525. Le principe fédératif et le principe de subsidiarité sont les principes directeurs du partage et de l'exercice des compétences dans les domaines faisant l'objet d'une logique des agrégats. La protection de la qualité des eaux douces est le domaine faisant ressortir les enjeux les plus significatifs en la matière. Ils assurent un équilibre dans ce mécanisme de répartition des pouvoirs, dont il convient de préciser les règles de fonctionnement.

CHAPITRE SECOND

Les modalités d'application du partage des compétences

« *E pluribus unum* »[1265].

526. Le domaine de la protection de la qualité des eaux douces est un agrégat de matières, au Canada[1266] comme dans l'Union européenne :[1267] il existe une division des responsabilités entre les ordres de gouvernement. [1268] Pour avoir une idée plus précise de cette situation juridique, prenons un exemple concret.

527. Imaginons une substance toxique, rejetée dans un cours d'eau par une usine. La province ou l'État membre ayant compétence sur le territoire du cours d'eau peut adopter une loi interdisant le rejet de cette substance. Cette loi traduit l'exercice concret d'un pouvoir en vertu d'une compétence. Au Canada, il peut s'agir de la compétence accordée par l'article 92 (13) de la *Loi constitutionnelle de 1867*[1269] aux provinces : la compétence en matière de propriété et de droits civils. Dans l'Union européenne, il s'agit de la compétence en vertu de l'article 4-2 e) TFUE :[1270] une compétence partagée donnant un fondement juridique aux États membres comme la France pour agir.

Cette même substance toxique peut également faire l'objet d'une loi fédérale canadienne, contrôlant son rejet en vertu de la compétence fédérale sur les pêcheries de l'article 91 (12) de la *Loi constitutionnelle* ou selon la doctrine de l'intérêt national en vertu de l'article 91. En Europe, l'Union peut invoquer sa compétence environnementale au titre de l'article 4-2 e) TFUE, et des articles 191 à 193 TFUE ; ou de l'article 114 TFUE en matière de mesures

[1265] F. DELPÉRÉE, « Les figures du fédéralisme », *Cahiers français*, 300, 2003, p 92. Voy. également J.-Ph. DEROSIER, « La dialectique centralisation/décentralisation – Recherches sur le caractère dynamique du principe de subsidiarité », *R.I.D.C.*, 1, 2007, p 134.

[1266] *Friends of the Oldman River Society* c. *Ministre des Transports du Canada*, [1992] 1 R.C.S. 3, 77 ; H. BRUN, G. TREMBLAY, E. BROUILLET, *Droit constitutionnel*, Cowansville, Yvon Blais, 2008, p 563 ; A. BRUN, F. LASSERRE (dir.), *Gestion de l'eau, Approche territoriale et institutionnelle*, Québec, PUQ, 2012, p 20 ; P.W. HOGG, *Constitutional Law of Canada*, Scarborough (Ontario-Canada), Thomson Carswell, 2008, p 848.

[1267] P. THIEFFRY, *Droit de l'environnement de l'Union européenne*, Bruxelles, Bruylant, 2nde Édition, 2011, p 67.

[1268] M. TREMBLAY (dir.), *Les Politiques publiques canadiennes*, Québec, Les Presses de l'Université Laval, 1998, p 187.

[1269] *Loi constitutionnelle de 1867*, L.R.C. (1985), app. II, n°5.

[1270] Traité sur le fonctionnement de l'Union européenne, JOUE C 83 du 30 mars 2010.

environnementales ayant pour objet le marché intérieur, pour adopter un tel acte juridique. Ainsi, la protection de la qualité des eaux douces peut être encadrée par les deux ordres de gouvernement, tant au Canada que dans l'Union, en vertu de l'exercice de plusieurs compétences. Enfin, chaque ordre de gouvernement peut agir de manière plus indirecte : par l'engagement de dépenses dans le domaine de la protection des eaux.

528. Un grand nombre d'activités de protection des eaux font l'objet de cette répartition des pouvoirs. Elle apparaît particulièrement complexe,[1271] et peut engendrer des chevauchements de compétences, c'est pourquoi le juge doit assurer la fonction d'arbitre entre ces différents fondements. Il procède alors à une régulation de l'exercice des pouvoirs en vertu des compétences énoncées ci-dessus. Tant au Canada que dans l'Union, cela se produit au moment de la contestation de la validité constitutionnelle d'une loi.[1272] Pour l'exemple énoncé ci-dessus : la loi d'interdiction de rejet d'une substance toxique dans un cours d'eau peut faire l'objet d'une contestation d'ordre constitutionnel au Canada ou d'une contestation de sa validité à l'égard des traités européens. Dans les deux cas, le juge va déterminer de quelle compétence relève cette loi, et si le pouvoir exercé par l'ordre de gouvernement en cause correspond bien à cette compétence. Pour cela, le juge canadien utilisera le principe fédératif, et le juge européen utilisera le principe de subsidiarité, lors du rattachement du pouvoir exercé à une compétence.

529. Deux groupes de règles encadrent ce travail : les règles ordinaires permettant un partage équilibré des compétences (*Section I*) ; complétées par les règles autorisant une démarche plus centrée sur l'union : la prépondérance et la primauté, ainsi que les règles inhérentes aux finances publiques (*Section II*).

Section I. Les règles ordinaires permettant un partage équilibré des compétences

Section II. Les piliers assurant l'unité dans les ordres juridiques européen et canadien : les règles en cas de chevauchement des compétences et le pouvoir de dépenser

Section I. Les règles ordinaires permettant un partage équilibré des compétences

530. Les règles mises en place et appliquées pour assurer le partage des compétences au Canada et dans l'Union, sont empreintes d'une volonté de

---

[1271] K. NORRIE, R. SIMEON, M. KRASNICK, *Le fédéralisme et l'union économique au Canada*, Ottawa, Commission royale sur l'Union économique et les perspectives de développement du Canada, Centre d'édition du gouvernement du Canada, 1986, p 45.

[1272] Au Canada, l'inconstitutionnalité d'une loi peut être soulevée par le biais de trois types de procédures principalement : l'exception d'inconstitutionnalité, l'action déclaratoire en inconstitutionnalité, et la demande d'opinion consultative. Pour des précisions sur les différentes procédures par lesquelles la constitutionnalité d'une loi peut être contestée devant la Cour suprême, voy. G.-A. BEAUDOIN, « Le contrôle judiciaire de la constitutionnalité des lois », *McGill Law Journal/Revue de Droit de McGill*, vol.48, 2003, pp 329 & s.; ainsi que H. BRUN, G. TREMBLAY, E. BROUILLET, *Droit constitutionnel*, Cowansville, Yvon Blais, 2008, pp 185 & s.

conserver un équilibre, afin de respecter la structure fédérative du Canada[1273] et l'expansion équilibrée de l'Union.[1274] Ces règles sont comparables au regard de certains éléments : elles assurent un partage flexible selon un point de repère analogue (*paragraphe I*) ; et elles mettent en place une logique des agrégats dans laquelle les principes fédératif et de subsidiarité vont être appliqués (*paragraphe II*).

Paragraphe I. Des règles permettant un partage flexible : au cas par cas et selon un point de repère analogue

Paragraphe II. Des règles de partage autorisant la logique des agrégats

Paragraphe I. Des règles permettant un partage flexible : au cas par cas et selon un point de repère analogue

531. La logique des agrégats au Canada et dans l'Union permet d'assurer une certaine flexibilité[1275] grâce à la règle de l'appréciation au cas par cas : il s'agit de pouvoir adapter l'ordre juridique aux évolutions de la société (*A-*) en se référant à un point de repère analogue : l'objet principal de la norme considérée (*B-*).

A. Une appréciation au cas par cas

532. Tant le Canada que l'Union doivent assurer une forme de flexibilité de leur ordre juridique respectif afin de pouvoir l'adapter aux évolutions de la société. Cette flexibilité est apparue de façon différente au Canada et dans l'Union, principalement car les influences juridiques britanniques ne sont pas marquées de la même manière.

Cette nécessité apparaît en matière de partage des compétences dans la protection de la qualité des eaux douces en fonction de cet aspect historique, ce qui différencie le cas de l'Union européenne (*1-*) ; de celui du Canada (*2-*).

1. Une nécessité historique de flexibilité dans le partage des compétences de la protection de la qualité des eaux douces dans l'Union européenne

533. L'Union européenne diffère du Canada en ce qui concerne les origines de l'aspect flexible des règles de partage des compétences en matière de protection de la qualité des eaux. Les traités étant régulièrement modifiés, ce sont des considérations davantage politiques et économiques qui ont présidé à la mise en place de ces règles. Une nécessité historique de flexibilité (*a-*) ; a

[1273] *Renvoi : résolution pour modifier la Constitution*, [1981] 1 R.C.S.753, 821 ; *Renvoi : droits linguistiques au Manitoba*, [1985] 1 R.C.S. 721, 751-752 ; *Renvoi relatif à la sécession du Québec*, [1998] 2 R.C.S. 217, 250 & s.

[1274] Traité de Rome du 25 mars 1957, non publié au JO, entré en vigueur le 1er janv. 1958, art. 2 ; P. THIEFFRY, *Droit de l'environnement de l'Union européenne – Éléments de droit comparé américain, chinois et indien*, Bruxelles, Bruylant, 1ère Édition, 2008, p 48.

[1275] Le terme *flexible* est emprunté au latin *flexibilis*, dérivé de *flexum* qui signifie fléchir. Il se rapporte à un objet souple, qui se fléchit aisément. Au sens figuré, il se rapporte à une chose qui se plie facilement à la diversité des circonstances. Voy. *Dictionnaire Trésor de la Langue Française Informatisé (TLFI)*, ATILF, CNRS, Université Nancy 2, site internet du dictionnaire : http://atilf.atilf.fr/tlfi.htm (page consultée le 7 juill. 2014).

alors entraîné la mise en place d'une souplesse dans la répartition des compétences (*b-*).

a. Une nécessité historique de flexibilité

534. La politique européenne en matière de protection des eaux émerge dès les années 1970, sans qu'aucune référence explicite ne soit faite dans le Traité de Rome de 1957[1276] à une compétence de la Communauté.[1277] Néanmoins, la Communauté participe activement à la protection des cours d'eau sur la base d'une double compétence indirecte : les articles 100 et 235 TCEE. Ces articles ont permis l'adoption de 23 directives dans le domaine de l'eau entre 1974 et 1985[1278] avant même qu'une base juridique explicite ne soit attribuée à la Communauté dans ce domaine par l'Acte unique.[1279]

535. L'article 100 porte sur le rapprochement des dispositions législatives des États membres, et l'article 235 sur l'extension des compétences de la Communauté en matière de marché commun.[1280] L'objectif de la Communauté, en utilisant ces deux bases juridiques est double : en premier lieu, il s'agit de développer le marché intérieur et éliminer les entraves commerciales et les distorsions de concurrence entre les pays dont les exigences en matière d'eau seraient supérieures à celles des autres pays.[1281] En second lieu, il s'agit d'assurer une protection communautaire de la qualité des eaux,[1282] rendue politiquement nécessaire au regard des catastrophes écologiques survenues à l'époque.[1283] La Communauté procède alors à

[1276] Traité de Rome du 25 mars 1957, non publié au JO, entré en vigueur le 1er janv. 1958.

[1277] P. THIEFFRY, *Droit de l'environnement de l'Union européenne – Éléments de droit comparé américain, chinois et indien*, Bruxelles, Bruylant, 1ère Édition, 2008, p 48 ; T.E. CALDERON, « La Politique de l'eau de l'Union européenne : vers une gestion quantitative des ressources hydriques? », *Les Cahiers de Droit*, 51, 2010, p 862.

[1278] D. DROUET, « La recomposition du secteur de l'eau en Europe », *Réseaux*, vol. 7, 35, 1989, p 42.

[1279] Acte unique de 1986, JOCE L 169 du 29 juin 1987.

[1280] L'article 100 dispose : « Le Conseil, statuant à l'unanimité sur proposition de la Commission, arrête des directives pour le rapprochement des dispositions législatives, réglementaires et administratives des États membres qui ont une incidence directe sur l'établissement ou le fonctionnement du marché commun. L'Assemblée et le Comité économique et social sont consultés sur les directives dont l'exécution comporterait, dans un ou plusieurs États membres, une modification de dispositions législatives » ; l'article 235 dispose : « Si une action de la Communauté apparaît nécessaire pour réaliser, dans le fonctionnement du marché commun, l'un des objets de la Communauté, sans que le présent Traité ait prévu les pouvoirs d'action requis à cet effet, le Conseil, statuant à l'unanimité sur proposition de la Commission et après consultation de l'Assemblée, prend des dispositions appropriées », Traité de Rome du 25 mars 1957, non publié au JO, entré en vigueur le 1er janv. 1958. Voy. à ce sujet P. THIEFFRY, *Droit de l'environnement de l'Union européenne – Éléments de droit comparé américain, chinois et indien*, Bruxelles, Bruylant, 1ère Édition, 2008, pp 48-49 ; T.E. CALDERON, « La Politique de l'eau de l'Union européenne : vers une gestion quantitative des ressources hydriques? », *Les Cahiers de Droit*, 51, 2010, p 863.

[1281] S. HANSON, *Entre Union européenne et région Wallonne : multiplicité des échelons de pouvoir et subsidiarité territoriale - Analyse de la subsidiarité territoriale au travers des directives Seveso, IPPC, responsabilité environnementale et de leurs mesures de transposition en Région wallonne*, Thèse de Doctorat, Université de Liège (Belgique), 2011-2012, p 41.

[1282] T.E. CALDERON, *op. cit.*, p 864.

[1283] Voy. *supra* §218 & s.

l'adoption de normes de protection de l'environnement sur la base de considérations économiques.[1284]

536. L'article 100 est alors considéré par la Commission européenne comme revêtant une portée limitée dans la mesure où l'action de la Communauté est subordonnée à celle des États membres. L'article 235 reçoit de la Commission un traitement plus favorable : il permet de combler les silences du Traité de Rome lorsqu'une action apparaît nécessaire pour atteindre l'un des objectifs de la Communauté dans le bon fonctionnement du marché commun. Il s'agit d'améliorer les conditions de vie, à travers le contrôle de la pollution et de l'environnement, ce qui correspond aux objectifs énoncés à l'article 2 TCEE.[1285]

537. L'utilisation de ce procédé a suscité un certain nombre d'objections.[1286] L'article 100 est progressivement considéré par les États membres comme un véritable « cheval de Troie » permettant une extension de la compétence communautaire sans aucun garde fou en matière environnementale.[1287] Dans le domaine de la protection des eaux, il apparaît notamment que les enjeux économiques pour les États membres sont importants : ils ne souhaitent pas perdre la main sur l'exploitation de leurs ressources énergétiques. L'eau est en première ligne puisque son exploitation se développe pour la production d'électricité. De plus, depuis les années 1970, le marché des technologies de l'eau est en plein essor : la première génération de procédés de dépollution qui assurent un traitement primaire des effluents ou des déchets apparaît. Dans les années 1980, de nouvelles technologies se développent pour l'instrumentation et la mesure sur les cours d'eau.[1288]

538. De plus, la CJCE évoque dès 1980 que « faute de rapprochement des dispositions nationales en la matière, la concurrence pourrait être sensiblement faussée »[1289]. Elle insiste en 1985 en affirmant que « la protection juridique de l'environnement [...] est un des objectifs essentiels de la Communauté »[1290]. Tout concorde pour l'adoption d'une base juridique unique et explicite, l'objectif des uns n'étant cependant pas forcément en adéquation avec l'objectif de la CJCE. Il s'agit donc de tenter d'encadrer l'extension de la Communauté en matière environnementale, et de lui donner une base juridique

---

[1284] S. HANSON, *op. cit.*, pp 37 & s.

[1285] « La Communauté a pour mission, par l'établissement d'un marché commun et par le rapprochement progressif des politiques économiques des États membres, de promouvoir un développement harmonieux des activités économiques dans l'ensemble de la Communauté, une expansion continue et équilibrée, une stabilité accrue, un relèvement accéléré du niveau de vie et des relations plus étroites entre les États qu'elle réunit », Traité de Rome du 25 mars 1957, non publié au JO, entré en vigueur le 1er janv. 1958, art. 2. Voy. à ce sujet T.E. CALDERON, « La Politique de l'eau de l'Union européenne : vers une gestion quantitative des ressources hydriques? », *Les Cahiers de Droit*, 51, 2010, p 864.

[1286] P. THIEFFRY, *Droit de l'environnement de l'Union européenne – Éléments de droit comparé américain, chinois et indien*, Bruxelles, Bruylant, 1ère Édition, 2008, p 54.

[1287] *Ibid.*, pp 48-49.

[1288] Voy. à ce sujet D. DROUET, « La recomposition du secteur de l'eau en Europe », *Réseaux*, vol. 7, 35, 1989, p 43.

[1289] CJCE, 18 mars 1980, *Commission c/ Italie*, Aff. 91/79 et 92/79, *Rec.* p 1099. Voy. à ce sujet P. THIEFFRY, *op. cit.*, p 54.

[1290] CJCE, 7 févr. 1985, *Association de défense des brûleurs d'huiles usagées*, Aff. 240/83, *Rec.* p 531. Voy. à ce sujet P. THIEFFRY, *op. cit.*, p 55.

explicite afin de confirmer la compétence qu'elle exerce depuis une quinzaine d'années.[1291]

L'Acte unique a été précédé du célèbre projet Spinelli,[1292] adopté par le Parlement européen en 1984. Ce projet de traité instituant une Union européenne préconisait en réalité l'instauration du principe de subsidiarité dans toutes les compétences concurrentes de la Communauté. Il s'agissait plus largement de mettre en place une Europe pré-fédérative.[1293] Ce projet a recueilli une très large majorité au Parlement européen, mais il n'a pas été suivi par les États membres. Il se trouve que le projet Spinelli a été réalisé par des auteurs de tradition fédéraliste, et sans que les États membres y aient réellement participé. La frilosité de certains États[1294] face à un principe de subsidiarité qui favoriserait une union fédérale a réduit considérablement la portée du principe à une compétence : celle de l'environnement.[1295]

b. Une logique flexible

539. L'Acte unique va mettre en place en 1986 une logique qui va irriguer par la suite le partage européen des compétences en la matière. En effet, l'article 130 R est inséré dans le traité.[1296] Il donne une base juridique à l'action de la Communauté en matière environnementale, tout en y apposant le principe de subsidiarité :

> 1. L'action de la Communauté en matière d'environnement a pour objet :
>
> - de préserver, de protéger et d'améliorer la qualité de l'environnement,
>
> - de contribuer à la protection de la santé des personnes,
>
> - d'assurer une utilisation prudente et rationnelle des ressources naturelles.
>
> [...]
>
> 4. La Communauté agit en matière d'environnement dans la mesure où les objectifs visés au paragraphe 1 peuvent être mieux réalisés au niveau communautaire qu'au niveau des États membres pris isolément. [...].[1297]

540. Les États membres font inscrire une exigence supplémentaire dans une des Déclarations annexées à l'Acte unique : l'action communautaire ne doit pas interférer avec la politique nationale d'exploitation des ressources énergétiques.[1298]

[1291] S. HANSON, *Entre Union européenne et région Wallonne : multiplicité des échelons de pouvoir et subsidiarité territoriale - Analyse de la subsidiarité territoriale au travers des directives Seveso, IPPC, responsabilité environnementale et de leurs mesures de transposition en Région wallonne*, Thèse de Doctorat, Université de Liège (Belgique), 2011-2012, pp 46-47.

[1292] Projet de traité instituant l'Union européenne, *Journal officiel*, C 77 du 14 févr. 1984, pp 33 & s.

[1293] Pour plus de précisions, voy. S. HANSON *op. cit.*, pp 44-47.

[1294] En première ligne le Royaume-Uni. Voy. *Ibid.*, pp 42 s.

[1295] S. HANSON, *op. cit.*, pp 46-47.

[1296] Acte unique de 1986, JOCE L 169 du 29 juin 1987, art. 130 R.

[1297] *Ibid.*

[1298] « La conférence confirme que l'action de la Communauté dans le domaine de l'environnement ne doit pas interférer avec la politique nationale d'exploitation des ressources énergétiques », Acte unique européen, Acte final, Déclaration relative à l'article 130 R du Traité CE, JO L 169 du 29/06/1987, p 25.

541. L'article 130 R introduit donc explicitement le principe de subsidiarité dans le traité, et par ce biais, l'aspect dynamique qui en découle.[1299] Il apparaît en effet important qu'une forme de flexibilité dans le partage et l'exercice des compétences soit mise en place face aux enjeux économiques et politiques, tant pour les États membres que pour la Communauté.

542. Aucun domaine de la protection des eaux n'est attribué une fois pour toutes à la Communauté ou aux États membres. L'exercice des compétences entre les deux ordres de gouvernement est ouvert aux évolutions : il est susceptible de changer « sous l'influence du changement climatique, des catastrophes naturelles, des considérations politiques, économiques, sociales, écologiques ou d'autres circonstances »[1300].

543. La règle de principe en matière de compétence partagée implique le traitement du domaine au cas par cas. En effet, les États membres conservent leur pouvoir normatif en matière de protection de la qualité des eaux douces tant que l'Union n'a pas exercé ses compétences dans ce domaine.[1301] Concrètement, l'Union exerce ses compétences en adoptant des directives ou des règlements communautaires. La CJUE va appliquer les règles de partage des compétences couplées avec le principe de subsidiarité au moment de la contestation de la validité d'un acte au regard des traités, affaire par affaire.[1302] Le juge de l'Union joue donc un rôle central : il contrôle les limites du champ de compétences de chaque ordre de gouvernement, de façon ponctuelle et en fonction des affaires qui sont portées devant lui.

544. Le partage des compétences dans le domaine de la protection de la qualité des eaux douces est donc soumis à la logique des agrégats : il s'apprécie davantage en termes de « mouvement »[1303].

545. Cet aspect dynamique apparaissait jusqu'au Traité de Lisbonne dans un sens davantage ascendant : « un mouvement conduisant l'Union à progressivement 'couvrir' le domaine en cause »[1304]. Selon G. Isaac et M. Blanquet, avec le Traité de Lisbonne, il s'agit d'un double sens : « ascendant » et « descendant », l'article 2 paragraphe 2 TFUE permettant aux États membres « d'exercer à nouveau leur compétence dans la mesure où l'Union a décidé de cesser d'exercer la sienne »[1305]. Cela ouvre d'autant plus le champ d'interprétation de la Cour.

2. Une nécessité historique de flexibilité dans le partage des compétences de la protection de la qualité des eaux douces au Canada

546. Les règles présidant au partage des compétences au Canada sont elles aussi empreintes de dynamisme, mais pour des raisons différentes. Elles sont

---

[1299] Voy. à ce sujet *supra* §425 & s.
[1300] L. KRÄMER, *Droit de l'environnement de l'Union européenne*, Bâle, Helbing Lichtenhahn, 2011, p 84.
[1301] J-M. FAVRET, *Droit et pratique de l'Union européenne,* Paris, Gualino, Lextenso Éditions, 6ème Édition, 2009, p 200.
[1302] M. LEE, *EU Environmental Law – Challenges, Change and Decision-making,* Oxford, Hart publishing, 2005, 275 pages.
[1303] G. ISAAC, M. BLANQUET, *Droit général de l'Union européenne*, Paris, Sirey, 10ème Édition, 2012, pp 85-86.
[1304] *Ibid.*, pp 85-86.
[1305] *Ibid.*, pp 85-86.

davantage marquées par l'héritage de la tradition juridique britannique (*a*-), ce qui implique une forme de flexibilité (*b*-).

a. Une nécessité historique irriguée par la tradition britannique

547. La Constitution de 1867 ne traite pas de la problématique de l'environnement. [1306] Contrairement à d'autres anciennes colonies britanniques comme l'Australie,[1307] les questions plus particulières ayant trait à la protection des eaux ne font pas partie des préoccupations des Pères fondateurs. Le rôle de chaque ordre de gouvernement semble alors strictement établi : les matières de portée nationale, interprovinciale ou internationale comme la navigation sont confiées au Parlement fédéral. Les matières jugées de nature locale ou privée sont attribuées aux provinces.[1308]

548. Mais les listes de compétences établies aux articles 91 et 92 de la *Loi constitutionnelle de 1867*[1309] se révèlent rapidement incomplètes au regard de l'évolution de la société canadienne.[1310] De plus, la complexité des règles de révision de la Constitution ne permet pas d'adapter le texte constitutionnel de manière à faire évoluer ces listes.[1311] P.W. Hogg, reprenant le Juge La Forest dans l'arrêt *Friends of the Oldman River*, évoque également le fait que l'environnement est une matière beaucoup trop diffuse pour relever d'un seul ordre de gouvernement et de manière absolue.[1312]

549. Les tribunaux canadiens ont alors su, conformément à la tradition britannique, [1313] **« découvrir dans la Constitution les compétences législatives que les Pères confédératifs y avaient cachées »** [1314]**. C'est particulièrement vrai en matière de protection de l'environnement.**

550. Les règles de partage des compétences en matière de protection des eaux se sont donc révélées progressivement, au cas par cas : il s'agit d'une

[1306] *Friends of the Oldman River Society* c. *Ministre des Transports du Canada*, [1992] 1 R.C.S. 3, 77.

[1307] La question du partage des compétences en matière de gestion des eaux fait l'objet de longs débats lors de la rédaction de la *Commonwealth Constitution* dans les années 1890 en Australie. Voy. à ce sujet, P. KILDEA, G. WILLIAMS, "The Constitution and the management of water in Australia's rivers", *Sydney Law Review*, vol. 32, 2010, pp 595-616.

[1308] R. TASSÉ, « Remarques introductives », in G.-A. BEAUDOIN *et al.*, *Le fédéralisme de demain : réformes essentielles/Federalism for the Future : Essential Reforms*, Montréal, Wilson & Lafleur, 1998, p 6.

[1309] *Loi constitutionnelle de 1867*, L.R.C. (1985), app. II, n°5.

[1310] R. TASSÉ, *op. cit.*, p 8.

[1311] Sur les règles de révision du texte constitutionnel, voy. H. BRUN, G. TREMBLAY, E. BROUILLET, *Droit constitutionnel*, Cowansville, Yvon Blais, 2008, pp 215 & s.

[1312] *Friends of the Oldman River Society* c. *Ministre des Transports du Canada*, [1992] 1 R.C.S. 3, 77 ; cité dans P.W. HOGG, *Constitutional Law of Canada*, Scarborough (Ontario-Canada), Thomson Carswell, 2008, p 848.

[1313] Le Canada a hérité de la tradition juridique britannique en ce que, notamment, le *Judge-made-law* fait autorité en l'absence de législation ou pour compléter une législation insuffisante. La décision de justice acquiert alors une autorité de portée générale. Voy. à ce sujet H. BRUN, G. TREMBLAY, E. BROUILLET, *op. cit.*, p 22. Pour davantage de précisions sur la tradition britannique voy. G. CUNIBERTI, *Grands systèmes de droit contemporains*, Paris, L.G.D.J., 2011, p 95.

[1314] R. TASSÉ, « Remarques introductives », in G.-A. BEAUDOIN *et al.*, *Le fédéralisme de demain : réformes essentielles/Federalism for the Future : Essential Reforms*, Montréal, Wilson & Lafleur, 1998, p 7.

logique dynamique des agrégats. Le pouvoir exercé est en effet rattaché par le juge à une compétence fédérale ou provinciale selon les circonstances.[1315]

b. Une logique flexible

551. Nous avons choisi deux exemples qui apparaissent significatifs quant à la flexibilité dont font preuve les règles de partage des compétences et leur application en matière de protection des eaux.

552. En premier lieu, en 1882, le Juge en Chef Ritchie établit dans l'arrêt *R.* c. *Robertson,*[1316] que « le pouvoir de légiférer à l'égard des 'pêcheries des côtes de la mer et de l'intérieur' », notamment en vue de leur protection, n'avait pas de rapport avec la compétence des provinces en matière de propriété et de droits civils. Cette compétence en vertu de l'article 92 (13) de la *Loi constitutionnelle*, ne permettait donc pas aux provinces de légiférer pour assurer la qualité du milieu de vie des poissons.[1317]

553. À l'inverse, la Cour suprême a établi en 1976 dans l'affaire *Dryden*, qu'une « province, à titre de propriétaire des pêcheries de l'intérieur situées dans son territoire, a le droit de légiférer en vue de protéger ses biens »[1318]. Ce qui ne permettait pas de fonder en 1882 un pouvoir législatif provincial, est renversé en 1976 : une province peut exercer son pouvoir législatif en matière de protection de la qualité des eaux, au titre de sa compétence en vertu de l'article 92 (13) de la *Loi constitutionnelle* en matière de propriété et des droits civils.

554. En second lieu, en 1980, la Cour suprême établit dans l'arrêt *Fowler* c. *La Reine*,[1319] qu'en adoptant l'article 33 (3) de la *Loi sur les pêcheries*,[1320] le Parlement fédéral a excédé ses pouvoirs en vertu de sa compétence sur les pêcheries. Cet article dispose :

> (3) Il est interdit à quiconque fait l'abattage ou la coupe de bois, le défrichement ou autres opérations de déposer ou de permettre sciemment de déposer des déchets de bois, souches ou autres débris dans une eau fréquentée par le poisson ou qui se déverse dans cette eau, ou sur la glace qui recouvre l'une ou l'autre de ces eaux, ou de les déposer dans un endroit d'où il est probable qu'ils soient entraînés dans l'une ou l'autre de ces eaux.[1321]

555. Selon la majorité des juges, le pouvoir fédéral, en vertu de sa compétence sur les pêcheries « vise la protection et la conservation des pêcheries, à titre de ressource publique »[1322]. La Cour suprême établit que l'article 33 (3) « ne traite pas directement des pêcheries [...] »[1323] au sens de la compétence sur les pêcheries établie par l'article 91 (12) de la *Loi*

[1315] H. BRUN, G. TREMBLAY, E. BROUILLET, *Droit constitutionnel*, Cowansville, Yvon Blais, 2008, p 563.
[1316] *R.* c. *Robertson* (1882), 6 R.C.S., 52.
[1317] *Ibid.*, 120 & s.
[1318] *Interprovincial Co-operatives Ltd. et al.* c. *La Reine*, [1976] 1 R.C.S. 477, 478, 495, 516. (dit Dryden)
[1319] *Fowler* c. *La Reine*, [1980] 2 R.C.S. 213, 214.
[1320] *Loi sur les pêcheries*, (S.R.C. (1970), chap. F-14) ; aujourd'hui *Loi sur les pêches*, (L.R. (1985), ch. F-16).
[1321] *Ibid*, art. 33 (3).
[1322] *Fowler* c. *La Reine*, *op. cit.*, 214.
[1323] *Ibid.*

constitutionnelle. En effet, les juges établissent que l'article 33 (3) ne traite pas spécifiquement des pêcheries car il n'établit pas de « lien entre la conduite prohibée et les dommages, réels ou probables, que les pêcheries pourraient subir »[1324].

556. La même année, la Cour suprême rend l'arrêt *Northwest falling contractors* c. *La Reine.*[1325] Il est question de la validité constitutionnelle de l'article 33 (2) de la *Loi sur les pêcheries*,[1326] rédigé en ces termes : « (2) Sous réserve du paragraphe (4), il est interdit à qui que ce soit de déposer ou de permettre que l'on dépose une substance nocive dans des eaux poissonneuses ou en quelque lieu dans des conditions où cette substance nocive ou une autre substance nocive résultant du dépôt de cette substance pourrait pénétrer dans de telles eaux »[1327].

557. L'article 33 (2) reçoit un traitement différent de celui réservé à l'article 33 (3). La majorité établit cette fois que la présence de l'expression « substance nuisible » permet de conclure que l'article 33 (2) « est limité à une interdiction de déposer des substances nuisibles aux poissons, à leur habitat ou à l'utilisation du poisson par l'homme »[1328]. La Cour suprême conclut alors à la validité constitutionnelle de cette disposition.

558. Les règles de partage des compétences en matière de protection de la qualité des eaux douces sont donc adaptées en fonction des affaires, mais aussi du contexte politique. Ces règles ne sont pas figées, elles sont susceptibles d'évoluer et d'être appliquées différemment suivant les circonstances de l'affaire.

C'est ce qu'affirme le Juge La Forest dans l'arrêt *Friends of the Oldman River* :[1329] « on a élaboré diverses méthodes analytiques pour régler ce problème ; toutefois, il n'en existe pas une seule qui conviendra dans tous les cas »[1330]. Cela confère au juge un pouvoir discrétionnaire très important.[1331]

559. L'approche adoptée en matière de partage des compétences dans le domaine de la protection de la qualité des eaux est donc évolutive, pouvant évoluer au cas par cas. Au Canada comme dans l'Union européenne, le juge suit un raisonnement analogue sur certains points. La première étape de ce raisonnement est de déterminer l'objet principal de la norme considérée.

1324 *Ibid.*

1325 *Northwest falling contractors LTD* c. *La Reine* [1980] 2 S.C.R., 292.

1326 *Loi sur les pêcheries*, (S.R.C. (1970), chap. F-14) ; aujourd'hui *Loi sur les pêches*, (L.R. (1985), ch. F-16).

1327 *Ibid*, art. 33 (2).

1328 *Northwest falling contractors LTD* c. *La Reine*, *op. cit.*, 293.

1329 *Friends of the Oldman River Society* c. *Ministre des Transports du Canada*, [1992] 1 R.C.S. 3, 78.

1330 En matière environnementale, le Juge La Forest explique que certains procèdent à « une analyse fonctionnelle en décrivant des préoccupations environnementales spécifiques et en attribuant ensuite la responsabilité en fonction des divers domaines de compétence [...]. D'autres abordent le problème du point de vue de l'étendue des pouvoirs fédéraux en distinguant ceux qui peuvent être considérés comme 'conceptuels' ou 'globaux' (par exemple, le droit criminel, la taxation, les échanges et le commerce, le pouvoir de dépenser et le pouvoir résiduel général) par opposition à ceux qui sont 'fonctionnels' (la navigation et les pêcheries) [...]». Voy. *Friends of the Oldman River Society* c. *Ministre des Transports du Canada*, *op. cit.*, 78.

1331 P.J. MONAHAN, *Constitutional Law*, Toronto, Irwin Law, 2006, p 115.

B. La recherche de l'objet principal de la norme considérée

560. Lors de la contestation de la validité d'un acte au regard de la Constitution canadienne ou des traités européens, la Cour suprême et la CJUE semblent emprunter un raisonnement analogue. La première étape est la détermination de l'objet principal de l'acte en question. Il s'agit globalement de qualifier l'acte contesté, pour déterminer la matière législative en cause.[1332] Autrement dit, chaque juge détermine la catégorie de sujet, le domaine de compétence auxquels l'acte se rapporte. La seconde étape consiste à rattacher l'acte, traduction concrète de l'exercice d'un pouvoir, à une compétence en fonction de cet objet principal. C'est lors de cette seconde étape que les principes fédératif et de subsidiarité vont être utilisés par leur juge respectif pour assurer que l'équilibre entre les compétences des ordres de gouvernement ne soit pas mis à mal.[1333] Ces deux étapes combinées forment le mode de contrôle de l'exercice des pouvoirs opéré en matière de protection de la qualité des eaux douces.[1334]

561. La Cour suprême et le CJUE ont développé une jurisprudence relativement importante en la matière. Elles ont en commun de faire un travail de détermination de la matière principale dont relève l'acte contesté, et d'en privilégier l'objet principal. Si le résultat est similaire, le raisonnement de la CJUE (*1*-) et de la Cour suprême (*2*-) pour y parvenir apparaît différent.

1. La détermination de l'objectif principal de l'acte par la CJUE

562. La CJUE adopte un raisonnement quelque peu confus en la matière, tant les critères employés pour déterminer l'objectif de l'acte contesté (*a*-) ; que ceux permettant de conclure à la prépondérance de l'objet principal (*b*-) apparaissent variables.

a. La détermination de l'objectif de l'acte contesté

563. Le domaine de la protection de la qualité des eaux douces est une compétence partagée entre l'Union et les États membres.[1335] Lors d'un recours pour annulation d'un acte européen en matière environnementale, la CJUE va devoir déterminer si cet acte est valide ou non au regard des traités. Pour cela, la Cour procède à l'analyse de la base juridique choisie et annoncée dans les motifs de l'acte. C'est la raison pour laquelle le choix de la base juridique par l'institution européenne à l'origine de la proposition du texte « revêt une importance constitutionnelle »[1336]. Le choix approprié de la base juridique permet entre autres de « garantir le maintien [...] de la séparation

---

[1332] P. MACKAY, *Droit constitutionnel*, 2006-2007, p 73 ; H. BRUN, G. TREMBLAY, E. BROUILLET, *Droit constitutionnel*, Cowansville, Yvon Blais, 2008, pp 439 & s.

[1333] Pour des explications sur cette seconde étape, voy. paragraphe 2 de cette section. A. Masson parle de quatre étapes, qui rejoignent en réalité les deux étapes que nous avons présentées. Voy. A. MASSON, *Droit communautaire – Droit institutionnel et droit matériel – Théorie, exercices et éléments de méthodologie*, Bruxelles, Groupe De Boeck, Larcier, 2ème édition, 2009, p 52.

[1334] Voy. notamment pour l'aspect européen : *Ibid.* En ce qui concerne l'aspect canadien, voy. H. BRUN, G. TREMBLAY, E. BROUILLET, *op. cit.*, p 448 ; P.J. MONAHAN, *Constitutional Law*, Toronto, Irwin Law, 2006, p 114.

[1335] Traité sur le fonctionnement de l'Union européenne, JOUE C 83 du 30 mars 2010, art. 5.

[1336] CJCE, 6 déc. 2001, avis n°2/00, *Rec.* p 9713, point 5. Cité dans P. THIEFFRY, *Droit de l'environnement de l'Union européenne*, Bruxelles, Bruylant, 2ème Édition, 2011, p 83.

constitutionnelle des pouvoirs respectifs de la Communauté et des États membres »[1337]. On retrouve de façon sous-jacente le principe d'équilibre dynamique entre les compétences des ordres de gouvernement.[1338]

564. En 1987, la Cour pose le principe selon lequel le choix de la base juridique doit être fait au regard « d'éléments objectifs susceptibles de contrôle juridictionnel »[1339]. Le juge étudie le rattachement à cette base juridique annoncée, en établissant préalablement l'objectif de l'acte.

565. En 1991, la CJCE développe ce principe en matière environnementale : tout en rappelant le principe de 1987, la Cour précise que « parmi de tels éléments figurent, notamment, le but et le contenu de l'acte »[1340]. Le juge procède alors à l'analyse du but d'une directive contestée.[1341] Il se base sur l'article 1er de la directive qui établit ses objectifs : « harmoniser les programmes de réduction de la pollution [...], et [...] améliorer les conditions de concurrence dans ledit secteur »[1342]. Puis, la Cour analyse le contenu de la directive en étudiant globalement les mesures prises. Ainsi, la directive, en imposant des « obligations concernant le traitement des déchets [...] <u>est de nature</u> [...] à réduire la pollution et à établir des conditions plus uniformes [...] de concurrence »[1343]. La Cour conclut à « la double finalité » de la directive.[1344]

566. Dans un premier temps, la CJCE procède donc à la détermination de l'objet d'un acte en fonction de son but et de son contenu.[1345]

[1337] Conclusions de l'Avocat Général Fennelly présentées le 15 juin 2000, Aff. C-74/99, *Rec.* p 8419. Citées dans Ch. KOHLER, J.-Ch. ENGEL, « Le choix approprié de la base juridique pour la législation communautaire : enjeux constitutionnels et principes directeurs », *Europe*, <u>1</u>, 2007, p 7.

[1338] Voy. *supra* §113 & s.

[1339] CJCE, 26 mars 1987, *Commission des Communautés européennes c/ Conseil des Communautés européennes*, Aff. 45/86, *Rec.* p 1493. Voy. plus récemment : CJCE, 14 avr. 2005, *Belgique c/ Commission*, Aff. C-110/03, *Rec.* p 2801, point 78 ; et CJCE, 13 sept. 2005, *Commission c/Conseil*, Aff. C-176/03, *Rec.* p 7879, point 45. Notons que « la Communauté a l'obligation de fonder chacun de ses exercices de pouvoirs sur une base juridique qui établit sa compétence par rapport à une action ». Voy. à ce sujet K. LENAERTS, P. VAN YPERSELE, « Principe de subsidiarité et son contexte : étude de l'article 3B Traité CE », *CDE*, <u>1-2</u>, 1994, p 35. L'objectivité des éléments ayant présidé au choix de la base juridique permet d'exclure un certain arbitraire en autorisant le contrôle juridictionnel, mais dote aussi ce choix d'une « certaine prévisibilité juridique ». Voy. à ce sujet Ch. KOHLER, J.-Ch. ENGEL, *op. cit.*, p 8. Voy. également G. ISAAC, M. BLANQUET, *Droit Général de l'Union Européenne*, Paris, Sirey, 2012, pp 67-68.

[1340] CJCE, 11 juin 1991, *Commission des Communautés européennes c/ Conseil des Communautés européennes*, Aff. 300/89, *Rec.* p 2895, point 10. (dite « Dioxyde de titane »)

[1341] Directive 89/428/CEE du Conseil, du 21 juin 1989, fixant les modalités d'harmonisation des programmes de réduction, en vue de sa suppression, de la pollution provoquée par les déchets de l'industrie du dioxyde de titane, JOCE 1989, L 201/56.

[1342] CJCE, 11 juin 1991, *Commission des Communautés européennes c/ Conseil des Communautés européennes*, *op. cit.*, point 11.

[1343] *Ibid.*, point 12. Nous soulignons.

[1344] *Ibid.*, point 11.

[1345] Un raisonnement qu'elle applique cinq ans plus tard, en matière de protection de la santé et du fonctionnement du marché intérieur. La Cour va néanmoins plus loin dans ce cas dans l'analyse du contenu de la directive en cause. Elle étudie plus précisément le lien entre les mesures de la directive et les deux matières invoquées par le requérant pour fonder juridiquement la directive : la sécurité et la santé. Voy. CJCE, 12 nov. 1996, *Royaume Uni c/ Conseil de l'Union européenne*, Aff. 84/94, *Rec.* p 5793, points 25, 31 & s. Voy. pour l'application du même raisonnement : CJCE, 13 mai 1997, *Allemagne c/ Parlement européen et Conseil de l'Union européenne*, Aff. 233/94, *Rec.* p 2405. Voy. également : A. MASSON, *Droit*

567. Suivant les affaires, la CJCE va faire évoluer la teneur de ces critères. Il apparaît que les critères ont évolué dans la jurisprudence concernant les domaines non environnementaux. En 2001, la Cour analyse en effet « l'objet » d'une directive contestée, ainsi que ses « effets »[1346], sans pour autant en préciser la teneur. La CJCE précise seulement que la directive a des « effets immédiats sur le commerce »[1347]. Dans les décisions qui vont suivre, il apparaît que la Cour va continuer à analyser l'objet de l'acte contesté avec des critères plus ou moins explicites.[1348] Le mode de preuve est alors employé de manière restrictive.[1349] En 2008, la CJCE revient à une analyse plus détaillée, en reprenant les critères de la finalité et du contenu de l'acte, de façon nettement plus approfondie.[1350]

568. En 2009, la CJCE applique à nouveau une analyse plus détaillée à la matière environnementale dans l'arrêt *Commission c/ Parlement européen et Conseil.*[1351] Il s'agit d'un recours en annulation à l'encontre du Règlement (CE) n° 1013/2006 en matière de transfert de déchets. Le juge procède dans cette affaire à la détermination de l'objet de l'acte contesté par l'analyse de « l'objectif » et des « composantes du Règlement attaqué »[1352]. En ce qui concerne « l'objectif », la Cour détermine la « vocation environnementale » du Règlement.[1353] Pour cela, elle procède à interprétation littérale du Règlement en cause,[1354] puis complète son raisonnement en citant les conclusions de l'Avocat général, [1355] ainsi que le contexte législatif de l'adoption du Règlement.[1356] Au regard des « composantes », la Cour analyse certaines dispositions-clé du Règlement, afin d'en interpréter le contenu.[1357] La Cour va conclure à un objet principalement environnemental du Règlement.[1358]

---

communautaire – Droit institutionnel et droit matériel – Théorie, exercices et éléments de méthodologie, Bruxelles, Groupe De Boeck, Larcier, 2ème édition, 2009, p 52.

[1346] CJCE, 9 octobre 2001, *Royaume des Pays-Bas c/Parlement européen*, Aff. C-377/98, *Rec.* p 07079, point 25.

[1347] *Ibid.*, point 32.

[1348] C'est le cas dans CJCE, 10 déc. 2002, *British American Tobacco et Imperial Tobacco*, Aff. C-491/01, *Rec.* p 11453, point 124 ; ainsi que dans CJCE, 22 mai 2003, *Commission des Communautés européennes c/ Allemagne*, Aff. C-103/01, *Rec.* p 5386.

[1349] En effet, la CJCE a pu avoir tendance à établir le caractère véritable de l'acte contesté en interprétant succinctement les dispositions de ce dernier, sans produire davantage de détails sur son raisonnement. Voy. notamment CJCE, 22 mai 2003, *Commission des Communautés européennes c/ Allemagne*, Aff. C-103/01, *Rec.* p 5386, points 24 & s.

[1350] Voy. CJCE, 6 nov. 2008, *Parlement européen c/ Conseil de l'Union européenne*, Aff. C-155/07, *Rec.* p 08103, points 34 & s. ; ainsi que l'arrêt CJCE, 8 juin 2010, *Vodaphone Ltd*, Aff. C-58/08, *Rec.* p 5026, points 40 & s., dans lequel le juge analyse le contexte d'adoption du Règlement en cause, après avoir mené une interprétation littérale de certaines de ses dispositions.

[1351] CJCE, 8 sept. 2009, *Commission c/ Parlement européen et Conseil*, Aff. C-411/06, *Rec.* p 07585.

[1352] *Ibid.*, points 49 à 61.

[1353] *Ibid.*, point 52.

[1354] *Ibid.*, point 51.

[1355] *Ibid.*, point 52.

[1356] *Ibid.*, points 64 & s.

[1357] *Ibid.*, points 55 & s.

[1358] *Ibid.*, point 70.

b. La prépondérance de l'objet principal de l'acte

569. La jurisprudence que la Cour de justice a développée à ce sujet se rapproche de celle de la Cour suprême du Canada en ce qu'elle privilégie l'objectif principal ou prépondérant de l'acte soumis à son contrôle,[1359] sur la base d'une interprétation plus complète. La CJCE favorise « l'objet principal » d'un acte contesté, en procédant à une distinction entre l'objectif incident (ou auxiliaire) et l'essence de l'acte.[1360]

Le juge précise :

> Si l'examen d'une mesure démontre qu'elle poursuit deux fins ou qu'elle a deux composantes et si l'une de ces fins ou de ces composantes est identifiable comme principale tandis que l'autre n'est qu'accessoire, l'acte doit être fondé sur une seule base juridique, à savoir celle exigée par la fin ou la composante principale ou prépondérante.[1361]

La Cour a eu tendance à faire cette distinction de façon implicite dans certains de ses arrêts.

570. En 2002, dans l'arrêt *British American Tobacco*,[1362] elle procède à un arbitrage entre l'objet dominant et l'objet accessoire, de façon implicite. Deux objectifs pouvaient potentiellement fonder la base juridique de la directive en cause : le bon fonctionnement du marché intérieur et la protection de la santé. La Cour explique que l'objectif de la directive 2001/37/CE[1363] est « d'éliminer les entraves résultant des divergences qui [...] subsistent encore entre les dispositions législatives, réglementaires et administratives des États membres en matière de fabrication, de présentation, et de vente des produits du tabac et qui font obstacle au fonctionnement du marché intérieur »[1364].

571. Elle précise que ce n'est que « lors de la réalisation de cet objectif [...] (que) la directive prend pour base un niveau de protection élevé en matière de santé »[1365]. La Cour emploie le même raisonnement implicite dans l'affaire *Alliance* en 2004 : l'objectif dominant est le fonctionnement du marché intérieur, « tout en assurant [...] un niveau de protection élevé en matière de santé des personnes »[1366].

572. En matière de protection de l'environnement, la Cour de justice a également appliqué ce raisonnement : pour déterminer la base juridique

---

1359 CJCE, C-155/91, points 19 à 21. Ch. KOHLER, J.-Ch. ENGEL, « Le choix approprié de la base juridique pour la législation communautaire : enjeux constitutionnels et principes directeurs », *Europe*, 1, 2007, p 8.

1360 CJCE, 9 octobre 2001, *Royaume des Pays-Bas c/Parlement européen*, Aff. C-377/98, *Rec.* p 07079, points 27 & 28. Plus récemment, la Cour affirme qu'il peut y avoir, en marge de l'objectif dominant, des « aspects déterminants dans les choix à faire». Voy. CJCE, 8 juin 2010, *Vodaphone Ltd*, *op. cit.*, point 36.

1361 CJCE, 6 nov. 2008, *Parlement européen c/ Conseil de l'Union européenne*, Aff. C-155/07, *Rec.* p 08103, point 35.

1362 CJCE, 10 déc. 2002, *British American Tobacco et Imperial Tobacco*, Aff. C-491/01, *Rec.* p 11453, point 124.

1363 Directive 2001/37/CE du Parlement européen et du Conseil, du 5 juin 2001, relative au rapprochement des dispositions législatives, réglementaires et administratives des États membres en matière de fabrication, de présentation et de vente des produits du tabac, JOCE 2001, L 194/26.

1364 CJCE, 10 déc. 2002, *British American Tobacco et Imperial Tobacco*, *op. cit.*, point 124.

1365 *Ibid.*, point 124.

1366 CJCE, 12 juill. 2005, *Alliance for Natural Health et National Associations of Health Stores*, Aff. C-154/04 & C-155/04, *Rec.* p 6485, point 105.

appropriée à un acte contesté, la Cour identifie la finalité principale ou prépondérante de l'acte. En 2009, dans l'arrêt *Commission c/ Parlement européen et Conseil*,[1367] le juge doit arbitrer entre un objectif de protection de l'environnement et la politique commerciale de l'Union.[1368] Le Règlement attaqué apparaît comme relevant principalement de la politique de protection de l'environnement.[1369]

573. La jurisprudence de la CJCE est donc marquée par une certaine volatilité des critères permettant de déterminer l'objet d'un acte dont la validité est contestée. Si le domaine environnemental, dont relève la protection de la qualité des eaux douces, semble à part, ces critères demeurent potentiellement variables. La jurisprudence du Canada semble davantage explicite à ce sujet.

2. La détermination de l'objectif principal de l'acte par la Cour suprême du Canada

574. La Cour suprême adopte le même type d'analyse que la CJUE à ce sujet : il s'agit de déterminer en premier lieu l'objectif de l'acte (*a*-) ; puis d'établir la prépondérance de l'objet principal de l'acte en cas de pluralités d'objets (*b*-). Les moyens pour y parvenir diffèrent quelque peu du travail de la CJUE.

a. La détermination de l'objectif de l'acte contesté

575. La Cour suprême du Canada procède à une analyse analogue à celle de la CJUE. Dans le cadre de la détermination de la constitutionnalité des lois, la Cour va analyser la validité des lois, au regard de leur caractère véritable[1370]. Une loi contestée est valide constitutionnellement si son « caractère véritable relève d'un titre de compétence de l'ordre de gouvernement qui l'a adoptée [...] »[1371]. Cette loi est alors *intra vires :* à l'intérieur des pouvoirs du parlement.[1372]

576. Le juge qualifie une loi contestée en déterminant son caractère véritable, ce que le Comité judiciaire du Conseil privé a nommé « *pith and substance* »[1373]. Il a en effet établi que « (l)a nature et le caractère véritables de

---

[1367] CJCE, 8 sept. 2009, *Commission c/ Parlement européen et Conseil*, Aff. C-411/06, *Rec.* p 07585.

[1368] *Ibid.*, points 46 à 49.

[1369] *Ibid.*, point 70.

[1370] E. BROUILLET, « Canadian federalism and the principle of subsidiarity: should we open Pandora's box? », *Supreme Court Law Review*, vol. 54, 2011, p 618 ; P.J. MONAHAN, *Constitutional Law*, Toronto, Irwin Law, 2006, pp 114 & s.

[1371] H. BRUN, G. TREMBLAY, E. BROUILLET, *Droit constitutionnel*, Cowansville, Yvon Blais, 2008, pp 448-449.

[1372] *Ibid.*, p 448. Dans le cas contraire, la loi sera considérée *ultra vires*. Voy. à ce sujet G.A. BEAUDOIN, *Le Fédéralisme au Canada – Les institutions – Le partage des pouvoirs*, Montréal, Wilson & Lafleur ltée, 2000, p 420.

[1373] Une expression qui a été employée pour la première fois par Lord Watson dans l'arrêt *Union Colliery Company of British Columbia Ltd.* c. *Bryden* (1899), A.C. 580, 587. Notamment cité par le juge La Forest dans *Whitbread c. Walley*, [1990] 3 R.C.S. 1273, 1286. Voy. également à ce sujet G.A. BEAUDOIN, *op. cit.*, p 420 ; et P.W. HOGG, « Canada : From Privy Council to Supreme Court », in J. GOLDSWORTHY (dir.), *Interpreting Constitutions – A Comparative Study*, Oxford University Press, 2007, p 68.

la législation qui fait l'objet de la discussion doivent toujours être établis, afin de déterminer la catégorie de sujets à laquelle elle se rapporte »[1374].

Il s'agit d'identifier la matière sur laquelle porte essentiellement cette législation. Pour cela, le juge recherche « l'objet de la loi ou (l)es effets qu'elle produit »[1375].

Par l'objet, on entend son but, « l'objectif poursuivi par la mesure législative »[1376]. L'objectif recherché est « l'objectif réel » de la loi contestée, et non pas son objectif déclaré ou apparent : le juge ne s'attache pas à la forme de la législation pour analyser son caractère véritable.[1377] De même, le caractère véritable implique l'essence et la substance de la loi contestée.[1378] Les effets sont entendus comme les « conséquences pratiques ou juridiques » de la loi.[1379]

b. La prépondérance de l'objet principal de l'acte

577. La Cour suprême a précisé sa conception du caractère véritable de la loi contesté : c'est « l'objectif dominant » de la loi qui compte.[1380] Le juge s'en tient au domaine que la loi vise essentiellement, il ne tient pas compte du domaine qu'elle peut toucher de façon incidente.[1381] Ainsi, les buts ou effets secondaires de la loi contestée n'influent pas sur sa validité.[1382] De même, des répercussions sur des matières relevant d'un autre ordre de gouvernement ne permettent pas de conclure à l'invalidité de la loi.[1383]

[1374] «*The true nature and character of the legislation in the particular instance under discussion must always be determined, in order to ascertain the class of subject to which it really belongs* », in *Russell* c. *R.* (1881-82) 7 A.C. 829, 840, cité dans P. MACKAY, *Droit constitutionnel*, 2006-2007, pp 59-77. Traduction de l'auteur. Voy. également *Union Colliery Company of British Columbia Ltd.* c. *Bryden* (1899), A.C. 580, 587, Lord Watson.

[1375] H. BRUN, G. TREMBLAY, E. BROUILLET, *Droit constitutionnel*, Cowansville, Yvon Blais, 2008, p 449 ; G.A. BEAUDOIN, *op. cit.*, pp 420 & s. Pour un point de vue canadien anglophone, voy. P.J. MONAHAN, *Constitutional Law*, Toronto, Irwin Law, 2006, pp 114 & s.

[1376] H. BRUN, G. TREMBLAY, E. BROUILLET, *op. cit.*, p 449. Voy. à ce sujet *Russell* c. *R.*, *op. cit.*, 839-840 ; ainsi que *Robertson et Rosetani* c. *R.*, [1963] R.C.S. 651.

[1377] *A.-G. Ontario* c. *Reciprocal Insurers*, [1924] A.C. 328, 337 & s. ; *Board of Trustees of Lethbridge Irrigation District* c. *Independant Order of Foresters*, [1940] A.C. 513, 534. Quelques lois ont donc été qualifiées de législations déguisées : voy. à ce sujet *Texada Mines Ltd.* c. *A.-G. British Columbia*, [1960] R.C.S. 713 ; ou encore *Re Upper Churchill Water Reversion Act*, [1984] 1 R.C.S. 297. Sur ces questions, voy. H. BRUN, G. TREMBLAY, E. BROUILLET, *op. cit.*, p 449.

[1378] *Canadian Federation of Agriculture* c. *PG Québec* [1951] A.C. 179 (dit « arrêt sur la margarine »). Voy. à ce sujet P. MACKAY, *op. cit.*, p 73.

[1379] H. BRUN, G. TREMBLAY, E. BROUILLET, *op. cit.*, p 449.

[1380] *Global Securities Corp.* c. *Colombie-Britannique (Securities Commission)*, [2000] 1 R.C.S. 494. Voy. H. BRUN, G. TREMBLAY, E. BROUILLET, *op. cit.*, p 450. La Cour suprême a formulé de manière différente le principe en envisageant la question de savoir « si la loi est principalement relative à [...] », in *Renvoi relatif à la Loi sur les armes à feu* (Can.), [2000] 1 R.C.S. 783, 813.

[1381] H. BRUN, G. TREMBLAY, E. BROUILLET, *op. cit.*, pp 449-450.

[1382] *Renvoi relatif à la Loi sur les armes à feu* (Can.), [2000] 1 R.C.S. 783, 813 ; *Gold Seal Ltd.* c. *Dominion Express Co.* (1921) 62 R.C.S. 424, 460 ; *Carnation Co.* c. *Québec Agricultural Marketing Board*, [1968] R.C.S. 238, 252-253 ; *Canadian Indemnity Co.* c. *P.G. Colombie-Britannique*, [1977] 2 R.C.S. 504, 512 ; *Construction Montcalm Inc.* c. *Commission du salaire minimum*, [1979] 1 R.C.S. 754, 774-775 ; *Renvoi relatif au mariage entre personnes du même sexe*, [2004] 3 R.C.S. 698, 714.

[1383] *Renvoi relatif au Régime d'assistance publique du Canada (C.-B.)*, [1991] 2 R.C.S. 525, 567 ; H. BRUN, G. TREMBLAY, E. BROUILLET, *op. cit.*, p 450.

578. En matière environnementale, et plus particulièrement dans le domaine du partage des compétences en matière de protection des eaux, cette même logique est appliquée. En 1980 dans l'arrêt *Fowler*,[1384] le juge Martland est chargé de déterminer si le paragraphe 33(3) de la *Loi sur les pêches* relève ou non de la compétence de l'ordre de gouvernement fédéral. Pour cela, il analyse et interprète largement ce paragraphe, en procédant à la mise en contexte de son adoption. Il conclut au fait que le parlement fédéral a excédé ses pouvoirs en la matière.[1385]

Dans l'arrêt *Northwest* de la même année, la Cour suprême affirme que pour déterminer la constitutionnalité du paragraphe 33(2) de la *Loi sur les pêches*, elle doit « établir la nature et le caractère véritables de cette disposition législative »[1386]. Elle précise qu'il est « nécessaire de décider si le paragraphe vise la protection et la conservation des pêcheries ou la prévention de la pollution »[1387]. Pour cela, et contrairement au raisonnement de l'arrêt *Fowler*, le juge procède exclusivement à une analyse de la substance du paragraphe en question, et non à une mise en contexte de son adoption : « (c)e paragraphe porte <u>essentiellement</u> sur le dépôt de substances nocives dans des eaux poissonneuses [...]. Le paragraphe cherche <u>essentiellement</u> à protéger les pêcheries en empêchant que des substances nocives pour le poisson pénètrent dans les eaux poissonneuses »[1388]. Le juge Martland se base exclusivement sur le « texte du paragraphe »[1389], pour fonder cette assertion.

579. Quelques années plus tard, la Cour suprême va réitérer et considérablement étoffer son raisonnement dans l'arrêt *Friends of the Oldman River*.[1390] Il s'agissait de déterminer la validité constitutionnelle du *Décret fédéral sur les lignes directrices visant le processus d'évaluation et d'examen en matière d'environnement* du 22 juin 1984.[1391] Le juge La Forest précise la vision de la Cour sur le « caractère véritable » du texte contesté : il s'agit de « la caractéristique principale ou la plus importante de la loi contestée »[1392]. Après avoir mené un raisonnement très complet sur l'étendue du champ de la matière environnementale,[1393] la Cour analyse précisément la substance de l'acte contesté. Le juge qualifie l'évaluation des incidences environnementales comme une « description du processus de prise de décision »[1394], tout en précisant que le Décret en question « exige un rapport étroit entre les répercussions sociales susceptibles d'être examinées et les répercussions

---

[1384] *Fowler* c. *La Reine*, [1980] 2 R.C.S. 213.
[1385] *Ibid.*, 226.
[1386] *Northwest falling contractors LTD* c. *La Reine* [1980] 2 R.C.S., 292, 293.
[1387] *Ibid.*, 293.
[1388] *Ibid.*, 293. Nous soulignons.
[1389] *Ibid.*, 300-301.
[1390] *Friends of the Oldman River Society* c. *Ministre des Transports du Canada*, [1992] 1 R.C.S. 3.
[1391] *Décret fédéral sur les lignes directrices visant le processus d'évaluation et d'examen en matière d'environnement* (DORS/84-467).
[1392] *Friends of the Oldman River Society* c. *Ministre des Transports du Canada*, *op. cit.*, 76. Le juge La Forest cite le raisonnement qu'il a tenu en matière de responsabilité délictuelle en droit maritime canadien dans *Whitbread c. Walley*, [1990] 3 R.C.S. 1273, 1286.
[1393] Le juge La Forest établit que « l'environnement n'est pas un domaine distinct de compétence législative [...], (il s'agit d'une) matière obscure qui ne peut être facilement classée dans le partage actuel des compétences sans un grand chevauchement et une grande incertitude [...]», in *Friends of the Oldman River Society* c. *Ministre des Transports du Canada*, *op. cit.*, 78.
[1394] *Ibid.*, 86.

environnementales en général »[1395]. Les répercussions sociales doivent, selon le juge La Forest, être « 'directement liées' aux effets possibles de la proposition sur l'environnement »[1396]. Le juge clarifie sa qualification en affirmant que le Décret contesté comporte « essentiellement [...] deux aspects fondamentaux »[1397] : un « aspect de fond » sur l'évaluation des incidences environnementales, dont l'objet « est de faciliter la prise de décisions dans le domaine de compétence fédérale qui régit une proposition » ; et un second aspect « procédural [...] coordonnant le processus d'évaluation » qui concerne plusieurs domaines de compétence fédérale.[1398] La Cour conclut en affirmant que « de par son caractère véritable, le *Décret* [...] n'est rien de plus qu'un instrument qui régit la façon dont les institutions fédérales doivent gérer leurs diverses fonctions »[1399].

580. Propos conclusifs. – La logique des agrégats employée au Canada et dans l'Union apporte une certaine flexibilité au partage des compétences. Les deux ordres juridiques emploient des modes de raisonnement analogues sur deux points, même si les règles appliquées ne sont pas exactement les mêmes. En premier lieu, la règle de l'appréciation au cas par cas permet d'adapter le partage des compétences aux évolutions de la société, ce qui est une nécessité historique dans les deux cas. En second lieu, la Cour suprême et la Cour de justice européenne se réfèrent toutes deux à un point de repère : l'objet principal de la norme considérée. Par ces procédés, l'interprétation du partage des compétences est évolutive, ce qui transparaît lors de la seconde étape du raisonnement des juges : le rattachement de la norme à un domaine de compétence. On touche ainsi au cœur du travail des deux cours dans leur rôle d'arbitre de la répartition des compétences.

Paragraphe II. Des règles de partage autorisant la logique des agrégats

581. La Cour suprême du Canada et la Cour de justice empruntent, lors de l'analyse de la validité des actes, une seconde étape : celle de l'association de l'objet ou du caractère véritable de la norme à une sphère de compétence. Il s'agit de déterminer si l'ordre juridique qui a adopté l'acte pouvait exercer le pouvoir en vertu duquel l'acte a été édicté. La répartition des compétences tant au Canada que dans l'Union est régie par une règle de principe inscrite dans les textes constituants : le principe d'attribution des compétences. L'Union européenne exerce un pouvoir si et seulement si, la compétence lui a été préalablement attribuée.[1400] Le partage des compétences au Canada procède de la même logique en ce qui concerne les ordres de gouvernement fédéral et provincial selon les articles 91 et 92 de la Constitution.[1401] Néanmoins, certaines matières à l'instar de la protection de la qualité des eaux douces n'ont pas été explicitement attribuées à un ordre de gouvernement ou à un autre.

1395 *Ibid.*, 86.
1396 *Ibid.*, 87.
1397 *Ibid.*, 89.
1398 *Ibid.*, 89.
1399 *Ibid.*, 91.
1400 TUE, JOUE C 83 du 30 mars 2010, art. 5.
1401 *Loi constitutionnelle de 1867*, L.R.C. (1985), app. II, n°5, art. 91 et 92.

Dans ce cas, la logique des agrégats prend le relais du principe d'attribution, complétée par le principe de subsidiarité et le principe fédératif.

Reprenons l'exemple de la loi interdisant le déversement d'une substance toxique dans un cours d'eau : le juge va déterminer le caractère véritable de la loi, puis il va rattacher cette loi à la compétence qui correspond à son caractère véritable. Ce travail de rattachement est régi par des règles de partage des compétences instaurant une logique des agrégats tant au Canada que dans l'Union.

582. La Cour suprême et la Cour de justice appliquent en la matière des techniques de raisonnement différentes : l'Union européenne fait preuve de singularité en proposant deux types de règles, l'une totalement opposée au fonctionnement canadien et la seconde que l'on peut rapprocher de celui-ci. Ainsi, en utilisant le principe de préemption comme règle classique de partage des compétences inscrite dans les traités, l'Union fait preuve de singularité (*A-*) ; tandis que le Canada applique la théorie des pouvoirs accessoires, une règle exclusivement jurisprudentielle comparable à la théorie des pouvoirs implicites telle que développée par la Cour de justice européenne (*B-*). Dans les deux cas, le résultat est similaire : une logique des agrégats s'opère.

A. La règle de préemption de l'Union européenne guidée par le principe de subsidiarité : une singularité

583. La règle de principe qui préside au partage des responsabilités dans un domaine de compétences partagées comme la protection de la qualité des eaux douces est celle de la préemption, autrement appelée principe de substitution.[1402]

L'article 2 paragraphe 2 TFUE dispose que : « [...] Les États membres exercent leur compétence dans la mesure où l'Union n'a pas exercé la sienne. Les États membres exercent à nouveau leur compétence dans la mesure où l'Union a décidé de cesser d'exercer la sienne »[1403]. Depuis l'entrée en vigueur du Traité de Lisbonne,[1404] cette théorie de la préemption est double : elle est « ascendante » (*1-*) ; et depuis peu « descendante » (*2-*)[1405].

[1402] Le terme « préemption » vient du latin *emptio* qui signifie « achat ». En droit, le terme renvoie à l'action d'acheter en priorité : le droit de préemption est la faculté conférée à l'État, une collectivité territoriale, un organisme ou une personne d'acquérir un bien par préférence à tout autre acheteur. Le principe européen de préemption est inspiré de la théorie de la préemption telle qu'elle a été développée par la Cour suprême des États-Unis. Voy. *Dictionnaire Trésor de la Langue Française Informatisé (TLFI)*, ATILF, CNRS, Université Nancy 2, site Internet du dictionnaire : http://atilf.atilf.fr/tlfi.htm (page consultée le 7 juill. 2014) ; ainsi que G. ISAAC, M. BLANQUET, *Droit général de l'Union européenne*, Paris, Sirey, 10ème Édition, 2012, 768 pages, p 84 ; et P. THIEFFRY, *Droit de l'environnement de l'Union européenne*, Bruxelles, Bruylant, 2ème Édition, 2011, p 59. Pour davantage de précisions, voy. V. MICHEL, *Recherches sur les Compétences de la Communauté*, Paris, L'Harmattan, 2003, pp 381 & s.

[1403] Traité sur le fonctionnement de l'Union européenne, JOUE C 83 du 30 mars 2010, art. 2.

[1404] Le 1er déc. 2009.

[1405] Rappelons que les termes « ascendant » et « descendant » sont employés en contexte canadien. Ils apparaissent très pertinents pour décrire le droit de l'Union européenne, c'est pourquoi nous les employons également dans le contexte européen. Voy. à ce sujet *supra* §376 & s.

1. Un principe « ascendant »

584. Le versant « ascendant » de la théorie de la préemption a été dégagé pendant longtemps de manière jurisprudentielle.[1406] Elle a été formalisée dans le Traité de Lisbonne. Le principe consiste à considérer que : « [...] les États conservent la compétence de légiférer, ou de prendre des engagements conventionnels avec des États tiers, aussi longtemps que et dans la mesure où les autorités communautaires ne sont pas encore intervenues dans le domaine en cause »[1407].

585. Les autorités de l'Union sont autorisées à intervenir quand le principe de subsidiarité le leur permet.[1408] C'est par la combinaison de ces deux principes que le principe d'équilibre est assuré.[1409] La CJUE a développé très tôt dans sa jurisprudence trois déclinaisons de ce principe et prévu des règles pour chacune d'elles.[1410]

586. En premier lieu, quand l'Union européenne n'a pas encore exercé sa compétence, il est établi que les États peuvent maintenir et prendre dans leur cadre national les mesures normatives appropriées.[1411] Un certain nombre de conditions encadre cette possibilité : les États doivent respecter les stipulations générales des traités et les principes généraux du droit de l'Union ;[1412] ils sont liés au respect des obligations de coopération résultant du Traité et notamment de l'article 4 paragraphe 3 TUE.[1413] Pour cela, les États membres doivent s'abstenir de gêner l'action de l'Union, notamment en rendant son intervention ultérieure plus compliquée.[1414] Au regard des multiples textes européens adoptés en matière de protection de la qualité des eaux douces, il apparaît que ce domaine n'entre pas dans cette catégorie.

[1406] Pour davantage de précisions sur les différents raisonnements, dogmatique et pragmatique, tenus par la Cour de justice à ce sujet voy. V. MICHEL, *Recherches sur les Compétences de la Communauté*, Paris, L'Harmattan, 2003, pp 381 & s. Voy. également F. PICOD, « Le Traité de Lisbonne : une nouvelle chance pour l'Europe », *JCP*, Éd. G, 52, 21 déc. 2009, p 13 ; et P. THIEFFRY, *Droit de l'environnement de l'Union européenne*, Bruxelles, Bruylant, 2ème Édition, 2011, p 59.

[1407] G. ISAAC, M. BLANQUET, *Droit général de l'Union européenne*, Paris, Sirey, 10ème Édition, 2012, 768 pages, p 84. Voy. également S. HANSON, *Entre Union européenne et région Wallonne : multiplicité des échelons de pouvoir et subsidiarité territoriale - Analyse de la subsidiarité territoriale au travers des directives Seveso, IPPC, responsabilité environnementale et de leurs mesures de transposition en Région wallonne*, Thèse de Doctorat, Université de Liège (Belgique), 2011-2012, p 46 ; ainsi que P. CRAIG, G. DE BURCA, *EU Law - Text, Cases, and Materials*, Oxford, Oxford University Press, 5ème Édition, 2011, p 84.

[1408] Elles peuvent adopter un texte selon les conditions énoncées à l'article 5 TUE selon lequel : « En vertu du principe de subsidiarité, dans les domaines qui ne relèvent pas de sa compétence exclusive, l'Union intervient seulement si, et dans la mesure où, les objectifs de l'action envisagée ne peuvent pas être atteints de manière suffisante par les États membres, tant au niveau central qu'au niveau régional et local, mais peuvent l'être mieux, en raison des dimensions ou des effets de l'action envisagée, au niveau de l'Union », Traité sur l'Union européenne, JOUE C 83 du 30 mars 2010.

[1409] Voy. *supra* §113 & s.

[1410] G. ISAAC, M. BLANQUET, *op. cit.*, pp 84-85.

[1411] *Ibid.*, p 84 ; J.-M. FAVRET, *Droit et pratique de l'Union européenne,* Paris, Gualino, Lextenso Éditions, 6ème Édition, 2009, p 200.

[1412] Voy. CJCE, 16 mars 1977, *Commission des Communautés européennes c/ République française*, Aff. 68-76, *Rec.* 1977, p 515 ; CJCE, 25 sept. 1979, *Commission c/France*, Aff. 232/78, *Rec.* p 2729 ; CJCE, 16 févr. 1978, *Commission c/Irlande*, Aff. 61/77, *Rec.* p 417. Voy. également J.-M. FAVRET, *op. cit.*, p 200 ; et G. ISAAC, M. BLANQUET, *op. cit.*, p 84.

[1413] Traité sur l'Union européenne, JOUE C 83 du 30 mars 2010.

[1414] CJCE, 16 févr. 1978, *Commission c/Irlande*, Aff. 61/77, *Rec.* p 417.

587. En deuxième lieu, en cas de compétence exercée totalement par l'Union européenne, les États membres deviennent incompétents pour prendre des décisions législatives divergentes. La Cour de justice a précisé que « les dispositions prises par elle sont exclusives de toutes dispositions divergentes des États membres »[1415]. Cela retire aux États membres toute compétence législative et externe en la matière. Par exemple, la Directive n°79/409 sur la conservation des oiseaux sauvages a privé les États membres de leur compétence législative et de leur compétence externe.[1416] La Cour de justice confirme cette assertion dans son avis 2/91 :

> [...] le caractère exclusif ou non de la compétence de la Communauté ne découle pas seulement des dispositions du Traité, mais peut dépendre également de l'étendue des mesures prises par les institutions communautaires pour l'application de ces dispositions et qui sont de nature à priver les États membres d'une compétence qu'ils pouvaient exercer auparavant à titre transitoire.[1417]

Néanmoins, des pouvoirs d'exécution peuvent être reconnus aux autorités nationales pour la mise en oeuvre des opérations décidées au niveau de l'Union. Il s'agit des pouvoirs d'exécution administrative.[1418]

L'enjeu de l'application du principe de subsidiarité ressort clairement : s'il est établi que l'Union européenne a un intérêt à agir, les États membres sont dessaisis d'une partie de leur compétence. Ce domaine entre dans le champ des compétences exclusives par exercice de l'Union.

588. Entre l'absence d'exercice et l'exercice complet de la compétence par l'Union, se trouve la situation dans laquelle la compétence est partiellement exercée par cette dernière. Il s'agit du cas le plus fréquent où l'Union européenne a commencé à exercer sa compétence, mais ne l'a pas épuisée.[1419] L'intervention des États membres est possible à condition de respecter certaines conditions. Les États membres doivent respecter les stipulations générales des traités et les principes généraux du droit communautaire,[1420] ainsi que l'obligation de coopération. De plus, les législations nationales doivent être compatibles avec les règles de l'Union déjà édictées.[1421] L'étendue de l'intervention normative des États membres peut être précisée dans les dispositions de l'acte adopté par l'Union, ou par l'interprétation de la Cour de justice.[1422] Par exemple, la Directive n°98/83/CE

1415 *Ibid.* ; G. ISAAC, M. BLANQUET, *op. cit.*, p 85 ; J.-M. FAVRET, *op. cit.*, p 200.

1416 C'est ce que précise la Décision du Conseil du 24 juin 1982, concluant au nom de la Communauté la Convention sur la conservation des espèces migratrices appartenant à la faune sauvage, JOCE L 210/10 du 19 juill. 1982. Voy. G. ISAAC, M. BLANQUET, *op. cit.*, p 85.

1417 CJCE, 19 mars 1993, Convention n°170 de l'OIT, *Rec.* p 1061.

1418 Voy. notamment CJCE, 20 janv. 1993, *Emerald Meats Ltd c/ Commission des Communautés européennes*, Aff. C-106/90, C-317/90, C-129/91, *Rec.* p 209.

1419 G. ISAAC, M. BLANQUET, *Droit général de l'Union européenne*, Paris, Sirey, 10ème Édition, 2012, p 84 ; J.-M. FAVRET, *Droit et pratique de l'Union européenne*, Paris, Gualino, Lextenso Éditions, 6ème Édition, 2009, p 200.

1420 G. ISAAC, M. BLANQUET, *op. cit.*, pp 84-85 ; J.-M. FAVRET, *op. cit.*, p 200.

1421 CJCE, 18 mai 1977, *Officier van Justitie c/ Beert van den Hazel*, Aff. 111/76, *Rec.* p 901 ; CJCE, 26 févr. 1980, *Procédure pénale c/ Pieter Vriend*, Aff. 94/79, *Rec.* p 237. Pour plus de précisions, voy. G. ISAAC, M. BLANQUET, *op. cit.*, p 85.

1422 V. MICHEL, *Recherches sur les Compétences de la Communauté*, Paris, L'Harmattan, 2003, pp 381 & s.

sur la qualité de l'eau potable[1423] précise dans son considérant n°4 que l'action au niveau local, régional ou national est justifiée par les « différences naturelles et les différences socio-économiques qui existent entre les régions de l'Union »[1424], mais dans la mesure où cela ne nuit pas à la présente directive.

589. La logique du principe de préemption apparaît à première vue « ascendante », tout en privilégiant un équilibre dans le partage des compétences par le biais du principe de subsidiarité. Il appartient en effet à l'Union d'apporter « la preuve d'une efficacité accrue de son action par rapport à celle des États membres chaque fois qu'elle compte intervenir »[1425]. Mais le Traité de Lisbonne a apporté une dimension nouvelle à ce principe, ce qui renforce le principe d'équilibre : la règle devient en effet un principe « descendant », à l'encontre de l'orientation jusque là privilégiée par la Cour de justice.

2. Un principe « descendant »

590. La Cour de justice a développé une jurisprudence importante en la matière, posant un principe pourtant remis en cause par l'article 2 paragraphe 2 TFUE : le principe d'irréversibilité. Au nom du processus d'intégration, et selon ce principe, chaque attribution de compétence revêtait un caractère définitif. Cette règle a trouvé son fondement dans la nature « fondative » et « institutionnelle » des traités, dont le champ d'application *ratione temporis* est illimité.[1426] L'arrêt *Costa* établit notamment que les États membres ont procédé à une « limitation définitive » de leurs droits souverains.[1427] Dans l'arrêt *Simmenthal*, la Cour de justice évoque « le caractère effectif d'engagements inconditionnellement et irrévocablement assumés par les États membres »[1428]. Ce que M. Flory a qualifié « d'effet de cliquet »[1429], en corrélation avec le respect de l'acquis communautaire et en parallèle du phénomène de *spill over*.[1430]

591. Le Traité de Lisbonne marque un tournant en la matière : jusque là, le processus d'intégration communautaire impliquait une centralisation irréversible et inéluctable des compétences partagées au profit de l'Union,[1431] suivant les règles du principe de préemption dans

---

[1423] Directive 98/83/CE du Parlement et du Conseil, du 3 novembre 1998, relative à la qualité des eaux destinées à la consommation humaine, JOUE 1998, L 330/32.

[1424] *Ibid.*, considérant n°4.

[1425] S. HANSON, *Entre Union européenne et région Wallonne : multiplicité des échelons de pouvoir et subsidiarité territoriale - Analyse de la subsidiarité territoriale au travers des directives Seveso, IPPC, responsabilité environnementale et de leurs mesures de transposition en Région wallonne*, Thèse de Doctorat, Université de Liège (Belgique), 2011-2012, p 46. Nous soulignons.

[1426] G. ISAAC, M. BLANQUET, *Droit général de l'Union européenne*, Paris, Sirey, 10ème Édition, 2012, p 69.

[1427] CJCE, 15 juillet 1964, *Flaminio Costa c/ E.N.E.L.*, Aff. 6/64, *Rec.* p 1141 ; CJCE, 13 juill. 1972, *Commission c/ Italie*, Aff. 48/71, *Rec.* p 529.

[1428] CJCE, 9 mars 1978, *Administration des finances de l'État contre Société anonyme Simmenthal,* Aff. 106/77, *Rec.* p 629, point 18.

[1429] Cité dans G. ISAAC, M. BLANQUET, *op. cit.*, p 69.

[1430] Un effet d'entraînement automatique du processus d'intégration. Voy. à ce sujet, *Ibid.*

[1431] *Ibid.*, p 85 ; P. CRAIG, G. DE BURCA, *EU Law - Text, Cases, and Materials*, Oxford, Oxford University Press, 5ème Édition, 2011, pp 84-85.

son versant « ascendant ». L'article 2 paragraphe 2 TFUE a complété cette approche par un nouveau principe, allant à l'encontre de la jurisprudence de la Cour de justice : « (l)es États membres exercent leur compétence dans la mesure où l'Union n'a pas exercé la sienne. Les États membres exercent à nouveau leur compétence dans la mesure où l'Union a décidé de cesser d'exercer la sienne »[1432].

592. Cela correspond à une prudence plus prononcée exprimée par les rédacteurs du Traité de Lisbonne.[1433] Cette tendance semble se révéler dans le Protocole n°25 sur l'exercice des compétences partagées.[1434] Il précise que « lorsque l'Union mène une action dans un certain domaine, le champ d'application de cet exercice de compétence ne couvre que les éléments régis par l'acte de l'Union en question et ne couvre donc pas tout le domaine »[1435]. Plus directement, la Déclaration n°18 concernant la délimitation des compétences[1436] précise que ce nouveau cas de figure « peut se produire lorsque les institutions compétentes de l'Union décident d'abroger un acte législatif, en particulier en vue de mieux garantir le respect constant des principes de subsidiarité et de proportionnalité [...] »[1437]. La volonté plus appuyée de garantir le principe de subsidiarité semble révéler la volonté de maintenir et de renforcer le principe d'équilibre dans le partage des compétences entre l'Union et les États membres.

593. Concrètement, deux mécanismes permettent la mise en place de la dimension « descendante » du principe de préemption. En premier lieu :

> Sur l'initiative d'un ou de plusieurs de ses membres (représentants des États membres) et conformément à l'article 241 du traité sur le fonctionnement de l'Union européenne, le Conseil peut demander à la Commission de soumettre des propositions visant à abroger un acte législatif. La Conférence se félicite que la Commission déclare qu'elle accordera une attention particulière à ce type de demande.[1438]

En second lieu :

> De même, les représentants des gouvernements des États membres, réunis en Conférence intergouvernementale, conformément à la procédure de révision ordinaire prévue à l'article 48, paragraphes 2 à 5, du traité sur l'Union européenne, peuvent décider de modifier les traités sur lesquels l'Union est fondée, y compris

---

[1432] Traité sur le fonctionnement de l'Union européenne, JOUE C 83 du 30 mars 2010, art. 2 paragraphe 2. Nous soulignons.

[1433] Précisons que le contexte politique ayant conduit à l'adoption du Traité de Lisbonne est particulier : après le rejet français et danois de la ratification du Traité constitutionnel, une crise politique a eu lieu. Le fonctionnement des institutions de l'Union nécessitait une réforme, mais cela ne pouvait plus avoir lieu sans garde-fous explicites à l'action de l'Union. Tout comme lors des négociations aboutissant au traité de Maastricht, le principe de subsidiarité a tenu une place importante dans les débats.

[1434] Protocole n°25 sur l'exercice des compétences partagées, Traité sur le fonctionnement de l'Union européenne, JOUE C 83 du 30 mars 2010.

[1435] *Ibid.*, art. unique.

[1436] Déclaration n°18 concernant la délimitation des compétences, Traité sur le fonctionnement de l'Union européenne, JOUE C 83 du 30 mars 2010.

[1437] *Ibid.*

[1438] *Ibid.*

en vue d'accroître ou de réduire les compétences attribuées à l'Union dans lesdits traités.[1439]

594. Malgré la jurisprudence de la Cour de justice, qui avait affirmé le caractère définitif des attributions de compétence, le Traité de Lisbonne semble inaugurer une nouvelle approche où le principe d'équilibre entre les compétences est renforcé : « certaines compétences peuvent être restituées aux États »[1440].

595. Dans cette double logique de préemption, « ascendante » et « descendante », ressort un traitement des compétences partagées semblable à la logique des agrégats. La protection de la qualité des eaux douces est divisée en plusieurs compétences, chacune étant rattachée à un ordre de gouvernement, selon le degré d'exercice de sa compétence par l'Union européenne. Notons donc que la protection de la qualité des eaux n'est pas une compétence uniforme en Europe, et qu'elle est en constante évolution, ses composantes étant sans cesse distribuées entre l'Union et les États membres. Le principe d'équilibre apparaît pour trouver une juste proportion entre ces compétences, par l'intermédiaire du principe de subsidiarité.

Ce phénomène se produit également pour la protection de la qualité des eaux au Canada : une logique des agrégats s'opère, logique régulée par le principe fédératif, selon des modalités différentes de l'Union européenne.

B. Les pouvoirs accessoires et le droit d'empiéter au Canada, régulés par le principe fédératif

596. Au Canada, la logique des agrégats s'opère différemment de celle de l'Union européenne. La Constitution canadienne est plus ancienne que les traités européens, et moins facilement révisable en la matière.[1441] Lors de la rédaction de la Constitution, l'absence de toute considération environnementale régnait.[1442] La Cour suprême a fait évoluer sa jurisprudence vers davantage de souplesse de la Constitution : les juges ont en effet découvert « dans la Constitution les compétences législatives que les Pères confédératifs y avaient cachées »[1443]. En parallèle, les tribunaux ont élaboré des règles d'interprétation de la Constitution,[1444] en faveur d'un fédéralisme

---

[1439] *Ibid.*

[1440] J. FRANÇOIS-PONCET, *Rapport d'information au nom de la Commission des Affaires étrangères, de la défense et des forces armées sur le* traité de Lisbonne, Rapport 118, 2007-2008, 86 pages.

[1441] Selon le juge dans *A.-G. Nova Scotia* c. *A.-G. Canada*, [1951] R.C.S. 31 : l'ordre de gouvernement fédéral et les provinces ne peuvent pas s'échanger les compétences. Le principe a été inscrit dans *Loi constitutionnelle 1982* « en vertu de laquelle les changements au partage des compétences ne pourront se faire que par une procédure complexe ». Voy. H. BRUN, G. TREMBLAY, E. BROUILLET, *Droit constitutionnel*, Cowansville, Yvon Blais, 2008, p 409.

[1442] R. TASSÉ, « Remarques introductives », in G.-A. BEAUDOIN *et al.*, *Le fédéralisme de demain : réformes essentielles/Federalism for the Future : Essential Reforms*, Montréal, Wilson & Lafleur, 1998, p 7 ; P. BRUN, « La pollution du partage des compétences par le droit de l'environnement », *Revue Générale de Droit*, 24-2, 1993, p 191.

[1443] R. TASSÉ, *op. cit.*, p 7.

[1444] L. HUPPÉ, « Le pouvoir accessoire en droit constitutionnel canadien », *La Revue du Barreau Canadien*, Vol. 63, 1985, p 745 ; P.W. HOGG, « Canada : From Privy Council to Supreme Court », in J. GOLDSWORTHY (dir.), *Interpreting Constitutions – A Comparative Study*, Oxford University Press, 2007, pp 61 & s.

coopératif ce qui a favorisé des chevauchements de compétence.[1445] Ainsi, grâce à cette interprétation souple, chaque ordre de gouvernement peut user de ses compétences pour résoudre différents aspects d'un problème environnemental.[1446] Aucune compétence n'est prévue dans le texte de la Constitution canadienne par rapport à la protection de l'environnement. Chaque ordre de gouvernement intervient donc en vertu d'une de ses compétences exclusives.[1447] Tout le travail consiste donc à justifier le rattachement à une compétence exclusive, étape à laquelle le principe fédératif est censé intervenir. La règle des pouvoirs accessoires est la règle de principe (*1*-) applicable au domaine de la protection de la qualité des eaux douces (*2*-).

1. La règle de principe : les pouvoirs accessoires et le droit d'empiéter[1448]

597. Au Canada, tout comme dans l'Union, les deux ordres de gouvernement peuvent intervenir dans un même champ. Mais le mécanisme aboutissant à ce procédé est différent. S'il existe dans les deux cas deux listes de pouvoirs législatifs exclusifs,[1449] le rattachement du domaine de protection des eaux à l'une ou à l'autre est réglementé de manière jurisprudentielle au Canada et n'est pas prévu dans la Constitution. Une double intervention peut avoir lieu en la matière : un ordre de gouvernement exerce sa compétence exclusive, et l'autre ordre de gouvernement empiète sur le domaine de compétence du premier.[1450] Cela peut avoir lieu à deux degrés différents : par l'exercice de pouvoirs accessoires à la compétence (*a*-) ; ou par l'exercice du droit d'empiéter (*b*-). L'exercice de ces pouvoirs accessoires est conditionné par le respect du principe fédératif pour maintenir l'équilibre dans la distribution des compétences.

a. La théorie des pouvoirs accessoires

598. Afin d'injecter un peu de souplesse à une répartition des compétences figée dans la Constitution, les tribunaux ont reconnu que les parlements fédéral et provinciaux peuvent affecter les compétences de

---

[1445] E. BROUILLET, « Canadian federalism and the principle of subsidiarity: should we open Pandora's box? », *Supreme Court Law Review*, vol. 54, 2011, pp 618-619 ; P.W. HOGG, *op. cit.*, p 67.

[1446] P. BRUN, « La pollution du partage des compétences par le droit de l'environnement », *Revue Générale de Droit*, 24-2, 1993, p 191.

[1447] P.W. HOGG, *Constitutional Law of Canada*, Scarborough (Ontario-Canada), Thomson Carswell, 2008, p 848.

[1448] Jusqu'à récemment, la Cour suprême ne distinguait pas clairement les deux expressions. Elle a établi en 2010 que les pouvoirs accessoires faisaient partie de la « règle des effets accessoires », et que le droit d'empiéter relevait de la « doctrine des pouvoirs accessoires », ou d'un pouvoir de « débordement ». Voy. à ce sujet *Québec (Procureur général)* c. *Lacombe*, [2010] 2 R.C.S. 453, par. 36 ; ainsi que *Renvoi relatif à la Loi sur la procréation assistée*, [2010] 3 R.C.S. 457, par. 188 et 275, quatre juges.

[1449] Ce qui différencie le Canada et l'Union de l'Australie et des États-Unis : la Constitution australienne et la Constitution américaine ne disposent que d'une seule liste de compétences exclusives en faveur de l'ordre de gouvernement fédéral, laissant les pouvoirs résiduaires aux entités fédérées. Voy. à ce sujet P.W. HOGG, « Canada : From Privy Council to Supreme Court », in J. GOLDSWORTHY (dir.), *Interpreting Constitutions – A Comparative Study*, Oxford University Press, 2007, pp 66-67.

[1450] *Affaire des cessions volontaires,* [1894] A.C. 189, 200-201 ; H. BRUN, G. TREMBLAY, E. BROUILLET, *Droit constitutionnel*, Cowansville, Yvon Blais, 2008, p 452.

l'autre ordre de gouvernement quand ils légifèrent dans leur propre matière de compétence. [1451] Ainsi, un « certain pouvoir réciproque d'empiéter » a vu le jour sous l'appellation de « pouvoirs accessoires », « implicites » ou encore « ancillaires »[1452].

Notons que la théorie des pouvoirs accessoires se distingue du double aspect. La théorie du double aspect implique en effet que le caractère véritable d'un texte est constitué à égalité de caractéristiques fédérales et provinciales.[1453]

La théorie des pouvoirs accessoires induit que le caractère véritable d'un texte contesté est principalement rattaché à une compétence exclusive fédérale ou provinciale, mais que certains effets se produisent sur une matière relevant de la compétence de l'ordre de gouvernement.[1454] Ainsi, la validité constitutionnelle du texte n'est pas entachée si <u>ses effets sur l'autre ordre de gouvernement sont secondaires</u>.[1455]

599. Plusieurs arguments ont justifié la mise en place de cette règle par les tribunaux. A été avancée la règle selon laquelle l'accessoire suit le principal.[1456] De même, la volonté d'assurer l'efficacité des lois[1457] ou encore la volonté d'assurer l'effectivité de la répartition des compétences[1458] ont été exposées comme arguments. Le Comité judiciaire du Conseil Privé a basé son raisonnement sur la clause finale de l'article 91 de la *Loi constitutionnelle de 1867*.[1459] Par la suite, la Cour suprême a élargi ses arguments en considérant que quand « un ordre de gouvernement exerce essentiellement ses compétences propres, [...] les tribunaux ne tiennent pas compte du fait qu'il peut 'affecter' les domaines de l'autre (ordre de gouvernement). Il peut donc

---

[1451] *General Motors of Canada Ltd* c. *City National Leasing*, [1989] 1 R.C.S. 641 ; *P.G. du Québec* c. *Kellogg's Co. et autres*, [1978] 2 R.C.S. 211. Voy. à ce sujet E. BROUILLET, « Canadian federalism and the principle of subsidiarity: should we open Pandora's box? », *Supreme Court Law Review*, vol. 54, 2011, p 624.

[1452] E. BROUILLET, *op. cit.*, p 624 ; H. BRUN, G. TREMBLAY, E. BROUILLET, *Droit constitutionnel*, Cowansville, Yvon Blais, 2008, pp 452-453.

[1453] Voy. *Hodge* v. *The Queen*, [1883] 9 A.C. 117, 130. Pour plus de précisions, voy. L. HUPPÉ, « Le pouvoir accessoire en droit constitutionnel canadien », *La Revue du Barreau Canadien*, Vol. 63, 1985, p 746 ; de même que H. BRUN, G. TREMBLAY, E. BROUILLET, *op. cit.*, p 451. P.W. HOGG, « Canada : From Privy Council to Supreme Court », in J. GOLDSWORTHY (dir.), *Interpreting Constitutions – A Comparative Study*, Oxford University Press, 2007, p 68.

[1454] E. BROUILLET, « Canadian federalism and the principle of subsidiarity: should we open Pandora's box? », *Supreme Court Law Review*, vol. 54, 2011, p 624.

[1455] H. BRUN, G. TREMBLAY, E. BROUILLET, *op. cit.*, pp 452-453 ; Peter W. Hogg précise que les effets incidents sur des matières extérieures aux compétences exclusives seront valides : « [...] *incidental effects on matters outside those heads of powers will be valid* » in P.W. HOGG, *op. cit.*, p 68. Notre traduction. Nous soulignons.

[1456] *Cité de Montréal* c. *Doyle*, (1880) 2 La Thémis 182, 184 ; *Bennett* c. *Pharmaceutical Association of Québec*, (1881), 1 Dorion 336, 340 ; *McArthur* v. *Northern and Pacific Junction Railway Co.*, (1890) 17 O.A.R. 86, 111-112. (Ont. C.A.) ; *Regina* v. *Wason*, (1890) 17 O.A.R. 221, 232 (Ont. C.A.) ; *Levesque* v. *New Brunswick Railway Co.*, (1889), 29 N.B. 588, 596 (N.B.S.C.). Dans L. HUPPÉ, « Le pouvoir accessoire en droit constitutionnel canadien », *La Revue du Barreau Canadien*, Vol. 63, 1985, p 745.

[1457] Voy. L. HUPPÉ, « Le pouvoir accessoire en droit constitutionnel canadien », *La Revue du Barreau Canadien*, vol. 63, 1985, p 745 note 2.

[1458] Voy. *Ibid.*, p 745 note 3.

[1459] *Loi constitutionnelle de 1867*, L.R.C. (1985), app. II, n°5. Voy. L. HUPPÉ, *op. cit.*, p 745 ; ainsi que H. BRUN, G. TREMBLAY, E. BROUILLET, *op. cit.*, pp 452-453.

empiéter sur ceux-ci de façon incidente »[1460], tant que cela reste un empiétement secondaire. Ainsi, dans le cadre de l'exercice d'une compétence exclusive, l'ordre de gouvernement peut affecter de façon superficielle la compétence de l'autre ordre de gouvernement,[1461] tout en bénéficiant d'une validité constitutionnelle pour son texte.

Un autre cas de figure peut se présenter : si une loi est intégrée dans un ensemble législatif valide, mais dont l'objet principal est invalide car relevant d'un titre de compétence de l'autre ordre de gouvernement, il s'agit alors du pouvoir d'empiéter et non pas de l'exercice de pouvoirs accessoires.[1462]

b. Le droit d'empiéter

600. Ce droit intervient lorsque l'ordre de gouvernement affecte de manière substantielle [1463] la compétence d'un autre ordre de gouvernement.[1464] Une différence fondamentale avec les pouvoirs accessoires tient à ce que le parlement fédéral bénéficie d'un droit plus officiel d'empiéter sur les ordres de gouvernement provinciaux : une loi fédérale peut empiéter par certaines de ses dispositions sur un domaine provincial de compétence exclusive en remplissant plusieurs critères fixés par la jurisprudence. L'inverse ne pouvait pas jusqu'à récemment être constitutionnellement valide. Une ouverture a été opérée par la Cour en 2010, sans pour autant que le raisonnement aboutisse en faveur des provinces.[1465]

601. Les critères en question ont évolué : le Comité judiciaire du Conseil privé puis la Cour suprême ont développé dans un premier temps le critère de nécessité comme condition à l'empiétement du pouvoir fédéral sur les compétences exclusives provinciales.[1466] Selon ce critère, le parlement fédéral devait faire la démonstration que son intervention législative

[1460] *General Motors of Canada Ltd* c. *City National Leasing,* [1989] 1 R.C.S. 641. Voy. à ce sujet H. BRUN, G. TREMBLAY, E. BROUILLET, *op. cit.*, p 453.

[1461] H. BRUN, G. TREMBLAY, E. BROUILLET, *op. cit.*, p 453. La doctrine canadienne anglophone semble en accord sur ce pont sans pour autant être aussi précise quant aux critères à appliquer. Voy. par exemple P.J. MONAHAN, *Constitutional Law*, Toronto, Irwin Law, 2006, p 115.

[1462] E. BROUILLET, « Canadian federalism and the principle of subsidiarity: should we open Pandora's box? », *Supreme Court Law Review*, vol. 54, 2011, p 624.

[1463] Nous soulignons.

[1464] E. BROUILLET, *op. cit.*, p 624 ; H. BRUN, G. TREMBLAY, E. BROUILLET, *Droit constitutionnel*, Cowansville, Yvon Blais, 2008, p 454. La doctrine canadienne anglophone ne procède pas à une distinction si précise, si bien qu'on y différencie difficilement le pouvoir d'empiéter des pouvoirs accessoires. Peter w. Hogg évoque seulement que le pouvoir d'empiéter implique que le texte ait un impact substantiel sur des matières placées en dehors de la sphère de compétence : « *substantial impact on matters outside the jurisdiction* » in P.W. HOGG, « Canada : From Privy Council to Supreme Court », in J. GOLDSWORTHY (dir.), *Interpreting Constitutions – A Comparative Study*, Oxford University Press, 2007, p 68. Notre traduction. Voy. également P.J. MONAHAN, *Constitutional Law*, Toronto, Irwin Law, 2006, p 115.

[1465] La Cour s'est en effet posé la question dans l'affaire *Lacombe*. Elle a appliqué le raisonnement du pouvoir d'empiéter à une disposition provinciale, ce qui semble ouvrir le droit d'empiéter aux provinces. Néanmoins, elle n'a pas conclu à une invalidité. Voy. *Québec (Procureur général)* c. *Lacombe*, [2010] 2 R.C.S. 453, par. 36 &s. ; E. BROUILLET, *op. cit.*, p 625 ; H. BRUN, G. TREMBLAY, E. BROUILLET, *op. cit.*, p 454.

[1466] Ce critère de nécessité a suscité l'amorce d'une réflexion sur le potentiel transfert du principe de subsidiarité européen au Canada par la Cour suprême. Voy. à ce sujet E. BROUILLET, *op. cit.*, pp 601 & s.

dans un domaine de compétence provinciale était nécessaire à l'exercice effectif d'une de ses compétences.[1467] Il était donc exigé que l'accessoire soit nécessaire à l'exercice du principal.

602. Dans un deuxième temps, dès 1978, la Cour suprême a oscillé entre ce critère de nécessité et un critère moins exigeant : celui du lien fonctionnel.[1468] Ce critère permet au parlement fédéral « d'empiéter sur les compétences provinciales pour le seul motif de facilité ou de rendre plus commode l'exercice d'une compétence fédérale »[1469]. Autrement dit, on se place par rapport à ce qui est fonctionnel pour l'exercice d'une compétence : quand une mesure fédérale est liée rationnellement et fonctionnellement à une compétence fédérale, elle est valide, quand bien même elle empiéterait sur une compétence provinciale.[1470]

603. Finalement en 1989, l'arrêt *General Motors* procède à une combinaison des deux critères. [1471] Si l'empiétement fédéral sur une compétence provinciale est minime, la disposition contestée doit avoir un rapport fonctionnel avec la loi fédérale où elle est insérée. Dans les cas où l'empiétement est plus important, la disposition critiquée doit être nécessaire et indispensable dans la loi fédérale. Un empiétement important doit être nécessaire à l'exercice efficace de la compétence fédérale.[1472]

Il apparaît donc que le critère applicable est variable selon « le contexte particulier dont il est question ». Il ne s'agit pas de « formuler un critère d'application générale à tous les contextes »[1473]. Le juge précise que « cela exige de la cour qu'elle examine la gravité de l'empiétement sur les pouvoirs provinciaux pour décider du critère qu'il convient d'appliquer (à un tel rapport) »[1474].

604. À l'occasion de cet arrêt *General Motors*, la Cour suprême rappelle un principe à prendre en compte dans ce travail d'interprétation : le maintien d'un « équilibre constitutionnel approprié »[1475]. La Cour va réaffirmer ce souci d'équilibre en 2000 dans le *Renvoi sur les armes à feu*.[1476] Le juge précise que dans des affaires délicates telles que celles traitant du partage des compétences, la Cour doit chercher à maintenir une balance appropriée entre les titres de compétence fédéraux et provinciaux.[1477] Si elle est indirecte,

---

[1467] *Montréal* c. *Montreal Street Railway*, [1912] A.C. 333 ; *Municipalité régionale de Peel* c. *Mackenzie*, [1982] 2 R.C.S. 9, 18. Voy. à ce sujet E. BROUILLET, *op. cit.*, p 625 ; H. BRUN, G. TREMBLAY, E. BROUILLET, *op. cit.*, p 454.

[1468] *R.* c. *Zelenski*, [1978] 2 R.C.S. 940 ; *Multiple Access Ltd.* c. *Mc Cutcheron*, [1982] 2 R.C.S. 161, 182-183. Voy. E. BROUILLET, *op. cit.*, p 625 ; H. BRUN, G. TREMBLAY, E. BROUILLET, *op. cit.*, p 454.

[1469] E. BROUILLET, *op. cit.*, p 625.

[1470] Voy. par exemple le raisonnement tenu en matière de divorce : *Papp* [1970] 1 O.R., 331 (CA) ; ou encore *Global Securities Corp.* c. *Colombie-Britannique (Securities Commission)*, [2000] 1 R.C.S. 494, 517. Voy. à ce sujet H. BRUN, G. TREMBLAY, E. BROUILLET, *op. cit.*, p 454.

[1471] *General Motors of Canada Ltd* c. *City National Leasing*, [1989] 1 R.C.S. 641, 668, 672.

[1472] *Ibid.*, 668. Voy. H. BRUN, G. TREMBLAY, E. BROUILLET, *op. cit.*, p 454.

[1473] *General Motors of Canada Ltd* c. *City National Leasing*, [1989] 1 R.C.S. 641, 671.

[1474] *General Motors of Canada Ltd* c. *City National Leasing, op. cit.*, 672.

[1475] *Ibid.*, 671.

[1476] Renvoi relatif à la *Loi sur les armes à feu* (Can.), [2000] 1 R.C.S. 783, 812.

[1477] « [...] *an appropriate balance* [...] *between the federal and provincial heads of power* » in Renvoi relatif à la *Loi sur les armes à feu* (Can.), [2000] 1 R.C.S. 783, 812. Notre traduction. Voy. également P.J. MONAHAN, *Constitutional Law*, Toronto, Irwin Law, 2006, p 116.

l'allusion au principe fédératif apparaît clairement. La Cour va avoir l'occasion de s'exprimer à ce sujet en matière environnementale.

2. Les règles de la logique des agrégats dans le domaine de la protection de la qualité des eaux douces

605. Le domaine de la protection de la qualité des eaux douces n'apparaît pas dans la Constitution canadienne. Il ne s'agit pas d'un domaine spécifiquement défini, mais « d'un agrégat de sujets de droit » à l'instar de l'ensemble du domaine environnemental.[1478] Sur quelle base juridique chaque ordre de gouvernement peut-il légiférer?

Comme l'énonce G.-A. Beaudoin, « chaque ordre de gouvernement légifère en se repliant sur ses pouvoirs énumérés et en utilisant la théorie du pouvoir accessoire »[1479]. Cette théorie progressivement appliquée dans le domaine de la protection des eaux (*a-*) est traduite concrètement dans les différentes matières de ce domaine (*b-*).

a. L'introduction de la théorie du pouvoir accessoire en matière de protection de la qualité des eaux douces

606. La théorie du pouvoir accessoire a été introduite dans le domaine de la protection de la qualité des eaux douces de manière progressive. Au départ, le critère applicable en la matière n'était pas clairement défini. Dès 1913, une clarification est intervenue, et dès lors chaque partie de la matière a bénéficié d'un critère particulier.

607. L'une des premières affaires en la matière est intervenue relativement tôt au Canada. Lors de l'affaire *Robertson*[1480] la majorité de la Cour suprême du Nouveau-Brunswick a méconnu le principe de la théorie du pouvoir accessoire en établissant une compétence exclusive fédérale très large en matière de pêcheries. Néanmoins, le critère de la nécessité d'agir, constitutif de cette théorie, a été évoqué par le juge Fisher, dissident dans cette affaire.[1481]

608. En 1895, le juge Drake de la Cour suprême de Colombie-Britannique a établi que la protection du milieu où vivent les poissons relevait exclusivement de l'ordre de gouvernement fédéral. Son raisonnement laisse cependant transparaître des éléments appartenant à la théorie du pouvoir accessoire : il s'attache à établir le lien entre la pollution d'un cours d'eau et la disparition du poisson de ce cours d'eau.[1482]

609. En 1899, le Comité judiciaire du Conseil privé traite du partage des compétences en matière de protection d'un cours d'eau dans l'affaire *Notre-*

[1478] P. BRUN, « La pollution du partage des compétences par le droit de l'environnement », *Revue Générale de Droit*, 24-2, 1993, p 191.

[1479] G.-A. BEAUDOIN *et al.*, *Le fédéralisme de demain : réformes essentielles/Federalism for the Future : Essential Reforms*, Montréal, Wilson & Lafleur, 1998, p 21.

[1480] *Robertson* c. *Steadman et al.*, (1875-1876) 16 N.-B. R 621, 633. Voy. à ce sujet D. ALHÉRITIÈRE, « La compétence fédérale sur les pêcheries et la lutte contre la pollution des eaux : réflexions sur le nouveau règlement de la loi sur les pêcheries », *Les Cahiers de Droit*, vol.13, 1, 1972, p 69.

[1481] *Robertson* c. *Steadman et al.*, *op. cit.*, 638.

[1482] *A. G. Canada* v. *Ewen*, (1895) 3 B.-C. R 468, 469. Voy. à ce sujet D. ALHÉRITIÈRE, *op. cit.*, p 72.

Dame-de-Bonsecours. [1483] Il était question d'un règlement municipal sur l'entretien des cours d'eau traversés par une ligne de chemin de fer. L'entreprise de chemin de fer alléguait que l'entretien d'un cours d'eau traversé par une de ses lignes relevait de la compétence du parlement canadien et non de celle du parlement provincial, en l'occurrence le parlement québécois. Le Comité judiciaire du Conseil privé a suivi cet argument : le cours d'eau étant, à cet endroit, traversé par un chemin de fer, sa protection et son nettoyage relève de la compétence du parlement canadien. Ce pouvoir relève de la compétence dudit parlement en matière d'entreprises fédérales et de réseaux ferroviaires.[1484]

610. Comme le montrent ces affaires, et jusqu'en 1914, la compétence sur la protection des eaux peut être établie par un rattachement de l'affaire à une compétence exclusive. Le critère de nécessité n'apparaît qu'indirectement et sans aucune précision.[1485] Le rattachement s'opère alors surtout par le biais d'une interprétation des articles de la *Loi constitutionnelle de 1867* en matière de compétences.[1486]

611. Le critère de nécessité va être pleinement établi en la matière par le juge Duff en 1914.[1487] Ainsi, pour qu'une disposition soit accessoirement rattachée à une compétence, elle doit faire « corps avec les autres dispositions valides de la loi » et « être nécessairement incidente à ces dispositions »[1488]. De même, en 1929 dans *Re Waters & Water-Powers*,[1489] le juge Duff rappelle que les provinces peuvent voir l'exercice de leurs droits de propriété restreint de manière significative en matière de pêcheries, dans le seul cas où la législation du Dominion (fédérale) concerne directement la matière des pêcheries.[1490] Le juge applique ce critère au sujet de la voie maritime du fleuve Saint-Laurent : le parlement fédéral détient le pouvoir d'exproprier une province afin d'exercer sa compétence.[1491]

[1483] *C.P.R.* c. *Corporation de la paroisse de Notre-Dame-de-Bonsecours*, [1899] A.C. 367. Voy. à ce sujet P. BRUN, « La pollution du partage des compétences par le droit de l'environnement », *Revue Générale de Droit*, 24-2, 1993, p 194.

[1484] *C.P.R.* c. *Corporation de la paroisse de Notre-Dame-de-Bonsecours*, *op. cit.*, 369-370.

[1485] Voy. par exemple *P.G. Canada* v. *P.G. Ontario*, (1898) A.C. 700. Voy. également D. ALHÉRITIÈRE, « La compétence fédérale sur les pêcheries et la lutte contre la pollution des eaux : réflexions sur le nouveau règlement de la loi sur les pêcheries », *Les Cahiers de Droit*, Vol.13, 1, 1972, pp 69-70.

[1486] Notamment, une distinction fondamentale est établie à cette époque entre les droits de propriété et le pouvoir législatif, ce qui permet une distinction de compétence plus aisée en matière de gestion des eaux. Cela facilite en effet le choix entre la compétence législative fédérale basée sur les pêcheries et la compétence provinciale en vertu du droit de propriété sur les ressources naturelles. Voy. notamment *P.G. Canada* v. *P.G. Ontario*, *op. cit.*, 706.

[1487] *B.C. Electric Railways Co.* v. *Vancouver, Victoria and Eastern Railway and Navigation Co.*, (1914) 48 R.C.S. 98, 108 & s. Voy. également *Montréal* c. *Montreal Street Railway*, [1912] A.C. 333 ; ainsi que D. ALHÉRITIÈRE, *op. cit.*, p 69.

[1488] Le juge évoque en effet dans l'arrêt *B.C. Electric Railways Co.* « un système de permis [...] nécessairement accessoire à une législation efficace en matière de pêches ». Il exige également un « lien nécessaire entre les deux sujets ». Voy. *B.C. Electric Railways Co.* v. *Vancouver, Victoria and Eastern Railway and Navigation Co.*, (1914) 48 R.C.S. 98, 225 ; ainsi que D. ALHÉRITIÈRE, *op. cit.*, p 71.

[1489] *Re Waters & Water-Powers*, [1929] R.C.S. 200.

[1490] *Ibid.*, 212. Notre traduction.

[1491] *Ibid.* ; P. BRUN, « La pollution du partage des compétences par le droit de l'environnement », *Revue Générale de Droit*, 24-2, 1993, p 208, note 140.

612. La jurisprudence en matière de protection de la qualité des eaux douces ne semble donc pas faire exception dans le domaine par rapport à ce qui a été établi plus généralement par le Comité judiciaire du Conseil privé. Notons qu'à cette époque la théorie du pouvoir accessoire et le droit d'empiéter semblent être la même chose. On ne procède donc pas à une distinction des critères selon le degré d'empiétement.

613. Dans les années 1970, une vraie prise de conscience s'opère dans l'opinion publique et les normes de protection de l'environnement, la protection de l'eau en tête, se multiplient. Ce qui complique le « catalogage constitutionnel de l'intervention législative dans ce domaine »[1492].

b. La traduction de la théorie du pouvoir accessoire dans le domaine de la protection des eaux douces

614. La traduction de la théorie du pouvoir accessoire dans le domaine de l'eau est multiple et dépend de la matière dont il est question.

615. En premier lieu en matière de navigation : tout cours d'eau déclaré navigable par les tribunaux ne peut faire l'objet d'une disposition environnementale provinciale, si cela a pour effet d'entraver d'une quelconque façon la navigation.[1493] Le critère de navigabilité est la clé de voûte du dispositif de la compétence fédérale : si le cours d'eau est navigable, le parlement fédéral est compétent par ancillarité de sa compétence en matière de navigation sur ce cours d'eau.[1494] Or, le critère de navigabilité jusque là restreint à son aspect commercial, est étendu dès 1986 à la navigation de plaisance dans les eaux canadiennes, influencées ou non par les marées.[1495] L'application de ce critère a été confirmée par la Cour suprême en 1992 dans l'arrêt *Friends of the Oldman River.*[1496]

616. En deuxième lieu, en matière de pêche, la Cour suprême applique en 1980 ce que le Comité judiciaire du Conseil privé avait déjà établi en 1914 :[1497] « la compétence du fédéral en matière de pêcheries l'autorise à légiférer en matière de pollution dans la mesure où l'objectif est la protection des pêcheries »[1498]. Le juge semble innover en 1980 par rapport à l'évolution plus générale du critère appliqué en matière d'empiétement : il établit qu'un lien entre l'interdiction et le dommage vraisemblable est obligatoire si l'initiative fédérale a pour effet d'empiéter sur une compétence provinciale exclusive.[1499] Ainsi, pour qu'une disposition fédérale telle que le paragraphe

---

[1492] P. BRUN, « La pollution du partage des compétences par le droit de l'environnement », *Revue Générale de Droit*, 24-2, 1993, p 195.

[1493] Voy. *Whitbread* c. *Walley,* [1990] 3 R.C.S. 1273 ; *St Denis de Brompton (Munic.)* c. *Filteau,* [1986] RJQ 2400 (C.A.). Voy. également P. BRUN, *op. cit.*, p 195.

[1494] En vertu de l'application du principe énoncé dans l'arrêt *Re Waters & Water-Powers*, [1929] R.C.S. 200.

[1495] Voy. *Whitbread* c. *Walley, op. cit. ;* ainsi que *St Denis de Brompton (Munic.)* c. *Filteau, op. cit.*

[1496] *Friends of the Oldman River Society* c. *Ministre des Transports du Canada*, [1992] 1 R.C.S. 3, 72, 81.

[1497] *B.C. Electric Railways Co.* v. *Vancouver, Victoria and Eastern Railway and Navigation Co.*, (1914) 48 R.C.S. 98.

[1498] *Fowler* c. *La Reine*, [1980] 2 R.C.S. 213. Voy. P. BRUN, « La pollution du partage des compétences par le droit de l'environnement », *Revue Générale de Droit*, 24-2, 1993, p 211.

[1499] Il affirme en effet que la disposition fédérale en cause dans cet arrêt « ne cherche pas à établir un lien entre la conduite prohibée et les dommages [...] que les pêcheries pourraient

33 (3) du texte en cause soit validée par le juge, il faut que cette disposition « vise des sujets nécessairement accessoires à une législation efficace en matière de pêcheries des côtes de la mer et de l'intérieur »[1500].

617. Le critère établi en 1914 est donc repris et développé : pour pouvoir exercer une compétence en matière de protection de la qualité des eaux douces, le parlement doit adopter une disposition dans laquelle le lien entre le dommage subi ou potentiel et l'atteinte à la ressource par rapport à la compétence est avéré, et pourra être établi par les tribunaux. Dans le cas du parlement fédéral, le juge devra établir que le caractère véritable de la disposition est davantage relatif aux pêcheries qu'à la pollution des eaux.[1501] Dans le cas d'une disposition provinciale, son caractère véritable devra être davantage relatif aux droits de propriété et droits civils. L'arrêt *Friends of the Oldman River*[1502] a réaffirmé ces principes.[1503]

P. Brun a évoqué à ce sujet qu'en vertu de la jurisprudence *General Motors*,[1504] la « sévérité de ce test » pourrait être atténuée.[1505] En effet, cette jurisprudence introduit un critère de rattachement fonctionnel entre la loi et la compétence pour valider un empiétement.[1506]

618. En troisième lieu, le fédéral dispose d'une autre matière à laquelle la protection de la qualité des eaux douces est rattachée : la compétence en matière criminelle. Le critère du lien nécessaire semble opérer dans cette matière. Dans l'arrêt *R.* c. *HydroQuébec* de 1997[1507] les juges de la majorité[1508] ont établi que les dispositions en cause de la *Loi canadienne sur la protection de l'environnement*[1509] pouvaient être rattachées à la compétence criminelle fédérale. Elles étaient en effet accessoires à celle-ci. Les juges ont établi le caractère répressif et limité de ces dispositions interdisant le déversement de substances nocives dans l'eau. Le lien nécessaire entre les dispositions et la compétence criminelle a donc été établi :[1510] ces dispositions ne traitent pas de la protection de l'environnement en général, mais « du contrôle de substances toxiques qui peuvent être rejetées dans l'environnement dans certaines circonstances limitées, au moyen d'une série d'interdictions assorties de sanctions pénales »[1511].

---

subir ». Pour cette raison, le juge déclare la disposition fédérale invalide. Voy. *Fowler* c. *La Reine*, *op. cit.* Cité dans *Northwest falling contractors LTD* c. *La Reine* [1980] 2 R.C.S., 292, 301.

1500 *Fowler* c. *La Reine*, *op. cit.*, 224.

1501 P. BRUN, *op. cit.*, p 212 ; D. ALHÉRITIÈRE, « La compétence fédérale sur les pêcheries et la lutte contre la pollution des eaux : réflexions sur le nouveau règlement de la loi sur les pêcheries », *Les Cahiers de Droit*, Vol.13, 1, 1972, p 69.

1502 *Friends of the Oldman River Society* c. *Ministre des Transports du Canada*, *op. cit.*, 87, 89.

1503 P.W. HOGG, *Constitutional Law of Canada*, Scarborough (Ontario-Canada), Thomson Carswell, 2008, p 849.

1504 *General Motors of Canada Ltd* c. *City National Leasing*, [1989] 1 R.C.S. 641.

1505 P. BRUN, *op. cit.*, p 212.

1506 *General Motors of Canada Ltd* c. *City National Leasing*, *op. cit.*, 662.

1507 *R.* c. *HydroQuébec* [1997] 3 RCS 213.

1508 Notons que la majorité était particulièrement serrée, à cinq juges sur neuf.

1509 *Loi canadienne sur la protection de l'environnement* (L.R. (1985), ch.16) ; (L.R. (1999), ch. 33).

1510 *R.* c. *HydroQuébec*, *op. cit.*, 218. Voy. à ce sujet H. BRUN, G. TREMBLAY, E. BROUILLET, *Droit constitutionnel*, Cowansville, Yvon Blais, 2008, p 493 ; ainsi que P.W. HOGG, *op. cit.*, p 487.

1511 *R.* c. *HydroQuébec*, *op. cit.*, 218.

619. En ce qui concerne les provinces, un point important doit être précisé : si le droit d'empiétement ne leur est pas accordé,[1512] la possibilité d'empiéter de façon superficielle sur un domaine de compétence fédérale existe. Les critères de nécessité et de fonctionnalité ne s'y appliquent pas, l'empiétement doit simplement être secondaire. Les provinces ont toute légitimité à intervenir dans le domaine de l'eau en vertu du paragraphe 92 (8) de la *Loi constitutionnelle de 1867* sur les affaires municipales. Les municipalités sont ainsi responsables des systèmes d'aqueducs, d'égouts et de l'assainissement des eaux.[1513]

620. Ainsi donc, les règles de partage des compétences en matière de protection de la qualité des eaux douces suivent les critères établis par la jurisprudence en matière de théorie du pouvoir accessoire et le droit d'empiéter. Le principe fédératif agit en filigrane dans ces cas.

Une exception : la compétence sur les ressources naturelles, attribuée aux provinces à l'origine, puis renforcée lors du rapatriement de la Constitution en 1982 pour des raisons politiques.[1514]

621. Propos conclusifs. - Tant le Canada que l'Union européenne se sont donc dotés de règles de partage des compétences dont l'objectif est analogue. Il s'agit d'assurer juridiquement l'équilibre entre autonomie et interdépendance. La démarche générale est similaire, même si une différence de moyens ressort entre les deux ordres juridiques. La Cour suprême et la Cour de justice européenne optent pour une approche au cas par cas, favorisant la flexibilité de l'interprétation du partage des compétences. Elles se placent également selon un point de repère similaire : le caractère véritable de la norme considérée. De plus, les règles du partage des compétences sont comparables en ce qu'elles mettent en place une logique des agrégats, présidée par un principe directeur garant de l'équilibre dans cette répartition. Il s'agit du principe fédératif au Canada, et du principe de subsidiarité en Europe. Les règles plus précises qui composent chaque étape de cette démarche flexible sont quant à elles distinctes entre les deux cours. Mais l'objectif est similaire.

622. Historiquement, les nécessités de l'après-Seconde Guerre mondiale semblent avoir mis chaque ordre de gouvernement face aux difficultés de leur ordre juridique propre. Un nouvel ordre mondial économique et politique est né, ce qui s'est nécessairement retrouvé dans la façon de mener les politiques publiques. Ainsi, deux phénomènes ont été amplifiés : le chevauchement des compétences et l'exercice du pouvoir de dépenser par les ordres centraux. Ils apparaissent comme deux piliers centrés sur l'unité de chaque ordre juridique.

[1512] Rappelons que dans la décision *Lacombe*, la Cour suprême a néanmoins appliqué le raisonnement du droit d'empiéter à une disposition provinciale. Si le raisonnement n'a pas complètement abouti sur cette base, cela laisse présager une ouverture. Voy. *Québec (Procureur général)* c. *Lacombe*, [2010] 2 R.C.S. 453, par. 36 & s.

[1513] P. BRUN, « La pollution du partage des compétences par le droit de l'environnement », *Revue Générale de Droit*, 24-2, 1993, p 217.

[1514] Voy. H. BRUN, G. TREMBLAY, E. BROUILLET, *Droit constitutionnel*, Cowansville, Yvon Blais, 2008, pp 515 & s.

Section II. Les règles assurant l'unité dans les ordres juridiques européen et canadien : les règles en cas de chevauchement des compétences et le pouvoir de dépenser

623. Les chevauchements de compétences se sont multipliés tant au Canada qu'en Europe, pour des raisons qui trouvent une origine commune. La Seconde Guerre mondiale est une source d'explication importante. Tandis qu'au Canada ses conséquences ont ouvert la voie au fédéralisme coopératif, elle est à l'origine de la création des Communautés européennes. Dans un cas comme dans l'autre, les nécessités économiques et politiques ont façonné l'exercice des pouvoirs en faveur d'une certaine souplesse, favorisant ainsi des chevauchements et l'interdépendance.

624. Si les règles de la prépondérance fédérale et de la primauté du droit communautaire sont importantes, le pouvoir de dépenser tient ici une place singulière. Il permet de comprendre les évolutions du partage des compétences, car il procure des informations sur la répartition des compétences telle qu'elle s'opère concrètement. Dans notre domaine d'illustration, il apparaît encore plus révélateur. Il participe en effet à la création de chevauchements de plus en plus importants, surtout en matière de protection de la qualité des eaux douces.

625. Ces deux grands piliers viennent compléter les règles de partage des compétences au Canada et en Europe. Ils permettent de répondre au besoin d'interdépendance tant au niveau juridique que politique. Il s'agit de préserver l'unité à l'intérieur de chaque ordre juridique. Deux techniques y répondent : en premier lieu les règles en cas de chevauchement de compétences donnent prévalence aux droits fédéral et communautaire (*Paragraphe I*) ; et en second lieu le pouvoir de dépenser apparaît comme un socle important de l'assise fédérale et européenne (*Paragraphe II*).

Paragraphe I. Les règles en cas de chevauchements de compétences : la prépondérance fédérale et la primauté européenne

Paragraphe II. Les règles inhérentes aux dépenses fédérales et européennes

Paragraphe I. Les règles en cas de chevauchements de compétences : la prépondérance fédérale et la primauté européenne

626. Dans un contexte d'agrégats de matières comme la protection des eaux, des chevauchements de compétences peuvent avoir lieu. Ainsi, un acte européen ou fédéral peut entrer en conflit avec un acte national ou provincial. Concrètement, chaque ordre de gouvernement peut légiférer sur un même problème. La question relève du rapport entre ordres juridiques et implique des enjeux plus larges que ceux inhérents au partage technique des compétences.

Au Canada et dans l'Union, l'idée directrice pour résoudre ces conflits de normes est respectivement celle de la prépondérance fédérale et de la primauté du droit communautaire sur les droits provinciaux et nationaux. Les conditions dans lesquelles cette règle se réalise présentent un point commun : tant en droit communautaire (*A*-) qu'en droit canadien (*B*-), il revient au juge de résoudre ces conflits.

A. Le principe de primauté européen : une construction jurisprudentielle

627. Dans le contexte européen, les conflits de normes peuvent survenir fréquemment. C'est d'autant plus le cas dans une compétence partagée comme la protection des eaux. Comme le soulèvent G. Isaac et M. Blanquet, les « traités constitutifs ne contenaient pas une clause expresse de primauté comme c'est habituellement le cas dans les constitutions fédérales […] »[1515]. Ainsi, le juge a dû s'emparer de la question pour éviter l'assimilation « du droit communautaire au droit international public » par les États membres, ce qui aurait entraîné un rang différencié du droit communautaire entre les ordres juridiques nationaux. Cela évite ainsi une menace sur « le transfert de compétence à la Communauté et l'unité du droit communautaire »[1516].

628. Le juge européen a établi assez tôt la règle permettant de résoudre ces conflits : le principe de primauté du droit de l'Union.[1517] Ainsi, dès 1964, lors de l'affaire *Flaminio Costa contre E.N.E.L.*,[1518] la Cour de justice européenne établit les conditions dans lesquelles ce principe sera appliqué de façon constante par la suite (*1*-). Les conséquences juridiques du principe de primauté restent posées d'un point de vue jurisprudentiel (*2*-).

1. Les principes de l'arrêt *Costa*

629. Il était question dans cette affaire du « conflit le plus aigu, celui entre le droit communautaire et une loi nationale postérieure »[1519], plus précisément des dispositions du traité CEE et la loi italienne de nationalisation de l'électricité du 6 septembre 1962. La Cour constitutionnelle italienne s'était placée du point de vue du droit international public pour résoudre ce conflit. Elle avait fait prévaloir l'acte le plus récent, c'est-à-dire la loi italienne sur le traité communautaire.[1520] La Cour de justice européenne va alors rendre une décision qui demeure le fondement de la résolution des conflits de normes dans l'ordre juridique communautaire.[1521] Trois arguments président cette décision (*a*-) ; dont la portée ultérieure est fondatrice (*b*-).

a. Les arguments de la Cour

630. La Cour de justice se place en défenseur du droit communautaire, en invoquant trois arguments. En premier lieu, en raison de l'applicabilité immédiate et directe du droit européen, il y a une « impossibilité pour les États de faire prévaloir contre un ordre juridique accepté par eux sur une base de réciprocité, une mesure unilatérale ultérieure qui ne saurait lui être opposable […] »[1522].

[1515] G. ISAAC, M. BLANQUET, *Droit général de l'Union européenne*, Paris, Sirey, 10ème Édition, 2012, p 398.
[1516] *Ibid.*
[1517] *Ibid.*, pp 397 & s.
[1518] CJCE, 15 juillet 1964, *Flaminio Costa c/ E.N.E.L.*, Aff. 6/64, *Rec.* p 1141.
[1519] G. ISAAC, M. BLANQUET, *op. cit.*, p 399.
[1520] Voy. la sentence du 7 mars 1964 ; citée dans G. ISAAC, M. BLANQUET, *op. cit.*, p 399.
[1521] Voy. à ce sujet B. WITTE (DE), « Retour à '*Costa*' », *RTDE*, 1984, pp 425 & s.
[1522] CJCE, 15 juillet 1964, *Flaminio Costa c/ E.N.E.L.*, Aff. 6/64, *Rec.* p 1141. Cité dans G. ISAAC, M. BLANQUET, *op. cit.*, p 399.

631. En deuxième lieu, l'attribution de compétences à la Communauté limite de façon correspondante les droits souverains des États. Le juge établit que « [...] le transfert opéré par les États, de leur ordre juridique interne au profit de l'ordre juridique communautaire, des droits et obligations correspondants aux dispositions du traité, entraîne [...] une limitation définitive de leurs droits souverains, contre laquelle ne saurait prévaloir un acte unilatéral incompatible avec la notion de Communauté »[1523].

632. En troisième lieu, la Cour invoque l'unité de l'ordre juridique communautaire, impliquant son « indispensable uniformité d'application »[1524]. Le juge l'affirme ainsi que « [...] la force exécutive du droit communautaire ne saurait en effet varier d'un État à l'autre à la faveur des législations internes ultérieures, sans mettre en péril la réalisation des buts du traité [...] »[1525].

b. La portée de l'arrêt Costa

633. La Cour conclut avec ce que G. Isaac et M. Blanquet qualifient de « formule synthétique d'une exceptionnelle densité »[1526]. Elle affirme ainsi : « [...] issu d'une source autonome, le droit né du traité ne pourrait donc, en raison de sa nature spécifique originale, se voir judiciairement opposer un texte interne quel qu'il soit, sans perdre son caractère communautaire et sans que soit mise en cause la base juridique de la Communauté elle-même »[1527].

634. Cette formulation est la base jurisprudentielle du principe de primauté du droit européen : elle pose le socle sur lequel toute la jurisprudence de la Cour va se fonder pour appliquer le principe.[1528] Quatre éléments constitutifs du principe de primauté en ressortent selon G. Isaac et M. Blanquet.[1529]

635. En premier lieu, il apparaît que la primauté du droit communautaire provient de son caractère « existentiel » : elle est une condition essentielle à l'application uniforme du droit de l'Union, et ainsi à la survivance des buts de la Communauté.[1530]

La Cour de justice européenne rappelle de façon claire cet élément en 1969 dans l'arrêt *Walt Wilhelm* en matière d'ententes.[1531] Elle affirme que :

> [...] il serait contraire à la nature d'un tel système d'admettre que les États membres puissent prendre ou maintenir en vigueur des mesures susceptibles de compromettre l'effet utile du traité ;
>
> [...] la force impérative du traité et des actes pris pour son application ne saurait varier d'un État à un autre par l'effet d'actes internes, sans que soit entravé le

---

[1523] CJCE, 15 juillet 1964, *Flaminio Costa c/ E.N.E.L., op. cit.*

[1524] G. ISAAC, M. BLANQUET, *op. cit.*, p 399.

[1525] CJCE, 15 juillet 1964, *Flaminio Costa c/ E.N.E.L., op. cit.*; cité dans G. ISAAC, M. BLANQUET, *op. cit.*, p 399.

[1526] G. ISAAC, M. BLANQUET, *op. cit.*, p 400.

[1527] CJCE, 15 juillet 1964, *Flaminio Costa c/ E.N.E.L., op. cit.* ; cité dans G. ISAAC, M. BLANQUET, *op. cit.*, p 400.

[1528] *Ibid.*, p 400. Voy. également Ch.-E. DELVALLEZ, *Le juge administratif et la primauté du droit communautaire*, Paris, L'Harmattan, 2011, pp 108 & s.

[1529] G. ISAAC, M. BLANQUET, *Droit général de l'Union européenne*, Paris, Sirey, 10ème Édition, 2012, p 400. Voy. également D. RITLENG, « Le principe de primauté du droit de l'Union », *RTDE*, 2, 2005, pp 285 & s.

[1530] G. ISAAC, M. BLANQUET, *op. cit.*, p 400.

[1531] CJCE, 13 févr. 1969, *Walt Wilhelm*, Aff. 14/38, *Rec.* 1969, p 15.

fonctionnement du système communautaire et mis en péril la réalisation des buts du traité ;

[…] dès lors, les conflits entre la règle communautaire et les règles nationales en matière d'entente doivent être résolus par l'application du principe de la primauté de la règle communautaire […].[1532]

636. En deuxième lieu, il ressort de l'arrêt *Costa* que le principe de primauté est fondé sur la spécificité du droit communautaire : il ne s'agit pas d'un droit international dont l'application pourrait varier en fonction du consentement de chaque État. L'objectif d'intégration de ce droit fonde sa singularité, sa « nature spécifique originale »[1533] et « interdit à l'évidence d'avoir recours à quelque fondement interne que ce soit »[1534].

637. En troisième lieu, G. Isaac et M. Blanquet identifient le principe général de fonctionnement de la primauté : « l'ordre juridique communautaire l'emporte dans son intégralité sur les ordres juridiques nationaux »[1535].

Le juge affirme en effet dans l'arrêt *Costa* que « […] le droit né du traité ne pourrait […] se voir judiciairement opposer un texte interne quel qu'il soit […] »[1536]. Le principe de primauté fait ainsi prévaloir toutes les normes européennes, primaires ou dérivées, directement applicables ou non, sur tout acte national « quel qu'il soit »[1537].

Les auteurs précisent la portée du principe de primauté : il s'applique aux normes nationales « quelle que soit leur nature » (administratives, législatives, juridictionnelles), « quel que soit leur domaine » et « quels que soient les rapports dans le temps »[1538].

638. Au regard de la nature des textes nationaux, la jurisprudence ultérieure a apporté quelques précisions : même « […] les droits fondamentaux tels qu'ils sont formulés par la constitution d'un État membre » ainsi que « […] les principes d'une structure constitutionnelle nationale ne (sauraient) affecter la validité d'un acte de la Communauté et son effet sur le territoire »[1539]. Notons que les juridictions nationales portent un regard quelque peu différent en la matière, ayant des difficultés à se résoudre à la primauté du droit communautaire sur les normes constitutionnelles.[1540]

[1532] *Ibid.*, p 15, attendu 6. Nous soulignons.

[1533] CJCE, 15 juillet 1964, *Flaminio Costa c/ E.N.E.L.*, Aff. 6/64, *Rec.* p 1141.

[1534] G. ISAAC, M. BLANQUET, *op. cit.*, p 400.

[1535] *Ibid.* Nous soulignons.

[1536] CJCE, 15 juillet 1964, *Flaminio Costa c/ E.N.E.L.*, Aff. 6/64, *Rec.* p 1141.

[1537] *Ibid.*

[1538] G. ISAAC, M. BLANQUET, *Droit général de l'Union européenne*, Paris, Sirey, 10ème Édition, 2012, pp 400-401.

[1539] CJCE, 17 déc. 1970, *Internationale Handelsgesellschaft*, Aff. 11/70, *Rec.* 1970, p 533 ; CJCE, 22 juin 1965, *San Michele*, Aff. 9/65, *Rec.* 1965, p 35 ; CJCE, 13 juill. 1972, *Commission c/ Italie*, Aff. 48/71, *Rec.* p 529 ; CJCE, 11 juill. 2000, *Tanja Kreil*, Aff. C-285/98, *Rec.* 2000, p I-69 ; CJCE, 16 déc. 2008, *Michaniki*, Aff. C-213/07, *Rec.* 2008, p I-9999 ; CJUE, 8 sept. 2010, *Winner Wetten*, Aff. C-409/06, *Rec.* 2010, p I-08015. Références citées dans G. ISAAC, M. BLANQUET, *op. cit.*, p 401.

[1540] Si les juridictions nationales ont accepté le principe de primauté sur les lois et les actes règlementaires nationaux, S. Saurugger et F. Terpan font ressortir une « résistance des cours constitutionnelles » en la matière. En droit français, tant la Cour de Cassation que le Conseil d'État ont accepté après quelques hésitations, le principe de primauté sur la loi et les actes règlementaires. La position du Conseil constitutionnel apparaît moins évidente. Voy. à ce sujet Cass., Ch. Mixte, 24 mai 1975, *Cafés Jacques Vabre*, Rec. 73, 13.556 ; CE, Ass., 20 oct. 1989,

639. Au regard du domaine, la Cour de justice a établi ultérieurement que « l'efficacité du droit communautaire ne saurait varier » selon les secteurs.[1541] Enfin, d'un point de vue temporel, l'antériorité ou la postériorité du droit national par rapport au droit communautaire n'a pas d'incidence sur la primauté de ce dernier.[1542]

640. En quatrième lieu, G. Isaac et M. Blanquet soulèvent que si le principe de primauté joue dans les relations entre États et institutions européennes, il joue aussi à l'intérieur des ordres juridiques nationaux. Il s'impose ainsi aux juridictions nationales qui ont l'obligation « d'écarter de (leur) propre autorité l'acte national contraire »[1543]. Cela ressort dans l'arrêt *Costa*, la Cour affirmant que le droit européen ne peut « se voir judiciairement opposer un texte interne quel qu'il soit [...] »[1544]. Les auteurs font ressortir qu'il s'agit de « l'apport fondamental de l'arrêt »[1545].

641. L'affaire *Costa* pose le socle du principe de primauté, dont les jurisprudences ultérieures ont précisé les contours. Les conséquences juridiques de ce principe ont également été clarifiées par la Cour, sans pour autant que le principe ait été codifié dans les traités.

2. Conséquences jurisprudentielles

642. C'est en 1978 dans l'arrêt *Simmenthal*[1546] que la Cour de justice précise les conséquences juridiques du principe de primauté. La règle générale est celle de l'inapplicabilité de toute règle nationale incompatible avec le droit communautaire.

En effet, les règles européennes d'effet direct « en tant qu'elles font partie intégrante, avec rang de priorité, de l'ordre juridique applicable sur le territoire

---

Nicolo, *RTDE* 1989. 771, concl. P. Frydman, note G. Isaac, *RFDA* 1989. 823, note B. Genevois, et 1989.1000, note L. Dubouis, *AJDA* 1989. 756, chron. E. Honorat et E. Baptiste. Pour plus de précisions voy. L. DUBOUIS, « L'arrêt *Nicolo* et l'intégration de la règle internationale et communautaire dans l'ordre juridique français », *RFDA*, 1989, pp 1000 & s. ; D. BECHILLON (DE), « De quelques incidences du contrôle de la conventionalité internationale des lois par le juge ordinaire. Malaise dans la Constitution », *RFDA*, 1998, pp 225 & s. ; F. CHALTIEL, *La souveraineté de l'État et l'Union européenne, l'exemple français*, Paris, L.G.D.J., 2000, 1308 pages ; F. PICOD, « La constitutionnalité du droit communautaire dérivé...à la française », *Il Diritto dell'Unione europea*, IX, fasc. 4-2004 ; X. MAGNON, « La QPC face au droit de l'Union : la brute, les bons et le truand », *RFDC*, vol. 4, 84, 2010, pp 761 & s. ; Ch.-E. DELVALLEZ, *Le juge administratif et la primauté du droit communautaire*, Paris, L'Harmattan, 2011, 355 pages ; S. SAURUGGER, F. TERPAN, « La Cour de justice au cœur de la gouvernance européenne », *Pouvoirs*, 149, 2014, pp 59-75. Pour un développement complet au sujet du droit français, de même que dans le droit des autres États membres, voy. G. ISAAC, M. BLANQUET, *Droit général de l'Union européenne*, Paris, Sirey, 10ème Édition, 2012, pp 409 & s.

[1541] CJCE, 21 mars 1972, *Ministère public de la République italienne* c. *Società agricola industria latte (SAIL)*, Aff. 82/71, *Rec.* 1972, p 119 ; cité dans G. ISAAC, M. BLANQUET, *op. cit.*, p 401.

[1542] CJCE, 29 nov. 1978, *Pigs marketing Board*, Aff. 83/78, *Rec.* 1978, p 2347. Voy. G. ISAAC, M. BLANQUET, *op. cit.*, p 401.

[1543] *Ibid.*

[1544] CJCE, 15 juillet 1964, *Flaminio Costa c/ E.N.E.L.*, Aff. 6/64, *Rec.* p 1141. Nous soulignons.

[1545] G. ISAAC, M. BLANQUET, *op. cit.*, p 401.

[1546] CJCE, 9 mars 1978, *Administration des finances de l'État contre Société anonyme Simmenthal*, Aff. 106/77, *Rec.* p 629.

de chacun des États membres »[1547], « doivent être appliquées dès leur entrée en vigueur, malgré l'éventuelle préexistence d'une loi nationale incompatible »[1548].

Selon G. Isaac et M. Blanquet, cela implique deux types de conséquences.

643. En premier lieu, une distinction est opérée par la Cour selon que la loi nationale incompatible est antérieure ou postérieure à l'acte européen.

Dans les cas où elle y est antérieure, la position de la Cour est explicite : les normes européennes ont pour effet de « [...] rendre inapplicable de plein droit, du fait même de leur entrée en vigueur, toute disposition contraire de la législation nationale existante »[1549].

Dans les cas où la loi nationale est postérieure à la norme européenne, la primauté du droit communautaire a pour effet « d'empêcher la formation valable de nouveaux actes législatifs nationaux dans la mesure où ils seraient incompatibles avec des normes communautaires »[1550] existantes.

644. En second lieu, le principe de primauté implique que les autorités nationales et plus spécifiquement le juge national, ont l'obligation de laisser la règle nationale incompatible inappliquée.

Plus précisément, l'application de la règle communautaire « n'est pas conditionnée par l'abrogation formelle de la règle nationale contraire »[1551]. Elle « implique pour les autorités nationales compétentes prohibition de plein droit d'appliquer une prescription nationale reconnue incompatible avec le traité et, le cas échéant, obligation de prendre toute disposition pour faciliter la réalisation du plein effet du droit communautaire »[1552]. L'arrêt *Simmenthal* précise encore les contours de ces obligations en établissant que :

> [...] le juge national chargé d'appliquer, dans le cadre de sa compétence, les dispositions du droit communautaire, a l'obligation d'assurer le plein effet de ces normes en laissant au besoin inappliquée, de sa propre autorité, toute disposition contraire de la législation nationale, même postérieure, sans qu'il ait à demander ou à attendre l'élimination préalable de celle-ci par voie législative ou par tout autre procédé constitutionnel.[1553]

[1547] CJCE, 9 mars 1978, *Administration des finances de l'État contre Société anonyme Simmenthal,* Aff. 106/77, *Rec.* p 629.

[1548] G. ISAAC, M. BLANQUET, *Droit général de l'Union européenne*, Paris, Sirey, 10ème Édition, 2012, p 402.

[1549] CJCE, 9 mars 1978, *op. cit.*

[1550] CJCE, 22 oct. 1998, *IN.CO.GE. 90 ea*, Aff. C-10/97 à C-22/97, *Rec.* 1998, p I-6307. Précisons que, comme l'affirment G. Isaac et M. Blanquet, cela s'inscrit dans un durcissement de la jurisprudence la Cour, dans la mesure où elle avait successivement résolu la question en termes d'« opposabilité » dans l'arrêt *Costa*, puis en termes d'« applicabilité » dans l'arrêt *Marimex*. En 1998, il s'agit de refuser de leur reconnaître une « efficacité juridique quelconque ». Voy. à ce sujet CJCE, 15 juillet 1964, *Flaminio Costa c/ E.N.E.L.,* Aff. 6/64, *Rec.* p 1141 ; CJCE, 7 mars 1972, *Marimex*, Aff. 84/71, *Rec.* 1972, p 89 ; ainsi que G. ISAAC, M. BLANQUET, *op. cit.*, p 402.

[1551] CJCE, 4 avril 1974, *Commission c/ France*, Aff. 167/73, *Rec.* 1974, p 359 ; G. ISAAC, M. BLANQUET, *op. cit.*, p 402.

[1552] CJCE, 13 juill. 1972, *Commission c/ Italie*, Aff. 48/71, *Rec.* p 529. Cité dans G. ISAAC, M. BLANQUET, *op. cit.*, p 402. Nous soulignons.

[1553] CJCE, 9 mars 1978, *Administration des finances de l'État contre Société anonyme Simmenthal,* Aff. 106/77, *Rec.* p 629.

645. Ainsi, en cas de conflit entre une norme communautaire et une norme nationale, le juge communautaire impose aux autorités et juridictions nationales la primauté du droit communautaire de façon directe et explicite. Cela implique une inapplicabilité directe de l'acte national en question.

Ajoutons que malgré sa valeur fondamentale,[1554] le principe de primauté n'apparaît toujours pas dans les traités et demeure ainsi une règle jurisprudentielle. Si il avait été introduit dans le projet de constitution européenne,[1555] il n'a été repris dans le Traité de Lisbonne que dans la Déclaration n°17 annexée à ce dernier.[1556] L'ordre juridique canadien applique une solution similaire : il revient au juge de fixer les contours du principe de prépondérance fédérale.

B. La prépondérance fédérale canadienne

646. La règle de la prépondérance fédérale est prévue dans la Constitution canadienne en matière de compétences concurrentes, aux articles 92A(3), 94A et 95.[1557] Selon E. Brouillet, cette règle a été étendue à tous les conflits de lois par la jurisprudence.[1558]

La Cour suprême se place dans une perspective moderne du partage des compétences. Cela implique une multiplication des chevauchements de compétences, puisque celles-ci ne sont pas appréhendées comme des compartiments étanches. [1559] Les chevauchements entre les lois fédérales et provinciales sont donc nombreux et la Cour appréhende ce phénomène à la lumière du fédéralisme coopératif.[1560]

Un véritable chevauchement de compétence se produit dans un cadre précis : celui d'une incompatibilité de lois, dont la définition a reçu un panel de critères jurisprudentiels (*1-*). Le conflit de lois est résolu par le juge, avec l'application de la règle de la prépondérance fédérale, rendant la loi provinciale inopérante (*2-*).

1. Les critères de l'incompatibilité

647. Un conflit de lois est avéré et va actionner la règle de la prépondérance lorsqu'il remplit plusieurs critères. Notons qu'ils sont développés en des termes plus explicites au Canada que par la Cour de justice européenne.

648. En premier lieu, au regard de la validité juridique de chaque loi : il doit s'agir de deux lois valablement adoptées par leur parlement

---

[1554] CJCE, 10 oct. 1973, *Variola*, Aff. 34/73, *Rec.* 1973, p 981.

[1555] *Projet de Constitution pour l'Europe*, 29 oct. 2004, Rome, art. I-6.

[1556] Traité de Lisbonne, 13 déc. 2007, JOUE *C 83 du 30 mars 2010.* Il apparaissait également de façon implicite dans le Protocole n°30 sur l'application des principes de subsidiarité et de proportionnalité, JOUE C 340 du 10 Novembre 1997.

[1557] *Loi constitutionnelle de 1867*, L.R.C. (1985), app. II, n°5.

[1558] E. BROUILLET, « Canadian federalism and the principle of subsidiarity: should we open Pandora's box? », *Supreme Court Law Review*, vol. 54, 2011, p 618, note 61.

[1559] H. BRUN, G. TREMBLAY, E. BROUILLET, *Droit constitutionnel*, Cowansville, Yvon Blais, 2008, p 455.

[1560] *Multiple Access Ltd.* c. *McCutcheon*, [1982] 2 R.C.S. 161 ; *Renvoi relatif à la Loi sur les armes à feu,* [2000] 1 R.C.S. 783, 802 ; *Banque canadienne de l'Ouest* c. *Alberta,* [2007] 2 R.C.S. 3, paragraphes 28 à 31.

respectif (fédéral et provincial), compétent en vertu de pouvoirs exclusifs ou accessoires.[1561] De plus, chacune de ces lois doit être entrée en vigueur.[1562]

649. En second lieu, au regard de leur conflit : ces deux lois doivent être incompatibles, selon un degré déterminé par une jurisprudence constante. En 1967, le juge affirmait que « (l)a *Loi sur les jeunes délinquants* (fédérale) et le *Motor Vehicle Act* (provincial) ne peuvent pas fonctionner côte à côte, parce que leurs dispositions viennent en conflit au niveau de leur application [...] »[1563].

650. La Cour suprême a par la suite précisé les critères de l'incompatibilité. Deux critères cumulatifs[1564] **permettent d'en déterminer le degré.**

651. Le premier critère à remplir est celui d'un conflit irréductible : leur application concomitante ou complémentaire doit être impossible.[1565] En 1982, dans l'arrêt *Multiple Access Ltd* la Cour suprême affirme en effet que : « (e)n principe, il ne semble y avoir aucune raison valable de parler de prépondérance et d'exclusion sauf lorsqu'il y a un conflit véritable, comme lorsqu'une loi dit « oui » et que l'autre dit « non » ; « on demande aux mêmes citoyens d'accomplir des actes incompatibles » ; l'observance de l'une entraîne l'inobservance de l'autre »[1566].

652. Le second critère est celui de l'objectif fédéral : depuis l'affaire *Banque de Montréal* c. *Hall* un conflit est constaté si la mesure provinciale écarte ou déjoue « l'intention » ou « l'objectif » du législateur fédéral.[1567] Ce critère joue même si il y a une possibilité de se conformer aux deux lois.[1568]

653. Notons que depuis l'affaire *Banque canadienne de l'Ouest*,[1569] le « test du champ occupé » a été écarté. Comme l'affirment H. Brun, G. Tremblay et E. Brouillet, « le fait que le fédéral a légiféré sur une matière n'entraîne pas la présomption qu'il a voulu par là occuper tout le champ, en l'absence de termes clairs à cet effet »[1570]. Ainsi, l'intervention du législateur fédéral ne provoque plus une occupation entière de la matière en question, excluant toute intervention provinciale. La Cour résume la règle de l'incompatibilité dans l'affaire *Lacombe* en ces termes :[1571]

> La doctrine de la prépondérance ne peut intervenir que lorsque l'incompatibilité entre une norme fédérale et une norme provinciale est telle qu'il y a un conflit réel. Le principe constitutionnel non écrit qu'est le fédéralisme ainsi que ses principes

---

[1561] Le juge a déclaré qu'une loi inconstitutionnelle ne peut pas rendre une autre loi inopérante en vertu du principe de prépondérance. Voy. *R.* c. *Edwards Books and Art Ltd.*, [1986] 2 R.C.S. 713, 734 ; et H. BRUN, G. TREMBLAY, E. BROUILLET, *op. cit.*, p 456.
[1562] *Schneider* c. *La Reine*, [1982] 2 R.C.S. 112, 139-140. Voy. H. BRUN, G. TREMBLAY, E. BROUILLET, *op. cit.*, p 456.
[1563] *A.-G. British Columbia* c. *Smith*, [1967] R.C.S. 702, 704. Nous soulignons.
[1564] *Rothmans, Benson & Hedges Inc.* c. *Saskatchewan*, [2005] 1 R.C.S. 188 ; *Banque canadienne de l'Ouest* c. *Alberta*, [2007] 2 R.C.S. 3 ; *Colombie-Britannique (Procureur général)* c. *Lafarge Canada Inc.*, [2007] 2 R.C.S. 86, paragraphes 80-85. Voy. P.J. MONAHAN, *Constitutional Law*, Toronto, Irwin Law, 2006, p 125.
[1565] *Multiple Access Ltd.* c. *McCutcheon*, [1982] 2 R.C.S. 161, 191. Voy. à ce sujet H. BRUN, G. TREMBLAY, E. BROUILLET, *op. cit.*, p 457 ; ainsi que P.J. MONAHAN, *op. cit.*, p 124.
[1566] *Multiple Access Ltd.* c. *McCutcheon*, *op. cit.*, 191. Nous soulignons.
[1567] *Banque de Montréal* c. *Hall*, [1990], 1 R.C.S. 121.
[1568] *Law Society of British Columbia* c. *Mangat*, [2001] 3 R.C.S. 113.
[1569] *Banque canadienne de l'Ouest* c. *Alberta*, [2007] 2 R.C.S. 3.
[1570] H. BRUN, G. TREMBLAY, E. BROUILLET, *op. cit.*, p 458.
[1571] *Québec (Procureur général)* c. *Lacombe*, [2010] CSC 38.

sous-jacents que sont le fédéralisme coopératif et la subsidiarité militent en faveur d'une conception rigoureuse de la notion de conflit : soit il est impossible d'obéir à la norme d'un ordre de gouvernement sans enfreindre celle de l'autre ordre (« conflit d'application »), soit l'obéissance à la norme contrecarre l'objectif du législateur fédéral (« conflit d'objectifs législatifs »).[1572]

Dans le cas où ces critères sont réunis, le juge appliquera la règle de la prépondérance fédérale à l'égard de la loi provinciale déclarée incompatible. Cela entraîne une inopérabilité de cette dernière.

2. La règle de la prépondérance fédérale : portée et conséquences

654. La jurisprudence applique ce principe de façon constante : en cas de conflit avéré entre deux législations valides, la norme fédérale prévaut sur la norme provinciale.[1573]

La Cour a précisé que c'est le cas, même dans les situations où : « [...] la législature provinciale agit dans le cadre de ses compétences principales, et le Parlement fédéral en vertu de ses pouvoirs accessoires »[1574]. C'est ainsi le cas quand « les provinces régissent une matière à partir d'un de leurs propres titres de compétence, alors que le fédéral la régit à partir d'un de ses pouvoirs accessoires [...] »[1575]. Ce qui peut se produire régulièrement en matière de protection des eaux, dans la mesure où chaque parcelle de ce domaine est rattachée au cas par cas à la compétence de chaque ordre juridique.

655. À première vue, la portée de la prépondérance fédérale apparaît donc étendue. Néanmoins, plusieurs remarques peuvent être formulées à ce sujet.

656. En premier lieu, la loi provinciale en conflit n'est pas entachée de nullité comme le serait une loi invalide constitutionnellement. Elle est « inopérante », ce qui est de jurisprudence constante et rappelé en 1967 par la Cour suprême en ces termes :

> La *Loi sur les jeunes délinquants* (fédérale) et le *Motor Vehicle Act* (provincial) ne peuvent pas fonctionner côte à côte, [...] ce dernier statut est inopérant en vertu de la règle qu'une législation du Parlement (fédéral) qui se rapporte strictement à des sujets de législation expressément énumérés à l'art. 91 de l'*Acte de l'Amérique du Nord* a primauté, même si ce statut empiète sur les matières attribuées à la législature provinciale par l'art. 92.[1576]

La loi provinciale n'a donc pas d'effet juridique dans ce cas, ce qui vaut seulement *pro tanto* c'est-à-dire « seulement dans la mesure du conflit qu'elle soulève avec la loi fédérale »[1577].

[1572] *Ibid.*, 48. Notons que la subsidiarité dont il est question dans cette décision n'est pas le corolaire du principe de subsidiarité européen. Voy. à ce sujet *supra* §379, note 866.

[1573] *Affaire des cessions volontaires*, [1894] A.C. 189, 200-201 ; *A.-G. Canada* c. *British Columbia*, [1930] A.C. 111, 118 ; *A.-G. British Columbia* c. *Smith*, [1967] R.C.S. 702, 704 ; *P.G. Canada et Dupond* c. *Ville de Montréal*, [1978] 2 R.C.S. 770, 794. Voy. à ce sujet H. BRUN, G. TREMBLAY, E. BROUILLET, *op. cit.*, pp 456 & s. ; ainsi que P.J. MONAHAN, *Constitutional Law*, Toronto, Irwin Law, 2006, pp 123-126.

[1574] *Banque canadienne de l'Ouest* c. *Alberta,* [2007] 2 R.C.S. 3, 7.

[1575] H. BRUN, G. TREMBLAY, E. BROUILLET, *Droit constitutionnel*, Cowansville, Yvon Blais, 2008, p 456.

[1576] *A.-G. British Columbia* c. *Smith*, [1967] R.C.S. 702, 704. Nous soulignons.

[1577] H. BRUN, G. TREMBLAY, E. BROUILLET, *op. cit.*, p 457.

657. En deuxième lieu, la loi provinciale reste inopérante tant que le conflit demeure : l'abrogation de la loi fédérale en conflit rend automatiquement la loi provinciale opérante.[1578]

658. Notons en troisième lieu et plus généralement que la doctrine canadienne anglophone semble adopter les mêmes postulats et les mêmes critères d'analyse en la matière.[1579]

659. Propos conclusifs. - Tant le juge européen que le juge canadien ont déterminé les règles régissant respectivement la primauté du droit de l'Union et la prépondérance fédérale en cas de conflits de lois. Dans une perspective comparative, on remarque que des critères plus précis ont été développés par la Cour suprême canadienne en la matière. Une raison peut être trouvée dans l'ancienneté de l'ordre juridique canadien face à l'ordre européen. Il s'agit d'un premier pilier assurant l'unité des deux ordres juridiques. Le second pilier apparaît en matière de finances publiques.

Paragraphe II. Les règles inhérentes aux dépenses fédérales et européennes

660. La capacité d'engager des dépenses permet de mettre en œuvre une politique, concrétisée par des règles de droit. Tant au Canada que dans l'Union, cette capacité injecte de la flexibilité pour un fonctionnement plus fluide de chaque ordre juridique, en parallèle au partage constitutif des compétences. Pour M. Maher, le pouvoir de dépenser en tant que tel est un outil flexible du fédéralisme fiscal.[1580] De plus, le lien entre l'autonomie législative et l'autonomie fiscale apparaît essentiel. Pour comprendre l'évolution du partage des compétences, il est nécessaire d'avoir en tête les éléments ayant une incidence sur la répartition concrète des compétences.

661. Précisons avant toute chose ce que revêt dans cette étude le pouvoir de dépenser. Il est défini plus abondamment dans la doctrine canadienne que dans la doctrine européenne.[1581] Nous choisissons une appréhension large du phénomène, pour permettre une comparaison plus aisée avec les finances de l'Union européenne. Le pouvoir de dépenser est ainsi appréhendé dans notre étude comme la capacité de chaque ordre de gouvernement à dépenser des fonds.

Le fait de s'interroger sur la question du pouvoir de dépenser dans le contexte du partage des compétences est essentiel, car cela fournit des indications sur la répartition concrète des compétences. Il l'est d'autant plus

---

[1578] Voy. *Affaire de la prohibition locale*, [1896] A.C. 348, 367.

[1579] Voy. notamment P.J. MONAHAN, *Constitutional Law*, Toronto, Irwin Law, 2006, pp 123-126.

[1580] M. MAHER, « Le défi du fédéralisme fiscal dans l'exercice du pouvoir de dépenser », *La Revue du Barreau Canadien/The Canadian Bar Review*, vol. 75, 3, 1996, p 417. Pour un développement complet sur le fédéralisme fiscal, voy. notamment M. MIGNOLET, *Le fédéralisme fiscal : leçons de théorie économique et expérience de quatre États fédéraux*, Bruxelles, De Boeck, 2005, 410 pages.

[1581] En droit canadien, le « pouvoir de dépenser a une signification qui est propre aux institutions canadiennes, savoir le pouvoir qu'a le Parlement de verser certaines sommes aux individus, à des fins au sujet desquelles le Parlement canadien n'a pas nécessairement le pouvoir de légiférer », in P.E. TRUDEAU, *Les subventions fédérales-provinciales et le pouvoir de dépenser du Parlement canadien*, Document de travail sur la constitution, Ottawa, Approvisionnement et services, 1969, p 4. Cité dans M. MAHER, *op. cit.*, p 411.

quand la fonction première de cet ordre juridique est d'être un « ensemble économique intégré »[1582] et que les compétences de chacun sont définies dans les textes constitutifs.

Malgré cette importance, le pouvoir de dépenser est difficile à identifier dans les textes constitutifs canadien et européens, tant du point de vue de son existence que de sa mise en perspective avec les règles de partage des compétences. Cela ne le prive pourtant pas d'une utilisation étendue tant de la part des institutions européennes que des organes fédéraux canadiens.

662. Une sensible différence caractérise la comparaison du pouvoir de dépenser au Canada et dans l'Union. S'il est reconnu en droit canadien, il semble davantage en phase de pénétration dans l'ordre juridique européen. Deux points communs ressortent néanmoins : l'existence de ce pouvoir est implicite tant en droit constitutionnel canadien qu'en droit constitutif européen (*A-*) ; et son utilisation doit respecter dans les deux cas un principe de connexité avec les règles de partage des compétences (*B-*).

A. Une valeur juridique implicite

663. L'implicite réside ici aux niveaux constitutionnel canadien et constitutif européen. Il est important de faire ressortir que la capacité d'engager des dépenses n'est reconnue explicitement et précisément ni dans la Constitution canadienne, ni dans les traités européens. Des indices se retrouvent néanmoins au Canada dans la jurisprudence (*1-*) ; et dans les traités européens (*2-*)[1583].

1. En droit canadien

664. En l'an 2000, dans l'arrêt *Lovelace*, la Cour suprême établit que le pouvoir de dépenser des deux ordres juridiques dans leur champ respectif ne pose pas de problème constitutionnellement. [1584] Des doutes subsistent néanmoins quant au socle constitutionnel du pouvoir fédéral de dépenser dans des domaines ne relevant pas de sa compétence. Précisons que nous nous intéressons en priorité aux possibilités fédérales de dépenser dans les champs de compétence provinciale, car les provinces ne disposent pas de moyens financiers suffisants pour dépenser de façon importante dans des domaines de compétence fédérale.[1585]

[1582] M. MAHER, *op. cit.*, p 421.

[1583] Précisons que nous envisageons dans ce paragraphe le cas canadien en premier, car la doctrine et la jurisprudence sont plus avancées à ce sujet que dans l'Union, pour laquelle le principe n'est pas pleinement reconnu.

[1584] *Lovelace* c. *Ontario,* [2000] 1 R.C.S. 950. Voy. à ce sujet H. BRUN, G. TREMBLAY, E. BROUILLET, *Droit constitutionnel*, Cowansville, Yvon Blais, 2008, p 427.

[1585] Voy. à ce sujet M. MAHER, « Le défi du fédéralisme fiscal dans l'exercice du pouvoir de dépenser », *La Revue du Barreau Canadien/The Canadian Bar Review*, vol. 75, 3, 1996, p 421. Cette précision apparaît pertinente pour le dernier chapitre de ce travail, puisque l'étude de l'exercice fédéral du pouvoir de dépenser dans la protection de la qualité des eaux douces révèle une pratique intensive de l'ordre fédéral en la matière. Voy. *infra* §1424 & s.

665. Le partage des compétences législatives opéré par la Constitution canadienne apparaît, dans sa version d'origine, d'une rigidité certaine.[1586] **C'est dans ce cadre qu'intervient le pouvoir de dépenser : il permet de contourner cette rigidité en habilitant l'ordre de gouvernement fédéral à mettre sur pied différents programmes.**

Selon H. Brun, G. Tremblay et E. Brouillet le « pouvoir fédéral de dépenser n'a pas d'assises constitutionnelles valables et n'a jamais été reconnu dans une *ratio* claire de la Cour suprême »[1587]. Son fondement juridique devrait pourtant, selon M. Maher, être « enchâssé » dans la Constitution, de façon à en faciliter le contrôle.[1588] Une « incertitude » entoure donc la source du pouvoir de dépenser au Canada, ce qui conduit à le considérer comme « implicite »[1589]. D'autant plus que le juge, habituellement découvreur de principes constitutionnels cachés dans la Constitution, n'a pour l'instant pas donné une telle assise au pouvoir de dépenser. Il s'agit donc de rechercher les fondements juridiques qui permettent à ce pouvoir d'être utilisé.

666. Les tribunaux se montrent réservés en la matière.[1590] Dans la plupart des cas, selon M. Maher, la matière est « peu judiciarisé(e) en raison de la très grande complexité des enjeux politiques et financiers en cause »[1591].

667. Le Comité judiciaire s'est emparé de la question en 1937 dans *A.-G. for Canada* c. *A.-G. for Ontario*,[1592] en réservant toutefois son opinion. Les décisions qui ont suivies ne se placent pas clairement en faveur d'une valeur juridique quelconque,[1593] ou quand elles le font, ne bénéficient pas de la portée juridique adéquate.[1594] La Cour suprême porte plus son attention « sur la détermination de ses limites que sur son fondement constitutionnel »[1595].

668. En effet, en 1989, le jugement unanime de l'arrêt *Brown* reconnaît la possibilité pour l'ordre de gouvernement fédéral de dépenser, même dans des domaines de compétence provinciale, sans rechercher le fondement juridique de cette règle.[1596] La Cour adopte le même type de contournement en 1991

[1586] R. TASSÉ, « Remarques introductives », in G.-A. BEAUDOIN *et al.*, *Le fédéralisme de demain : réformes essentielles/Federalism for the Future : Essential Reforms*, Montréal, Wilson & Lafleur, 1998, p 7.

[1587] H. BRUN, G. TREMBLAY, E. BROUILLET, *op. cit.*, p 430.

[1588] M. MAHER, *op. cit.*, p 403.

[1589] Des tentatives de constitutionnalisation ont eu lieu, à l'instar des Accords du Lac Meech en 1987 et de Charlottetown en 1992, mais aucune valeur juridique n'est rattachée à de tels accords. Voy. M. MAHER, *op. cit.*, p 412 & 416. Voy. également Commission sur le Déséquilibre Fiscal, *Le « pouvoir fédéral de dépenser »*, Bibliothèque Nationale du Québec, 2002, pp 9 à 15.

[1590] Commission sur le Déséquilibre Fiscal, *Le « pouvoir fédéral de dépenser »*, Bibliothèque Nationale du Québec, 2002, pp 13 & s.

[1591] M. MAHER, « Le défi du fédéralisme fiscal dans l'exercice du pouvoir de dépenser », *La Revue du Barreau Canadien/The Canadian Bar Review*, vol.75, 3, 1996, p 422.

[1592] *Attorney-General for Canada* c. *Attorney-General for Ontario*, [1937] A.C. 355, 366.

[1593] Voy. Commission sur le Déséquilibre Fiscal, *Le « pouvoir fédéral de dépenser »*, Bibliothèque Nationale du Québec, 2002, p 13.

[1594] *Ibid.* ; M. MAHER, *op. cit.*, p 422.

[1595] *Ibid.*, p 422.

[1596] *Y.M.H.A. Jewish Community Centre of Winnipeg Inc.* c. *Brown*, [1989] 1 R.C.S. 1532. Voy. à ce sujet H. BRUN, G. TREMBLAY, E. BROUILLET, *Droit constitutionnel*, Cowansville, Yvon Blais, 2008, p 428 ; Commission sur le Déséquilibre Fiscal, *op. cit.*, p 15 ; M. MAHER, *op. cit.*, p 422.

dans le *Renvoi relatif au régime d'assistance publique du Canada.*[1597] Ni l'assise de cette valeur constitutionnelle, ni l'étendue de cette constitutionnalité dans les cas où le pouvoir fédéral engagerait des dépenses dans des domaines de compétence provinciale ne sont précisées. À l'instar de la Commission sur le déséquilibre fiscal, on peut affirmer que le droit n'est pas encore complètement fixé au sujet de la constitutionnalité du pouvoir de dépenser.[1598]

669. La doctrine, tant anglophone que francophone, est divisée en la matière.[1599] Pour certains auteurs, le fondement se trouve dans le pouvoir royal et historique de faire des dons.[1600] Pour d'autres sources à l'instar du Barreau canadien, cela peut se trouver dans l'interprétation de certains articles de la Constitution.[1601]

Le texte constitutionnel abrite en effet des articles qui permettent l'exercice du pouvoir de dépenser. Les articles 91 (3) et 92 (2) de la Constitution offrent une première série d'indices en la matière.[1602] Il s'agit de l'étendue des pouvoirs fiscaux de chaque ordre de gouvernement. Si les provinces, en vertu de l'article 92 (2) bénéficient d'un pouvoir de taxation directe dans leurs domaines de compétence, le Parlement fédéral peut procéder à des prélèvements par tout mode ou système de taxation. Les articles 102 et 106 de la Constitution complètent cette tendance : ils établissent le pouvoir d'affectation des crédits. Dans ce cadre l'ordre de gouvernement fédéral n'est restreint par aucune limite significative.[1603] Or, comme le souligne M. Maher, le pouvoir de dépenser dépend de l'étendue du pouvoir d'affectation des crédits.[1604] Ainsi, si l'on se place du point de vue de l'interprétation de la Constitution, le pouvoir fédéral de dépenser est implicitement étendu.

670. On remarque donc que l'identification du pouvoir de dépenser est assez obscure en droit canadien. Cela permettrait pourtant d'en améliorer le contrôle judiciaire. Or, comme le relève E. Brouillet, la Cour suprême dans le *Renvoi relatif au régime d'assistance publique du Canada*[1605] a rejeté l'utilisation du fédéralisme comme argument pour contrôler le pouvoir de dépenser fédéral. E. Brouillet qualifie la position de la Cour de « politique du laisser-faire »[1606]. La question du fondement constitutionnel de ce principe et de son contrôle reste ainsi ouverte.[1607]

[1597] *Renvoi relatif au régime d'assistance publique du Canada,* [1991] 2 R.C.S. 525. Pour plus de précisions voy. Commission sur le Déséquilibre Fiscal, *op. cit.*, p 15 ; ainsi que M. MAHER, *op. cit.*, p 422.

[1598] Commission sur le Déséquilibre Fiscal, *op. cit.*, p 17.

[1599] *Ibid.*, p 10.

[1600] C'est notamment le cas de F.R. Scott. Voy. à ce sujet F.R. SCOTT, « The Constitutional Background of Taxation Agreements », *Revue de Droit de Mc Gill/Mc Gill Law Journal*, vol. 2, 1, 1955 ; cité dans M. MAHER, *op. cit.*, p 423.

[1601] Voy. notamment Barreau Canadien, *Vers un Canada Nouveau*, Ottawa, Barreau Canadien, 1967 ; ainsi que E.A. DRIEDGER, « The Spending Power », *Queen's Law Journal*, 4, 1981-1982, p 143. Cités dans M. MAHER, *op. cit.*, p 423.

[1602] M. MAHER, *op. cit.*, p 408.

[1603] *Ibid.*, p 411.

[1604] Pour un développement complet à ce sujet, voy. *Ibid.*, pp 411 & s., p 421.

[1605] *Renvoi relatif au régime d'assistance publique du Canada*, [1991] 2 R.C.S. 525.

[1606] E. BROUILLET, « La dilution du principe fédératif et la jurisprudence de la Cour suprême du Canada », *Les Cahiers de Droit*, vol.45, n°1, mars 2004, pp 7-67.

[1607] M. MAHER, « Le défi du fédéralisme fiscal dans l'exercice du pouvoir de dépenser », *La Revue du Barreau Canadien/The Canadian Bar Review*, vol.75, 3, 1996, p 416.

671. La situation dans l'Union européenne s'apparente à la tendance canadienne. Une importante différence réside néanmoins dans le fait que le pouvoir de dépenser européen apparaît bien plus implicite.

2. Dans le droit de l'Union

672. L'identification d'un pouvoir de dépenser européen est un travail en construction. En effet, il n'apparaît pas en tant que tel dans les traités, et n'est que très peu envisagé dans la doctrine.[1608]

673. Comme le souligne A. Smith, le droit européen fait davantage l'objet d'analyses purement budgétaires. La doctrine laisse de côté le fait que le pouvoir de dépenser implique une « formulation et une mise en pratique des normes de l'action publique »[1609]. F.R. Baumgartner *et al.* le confirment : la littérature européenne s'est très peu intéressée aux conséquences de l'architecture institutionnelle de l'Union sur son processus budgétaire, et inversement.[1610]

674. Certains auteurs québécois se sont intéressés à la question. Selon M. Maher, plusieurs éléments limitent l'existence d'un véritable pouvoir de dépenser européen.[1611] En 1995, l'auteur établit trois restrictions : le mécanisme des recettes-destinations, le principe d'équilibre budgétaire et la règle de l'unanimité si les intérêts vitaux des États membres sont en jeu.[1612] Néanmoins, il concède une possibilité d'existence implicite de ce pouvoir de dépenser européen.[1613]

675. La Commission québécoise sur le déséquilibre fiscal fait ressortir plus récemment que l'absence d'une administration européenne fiscale, ainsi que l'absence de valeur constitutionnelle accordée à ce pouvoir rendent difficile l'appréhension d'un pouvoir de dépenser en tant que tel. Néanmoins, la Commission soulève que si ce pouvoir de dépenser n'est pas pleinement réalisé, il existe des éléments de pénétration de ce pouvoir en droit européen.[1614]

676. Au-delà de l'aspect doctrinal, il apparaît que le budget européen ne représente qu'une part infime du produit intérieur brut européen : 1% en 2005.[1615]Néanmoins, des indices, certes minces, de son existence dans les traités constitutifs peuvent être relevés.

[1608] Une grande partie de la littérature est consacrée aux États membres de l'Union, et non aux finances publiques de l'Union européenne. Voy. Commission sur le Déséquilibre Fiscal, *Le « pouvoir fédéral de dépenser »*, Bibliothèque Nationale du Québec, 2002, p 40. Pour des exemples significatifs de la tendance dans la doctrine européenne, voy. M. MIGNOLET, *Le fédéralisme fiscal : leçons de théorie économique et expérience de quatre États fédéraux*, Bruxelles, De Boeck, 2005, 410 pages ; ainsi que E. ALBER, A. VALDESCALICI, « Reforming Fiscal Federalism in Europe : Where Does the Pendulum Swing ? », *L'Europe en Formation*, vol. 1, 363, 2012, pp 325-365.

[1609] A. SMITH, « La Commission européenne et les fonds structurels : vers un nouveau modèle d'action ? », *Revue Française de Science Politique*, vol. 46, 3, 1996, p 478.

[1610] F.R. BAUMGARTNER *et al.*, « Public Budgeting in the EU Commission – A Test of the Punctuated Equilibrium Thesis », *Politique Européenne*, vol. 3, 38, 2012, p 124.

[1611] M. MAHER, *op. cit.*, p 416.

[1612] *Ibid.*, p 416.

[1613] *Ibid.*, p 415.

[1614] Commission sur le Déséquilibre Fiscal, *op. cit.*, pp 38-40.

[1615] Précisons que les recettes de l'Union sont majoritairement assurées par les contributions des États membres, les prélèvements provenant de l'union douanière, les prélèvements agricoles et

677. En premier lieu, selon l'article 287 TFUE, une Cour des comptes européenne contrôle les recettes et les dépenses opérées par les institutions européennes.[1616] En second lieu, l'article 311 TFUE traite des ressources de l'Union. Il dispose que : « L'Union se dote des moyens nécessaires pour atteindre ses objectifs et pour mener à bien ses politiques »[1617].

Les traités ne vont pas plus loin. C'est dans les modalités d'exercice des dépenses européennes qu'il est plus évident d'identifier ce pouvoir de dépenser, surtout en ce qui concerne les règles de partage des compétences. Les ordres canadien et européen sont en effet limités dans leur exercice du pouvoir de dépenser : le principe d'attribution des compétences en est le principal cadre.

B. Les particularités du pouvoir de dépenser quant au partage des compétences

678. Les droits canadien et européen suivent en la matière une logique similaire. L'exercice du pouvoir de dépenser doit respecter les règles inscrites dans les textes constitutifs. Ainsi, on peut penser qu'engager des dépenses doit se faire selon les règles de partage des compétences. Quand on se penche plus précisément sur les règles que doivent suivre les institutions fédérales et communautaires, cette logique apparaît. Tant au Canada (*1-*) qu'en Europe (*2-*), elle est influencée par les évolutions présidant au partage des compétences dans chaque ordre juridique.

1. En droit canadien

679. La pratique semble suivre l'évolution du prisme par lequel le fédéralisme canadien est appréhendé. Le principe du respect du partage des compétences (*a-*), semble suivre l'interprétation du fédéralisme, aujourd'hui tournée vers le fédéralisme coopératif (*b-*).

a. Le principe en matière de partage des compétences

680. Selon le principe de connexité budgétaire, les pouvoirs exécutifs, dont font partie les pouvoirs inhérents à l'exercice du pouvoir de dépenser, suivent le partage des compétences.[1618]

La Cour suprême a soulevé dans la décision *Brown* que « le seul fait de dépenser des fonds fédéraux ne peut faire relever de la compétence fédérale un sujet qui ne relève par ailleurs de la compétence provinciale »[1619]. Ainsi, selon H. Brun, G. Tremblay et E. Brouillet, un ordre de gouvernement peut dépenser

---

la taxe sur la valeur ajoutée (T.V.A.). Voy. F.R. BAUMGARTNER *et al.*, « Public Budgeting in the EU Commission – A Test of the Punctuated Equilibrium Thesis », *Politique Européenne*, vol. 3, 38, 2012, p 138 ; et G. ISAAC, M. BLANQUET, *Droit général de l'Union européenne*, Paris, Sirey, 10ème Édition, 2012, pp 238-239.

[1616] Traité sur le Fonctionnement de l'Union européenne, TFUE, JO n° C 83 du 30 mars 2010, art. 287.

[1617] *Ibid.*, art. 311.

[1618] M. MAHER, « Le défi du fédéralisme fiscal dans l'exercice du pouvoir de dépenser », *La Revue du Barreau Canadien/The Canadian Bar Review*, Vol.75, 3, 1996, p 407.

[1619] *Y.M.H.A. Jewish Community Centre of Winnipeg Inc.* c. *Brown*, [1989] 1 R.C.S. 1532, 1549.

de l'argent dans une matière qui ne relève pas de sa compétence, tant qu'il ne légifère pas à ce sujet.[1620]

De plus, il ressort de l'arrêt *Lovelace*[1621] que si le pouvoir de dépenser des ordres de gouvernement dans leur champ respectif ne pose pas de problème constitutionnellement, c'est que le champ du pouvoir de dépenser de chacun dépend de l'étendue de ses compétences. L'exercice du pouvoir de dépenser suit donc le partage des compétences. Mais il suit également les évolutions de l'interprétation du fédéralisme.

681. L'appréhension du fédéralisme canadien par les tribunaux a connu une évolution majeure. Rappelons qu'historiquement, les compétences provinciales et fédérales étaient considérées comme des compartiments étanches, ne pouvant faire l'objet d'une législation de la part de l'autre ordre de gouvernement. Il s'agit d'une approche classique du fédéralisme.[1622] L'évolution réside dans l'assouplissement du fédéralisme canadien, les cours considérant dès lors que chaque ordre de gouvernement peut empiéter sur les compétences de l'autre.[1623] Ce fédéralisme coopératif implique une interpénétration des tâches, et de ce fait des financements. Il permet ainsi d'engager des dépenses fédérales dans des domaines de compétence provinciale.[1624]

682. C'est dans ce cadre que le pouvoir de dépenser a connu un essor majeur au Canada. Suite à la Seconde Guerre mondiale, la volonté des autorités fédérales a été d'éviter une crise économique semblable à celle connue après la Première Guerre mondiale. Ainsi, le pouvoir de dépenser devient un outil de mise en œuvre du fédéralisme coopératif : il s'agit d'assouplir des règles constitutionnelles devenues trop rigides.[1625] Le pouvoir de dépenser implique une flexibilité des moyens financiers,[1626] et se révèle être un outil de dynamisation de l'économie canadienne.

Le raisonnement tenu dans un *obiter dictum* de l'arrêt *Auton* est significatif à ce sujet.[1627] Les juges y affirment en effet que si le domaine de la santé relève généralement de la compétence des provinces, le pouvoir fédéral de dépenser habilite l'ordre fédéral à assortir de conditions le versement de subventions. La raison est la suivante : le pouvoir fédéral de dépenser serait le

---

[1620] H. BRUN, G. TREMBLAY, E. BROUILLET, *Droit constitutionnel*, Cowansville, Yvon Blais, 2008, p 428.

[1621] *Lovelace* c. *Ontario,* [2000] 1 R.C.S. 950. Voy. à ce sujet H. BRUN, G. TREMBLAY, E. BROUILLET, *op. cit.*, p 427.

[1622] K.C. WHEARE, *Federal Government*, 4ème édition, Londres, Oxford University Press, 1963, p 10 ; M. MAHER, *op. cit.*, p 406.

[1623] Voy. E. BROUILLET, « Canadian federalism and the principle of subsidiarity: should we open Pandora's box? », *Supreme Court Law Review*, vol. 54, 2011, pp 618-619 ; et P.W. HOGG, « Canada : From Privy Council to Supreme Court », in J. GOLDSWORTHY (dir.), *Interpreting Constitutions – A Comparative Study*, Oxford University Press, 2007, p 67. Voy. également à ce sujet les règles inhérentes aux pouvoirs accessoires et au droit d'empiéter en *supra* §596 & s.

[1624] M. MAHER, « Le défi du fédéralisme fiscal dans l'exercice du pouvoir de dépenser », *La Revue du Barreau Canadien/The Canadian Bar Review*, vol.75, 3, 1996, pp 411-412.

[1625] M. MAHER, *op. cit.*, p 413.

[1626] *Ibid.*, p 421.

[1627] *Auton (Tutrice à l'instance de)* c. *Colombie-Britannique (Procureur général)*, [2004] 3 R.C.S. 657, 692.

fondement de la *Loi canadienne sur la santé*.[1628] Cela révèle le caractère poreux des compétences quand il s'agit du pouvoir de dépenser.

683. Ainsi, il apparaît que l'exercice du pouvoir de dépenser au Canada doit respecter le partage des compétences tel qu'établi dans la Constitution. Mais il suit également les évolutions de l'interprétation de cette répartition, et correspond à l'appréhension jurisprudentielle des compétences. Cette appréhension ayant évolué vers davantage de chevauchements entre les champs de compétences, le pouvoir de dépenser peut être interprété suivant cette évolution.

b. Les dépenses concrètes

684. Concrètement, chaque ordre de gouvernement dispose de la capacité d'engager des dépenses dans une matière qui ne relève pas de sa compétence, tant qu'il ne légifère pas à ce sujet. Deux types de dépenses peuvent être engagés : les dépenses inconditionnelles et les dépenses conditionnelles.[1629]

685. Au sein des dépenses conditionnelles, on trouve en premier lieu les lois de crédits qui consistent à affecter des crédits dans un secteur que l'ordre fédéral souhaite financer.[1630] Ces lois ont été validées par la Cour suprême en 1989 dans l'arrêt *Brown*.[1631]

En second lieu, il est possible d'adopter des lois autorisant des dépenses dans un domaine spécifique tout en les assortissant de conditions.[1632] Il s'agit des lois de contribution à des programmes provinciaux, assorties de conditions liées à ces programmes. Elles ont été autorisées par les tribunaux, en 1986 et 2004.[1633] Suivant le droit d'empiéter et la règle des pouvoirs accessoires, inhérents au fédéralisme souple, l'exercice du pouvoir de dépenser peut ainsi valablement affecter ou influencer des matières qui relèvent de l'autre ordre de gouvernement.[1634] Des limites ont été posées à ce principe : à partir d'un certain stade d'empiétement, les conditions imposées peuvent changer le caractère véritable d'une législation et la rendre vulnérable.[1635]

686. La péréquation est le second type de dépenses qui peut être engagé par l'ordre fédéral, de façon inconditionnelle cette fois.[1636] Le principe est de redresser les écarts de revenus entre les provinces riches et les provinces pauvres par des transferts fédéraux inconditionnels.[1637] Selon H. Brun, G. Tremblay et E. Brouillet, il s'agit d'un mode d'exercice « défendable du

---

[1628] *Loi canadienne sur la santé*, L.R.C. 1985, ch. C-6 ; *Auton (Tutrice à l'instance de)* c. *Colombie-Britannique (Procureur général)*, *op. cit.*, 692.
[1629] *Ibid.*, p 424.
[1630] Art. 102, 106 et 126 de la Constitution. Voy. à ce sujet H. BRUN, G. TREMBLAY, E. BROUILLET, *Droit constitutionnel*, Cowansville, Yvon Blais, 2008, p 428.
[1631] *Y.M.H.A. Jewish Community Centre of Winnipeg Inc.* c. *Brown*, [1989] 1 R.C.S. 1532, 1549.
[1632] H. BRUN, G. TREMBLAY, E. BROUILLET, *op. cit.*, pp 428-429.
[1633] *Winterhaven Stables Ltd.* c. *A.-G. Canada*, (1986) 71 A.R. 1 (B.R.) ; *Canada Mortgage and Housing Corp.* c. *Iness*, (2004) 236 D.L.R. (4th) 241 (C.A. Ont.) permission d'appel refusée. Voy. H. BRUN, G. TREMBLAY, E. BROUILLET, *op. cit.*, pp 428-429.
[1634] *Ibid.*, p 429.
[1635] *Winterhaven Stables Ltd.* c. *A.-G. Canada*, *op. cit.* ; *Canada Mortgage and Housing Corp.* c. *Iness*, *op. cit.*
[1636] M. MAHER, « Le défi du fédéralisme fiscal dans l'exercice du pouvoir de dépenser », *La Revue du Barreau Canadien/The Canadian Bar Review*, vol. 75, 3, 1996, p 424.
[1637] H. BRUN, G. TREMBLAY, E. BROUILLET, *op. cit.*, p 430.

pouvoir de dépenser fédéral »[1638]. Notons qu'il est expressément reconnu à l'article 36(2) de la Loi constitutionnelle de 1982.[1639] Si les fonds engagés dans ce cadre le sont de façon inconditionnelle, M. Maher soulève néanmoins que ces fonds ont un impact sur les ordres provinciaux : cela accentue les dérogations au principe d'autonomie budgétaire des provinces.[1640]

687. À l'instar de H. Brun, G. Tremblay et E. Brouillet, on peut relever que dans tous les cas, l'exercice du droit de dépenser dans les domaines de l'autre ordre de gouvernement peut représenter pour ce dernier des contraintes tout aussi fortes que les contraintes législatives directes.[1641]

688. Il apparaît donc que le pouvoir de dépenser fédéral bénéficie de l'évolution du partage des compétences dans le cadre du fédéralisme coopératif. S'il existe des limites, l'ordre fédéral peut *a priori* engager des fonds dans tout domaine, même les domaines de compétence exclusive des provinces.

Les règles européennes semblent suivre la même tendance.

2. Dans le droit de l'Union européenne

689. En droit européen, la pratique (*b*-) ne semble pas suivre à la lettre le partage des compétences alors même qu'il est censé s'imposer à celle-ci (*a*-).

a. Le principe quant au partage des compétences

690. Les traités européens ne traitent pas du rapport que peuvent entretenir les règles de partage des compétences et la capacité de l'Union à engager des dépenses. Néanmoins, le pouvoir de dépenser européen est intrinsèquement lié à la répartition des compétences : le budget européen est voté pour permettre l'exercice des compétences de l'Union.[1642]

Selon R. Muzellec et M. Conan, les dépenses sont ainsi encadrées par le principe d'attribution des compétences, selon lequel l'Union agit « dans les limites des compétences qui lui sont transférées et des objectifs qui lui sont assignés »[1643]. Les auteurs ajoutent que ces dépenses doivent également respecter les principes de subsidiarité et de proportionnalité.[1644]

691. Le respect de ces principes n'apparaît pas de façon évidente dans les textes de finances publiques. Il est nécessaire de les extraire de la substance des modalités d'exercice des finances européennes.

692. Le texte majeur en la matière est le Règlement 1605/2002 portant règlement financier applicable au budget général des Communautés européennes.[1645] Ce règlement pose les règles applicables à toute dépense engagée par les institutions européennes.

1638 *Ibid.*

1639 *Loi constitutionnelle de 1982*, L.R.C. (1985), app. II, n°44.

1640 M. MAHER, *op. cit.*, p 424.

1641 H. BRUN, G. TREMBLAY, E. BROUILLET, *op. cit.*, p 430.

1642 R. MUZELLEC, M. CONAN, *Finances Publiques*, Paris, Dalloz, 16ème Édition, 2013, p 493.

1643 *Ibid.* Voy. également A. DESRAMEAUX, *Finances Publiques*, Paris, Presses Universitaires de France, 2013, p 186.

1644 R. MUZELLEC, M. CONAN, *op. cit.*, p 494.

1645 Règlement (CE, Euratom) n°1605/2002 du Conseil, du 25 juin 2002, portant règlement financier applicable au budget général des Communautés européennes, JOCE 2002, L 248/1.

En premier lieu, l'article 3 énonce les grands principes budgétaires qui doivent être respectés pour toute dépense de l'Union.[1646]

C'est en second lieu à l'article 49 qu'apparaît le rattachement entre le partage des compétences et le pouvoir de dépenser. Il dispose que l'exécution des crédits inscrits au budget pour toute action communautaire requiert l'adoption préalable d'un « acte de base », un texte de droit dérivé. Chaque dépense nécessite donc un fondement légal, ce qui place les finances publiques dans le cadre des règles du partage des compétences.[1647]

L'alinéa 2 de cet article 49 offre une confirmation à cette règle implicite : aucun acte législatif n'est nécessaire si les actions financières relèvent de la compétence de l'Union.

Il apparaît donc nécessaire, dans le cadre de compétences non expressément attribuées à l'Union, qu'un texte législatif ait été préalablement adopté, dans le cadre du respect des règles classiques de partage des compétences.

Les articles 76 et 78 de ce Règlement confirment cette règle. D'un côté, l'alinéa 1er de l'article 76 dispose qu'un engagement juridique est nécessaire pour tout acte budgétaire. D'un autre côté, l'article 78 alinéa 1er c) impose à l'ordonnateur qu'il s'assure pour tout engagement de dépenses de sa conformité aux dispositions des traités.[1648]

693. Il ressort donc de ce règlement une règle implicite de respect du partage des compétences lors de l'engagement de toute dépense. Le respect de cette règle est contrôlé par la Commission européenne, veillant au « respect des règles relatives à la réalisation des dépenses »[1649] ; ainsi que par la Cour de justice, et par une institution spécialement prévue à cet effet : la Cour des comptes européenne.[1650] Elle est chargée du contrôle de la réalisation des objectifs de l'Union, dans le cadre de rapports annuels qu'elle adresse au Parlement européen.

b. Les dépenses : les politiques européennes et les politiques structurelles

694. Concrètement, l'Union européenne dispose d'un panel assez étendu d'instruments lui permettant d'engager des dépenses. À la différence de l'ordre fédéral canadien, tous ses outils impliquent une conditionnalité dans le financement, même lorsqu'il s'agit des fonds structurels, équivalents fonctionnels à la péréquation.

Les principaux outils européens sont réunis en deux catégories : les politiques européennes et les politiques structurelles.[1651]

695. Les politiques européennes comprennent la sécurité, la justice, la recherche, l'éducation et le transport, ainsi que la politique agricole.

La politique agricole a représenté pendant longtemps l'essentiel des dépenses de l'Union, principalement par l'intermédiaire de la partie

---

1646 *Ibid.*, art. 3.

1647 *Ibid.*, art. 49.

1648 *Ibid.*, art. 76 & 78.

1649 A. DESRAMEAUX, *Finances Publiques*, Paris, Presses Universitaires de France, 2013, p 185.

1650 Traité sur le Fonctionnement de l'Union européenne, TFUE, JO n° C 83 du 30 mars 2010, art. 287.

1651 A. DESRAMEAUX, *Finances Publiques*, Paris, Presses Universitaires de France, 2013, pp 182 & s. ; voy. également J.-L. ALBERT *et al.*, *Finances Publiques*, Paris, Dalloz, 8ème Édition, 2013, pp 780 & s.

« garantie » du Fonds européen d'orientation et de garantie agricole,[1652] divisé en deux fonds le 1er janvier 2007 : le Fonds européen agricole de garantie[1653] et le Fonds européen agricole pour le développement rural.[1654] Comme le soulignent J.-L. Albert *et al.*, le financement agricole se traduisait historiquement par une aide aux produits, par des mécanismes de garantie de prix, d'aides à l'exportation ou encore de destruction d'excédents.[1655] Puis, dès 2005, les financements se sont orientés vers une aide indépendante de la production, afin de respecter les engagements pris en 2003 dans le cadre de l'Organisation mondiale du Commerce.[1656] La Politique agricole s'oriente ainsi vers davantage de développement rural. Plus précisément, le FEAGA permet de financer « les interventions destinées à la régulation des marchés agricoles, les paiements directs aux agriculteurs [...] (et) les actions d'information et de promotion en faveur des produits agricoles »[1657]. Le FEADER engage des dépenses dans les programmes de développement rural, permettant de mettre en place des mesures en faveur de la compétitivité des entreprises, de la protection de l'environnement et de la qualité de la vie.[1658] Le tout est complété par le Fonds européen pour la pêche, finançant la politique commune de la pêche.

Les politiques européennes « non exclusivement économiques »[1659] rassemblent 15% budget. Elles sont complétées par le financement de l'administration européenne, et la coopération avec les pays en voie de développement et l'aide humanitaire.[1660]

696. Les politiques structurelles ou politiques de cohésion sont la seconde catégorie de dépenses européennes. Il s'agit de développer certaines zones du territoire européen et d'accroître la solidarité entre les États membres.[1661] A. Desrameaux précise que l'objectif est de « réduire les écarts de développement entre les régions de l'Union et de réaliser en son sein une certaine homogénéité sociale et économique afin de créer un véritable espace économique, social et politique européen [...] »[1662]. Nous ne sommes pas loin du mécanisme canadien de la péréquation. Trois instruments principaux viennent répondre ensemble à trois objectifs de cohésion.

697. Ces objectifs sont : en premier lieu l'objectif « convergence » qui « consiste à financer les régions les moins développées pour stimuler la croissance économique et l'emploi »[1663]. 80% des crédits en faveur de la cohésion sont mobilisés à la réalisation cet objectif.[1664] En deuxième lieu, apparaît l'objectif « compétitivité régionale et emploi », qui « vise à promouvoir l'innovation, la création d'entreprises et le développement des

---

[1652] Ci-après « FEOGA ».
[1653] Ci-après « FEAGA ».
[1654] Ci-après « FEADER ». Voy. A. DESRAMEAUX, *op. cit.*, p 183.
[1655] J.-L. ALBERT *et al.*, *op. cit.*, p 781.
[1656] *Ibid.*
[1657] A. DESRAMEAUX, *op. cit.*, p 183.
[1658] *Ibid.*
[1659] A. DESRAMEAUX, *Finances Publiques*, Paris, Presses Universitaires de France, 2013, p 185.
[1660] *Ibid.*
[1661] J.-L. ALBERT *et al.*, *op. cit.*, p 782.
[1662] A. DESRAMEAUX, *op. cit.*, p 183.
[1663] *Ibid.*, p 184.
[1664] *Ibid.*

emplois qualifiés ». Cela mobilise 15% des crédits de cohésion.[1665] Enfin en troisième lieu, l'objectif « coopération territoriale européenne », qui consiste à « renforcer la coopération transfrontalière et interrégionale », correspondant à 5% des crédits.[1666]

698. Ces trois objectifs sont principalement réalisés par trois grands instruments : le Fonds européen de développement régional,[1667] le Fonds social européen[1668] et le Fonds de cohésion.[1669]

Le FEDER permet de financer en priorité la recherche, l'innovation et la protection de l'environnement afin de réduire les écarts entre les régions. Ainsi, les transferts budgétaires sont effectués au profit des États, mais « bénéficient *in fine* aux régions »[1670]. Concrètement, comme le soulève A. Desrameaux, il s'agit de « financer des infrastructures, développer les PME, agir pour l'éducation, la santé, la recherche, dans les régions les plus défavorisées »[1671].

Le FSE permet de « soutenir les politiques de l'emploi et d'accompagner les actions de reconversion »[1672]. Enfin, le Fonds de cohésion articule ses financements avec les deux premiers fonds, pour répondre au seul objectif « convergence ». Il permet ainsi de financer des actions dans le domaine de l'environnement, et celui des infrastructures de transport d'intérêt commun.[1673]

699. Propos conclusifs. - Les dépenses européennes se répartissent ainsi parmi ces différents fonds, tant dans les politiques européennes que dans les politiques structurelles. Si engager une dépense au niveau européen est en théorie limité par le respect du partage des compétences, on remarque que le financement européen semble s'affranchir de la règle de la connexité. Cela apparaît en matière de protection des eaux, où le pouvoir de dépenser semble finalement irriguer plusieurs compétences.[1674] C'est le cas tant en Europe qu'au Canada.

1665 *Ibid.*
1666 *Ibid.*
1667 Ci-après « FEDER ».
1668 Ci-après « FSE ».
1669 A. DESRAMEAUX, *op. cit.*, p 184.
1670 *Ibid.*
1671 *Ibid.*
1672 *Ibid.*
1673 *Ibid.*
1674 Voy. *infra* §1403 & s.

CONCLUSION DU CHAPITRE SECOND

700. Le partage des compétences en matière de protection de la qualité des eaux douces est présidé par la logique des agrégats, au Canada comme dans l'Union européenne. Cela implique une répartition de cette matière entre les compétences centrales (fédérale et communautaire) et les compétences provinciales et nationales. Concrètement, la protection de la qualité de l'eau d'une rivière peut faire l'objet de l'intervention des ordres de gouvernement fédéral et communautaire, ainsi que celle des ordres provinciaux et nationaux. De plus, chaque ordre de gouvernement peut agir de manière plus indirecte : par l'engagement de dépenses dans le domaine de la protection des eaux.

701. Cette répartition des pouvoirs concerne une part importante du domaine de la protection des eaux, ce qui favorise les chevauchements de compétences. La Cour suprême canadienne et la Cour de justice européenne bénéficient ainsi d'un rôle central : celui d'arbitre impartial du partage des compétences. Leur travail est similaire dans l'objectif poursuivi, même si les moyens apparaissent différents. Il s'agit dans un premier temps de déterminer le caractère véritable d'une norme contestée, pour la rattacher dans un second temps à une compétence. L'objectif est d'établir si le pouvoir exercé par l'ordre de gouvernement pour émettre cette loi entre bien dans son champ de compétence. Pour cela, les deux cours utilisent leur principe directeur respectif : le principe fédératif pour la Cour suprême et la principe de subsidiarité pour la Cour de justice européenne.

702. Ces règles ordinaires du partage des compétences sont complétées par les règles autorisant une démarche plus centrée sur l'unité. En premier lieu, la prépondérance fédérale et la primauté du droit européen favorisent l'interdépendance dans la résolution des conflits de lois. En second lieu, des règles ont été apposées aux finances publiques européennes et canadiennes. Le pouvoir de dépenser apparaît central pour comprendre la répartition des pouvoirs telle qu'elle s'opère concrètement, c'est d'autant plus le cas en matière de protection de la qualité des eaux douces où il implique d'importants chevauchements de compétences.

CONCLUSION DU TITRE SECOND

703. L'ambition d'équilibre dynamique se réalise en matière de protection des eaux dans la logique des agrégats, tel qu'elle s'opère au Canada et dans l'Union européenne. Deux instruments assurent cet équilibre dans leur ordre juridique respectif : le principe fédératif canadien et le principe européen de subsidiarité. Ils permettent chacun de traduire concrètement les enjeux propres à leur ordre juridique : nous reconnaissons la nécessité commune de sauvegarder la dialectique entre autonomie et interdépendance.

Cette ambition a été identifiée dans les textes présidant au partage des compétences. Les mécanismes qui régissent la distribution des pouvoirs en matière de protection des eaux assurent l'équilibre de cette répartition : les principes fédératif et de subsidiarité en sont les principes directeurs.

704. Ils revêtent donc une fonction similaire, qui n'est pas sans lien avec leur parenté historique. Les contours de ces deux principes sont en effet confus, ce qui engendre une forme de complexité. Cela permet aussi d'assurer la flexibilité de chaque ordre juridique pour qu'ils soient adaptés aux évolutions de la société. Ces principes répondent chacun à l'ambition d'équilibre dynamique dans la répartition des compétences européenne et canadienne, ce qui leur confère une place centrale dans leur ordre respectif.

705. Ces principes président la logique des agrégats appliquée à la protection de la qualité des eaux douces. La Cour suprême et la Cour de justice en sont les gardiennes : elles sont chargées de les interpréter et de les appliquer à toute situation relevant de ce domaine.

CONCLUSION DE LA PREMIÈRE PARTIE

706. Tant au Canada que dans l'Union européenne, un principe central jalonne les soubassements de l'ordre juridique. Une dialectique historique entre autonomie et interdépendance caractérise ces deux ordres, qui sont en recherche permanente d'un équilibre dynamique pour continuer à exister dans la diversité. La protection des eaux est l'exemple révélateur de ce phénomène : l'objet juridique « eau » pose un défi permanent et protéiforme aux droits canadien et européen. La protection de l'eau dépend, dans sa capture par le droit, du rapport que l'Homme entretient avec son environnement, une relation conditionnée par sa culture. Il apparaît finalement comme le catalyseur des enjeux de chacun de ces deux ordres juridiques.

L'ambition de l'équilibre dynamique dans le partage des compétences en matière d'eaux est présente dans les textes constitutifs de chaque ordre juridique, ainsi que dans leur jurisprudence respective. L'exemple de la protection de la qualité des eaux douces a révélé quelles sont les ressemblances fonctionnelles qui apparaissent au sujet de l'équilibre du partage des compétences au Canada et dans l'Union européenne. Pour cela, la méthode fonctionnelle proposée par K. Zweigert et H. Kötz a été utilisée :[1675] nous avons établi que le principe de subsidiarité et le principe fédératif ont pour fonction de maintenir un équilibre dynamique dans le partage des compétences en matière de protection de la qualité des eaux douces. Ces deux principes permettent donc d'éviter une concentration des pouvoirs législatifs au profit de l'entité centrale : le parlement fédéral canadien et le parlement européen.

707. C'est ici qu'un basculement s'opère : entre les textes et la pratique, une cohérence devrait apparaître. Le devoir-être du droit est néanmoins questionné par l'être.[1676] L'appréhension dynamique de chacun des ordres juridiques analysés révèle une « ligne de fuite »[1677]. Cet écart fait ressortir un problème quant au principe d'équilibre : une centralisation des compétences s'opère en matière de protection de la qualité des eaux douces, au Canada comme en Europe.

[1675] K. ZWEIGERT, H. KÖTZ, *Introduction to comparative law*, Oxford, Clarendon Press, 1992, 752 pages. Voy. *supra* §375 & s.

[1676] K.N. Llewellyn parle de « divorce temporaire du *Is* et du *Ought* ». Cela emprunte un élément à la théorie réaliste américaine. Cité dans X. MAGNON, *Théorie(s) du droit*, Paris, Ellipses, 2008, p 131.

[1677] G. DELEUZE, F. GUATTARI, *Capitalisme et Schizophrénie 2 : Mille Plateaux*, Paris, Les Éditions de Minuit, 1980, pp 271 & 274.

SECONDE PARTIE

L'exécution et les conséquences du partage des compétences de la protection de la qualité des eaux douces

708. Il s'agit d'appliquer les arguments d'une théorie critique de la théorie fonctionnelle : le réalisme juridique.[1678] Le réalisme juridique est un courant de la théorie générale du droit, que M. Troper définit comme « une attitude ou [...] une approche, consistant à vouloir décrire le droit tel qu'il est 'réellement' »[1679]. E. Millard précise qu'il s'agit d'une multitude d'approches très diversifiées. Deux courants principaux constituent le réalisme juridique : le réalisme juridique américain, et le réalisme juridique scandinave.[1680] L'ordre juridique y est considéré comme l'ensemble des décisions prises par la totalité des acteurs agissant de manière juridique, ainsi que l'ensemble des acteurs influençant cet ordre juridique.[1681]

709. Notre démarche scientifique emprunte plusieurs éléments à cette théorie : il s'agit de décrire un processus qui tend à déséquilibrer la distribution des compétences au Canada et dans l'Union européenne, en tenant compte des facteurs explicatifs à ce phénomène. Autrement dit : nous proposons d'analyser l'ensemble des éléments ayant une influence sur ce processus. Les facteurs favorisant une concentration des pouvoirs législatifs au Canada et dans l'Union en matière de protection de la qualité des eaux douces permettent ainsi de répondre à la question de savoir pourquoi le principe d'équilibre est mis à mal. L'émergence d'une nouvelle forme de fonctionnement de l'action publique, mise en place progressivement depuis les années 1980-1990 dans les États occidentaux, a créé une nouvelle organisation de la prise de décision. Au

---

[1678] Cette théorie considère communément que la théorie fonctionnelle fournit une analyse des ordres juridiques qui est trop restreinte, écartant les éléments d'analyse explicitant le processus de construction d'un évènement.

[1679] M. TROPER, « Le réalisme et le juge constitutionnel », *Cahier du Conseil constitutionnel*, 22, Juin 2007, p 1.

[1680] Selon E. Millard, « le seul point commun (à ces approches) est de prétendre s'opposer à toute conception métaphysique dans la définition du droit ou la description de son contenu ». Voy. E. MILLARD, « Réalisme », in D. ALLAND, S. RIALS (dir.), *Dictionnaire de la culture juridique*, Paris, Quadrige, Lamy, PUF, 2003, pp 1297-1299. Voy. également le dossier consacré aux théories réalistes du droit, réunissant les écrits d'E. Millard, H. Kelsen, H.L.A.Hart et M. Troper dans O. JOUANJAN (dir.), « Théories réalistes du droit », *Annales de la Faculté de droit de Strasbourg*, 4, 2000, pp 9-70.

[1681] M. TROPER, *op.cit.*, p 1.

Canada et dans l'Union, cela a nécessairement un impact sur la structure des ordres juridiques.

710. La logique d'efficacité sous-tend cette nouvelle organisation de la prise de décision, (*Titre Premier*) et c'est à ce titre qu'elle répond à la question du « pourquoi ». Une fois ces facteurs exposés, nous proposons de répondre à la question de savoir comment cette centralisation s'opère. Ainsi, nous analysons les mécanismes juridiques qui conduisent à déséquilibrer le partage des compétences au Canada et dans l'Union européenne. Dans le domaine précis de la protection de la qualité des eaux douces, ces mécanismes apparaissent similaires dans les deux ordres juridiques. Il s'agit d'un contournement significatif des principes d'équilibre au Canada et dans l'Union, menant à une extension des compétences fédérales et européennes respectivement dans le domaine de la protection de l'eau (*Titre Second*).

Titre Premier. Les facteurs d'évolution
Titre Second. Les mécanismes menant au déséquilibre des compétences

TITRE PREMIER

Les facteurs d'évolution

711. La remise en question du principe d'équilibre dynamique au Canada et dans l'Union s'explique par plusieurs facteurs. Les principaux sont au nombre de deux et apparaissent interdépendants : l'un ayant participé à la formation de l'autre. Il s'agit en premier lieu de l'apparition d'une nouvelle gestion intégrée (*Chapitre Premier*) ; complétée par une organisation novatrice et émergente de la prise de décision, impliquant un maillage d'acteurs divers (*Chapitre Second*). Ces deux phénomènes concourent ensemble à l'apparition de pratiques qui ont conditionné la mise en œuvre des mécanismes juridiques de centralisation des compétences.

Chapitre Premier. Une nouvelle gestion intégrée de la ressource en eau
Chapitre Second. Une organisation émergente de la prise de décision

CHAPITRE PREMIER

Une nouvelle gestion intégrée de la ressource en eau

> « *La loi ne vise plus à contraindre des volontés, mais à capter la productivité des désirs : l'art de gouverner sera d'autant plus efficace qu'il s'ajustera mieux aux intérêts de ceux qu'il prend pour objet* »[1682].

712. Pour trouver un premier facteur explicatif à la centralisation des compétences au Canada et dans l'Union, il faut remonter à l'émergence d'une nouvelle dynamique : la logique d'efficacité dans le processus de décision (*Section I*). Elle favorise en effet l'émergence d'une nouvelle gestion intégrée assurant concrètement l'efficacité des politiques publiques (*Section II*).

Section I. Une nouvelle logique d'efficacité dans la protection de la qualité des eaux douces
Section II. L'efficacité des politiques publiques par une nouvelle gestion intégrée

SECTION I. UNE NOUVELLE LOGIQUE D'EFFICACITÉ DANS LA PROTECTION DE LA QUALITÉ DES EAUX DOUCES

713. Une logique d'efficacité semble s'être insérée dans les politiques publiques occidentales depuis quelques décennies. Elle provient d'un mouvement de rénovation de l'appareil d'État,[1683] qui s'est diffusée à la formulation des politiques publiques. Cette insertion a été accompagnée d'efforts de modification du fonctionnement des ordres juridiques. Réformer l'action publique est un souci permanent et très ancien, mais depuis les années

---

[1682] Y. CITTON, « L'Ordre économique de la mondialisation libérale : une importation chinoise dans la France des Lumières ? », *Revue Internationale de Philosophie*, vol.1, 239, 2007, p 16.

[1683] Précisons que nous choisissons dans cette étude d'appréhender la réforme de l'Administration dans le sens de la réforme du gouvernement, de l'État ou encore de l'appareil d'État dans son ensemble. Voy. Ph. BEZES, « Administration », in L. BOUSSAGUET, S. JACQUOT, P. RAVINET, *Dictionnaire des politiques publiques*, Paris, Presses de Sciences Po, 2010, p 46.

1980 l'étendue et la portée de ces changements ont été considérables.[1684] Ces réformes sont communément réunies sous l'expression « Nouveau Management Public », [1685] qui implique l'imprégnation d'une logique d'efficacité dans les politiques publiques. Cela comprend le travail législatif.

714. Cette logique novatrice s'est développée au Canada et dans l'Union pour des raisons qui apparaissent similaires (*Paragraphe I*) ; tout en émergeant dans un contexte bien particulier : celui de la conjugaison entre deux enjeux ambivalents, d'un côté l'exploitation économique et de l'autre la protection des ressources en eau (*Paragraphe II*).

Paragraphe I. Des justifications équivalentes au Canada et en Europe

Paragraphe II. Des régimes juridiques conjuguant une ambivalence : entre exploitation économique et protection de la ressource

Paragraphe I. Des justifications équivalentes au Canada et en Europe

715. Alors que l'opinion publique et les pouvoirs publics sont longtemps restés indifférents face aux problèmes de qualité des ressources en eau,[1686] les années 1960 et 1970 ont placé les questions environnementales au centre des préoccupations. La question de l'efficacité de la réponse à ces nouveaux problèmes émerge. Plusieurs facteurs viennent justifier ce changement de cap. Si plusieurs éléments relevant du contexte général ont installé les sociétés

---

[1684] B.G. PETERS, « Nouveau Management Public (New Public Management) », in L. BOUSSAGUET, S. JACQUOT, P. RAVINET, *Dictionnaire des politiques publiques*, Paris, Presses de Sciences Po, 2010, p 398.

[1685] Ou encore intitulé « nouvelle gestion publique », de l'anglais *New public management*. Il apparaît important de préciser la question de la distinction entre le Nouveau Management Public et la gouvernance. E.H. Klijn présente dans un tableau récapitulatif les principales caractéristiques de chacune de ces deux perspectives. Il ressort notamment en premier lieu que le Nouveau Management Public se focalise sur les adaptations à opérer à l'intérieur du secteur public, alors que la gouvernance implique une analyse des changements dans les relations entre les gouvernants et les autres acteurs. En deuxième lieu, il apparaît que leurs objectifs diffèrent : si le Nouveau Management Public recherche l'efficacité et l'efficience de la fourniture de service public, la gouvernance favorise davantage la coordination entre plusieurs organisations et la qualité de la prise de décision. En troisième lieu, du point de vue des instruments, le Nouveau Management Public utilise des techniques issues du secteur privé (mécanismes du marché, indicateurs de performance..), alors que la gouvernance opte pour des instruments issus du *network management*. Également, nous choisissons de ne pas envisager les débats portant sur la possibilité d'une mutation du Nouveau Management Public en gouvernance. Pour davantage de précisions sur cette distinction, voy. E.H. KLIJN, « New Public Management and Governance : a Comparison », in D. LÉVY-FAUR (dir.), *The Oxford Handbook of Governance*, Oxford University Press, 2012, pp 201-214, et plus particulièrement le tableau 14.1, p 209. Au sujet des débats sur une possible mutation, voy. E. FERLIE, L.E. LYNN, Ch. POLLITT, *The Oxford Handbook of Public Management*, Oxford University Press, 2005, p 2. Plus globalement sur le Nouveau Management Public, voy. Ch. HOOD, « A Public Management for All Seasons ? », *Public Management*, vol. 69, 1991, pp 3-19 ; ainsi que Ch. HOOD, « Intellectual Obsolescence and Intellectual Makeovers : Reflections on the Tools of Government after Two Decades », *Governance : An International Journal of Policy, Administration, and Institutions*, vol. 20, 1, 2007, pp 127-144 ; B.G. PETERS, *The future of governing – Studies in government and public policy*, Lawrence (États-Unis), University Press of Kansas, 2001, 260 pages ; T. KIMURA, « L'évolution des prises de décision : du choix politique au choix efficace », in O. JOUANJAN, H. YAMAMOTO (dir.), « Action publique et globalisation », *Annales de la Faculté de droit de Strasbourg*, 8, 2006, pp 47-66 ; et B.G. PETERS, *op.cit.*, pp 398-403.

[1686] A. SAOUT, *Théorie et pratique du droit de l'eau*, Paris, Éditions Johanet, 2011, pp 24-25.

occidentales dans un climat intellectuel en faveur de la logique de performance (*A*-) ; d'autres facteurs plus spécifiques ont réellement ancré le Canada et les États européens dans cette logique au regard de la protection des eaux (*B*-).

A. Les facteurs tirés du contexte général : considérations théoriques et historiques

716. Pour avoir une idée d'un premier facteur explicatif, il est nécessaire de se plonger dans l'histoire et les théories des sociétés occidentales. R. David a établi qu'un élément permet notamment de classer dans une même catégorie les États occidentaux. Ces sociétés revêtent généralement la même structure : une structure capitaliste dans un État démocratique de type libéral.[1687] Cette particularité va mener les États occidentaux à placer progressivement l'économie capitaliste et libérale au cœur du pilotage des politiques publiques. Le mot d'ordre devient alors celui de l'efficacité, de la performance des politiques publiques.

Mais ce phénomène s'est produit plus progressivement que l'on aurait tendance à le penser. En effet, le principe d'efficacité prendrait ses sources plus profondément dans l'histoire que l'on pourrait l'imaginer à première vue. Tant les considérations théoriques (*1*-), qu'historiques (*2*-) révèlent cette tendance.

1. Considérations théoriques

717. La doctrine a identifié une multitude de facteurs expliquant l'avènement de la nouvelle gestion publique. Selon Ch. Hood, la naissance du Nouveau Management Public dans la doctrine est le résultat du mariage de deux courants doctrinaux opposés : [1688] celui du *New Institutional Economics*,[1689] et le mouvement de l'*International Scientific Management*.[1690] L'auteur avance quatre points de vue qui expliquent son adoption dans l'ensemble des pays occidentaux.

718. En premier lieu, Ch. Hood indique qu'il pourrait s'agir d'un simple effet de mode, à l'instar des doctrines de la rationalisation des années 1930. Il s'agirait d'une forme d'action publique, qui devient très populaire à une

[1687] R. DAVID, *Traité élémentaire de droit civil comparé : Introduction à l'étude des droits étrangers et à la méthode comparative*, Paris, L.G.D.J., 1950, p 227.

[1688] Ch. HOOD, « A Public Management for All Seasons ? », *Public Management*, vol.69, 1991, pp 5-6.

[1689] Ce courant est basé sur la théorie du *Public choice*. Il s'agit d'appliquer à des sujets de sciences politiques, une méthodologie issue des sciences économiques. Il a donné naissance à la théorie de la bureaucratie et à celle des coûts de transaction notamment. Voy. à ce sujet K.J. ARROW, *Social Choice and Individual Values*, New Haven, Yale University Press, 1963, 192 pages ; et W.A. NISKANEN (dir.), *Policy Analysis and Public Choice : Selected Papers*, Cheltenham (Royaume-Uni), Edward Elgar Publishing, 1998, 430 pages. Pour une présentation complète de cette théorie, voy. Ch. K. ROWLEY, F. SCHNEIDER, *The Encyclopedia of Public Choice*, Paris, Springer, 2003, 1000 pages.

[1690] Ce courant propose l'application d'un management issu du monde des affaires dans le secteur public. Voy. J.A. MERKLE, *Management and Ideology : The Legacy of the International Scientific Management Movement*, Berkeley (États-Unis), University of California Press, 1980, 325 pages ; et Ch. HOOD, *op.cit.*, pp 5-6.

période donnée et se diffuserait ainsi dans l'ensemble des pays occidentaux.[1691] Mais l'auteur écarte cette idée en raison de la durée de vie des outils du Nouveau Management Public dans les ordres juridiques occidentaux.[1692]

719. En deuxième lieu, il pourrait s'agir d'un phénomène cyclique : les outils du Nouveau Management Public auraient été régulièrement appliqués, encensés puis source de désillusions pour réformer l'action publique.[1693]

720. En troisième lieu, l'auteur évoque la théorie de la synthèse des contraires :[1694] le Nouveau Management Public serait une synthèse de deux approches opposées en matière d'action publique. L'approche allemande, la *Volkswirtschaft*, [1695] aurait fusionné avec l'approche anglo-saxonne du libéralisme économique. [1696] Ch. Hood soulève que ces deux types de propositions ne permettraient pas d'expliquer réellement pourquoi le Nouveau Management Public aurait spécifiquement émergé dans les années 1980.[1697]

721. La quatrième proposition envisage les facteurs sociaux et économiques particuliers de l'après-Seconde Guerre mondiale.[1698] Parmi ces facteurs, Ch. Hood évoque l'évolution du niveau des revenus, le développement des nouvelles technologies, la création de « machines politiques » avec la structuration de l'opinion en fonction d'intérêts particuliers et le développement d'importants partis politiques.[1699]

722. R.C. Mascarenhas fait ressortir d'autres facteurs ayant présidé à l'avènement du Nouveau Management Public dans les pays occidentaux. En premier lieu, la lourdeur et la complexité de la bureaucratie ont conduit selon lui à son inefficacité et ainsi à un mécontentement de l'opinion publique.[1700] En second lieu, l'arrivée au pouvoir de régimes conservateurs aux États-Unis en 1980 et au Royaume-Uni en 1979 a mis en place un néo-libéralisme qui a multiplié les pressions pour réformer l'action publique.[1701]

723. E. Orban fait ressortir qu'une logique d'efficacité des politiques publiques aurait émergé pour répondre aux conséquences du capitalisme, du libéralisme et de la mondialisation.[1702] De même, selon A. Amar et L. Berthier, le phénomène du Nouveau Management Public[1703] répondrait à une nécessité

[1691] Voy. notamment R.N. SPANN, « Fashions ans Fantasies in Public Administration », *Australian Journal of Public Administration*, vol. 40, 1, 1981, pp 12-25 ; Ch. HOOD, *op.cit.*, p 6.

[1692] Ch. HOOD, *op.cit.*, pp 5-6.

[1693] Voy. notamment P. LAWRENCE, *Road Belong Cargo : A Study of the Cargo Movement in the Southern Madang District, New Guinea Paperback,* Long Grove (États-Unis), Waveland Press, 1989, 293 pages.

[1694] « *synthesis of opposites* ». Notre traduction.

[1695] Ch. HOOD, « A Public Management for All Seasons ? », *Public Management*, vol. 69, 1991, p 6.

[1696] *Ibid.*

[1697] *Ibid.*

[1698] *Ibid.*, p 7.

[1699] *Ibid.*

[1700] L'auteur évoque la « [...] *significant growth of public bureaucracies* », qui ont ainsi « [...] *failed to deliver the goods, leading to public disenchantment* ». Voy. R.C. MASCARENHAS, « Building an Enterprise Culture in the Public Sector : Reform of the Public Sector in Australia, Britain, and New Zealand », *Public Administration Review*, vol. 53, 4, 1993, p 319. Notre traduction.

[1701] *Ibid.* Notre traduction.

[1702] E. ORBAN, *La dynamique de centralisation dans l'État fédéral : un processus irréversible?*, Éditions Québec/Amérique, 1984, p 54 & pp 461 à 466.

[1703] Pour une présentation et une analyse du Nouveau Management public, voy. *infra* §823 & s.

d'adaptation du secteur public aux nouveaux défis des sociétés occidentales, parmi lesquels la mondialisation.[1704]

724. L'identification de la mondialisation, du capitalisme et du libéralisme comme facteurs sous-jacents à l'apparition de la nouvelle gestion publique apparaît intéressante : la multitude de facteurs énoncés par Ch. Hood et R.C. Mascarenhas pourrait être sous-tendue par ce triptyque. En effet, ces différents facteurs font partie d'un contexte plus large, constitué de ces trois phénomènes. Une analyse historique apparaît pertinente pour comprendre quels mécanismes ont pu présider à l'avènement de ce contexte.

2. Considérations historiques : le triptyque de la mondialisation, du libéralisme et du capitalisme

725. Quand on se plonge dans les origines de la mondialisation, du libéralisme et du capitalisme, on observe que cette logique d'efficacité est latente dans l'action publique depuis plusieurs siècles.

Si on remonte la filiation des idées libérales et de la mondialisation, l'émergence du « laisser-faire » serait issue des missions jésuites explorant la Chine au XVIIème siècle.[1705] Lors de la seconde moitié du XVIIIème siècle, certaines idées centrales du néo-confucianisme sont transmises dans le climat intellectuel européen.

726. Notamment, les jésuites ont rapporté de leurs expéditions ce que Y. Citton appelle « la valise éthico-politique du '*wu-wei*' »[1706]. Les traductions plus ou moins précises de cette philosophie chinoise laissent apparaître que l'action gouvernementale doit épouser au plus près un ordre naturel spontané et immanent.[1707] Ce principe abstrait du « non agir » aurait puisé sa source dans la philosophie chinoise du « *wu-wei* », transmise par les jésuites et s'étant ensuite diffusé dans la société occidentale.[1708] Ainsi, l'idée sous-jacente de mondialisation semble trouver des origines dès le XVIIIème siècle en Occident.

727. Au début du XVIIème siècle, la perspective d'une Europe supranationale était évoquée : « l'insuffisance radicale d'une pensée politique qui se limiterait au cadre national » est mise en évidence.[1709] En 1713, l'Abbé Saint Pierre propose une perspective politique de l'unité européenne basée sur l'unification religieuse.[1710] E.B. de Condillac fait un constat quelques décennies plus tard qui place l'unité européenne sur un autre terrain. Il affirme que « la facilité des transports a déjà unifié les prix de marchandises peu encombrantes sur tout le continent ». Ainsi, « dans tous les marchés de l'Europe, on juge du rapport de l'or à l'argent, comme on en jugerait dans un

---

[1704] A. AMAR, L. BERTHIER, *Le Nouveau Management Public : Avantages et Limites – The New Public Management : Advantages and Limits*, Réseau d'Enseignants, Chercheurs et Experts en Management Public (RECEMAP), 2013, p 11.

[1705] L.E. LYNN, « Public Management – A Concise History of the Field », in E. FERLIE, L.E. LYNN, Ch. POLLITT, *The Oxford Handbook of Public Management*, Oxford University Press, 2005, p 28.

[1706] Y. CITTON, « L'Ordre économique de la mondialisation libérale : une importation chinoise dans la France des Lumières ? », *Revue Internationale de Philosophie*, vol.1, 239, 2007, p 23.

[1707] *Ibid.*, p 24.

[1708] *Ibid.*, p 28.

[1709] *Ibid.*, p 13.

[1710] En proposant une unité religieuse, et l'établissement d'une paix permanente entre les États européens.

seul marché commun »[1711]. Ce constat est la « réalité préexistante du donné économique » qu'il convient d' « épouser »[1712]. E.B. de Condillac, à l'encontre de l'histoire économique et politique communément diffusée, semble ainsi poser les prémices d'un libéralisme mondialisé dès 1776, toute proportion gardée. Il affirme que « faire et laisser faire, voilà donc quel devrait être l'objet de toutes les nations. Un commerce toujours ouvert et toujours libre, (peut) seul contribuer au bonheur de toutes ensemble, et de chacune en particulier »[1713].

728. Le père du libéralisme économique ne serait donc pas A. Smith, mais un Français : E. B. de Condillac. [1714] « Les marchés font la loi au gouvernement » précise-t-il. [1715] Ainsi, la mondialisation et le libéralisme apparaissent comme des idées latentes dans les sociétés occidentales depuis le XVIIIème siècle.

729. La rupture opérée par la mondialisation dans les modes de gouvernement occidentaux est bien réelle, mais beaucoup plus diffuse que ce que l'on peut penser à première vue. Elle n'a pas émergé brutalement dans les années 1980, mais progressivement depuis le XVIIIème siècle. Il existe pourtant une rupture : des institutions fondées sur les principes politiques d'Aristote sont sujettes à une remise en cause annoncée dès le XVIIIème siècle.[1716]

730. L'ampleur de la mondialisation[1717] semble être le facteur central du changement : elle aurait permis en premier lieu de développer un déséquilibre entre l'économique et le politique « à l'avantage du premier »[1718]. Ainsi, la logique de marché primerait sur la démocratie. En conséquence, le politique serait désormais « moins un représentant qu'un prestataire de services »[1719].

[1711] E.B. CONDILLAC (de), *Le commerce et le gouvernement*, Paris, Institut Coppet, Disponible sur le site Internet de l'Institut Coppet : www.institutcoppet.org (page consultée le 7 juill. 2014), 1776, p 129. De même, il apparaît dans certains écrits qu'à cette époque une « planétarisation » du consommateur avait déjà lieu : « Vous voyez, Madame, dans un simple déjeûner, réunies sous vos yeux et sous vos mains, les productions de tous les climats et des deux hémisphères. La Chine a vu former ces tasses et ce plateau ; ce café naquit en Arabie ; le sucre dont vous l'assaisonnez fut cultivé en Amérique par de malheureux Africains ; le métal de votre cafetière vient du Potose ; ce lin, apporté de Riga, fut façonné par l'industrie hollandaise ; et nos campagnes ne nous ont fourni que le pain et la crème ». Voy. Y. CITTON, *op.cit.*, pp 12-14, citant N. Baudeau.

[1712] E.B. CONDILLAC (de), *op.cit.*, p 129.

[1713] *Ibid.*, p 156.

[1714] Abbé de Mureau, E.B. de Condillac représente avec Voltaire, l'un des principaux interlocuteurs de J. Locke en France. Il aurait publié son ouvrage « Le commerce et le gouvernement », la même année que « La richesse des nations » d'A. Smith, mais un mois plus tôt.

[1715] E.B. CONDILLAC (de), *Le commerce et le gouvernement*, Paris, Institut Coppet, Disponible sur le site Internet de l'Institut Coppet : www.institutcoppet.org (page consultée le 7 juill. 2014), 1776, p 130. Voy. également Y. CITTON, « L'Ordre économique de la mondialisation libérale : une importation chinoise dans la France des Lumières ? », *Revue Internationale de Philosophie*, vol.1, 239, 2007, p 15.

[1716] M. Serres explique les crises économique, financière et institutionnelle des années 2000 par le décalage entre les fondements des institutions occidentales et les fondements de leur société. Voy. M. SERRES, *Le temps des crises*, Paris, Éditions Le Pommier, 2009, 78 pages.

[1717] Y. CITTON, *op.cit.*, p 14 & 23. Voy. également Ph. NOREL, « Introduction », *Revue Internationale de Philosophie*, vol. 1, 239, 2007, pp 5-7.

[1718] L. LAÎNÉ, *La Pensée Chrétienne face à la Mondialisation Néolibérale*, Paris, L'Harmattan, 2013, p 61.

[1719] *Ibid.*, p 64.

731. En second lieu, elle favoriserait un changement de paradigme pour les États-nation : « la mondialisation nous fait passer d'une logique de boules de billard qui s'entrechoquent à une logique de flux qui se mélangent »[1720]. Par cette idée, l'action au niveau des États n'apparaît plus suffisante face à la mondialisation : une gouvernance plus large, la gouvernance mondiale apparaît plus adaptée. Cette idée de gouvernance laisse émerger une nouveauté : l'action des gouvernements est complétée par l'intervention d'acteurs non étatiques plus nombreux et de nature différente.[1721]

732. Ainsi, par la combinaison de ces deux facteurs, on s'éloigne de la « tradition aristotélicienne du politique » où l'État était une « association civique » réunissant des citoyens autour d'objectifs et de valeurs communes et assurant la survivance de l'intérêt général.[1722] Selon L. Laîvé, la vision contemporaine de l'État perçoit celui-ci comme une « entreprise associative » : l'État est un acteur comme un autre, « en concurrence avec la société économique et la société civile »[1723].

733. La mondialisation, le libéralisme et le capitalisme apparaissent comme des principes sous-jacents aux sociétés occidentales. La rupture qui s'est opérée s'inscrit davantage dans l'ampleur que ce triptyque a prise depuis le XVIIIème siècle, avec une dominance de l'influence de la mondialisation. Elle apparaît en effet comme un élément déclencheur de l'ampleur prise par le libéralisme et le capitalisme.

L'État, devenu une « entreprise associative », applique certains principes entrepreneuriaux, dont celui de la performance des politiques publiques. Cet élément relevant du contexte général est complété par trois facteurs particuliers, dont certains sont propres au domaine environnemental. Ces facteurs complémentaires ont réellement permis un ancrage du processus de décision en matière de protection de l'eau dans la logique de performance.

B. Trois facteurs complémentaires assurant le développement de la logique d'efficacité dans le domaine de l'eau

734. Trois principaux facteurs semblent avoir permis un ancrage des gouvernements occidentaux dans le Nouveau Management Public.[1724] Ces facteurs sont cumulatifs : ce sont trois tendances qui, combinées entre elles, ont favorisé cette orientation tant au Canada qu'en Europe. Certaines d'entre elles sont directement liées au domaine de la protection des eaux. Il s'agit de la crise économique (*1*-) ; des mutations opérées dans les télécommunications (*2*-) ; et de la transformation de la valeur de l'eau (3-).[1725]

[1720] Z. LAÏDI, *Un monde privé de sens*, Paris, Hachette-Littératures, 2006, 333 pages ; cité dans L. LAÎNÉ, *op.cit.*, p 67.

[1721] L. LAÎNÉ, *La Pensée Chrétienne face à la Mondialisation Néolibérale*, Paris, L'Harmattan, 2013, p 67.

[1722] *Ibid.*

[1723] *Ibid.*, p 68.

[1724] Voy. *infra* §823 & s. Voy. également G.A. LARBI, *The New Public Management Approach and the Crisis States*, Genève, Institut de Recherche des Nations Unies pour le Développement Social, 112, Septembre 1999, p 1.

[1725] Notons que d'autres éléments ont participé à la mise en place du Nouveau Management Public, de façon plus indirecte. C'est le cas des évolutions scientifiques en matière environnementale. Les progrès des sciences naturelles notamment vont permettre de révéler le lien entre les activités économiques et la détérioration de l'environnement. Ces progrès vont

1. La crise économique comme facteur de mise en place d'un Nouveau Management Public[1726]

735. Malgré la latence des idées libérales depuis le XVIIIème siècle, un événement a particulièrement favorisé la diffusion d'une nouvelle forme de management public : la crise économique des années 1970.[1727]

Cette crise marque une rupture dans l'histoire économique des pays développés. Elle a lieu à la fin des Trente Glorieuses.[1728] À partir de la fin des années 1960, les économies des pays développés connaissent une crise de la productivité qui ralentit la croissance jusque là sans failles. Dans ce contexte de « déséquilibres latents », le choc pétrolier intervient dans les années 1973-1974, ce qui constitue un véritable tournant pour la croissance mondiale.[1729]

736. La crise financière semble être communément associée à la mise en place du nouveau management public et donc d'une logique d'efficacité prégnante. [1730] Elle apparaît comme le principal facteur déclencheur.[1731] Cette crise apparaît en réalité comme un révélateur d'une tendance latente, et permet une imprégnation plus insistante de ce mode de gestion publique.[1732]

737. Au Canada, la crise économique engendre un besoin de stabilisation économique. [1733] G. Paquet analyse ce phénomène en deux temps. En premier lieu, il observe une crise dans le domaine économique, dans

---

permettre d'en savoir plus sur les mécanismes de pollution. De même, cela fait apparaître de nouveaux instruments de mesure de la qualité de l'environnement. Le droit de l'environnement semble même changer de base : la science, les techniques, monopoles des ingénieurs, deviennent les nouveaux fondements de ce droit. Les rapports entre l'expertise scientifique et la décision publique se resserrent, plaçant davantage les gouvernements dans une logique d'efficacité. Voy. à ce sujet M. TREMBLAY (dir.), *Les Politiques publiques canadiennes*, Québec, Les Presses de l'Université Laval, 1998, p 163 ; R. ROMI, « Science et droit de l'environnement : la quadrature du cercle », *AJDA*, 20 juin 1991, pp 432-438 ; P.-B. JOLY, « Besoin d'expertise et quête d'une légitimité nouvelle : Quelles procédures pour réguler l'expertise scientifique ? », *Revue Française des Affaires Sociales*, 1, 1999, pp 45-53.

[1726] S. BORINS, « New Public Management, North American Style », in K. MCLAUGHLIN, S.P. OSBORNE, E. FERLIE, *New public management: current trends and future prospects*, Londres, Routledge Chapman & Hall, 2002, p 182.

[1727] L.E. LYNN, « Public Management – A Concise History of the Field », in E. FERLIE, L.E. LYNN, Ch. POLLITT, *The Oxford Handbook of Public Management,* Oxford University Press, 2005, p 41. Voy. également G.A. LARBI, *The New Public Management Approach and the Crisis States*, Genève, Institut de Recherche des Nations Unies pour le Développement Social, 112, Septembre 1999, p V & pp 2 & s.

[1728] Les Trente Glorieuses sont marquées principalement par la croissance de la production et de la productivité, le plein emploi et une inflation « rampante ». Voy. à ce sujet M. MONTOUSSÉ, D. CHAMBLAY, *Cent fiches pour comprendre les sciences économiques*, Paris, Éditions Bréal, 2005, p 86.

[1729] La crise des années 1970 se manifeste par l'intermédiaire de trois tendances : la baisse de la croissance, l'inflation « galopante » et le début du chômage de masse. Voy. à ce sujet *Ibid.*

[1730] T. KIMURA, « L'évolution des prises de décision : du choix politique au choix efficace », in O. JOUANJAN, H. YAMAMOTO (dir.), « Action publique et globalisation », *Annales de la Faculté de droit de Strasbourg*, 8, 2006, p 55.

[1731] A. AMAR, L. BERTHIER, *Le Nouveau Management Public : Avantages et Limites – The New Public Management : Advantages and Limits*, Réseau d'Enseignants, Chercheurs et Experts en Management Public (RECEMAP), 2013, pp 2-3.

[1732] L.E. LYNN, *op.cit.*, p 41.

[1733] E. BROUILLET, *L'identité culturelle québécoise et le fédéralisme canadien*, thèse de Doctorat, Québec, Faculté des études supérieures, Université Laval, 2003, p 102 ; A. AMAR, L. BERTHIER, *op. cit.*, p 2.

les « économies de marché avancées ». Cela a créé une « demande d'intervention et de réglementation par l'État »[1734]. En second lieu, la mauvaise gestion de cette crise par l'État canadien a eu pour conséquence de créer un déficit de légitimité, tant au sein de la population que de la part du secteur privé. La mondialisation a amplifié le besoin de protection et de réglementation « à un moment où la capacité de fournir des services publics ne pouvait plus augmenter »[1735]. G. Paquet évoque ainsi une « frustration engendrée par les échecs des politiques publiques des années 1970 », ce qui a ouvert la porte à un nouveau mode d'action publique. Le déficit d'action du gouvernement fédéral expliquerait en partie la mise en place du Nouveau Management Public au Canada.[1736]

738. En Europe, la crise économique est couplée avec les défis de l'économie post-Seconde Guerre mondiale.[1737] Le même double phénomène qu'au Canada a lieu dans une période similaire. Le cas du Royaume-Uni apparaît intéressant à analyser pour faire ressortir les éléments de contexte. Il s'agit en effet du premier pays européen et au monde à mettre en place une logique d'efficacité par l'intermédiaire de la politique menée par M. Thatcher. Le schéma administratif britannique avait trouvé un certain équilibre entre 1900 et 1960.[1738] Ce schéma s'effondre alors avec « l'irruption brutale de la crise économique ».[1739] Cet évènement apporte en effet de façon soudaine « la preuve cinglante de l'inefficacité politique ». Une double crise a donc lieu : la crise économique, entraînant une crise politique. Cette dernière implique, à l'instar du Canada, « la perte de légitimité brutale » de l'État et de l'ensemble des modèles intellectuels et pratiques reconnues de la réforme administrative.[1740] Ainsi, « l'ancienne logique institutionnelle 'consensuelle' s'est effondrée et a été progressivement remplacée par une logique institutionnelle instrumentale »[1741].

Ce changement de cap britannique se diffuse dans toute l'Europe, soutenu par un allié de poids : l'Organisation de Coopération et de Développement économiques.[1742] Ainsi, le Nouveau Management Public apparu en premier lieu au Royaume Uni,[1743] a connu un développement rapide et important.[1744]

[1734] G. PAQUET, « Innovations en gouvernance au Canada », *Optimum, La revue de gestion du secteur public*, vol. 29, 2/3, 1999, p 83.

[1735] *Ibid.*

[1736] S. BORINS, « New Public Management, North American Style », in K. MCLAUGHLIN, S.P. OSBORNE, E. FERLIE, *New public management: current trends and future prospects*, Londres, Routledge Chapman & Hall, 2002, p 185.

[1737] L.E. LYNN, *op. cit.*, p 42.

[1738] En mettant en place un système centré sur les principes d'organisation et d'éthique, le tout maintenu par le principe du consensus. Pour plus de précisions voy. Ph. KERAUDREN, « Le Nouveau Management Public en Grande-Bretagne depuis 1979 : un échec relatif », *Revue Française de Science Politique*, 4, 1993, pp 666 & s.

[1739] *Ibid.*, p 667.

[1740] Ph. KERAUDREN, « Le Nouveau Management Public en Grande-Bretagne depuis 1979 : un échec relatif », *Revue Française de Science Politique*, 4, 1993, p 667.

[1741] *Ibid.*

[1742] Ci-après « OCDE ». Voy. à ce sujet L.E. LYNN, *op. cit.*, p 44.

[1743] Avec une participation des tenants de l'École du Public Choice. Voy. à ce sujet A. AMAR, L. BERTHIER, *Le Nouveau Management Public : Avantages et Limites – The New Public Management : Advantages and Limits*, Réseau d'Enseignants, Chercheurs et Experts en Management Public (RECEMAP), 2013, p 4.

[1744] *Ibid.*

739. Si on se place d'un point de vue politique, la crise économique des années 1970 a largement favorisé l'ancrage de l'Europe et du Canada dans une nouvelle logique d'action publique. Il s'agit d'un élément contextuel fondamental, mais pas suffisant pour fournir une explication précise de cet ancrage dans la logique d'efficacité du domaine de la protection de la qualité des eaux douces. Un autre facteur apparaît, plus spécifique au domaine de l'environnement : la révolution de l'information engendrée par une mutation des télécommunications.

2. La révolution de l'information, une conséquence des mutations du domaine des télécommunications[1745]

740. Les techniques de l'information ont connu plusieurs formes de mutations (*a*-). Les conséquences de ce développement sont considérables : les sociétés occidentales sont devenues des sociétés de l'information, ce qui a nécessairement eu un impact sur le rôle des opinions publiques. Le domaine environnemental au Canada et en Europe a particulièrement bénéficié de ces bouleversements d'un point de vue politique : elles permettent à l'opinion publique d'être progressivement mieux informée en ce qui concerne les évènements au sujet de l'environnement (*b*-). Plus largement, elles permettent une mutation de l'action publique de par les nouveaux outils de communication qu'elle génère.

a. Les révolutions de l'information

741. Deux mutations se sont succédé et ont eu un impact important sur l'accès à l'information et sur sa substance.

742. En premier lieu, une révolution technologique a eu lieu dans les années 1960-1970 : cette mutation va considérablement transformer le rapport à l'information des opinions publiques canadienne et européenne. L'origine de cette première révolution se trouve dans la fin des monopoles publics de l'audiovisuel. En France, elle a lieu dans les années 1970 et va permettre une mise en concurrence du marché, diversifiant les offres de programmes.[1746] Au Québec, l'arrivée des premières chaînes de télévision privées s'est produite dès 1961.[1747]

743. En second lieu, l'ère numérique est venue modifier profondément les techniques et méthodes de communication. Elle implique l'utilisation d'un mode numérique de transmission des données, au lieu du mode analogique utilisé jusque là. Les données sont acheminées par un codage,[1748] ce qui permet de compresser des images, des textes, et des sons par différents moyens. Ils

---

[1745] G.A. LARBI, *The New Public Management Approach and the Crisis States*, Genève, Institut de Recherche des Nations Unies pour le Développement Social, 112, Septembre 1999, p V & p 5.

[1746] I. CHUPIN, N. HUBÉ, N. KACIAF, *Histoire politique et économique des medias en France*, Paris, La Découverte, 2010, pp 76 & s.

[1747] Avec notamment la station de télévision Télé-Métropole, commençant ses opérations le 19 février 1961. Voy. à ce sujet le site Internet de l'Université de Sherbrooke : http//www.bilan.usherbrooke.ca (page consultée le 7 juill. 2014).

[1748] C'est à dire par une succession de 1 et de 0.

sont alors transmissibles par une ligne téléphonique, le câble, le satellite ou par transmission hertzienne.[1749]

744. Cette double révolution de l'information présente deux types de conséquences.

745. En premier lieu, cette double mutation a eu une conséquence importante sur le volume d'informations et la facilité avec laquelle les citoyens y ont accès. Le rapport à l'information est ainsi transformé. Les sources d'information se multiplient tant qualitativement que quantitativement.

D'un point de vue quantitatif, le volume de données pouvant être transmises ayant considérablement augmenté, le nombre de chaînes de télévision et de radio a explosé, le domaine ayant été libéralisé.[1750]

D'un point de vue qualitatif, les supports se sont diversifiés : la télévision, le câble, le satellite. Plus récemment, l'Internet est venu compléter ce panel. Le développement et la généralisation de l'utilisation de l'Internet sont un facteur important, se plaçant dans la continuité et appuyant le phénomène. Le réseau de l'Internet est basé sur des principes libéraux, privilégiant l'accès libre et gratuit à une société qui apparaît ouverte. Il est originaire du secteur privé et est synonyme de diversité, de pluralisme et d'indépendance.[1751] Cela permet alors d'augmenter de façon exponentielle les sources d'information et de point de vue sur tel ou tel événement.[1752]

746. En second lieu, les conséquences de cette double mutation tiennent à ce que les pays occidentaux sont devenus des sociétés de l'information : le Canada et les pays européens entrent alors dans l'ère de l'information de masse et diversifiée. C'est à ce stade que l'on peut observer que l'opinion publique a accès à des informations auxquelles elle n'a jamais eu accès auparavant. On peut dès lors émettre la présomption selon laquelle le rapport

---

[1749] La meilleure illustration de cette révolution numérique est celle du téléphone mobile devenu multifonctionnel (radio, télévision, musique, visionnage de films, paiement à distance et bien sûr téléphonie). Voy. à ce sujet L. RAPP, *Regulation,* Intervention à l'Université des Sciences Sociales Toulouse I, 23 Mars 2007 ; A. LEVY, *Révolution numérique et nouveaux comportements de consommation : implications sur la politique produit – Application au secteur des chaînes généralistes en France, en Grande-Bretagne et en Allemagne,* Projet de Recherche Européen, École Européenne des Affaires, 1999/2000. Lien sur Internet: http://membres.lycos.fr/antoinelevy/ERP.pdf (page consultée le 7 juill. 2014) ; B.H. BAGDIKIAN, « The New Communications Cartel – Preface to the Fifth Edition », in *The Media Monopoly,* Beacon Press, 1997. Voy. également L. SORBIER, « Quand la révolution numérique n'est plus virtuelle… », *Esprit*, vol. 5, 2006, pp 121-127.

[1750] En ce qui concerne le Canada voy. Y. ROUSSEAU, « La multiplication des chaînes », *24 images*, 90, 1998, pp 30-31. Au sujet de l'Europe, voy. Th. DECRUYENAERE, *Le secteur de l'audiovisuel*, Documents de travail de la DG Trésor, 01, juill. 2012, 37 pages.

[1751] Cet état d'esprit a pour origine l'imprégnation du système de valeurs de « l'ère Woodstock » dont les ingénieurs et universitaires ayant développé Internet faisaient partie. Le réseau a donc hérité de la philosophie de cette communauté : un libéralisme politique et économique ayant entraîné une ouverture technique. Voy. K.N. CUKIER, « Who Will Control the Internet? Washington Battles the World », *Foreign Affairs,* November/December 2005, p 10.

[1752] Plusieurs sites Internet indépendants des canaux d'information classiques offrent des informations alternatives, comme le site Internet de Mediapart : http://www.mediapart.fr/ (page consultée le 7 juill. 2014). En ce qui concerne l'information environnementale, les associations écologistes fournissent des informations détaillées sur leur site Internet, à l'instar de l'association Greenpeace : http://www.greenpeace.org/france/fr/ (page consultée le 7 juill. 2014). Certains auteurs parlent en outre d'un nouveau courant né aux États-Unis : le courant « *netizen* » par le biais duquel l'information est formulée par et pour le citoyen via le réseau de l'Internet. Voy. à ce sujet S. SPOIDEN, *Étonnante Amérique, La face cachée de la politique américaine*, Paris, L'aube essai, 2005, p 128.

entre l'action publique et le citoyen auquel elle est destinée semble profondément modifié.[1753]

b. Les conséquences dans le domaine environnemental

747. L'impact de la première révolution de l'information se fait sentir très tôt en matière environnementale. Les premières informations dans le domaine apparaissent dans les médias généralistes nationaux à la fin des années 1960. La politisation de l'information des années 1970 favorise ce type de journalisme.[1754]

748. Au Canada, à la fin des années 1960, la médiatisation notable de plusieurs catastrophes écologiques va permettre d'alerter l'opinion publique d'une façon jamais égalée jusque là, forçant les gouvernements à agir.[1755] Les images inédites qui parviennent dans les foyers canadiens sont très spectaculaires : une marée noire enduisant des oiseaux de pétrole capte l'attention de l'opinion publique sur les problématiques environnementales.[1756] Les premiers groupes écologistes prennent naissance au cours de cette période.[1757]

749. En Europe, en 1967, les images du pétrolier *Torrey Canyon* échoué sur les côtes britanniques et déversant 118 000 tonnes de pétrole dans la Manche sont largement diffusées en France et dans le reste des pays européens de l'Ouest.[1758] La presse française connaît les premiers articles environnementaux dans de grands quotidiens à cette époque, de même que les premières émissions de télévision au tout début des années 1970.[1759] La fin du monopole public de l'audiovisuel français se produit durant cette période.[1760] Par la suite, plusieurs évènements sont très bien relayés par les médias, comme la marée noire provoquée par l'Amoco Cadiz en mars 1978, l'accident nucléaire de Tchernobyl, ou encore le problème des pluies acides dans les anciens pays miniers. Ces informations ont un « rôle d'amplificateur » : des experts sont entendus, des militants écologistes s'expriment et les responsables de ces accidents écologiques sont exposés médiatiquement.[1761]

[1753] Voy. notamment à ce sujet M. SERRES, *Petite Poucette*, Paris, Éditions Le Pommier, 2012, pp 66 & s.

[1754] J.-B. COMBY, « Quand l'environnement devient « médiatique » - Conditions et effets de l'institutionnalisation d'une spécialité journalistique », *Réseaux*, vol. 5, 157-158, 2009, p 161.

[1755] M. TREMBLAY (dir.), *Les Politiques publiques canadiennes*, Québec, Les Presses de l'Université Laval, 1998, p 164 ; K. HARRISON, *Passing the Buck : Federalism and Canadian Environmental Policy*, Vancouver, UBC Press, 2011, pp 116 & s.

[1756] Les images du pétrolier *Arrow* échoué sur la baie de Che dabucto et déversant 16000 tonnes d'essence dans les eaux de la Nouvelle-Écosse ont eu un impact notable sur l'opinion publique. Voy. M. TREMBLAY (dir.), *op.cit.*, p 164.

[1757] *Ibid.*

[1758] *Ibid.*

[1759] Les meilleures illustrations sont les articles de Marc-Ambroise Rendu, dans la rubrique « Aménagement du territoire » du quotidien Le Monde ; ainsi que l'émission de télévision de Michel Péricard présentée en 1971 par Louis Bériot : « La France défigurée ». Voy. à ce sujet J.-B. COMBY, *op. cit.*, p 161.

[1760] I. CHUPIN, N. HUBÉ, N. KACIAF, *Histoire politique et économique des médias en France*, Paris, La Découverte, 2010, pp 76 & s.

[1761] J. NONON, M. CLAMEN, *L'Europe et ses couloirs – Lobbying et lobbyistes*, Paris, Dunod, 1991, p 111.

750. Ainsi, la première révolution de l'information permet à l'opinion publique d'avoir accès à l'information et de se mobiliser.

751. La seconde mutation de l'information, la révolution numérique, permet un ancrage sans précédent dans l'information de masse. Le meilleur exemple est celui de la catastrophe survenue en juillet 2013 à Lac-Mégantic au Québec. La menace d'une catastrophe écologique s'est très largement diffusée dans tous les médias, et en premier lieu sur le réseau de l'Internet. Des vidéos et photographies des flammes sur l'eau de la rivière Chaudière ont inondé les réseaux sociaux.[1762] Plus globalement, il apparaît que l'information peut être transmise très rapidement « de nation en nation », ce qui permet sa diffusion internationale quasi instantanée.[1763]

752. Une adaptation de l'action publique se produit en fonction de cette nouvelle ère de l'information de masse.[1764] Le mode de fonctionnement de l'action publique est ainsi transformé, favorisant son ancrage dans la logique d'efficacité : l'opinion publique mieux informée, irriguée d'un flot constant et massif d'informations, est davantage exigeante sur les actions menées par les gouvernements.[1765] L'action publique se doit donc d'être efficace et réagit en fonction des actions de l'opinion publique.

753. Un troisième élément apparaît spécifiquement dans le domaine de l'eau : la transformation de la valeur de l'eau. Cela vient consolider l'ancrage du principe d'efficacité dans les politiques publiques canadiennes et européennes.

3. La transformation de la valeur de l'eau

754. Outre les mutations ayant eu lieu dans des domaines satellitaires à celui de la protection des eaux, un véritable changement s'est opéré dans l'appréhension même de la ressource. L'eau acquiert alors une nouvelle valeur économique (*a*-), ce qui aura pour conséquence de créer un « capitalisme bleu » (*b*-).

a. Une rupture épistémologique : l'apologie de la rareté de la ressource

755. Au début des années 1990, les institutions internationales, la Banque Mondiale et l'Organisation des Nations Unies[1766] en tête, ont commencé à diffuser sur la scène internationale une idée qui va avoir des conséquences importantes sur l'appréhension de la ressource. L'idée véhiculée est celle d'une « raréfaction croissante de l'eau de bonne qualité pour les usages

---

[1762] Voy. à ce sujet le dossier consacré à la catastrophe par le site Internet du quotidien québécois Le Devoir : http://www.ledevoir.com/motcle/tragedie-de-lac-megantic/15 (page consultée le 7 juill. 2014) ; ou encore le site Internet de la Fondation David Suzuki, organisation non gouvernementale québécoise : http://www.davidsuzuki.org/fr/ (page consultée le 7 juill. 2014).

[1763] D.R. BOYD, *Unnatural Law : Rethinking Canadian Environmental Law and Policy*, Vancouver, UBC Press, 2003, p 215. Notre traduction.

[1764] Voy. notamment Ch. HOOD, « The Tools of Government in the Information Age », in M. MORAN, M. REIN, R.E. GOODIN, *The Oxford Handbook of Public Policy*, Oxford University Press, 2006, p 478.

[1765] *Ibid.*, pp 469-481.

[1766] Ci-après « ONU ».

humains »[1767]. Il s'agit d'une thèse largement diffusée par les différentes institutions de l'ONU[1768] à partir de cette période.[1769] Impulsée par les « pays du nord », [1770] cette thèse implique que la raréfaction de l'eau est un phénomène inévitable, « car du(e) […] à l'augmentation de la population mondiale et au développement économique croissant permanent, (et) nécessitant de plus en plus d'eau »[1771]. Ainsi, la « crise mondiale de l'eau est essentiellement une crise de rareté de l'eau »[1772] qui va se pérenniser « voire augmenter à l'avenir, à cause du changement climatique ».[1773] Par conséquent, « la gestion de l'eau se doit d'être une gestion efficace d'une ressource économique rare, de plus en plus stratégiquement importante pour la sécurité économique de chaque pays »[1774].

756. En ce qui concerne l'argument principal qui est celui de la centralité de la rareté de l'eau, certains auteurs invoquent un détournement causal. Selon R. Petrella, « les principales causes de la raréfaction qualitative de l'eau, qui est réelle, sont réparables et réversibles, car liées aux mauvais usages de l'eau »[1775]. Il s'agit donc selon l'auteur d'une manipulation des faits, « inspirée par la vision capitaliste marchande de la vie et de l'économie »[1776].

Il soulève un argument intéressant : « la thèse capitaliste de la valeur (notamment d'échange) est fondée sur le principe de rareté des ressources et des biens » [1777]. La rareté est en effet le socle de réflexion des auteurs classiques en économie politique, elle est même sous-jacente à toutes les analyses économiques. Selon A. Smith, la rareté est la condition nécessaire pour que l'Homme se mette au travail, et est le déterminant de la valeur d'un bien.[1778] Il s'agit de l'élément constitutif de cette valeur, porté par la loi de l'offre et de la demande. En développant ainsi la thèse de l'inévitabilité de la rareté de l'eau, les institutions internationales semblent fournir un argument pour lui apposer une valeur particulière : une valeur marchande.

b. La diffusion de l'argument de la rareté par les institutions internationales

757. La thèse développée ci-dessus est très largement relayée par les différentes institutions internationales. À l'exception du Rapport du PNUD sur

---

[1767] R. PETRELLA, « La 'nouvelle' narration marchande de l'eau – Analyse critique des fondements idéologiques du 'capitalisme bleu' et de 'l'eau technologique'», in N. BELAÏDI (dir.), *Eaux et Sociétés – Enjeux de valeurs*, Bruxelles, Bruylant, 2012, p 4.

[1768] C'est à dire notamment l'UNESCO, la FAO, l'OMS, l'UN-Habitat, le PNUE.

[1769] R. PETRELLA, *op.cit.*, p 5.

[1770] *Ibid.*, p 3.

[1771] *Ibid.*, p 4.

[1772] *Ibid.*

[1773] *Ibid.*

[1774] *Ibid.*

[1775] *Ibid.*, p 5.

[1776] *Ibid.*

[1777] R. PETRELLA, *op. cit.*, p 5.

[1778] A. SMITH, *La Richesse des Nations*, Paris, Guillaumin, 1888, disponible sur le site Internet Gallica : http://gallica.bnf.fr/ark:/12148/bpt6k75319v.r=adam+smith.langFR (page consultée le 7 juill. 2014).

le développement humain dans le monde de 2006,[1779] les rapports sur l'eau publiés par les différentes composantes des Nations Unies à partir des années 1990 rendent « la thèse sur la centralité de la rareté de l'eau [...] omniprésente »[1780].

758. Cette centralité apparaît notamment en première page du troisième rapport des Nations Unies sur la mise en valeur des ressources en eau. Il y est précisé que « la démographie et la consommation croissante induite par l'augmentation des revenus par habitant sont les moteurs, ou pressions, ayant un impact le plus important sur l'eau »[1781]. Plus loin dans ce rapport, un chapitre est consacré aux problématiques liées aux « moteurs démographiques », facteurs de l'augmentation inexorable de la rareté de l'eau.[1782]

759. En lien avec la thèse capitaliste de la valeur, l'eau devient ainsi un bien marchand : elle permet un retour sur investissement et sa protection doit être performante. Dans ce troisième rapport des Nations Unies, les retours sur investissements sont assurés et il en est fait la promotion : « pour 1 USD investi, l'OMS estime que le retour sur investissement varie de 3 USD à 34 USD selon la région et la technologie »[1783].

760. En Europe, la Commission européenne adopte cette idée dans sa politique sur l'eau depuis le début des années 2000. Une prémisse marquante apparaît avec le Considérant 1er de la Directive-cadre sur l'eau du 23 octobre 2000 :[1784] « L'eau n'est pas un bien marchand comme les autres [...] ». Ce qui laisse supposer que si ce n'est pas un bien marchand comme les autres, il s'agit tout de même d'un bien marchand.

La Communication de la Commission du 18 juillet 2007 intitulée « Faire face aux problèmes de rareté de la ressource en eau et de sécheresse dans l'Union européenne » confirme cette approche centrée sur la rareté.[1785] Elle est suivie de plusieurs rapports à ce sujet.

761. Au Canada, un indicateur de disponibilité de l'eau a été créé : il permet de mesurer le volume d'eau des rivières canadiennes en rapport avec la quantité d'eau utilisée.[1786] Plus largement, la protection de la ressource est envisagée en rapport avec certaines considérations économiques.

762. Propos conclusifs. - Au regard des différentes mutations qui ont eu lieu depuis le début des années 1990, l'appréhension de la ressource en eau semble profondément modifiée. Il s'agit dès lors d'un bien marchand, qu'il est nécessaire de protéger. Cette ambivalence irrigue l'ensemble des ordres juridiques canadien et européen, ce qui donne une véritable particularité au

---

[1779] Ce rapport a démontré la « non-validité empirique des thèses sur la rareté de l'eau ». Voy. R. PETRELLA, *op.cit.*, p 5.
[1780] *Ibid.*
[1781] ONUEau, 3ème rapport des Nations Unies sur la mise en valeur des ressources en eau, p 1.
[1782] *Ibid.*, p 3.
[1783] *Ibid.*, p 1.
[1784] Directive 2000/60/CE du Parlement européen et du Conseil du 23 octobre 2000 établissant un cadre pour une politique communautaire dans le domaine de l'eau, JOUE L 327 du 22.12.2000, pp 1–73.
[1785] Communication de la Commission au Parlement européen et au Conseil, *Faire face aux problèmes de rareté de la ressource en eau et de sécheresse dans l'Union européenne*, COM/2007/0414 final.
[1786] Voy. le site Internet d'Environnement Canada : http://www.ec.gc.ca/eau-water/(page consultée le 7 juill. 2014).

domaine de l'eau dans le cadre de ces évolutions. Les deux régions font face à une ambiguïté similaire : la rencontre des exigences économiques fondatrices de l'existence même du Canada et de l'Union, avec la nécessité de protection de la ressource en eau. C'est ce que les deux ordres juridiques tentent de concilier avec le soutien de leurs juges respectifs.

Paragraphe II. Des régimes juridiques conjuguant une ambivalence : entre exploitation économique et protection de la ressource

763. En Europe, « (l)'eau n'est pas un bien marchand comme les autres, mais un patrimoine qu'il faut protéger, défendre et traiter comme tel »[1787]. Au Québec, « [...] les ressources en eau sont essentielles aux mieux-être environnemental, économique et social »[1788]. De même, au Canada, « [...] le gouvernement du Canada [...] reconnaît la nécessité [...] de prendre toute décision en tenant compte des facteurs environnementaux, économiques et sociaux [...] »[1789].

D'un côté comme de l'autre de l'Atlantique, les régimes juridiques encadrant les ressources en eau sont colorés par une ambivalence[1790] : d'un côté la protection d'une ressource naturelle essentielle à la vie, et d'un autre côté les enjeux économiques liés directement et indirectement à l'eau.[1791] J. Nonon et M. Clamen parlent d'un « antagonisme : protection de la nature contre intérêts industriels »[1792].

764. Une telle ambivalence est rendue possible par la présence de deux postulats de départ, présents tant au Canada qu'en Europe et conditionnant le rapport à la protection de la ressource en eau (*A*-). Cette ambivalence oblige à une conciliation entre ses deux éléments constitutifs, réalisée dans les textes encadrant l'eau et précisée par la Cour suprême et la Cour de justice (*B*-). Il s'agit d'une particularité du domaine de l'eau, qui singularise la logique d'efficacité dans ce domaine : économie et environnement sont imbriqués pour ne former qu'un tout indissociable.

[1787] Directive 2000/60/CE du Parlement européen et du Conseil du 23 octobre 2000 établissant un cadre pour une politique communautaire dans le domaine de l'eau, JOUE L 327 du 22.12.2000, pp 1–73, considérant 1er.

[1788] *Loi affirmant le caractère collectif des ressources en eau et visant à renforcer leur protection,* L.Q. 2009, c. 21, devenue la *Loi affirmant le caractère collectif des ressources en eau et visant à renforcer leur protection,* L.R.Q., c. C-6.2, considérant 1er.

[1789] *Loi canadienne sur la protection de l'environnement* (L.R. (1985), ch.16) ; (L.R. (1999), ch. 33), préambule.

[1790] Le terme d'ambivalence a été choisi car il provient du latin *ambi,* qui signifie « tous les deux », et *valentia,* qui implique les notions de « puissance » et de « valeur ». Voy. le site Internet du *Dictionnaire Trésor de la Langue Française Informatisé (TLFI)*, ATILF, CNRS, Université Nancy 2, site Internet du dictionnaire : http://atilf.atilf.fr/tlfi.htm (page consultée le 7 juill. 2014).

[1791] Cela rejoint directement les idées attenantes au concept de développement durable. Néanmoins, au regard des incertitudes doctrinales à son sujet, nous préférons demeurer en dehors des débats, qui ne présentent pas de réel intérêt pour nos propos. Voy. notamment à ce sujet L. JUILLET, « Les politiques environnementales canadiennes », in M. TREMBLAY (dir.), *Les Politiques publiques canadiennes*, Québec, Les Presses de l'Université Laval, 1998, pp 175 & s.

[1792] J. NONON, M. CLAMEN, *L'Europe et ses couloirs – Lobbying et lobbyistes*, Paris, Dunod, 1991, p 109.

A. Les postulats de l'ambivalence

765. Deux postulats[1793] permettent d'analyser l'origine de la singularité du domaine de l'eau en ce qu'il connaît une ambivalence permanente entre protection de la ressource et exploitation économique. Une cohabitation s'opère entre ces deux éléments. L'exploitation est historiquement apparue avant la prise de conscience d'une nécessité de sa préservation.[1794] M.-A. Bordonneau fait ressortir que les particuliers assuraient historiquement eux-mêmes la fourniture d'eau en allant la puiser dans une rivière ou un puits. La ressource avait ainsi une valeur économique, mais pas encore une valeur marchande.[1795] L'ambiguïté semble alors historiquement apparaître quand un tiers intervient pour fournir l'eau et qu'il demande une rémunération pour le service rendu. Il s'agit alors d'une « fourniture d'eau », où la ressource devient une « eau-produit », objet d'une « prestation économique, dont les services d'eau sont les dispensateurs »[1796].

766. Ainsi, la valeur marchande de l'eau est apparue bien avant sa protection écologique. L'aspect économique, utilitariste, est central dans la relation entre l'Homme et la ressource en eau.[1797] C'est pourquoi, aussi fondamentale que puisse être la protection des cours d'eau, le régime juridique lié à ses usages directs et indirects est nécessairement imbriqué à cette protection. La conciliation entre ces deux aspects adopte donc nécessairement la coloration de la logique d'efficacité, la protection ne pouvant fonctionner sans une prise en compte de la performance de l'exploitation, de manière directe ou indirecte.

767. Au-delà de ces précisions liminaires, et selon le premier postulat, il apparaît que la protection de l'environnement est considérée par les institutions et les acteurs économiques canadiens et européens comme une externalité (*1*-). Également, les deux régions connaissent une même situation : les pollueurs des cours d'eau sont également en grande partie des acteurs économiques créant de la richesse dans des ordres juridiques basés essentiellement sur l'économie. Cela constitue le second postulat de départ (*2*-).

1. La protection de l'eau souvent appréhendée comme une externalité

768. Dans le contexte de latence de la demande d'efficacité induite par le Nouveau Management Public, la protection de l'eau, comme l'ensemble de la protection de l'environnement, apparaît souvent comme une externalité.

769. Dans les activités tournées exclusivement vers la préservation de la ressource en eau, il apparaît évident que sa conservation est l'objectif premier des acteurs économiques en charge de cette activité. C'est le cas des

[1793] Nous adoptons comme signification celle de la logique mathématique. Il s'agit donc pour notre étude d'une « prémisse tenue pour vraie, bien qu'elle ne soit ni évidente ni susceptible d'être démontrée ». Voy. à ce sujet le site Internet du *Dictionnaire Trésor de la Langue Française Informatisé (TLFI)*, ATILF, *op. cit.*

[1794] Pour plus de précisions, voy. *supra* §218 & s.

[1795] M.-A. BORDONNEAU, *Regard juridique sur la double nature de l'eau*, Paris, Éditions Johanet, 2009, p 407.

[1796] *Ibid.*

[1797] Voy. à ce sujet *supra* §199 & s.

entreprises de retraitement des eaux.[1798] Mais en dehors de ces cas particuliers, la protection de l'eau apparaît comme une externalité dans une très large mesure.

770. Dans le domaine économique, l'eau apparaît centrale par ses multiples usages. Par exemple, pour la fabrication d'un kilogramme de papier, 500 litres d'eau sont nécessaires.[1799] Néanmoins, si on analyse ce phénomène d'un point de vue économique, il apparaît que le domaine environnemental n'est que secondaire dans la prise de décision de ces entreprises. L'exploitation économique de l'eau semble donc plus importante que sa protection.

771. C'est la thèse développée par M. Faure :[1800] il prend l'exemple de l'activité d'une industrie de production de produit pharmaceutique. Elle peut « engendrer des effets secondaires négatifs » à l'égard des tiers. Ces effets secondaires sont des externalités : ils sont externes à l'activité industrielle. La pollution d'un cours d'eau fait partie des externalités potentielles ou avérées dans l'activité d'une telle industrie. Néanmoins, « l'industrie qui provoque cette pollution n'est en principe pas affectée par les effets secondaires négatifs de ses actions »[1801]. Ainsi, selon M. Faure, l'entreprise pharmaceutique ne prendra pas en compte cette externalité dans ses décisions.

772. La pollution environnementale est considérée par R. Van den Bergh comme « le premier exemple d'externalité »[1802]. M. Faure complète son raisonnement en énonçant que les États ont eux aussi tendance à « traiter la pollution environnementale comme une externalité »[1803]. La pollution est en effet pour eux « externe à leur propre processus décisionnel »[1804]. Ainsi, selon

---

[1798] Au Canada, il s'agit par exemple de *Fobroco Inc.*, en Europe, cette activité est notamment assurée par *Véolia Environnement.*

[1799] De même, 300 à 600 litres d'eau sont nécessaires pour fabriquer un kilogramme d'acier. La ressource est alors appelée « l'eau virtuelle », car utilisée pour produire des biens ou des services. Voy. à ce sujet le site Internet du gouvernement français dédié à l'eau : http://www.eaufrance.fr/site-156/groupes-de-chiffres-cles/quantite-d-eau-necessaire-pour (page consultée le 7 juill. 2014).

[1800] M. FAURE, *L'analyse économique du droit de l'environnement*, Maastricht, Bruxelles, Metro Institute for Transnational Legal Research, Bruylant, 2007, p 11.

[1801] *Ibid.*

[1802] Voy. R. VAN DEN BERGH, « The Subsidiarity Principle in European Community Law: Some Insights from Law and Economics », *Maastricht J. Eur. & Comp. L.*, 1, 1994, pp 337-366 ; ainsi que M. FAURE, *L'analyse économique du droit de l'environnement*, Maastricht, Bruxelles, Metro Institute for Transnational Legal Research, Bruylant, 2007, p 11. Cette thèse fait partie plus généralement du « modèle économique classique » selon lequel la pollution est une externalité négative : sa « prise en compte entraîne des coûts pouvant hypothéquer la productivité des entreprises ». Elle s'oppose à une approche plus récente appelée « l'hypothèse de Porter », selon laquelle « les pressions environnementales et les investissements verts contribuent à améliorer la compétitivité des entreprises ainsi que celle des nations où la réglementation est plus sévère ». Voy. à ce sujet M.E. PORTER, C. VAN DER LINDE, « Green and Competitive: ending the stalemate », *Harvard Business Review*, sept.-oct. 1995, pp 120-134. Notons que les études empiriques publiées à ce sujet n'offrent pas de réponse claire à ces débats. Pour davantage de précisions voy. notamment O. BOIRAL, « Concilier environnement et compétitivité, ou la quête de l'éco-efficience », *Revue française de gestion*, 158, 2005/5, pp 165 & s. ; et O. BOIRAL, « Environnement et économie : une relation équivoque », *Vertigo – La revue électronique en sciences de l'environnement*, vol. 5, 2, Nov. 2004, pp 1-8. Pour une analyse en science économique, voy. notamment P.-A. JOUVET *et al.*, « Effets des permis de pollution sur l'accumulation du capital dans le cadre des modèles à générations imbriquées », *Économie et prévision*, 156, 2002/5, pp 63-72.

[1803] M. FAURE, *op. cit.*, p 11.

[1804] *Ibid.*, p 12.

cette théorie les États adoptent la même démarche que le domaine économique pour le traitement des problématiques liées à la pollution. L'auteur prend notamment pour exemple « l'octroi de permis permettant la pollution transfrontalière des fleuves »[1805]. Cela démontre que les États ont tendance à « exporter un problème de pollution » [1806]. Cette externalisation a une conséquence concrète pour la société : les contribuables en supportent la charge, par l'intermédiaire de l'impôt.

773. Ainsi le droit de l'environnement revêt une fonction primordiale : « inciter à l'internalisation de l'externalité en amenant le pollueur potentiel à prendre en considération le méfait qu'il engendre dans sa prise de décision » [1807]. Cela permet de faire ressortir que la protection de l'environnement dans son rapport avec l'économie est un aspect secondaire selon l'approche économique classique. Or, le Canada et l'Union européenne sont deux ordres juridiques basés en premier lieu sur des considérations économiques,[1808] alors que les plus grands pollueurs s'avèrent être aussi les principaux créateurs de richesses économiques.

2. Un double statut des acteurs économiques : entre pollueur et acteur central de la construction de deux ordres juridiques basés sur l'économie

774. Selon l'Agence européenne pour l'Environnement, les dommages à l'encontre de l'environnement se réduisent quand la croissance économique ralentit.[1809]

775. Comme l'énonce P. Brun, c'est dans « les entreprises qui assurent le développement de l'économie nationale »[1810], que l'on trouve une grande partie des pollueurs de l'eau. Il apparaît que les principales causes de pollution de l'eau sont d'origine industrielle, agricole et domestique. Selon le troisième rapport mondial des Nations Unies sur la mise en valeur des ressources en eau, [1811] et le rapport de 2008 du Programme des Nations Unies pour l'Environnement[1812] intitulé « Statistiques sur l'eau nécessaire à la vie »[1813], l'eutrophisation[1814] est la cause principale de dégradation de la qualité de l'eau dans le monde.

1805 *Ibid.*, p 11.
1806 *Ibid.*
1807 *Ibid.*, p 12. Notons que l'utilisation de la réglementation dans cette perspective d'externalité ne fait pas l'unanimité. Voy. à ce sujet F. LÉVÊQUE, *La réglementation des externalités*, Intervention à « l'École thématique sur les règles publiques », IEPE – Grenoble, Juillet 2000, p 13. Cela renvoie aux principes de développement durable et de pollueur-payeur. Voy. à ce sujet P. THIEFFRY, *Droit de l'environnement de l'Union européenne*, Bruxelles, Bruylant, 2ème Édition, 2011, pp 132 à 135, pp 175 à 186.
1808 Voy. à ce sujet *supra* §52 & s.
1809 « […] *environmental harm falls when economic growth slows down* », site Internet de l'Agence Européenne pour l'Environnement : http://www.eea.europa.eu/highlights/economic-growth-must-be-decoupled (page consulté le 7 juill. 2014). Notre traduction.
1810 P. BRUN, « La pollution du partage des compétences par le droit de l'environnement », *Revue Générale de Droit*, 24-2, 1993, p 216.
1811 ONU, « L'eau dans un monde qui change », UNESCO, 2009.
1812 Ci-après « PNUE ».
1813 Site internet PNUE : http://www.unep.org/dewa/vitalwater/index.html (page consultée le 7 juill. 2014).
1814 L'eutrophisation est un phénomène impliquant l'enrichissement d'une eau en matières nutritives comme le phosphore et les nitrates.

776. Ce phénomène est issu de plusieurs sources : le ruissellement agricole, les effluents industriels et les eaux usées domestiques.[1815] Parmi ces sources, certaines sont identifiables, c'est le cas des sources industrielles, et d'autres le sont moins comme les sources agricoles, plus diffuses. Selon L. Juillet, « l'économie (demeure) largement dépendante de l'exploitation des ressources naturelles dans plusieurs villes et régions canadiennes »[1816], tandis que « l'activité économique (est) la cause première des problèmes environnementaux »[1817]. Deux types de sources apparaissent : celles qui sont identifiables (*a*-) ; et les sources plus diffuses (*b*-).

a. Les sources identifiables

777. L'économie est un facteur déterminant pour le Canada et l'Union européenne : elle a historiquement mené à la naissance de la fédération canadienne et elle est le socle de l'organisation européenne.[1818]

778. Au Canada, l'industrie est un élément important du Produit intérieur brut : elle représente 27% du PIB.[1819] Un lien de causalité entre l'économie, centrale pour le Canada, et la pollution des eaux est pourtant malheureusement existant.

779. Le gouvernement fédéral a mis en place une procédure de déclaration des rejets de polluants dans l'atmosphère et dans l'eau, ce qui permet d'obtenir des informations précieuses et officielles sur la pollution des cours d'eau au Canada.[1820] Selon cet inventaire, les rejets déclarés comme étant les plus importants proviennent des réseaux d'aqueduc et des égouts (des rejets domestiques donc), des usines de pâte à papier, de papier et de carton, ainsi que de l'extraction de pétrole et de gaz.[1821] Les substances déclarées comme étant le plus souvent rejetées sont le nitrate, l'ammoniac, le phosphore, le méthanol et le manganèse.[1822]

780. Le secteur du papier est particulièrement concerné : en 1995, les entreprises canadiennes de papier étaient responsables de 77% des rejets de polluants dans les eaux de surface canadiennes.[1823]

[1815] ONU, *op.cit.* ; site Internet PNUE : http://www.unep.org/dewa/vitalwater/index.html (page consultée le 7 juill. 2014).

[1816] L. JUILLET, « Les politiques environnementales canadiennes », in M. TREMBLAY (dir.), *Les Politiques publiques canadiennes*, Québec, Les Presses de l'Université Laval, 1998, p 173.

[1817] *Ibid.*, p 175.

[1818] Voy. à ce sujet *supra* §52 & s.

[1819] Voy. site Internet de Statistique Canada : http://www.statcan.gc.ca/start-debut-fra.html (page consultée le 7 juill. 2014).

[1820] Le ministère de l'environnement canadien publie régulièrement l'ensemble des rejets de polluants dans l'eau en fonction de leur origine, entreprise par entreprise. Les rejets pris en compte dans ces statistiques sont les rejets dans les eaux de surface : les rejets directs, les déversements et les fuites. Voy. le site Internet d' Environnement Canada : http://www.ec.gc.ca/?lang=Fr (page consultée le 7 juill. 2014), rubrique « Inventaire national des rejets de polluants ».

[1821] I. WEIBUST, *Green Leviathan : the case for a federal role in environmental policy*, Farnham, Surrey, England, 2009, p 125.

[1822] L'inventaire d'Environnement Canada nous apprend par exemple que l'Usine Domtar de Windsor a déclaré avoir déversé dans les cours d'eau du Québec 50 tonnes d'ammoniac en 2011. Voy. le site Internet d'Environnement Canada, *op. cit.*

[1823] La tendance est à la baisse depuis les années 1970, ce qui laisse présager des quantités très importantes de polluants dans les eaux canadiennes durant 30 ans. Voy. à ce sujet I. WEIBUST, *op. cit.*, p 125.

781. Le secteur réunissant l'extraction minière, l'exploitation en carrière et l'extraction de pétrole et de gaz représentait en 2011 57,4 milliards de dollars pour l'industrie canadienne, et est en constante augmentation depuis 2002.[1824] Le secteur de pâte à papier, de papier et de carton représente 5,7 milliards de dollars en 2011 pour l'économie canadienne.[1825] Ainsi, les secteurs identifiés officiellement comme d'importants pollueurs des eaux de surface représentent une part non négligeable du PIB total de l'industrie canadienne.

782. Les données en Europe sont moins facilement identifiables. Si l'industrie reste une part importante du PIB,[1826] cette proportion a chuté en 40 ans.[1827] En France, entre 2004 et 2009, les secteurs de la métallurgie et de la chimie sont responsables des rejets les plus importants de polluants dans l'eau.[1828] Les activités industrielles produisent des eaux résiduaires, issues des processus de fabrication. Ces eaux sont retraitées, mais certains polluants non éliminés peuvent être rejetés dans le milieu naturel. Selon le ministère français de l'Écologie, du Développement durable et de l'Énergie, « l'industrie est responsable d'environ la moitié des rejets de polluants organiques [...] et de presque la totalité des rejets de métaux lourds ». Le ministère précise que cette pollution est en augmentation depuis 2004, et que « 1900 établissements industriels ont déclaré des émissions au-dessus des seuils en 2007 »[1829].

783. De plus, il apparaît que la plus grande utilisation de l'eau en France et en Allemagne est celle d'un processus industriel particulier : le refroidissement des centrales thermiques et nucléaires.[1830]

784. Ainsi, tant au Canada qu'en Europe, des sources identifiables de pollution sont directement reliées à l'activité économique. Mais la part la plus importante de la pollution des eaux a des origines difficilement identifiables. Il s'agit de sources diffuses provenant notamment de l'agriculture.

b. Les sources diffuses : l'agriculture

785. L'agriculture est une source diffuse de pollution des cours d'eau : cette source « se caractérise par des apports de substances émises par des sources mobiles, des sources couvrant de larges étendues ou un grand nombre de

---

[1824] Voy. le site Internet du ministère de l'industrie canadien (« Industrie Canada ») : http://www.ic.gc.ca/Intro.html, rubrique « statistiques (SIC) » (page consultée le 7 juill. 2014).

[1825] *Ibid.*

[1826] Elle représente 25,5% du PIB européen en 2010. Voy. le site Internet du quotidien français les Échos : http://www.lesechos.fr/ (page consultée le 7 juill. 2014).

[1827] Passant de 40,9% en 1970 à 25,5% en 2010.

[1828] Voy. le tableau proposé sur le site Internet du ministère français de l'écologie, du développement durable et de l'énergie : http://www.statistiques.developpement-durable.gouv.fr/ (page consultée le 7 juill. 2014), rubrique « observation et statistiques ».

[1829] *Ibid.* ; En Suisse, en République Tchèque, en Norvège, en Pologne, en Lituanie et en Estonie, c'est l'industrie qui utilise le plus les ressources en eau. Voy. S.C. NIXON, T.J. LACK, D.T.E. HUNT, *Une utilisation durable de l'eau européenne ? – État, perspectives et résultats*, Rapport d'évaluation de l'environnement, Copenhague, Agence Européenne pour l'Environnement, 7, 2000, p 11, figure 4.

[1830] S.C. NIXON, T.J. LACK, D.T.E. HUNT, *Une utilisation durable de l'eau européenne ? – État, perspectives et résultats*, Rapport d'évaluation de l'environnement, Copenhague, Agence Européenne pour l'Environnement, 7, 2000, p 11, figure 4 ; voy. également O.C.D.E., *Études de l'OCDE sur l'eau - Bénéfices liés aux investissements dans l'eau et l'assainissement*, Paris, O.C.D.E. Publications, 2013, p 75.

sources de pollution d'émission faible »[1831]. Le principal polluant rejeté par l'agriculture est l'azote, sous forme de nitrates.[1832] C. Blumann affirme à ce sujet que « l'agriculture représente pour l'environnement le plus grand bienfait comme la pire des menaces »[1833].

786. Selon l'Agence européenne pour l'Environnement, « les teneurs en nitrates ont rapidement augmenté dans les cours d'eau européens entre 1970 et 1985 » et sont demeurés « constants dans de nombreux cours d'eau »[1834]. L'Agence précise que « la principale source de nitrate est la pollution diffuse occasionnée par l'agriculture [...] »[1835]. Or, la Politique agricole commune[1836] est une politique centrale pour l'Union européenne depuis plus de 40 ans.[1837] Dès 1957, il s'agit d'un objet de négociation important pour la France et cela constitue un point fondamental pour le bon fonctionnement du marché intérieur.[1838] La France a été très tôt partisane d'une communauté européenne de l'agriculture, ce qui ne pu aboutir en 1957, le Traité de Rome traitant de ce domaine dans des termes particulièrement vagues.[1839]

Depuis, la PAC fait l'objet de nombreuses négociations et mesures, dont : la Politique de Développement agricole.[1840]

Cette politique centrale pour l'Union européenne, qui mobilise plus de 40% de son budget total, est aussi une source importante de pollution, un élément pour lequel une conciliation apparaît indispensable.

787. Au Canada, l'agriculture représente 8% du PIB total canadien,[1841] l'agriculture primaire représentant 1,7% du PIB total. En 2011 et 2012, les aides fédérales et provinciales dans ce domaine sont les plus importantes de toutes : 36% du budget total du Canada, devant les dépenses consacrées à la recherche et à l'inspection.[1842] La superficie agricole totale au Canada est évaluée à quelque 675 000 kilomètres carrés.[1843]

[1831] P. STROSSER, M. PAU VALL, E. PLÖTSCHER, *Eau et Agriculture : contribution à l'analyse d'une relation décisive mais difficile*, Rapport de la Commission européenne, disponible sur le site Internet de la Commission : http://ec.europa.eu/agriculture/envir/report/fr/eau_fr/report.htm (page consultée le 7 juill. 2014).

[1832] Leur caractéristique est d'être très solubles et de migrer facilement à travers les sols vers la nappe phréatique.

[1833] Voy. P. THIEFFRY, *Droit de l'environnement de l'Union européenne*, Bruxelles, Bruylant, 2ème Édition, 2011, p 1050.

[1834] S.C. NIXON, T.J. LACK, D.T.E. HUNT, *op.cit.*, p 16.

[1835] *Ibid.*

[1836] Ci-après « PAC ».

[1837] B. JACK, *Agriculture and EU Environmental Law*, Farnham Surrey (England), 2009, p 1.

[1838] *Ibid.*

[1839] *Ibid.*, p 2.

[1840] Pour une analyse historique du développement de la PAC depuis 1957, voy. *Ibid.*, pp 1 & s. Notons que la PAC fait l'objet de nouvelles négociations pour une réforme qui se voudrait en profondeur au cours de l'année 2014.

[1841] Site Internet du ministère de l'agriculture canadien « Agriculture et Agroalimentaire Canada » : http://www.agr.gc.ca/index_f.php (page consultée le 7 juill. 2014).

[1842] Un domaine représentant 30% du budget total canadien. Précisons que l'aide gouvernementale varie selon la province, le Québec faisant partie des provinces qui ont apporté le plus de financements proportionnellement à l'aide fédérale dans le domaine. Voy. à ce sujet Site Internet du ministère de l'agriculture canadien « Agriculture et Agroalimentaire Canada », *op. cit.*

[1843] Statistique Canada : http://www.statcan.gc.ca/start-debut-fra.html (page consultée le 7 juill. 2014), rubrique recensements de l'agriculture.

Sur les fruits et légumes produits au Canada, ont été détectés 10% de résidus de pesticides. La pollution des eaux de source agricole est difficile à évaluer précisément, puisqu'il s'agit d'une pollution diffuse. La réunion de plusieurs indices permet néanmoins de faire ressortir une tendance : la taille des exploitations bovines a augmenté depuis 2006. Dans une étude menée entre 2000 et 2009, il apparaît que la moyenne sur 10 ans de concentration de nitrates dans l'eau potable de plusieurs provinces canadiennes, dépasse les seuils autorisés. Au Québec, la moyenne de concentration entre 2000 et 2009 s'élève à 3,7 milligrammes par litre et la dose maximale relevée était de 93 milligrammes par litre.[1844]

788. Ainsi, l'agriculture est un secteur dans lequel tant le Canada que l'Union européenne investissent beaucoup. Il semble que cette activité est aussi une source importante de pollution des eaux, même si les données en la matière sont trop peu disponibles.

789. Le rapport entre l'économie et la protection des eaux apparaît en tous les cas étroit. L'économie est si centrale dans ces deux régions qu'une protection de l'environnement dégagée de tout éclairage économique ne semble pas être envisageable. Elle semble même déterminer les bases de la conciliation entre exploitation et protection de la ressource.

B. Une conciliation conditionnée

790. L'économie et la protection des eaux apparaissent comme un binôme indissociable qui conditionne les ordres juridiques canadien et européen. La prise en compte de la protection de la ressource a été progressivement acceptée dans l'activité économique de manière générale, mais elle ne doit pas contrevenir au fonctionnement des marchés, socles indéfectibles de chacun des deux ordres juridiques.

791. La communauté internationale a donné le ton dès 1992 : la déclaration du Sommet de Rio pose comme règle de principe « l'interdépendance de plus en plus manifeste entre progrès économique à long terme et nécessité de protection de l'environnement ». Le principe 16 de la Déclaration précise :

> Les autorités nationales devraient s'efforcer de promouvoir l'internalisation des coûts de protection de l'environnement et l'utilisation d'instruments économiques, en vertu du principe selon lequel c'est le pollueur qui doit, en principe, assumer le coût de la pollution, dans le souci de l'intérêt public et sans fausser le jeu du commerce international et de l'investissement.[1845]

Cette orientation est suivie au Canada (*2-*) et en Europe (*1-*) tant dans les textes juridiques que dans la jurisprudence.

1. La conciliation européenne

792. Comme l'affirme P. Thieffry, « la construction européenne reste essentiellement fondée sur la fusion de marchés nationaux (qui présentent une)

[1844] Site Internet du ministère de la santé canadien « Santé Canada », rubrique « santé de l'environnement et du milieu de travail » : http://www.hc-sc.gc.ca/ (page consultée le 7 juill. 2014).

[1845] Déclaration de Rio sur l'environnement et le développement, Conférence des Nations Unies sur l'environnement et le développement, 3 au 14 juin 1992.

propension naturelle à se recloisonner »[1846]. Les mesures de protection de l'environnement en droit de l'Union européenne s'insèrent dans ce contexte. Dans un premier temps, leur conciliation s'est faite par la voie prétorienne (*a*-)[1847] ; pour intégrer par la suite les traités (*b*-).

a. La voie prétorienne

793. Dans la mesure où la protection de l'environnement n'est pas envisagée dans les traités jusqu'en 1986, la Cour de Justice de l'Union a eu pour rôle de procéder à la conciliation entre la liberté du commerce et les exigences de protection de l'environnement durant cette période.

794. Dans un premier temps, en 1980, la Cour suit un raisonnement centré sur le marché commun. Dans l'affaire *Commission contre Italie*,[1848] se pose la question de la base juridique de deux directives : la Directive n°73/404/CEE[1849] relative aux détergents et la Directive n°75/716/CEE[1850] relative au rapprochement des législations des États membres concernant la teneur en soufre de certains combustibles liquides. Il s'agit de deux directives dont l'objet principal semble être la protection de l'environnement. Le gouvernement italien allègue ainsi que le domaine des deux directives est « à la limite » de dépasser les compétences communautaires.[1851] La CJUE fonde alors en droit ces deux textes sur le fait que « faute de rapprochement des dispositions nationales en la matière, la concurrence pourrait être sensiblement faussée »[1852]. Ces deux directives ont donc pour objet principal d'harmoniser certaines règles de protection de l'environnement, qui sont considérées comme des conditions de concurrence. Sans cette harmonisation, les conditions de concurrence seraient faussées sur le marché européen. Ainsi, au tout départ, le bon fonctionnement du marché permet de fonder juridiquement la compétence de la Communauté européenne en matière environnementale.

795. En 1985, la Cour consacre « le caractère d'objectif prioritaire de protection de l'environnement en termes dépourvus d'ambiguïté »[1853] en affirmant que « [...] le principe de la liberté du commerce n'est pas à considérer d'une manière absolue, mais est assujetti à certaines limites justifiées par les objectifs d'intérêt général poursuivis par la Communauté [...] »[1854].

[1846] P. THIEFFRY, *Droit de l'environnement de l'Union européenne*, Bruxelles, Bruylant, 2ème Édition, 2011, p 65.

[1847] *Ibid.*, p 59 ; F. PICOD, « Le Traité de Lisbonne : une nouvelle chance pour l'Europe », *JCP*, Éd. G, 52, 21 déc. 2009, p 13.

[1848] CJCE, 18 mars 1980, *Commission c/ Italie*, Aff. 91/79 et 92/79, *Rec.* p 1099.

[1849] Directive 73/404/CEE du Conseil, du 22 novembre 1973, concernant le rapprochement des législations des États membres relatives aux détergents, JOUE 1973, L 347/51.

[1850] Directive 75/716/CEE du Conseil, du 24 novembre 1975, relative au rapprochement des législations des États membres concernant la teneur en soufre de certains combustibles liquides, JOCE 1975, N L 307/22.

[1851] CJCE, 18 mars 1980, *Commission c/ Italie*, *op. cit.*, point 4.

[1852] *Ibid.*, point 8. Voy. à ce sujet P. THIEFFRY, *Droit de l'environnement de l'Union européenne*, Bruxelles, Bruylant, 2ème Édition, p 835.

[1853] P. THIEFFRY, *op. cit.*, 2011, p 835.

[1854] CJCE, 7 févr. 1985, *Association de défense des brûleurs d'huiles usagées*, Aff. 240/83, *Rec.* p 531, point 12.

796. La Cour précise au point suivant que la protection de l'environnement « est un des objectifs essentiels de la Communauté »[1855]. Le juge valide alors la Directive au nom de la liberté de circulation et des principes de libre concurrence, car elle poursuit un objectif d'intérêt général : la protection de l'environnement. Néanmoins, la Cour ajoute que cette Directive n'est pas discriminatoire.[1856]

797. Enfin, en 1988, la CJUE confirme que « la protection de l'environnement constitue une exigence impérative » qui peut limiter l'application des règles de l'Union européenne aux mesures nationales de protection de l'environnement affectant la liberté du commerce.[1857]

798. Dès l'entrée en vigueur de l'Acte unique de 1986,[1858] un fondement juridique est attribué à la Communauté européenne en matière environnementale. Ainsi, la conciliation entre la protection de l'environnement et le marché européen se joue sur un nouveau terrain : celui des traités. La Cour de justice continue de fixer les orientations de la conciliation entre économie et environnement. Le domaine des marchés publics est un exemple significatif. La prise en compte des critères écologiques dans l'attribution des marchés publics a en effet été envisagée par la Cour.[1859]

b. La conciliation des traités

799. Dès l'entrée en vigueur de l'Acte unique, la protection de l'environnement dans les politiques de la Communauté est prise en compte. C'est ainsi que les traités vont organiser la conciliation entre les exigences environnementales et économiques, et ce de manière assez obscure, tant les possibilités proposées sont nombreuses et techniques.

800. Deux types de dispositions apparaissent et sont aujourd'hui consignées dans les traités.

801. En premier lieu, il s'agit de dispositions environnementales ayant pour objet le marché intérieur. Elles impliquent des références expresses à l'environnement, mais à titre accessoire. Concrètement, parmi les mesures d'harmonisation des législations nationales, l'article 114 paragraphe 3 TFUE prévoit une intervention de l'Union européenne en matière de « protection de l'environnement » ; cela, par le biais de mesures ayant pour objet principal l'établissement et le fonctionnement du marché intérieur.[1860] P. Thieffry voit dans cette disposition « le corollaire de la nature même de l'institution dans le cadre de laquelle elle se place », c'est à dire « essentiellement fondée sur la

---

[1855] *Ibid.*, point 13.

[1856] *Ibid.*, point 15.

[1857] CJCE, 20 sept. 1988, *Commission des Communautés européennes c/ Royaume de Danemark*, Aff. 302/86, *Rec.* p 4607. Pour plus de précisions, voy. P. THIEFFRY, *op. cit.*, p 841.

[1858] Acte unique de 1986, JOCE L 169 du 29 juin 1987. Entré en vigueur le 1er juillet 1987.

[1859] Voy. CJCE, 17 sept. 2002, *Concordia Bus Finland OY Ab & autres*, AJDA 11/2002, p 780, note M.-C. De Montecler ; CJUE, 4 déc. 2003, *EVN AG Wienstrom*, Aff. C 448/01 ; R. ROMI *et al.*, *Droit international et européen de l'environnement*, Paris, Montchrestien, 2ème Édition, 2013, pp 300 & s.

[1860] Il s'agit de l'ancien article 100 A paragraphe 3 TCE, devenu l'article 95 paragraphe 3 TCE, finalement transformé en article 114 paragraphe 3 TFUE. Voy. à ce sujet P. THIEFFRY, *Droit de l'environnement de l'Union européenne*, Bruxelles, Bruylant, 2ème Édition, 2011, p 65.

fusion des marchés nationaux »[1861]. L'auteur rappelle le « souci omniprésent de la libre circulation dans le marché intérieur »[1862]. Ainsi, la conciliation entre la protection de l'environnement et le fonctionnement du marché intérieur est organisée sur ce fondement.[1863]

802. En second lieu, la conciliation entre les deux objectifs ressort dans l'application d'un principe introduit dans les traités par l'Acte unique. Il s'agit du principe d'intégration, aujourd'hui consigné à l'article 11 TFUE.[1864]

803. Il dispose que « (l)es exigences de la protection de l'environnement doivent être intégrées dans la définition et la mise en œuvre des politiques et actions de l'Union, en particulier afin de promouvoir le développement durable »[1865].

804. Par ce biais, la protection de l'environnement est intégrée aux problématiques des politiques de l'Union européenne. Trois politiques apparaissent centrales : la politique de l'énergie, la politique agricole commune et bien entendu le marché intérieur.

805. La politique de l'énergie bénéficie d'une double base juridique pour fonder sa conciliation avec la protection de l'environnement : l'article 11 TFUE et l'article 194 TFUE. Ce dernier précise que la politique de l'énergie doit tenir compte « de l'exigence de préserver et d'améliorer l'environnement »[1866].

806. La politique agricole commune n'a quant à elle réellement pris en compte les considérations environnementales que lors de la réforme de 1999 adoptée par le Conseil européen de Berlin des 24 et 25 mars 1999 dans le cadre de l'Agenda 2000.[1867] Si les débuts du « couple agriculture-environnement »[1868] ont été quelque peu timides, l'intégration des exigences environnementales a progressé et profondément changé « l'architecture même de ce qui reste la plus importante politique de l'Union européenne »[1869].

807. Enfin, les règles du marché intérieur apparaissant dans les traités, bénéficient de certains aménagements en matière environnementale. Par exemple, les dispositions environnementales qualifiées de mesures d'effet équivalent sont susceptibles de satisfaire une exigence impérative d'intérêt général, bénéficiant ainsi de « la dérogation prétorienne de la jurisprudence Cassis de Dijon »[1870]. De même, ces dispositions environnementales peuvent être justifiées par des raisons prévues à l'article 36 TFUE, telles que « la

---

[1861] P. THIEFFRY, *op.cit.*, p 65.
[1862] *Ibid.*
[1863] Pour plus de précisions, voy. *Ibid.*, pp 65-66.
[1864] Anciennement l'article 6 TCE.
[1865] Traité sur le fonctionnement de l'Union européenne, JOUE C 83 du 30 mars 2010, art. 11.
[1866] *Ibid.*, art. 194. Voy. P. THIEFFRY, *Droit de l'environnement de l'Union européenne*, Bruxelles, Bruylant, 2ème Édition, 2011, p 63.
[1867] P. THIEFFRY, *op.cit.*, p 1051.
[1868] *Ibid.*
[1869] *Ibid.*, p 1052. Pour plus de précisions, voy. *Ibid.* pp 1053 & s.
[1870] Dans l'affaire « Cassis de Dijon », la Cour de Justice a posé le principe selon lequel les restrictions à la libre circulation des marchandises peuvent être autorisées si l'intérêt général le justifie. Voy. CJCE, 20 févr. 1979, *Rewe-Zentral AG c/ Bundesmonopolverwaltung für Branntwein*, Aff. 120/78, *Rec.* p 649. (dit « Cassis de Dijon »). Pour plus de précisions, voy. P. THIEFFRY, *Droit de l'environnement de l'Union européenne*, Bruxelles, Bruylant, 2ème Édition, 2011, p 856.

protection de la santé et de la vie des personnes et des animaux ou de préservation des végétaux »[1871].

808. Ainsi, la conciliation juridique européenne entre l'économie et l'environnement semble à ses débuts conditionnée par les rapports ambigus entretenus entre les deux domaines. Néanmoins, les traités et la jurisprudence semblent privilégier progressivement une recherche d'équilibre entre ces deux impératifs, de telle sorte que l'environnement ne soit pas mis de côté au nom des exigences du marché intérieur.[1872] La logique appliquée au Canada se distingue largement de cette approche.

2. La conciliation canadienne : entre protection de l'environnement et exigences économiques

809. La situation juridique au Canada apparaît très différente de celle de l'Union européenne. La démarche adoptée se situe davantage dans un processus de négociation secteur par secteur pour l'élaboration et la mise en œuvre des normes antipollution et l'octroi de permis.[1873] Cela apparaît à deux niveaux : du point de vue des textes à proprement parler (*a*-) ; et du point de vue de la jurisprudence (*b*-).

a. La discrétion des textes

810. La place du fonctionnement du marché canadien est centrale dans l'ordre juridique canadien. Les compétences attribuées dans ce domaine à l'ordre de gouvernement fédéral sont très importantes.

Selon la Constitution, la compétence en matière d'échange et de commerce est en effet une compétence exclusive fédérale selon l'article 91 (2) de la *Loi constitutionnelle de 1867*.[1874] Également, les articles 91(9) à 91(13) attribuent une compétence exclusive fédérale en matière de navigation et de commerce maritime ;[1875] il en est de même des affaires bancaires et monétaires,[1876] de la faillite et l'insolvabilité,[1877] et des effets de commerce[1878].

[1871] Traité sur le fonctionnement de l'Union européenne, JOUE *C 83 du 30 mars 2010, art. 36. Pour un développement plus complet à ce sujet ainsi que d'autres exemples de conciliation des exigences du marché intérieur et de protection de l'environnement, voy.* P. THIEFFRY, *op.cit.*, pp 841 & s.

[1872] Pour un développement très complet à ce sujet, et malgré son ancienneté au regard du Traité de Lisbonne, voy. C. VIAL, *Protection de l'environnement et libre circulation des marchandises*, Bruxelles, Bruylant, 2006, 620 pages.

[1873] C'est pourquoi la conciliation entre les exigences économiques et environnementales apparaît moins évidente à faire ressortir. De même, les données disponibles à ce sujet sont beaucoup plus rares qu'en Europe. Voy. I. WEIBUST, *Green Leviathan : the case for a federal role in environmental policy*, Farnham, Surrey, England, 2009, p 147.

[1874] *Loi constitutionnelle de 1867*, L.R.C. (1985), app. II, n°5. Voy. à ce sujet H. BRUN, G. TREMBLAY, E. BROUILLET, *Droit constitutionnel*, Cowansville, Yvon Blais, 2008, p 477.

[1875] Il s'agit de la règle de principe, des exceptions étant traitées à l'article 92(7), (10) a) et b).

[1876] Art. 91(14) et 91(15). Voy. également l'arrêt de la Cour suprême : *Banque canadienne de l'Ouest c. Alberta*, [2007] 2 R.C.S. 3, 2007 CSC 22.

[1877] *Towell Investments* [1978] 1 R.C.S. 974. La Cour y reconnaît à l'ordre de gouvernement fédéral une vaste compétence accessoire en la matière. Pour plus de précisions, voy. H. BRUN, G. TREMBLAY, E. BROUILLET, *op. cit.*, p 481.

[1878] Les lettres de change et billets à ordre selon l'article 91(18), dont l'aire d'exclusivité a été restreinte par la décision *A.G. Alberta* [1941] R.C.S. 87. Voy. H. BRUN, G. TREMBLAY, E. BROUILLET, *op.cit.*, p 484.

Notons également que l'exploitation des ressources naturelles est une compétence attribuée par la Constitution aux provinces, ce qui amplifie les tensions.[1879]

811. La protection de l'environnement ne s'est pas vue octroyer de place dans les règles constitutionnelles de partage des compétences. Ainsi, le domaine est considéré comme un agrégat de matières, dont le partage des compétences est assuré par la Cour suprême.[1880] À l'inverse du cas européen, aucune règle n'apparaît donc dans les textes constitutifs pour réglementer la conciliation entre les exigences économiques et environnementales.

812. Dans les lois fédérales, plusieurs allusions à cette conciliation apparaissent. Le deuxième paragraphe du Préambule de la *Loi sur les ressources en eau du Canada* dispose que « la pollution des ressources en eau du Canada constitue, pour […] la prospérité de la population du Canada […], une menace sérieuse »[1881].

Également, le Préambule de la *Loi canadienne sur la protection de l'environnement* précise que « le gouvernement du Canada […] reconnaît la nécessité, pour lui et les organismes privés, de prendre toute décision en tenant compte des facteurs environnementaux, économiques et sociaux »[1882]. Deux éléments viennent préciser cette assertion. Le premier élément apparaît dans le paragraphe 2 (1) b), qui dispose que « (p)our l'exécution de la présente loi, le gouvernement fédéral doit, […] prendre ses décisions économiques et sociales en tenant compte de la nécessité de protéger l'environnement […] »[1883].

Le paragraphe 2 (1-1) b) de la loi ajoute :

> Le gouvernement du Canada doit tenir compte des facteurs suivants avant de prendre des mesures conformément à l'alinéa (1) a. 1) :
>
> […]
>
> b) les conséquences économiques positives découlant de la mesure, notamment les économies découlant des progrès et innovations en matière de technologie, de santé et d'environnement.[1884]

813. La *Loi canadienne sur la protection de l'environnement* est un socle sur la base duquel les négociations vont être menées. Dans cette loi comme dans la *Loi sur les ressources en eau du Canada*, le principe de la conciliation entre considérations économiques et environnementales apparaît clairement, mais sa mise en œuvre reste à déterminer. La jurisprudence de la Cour suprême a permis d'apporter des éléments de réponse qui l'éloignent du travail de la CJUE en la matière.

b. Les précisions prétoriennes

814. Les cas où la Cour suprême traite de cette conciliation apparaissent très rares. C'est dans l'arrêt *Friends of the Oldman River*,[1885] que la Cour

---

[1879] Art. 92 A. (1) de la Constitution. Voy. à ce sujet K. HARRISON, *Passing the Buck : Federalism and Canadian Environmental Policy*, Vancouver, UBC Press, 2011, p 116.
[1880] Pour un développement plus complet à ce sujet, voy. *supra* §508 & s.
[1881] *Loi sur les ressources en eau du Canada* (L.R.C. (1985), ch. C-11), préambule.
[1882] *Loi canadienne sur la protection de l'environnement* (L.R. (1985), ch.16) ; (L.R. (1999), ch. 33), préambule.
[1883] *Ibid.*, paragraphe 2 (1) b).
[1884] *Ibid.*, paragraphe 2 (1-1) b).

suprême propose une approche qui semble à distance de celle proposée par la Cour de justice de l'Union européenne. La Cour suprême semble considérer la relation entre la protection de l'environnement et les exigences économiques à travers le filtre du partage des compétences opéré par la Constitution. Le domaine de l'environnement n'étant pas une compétence expressément attribuée, il doit être en cohérence avec les dispositions faisant partie d'une compétence expressément attribuée. Les compétences liées aux exigences économiques sont expressément attribuées par le texte de la Constitution.[1886] De plus, le domaine économique est historiquement central pour le Canada, ayant le principal facteur ayant mené à l'union des anciennes colonies britanniques.[1887]

815. Il ressort en effet des exemples fournis par le juge que le législateur doit prendre en compte dans les dispositions de protection de l'environnement, des conséquences potentielles de leur mise en œuvre sur l'économie, privilégiant une analyse d'ensemble du secteur. La Cour prend l'exemple de la construction d'une nouvelle voie ferrée et affirme :

> [...] on peut validement tenir compte de toutes ces considérations (économiques et environnementales) [...]. Prétendre le contraire nous conduirait à des résultats étonnants et il ne serait pas logique d'affirmer que la Constitution ne permet pas au Parlement de tenir compte des vastes répercussions environnementales, y compris des répercussions socio-économiques, lorsqu'il légifère [...].[1888]

De même, la Cour précise :

> [...] on ne peut mettre en doute que le Parlement puisse s'occuper de questions biophysiques environnementales ayant une incidence sur l'exploitation des chemins de fer dans la mesure où il le fait dans le cadre d'une loi sur les chemins de fer. Il pourrait notamment s'agir de questions touchant les normes d'émission ou les mesures de réduction du bruit.[1889]

816. La Cour suprême envisage au cas par cas chaque situation dans la globalité de ses implications. On peut affirmer qu'il y a dans cette approche une recherche d'équilibre au même titre que la CJUE, mais par des moyens opposés.

817. Propos conclusifs. – Les régimes juridiques canadien et européen de protection de l'eau sont caractérisés par une ambivalence : ils doivent assurer d'un côté la protection de l'eau, et gérer d'un autre côté les enjeux économiques liés à la ressource. La gestion de cette ambivalence est influencée par la centralité des usages de l'eau dans l'activité économique. Les acteurs économiques sont ainsi à la fois centraux pour le bon fonctionnement des marchés canadien et européen, et ils sont à l'origine d'une grande partie de la pollution de la ressource. Face à ces éléments, le Canada et l'Union européenne procèdent à une conciliation similaire en ce qu'ils recherchent un équilibre entre les enjeux économiques et environnementaux. Mais les moyens pour y parvenir diffèrent.

[1885] *Friends of the Oldman River Society* c. *Ministre des Transports du Canada*, [1992] 1 R.C.S. 3, 80.
[1886] Voy. *supra* §810 & s.
[1887] Voy. *supra* §52 & s.
[1888] *Friends of the Oldman River Society* c. *Ministre des Transports du Canada*, [1992] 1 R.C.S. 3, 80.
[1889] *Ibid.*

818. La Cour européenne et les textes européens envisagent cette relation dans un sens : les considérations environnementales doivent être intégrées aux autres politiques de l'Union. La Cour suprême et les textes canadiens semblent appréhender ce rapport en sens inverse : chaque politique environnementale doit tenir compte des conséquences économiques de ses dispositions. Un autre point de divergence réside dans le fait que l'ordre juridique européen est ancré dans l'impérativité des règles de protection de l'environnement, tandis que le Canada est davantage marqué par les négociations pour adopter de telles mesures. On peut y déceler l'empreinte de la tradition romano-germanique pour l'Union européenne et celle de *common law* au Canada.[1890]

819. Au-delà de ces différences, un point commun apparaît : ces deux ordres juridiques se sont imprégnés d'une nouvelle approche des politiques publiques de protection des eaux centrée sur l'efficacité. Il s'agit de la gestion intégrée des ressources en eau.

SECTION II. L'EFFICACITÉ DES POLITIQUES PUBLIQUES PAR UNE NOUVELLE GESTION INTÉGRÉE

820. Les ordres juridiques canadien et européen, au même titre que beaucoup d'ordres juridiques occidentaux, se sont progressivement imprégnés d'une logique d'efficacité introduite par le Nouveau Management Public. L'hypothèse de K. Schedler et I. Proeller sur les évolutions dans l'application des instruments proposés par le Nouveau Management Public selon les ordres juridiques apparaît pertinente en termes de comparaison entre le Canada et l'Union européenne. Selon ces auteurs, chaque gouvernement choisit une gamme d'instruments en fonction de ses besoins politiques à un moment donné.[1891] Un même type de problème, comme une crise financière, ne sera pas forcément résolu avec les mêmes instruments.[1892] Ainsi, le Canada et l'Union n'auront pas appliqué les mêmes instruments préconisés par le Nouveau Management Public lors de leurs réformes respectives.

821. Ces deux ordres juridiques ont donc embrassé la logique d'efficacité, en intégrant certains instruments du Nouveau Management Public dans leur arsenal juridique (*paragraphe I*) ; cette nouvelle logique s'est traduit concrètement dans le domaine de la protection de la qualité des eaux douces

---

[1890] La façon d'appréhender la règle de droit est différente entre ces deux ordres juridiques : l'Union européenne est imprégnée en la matière d'éléments issus de la famille de droit romano-germanique, car les règles de droit apparaissent généralement dans des textes juridiques. L'ordre juridique canadien est clairement influencé par les principes issus de la famille de *common law*, la règle de droit étant davantage déterminée d'un point de vue prétorien ou par voie de négociation. Pour davantage de précisions concernant les familles de droit, voy. R. DAVID, *Traité élémentaire de droit civil comparé : Introduction à l'étude des droits étrangers et à la méthode comparative*, Paris, L.G.D.J., 1950, 555 pages ; L.-J. CONSTANTINESCO, *Traité de Droit comparé – Tome I : Introduction au Droit comparé*, Paris, L.G.D.J., 1972, 243 pages ; G. CUNIBERTI, *Grands systèmes de droit contemporains*, Paris, L.G.D.J., 2011, 510 pages.

[1891] K. SCHEDLER, I. PROELLER, « The New Public Management – A perspective from mainland Europe », in K. MCLAUGHLIN, S.P. OSBORNE, E. FERLIE, *New public management: current trends and future prospects*, Londres, Routledge Chapman & Hall, 2002, p 165.

[1892] *Ibid.*, p 166.

par la mise en place de mécanismes novateurs réunis sous l'expression « gestion intégrée des ressources en eau »[1893] (*paragraphe II*).

Paragraphe I. Une approche gestionnaire : la volonté d'efficacité des politiques publiques

Paragraphe II. L'application : la création des districts hydrographiques et des accords environnementaux

Paragraphe I. Une approche gestionnaire : la volonté d'efficacité des politiques publiques

822. La volonté d'efficacité de l'action publique s'inscrit dans une histoire longue, et a régulièrement jalonné les politiques publiques dans le monde.[1894] Néanmoins, le Nouveau Management Public tient une place à part dans cette logique, tant les transformations opérées en son nom sont fondamentales.[1895] Si des éléments clés se sont dégagés depuis son apparition doctrinale dans les années 1960-1970, les auteurs se réclamant de cette approche ont multiplié les divergences entre leurs théories respectives.[1896]

Il apparaît opportun de dégager en premier lieu les éléments clés communs aux principales doctrines du Nouveau Management Public (*A*-) ; puis d'envisager la réception de ces éléments au Canada et dans l'Union européenne (*B*-).

A. Les éléments clés communs aux différentes ramifications de la doctrine du Nouveau Management Public : l'idéologie de bonne gestion du secteur public

823. Dans une acception large de l'expression, le Nouveau Management Public implique une série de réformes basées sur un élément central : le « management au sein du secteur public »[1897]. Cela signifie que les mécanismes destinés au fonctionnement du marché privé sont importés dans le

[1893] Ci-après « GIRE ».

[1894] Pour un développement très complet à ce sujet, voy. L.E. LYNN, « Public Management – A Concise History of the Field », in E. FERLIE, L.E. LYNN, Ch. POLLITT, *The Oxford Handbook of Public Management*, Oxford University Press, 2005, pp 27-50 ; ainsi que B.G. PETERS, « Nouveau Management Public (New Public Management) », in L. BOUSSAGUET, S. JACQUOT, P. RAVINET, *Dictionnaire des politiques publiques*, Paris, Presses de Sciences Po, 2010, p 398 ; et Ch. POLLITT, G. BOUCKAERT, *Public Management Reform : A Comparative Analysis*, Oxford University Press, 2000, p 24.

[1895] B.G. PETERS, *op. cit.*, p 398.

[1896] Comme le souligne B.G. Peters, l'expression « Nouveau Management Public » « masque de grandes variations internes ». Ch. Hood évoque un large éventail de théories sur l'administration qui ont dominé de façon différente l'ensemble des pays de l'OCDE. G.A. Larbi propose dans son rapport pour les Nations Unies un tableau des principales conceptions du Nouveau Management Public selon la perspective de différents auteurs. Voy. B.G. PETERS, *op. cit.*, p 398 ; Ch. HOOD, « A Public Management for All Seasons ? », *Public Management*, vol. 69, 1991, p 3 ; G.A. LARBI, *The New Public Management Approach and the Crisis States*, Genève, Institut de Recherche des Nations Unies pour le Développement Social, 112, Septembre 1999, p 14.

[1897] B.G. PETERS, *op. cit.*, p 398.

fonctionnement de l'administration.[1898] Cette importation a largement influencé « la structure de l'administration, le management du personnel et des organisations, et la sélection des instruments de politique publique »[1899]. Trois éléments clés semblent ressortir malgré les « variations internes »[1900] de la doctrine à ce sujet : l'opposition au weberianisme (*1*-) ; la centralité de la performance (*2*-) ; et les liens plus étroits entre les secteurs public et privé (*3*-).

1. L'opposition au weberianisme

824. La conception du secteur public proposée par le Nouveau Management Public est à l'opposé de la « bureaucratie » caractéristique de M. Weber.[1901] L'approche traditionnelle appliquée à l'organisation et la fourniture du service public est basée sur plusieurs éléments caractéristiques.

825. En premier lieu, les objectifs de l'action publique sont traditionnellement basés sur le respect des règles et des procédures, alors que le Nouveau Management Public propose d'atteindre les résultats, de satisfaire le client.[1902] En deuxième lieu, alors que le weberianisme implique une centralisation de l'administration, avec une structure pyramidale, le Nouveau Management Public propose une décentralisation des services, avec une délégation de compétence.[1903] En troisième lieu, le schéma traditionnel imbrique les fonctions politique et administrative : elles sont ainsi interdépendantes. Le Nouveau Management Public implique une séparation plus nette entre les deux domaines.[1904] En quatrième lieu, le Nouveau Management Public semble se centrer sur l'autonomie, la flexibilité et la

---

1898 B.G. PETERS, « Nouveau Management Public (New Public Management) », in L. BOUSSAGUET, S. JACQUOT, P. RAVINET, *Dictionnaire des politiques publiques*, Paris, Presses de Sciences Po, 2010, p 399.

1899 *Ibid.*

1900 Ch. HOOD, « A Public Management for All Seasons ? », *Public Management*, vol. 69, 1991, pp 3-19. Pour davantage de précisions sur les débats doctrinaux en la matière, voy. B.G. PETERS, *op. cit.*, p 398 ; ainsi que le tableau proposé dans K. SCHEDLER, I. PROELLER, « The New Public Management – A perspective from mainland Europe », in K. MCLAUGHLIN, S.P. OSBORNE, E. FERLIE, *New public management: current trends and future prospects*, Londres, Routledge Chapman & Hall, 2002, p 165.

1901 M. WEBER, *Économie et Société*, Paris, Plon, 1971, 834 pages ; A. AMAR, L. BERTHIER, *Le Nouveau Management Public : Avantages et Limites – The New Public Management : Advantages and Limits*, Réseau d'Enseignants, Chercheurs et Experts en Management Public (RECEMAP), 2013, p 3.

1902 A. AMAR, L. BERTHIER, *op. cit.*, p 3 ; G.A. LARBI, *The New Public Management Approach and the Crisis States*, Genève, Institut de Recherche des Nations Unies pour le Développement Social, 112, Septembre 1999, p 12 ; R.C. MASCARENHAS, « Building an Enterprise Culture in the Public Sector : Reform of the Public Sector in Australia, Britain, and New Zealand », *Public Administration Review*, vol. 53, 4, 1993, pp 319 & s.

1903 *Ibid.*

1904 A. AMAR, L. BERTHIER, *Le Nouveau Management Public : Avantages et Limites – The New Public Management : Advantages and Limits*, Réseau d'Enseignants, Chercheurs et Experts en Management Public (RECEMAP), 2013, p 3 ; G.A. LARBI, *The New Public Management Approach and the Crisis States*, Genève, Institut de Recherche des Nations Unies pour le Développement Social, 112, Septembre 1999, p 12 ; R.C. MASCARENHAS, « Building an Enterprise Culture in the Public Sector : Reform of the Public Sector in Australia, Britain, and New Zealand », *Public Administration Review*, vol. 53, 4, 1993, p 321.

réactivité, alors que la bureaucratie weberienne est présentée comme très hiérarchique, favorisant la parcellisation et la spécialisation.[1905]

826. Le schéma traditionnel se voit opposer la culture de l'entreprise, transposée à l'administration publique.[1906] Ainsi, les tenants du Nouveau Management Public cherchent à faire passer l'administration publique d'un paradigme bureaucratique à un paradigme post-bureaucratique.[1907] Pour cela, l'intégration des logiques de management est proposée.

2. Des critères de performance devenus centraux

827. La performance devient un nouvel objectif central de l'administration, par le biais de différents instruments.[1908] À travers le prisme du Nouveau Management Public, les actions de l'administration sont tout d'abord davantage évaluées sur des critères de performance, à la place des critères procéduraux.[1909] Comme le souligne B.G. Peters, « [...] alors que l'administration publique traditionnelle s'appuie fortement sur des procédures, afin de définir les règles de conduite à suivre dans les services, le Nouveau Management Public regarde plus directement ce que les organisations ont effectivement fait »[1910].

828. Ensuite, au regard de la gestion du personnel et des règles de gestion budgétaire et d'approvisionnement[1911] des mutations importantes s'opèrent. Les « systèmes traditionnels de rémunération et de notation de fonctionnaires ont été abolis ou amendés pour [...] mettre en place des incitations personnalisées, indexées sur la performance »[1912]. Cela permet de faire entrer dans l'administration des personnes issues du secteur privé, entraînant un accroissement de l'efficacité au travail, les individus étant en

---

[1905] N. FLYNN, *Public Sector Management*, London, Harvester Wheatsheaf, 6ème Éd., 2012, pp 2 & s. ; A. AMAR, L. BERTHIER, *op. cit.*, p 3.

[1906] G.A. Larbi parle en effet d' « *enterprise culture* » (Notre traduction). Voy. G.A. LARBI, *op. cit.*, p 12 ; R.C. MASCARENHAS, *op. cit.*, p 319 ; J. STEWART, K. WALSH, « Change in the Management of Public Services », *Public Administration*, Vol. 70, 1992, pp 499-518.

[1907] J. DIXON, A. KOUZMIN, N. KORAC-KAKABADSE, « Managerialism – Something old, something borrowed, little new : Economic prescriptions versus effective organizational change in public agencies », International Journal of Public Sector Management, vol. 11, 2/3, 1998, p 170 ; G.A. LARBI, *op. cit.*, p 16.

[1908] Ch. HOOD, « A Public Management for All Seasons ? », *Public Management*, vol. 69, 1991, pp 3-19 ; D.S. KASSEL, « Performance, Accountability, and the Debate over Rules », *Public Administration Review*, vol. 68, 2008, pp 241-252 ; M. MACAULAY, A. LAWTON, « From virtue to competence: changing the principles of public service », *Public Administration Review,* vol. 66, 2006, p 702 ; A.C. RUSAW, "Changing Public Organizations: Four Approaches", *Int'l J. of Publ. Adm.,* vol. 30, 2007, pp 347 & s ; N. FLYNN, *op. cit.*, pp 117 & s.

[1909] T. KIMURA, « L'évolution des prises de décision : du choix politique au choix efficace », in O. JOUANJAN, H. YAMAMOTO (dir.), « Action publique et globalisation », *Annales de la Faculté de droit de Strasbourg*, 8, 2006, p 55 & s.

[1910] B.G. PETERS, « Nouveau Management Public (New Public Management) », in L. BOUSSAGUET, S. JACQUOT, P. RAVINET, *Dictionnaire des politiques publiques*, Paris, Presses de Sciences Po, 2010, p 401.

[1911] *Ibid.*, p 400 ; Ch. HOOD, « A Public Management for All Seasons ? », *Public Management*, vol. 69, 1991, pp 3-19.

[1912] B.G. PETERS, *op. cit.*, p 400.

concurrence entre eux.[1913] De plus, l'efficacité managériale semble prendre le pas sur ce que A. Lawton et M. Macaulay appellent la vertu personnelle.[1914]

829. Une déréglementation est également engagée car il est considéré que « les règles et réglementations de gestion […] empêchent le manager compétent de mettre en œuvre ses talents »[1915]. Les autorisations d'action *a priori* inhiberaient le rythme de travail de l'administration. Ainsi, il est préconisé « d'abolir la plupart des contrôles et de faire en sorte que la prévention des abus repose désormais non plus sur des règles, mais sur une surveillance *ex post* ainsi que sur les valeurs des managers »[1916].

3. Une perméabilité du secteur public et du secteur privé

830. B.G. Peters soulève que le Nouveau Management Public implique « des liens plus étroits entre les secteurs public et privé »[1917]. Cela apparaît sous deux angles.

831. En premier lieu, Ch. Hood observe un déplacement vers une quasi-privatisation et une privatisation de l'administration, grâce à des délégations dans la fourniture du service public. [1918] C'est ce que recommandent les tenants du Nouveau Management Public. Cette préconisation est soutenue par « les pratiques de contractualisation, de partenariats public/privé et de toute une série d'instruments visant à impliquer les acteurs privés »[1919].

832. En second lieu, le Nouveau Management Public permet davantage d'interactions entre la prise de décision de l'administration et ses usagers.[1920] Le citoyen étant également client,[1921] il a un droit de regard sur la « définition des priorités politiques et dans l'évaluation des performances des organisations » [1922]. Il s'agit de l'« *empowerment* » [1923] des usagers et des fonctionnaires dans le fonctionnement des organisations publiques.

[1913] *Ibid.* ; Ch. HOOD, *op. cit.*, p 3.

[1914] M. MACAULAY, A. LAWTON, « From virtue to competence: changing the principles of public service », *Public Administration Review,* vol. 66, 2006, p 702.

[1915] B.G. PETERS, *op. cit.*, 2010, p 400.

[1916] *Ibid.*

[1917] *Ibid.* Voy. également le développement consacré au Royaume-Uni dans N. FLYNN, *Public Sector Management*, London, Harvester Wheatsheaf, 6ème Éd., 2012, pp 7 & s. ; et plus globalement T. KIMURA, « L'évolution des prises de décision : du choix politique au choix efficace », in O. JOUANJAN, H. YAMAMOTO (dir.), « Action publique et globalisation », *Annales de la Faculté de droit de Strasbourg*, 8, 2006, pp 55 & s.

[1918] L'auteur parle de « *the shift toward privatization and quasi-privatization* ». Voy. Ch. HOOD, « A Public Management for All Seasons ? », *Public Management*, vol. 69, 1991, p 3. Notre traduction.

[1919] B.G. PETERS, « Nouveau Management Public (New Public Management) », in L. BOUSSAGUET, S. JACQUOT, P. RAVINET, *Dictionnaire des politiques publiques*, Paris, Presses de Sciences Po, 2010, p 401 ; N. FLYNN, *Public Sector Management*, London, Harvester Wheatsheaf, 6ème Éd., 2012, pp 8 & s.

[1920] Voy. N. FLYNN, *op. cit.*, pp 154 & s.

[1921] *Ibid.*

[1922] B.G. PETERS, *op. cit.*, p 401.

[1923] *Ibid.*

833. Ainsi, le pouvoir politique s'éloignerait de l'analyse qu'en a faite le Doyen Hauriou. Il dissocie en effet le pouvoir politique des pouvoirs économiques, distinguant la logique de l'entreprise de celle de l'État.[1924]

834. Ces quelques éléments sont un résumé très abrégé des principes centraux du Nouveau Management Public tels qu'ils apparaissent dans la doctrine. Le Canada et l'Union européenne ont adopté cette démarche en utilisant certains de ces outils. Ce choix reflète leurs particularités respectives.

B. La réception du Nouveau Management Public au Canada et dans l'Union européenne

835. La réception du nouveau paradigme de l'action publique semble s'être faite de façon différente au Canada (*1*-) et dans l'Union (*2*-), le contexte économique et politique y apparaissant très différent.[1925] Dans les deux cas, cette intégration a créé un terreau dans lequel une nouvelle approche de l'action publique va germer, puis s'étendre à plusieurs domaines de compétence, dont la protection de la qualité des eaux douces.

1. Le Nouveau Management Public au Canada : une réception en demi-teinte

836. Le Canada, voisin des États-Unis, n'a pas intégré les éléments clés du Nouveau Management Public avec la même intensité que le Royaume-Uni ou la Nouvelle-Zélande. S. Borins fait ressortir que le Canada est un État fédéral : comme aux États-Unis, sa réception est différente de celle observée dans les États plus centralisés.[1926] De plus, le Canada a des préoccupations d'ordre politique qui vont accaparer l'attention du gouvernement : le rapatriement de la Constitution en 1982, les Accords du lac Meech et ceux de Charlottetown, qui ont lieu respectivement en 1987 et 1992. L'actualité constitutionnelle est donc très riche durant cette période, même si l'appui nécessaire à de véritables changements n'a pas été réellement mobilisé.[1927]

[1924] M. HAURIOU, *Principes de droit public*, Paris, Dalloz, 1910, pp 393 & s. Selon la lecture de T. Kimura, le Doyen Hauriou aurait nuancé cette distinction en préconisant l'adoption d'un « esprit d'entreprise » par les gouvernants, car si l'État ne crée pas de richesses comme une entreprise, il produit des « biens publics ». Voy. à ce sujet T. KIMURA, « L'évolution des prises de décision : du choix politique au choix efficace », in O. JOUANJAN, H. YAMAMOTO (dir.), « Action publique et globalisation », *Annales de la Faculté de droit de Strasbourg*, 8, 2006, pp 49 & s. ; ainsi que M. HAURIOU, *Précis de droit constitutionnel*, Paris, Tenin, Sirey, 1923, pp 144-145.

[1925] Il s'agit de faire ressortir dans cette partie des tendances globales de chacun des deux ordres juridiques étudiés. Le domaine spécifique de la protection de la qualité des eaux douces est traité au paragraphe suivant.

[1926] S. BORINS, « New Public Management, North American Style », in K. MCLAUGHLIN, S.P. OSBORNE, E. FERLIE, *New public management: current trends and future prospects*, Londres, Routledge Chapman & Hall, 2002, p 185.

[1927] G. Paquet ajoute un indice supplémentaire : la « prudence caractéristique » des canadiens envers les changements. Voy. G. PAQUET, « Innovations en gouvernance au Canada », *Optimum, La revue de gestion du secteur public*, vol. 29, 2/3, 1999, pp 80-82.

837. Ainsi, quelques éléments issus du Nouveau Management Public vont être appliqués, mais cela semble être davantage du saupoudrage qu'une intégration pleinement menée à terme.[1928]

838. De 1984 à 1993, le gouvernement Mulroney va engager des réformes de l'administration : des privatisations, une dé-centralisation[1929] et des coupes budgétaires vont avoir lieu, sans toutefois adopter avec la même intensité les mesures prises au Royaume-Uni.[1930] Il se trouve en effet que la pression économique n'est pas particulièrement forte sur le gouvernement durant cette période.[1931] Néanmoins, les orientations se placent en opposition avec le weberianisme, notamment à travers la dé-centralisation. De plus, cela favorise une atténuation de la frontière entre les sphères publique et privée.

839. Dès 1993, et sous le gouvernement Chrétien, la pression économique se fait plus intense. L'administration fait alors l'objet d'une réforme qui s'annonce plus intensive, tout en restant dans la continuité des privatisations initiées jusque là. Ainsi, l'Exercice d'Examen des Programmes est adopté en 1994 et l'Initiative sur la diversification des modes de prestation de services en 1995.[1932] Le besoin de rééquilibrer le budget est plus prégnant. De plus, l'ancrage dans la logique de la performance est plus prononcé : on met en place un mécanisme permettant d'évaluer la performance de chaque politique publique fédérale. Si elle apparaît utile, on détermine le niveau le plus optimal pour sa réalisation (local, provincial, fédéral). Les secteurs des aéroports et de la navigation aérienne sont ainsi privatisés. Outre la privatisation, on retrouve un autre élément-clé du Nouveau Management Public : la gestion du personnel. Le personnel de l'administration fédérale est réduit de 25% durant cette période.[1933] De même, le personnel est remplacé par des kiosques électroniques.

840. Le Canada n'apparaît pas comme un grand pionnier dans l'application des outils du Nouveau Management Public. Des réformes ont certes été initiées, mais elles n'ont pas été menées à terme dans leur totalité.

841. Un seul élément provenant de cette approche a été appliqué au Canada de façon prononcée : la participation du citoyen à la prise de décision.[1934] La population est réellement devenue ce que G. Paquet appelle un « coproducteur de gouvernance »[1935]. La frontière entre les secteurs public et privé s'estompe un peu plus. La participation du public à la prise de décision a été mise en place par la *Federal Government's Program Review.* Selon S. Borins, c'est l'innovation la plus importante survenue au Canada dans le cadre de la réforme de l'action publique.[1936] Il s'agit de partager les fonctions de

---

[1928] S. BORINS, « New Public Management, North American Style », in K. MCLAUGHLIN, S.P. OSBORNE, E. FERLIE, *New public management: current trends and future prospects*, Londres, Routledge Chapman & Hall, 2002, p 189.

[1929] Notons que le terme « décentralisation » ne revêt pas la même signification au Canada et en Europe. C'est pourquoi nous avons choisi de traiter du cas canadien en employant le terme « dé-centralisation ».

[1930] S. BORINS, *op. cit.*, p 185.

[1931] *Ibid.*, p 186.

[1932] *Ibid.*, p 188 ; G. PAQUET, *op. cit.*, pp 82 & s.

[1933] Il s'agit en proportion du double de ce qui a été fait aux États-Unis. Voy. S. BORINS *op. cit.*, p 188.

[1934] S. BORINS, *op. cit.*, p 189 ; G. PAQUET, *op. cit.*, p 84.

[1935] G. PAQUET, *op. cit.*, p 84.

[1936] S. BORINS, *op. cit.*, p 189.

gouvernance avec la société civile, sous-entendu les individus, groupes communautaires et d'autres entités gouvernementales. Tant les fonctionnaires que les usagers sont associés, avec les gouvernements fédéraux et provinciaux, à la prise de décision.[1937] Cela permet de réduire les coûts induits par les chevauchements de compétences. Ainsi, certains y voient la mise en place d'une « société de la participation »[1938]. G. Paquet affirme que le Canada semble progressivement passer d'un « ancien régime » centralisateur, homogénéisant et hiérarchique à un « régime de gouvernance plus 'ouvert', communautarien, non centralisateur, pluraliste et distribué » par l'intermédiaire des réformes menées dans ce cadre.[1939]

842. Pour résumer, le Canada semble avoir adopté une version allégée du Nouveau Management Public, privilégiant la participation du public à tout autre élément clé de cette approche. L'Union européenne a connu une réalité sensiblement différente.

2. La réception tardive du Nouveau Management Public par l'Union européenne

843. L'Union européenne s'est plongée dans le Nouveau Management Public et plus largement dans le principe d'efficacité tardivement en comparaison avec les États membres (surtout ceux de l'Europe de l'Ouest). La modernisation des institutions européennes et de leur travail s'est produite sous l'influence des réformes menées par M. Thatcher notamment, les fonctionnaires européens étant en lien permanent avec les fonctionnaires des États membres.[1940] Il est apparu dès le milieu des années 1970 que la gestion administrative de la Commission européenne était problématique.[1941] Il a fallu attendre la présidence de H. Christophersen en 1985 pour que quelques réformes soient lancées. Si on relève certains éléments clairement issus du Nouveau Management Public, l'Union européenne tend davantage à le promouvoir auprès des États membres qu'à se l'appliquer. Une évaluation de la distribution des tâches est entamée, mais elle a été très peu suivie d'effets.[1942] On modernise également certains aspects de la gestion du personnel.[1943]

844. Malgré ces efforts, la Commission européenne et l'ensemble des institutions européennes sont perçues comme rigides, hiérarchiques et très compartimentées.[1944] Les raisons d'une telle réserve se trouvent dans le contexte politique dans lequel se trouve la Commission européenne : elle est très peu affectée par les facteurs ayant amené les États membres au Nouveau

---

[1937] S. Borins donne comme exemple le cas du *Canadian Business Service Centres*. Voy. S. BORINS, *op. cit.*, p 189.
[1938] G. PAQUET, *op. cit.*, p 84.
[1939] *Ibid.*, p 82.
[1940] A. STEVENS, H. STEVENS, « Le non-management de l'Europe », *Politiques et Management Public*, vol. 15, 1, 1997, p 39.
[1941] V. DIMIER, « Institutionnalisation et bureaucratisation de la Commission européenne : l'exemple de la DG Environnement », *Politique Européenne*, vol. 3, 11, 2003, pp 99-121 ; A. STEVENS, H. STEVENS, *op. cit.*, pp 39 & s.
[1942] A. STEVENS, H. STEVENS, *op. cit.*, p 40.
[1943] *Ibid.*, pp 39-40.
[1944] *Ibid.*, p 41.

Management Public.[1945] De plus, sa position et la nature de son activité la placent à l'extérieur des enjeux politiques auxquels les États membres font face : ce sont eux qui, la plupart du temps, mettent en œuvre les politiques européennes, ce qui les expose politiquement aux pressions des électorats. De même, l'évaluation « des résultats où l'application des indices de performance est particulièrement difficile »[1946] pour les mêmes raisons : la Commission européenne ne fournit pas de services directs aux citoyens.[1947]

845. Les institutions européennes ne se modernisent donc pas aussi largement que les États lors de cette période. Néanmoins, les critiques continuent d'affluer, d'autant plus que l'Union ne cesse de s'élargir.[1948]

846. À la fin des années 1990, il est établi que les opinions publiques considèrent les institutions européennes comme « trop bureaucratiques » [1949]. La Commission européenne avance le fait que « (n)ombreux sont ceux qui, face à un système complexe dont ils ne comprennent guère le fonctionnement, lui font de moins en moins confiance pour mener à bien les politiques qu'ils souhaitent. L'Union européenne est souvent considérée à la fois comme trop éloignée et trop envahissante »[1950].

847. De plus, le referendum irlandais catalyse le climat politique à l'égard de l'Union européenne : une faible participation et le « non » des Irlandais à la proposition européenne du Traité de Nice sont autant d'éléments allant dans ce sens.[1951]

848. La réforme qui place véritablement l'Union européenne dans la mouvance du Nouveau Management Public intervient à la fin des années 1990. Elle est entérinée par le Livre blanc de l'an 2000 sur la réforme de la Commission ainsi que le Livre blanc de 2001 sur la gouvernance européenne.[1952] Les éléments issus du Nouveau Management Public sont plus clairement affichés dans ces deux documents : la logique d'efficacité est au centre du dispositif de modernisation de l'action européenne. Les principes d'ouverture, de participation, de responsabilité, d'efficacité et de cohérence sont annoncés comme les socles de la nouvelle gouvernance européenne.[1953] Une culture managériale doit être mise en place, pour permettre à « une gestion axée sur les performances »[1954] de se développer.

849. Concrètement, la Commission européenne décide de développer considérablement la participation de la société civile à la prise de décision,[1955] de simplifier le droit communautaire,[1956] de mettre en place une « culture renforcée d'évaluation et de rétro-information »[1957], de mettre en place une « analyse effective de l'opportunité d'intervention au niveau de l'Union et de

---

1945 *Ibid.*, p 42.
1946 *Ibid.*, pp 42-43.
1947 *Ibid.*
1948 *Ibid.*, p 49.
1949 V. DIMIER, *op. cit.*, p 99.
1950 Commission des Communautés Européennes, *Gouvernance Européenne – Un Livre Blanc*, COM (2001) 428 final, p 3.
1951 *Ibid.*
1952 *Ibid.*
1953 *Ibid.*, pp 12-13.
1954 *Ibid.*, p 17. Voy. également à ce sujet V. DIMIER, *op. cit.*, p 100.
1955 Commission des Communautés Européennes, *op. cit.*, pp 17-21.
1956 *Ibid.*, p 27.
1957 *Ibid.*, p 26.

la nécessité d'une action réglementaire »[1958], impliquant un « recentrage des politiques de l'Union européenne »[1959].

850. La réforme a un objectif très clair : la performance des institutions et des politiques de l'Union. Ainsi, on retrouve les principaux points d'ancrage du Nouveau Management Public.

851. En premier lieu, la Commission se place à l'opposé du modèle bureaucratique weberien : d'une « bureaucratie centralisée assez traditionnelle, tournée vers les problèmes et les responsabilités du passé, elle (la Commission) s'est muée en une organisation de gestion fondée davantage sur les résultats [...] »[1960].

852. En deuxième lieu, la centralité de la performance est mise en place dans plusieurs domaines, dont la gestion du personnel : « la gestion des ressources humaines a été rénovée avec l'adoption d'un nouveau statut [...] entré en vigueur le 1er mai 2004 »[1961]. Le Règlement (CE, EURATOM) du 22 mars 2004[1962] modifie en effet le statut des fonctionnaires et met en place « un système de carrière linéaire destiné à accroître la motivation du personnel et à mieux récompenser le mérite »[1963]. Également, un système d'évaluation d'impact de la législation européenne a été créé,[1964] ainsi qu'un accord interinstitutionnel intitulé « Mieux légiférer », signé en décembre 2003.

853. En troisième lieu, la frontière entre les secteurs public et privé semble devenir plus perméable. La participation du public et la transparence des institutions européennes ont considérablement augmenté. Notamment, la Communauté a approuvé en son nom la Convention d'Aarhus sur la participation des citoyens en matière environnementale,[1965] par la décision 2005/370/CE du Conseil du 17 février 2005.

854. Ainsi, l'Union européenne s'ancre progressivement et tardivement dans la culture de la performance. Cette nouvelle approche, appliquée dans un premier temps au fonctionnement des institutions européennes, est un terrain où les institutions européennes vont cultiver le principe d'efficacité.

855. Propos conclusifs. – L'application du Nouveau Management Public a opéré des mutations fondamentales tant au Canada que dans l'Union. Cette idéologie de bonne gestion du secteur public implique une volonté d'efficacité des politiques revêtant plusieurs visages. Chacun des deux ordres juridiques a

---

[1958] *Ibid.*, p 24.

[1959] *Ibid.*, pp 33 & s.

[1960] Commission des Communautés Européennes, *Communication de la Commission au Conseil et au Parlement – Rapport de suivi sur la réforme de la Commission : après la réforme*, COM (2005) 668 final, p 2.

[1961] *Ibid.*, p 3.

[1962] Règlement (CE, Euratom) n° 723/2004 du Conseil du 22 mars 2004 modifiant le statut des fonctionnaires des Communautés européennes ainsi que le régime applicable aux autres agents de ces Communautés, JOCE 2004, L 124/1.

[1963] Commission des Communautés Européennes, *op. cit.*, p 3.

[1964] Voy. notamment Commission des Communautés Européennes, *Évaluation de l'impact : prochaines étapes à l'appui d'un développement concurrentiel et durable,* Document de Travail, SEC (2004) 1377 ; ainsi que Commission des Communautés Européennes, *Lignes Directrices de la Commission*, SEC (2005) 791 ; et Commission des Communautés Européennes, *Communication de la Commission au Conseil et au Parlement – Rapport de suivi sur la réforme de la Commission : après la réforme*, COM (2005) 668 final, p 4.

[1965] Convention sur l'accès à l'information, la participation du public au processus décisionnel et à l'accès à la justice en matière d'environnement, adoptée à Aarhus le 25 juin 1998. (Entrée en vigueur le 30 oct. 2001).

intégré des éléments différents de ce nouveau paradigme de l'action publique. Le Canada a procédé à une réception en demi-teinte, que l'on peut plus apparenter à du saupoudrage qu'à une intégration menée à terme. La participation du public apparaît comme l'élément privilégié de cette réception. L'Union européenne se place tardivement dans la mouvance du Nouveau Management Public, embrassant le principe d'efficacité à la fin des années 1990. Cela irrigue toutes les politiques canadiennes et de l'Union, à commencer par la protection de la qualité des eaux douces, déjà largement influencée par le droit international de l'environnement.

Paragraphe II. L'application : la création des districts hydrographiques et des accords environnementaux

856. Le concept de gestion intégrée des ressources en eau[1966] est défini par le Partenariat mondial pour l'Eau[1967] comme « (un) processus facilitant le développement et la gestion coordonnés de l'eau, de la terre et des ressources qui leur sont liées, afin de maximiser le bien-être économique et social qui en découle, d'une manière équitable et sans compromettre la durabilité d'écosystèmes vitaux »[1968].

857. Selon J. Trottier, l'ordre naturel et l'ordre social sont « inhérents à la construction de la GIRE en tant que concept »[1969]. C'est une expression très répandue, qui semble avoir servie de relais à des éléments clé du Nouveau Management Public, ainsi applicables à l'eau.[1970] Il s'agit en effet de « 'gérer' de manière optimale les ressources hydriques de la planète en tant que bien économique »[1971]. Selon R. Petrella, le « postulat fondateur de la GIRE est la fixation d'un prix de l'eau, fondée sur le principe de récupération des coûts totaux »[1972]. Ainsi, les fondements de la GIRE, en tant que concept ou encore comme mécanisme semblent faire apparaître des liens de parenté avec les postulats du Nouveau Management Public. Si au Canada et en Europe cette gestion novatrice des ressources en eau a été adoptée (*B*-), c'est que l'influence des institutions internationales a été décisive (*A*-).

[1966] Ci-après « GIRE ».

[1967] Ou Global Water Partnership. Il s'agit d'un réseau international créé en 1996 par la Banque Mondiale, le Programme des Nations Unies pour le Développement (PNUD) et l'Agence suédoise pour le développement international. Pour davantage de précisions à son sujet, voy. le site Internet de l'institution : http://www.gwp.org/ (page consultée le 7 juill. 2014).

[1968] Selon l'ONU-Eau, cette définition fait autorité. Voy. ONU-Eau, Partenariat Mondial pour l'Eau, *Roadmapping for Advancing Integrated Water Resources Management Processes*, 2007, p 1. Une définition citée notamment dans M.A. ABU-ZEID, « Water and sustainable development : the vision for world water, life and the environment », *Water Policy*, vol. 1, 1998, pp 9-19 ; et J. TROTTIER, « L'avènement de la gestion intégrée des ressources en eau », in A. BRUN, F. LASSERRE (dir.), *Gestion de l'eau, Approche territoriale et institutionnelle*, Québec, PUQ, 2012, p 179.

[1969] J. TROTTIER, *op. cit.*, p 181.

[1970] Il est intéressant de soulever la concordance temporelle entre l'intégration des éléments du Nouveau Management Public et ceux de la GIRE dans les pays occidentaux dans les années 1990.

[1971] R. PETRELLA, « La 'nouvelle' narration marchande de l'eau – Analyse critique des fondements idéologiques du 'capitalisme bleu' et de 'l'eau technologique'», in N. BELAÏDI (dir.), *Eaux et Sociétés – Enjeux de valeurs*, Bruxelles, Bruylant, 2012, p 3.

[1972] *Ibid.*

A. Une influence internationale décisive

858. Les organisations internationales ont eu un impact fondamental sur la mise en place des principes de la GIRE dans l'ensemble des pays de l'OCDE dans un premier temps, puis plus largement dans d'autres États. Leur influence s'est structurée de deux façons : directement auprès des États (*1-*) et indirectement par des relais internes dans les cas du Canada et de l'Union (*2-*).

1. Une influence directe

859. La clé de voûte de la diffusion de la GIRE est le Sommet de Rio de 1992. [1973] Selon R. Petrella, il s'agit d'une véritable rupture dans l'appréhension des ressources en eau par les États et les institutions internationales.[1974] Lors de ce sommet, on établit qu'un développement durable doit être mis en place, « conciliant les dimensions économique, sociale et environnementale »[1975]. Dans ce contexte, l'eau est un « bien économique » qu'il faut « 'gérer' de manière optimale »[1976]. La Banque Mondiale et les institutions de l'Organisation des Nations Unies chargées des questions sur l'eau vont largement diffuser cette approche. [1977] La GIRE devient le mécanisme à adopter.

860. Notons que d'un point de vue juridique, l'approche adoptée par le droit international est avant tout consensuelle. Deux grands principes jalonnent le droit international et s'appliquent en matière de protection des eaux : le principe de souveraineté et le *pacta sunt servanda.*[1978] Le principe de souveraineté est considéré comme le seul principe contraignant en droit international. Il implique notamment la possibilité de contracter des accords internationaux.[1979] Cet aspect oblige les États à respecter le principe du *pacta sunt servanda* pour tout accord signé de leur part. La majeure partie du droit international en la matière est composée d'accords bilatéraux et multilatéraux

---

[1973] P. HALLEY, Ch. GAGNON, « Le droit de l'eau au Canada et les réformes en cours au Québec », in A. BRUN, F. LASSERRE (dir.), *Gestion de l'eau, Approche territoriale et institutionnelle*, Québec, PUQ, 2012, p 33.

[1974] R. PETRELLA, « La 'nouvelle' narration marchande de l'eau – Analyse critique des fondements idéologiques du 'capitalisme bleu' et de 'l'eau technologique'», in N. BELAÏDI (dir.), *Eaux et Sociétés – Enjeux de valeurs*, Bruxelles, Bruylant, 2012, p 3.

[1975] N. BERNY, « Intégration européenne et environnement : vers une union verte ? », *Politique Européenne*, vol. 1, 33, 2011, p 13.

[1976] R. PETRELLA, *op. cit.*, p 3. La Déclaration de Dublin de 1992 l'affirme en ces termes : « l'eau possède une valeur économique pour toutes ses utilisations rivales et devrait être considérée comme un bien économique ». Voy. la Déclaration finale de la Conférence internationale de l'Organisation des Nations Unies à Dublin sur l'eau et l'environnement, mars 1992, en préparation du premier « Sommet de la Terre » de Rio de Janeiro ; ainsi que O.C.D.E., *Gestion de l'eau : performances et défis dans les pays de l'O.C.D.E.*, Paris, O.C.D.E. Publications, 1998, p 9 ; M. SOLANES, F. GONZALES-VILLARREAL, *The Dublin Principles for Water as Reflected in a Comparative Assessment of Institutional and Legal Arrangements for Integrated Water Resources Management*, Partenariat Mondial de l'Eau (Technical Advisory Committee), 1999, pp 28 & s. ; et J. TROTTIER, « L'avènement de la gestion intégrée des ressources en eau », in A. BRUN, F. LASSERRE (dir.), *Gestion de l'eau, Approche territoriale et institutionnelle*, Québec, PUQ, 2012, pp 179-180.

[1977] A. JORDAN (dir.), *Environmental Policy in the European Union*, London, Earthscan, 2007, p 317. Voy. également *supra* §755 & s.

[1978] D. FISHER, *The Law and Governance of Water Resources – The Challenge of Sustainability*, Cheltenham (RU), Edward Elgar Publishing Limited, 2009, pp 189 & s.

[1979] *Ibid.*, p 189.

entre les États, ainsi que de déclarations à l'instar de celle de Rio de 1992.[1980] L'aspect juridiquement contraignant dépendant de l'adhésion de chaque État, l'influence politique des organisations internationales apparaît fondamentale.[1981]

861. R. Petrella parle d'une « imposition du modèle » car l'adoption de la GIRE a conditionné l'octroi de crédits aux États demandeurs de la part de la Banque Mondiale dans le domaine de la gestion de l'eau.[1982] Le Partenariat mondial pour l'Eau a été créé spécifiquement pour promouvoir la GIRE et en assurer le suivi.[1983] Le World Water Council[1984] et le Partenariat mondial pour l'Eau permettent d'imposer la vision selon laquelle le bassin versant est « l'unité 'naturelle' permettant d'optimiser la gestion de la ressource »[1985]. La GIRE devient alors un modèle « hégémonique »[1986] d'un point de vue politique.

862. L'influence internationale n'a pas pu être ce qu'elle a été sans des relais diffusant le mécanisme de la GIRE et ses postulats. Ils ont joué un rôle non négligeable dans l'adhésion du Canada et de l'Union européenne à ce nouveau modèle.

2. Les relais de la GIRE au Canada et dans l'Union

863. La GIRE a bénéficié de relais de la part de l'ensemble des ordres de gouvernement qui se sont mutuellement influencés, tant au Canada qu'en Europe.

864. L'Union européenne, par la structure de son ordre juridique, est considérée comme « un relais au droit international de l'environnement » au bénéfice des États membres.[1987] Avec le Traité de Lisbonne, l'Union européenne a acquis la personnalité juridique. Cela lui permet d'adhérer en son nom à des conventions internationales.[1988] Avant cela, les principes de protection de l'environnement ont été appliqués en Europe via les deux cours européennes : la Cour de justice des Communautés, et la Cour européenne des Droits de l'Homme.[1989] Selon R. Romi, ces deux cours ont été un relais important au droit international, le complétant de façon significative sur certains points.[1990] Mais en ce qui concerne la GIRE à proprement parler, il

---

[1980] Déclaration de Rio sur l'environnement et le développement, Conférence des Nations Unies sur l'environnement et le développement, 3 au 14 juin 1992.

[1981] D. FISHER, *op. cit.*, p 190.

[1982] R. PETRELLA, *op. cit.*, p 3, note 2.

[1983] J. TROTTIER, « L'avènement de la gestion intégrée des ressources en eau », in A. BRUN, F. LASSERRE (dir.), *Gestion de l'eau, Approche territoriale et institutionnelle*, Québec, PUQ, 2012, p 190.

[1984] Un *think tank* créé la même année que le Partenariat Mondial pour l'Eau.

[1985] J. TROTTIER, *op. cit.*, p 180.

[1986] *Ibid.*

[1987] Ch. HALPERN, « L'Union européenne, vecteur d'innovation instrumentale ? Les logiques d'instrumentation de la politique française de l'environnement (1971-2006) », *Politique Européenne*, vol. 1, 33, 2011, p 91. Voy. également R. ROMI, *Droit et administration de l'environnement*, Paris, Montchrestien, 2004, 535 pages.

[1988] Traité sur le Fonctionnement de l'Union européenne, TFUE, JO n° C 83 du 30 mars 2010, art.47.

[1989] Ci-après « CJCE » et « CEDH ».

[1990] La CEDH, pourtant éloignée à l'origine de la protection de l'environnement, a su trouver dans la Convention Européenne des fondements juridiques. Notamment, depuis la décision du 9 semble que les pratiques politiques de la part des États membres ont été davantage porteuses de changement.

865. Certains États membres ont travaillé à l'adaptation d'une démarche basée sur la performance et l'optimisation de la protection des ressources par l'Union d'un point de vue politique : l'Allemagne a « influencé l'approche juridique marquant les premières actions de la Communauté », venant elle-même de se « doter d'une politique dans ce domaine ». De même, le « Royaume-Uni [...] a contribué dans les années 1990 à l'orientation contractuelle de cette politique »[1991]. Rappelons que la contractualisation est un élément-clé du Nouveau Management Public.[1992]

866. N. Berny fait en effet ressortir que les États membres ont eu tendance à « promouvoir leur législation nationale au niveau européen afin de ne pas être pénalisés ultérieurement par les normes communautaires »[1993]. Ainsi, d'un point de vue politique, les États membres ont pu influencer l'ordre juridique de l'Union de façon significative.

867. Au Canada, la situation apparaît quelque peu différente. Le Québec a été largement influencé par le droit international en la matière.[1994] L'ordre de gouvernement fédéral est resté dans la logique qu'il applique plus globalement par rapport au Nouveau Management Public. Néanmoins, on peut considérer que les espaces de négociation entre les ordres de gouvernement fédéral et provinciaux, aménagés spécifiquement en matière environnementale, ont pu influencer le Canada dans cette voie, incitant la prise de décision dans le sens de la GIRE par l'intermédiaire du pouvoir de dépenser.[1995] Du point de vue juridique, le Canada semble être resté, à l'opposé du Québec, particulièrement perméable à la GIRE. Ces espaces de négociation vont montrer une réalité un peu plus nuancée.

B. La mise en place de la GIRE au Canada et dans l'Union : les deux visages de la performance

868. L'adoption de la GIRE fait particulièrement ressortir les traits dominants des ordres juridiques canadien et européen. L'Union européenne s'ancre dans la tradition romano-germanique en adoptant un droit écrit posant des règles générales, tandis que les influences de *common law* irriguent le droit canadien, choisissant une démarche centrée sur les négociations au cas par cas, exception faite du Québec.

---

nov. 1994, l'article 8 de la Convention portant sur le respect de la vie privée, du domicile et des biens, garantit le droit à un environnement sain. Voy. CEDH, 9 nov. 1994, *Lopez Ostra c. Espagne*, Série A, n°303-C. Voy. à ce sujet R. ROMI *et al.*, *Droit international et européen de l'environnement*, Paris, Montchrestien, 2ème Édition, 2013, p 42.

1991 N. BERNY, « Intégration européenne et environnement : vers une union verte ? », *Politique Européenne*, vol. 1, 33, 2011, p 18.

1992 Rapport « Molitor », COM (95) 288 final.

1993 N. BERNY, *op. cit.*, p 18. Notons que l'École française de l'eau bénéficie d'un traitement particulier : si ses principes directeurs impliquent une gestion par bassin versant, les mécanismes induisant le principe d'efficacité n'en font pas partie dans sa version appliquée en France dans les années 1960.

1994 P. HALLEY, Ch. GAGNON, « Le droit de l'eau au Canada et les réformes en cours au Québec », in A. BRUN, F. LASSERRE (dir.), *Gestion de l'eau, Approche territoriale et institutionnelle*, Québec, PUQ, 2012, p 33.

1995 Pour plus de précisions voy. D.R. BOYD, *Unnatural Law : Rethinking Canadian Environmental Law and Policy*, Vancouver, UBC Press, 2003, pp 215 & s.

869. Ainsi, les modalités de l'apparition de la GIRE au Canada et en Europe diffèrent de façon significative, même si les influences qui ont concouru à leur mise en place sont globalement similaires. Des principes généraux communs issus de la GIRE sont en effet appliqués dans les deux ordres juridiques : notamment la gestion équilibrée, le principe de participation, la gouvernance locale,[1996] et le modèle de gestion d'affaires.[1997] Le tout fait l'objet d'une mise en œuvre différente entre les deux régions. L'Union européenne fait figure de véritable « laboratoire » de l'action publique en la matière, ayant commencé à envisager son intégration avant même l'adoption plus générale des principes du Nouveau Management Public en l'an 2000 (*1*-). Le Canada a davantage opté pour un contournement et met en place la GIRE par des moyens indirects, et principalement par des négociations (*2*-).

1. La mise en place de la GIRE dans l'Union européenne : des éléments continentaux importants

870. L'Union généralise assez tardivement la GIRE à l'ensemble de son territoire, même si la politique de l'eau constitue une avancée précoce dans la logique de performance par rapport aux autres politiques. La « recherche d'efficience globale » [1998] est appliquée en priorité au domaine de l'environnement, et ressort dans le texte clé de la protection européenne des eaux : la Directive-cadre de 2000.[1999] L'évolution a été très progressive pour en arriver à ce résultat et est empreinte d'une coloration romano-germanique.

871. À l'origine de ce phénomène, le 4ème Programme d'Action pour l'Environnement [2000] de 1987 pose déjà une orientation générale de la politique européenne environnementale, tournée vers plus de performance. En effet, à la fin des années 1980, l'approche légaliste et sectorielle de la Commission européenne commence à être critiquée de toutes parts. L'argument central à ces critiques est celui du « déficit d'application » du droit européen de l'environnement par les États membres.[2001] À la veille des négociations pour le Traité de Maastricht, l'intervention de la Commission en matière environnementale n'est plus adaptée : la réglementation européenne « est considérée à travers les coûts qu'elle représente pour les entreprises européennes »[2002]. Son mode d'intervention ne semble donc pas convenir à des États membres qui s'imprègnent progressivement du modèle du Nouveau Management Public.

872. La Commission amorce donc une réflexion dans le 4ème PAE « pour promouvoir des instruments de politiques publiques reposant sur

[1996] A. BRUN, F. LASSERRE (dir.), *Gestion de l'eau, Approche territoriale et institutionnelle*, Québec, PUQ, 2012, p 6.
[1997] *Ibid.*, p 195.
[1998] P. THIEFFRY, *Droit de l'environnement de l'Union européenne*, Bruxelles, Bruylant, 2ème Édition, 2011, p 48.
[1999] Directive 2000/60/CE du Parlement européen et du Conseil du 23 octobre 2000 établissant un cadre pour une politique communautaire dans le domaine de l'eau, JOUE L 327 du 22.12.2000, p. 1–73.
[2000] 4ème Programme d'Action pour l'Environnement (1987-1992). Ci-après « PAE ».
[2001] N. BERNY, « Intégration européenne et environnement : vers une union verte ? », *Politique Européenne*, vol. 1, 33, 2011, p 12.
[2002] *Ibid.*

l'autorégulation et des mécanismes de marché »[2003]. Mais une véritable stratégie novatrice va être développée dans le 5ème PAE,[2004] suite au Sommet de la Terre de 1992. Il s'agit de mettre en place une nouvelle approche « stratégique et transversale », en concrétisant le principe de développement durable : on propose alors de concilier « les dimensions économique, sociale et environnementale »[2005].

873. Dans ce cadre, sont créés de « nouveaux instruments de politique environnementale », autrement appelés « NEPIs »[2006]. Ces instruments visent à influencer, plutôt qu'à contraindre, le comportement des acteurs par des incitatifs économiques ou par diffusion d'informations. Les accords-volontaires, stratégies d'autorégulation sont également encensés. De même, les principes de pollueur-payeur et de mise en place d'études d'impact, mesures horizontales et transectorielles, font partie de la refonte des législations.[2007]

874. Ce 5ème PAE se termine avec l'adoption de la clé de voûte du dispositif européen de protection des eaux : la Directive-cadre de l'an 2000.[2008] Cet instrument novateur met en place la gestion intégrée de l'eau en Europe : chaque État membre doit recenser les bassins hydrographiques[2009] se trouvant sur son territoire national, les rattacher à des districts hydrographiques et assurer la gestion et la protection des eaux dans ce périmètre.[2010] Grâce à la Directive-cadre, l'Union européenne se place dans « le glissement de l'approche légaliste vers la gouvernance »[2011].

875. Comme le soulève N. Berny, cela « coïncide avec un renouvellement des contours du champ de l'intervention publique dont l'innovation instrumentale a été le vecteur, et ce au-delà de l'environnement »[2012].

[2003] *Ibid.*

[2004] Cinquième Programme d'Action pour l'Environnement : « Vers un développement soutenable » (1992-2000), Résolution du Conseil et des représentants des gouvernements des États membres réunis au sein du Conseil, du 1er février 1993, concernant un programme communautaire de politique et d'action en matière d'environnement et de développement durable, JOCE 1993, C 138. Modifié par la Décision n° 2179/98/CE du Parlement et du Conseil du 24 septembre 1998 concernant le réexamen du programme communautaire de politique et d'action en matière d'environnement et de développement durable «Vers un développement soutenable», *JOCE 1998, L 275/1.*

[2005] N. BERNY, *op. cit.*, p 13.

[2006] Comme le précise N. Berny, l'acronyme NEPIs signifie également « nouveaux instruments économiques des politiques publiques ». Voy. *Ibid.*

[2007] N. BERNY, *op. cit.*, p 14.

[2008] Directive 2000/60/CE du Parlement européen et du Conseil du 23 octobre 2000 établissant un cadre pour une politique communautaire dans le domaine de l'eau, JOUE L 327 du 22.12.2000, p. 1–73.

[2009] Le bassin hydrographique est défini par la Directive-cadre comme « [...] toute zone dans laquelle toutes les eaux de ruissellement convergent à travers un réseau de rivières, fleuves et éventuellement de lacs vers la mer, dans laquelle elles se déversent par une seule embouchure, estuaire ou delta », Directive 2000/60/CE du Parlement européen et du Conseil du 23 octobre 2000 établissant un cadre pour une politique communautaire dans le domaine de l'eau, JOUE L 327 du 22.12.2000, Art. 2-13.

[2010] P. THIEFFRY, *Droit de l'environnement de l'Union européenne*, Bruxelles, Bruylant, 2ème Édition, 2011, pp 289 & s. ; B. DROBENKO, « Le droit européen de l'eau – La gestion intégrée en perspective », in A. BRUN, F. LASSERRE (dir.), *Gestion de l'eau, Approche territoriale et institutionnelle*, Québec, PUQ, 2012, pp 126 & s. ; R. ROMI *et al.*, *Droit international et européen de l'environnement*, Paris, Montchrestien, 2ème Édition, 2013, pp 189 & s.

[2011] N. BERNY, *op. cit.*, p 14.

[2012] *Ibid.*

876. Le 6ème PAE[2013] ancre davantage l'Union européenne dans cette logique : la simplification du droit et la fusion des dispositifs par les grands enjeux environnementaux marquent ce programme.[2014] L'Union européenne complète son inscription dans la GIRE et le Nouveau Management Public par la multiplication des points de contribution par les citoyens à la prise de décision. Sur la base de la Convention d'Aarhus, l'Union a créé des espaces de participation par l'intermédiaire de la Directive 2003/4/CE sur l'accès du public à l'information en matière d'environnement.[2015]

877. La participation des acteurs de l'eau est considérablement développée à tous les niveaux de prise de décision : les comités de bassin, véritables « parlements de l'eau »[2016], dans lesquels les acteurs négocient les conditions d'utilisation de l'eau ainsi que les modalités de gestion des risques.[2017] Cela favorise la « déclinaison locale des politiques régionales », nationales et communautaires de l'eau « en qualité de maître d'ouvrage et parfois en qualité de maître d'œuvre d'études, voire de travaux »[2018]. Ainsi, la gouvernance décentralisée, élément-clé du Nouveau Management Public, est permise et complétée par un principe de participation devenant central. La Directive-cadre sur l'eau est en effet, selon les mots de O. Notte et D. Salles : « [...] le résultat [...] d'un processus de co-construction entre les institutions de l'Union européenne, des représentants de secteurs économiques et des représentants d'organisations non gouvernementales environnementales (ONGE) »[2019]. Le Canada, en conformité avec ses influences anglo-saxonnes, a adopté une démarche plus flexible.

2. Une démarche canadienne plus flexible

878. Le Canada semble en la matière être plus enclin à faire ressortir la coloration de *common law* de son ordre juridique : la flexibilité, l'approche au cas par cas semblent prédominer.[2020] En effet, le Canada a

---

[2013] Sixième Programme d'Action pour l'Environnement : « Environnement 2010 : Notre avenir, notre choix » (2001-2010), Communication de la Commission au Conseil, au Parlement européen, au Comité économique et social et au Comité des régions, COM/2001/0031 final.

[2014] N. BERNY, *op. cit.*, p 14.

[2015] Directive 2003/4/CE du Parlement et du Conseil, du 28 janv. 2003, concernant l'accès du public à l'information en matière d'environnement et abrogeant la Directive 90/313/CE, JOUE 2003, L 41/26. Pour plus de précisions, voy. *infra* §889 & s.

[2016] A. BRUN, F. LASSERRE (dir.), *Gestion de l'eau, Approche territoriale et institutionnelle*, Québec, PUQ, 2012, p 7.

[2017] *Ibid.*

[2018] *Ibid.*

[2019] O. NOTTE, D. SALLES, « La prise à témoin du public dans la politique de l'eau. La consultation de la Directive-cadre sur l'eau en Adour-Garonne », *Politique Européenne*, vol. 1, 33, 2011, p 42.

[2020] Rappelons que le Canada comme l'Union européenne sont des ordres juridiques connaissant une situation de diversité juridique, c'est-à-dire que tant la tradition romano-germanique que celle de *common law* cohabitent en leur sein. L'ordre de gouvernement fédéral semble faire prévaloir certains aspects de la tradition de *common law* dans le domaine de la protection des eaux. Voy. à ce sujet *supra* §72 & s.; ainsi que R. DAVID, *Traité élémentaire de droit civil comparé : Introduction à l'étude des droits étrangers et à la méthode comparative*, Paris, L.G.D.J., 1950, pp 223 & s. ; K. ZWEIGERT, H. KÖTZ, *Introduction to comparative law*, Oxford, Clarendon Press, 1992, 752 pages ; G. CUNIBERTI, *Grands systèmes de droit contemporains*, Paris, L.G.D.J., 2011, pp 43 & s. ; M.A. GLENDON, P.G. CAROZZA, C.B. PICKER, *Comparative Legal Traditions*, St Paul, Thomson West, 2008, pp 153 & s.

opéré une adoption de la GIRE par le biais de partenariats et de négociations avec les provinces. Le principe qui prédomine en matière de protection des eaux est pragmatique et varie selon les circonstances. On retrouve une particularité issue de la tradition de *common law.*

879. La *Loi sur les ressources en eau du Canada* de 1985[2021] organise la mise en place du dispositif des partenariats et des accords fédéraux-provinciaux qui vont permettre d'appliquer le modèle de la GIRE, appelée dans ce cadre « Gestion intégrée des bassins versants »[2022].

Ces partenariats sont la clé de voûte de la GIBV au Canada : ils sont un relais aux principes fondamentaux de la GIRE.[2023] La loi prévoit également la création d'organismes de gestion qualitative des eaux[2024] dont la mission est de mettre en place des programmes visant à améliorer la qualité des eaux.[2025]

880. Ainsi, l'ordre de gouvernement fédéral propose des espaces de négociation pour la mise en place d'une GIBV. Deux types d'espaces apparaissent : les accords multilatéraux et les accords bilatéraux.

881. Le Conseil canadien des ministres de l'Environnement (CCME) [2026] et la Table ronde nationale sur l'environnement et l'économie [2027] font partie des espaces multilatéraux. Le CCME est l'organisme le plus important. Il est composé de 13 ministres de l'environnement fédéral, provinciaux et territoriaux ; et « propose des normes et objectifs environnementaux uniformes à l'échelle du pays »[2028]. La TRNEE rassemble des citoyens canadiens nommés par décret. Cet organisme indépendant du gouvernement fédéral regroupe des personnes représentant « les milieux des affaires, syndical, universitaire, environnemental et les Premières Nations »[2029]. Ces deux organismes sont des forums, permettant de développer des stratégies et des lignes directrices dont les représentants fédéraux, provinciaux et territoriaux pourront se servir.[2030] Notons dans ce mode de fonctionnement une influence du Nouveau Management Public : l'objectif n'est pas d'imposer une réglementation, mais d'inciter les différents acteurs à l'adopter.

882. Ainsi, en octobre 2009, le CCME a adopté des *Orientations stratégiques pour l'eau,*[2031] au premier plan desquelles figure la gestion

---

[2021] *Loi sur les ressources en eau du Canada* (L.R.C. (1985), ch. C-11).

[2022] Ci-après «GIBV ».

[2023] Voy. notamment *Loi sur les ressources en eau du Canada, op. cit.*, art. 4 & s.

[2024] *Ibid.*, art. 15 & s.

[2025] *Ibid.*, art. 15. Par ce biais, le gouvernement fédéral va pouvoir intervenir en matière de protection de la qualité des eaux sur le fondement de son pouvoir de dépenser. Voy. *infra* §1424 & s.

[2026] Ci-après « CCME ».

[2027] Ci-après « TRNEE ».

[2028] Bureau d'Audiences Publiques sur l'Environnement, *L'eau, ressource à protéger, à partager et à mettre en valeur*, Rapport de la Commission sur la Gestion de l'Eau au Québec, 142, Bibliothèque nationale du Québec, Québec/Montréal, 2000, p 84 ; D. KELEMEN, *The rules of federalism : institutions and regulatory politics in the EU and beyond,* Cambridge, Harvard University Press, 2004, p 131.

[2029] Bureau d'Audiences Publiques sur l'Environnement, *op. cit.*, pp 84-85.

[2030] E.A. PARSON (dir.), *Gérer l'Environnement –Défis constants, solutions incertaines*, Montréal, Presses Universitaires de Montréal, 2001, p 14.

[2031] Conseil Canadien des Ministres de l'Environnement, *Établissement d'orientations stratégiques pour l'eau,* 29 oct. 2009, site Internet du CCME : http://www.ccme.ca/ourwork/water.fr.html (page consultée le 7 juill. 2014).

intégrée par bassin versant.[2032] Il s'agit d'un « cadre stratégique [...] pour guider le CCME dans toutes ses actions et activités futures dans le domaine de l'eau »[2033]. L'objectif est d'influencer chaque ministre de l'environnement pour l'adoption dans sa province, son territoire ou au niveau fédéral de la nouvelle modalité de gestion et de protection des eaux. Ces différentes orientations ont bénéficié un an après d'un *Plan d'action sur l'eau*[2034] dont l'exécution est assurée par trois organismes : le Comité de gestion de l'eau, le Comité de coordination sur les effluents d'eaux usées municipales et le Groupe de travail sur la qualité de l'eau. Ces organismes ont des représentants dans chaque province et territoire, et servent d'appui à la mise en œuvre du plan d'action triennal. Il établit plus concrètement les principes à appliquer pour une gestion optimale des ressources en eau, la GIRE étant l'élément central du dispositif.[2035]

883. En parallèle, la GIRE est mise en place au cas par cas par le biais d'accords bilatéraux fédéraux-provinciaux. Ils peuvent porter sur un bassin ou un cours d'eau spécifique. Les ressources aquatiques font l'objet d'un important panel d'ententes de ce type.[2036] Elles sont permises par une loi d'habilitation fédérale, à l'instar de la *Loi sur les ressources en eau du Canada* de 1985,[2037] et mis en œuvre à la discrétion des provinces. Il s'agit concrètement d'opérer un partage des responsabilités et des coûts pour répondre aux besoins spécifiques d'une région donnée.

884. Le fleuve Saint-Laurent bénéficie de ce type de partenariat depuis 1988.[2038] Quatre plans d'action sur le Saint-Laurent se sont succédé, un cinquième court jusqu'en 2016. Le premier, « Saint-Laurent Vision 2000 », concerne sept domaines d'intervention concourant à un « développement durable du Saint-Laurent »[2039]. Une évaluation des coûts et des avantages socio-économiques est opérée dans ce cadre.[2040]

De même, la participation de la population à la prise de décision est devenue centrale par l'intermédiaire du Bureau d'Audiences Publiques sur l'Environnement[2041] au Québec. Il s'agit d'un organisme fournissant un cadre à la participation des citoyens dans le processus d'autorisation des projets

---

[2032] Le premier objectif de ces orientations est le suivant : « Les écosystèmes sont protégés de façon durable, à l'échelle du bassin versant ». Voy. Conseil Canadien des Ministres de l'Environnement, *op. cit.*, p 2.

[2033] *Ibid.*, p 1.

[2034] Conseil Canadien des Ministres de l'Environnement, *Orientations stratégiques pour l'eau – Plan d'action triennal*, oct. 2010, site Internet du CCME : http://www.ccme.ca/ourwork/water.fr.html (page consultée le 7 juill. 2014).

[2035] *Ibid.*, p 4.

[2036] Par exemple, la Saskatchewan, le Manitoba, l'Alberta et l'ordre de gouvernement fédéral ont conclu une entente sur la répartition des eaux des provinces des prairies. Voy. M. KRASNICK (dir.), *Le partage des pouvoirs : études de cas*, Commission royale sur l'Union économique et les perspectives de développement du Canada, Ottawa, Centre d'édition du gouvernement du Canada, 1986, pp 104 & s.

[2037] *Loi sur les ressources en eau du Canada* (L.R.C. (1985), ch. C-11), art. 4 & s.

[2038] Deux comités fédéro-provinciaux avaient préalablement établi un état des lieux sur la pollution du Saint Laurent en 1972 et 1978. Voy. à ce sujet le site Internet très complet dédié au Plan d'action Saint Laurent : http://planstlaurent.qc.ca/ (page consultée le 7 juill. 2014).

[2039] Bureau de coordination de Saint Laurent – Vision 2000, *Rapport Quinquennal (1993-1998)*, Bibliothèque Nationale du Canada, 1998, p 9.

[2040] Voy. notamment Bureau de coordination de Saint Laurent – Vision 2000, *Rapport Quinquennal (1998-2003)*, Bibliothèque Nationale du Canada, 2003, p 8.

[2041] Ci-après « BAPE ».

susceptibles d'avoir un impact sur l'environnement. Créé en 1978, il permet « d'éclairer la prise de décision gouvernementale dans une perspective de développement durable, lequel englobe les aspects biophysiques, sociaux et économiques »[2042]. Il s'agit d'un fil d'Ariane entre le gouvernement et les citoyens.

885. Le Canada est donc bien entré dans l'ère de la gestion intégrée des ressources en eau, à sa façon, en privilégiant une approche au cas par cas par des négociations entre les différents acteurs de l'eau. Rappelons que l'ordre de gouvernement fédéral ne dispose pas d'une compétence exclusive pour cela.[2043] La démarche fédérale apparaît ainsi largement inspirée de la tradition juridique de *common law*, privilégiant une approche dynamique et pragmatique. De plus, le choix de la mise en place de la GIRE par le biais de négociations et non par une démarche exclusivement légaliste, ajoute à cette influence.[2044]

886. Propos conclusifs. - Le Canada et l'Union européenne ont intégré les principes de la gestion intégrée des ressources en eau d'une façon qui diffère et qui fait ressortir leur coloration juridique respective. Par cet intermédiaire, les deux ordres juridiques se sont placés dans la logique d'efficacité induite progressivement par les mécanismes du Nouveau Management Public. Il en est un qui retient particulièrement notre attention : le principe de participation. Les conséquences de son application apparaissent en effet considérables au regard de l'évolution de la dialectique entre autonomie et interdépendance dans ces deux régions.

[2042] Bureau d'Audiences Publiques sur l'Environnement, *Rapport annuel de gestion (2011-2012)*, Bibliothèque et Archives nationales du Québec, 2012, p 14.

[2043] Voy. *supra* §526 & s.

[2044] Notons que le Québec a adopté plus explicitement la GIRE, faisant ressortir sa coloration romano-germanique. L'aspect flexible des négociations est présent, mais le Québec s'inscrit davantage dans une démarche qui se rapproche de celle adoptée par l'Union européenne. Il inscrit en effet les principes de la gestion intégrée dans des textes juridiques prescrivant des principes généraux. Voy. *supra* §231 & s. Pour une présentation plus complète et récente de la GIRE au Québec, voy. notamment P. HALLEY, Ch. GAGNON, « Le droit de l'eau au Canada et les réformes en cours au Québec », in A. BRUN, F. LASSERRE (dir.), *Gestion de l'eau, Approche territoriale et institutionnelle*, Québec, PUQ, 2012, pp 15-44.

CONCLUSION DU CHAPITRE PREMIER

887. Tant le Canada que l'Union européenne ont embrassé, à un degré différent, un nouveau paradigme de l'action publique : le Nouveau Management Public. Si les moyens diffèrent quelque peu, le résultat apparaît similaire. Une nouvelle dynamique est apparue : la logique d'efficacité dans le processus de décision. En matière de protection des eaux, cette logique s'est mise en place pour plusieurs raisons combinées : l'avènement de la mondialisation, la crise économique, une révolution des télécommunications, et la transformation de la valeur de l'eau. Elle est assurée concrètement par une nouvelle gestion intégrée des ressources en eau.

888. Il s'agit du premier facteur participant à la remise en question du principe d'équilibre dynamique au Canada comme dans l'Union. Cette nouvelle gestion intégrée a participé à la formation du second facteur : une organisation émergente de la prise de décision, impliquant un maillage d'acteurs différents. Ces deux phénomènes participent à l'apparition de pratiques qui ont concouru à la mise en œuvre des mécanismes de centralisation des compétences.

CHAPITRE SECOND

Une organisation émergente de la prise de décision

Le « droit n'est pas une création de l'esprit,
mais avant tout la résultante de rapports de forces
dans la communauté de l'ordre juridique concerné »[2045].

889. Selon A. Weale, le processus de décision en droit européen de l'environnement présente des particularités telles que les différentes théories proposées par la doctrine ne peuvent s'y appliquer convenablement. Les grilles d'analyse qu'elles proposent apparaissent incomplètes.[2046] Le processus de décision doit être envisagé par rapport à ses propres caractéristiques. Cela apparaît également au sujet de l'ordre juridique canadien en matière d'environnement : l'application spécifique du Nouveau Management Public en fait un domaine à part, conditionnant sa singularité.

890. Cette particularité du droit de l'environnement apparaît au Canada et dans l'Union européenne dans le domaine de la protection des eaux, où la GIRE, corollaire du Nouveau Management Public, a accentué l'émergence d'une nouvelle forme de processus normatif fondé sur la participation de la société civile.

Des différences ressortent entre les deux régions, principalement dans le mode d'appréhension de ces nouvelles interventions. La tendance reste cependant identique : une accentuation de la participation de la société civile au processus de décision est avérée. Ce phénomène est largement relayé dans la doctrine en science politique.

891. R.W. Hahn fait ressortir que toute politique environnementale émerge de la lutte entre différents groupes d'intérêt clé.[2047] Cette idée se base sur une théorie plus vaste : une vision nouvelle de la théorie économique des comportements politiques. Cette analyse, initiée par A.F. Bentley en 1908, propose d'étudier l'importance des groupes d'intérêt dans la prise de décision

---

[2045] A. WIJFFELS, « Qu'est-ce que le *ius commune*? », in A. SUPIOT (dir.), *Tisser le lien social*, Fondation Maison des Sciences de l'Homme, Paris, 2004, p 134.

[2046] L'auteur explique que le processus de décision communautaire dans ce domaine ne peut être envisagé avec une approche « néofonctionnaliste » pure, ou avec une approche intergouvernementale. Voy. à ce sujet A. WEALE, « Environnemental Rules and Rule-making in the European Union », in A. JORDAN (dir.), *Environmental Policy in the European Union*, London, Earthscan, 2007, p 126.

[2047] R.W. HAHN, « The political economy of environmental regulation : Towards a unifying framework », *Public Choice*, vol. 65, 1, 1990, p 22.

et non plus celle des acteurs politiques, car ils ne permettraient que de transmettre la pression exercée par les groupes d'intérêt au lieu d'influer réellement sur la prise de décision.[2048]

Selon ce point de vue, complété notamment par J. Stigler, la norme devient un produit de la rencontre de l'offre et de la demande sur le marché politique.[2049] Cela constitue le point de départ de l'analyse proposée par l'école du *Public Choice*.[2050] Un équilibre entre des intérêts politiques et économiques sur ce marché serait alors assuré par le législateur et le juge.[2051]

892. Ainsi, trois types d'acteurs interviennent dans le processus législatif : les groupes d'intérêt, le juge et le législateur. Ce dernier joue le rôle d'arbitre entre les différents intérêts en jeu. Avec l'émergence du Nouveau Management Public dans la protection de la qualité des eaux douces, il apparaît pertinent d'analyser le rôle de chacun de ces acteurs à la lumière de la protection des eaux au Canada et dans l'Union européenne. D'autant plus qu'une partie des auteurs appartenant à l'école du *Public Choice* s'est penchée sur la question centrale à notre propos : le choix du niveau gouvernemental d'intervention.[2052]

893. Cette analyse permet de faire ressortir deux tendances : la société civile devient un acteur central de la prise de décision de la protection de la qualité des eaux (*Section I*), un domaine qui est placé dans un entremêlement d'acteurs normatifs : la société civile, le législateur et le juge (*Section II*).

Section I. Un nouvel acteur central : la société civile

Section II. Des acteurs normatifs entremêlés : la société civile, le législateur et le juge

SECTION I. UN NOUVEL ACTEUR CENTRAL : LA SOCIÉTÉ CIVILE

894. La nouvelle gestion intégrée et le Nouveau Management Public plus globalement permettent à la société civile d'accéder à une place centrale dans le processus d'élaboration du droit : elle semble devenir une coauteure de la norme, grâce aux nombreuses portes que le Nouveau Management Public lui a ouvertes. Si de nouvelles organisations puissantes sont apparues, il apparaît qu'elles ont toutes un intérêt particulier à agir dans le sens d'une centralisation des compétences (*Paragraphe I*). Ce phénomène est d'autant plus prégnant que la gouvernance de la protection des eaux leur a réservé une place centrale (*Paragraphe II*).

Paragraphe I. Une société civile transformée et un intérêt particulier à la centralisation

---

[2048] Cette analyse a été complétée par des auteurs en économie politique comme R. Posner ou J. Stigler. Voy. G.S. BECKER, « A Theory of Competition Among Pressure Groups for Political Influence », *The Quarterly Journal of Economics*, vol. 98, 3, The MIT Press, August 1983, pp 371-373.

[2049] Voy. à ce sujet S. PELTZMAN, « Towards a more general theory of regulation », *Journal of Law and Economics*, 1976, pp 211-240.

[2050] Voy. à ce sujet M. FAURE, *L'analyse économique du droit de l'environnement*, Maastricht, Bruxelles, Metro Institute for Transnational Legal Research, Bruylant, 2007, p 225.

[2051] R.W. HAHN, *op. cit.*, p 26 ; S. PELTZMAN, *op. cit.*, pp 211-240 ; M. FAURE, *op. cit.*, pp 225 & s.

[2052] Voy. notamment M. FAURE, *op. cit.*, pp 230 & s.

Paragraphe II. Une place centrale accordée à la société civile dans la prise de décision pour la protection de l'eau

Paragraphe I. Une société civile transformée et un intérêt particulier à la centralisation

895. Si la place de la société civile a éminemment changé, c'est que sa structuration et son importance ont beaucoup évolué. Il apparaît important de dresser un portrait de cette entité devenue si centrale pour la prise de décision en Europe et au Canada. Quelques précisions théoriques sont indispensables à formuler au préalable.

896. Le nouvel acteur central de la prise de décision connaît quelques ambiguïtés théoriques, tant les déclinaisons largement utilisées dans la doctrine font l'objet de définitions multiples.[2053] A. Pomade évoque la « dilution de la notion dans une multitude de significations »[2054]. La société civile recouvre ainsi tantôt un ensemble d'organisations non gouvernementales,[2055] de citoyens, d'associations ou d'acteurs économiques et sociaux.[2056] Elle peut être souvent confondue avec l'expression « groupes d'intérêt »,[2057] qui bénéficie d'un traitement tout aussi flou.[2058] Le critère de distinction entre les deux expressions peut être trouvé dans les écrits de Machiavel, qui, sans en donner une définition précise, décrit ce que sont des intérêts organisés.[2059] D.B. Truman, le père fondateur des recherches en la matière,[2060] définit un groupe d'intérêt comme tout groupe qui, sur la base

---

[2053] A. POMADE, *La société civile et le droit de l'environnement – Contribution à la réflexion sur les sources et la validité des normes juridiques*, Thèse de Doctorat, Université d'Orléans, 2009, p 1.

[2054] *Ibid.*, p 2, note 7.

[2055] Ci-après « ONG ».

[2056] Pour davantage de précisions sur les origines et les différentes significations associées à l'expression « société civile », voy. T. HOBBES, *Du Citoyen ou Les fondements de la Politique*, Chicoutimi (Canada), Les Classiques des Sciences Sociales, 1642, pp 30 & s. ; D. MOUCHARD, « Société Civile », *Encyclopædia Universalis* [en ligne] : http://www.universalis-edu.com (page consultée le 7 juill. 2014) ; A. POMADE, *La société civile et le droit de l'environnement – Contribution à la réflexion sur les sources et la validité des normes juridiques*, Thèse de Doctorat, Université d'Orléans, 2009, pp 42 & s.

[2057] Ou encore groupes de pression, ou lobbys.

[2058] S. Saurruger pose la difficulté de la définition des expressions « groupes d'intérêt » et « lobbying » en affirmant qu'il s'agit d'une « réalité historique qui revêt des apparences et des formes variées suivant les sociétés dans lesquelles ces groupes d'intérêt apparaissent et se développent ». Voy. à ce sujet S. SAURUGGER, « Groupe d'intérêt », in L. BOUSSAGUET, S. JACQUOT, P. RAVINET, *Dictionnaire des politiques publiques*, Paris, Presses de Sciences Po, 2010, pp 309-316. La notion de groupe d'intérêt apparaît en tant que telle en 1908 dans les écrits de A.F. Bentley, selon lequel le groupe d'intérêt est une masse d'activités intervenant dans la société. Voy. à ce sujet A.F. BENTLEY, *The process of government – A study of social pressures*, Chicago, The University of Chicago Press, 1908, p 211. Pour une idée des différentes approches existantes dans l'histoire, voy. notamment J. MADISON, *The Federalist*, 10, Columbus (États-Unis),The McGraw-Hill Compagnies Inc., 1787, p 1 ; A. TOCQUEVILLE (de), *De la démocratie en Amérique I*, Paris, Gallimard, 1961, pp 13 & 273.

[2059] N. MACHIAVEL, « Discours sur Tite-Live », in N. MACHIAVEL, *Œuvres complètes*, Disponible en version électronique sur le site Internet Gallica, bibliothèque numérique de la Bibliothèque nationale de France : http://gallica.bnf.fr/ (page consultée le 7 juill. 2014), 736 pages.

[2060] S. SAURUGGER, *op. cit.*, p 315.

d'une ou plusieurs attitudes partagées, formule certaines demandes auprès d'autres groupes de la société pour établir, entretenir, des formes de comportements.[2061] Dans la doctrine, il apparaît que les chercheurs français et québécois se sont longtemps tenus à l'écart des débats dans ce domaine.[2062] À la lumière de ces quelques éléments, nous choisissons d'envisager les groupes d'intérêt[2063] comme un relais organisé des idées de la société civile au Canada et dans l'Union.

897. Les groupes de la société civile ont vu leur organisation varier considérablement, ce qui leur permet de représenter des intérêts qui leur sont propres de façon plus intense. Il apparaît ainsi que ces groupes sont des organisations structurées et puissantes (*A-*), aux orientations conjuguées malgré l'hétérogénéité apparente du secteur (*B-*).

A. Des organisations structurées et puissantes

898. Comme le soulèvent plusieurs institutions, un phénomène important a lieu au début des années 1980 : le renforcement des acteurs non gouvernementaux dans la prise de décision. Le bureau international de la Cour Permanente d'Arbitrage observe cette évolution dans le domaine des conflits internationaux relatifs à l'eau : les acteurs non gouvernementaux sont davantage présents.[2064] Également, le Parlement européen remarque que l'intensité et le volume d'actions menées par les groupes d'intérêts auprès des institutions européennes a augmenté de façon significative dans les années 1980.[2065] De même, J. Glenn relève cette évolution au Canada : il y a une nette différence entre les groupes qui agissaient lors de la première vague de

[2061] Notons que selon l'auteur, la création d'un groupe est associée à l'existence d'un intérêt particulier.

[2062] S. Saurruger souligne qu'à « l'exception de J. Meynaud », les chercheurs français se sont montrés très réservés, ce que l'auteure explique par « une méfiance culturelle profonde à l'égard des activités soupçonnées de perturber la démocratie ». Ainsi, les groupes d'intérêt apparaissent plus comme « une menace pour la démocratie », car ce ne sont pas des représentants élus. De même, D. Wincott soulève que la doctrine en droit européen a longtemps éludé la question de la gouvernance informelle (« *informal governance* »), préférant se centrer sur une analyse des institutions européennes et des États membres dans l'intégration européenne. Au sujet de la doctrine québécoise, M. Chevrier rapproche le cas québécois du cas français, mais fait ressortir des raisons différentes : l'omniprésence historique de l'administration n'aurait pas permis à des groupes d'intérêt d'agir. Ainsi, l'objet de recherche serait particulièrement restreint. Notons que les recherches canadiennes anglophones apparaissent plus nombreuses. Voy. à ce sujet S. SAURUGGER, *op. cit.*, p 315 ; M. CHEVRIER, « Une Grande Oubliée », *Encyclopédie Agora*, Dossier Société civile, 1999, disponible sur le site Internet de l'Encyclopédie Agora : http://agora.qc.ca/ (page consultée le 7 juill. 2014) ; D. WINCOTT, « Backing into the future ? Informality and the proliferation of governance modes (and policy participants) in the EU », in T. CHRISTIANSEN, S. PIATTONI (dir.), *Informal Governance in the European Union*, Edward Elgar Publishing, 2003, p 227. Au sujet de la doctrine canadienne anglophone voy. R. LAFOREST, « Shifting scales of governance and civil society participation in Canada and the European Union », *Administration Publique du Canada*, vol. 56, 2, Juin 2013, pp 235-251.

[2063] Nous préférons également l'expression « groupe d'intérêt » à celles de « groupe de pression » ou
« lobbys », car elle permet de faire ressortir les multiples facettes de cette catégorie d'acteurs de la façon la plus neutre.

[2064] Permanent Court of Arbitration, *Resolution of International Water Disputes*, La Haye, Londres, New York, Kluwer Law International, 2003, p 259.

[2065] Parlement européen, *Lobbying in the European Union : Current Rules and Practices*, AFCO 104, 2003, p 3.

protection de l'environnement[2066] et lors de la seconde vague apparue dans les années 1980.[2067]

899. Il apparaît ainsi qu'une mutation s'est opérée dans l'organisation et la puissance de ces groupes, tant au Canada que dans l'Union européenne au cours de la même période. Elle correspond à la seconde vague de législation survenue dans les deux régions dès les années 1980.[2068] Cette période correspond également à l'introduction progressive des idées du Nouveau Management Public dans l'action publique des pays occidentaux.

900. Deux types de groupes doivent être différenciés dans le domaine de la protection de la qualité des eaux : les groupes représentant les intérêts économiques, et les groupes dont l'objet est la protection de l'environnement. Il apparaît d'un côté que les groupes d'intérêts économiques bénéficient d'une capacité organisationnelle historiquement importante, ayant évolué vers une capacité quantitative significative (*1*-) ; d'un autre côté, une véritable mutation s'est opérée au sein des structures des organisations environnementales (*2*-).

1. Les groupes d'intérêts économiques : une capacité organisationnelle importante pour une masse d'entités

901. L'intervention des groupes économiques est fondamentale au Canada et en Europe : les fondements économiques de ces deux ordres juridiques apparaissent en être la raison centrale.[2069] Les règles édictées par l'Union européenne et le Canada leur sont souvent directement destinées. Ainsi, une certaine tradition d'intervention s'est installée de la part des acteurs économiques par le biais de groupes les représentant.[2070]

902. En premier lieu, il apparaît que ces groupes ont un avantage non négligeable en la matière : par des ressources importantes, ils présentent une capacité d'organisation supérieure.[2071] Depuis le milieu des années 1980, il semble que l'action des acteurs économiques auprès des institutions fédérales et européennes se soit amplifiée.[2072] Par exemple, entre 1985 et 1997, plus de 35 000 entreprises ont choisi de développer leur influence auprès des institutions européennes.[2073]

[2066] Durant les années 1960-1970.

[2067] J. GLENN, *Once Upon an Oldman : Special Interest Politics and the Oldman River Dam*, Vancouver (Canada), UBC Press, 1999, pp 142 & s.

[2068] Pour davantage de précisions au sujet de ces deux vagues d'intervention législative, voy. *supra* §241 & s.

[2069] Parlement européen, *Lobbying in the European Union : Current Rules and Practices*, AFCO 104, 2003, p 11 ; H.G.THORBURN, *Les Groupes de Pression dans le Système Fédéral Canadien*, Commission Royale sur l'Union économique et les Perspectives de Développement du Canada, Ottawa (Canada), Centre d'édition du gouvernement du Canada, 1985, pp 25 & s.

[2070] Notons que le Québec connaît également historiquement l'intervention de groupes d'intérêt dans le processus politique : L. Turgeon et M. Boucher font ressortir que l'action de la société civile ne date pas de l'après-Révolution tranquille, mais est ancrée dans l'histoire du Québec. Un « réseau d'institutions cléricales veillait à superviser et organiser la société québécoise bien avant ». Voy. à ce sujet M. BOUCHER, *Lobbying et Démocratie : Le Développement de l'Action Publique Organisée au XXème et XXIème siècles*, Mémoire de recherche, Université Laval (Canada), 2010, p 80.

[2071] Parlement européen, *op. cit.*, p 11.

[2072] M. BOUCHER, *op. cit.*, p 70.

[2073] Parlement européen, *op. cit.*, p 12.

903. Cette affluence est apparue problématique au début des années 1990 et a mené à une collaboration progressive entre les différents acteurs. Des groupements de groupes d'intérêts économiques se sont donc constitués, afin de rationaliser l'action auprès des institutions européennes.[2074] Beaucoup d'acteurs économiques ont ainsi rejoint des fédérations comme la *European Round Table*.[2075] De même, des forums thématiques ont été organisés : le *Competitiveness Advisory Group*, et le *Bangemann Forum on Competition and Competitiveness*.[2076]

904. L'action des groupes d'intérêts économiques est d'une ampleur telle qu'elle a engendré une certaine forme d'institutionnalisation du « *big business* » en Europe.[2077] Progressivement, ces fédérations se structurent et s'organisent de façon à être plus efficaces dans leur intervention auprès des institutions européennes : un processus de décision spécifique est mis en place.[2078] Le même type de phénomène peut être observé au Canada.[2079]

Notons à ce sujet que parmi les intérêts économiques défendus par ces groupes, certains sont plus marqués que d'autres, tant au Canada qu'en Europe. La grande majorité de ces groupes économiques est issue de l'industrie et plus précisément des plus grandes multinationales.[2080]

905. En second lieu, au-delà de leur organisation, la portée de l'influence de ces groupes apparaît importante. L. Krämer fait ressortir ce qui représente une preuve concrète de la puissance des groupes industriels en Europe.[2081] Selon l'auteur, plusieurs exemples de l'influence significative de ces groupes peuvent être relevés. Parmi eux figurent : l'abandon des valeurs limites d'émissions intégrées pour le secteur de l'industrie, l'absence de réelle valeur contraignante au principe du pollueur-payeur, l'omission de promouvoir activement les énergies renouvelables, et l'important soutien financier accordé à l'énergie nucléaire.[2082]

2. La mutation des groupes environnementaux

906. Tant au Canada qu'en Europe, il apparaît que la « capacité organisationnelle »[2083] des groupes d'intérêt environnementaux a

---

[2074] *Ibid.*

[2075] Pour avoir un aperçu de cette fédération, voy. son site Internet : http://www.ert.eu/ (page consultée le 7 juill. 2014).

[2076] Parlement européen, *op. cit.*, p 12.

[2077] *Ibid.*

[2078] *Ibid.*

[2079] L. JUILLET, « Les politiques environnementales canadiennes », in M. TREMBLAY (dir.), *Les Politiques publiques canadiennes*, Québec, Les Presses de l'Université Laval, 1998, p 174.

[2080] Le Parlement européen précise qu'en 2003, 950 associations de groupes d'intérêt économiques sont intervenues auprès des institutions européennes, et que 300 multinationales détiennent un bureau à Bruxelles. Voy. Parlement européen, *op. cit.*, p 12. Au sujet du Canada, voy. L. JUILLET, *op. cit.*, p 174.

[2081] En ce qui concerne le Canada, une telle corrélation directe entre l'action des groupes d'intérêt industriels et des répercutions dans la législation, n'a pas été établie dans la littérature juridique.

[2082] L. KRÄMER, *Droit de l'environnement de l'Union européenne*, Bâle, Helbing Lichtenhahn, 2011, p 45.

[2083] L. JUILLET, « Les politiques environnementales canadiennes », in M. TREMBLAY (dir.), *Les Politiques publiques canadiennes*, Québec, Les Presses de l'Université Laval, 1998, p 174.

beaucoup évolué. L'intensification de l'action de ces groupes est continue depuis le milieu des années 1980.[2084]

907. N. Berny soulève que les « ONG d'environnement »[2085] sont mieux organisées et structurées, de manière à agir en tant que « représentation politique » et non plus en tant que « mobilisation politique ». Elles ont en partie « intégré les attentes des pouvoirs publics et les logiques institutionnelles »[2086]. Plusieurs raisons peuvent être observées.

908. En premier lieu, il apparaît que la reprise économique laisse une place plus importante aux considérations écologiques : l'opinion publique et les politiques y sont plus sensibles. Les financements par dons ont de ce fait beaucoup augmenté. [2087] Cette première raison est complémentaire à la seconde : les modes de communication ont beaucoup évolué durant les années 1990, ce qui amplifie le phénomène et permet de mettre en place des organisations à l'échelle mondiale.[2088]

En troisième lieu et plus spécifiquement en Europe, il apparaît que l'Union s'est elle-même dotée de davantage de compétences en matière environnementale depuis 1986. La création d'une direction générale au sein de la Commission affectée à l'environnement cible davantage les interventions et implique une augmentation des « financements visant à promouvoir des actions exemplaires », et correspondant à la « mise en œuvre des textes communautaires »[2089]. Cela a favorisé une institutionnalisation de l'action collective dans ce domaine.[2090]

909. Du point de vue canadien, il apparaît que les groupes ont pu bénéficier de subventions de la part de l'ordre de gouvernement fédéral, ce qui aurait permis d'augmenter leur capacité organisationnelle. J. Glenn donne un exemple particulièrement significatif de l'augmentation de l'importance des groupes d'intérêts environnementaux : entre 1987 et 1991, l'association *Friends of the Oldman River* est passée de 17 personnes à plus de 500.[2091]

Ainsi, les groupes environnementaux se sont véritablement institutionnalisés et ont créé de grands réseaux à la structure adaptée. Les quatre grandes organisations non gouvernementales de protection de l'environnement[2092] se sont dotées de bureaux nationaux, puis régionaux, leur assurant une représentation auprès de chaque ordre de gouvernement.[2093] En

---

[2084] A. WEALE, G. PRIDHAM, M. CINI, D. KONSTADAKOPULOS, M. PORTER, B. FLYNN, *Environmental Governance in Europe: An Ever Closer Ecological Union ?*, Oxford, Oxford University Press, 2002, p 4 ; J. GLENN, *Once Upon an Oldman : Special Interest Politics and the Oldman River Dam*, Vancouver (Canada), UBC Press, 1999, pp 142-143.

[2085] Des organisations « définies par leur caractère non-gouvernemental et non lucratif » ; voy. N. BERNY, « Le Lobbying des ONG Internationales d'Environnement à Bruxelles – Les Ressources de Réseau et d'Information, Conditions et Facteurs de Changement de l'Action Collective », *Revue Française de Science Politique*, vol. 58, 1, 2008, p 98.

[2086] *Ibid.*

[2087] Pour plus de précisions à ce sujet, voy. *supra* §241 & s.

[2088] Voy. J. GLENN, *Once Upon an Oldman : Special Interest Politics and the Oldman River Dam*, Vancouver (Canada), UBC Press, 1999, p 143 ; ainsi que *supra* §740 & s.

[2089] N. BERNY, *op. cit.*, p 101.

[2090] *Ibid.*, p 102.

[2091] J. GLENN, *op. cit.*, p 147.

[2092] *WWF, Birdlife International, FOEI, Greenpeace International.*

[2093] Pour un bon exemple de ce phénomène et de l'ampleur de l'action menée par ces groupes en Europe, voy. M. KAIKA, B. PAGE, « The EU Water Framework Directive: Part 1. European interne, les organisations ont mis en place des secrétariats internationaux, des directeurs et des chargés de campagne dans chaque bureau.[2094] Plus spécifiquement au Canada, l'association *Friends of the Oldman River* se distingue de ses prédécesseurs par un véritable leadership et une organisation très structurée,[2095] tandis que se sont créées des organisations à l'envergure fédérale comme la *Canadian Parks and Wilderness Society* et le *Sierra Legal Defense Fund.*[2096] De même, beaucoup de petits groupes environnementaux créés dans les années 1970 au Canada sont devenus à la fin des années 1980 des organisations professionnelles dotées de budgets importants.[2097]

Enfin, ces groupes environnementaux ont également créé des réseaux de coopération pour assurer un lien suivi entre eux et avoir davantage d'influence auprès des institutions.[2098]

Malgré ces évolutions, L. Krämer soulève en 2011 que les groupes environnementaux continuent à souffrir du manque chronique de financement et de volonté politique, ce qui affecte de façon sérieuse leur structure organisationnelle.[2099]

910. Il a été estimé que plus de 5000 lobbyistes sont inscrits au Canada pour l'exercice d'une activité de lobbyisme auprès des institutions fédérales.[2100] En Europe, le Parlement européen estime en 2003 que 2000 à 2600 groupes d'intérêt interviennent à Bruxelles et y disposent de bureaux.[2101] Selon L. Krämer, en 2011 le nombre de groupes d'intérêt agissant à Bruxelles est de 15 000.[2102] Ainsi, la multiplication et la mutation des groupes environnementaux d'une part, et le maintien d'intérêt du secteur économique d'autre part permettent de formuler une remarque conclusive préalable : une nouvelle constellation d'acteurs intervient dorénavant en la matière auprès des institutions européennes et canadiennes. Malgré des intérêts hétérogènes, certaines orientations apparaissent conjuguées parmi ces acteurs.

B. Des orientations conjuguées

911. Malgré une hétérogénéité apparente des intérêts de ces groupes,[2103] la tendance à privilégier l'ordre de gouvernement central s'accentue.

Policy Making and the Changing Topography of Lobbying », *European Environment*, 13, 2003, pp 314 & s.

[2094] N. BERNY, *op. cit.*, pp 103-105.

[2095] J. GLENN, *op. cit.*, p 143.

[2096] *Ibid.*

[2097] K. HARRISON, *Passing the Buck : Federalism and Canadian Environmental Policy*, Vancouver, UBC Press, 2011, p 115.

[2098] Voy. N. BERNY, *op. cit.*, p 103.

[2099] L. KRÄMER, *Droit de l'environnement de l'Union européenne*, Bâle, Helbing Lichtenhahn, 2011, p 46.

[2100] N. HOLMES, D. LITHWICK, *Le Système de Lobbying à l'Échelle Fédérale : La Loi sur le Lobbying et le Code de Déontologie des Lobbyistes – Étude Générale*, Ottawa, Bibliothèque du Parlement, n°2011-73, 28 juin 2011, p 1.

[2101] Parlement européen, *Lobbying in the European Union : Current Rules and Practices*, AFCO 104, 2003, p iii.

[2102] L. KRÄMER, *op. cit.*, p 45.

[2103] Au sujet de l'hétérogénéité des objectifs des différents groupes d'intérêt, voy. M. KAIKA, B. PAGE, « The EU Water Framework Directive: Part 1. European Policy Making and the Changing Topography of Lobbying », *European Environment*, 13, 2003, pp 314 & s. ; L. JUILLET, « Les politiques environnementales canadiennes », in M. TREMBLAY (dir.), *Les Politiques publiques canadiennes*, Québec, Les Presses de l'Université Laval, 1998, pp 172-

Selon H.G. Thornburn, « les groupes peuvent agir comme agents de l'intégration ou de la désintégration du système politique fédéral »[2104]. Selon E.M. Noam, « les groupes d'intérêt choisissent naturellement le niveau gouvernemental auquel leur influence sera la plus grande »[2105]. Les doctrines européenne (*1*-) et canadienne (*2*-) offrent une approche similaire à ce sujet.

1. L'approche européenne

912. Selon la théorie supranationale, le soutien des groupes d'intérêt se dirige vers les politiques communautaires. En effet, ces groupes interviendraient auprès des États membres pour ne pas qu'ils bloquent l'adoption de ces politiques.[2106] M. Faure soulève que c'est la raison pour laquelle certaines industries favorisent la réglementation européenne : « les groupes de pression font face à moins de contre-pouvoirs qu'au niveau local »[2107]. L'auteur offre et développe une explication issue de l'approche économique du droit,[2108] qui nous permet de relever un indice supplémentaire à ce sujet. Il affirme en effet que dans le cas de l'Europe, la Commission européenne a avancé une justification à l'intervention législative communautaire en droit de l'environnement : « la création des conditions équitables de concurrence »[2109]. Il apparaît nécessaire d'harmoniser les conditions de concurrence, de « créer un terrain de jeu nivelé » pour les industries européennes. L'objectif est d'assurer le fonctionnement du marché commun.[2110] Ainsi, la disparité entre les législations des États membres en matière de protection des eaux créerait des « conditions inéquitables de concurrence »[2111], ce qui nuirait au fonctionnement du marché commun. Du point de vue du secteur économique européen, cet argument peut l'inciter « à faire pression afin que ces normes soient appliquées au niveau européen et que des barrières soient ainsi créées pour les autres concurrents européens »[2112]. De ce fait, les groupes agiraient en faveur de l'harmonisation du droit de l'environnement afin de s'assurer des conditions équitables de concurrence.

913. Cela fait écho à la thèse économique de la « course vers le fond » selon laquelle les États membres adopteraient des législations inefficaces de protection de l'environnement pour attirer les investisseurs

---

174 ; R. LENGLET, J-L. TOULY, *L'eau des multinationales – Les vérités inavouables*, Paris, Arthème Fayard, 2006, pp 15 & s.

[2104] H.G. THORBURN, *Les Groupes de Pression dans le Système Fédéral Canadien*, Commission Royale sur l'Union économique et les Perspectives de Développement du Canada, Ottawa (Canada), Centre d'édition du gouvernement du Canada, 1985, p 76.

[2105] Cité dans M. FAURE, *L'analyse économique du droit de l'environnement*, Maastricht, Bruxelles, Metro Institute for Transnational Legal Research, Bruylant, 2007, p 230. Voy. également en ce sens R.W. HAHN, « The political economy of environmental regulation : Towards a unifying framework », *Public Choice*, vol. 65, 1, 1990, pp 21-47 ; ainsi que R. VAN DEN BERGH, « The Subsidiarity Principle in European Community Law: Some Insights from Law and Economics », *Maastricht J. Eur. & Comp. L.*, 1, 1994, pp 337-366.

[2106] D. KELEMEN, *The rules of federalism : institutions and regulatory politics in the EU and beyond,* Cambridge, Harvard University Press, 2004, p 6.

[2107] M. FAURE, *op. cit.*, p 230.

[2108] *Ibid.*, p 263.

[2109] *Ibid.*, p 266.

[2110] *Ibid.*

[2111] *Ibid.*

[2112] *Ibid.*, p 230.

étrangers. Cette théorie implique une différence de coûts pour les industries.[2113]

914. Le Parlement européen complète cette assertion : plus les revendications sont exposées au niveau européen, plus elles ont de chance d'être entendues.[2114]

915. Les groupes d'intérêts européens sembleraient donc avoir une préférence pour une prise de décision au niveau européen. La littérature canadienne est plus explicite encore à ce sujet.

2. L'approche canadienne

916. Selon I. Weibust, les groupes d'intérêt environnementaux ont toujours recherché une intervention fédérale, de façon à imposer une réglementation environnementale à des provinces plus préoccupées par l'exploitation des ressources naturelles de leur sol.[2115] H.G. Thornburn a mené une étude à ce sujet. Même si elle date des années 1980, ses résultats révèlent une tendance intéressante : que ce soit dans le milieu des affaires, de la part des syndicats ou encore des organismes associatifs, un rôle plus actif de l'ordre de gouvernement fédéral est recommandé.[2116] En ce qui concerne le milieu économique, H.G. Thornburn tempère ces résultats en citant F. Armstrong : « […] les grandes entreprises comprennent qu'un système fédéral fournit aux groupes de pression un certain nombre de sources possibles d'influence et d'opposition […], (mais) le capital […] n'a pas d'alliés ni d'ennemis permanents, seulement des intérêts permanents »[2117].

917. C'est ce que confirme une partie de la doctrine avec la théorie des brèches : M. Grodzin a formulé cette théorie des rapports entre les groupes d'intérêt et le fédéralisme américain.[2118] Selon l'auteur, les groupes qui « disposent des ressources financières nécessaires apprécient particulièrement le système fédéral, parce que l'existence de deux échelons de gouvernement leur procure de multiples points d'accès pour poursuivre leurs objectifs politiques »[2119].

Il précise que ces groupes :

> […] finissent par se rapprocher du palier de gouvernement qui est le mieux disposé à l'égard de leurs revendications et qui, de par la Constitution, est le mieux placé pour y accéder. Pour les groupes, la valeur du partage fédéral des pouvoirs réside

---

[2113] Elle a reçu un certain nombre de critiques. Voy. *supra* §334 & s.

[2114] Parlement européen, *Lobbying in the European Union : Current Rules and Practices*, AFCO 104, 2003, p iv.

[2115] I. WEIBUST, *Green Leviathan : the case for a federal role in environmental policy*, Farnham, Surrey, England, 2009, p 139.

[2116] Les domaines dans lesquels agissaient ces organismes étaient quelque peu restreints : en matière d'éducation, d'exploitation forestière et des terres, et en matière d'égalité entre hommes et femmes notamment. Malgré cela, la tendance qui se dégage de cette étude est intéressante : 27 groupes du milieu des affaires, recommandent une augmentation des pouvoirs fédéraux, ou « un rôle fédéral énergique ». Pour des résultats complets, voy. H.G. THORBURN, *Les Groupes de Pression dans le Système Fédéral Canadien*, Commission Royale sur l'Union économique et les Perspectives de Développement du Canada, Ottawa (Canada), Centre d'édition du gouvernement du Canada, 1985, pp 110 & s.

[2117] *Ibid.*, p 42.

[2118] *Ibid.*, p 70.

[2119] H.G. THORBURN, *op. cit.*, p 70.

dans le fait que, s'ils ne parviennent pas à atteindre leurs objectifs à un palier de gouvernement, ils peuvent tenter d'obtenir satisfaction en s'adressant à l'autre.[2120]

918. Néanmoins, ces assertions ont été exprimées dans les années 1980. La situation a largement évolué depuis. De plus, les groupes environnementaux interviennent davantage afin de faire jouer indirectement la règle de la prépondérance fédérale. F.L. Morton confirme ce point de vue : les groupes environnementaux auraient une préférence pour la centralisation.[2121]

919. D. Kwavnick propose une lecture différente, dans laquelle les ordres de gouvernement ne seraient pas aussi passifs que la théorie des brèches le laisse entendre. Il s'agit de la conception dirigiste, apparue au milieu des années 1970, et trouvant un écho particulier aujourd'hui.[2122] Selon l'auteur, « [...] l'un des moyens dont pourrait se servir un gouvernement dans un système politique fédéral pour se renforcer vis-à-vis de l'autre palier de gouvernement serait de faciliter la création de la gamme la plus vaste possible d'organismes privés puissants et cohésifs qui dépendraient de lui »[2123].

920. A. Cairns complète cette assertion en affirmant que : « [...] le fait que les gouvernements créent et encouragent délibérément des groupes de pression, aux demandes desquelles ils sont prêts à répondre (demandes qu'ils ont provoquées), leur fournit un moyen de survie de premier plan en cas de concurrence intergouvernementale agressive » [2124] . Or, le gouvernement canadien a bien favorisé le développement des groupes environnementaux à une certaine période.[2125]

921. Ainsi, il apparaît que le développement des groupes d'intérêt dans le domaine environnemental est le résultat de plusieurs facteurs combinés. Dans le cadre de leurs activités, les groupes d'intérêt vont avoir tendance à privilégier l'ordre de gouvernement qui répond au mieux à leurs revendications. Dans le cas des groupes économiques comme dans celui des groupes environnementaux, les règles régissant les rapports entre les ordres juridiques favorisent un choix en faveur de l'ordre fédéral au Canada et de l'ordre européen.

922. Propos conclusifs. - En matière de protection de la qualité des eaux, beaucoup de groupes d'intérêt se sont ainsi créés et développés. Leur multiplication semble avoir été favorisée dès les années 1980, dans ce domaine, tant par l'ordre de gouvernement fédéral canadien que par l'Union européenne. Le contexte aurait donc largement favorisé leur développement puis leurs actions. Ce contexte est principalement constitué des principes du Nouveau Management Public et de la gouvernance mise en place pour la protection des eaux.

[2120] Cité dans *Ibid.*

[2121] K.M. HOLLAND, F.L. MORTON, B. GALLIGAN, *Federalism and the Environment: Environmental Policymaking in Australia, Canada and the United States*, Westport (États-Unis), Greenwood Publishing Group, 1996, p 48.

[2122] D. KWAVNICK, « Interest Group Demands and the Federal Political System : Two Canadian Cas Studies », in A.P. PROSS (dir.), *Pressure group behaviour in Canadian politics*, Toronto (Canada), Mc Graw-Hill Ryerson, 1975, p 84.

[2123] *Ibid.* Cité dans H.G. THORBURN, *op. cit.*, p 78.

[2124] A. CAIRNS, « The Governments and Societies of Canadian Federalism », *Revue Canadienne de Science Politique*, 4, 1977, pp 716-717. Cité en français dans H.G. THORBURN, *op. cit.*, pp 78-79.

[2125] Voy. J. GLENN, *Once Upon an Oldman : Special Interest Politics and the Oldman River Dam*, Vancouver (Canada), UBC Press, 1999, p 147.

Paragraphe II. Une place centrale accordée à la société civile dans la prise de décision pour la protection de l'eau

923. Selon O. Notte et D. Salles, « l'affichage de la participation du public dans le processus d'élaboration des politiques publiques est devenu dans la décennie 2000 une des principales tendances du renouvellement des formes de 'gouvernementalité' »[2126]. J. Chevallier constate que dans « tous les pays, les procédures consultatives se sont généralisées », tant et si bien que « la force de la règle de droit [...] dépend désormais du consensus dont elle est entourée ». Ainsi, « le droit tendrait à devenir [...] (le) produit d'un dialogue permanent entre gouvernants et gouvernés »[2127].

924. Cette mutation semble trouver une explication en matière de protection de la qualité des eaux douces dans un contexte global, accentué par le Nouveau Management Public. Cette forme d'action publique permet une ouverture à la prise décision par la société civile, qui acquiert alors une place centrale dans le processus d'édiction de la norme.

925. Dans la doctrine, B.G. Peters fait ressortir que « l'accroissement du pouvoir d'action (*empowerment*) des usagers et des fonctionnaires est une contribution significative du Nouveau Management Public au fonctionnement des organisations publiques »[2128].

Si cette participation des acteurs privés au processus de décision est admise et analysée depuis longtemps dans les écoles économiques,[2129] elle apparaît nouvelle dans les écoles de science politique et de sciences juridiques.[2130]

926. L'outil de la participation, issu du Nouveau Management Public, a été mis en œuvre tant au Canada qu'en Europe. La société civile a ainsi progressivement acquis une place centrale dans le processus de décision (*A*-) ; ce qui lui offre une multitude de points d'accès auprès des institutions canadiennes et européennes (*B*-).

[2126] O. NOTTE, D. SALLES, « La prise à témoin du public dans la politique de l'eau. La consultation de la Directive-cadre sur l'eau en Adour-Garonne », *Politique Européenne*, vol. 1, 33, 2011, p 41.

[2127] J. CHEVALLIER, *L'État post-moderne*, Paris, L.G.D.J., 2008, p 141.

[2128] B.G. PETERS, « Nouveau Management Public (New Public Management) », in L. BOUSSAGUET, S. JACQUOT, P. RAVINET, *Dictionnaire des politiques publiques*, Paris, Presses de Sciences Po, 2010, p 401.

[2129] G.J. STIGLER, « The Theory of Economic Regulation », *Bell Journal of Economics and Management Science*, 2, 1971, pp 3-21 ; G.S. BECKER, « A Theory of Competition Among Pressure Groups for Political Influence », *The Quarterly Journal of Economics*, vol. 98, 3, The MIT Press, August 1983, pp 371-400 ; R.W. HAHN, « The political economy of environmental regulation : Towards a unifying framework », *Public Choice*, vol. 65, 1, 1990, pp 21-47 ; R. VAN DEN BERGH, « The Subsidiarity Principle in European Community Law: Some Insights from Law and Economics », *Maastricht J. Eur. & Comp. L.*, 1, 1994, pp 337-366.

[2130] S.D. Ehlrich a notamment résumé les débats tenus en sciences politiques. Au Canada, la majeure partie des études sont des études de cas, très peu de travaux théoriques existent. Voy. S.D. EHLRICH, *Access Points : An Institutional theory of policy bias and policy complexity*, New York, Oxford, Oxford University Press, 2011 ; ainsi que H.G. THORBURN, *Les Groupes de Pression dans le Système Fédéral Canadien*, Commission Royale sur l'Union économique et les Perspectives de Développement du Canada, Ottawa (Canada), Centre d'édition du gouvernement du Canada, 1985, p 6.

A. Les origines canadiennes et européennes : une participation historiquement admise, mais récemment amplifiée

927. L'intervention de la société civile dans la prise de décision tant au Canada qu'en Europe apparaît en deux phases : la première se situe depuis les origines de chaque ordre juridique et la seconde démarre dans les années 1980 dans certains domaines. Le Canada et l'Union ont toujours connu, dès le début de leur construction, des interactions avec la société civile, mais l'instauration progressive des techniques du Nouveau Management Public, dans le secteur environnemental plus particulièrement, a étendu le champ de possibilités d'action pour le secteur privé.

928. Notons de façon liminaire qu'en sciences politiques, une différence de fondements apparaît entre la perspective continentale et la perspective anglo-saxonne. Dans la perspective continentale, l'État est une entité juridique à part, une personne morale, dont les compétences sont garanties par une Constitution écrite et qui intervient à travers des organes : un parlement, un gouvernement, etc.[2131] Dans ce cadre, l'État et la société civile sont envisagés de façon dissociée. L'approche anglo-saxonne envisage davantage la question en termes d'étude des institutions centrales et locales. La société civile n'est pas à part de l'État, elle en est une auxiliaire. L'appréhension de la relation entre la société civile et l'État est donc différente suivant la culture politique. On peut rapprocher la tradition continentale de la tradition juridique romano-germanique, et la tradition anglo-saxonne de la *common law*, décrites par R. David, K. Zweigert et H. Kötz.[2132]

929. Le Canada et l'Union sont des ordres juridiques où cohabitent ces deux traditions. Chacune de ces deux régions fait ressortir dans certains domaines des colorations plus prononcées de *common law* ou de tradition romano-germanique. En ce qui concerne les relations entre la société civile et l'État, tant l'Union (*1*-) que le Canada (*2*-) adoptent une démarche similaire : celle issue de la tradition anglo-saxonne.

1. L'Union européenne et la société civile

930. La considération des intérêts de la société civile est historiquement ancrée dans le processus décisionnel européen. Déjà, lors de l'adoption des premiers traités, ces intérêts étaient pris en compte.[2133] Mais c'est dès la fin des

---

[2131] I. PROELLER, K. SCHELLER, « Change and Continuity in the Continental Tradition of Public Management », in E. FERLIE, L.E. LYNN, Ch. POLLITT, *The Oxford Handbook of Public Management,* Oxford University Press, 2005, pp 697 & s.

[2132] K. ZWEIGERT, H. KOTZ, *An Introduction to Comparative Law*, Oxford University Press, 1998, pp 63 & s., pp 180 & s. au sujet de la *common law*, et pp 74 & s. au sujet du droit romano-germanique.

[2133] Le Traité de Paris instituant la Communauté du Charbon et de l'Acier a été source de beaucoup de débats avant sa signature en 1951. U. Ayberk et F. P. Schenker font ressortir trois grandes phases dans les relations entre les groupes d'intérêt et les institutions européennes. La première phase va de la création des Communautés européennes au milieu des années 1970. Elle implique l'instauration d'un « modèle pluraliste », selon lequel les groupes d'intérêt « ont été très peu intégrés au processus de décision », « mis à part les groupes d'intérêt agricoles ». Une deuxième période a lieu du milieu des années 1970 à 1987 et connaît un « modèle corporatiste ». Lors de cette période la Commission commence à s'ouvrir aux groupes qui ne répondaient pas jusque là à ses critères de représentativité et d'autonomie suffisante, de façon à tenir compte de l'avis des milieux intéressés. De même, le consensus qui régnait dans les fédérations est progressivement remplacé par une multitude « d'avis minoritaires », avec « la création de années 1980 que ce phénomène va prendre de l'ampleur en matière de protection de l'environnement. La mise en place d'instruments issus du Nouveau Management Public et la montée des revendications écologistes, vont instaurer un principe d'efficacité de l'action publique. L'une des mesures phares appliquées dans ce contexte est le principe de participation, atténuant davantage la frontière entre le secteur public et le secteur privé. Ainsi, l'Union européenne se place dans une forme de continuité au regard de son histoire, tout en accentuant le phénomène.

931. D'un point de vue général, ce principe de participation apparaît comme un corollaire du principe d'efficacité des politiques publiques. O. Notte et D. Salles soulèvent que la concurrence entre les États membres est centrale : elle implique qu'un « niveau optimum d'efficacité peut être atteint – ici l'efficacité des politiques publiques - si plusieurs conditions sont remplies : notamment [...] la pluralité des acteurs en présence ou encore la transparence de l'information »[2134]. Ainsi, le respect de ces principes issus de la « pensée économique classique »[2135], permettrait d'assurer une bonne mise en œuvre des politiques publiques.

932. La Commission européenne a initié l'entreprise d'ouverture des institutions européennes à la société civile. [2136] **La matière environnementale est novatrice.** Cela s'inscrit dans la continuité du quatrième Programme d'Action pour l'Environnement :[2137] il implique une promotion des instruments d'autorégulation et des mécanismes du marché. Le cinquième PAE, à la suite du Sommet de Rio de 1992, donne « un nouveau relief » à cette réflexion amorcée à la fin des années 1980.[2138] L'objectif est d'assurer une meilleure mise en œuvre du droit de l'environnement, et de réenclencher la légitimité des institutions européennes. [2139] Il s'agit de remplacer la logique hiérarchique traditionnelle du processus de décision en favorisant le dialogue avec les acteurs. Selon N. Berny, « la Commission délaisserait le rôle traditionnel d'entrepreneur de politique publique au profit de celui de médiateur d'idées »[2140]. Ainsi, un principe de « responsabilité partagée » est mis en place par le cinquième PAE :[2141] on mobilise les acteurs concernés.[2142]

---

multiples groupes d'intérêt spécialisés ». La troisième phase correspond à l'instauration d'un « modèle clientéliste », courant dès la fin des années 1980. Voy. à ce sujet U. AYBERK, F.-P. SCHENKER, « Des Lobbies Européens entre Pluralisme et Clientélisme », *Revue Française de Science Politique*, vol. 48, 6, 1998, pp 731 & s. ; ainsi que J. NONON, M. CLAMEN, *L'Europe et ses couloirs – Lobbying et lobbyistes*, Paris, Dunod, 1991, pp 31 & s.

[2134] O. NOTTE, D. SALLES, « La prise à témoin du public dans la politique de l'eau. La consultation de la Directive-cadre sur l'eau en Adour-Garonne », *Politique Européenne*, vol. 1, 33, 2011, p 41.

[2135] *Ibid.*

[2136] U. AYBERK, F.-P. SCHENKER, « Des Lobbies Européens entre Pluralisme et Clientélisme », *Revue Française de Science Politique*, vol. 48, 6, 1998, pp 732 & s.

[2137] 1987-1992. Ci-après « PAE ».

[2138] N. BERNY, « Intégration européenne et environnement : vers une union verte ? », *Politique Européenne*, Vol. 1, 33, 2011, p 12.

[2139] *Ibid.*, p 14 ; R. LAFOREST, « Shifting scales of governance and civil society participation in Canada and the European Union », *Administration Publique du Canada*, vol. 56, 2, Juin 2013, p 238.

[2140] N. BERNY, *op. cit.*, p 13.

[2141] 1992-2001.

[2142] N. BERNY, *op. cit.*, p 14.

933. En parallèle, et dans la lignée de la Déclaration de Rio de 1992,[2143] une Convention sur la participation du public en matière environnementale est signée par les États membres le 25 juin 1998 : la Convention d'Aarhus.[2144] Établie par une antenne des Nations Unies, l'UNECE,[2145] la Convention pose un principe d'ouverture au public des informations et de la prise de décision en matière environnementale.[2146]

934. Cette nouvelle logique s'est appliquée en matière de protection de la qualité des eaux douces de façon visible lors des négociations menées pour l'adoption de la Directive-cadre de 2000.[2147] La Commission, inquiète du manque de crédibilité de l'Union auprès des citoyens, décide d'intégrer davantage les organisations non gouvernementales environnementales dans le processus de décision.[2148]

935. La Commission européenne inscrit un an plus tard plus largement cette ouverture dans son Livre blanc sur la gouvernance européenne.[2149] Au nom d'un besoin accru de légitimité de l'action européenne, une démocratisation de la prise de décision est annoncée.[2150] Cela s'inscrit dans une nouvelle forme d'action publique, impliquant davantage de contractualisation, d'autorégulation et de corégulation :[2151] « le modèle linéaire consistant à décider des politiques au sommet doit être remplacé par un cercle vertueux, basé sur l'interaction, les réseaux et une participation à tous les niveaux, de la définition des politiques jusqu'à leur mise en œuvre »[2152]. Ainsi :

2143 Citée dans le Préambule de la Convention d'Aarhus. Voy. la Déclaration de Rio sur l'environnement et le développement, Conférence des Nations Unies sur l'environnement et le développement, 3 au 14 juin 1992.

2144 Convention sur l'accès à l'information, la participation du public au processus décisionnel et à l'accès à la justice en matière d'environnement, adoptée à Aarhus le 25 juin 1998. (Entrée en vigueur le 30 oct. 2001).

2145 *United Nations Economic Commission for Europe*. Il s'agit de l'une des cinq commissions régionales des Nations Unies. Voy. le site Internet de la Commission : http://www.unece.org/ (page consultée le 7 juill. 2014).

2146 L'art. premier dispose : « Afin de contribuer à protéger le droit de chacun, dans les générations présentes et futures, de vivre dans un environnement propre à assurer sa santé et son bien-être, chaque Partie garantit les droits d'accès à l'information sur l'environnement, de participation du public au processus décisionnel et d'accès à la justice en matière d'environnement conformément aux dispositions de la présente Convention » ; Convention sur l'accès à l'information, la participation du public au processus décisionnel et à l'accès à la justice en matière d'environnement, *op. cit.* Nous soulignons.

2147 Directive 2000/60/CE du Parlement européen et du Conseil du 23 octobre 2000 établissant un cadre pour une politique communautaire dans le domaine de l'eau, JOUE L 327 du 22.12.2000, p 1-73. Voy. à ce sujet M. KAIKA, B. PAGE, « The EU Water Framework Directive: Part 1. European Policy Making and the Changing Topography of Lobbying », European Environment, 13, 2003, p 334.

2148 M. Kaika et B. Page précisent que cela est perçu comme une évolution vitale et productive en la matière. Néanmoins, les auteures font ressortir que c'est également un danger : sous couvert de la participation des ONG, toute décision, même impopulaire, est justifiée et légitime. Voy. M. KAIKA, B. PAGE, *op. cit.*, p 326.

2149 Commission des Communautés Européennes, *Gouvernance Européenne – Un Livre Blanc*, COM (2001) 428 final, p 3.

2150 *Ibid.*, pp 8 & s.

2151 M-P. BLIN-FRANCHOMME, « Internormativité et réseau d'autorités : regards sur la méthode communautaire en droit de l'environnement », *Petites Affiches*, 200, 6 octobre 2004, p 54.

2152 Commission des Communautés Européennes, *op. cit.*, pp 8 & s. ; cité dans M-P. BLIN-FRANCHOMME, *op. cit.*, p 54.

Quelle que soit la manière dont les politiques de l'Union sont élaborées et adoptées, la procédure doit être plus ouverte et plus facile à suivre et à comprendre. La Commission :

[...]

- établira et publiera des normes minimales de consultation sur la politique de l'Union européenne ;

- mettra en place des partenariats allant au-delà des normes minimales dans certains domaines ; elle s'engage ainsi à consulter davantage, en contrepartie de meilleures garanties d'ouverture et de représentativité des organisations consultées.[2153]

936. Les principes de la Convention d'Aarhus ont ensuite reçu une reconnaissance européenne plus officielle avec l'adoption de deux Directives : la Directive 2003/4/CE [2154] et la Directive 2003/35/CE, [2155] établissant respectivement un accès au public à l'information en matière d'environnement, et la participation du public au processus décisionnel. Enfin, la Communauté européenne a adhéré à la Convention le 17 février 2005.[2156]

Plus largement, R. Laforest confirme le besoin de légitimité de l'action communautaire : la Commission doit renforcer ses échanges avec des groupes d'intérêts afin de légitimer sa position institutionnelle auprès des citoyens.[2157] Selon U. Ayberk et F.-P. Schenker, cette ouverture est justifiée par un besoin de légitimation de la redistribution des pouvoirs opérée par l'Acte unique entre les institutions européennes.[2158]

937. En matière d'environnement, la tendance générale dans laquelle s'inscrit l'Union dès la fin des années 1980 est celle d'une évolution vers une législation plus légère et davantage de participation. [2159] Ainsi, progressivement, la société civile obtient une place centrale dans le processus de décision en la matière. Par la suite, ce phénomène s'est étendu à l'ensemble des politiques européennes.

[2153] Commission des Communautés Européennes, *op. cit.*, pp 4-5.

[2154] Directive 2003/4/CE du Parlement et du Conseil, du 28 janv. 2003, concernant l'accès du public à l'information en matière d'environnement et abrogeant la Directive 90/313/CE, JOUE 2003, L 41/26.

[2155] Directive 2003/35/CE du Parlement européen et du Conseil du 26 mai 2003 prévoyant la participation du public lors de l'élaboration de certains plans et programmes relatifs à l'environnement, et modifiant, en ce qui concerne la participation du public et l'accès à la justice, les directives 85/337/CEE et 96/61/CE du Conseil, JOUE 2003, L 156/17.

[2156] Décision n°2005/370/CE du Conseil du 17 févr. 2005, sur la conclusion, au nom des Communautés européennes, de la Convention sur l'accès à l'information, la participation du public au processus décisionnel et à l'accès à la justice en matière d'environnement, JOCE 2005, L 124/1. Notons que l'Union européenne peut adhérer à des conventions internationales en vertu de l'art. 47 TUE.

[2157] R. LAFOREST, « Shifting scales of governance and civil society participation in Canada and the European Union », *Administration Publique du Canada*, vol. 56, 2, Juin 2013, p 238.

[2158] Il apparaît en effet que la Commission a vu ses prérogatives s'élargir. Voy. à ce sujet U. AYBERK, F.-P. SCHENKER, « Des Lobbies Européens entre Pluralisme et Clientélisme », *Revue Française de Science Politique*, vol. 48, 6, 1998, pp 732 & s.

[2159] M. LEE, *EU Environmental Law – Challenges, Change and Decision-making,* Oxford, Hart publishing, 2005, 275 pages ; A. BRUNET, « La régulation juridique des questions environnementales et le principe de subsidiarité », *La Gazette du Palais*, Gazette Européenne, 11-12 juin 2004, pp 6 & s.

2. Le Canada et la société civile

938. « Le Canada repose, à l'origine, sur les liens étroits qu'entretenaient des groupes d'intérêts privés et les gouvernements coloniaux »[2160]. H.G. Thornburn fait ressortir que le socle historique des politiques publiques canadiennes est constitué par les liens qui se sont tissés entre le secteur privé et les gouvernants. L'auteur qualifie le phénomène « d'accommodement des élites » : « ce sont ces gens et les politiciens élus [...] qui se partageaient la responsabilité de l'élaboration des décisions »[2161]. Si l'intervention des groupes économiques au processus décisionnel n'est pas un phénomène nouveau, une ouverture s'opère à la fin des années 1980 vers l'ensemble de la société civile.[2162]

La participation du public au processus de décision est l'élément clé du mouvement de réforme mené au niveau fédéral.

939. Dans un premier temps, dès le début des années 1980, le Département du Secrétariat d'État a beaucoup encouragé certains groupes de représentation d'une partie de la société civile canadienne : les minorités, les organisations autochtones, ou les organisations de défense des femmes.[2163] Des consultations étaient régulièrement organisées pour réunir les points de vue d'un segment de la société canadienne.[2164] Selon R. Laforest, durant cette période, le Canada est le seul État à assister les groupes d'intérêts et à avoir institué leur intervention dans le processus décisionnel.[2165]

940. Dans un second temps, la fin des années 1980 marque une étape importante en matière de protection de l'environnement : l'ordre de gouvernement fédéral ouvre les mécanismes de consultation aux organisations environnementales. Ces mécanismes étaient jusque là réservés aux provinces et aux industries. [2166] Les groupes environnementaux peuvent désormais formuler des commentaires au sujet des projets fédéraux, et les consultations

2160 H.G. THORBURN, *Les Groupes de Pression dans le Système Fédéral Canadien*, Commission Royale sur l'Union économique et les Perspectives de Développement du Canada, Ottawa (Canada), Centre d'édition du gouvernement du Canada, 1985, p 3.

2161 H.G. THORBURN, *op. cit.*, p 4. Voy. également à ce sujet A.A. DEN OTTER, *The Philosophy of Railways : The Transcontinental Railway Idea in British North America*, Toronto, University of Toronto Press, 1997, pp 183 & s.

2162 Une ouverture s'est déjà opérée de façon ponctuelle à quelques reprises, à l'instar du Conseil fédéral de la santé, réunissant dès 1919 les « représentants des mouvements agricoles, syndicaux, ruraux et féminins ». Il s'agit d'un « comité consultatif du ministère de la santé nationale et du bien-être social ». Voy. à ce sujet H.G. THORBURN, *op. cit.*, pp 90 & s.

2163 R. LAFOREST, « Shifting scales of governance and civil society participation in Canada and the European Union », *Administration Publique du Canada*, vol. 56, 2, Juin 2013, p 243.

2164 *Ibid.*

2165 Cela apparaît notamment clairement dans le cadre des relations fédéro-provinciales, où une « série intensive de discussions tripartites [...] réunirent des représentants des affaires, du milieu syndical, du gouvernement fédéral et des provinces, afin de faciliter la formulation d'une stratégie économique nationale » ; H.G. THORBURN, *op. cit.*, p 91. Voy. également R. LAFOREST, *op. cit.*, p 243.

2166 Voy. à ce sujet K. HARRISON, *Passing the Buck : Federalism and Canadian Environmental Policy*, Vancouver, UBC Press, 2011, pp 115-116 ; ainsi que D.R. BOYD, *Unnatural Law : Rethinking Canadian Environmental Law and Policy*, Vancouver, UBC Press, 2003, p 225.

publiques sont formellement organisées par la *Loi canadienne sur l'évaluation environnementale* de 1992.[2167]

N. Acheson et S. Hodgett confirment ce phénomène : l'ouverture des consultations à d'autres parties de la société civile a été redéfinie plus globalement au début des années 1990.[2168]

Comme le soulève D.R. Boyd, la plupart des lois canadiennes et politiques relatives à l'environnement portent l'empreinte des organisations de défense de l'environnement.[2169] Néanmoins, si une telle ouverture a lieu, elle apparaît plus timide au Canada qu'en Europe au stade de la prise de décision. Les organisations se révèlent en revanche très actives auprès du juge.[2170]

941. Si l'intervention d'une partie de la société civile est un usage historique tant au Canada qu'en Europe, une ouverture a eu lieu auprès des organisations environnementales à la fin des années 1980 et le début des années 1990. La nouvelle gouvernance de la protection des eaux permet à l'ensemble de la société civile de bénéficier de multiples points d'accès au processus de décision dans ce domaine.

B. Divers points d'accès

942. Tant au Canada (*2-*) qu'en Europe (*1-*) les groupes représentant la société civile bénéficient d'une diversité importante de points d'intervention. Un aperçu général permet de soulever une préférence des groupes pour les interventions informelles.

1. La diversité de points d'accès dans l'Union européenne

943. L'intervention des groupes de la société civile auprès des institutions européennes, tant industriels qu'environnementaux, bénéficie de plusieurs types de points d'entrée :[2171] officiels (*a-*) et d'autres plus officieux (*b-*). L'objectif est de prendre en compte tous les intérêts en jeu.[2172]

a. Les points d'entrée officiels

944. Il existe désormais en Europe une véritable culture des consultations extérieures institutionnalisées. La « recherche d'efficacité du système politique

---

[2167] *Loi canadienne sur l'évaluation environnementale* (L.R. (1992), ch. 37).Voy. à ce sujet D.R. BOYD, *Unnatural Law : Rethinking Canadian Environmental Law and Policy*, Vancouver, UBC Press, 2003, p 245.

[2168] N. ACHESON, S. HODGETT, « Introduction - Narratives of Citizenship: Welfare State Reform and Civil Society in Canada », *British Journal of Canadian Studies,* vol. 25, 2, 2012, p 154.

[2169] « *It bear the strong imprint of environmental organizations* » ; D.R. BOYD, *op. cit.*, p 225. Notre traduction.

[2170] Ce que D.R. Boyd considère comme une des lacunes du droit de l'environnement canadien : le manque d'institutions permettant au public d'intervenir lors de la prise de décision. Voy. à ce sujet *Ibid.* pp 245 & s.

[2171] Commission des Communautés Européennes, *Communication de la Commission au Conseil et au Parlement – Principes généraux et normes minimales applicables aux consultations engagées avec les parties intéressées*, COM (2002) 704, p 3.

[2172] A. JORDAN (dir.), *Environmental Policy in the European Union*, London, Earthscan, 2007, pp 125 & s.

communautaire transforme l'expertise en une source centrale »[2173]. L'Union européenne s'est ainsi progressivement dotée d'un nombre important de comités consultatifs. Dès le début des années 1980, le poids politique du Parlement européen et de la Commission s'est accentué, ouvrant la porte à une intervention plus importante.[2174] Ces deux institutions, passant de l'élaboration de politiques générales à des décisions plus ciblées, procèdent à une ouverture vis-à-vis leur environnement.[2175]

Dans les années 1990, plus de 200 comités entourent les institutions européennes. Il s'agit d'experts gouvernementaux ainsi que de membres d'organisations professionnelles. [2176] Par exemple, dans le domaine de l'agriculture, il existe un comité pour chaque catégorie de produit.[2177] Le Parlement européen l'affirme clairement : le processus décisionnel européen fournit davantage d'ouverture et de perméabilité.[2178]

945. Les groupes d'intérêts peuvent s'exprimer par l'intermédiaire de plusieurs institutions prévues à cet effet. En premier lieu, le Comité des Régions et le Comité économique et social européen [2179] apparaissent intéressants.[2180] Le CESE retient plus particulièrement notre attention : son rôle de relais auprès des institutions européennes a été renforcé dans le contexte de l'avènement du principe d'efficacité. Il a été notamment précisé que le CESE « est constitué de représentants des différentes composantes à caractère économique et social de la société civile organisée »[2181]. Créé en 1957 « en tant qu'instance de discussion sur les questions liées au marché unique », le CESE est constitué de « 353 membres issus de groupes d'intérêts économiques et sociaux »[2182]. Son rôle est de donner un avis formel sur les propositions législatives de l'Union. Il est précisé dans le Traité sur l'Union que « le Parlement européen, le Conseil et la Commission sont assistés d'un

---

2173 S. SAURRUGER, « L'expertise, un mode de participation des groupes d'intérêt au processus décisionnel communautaire », *Revue Française de Science Politique*, vol. 52, 4, 2002, p 375.

2174 Pour plus de précisions sur l'évolution, voy. U. AYBERK, F.-P. SCHENKER, « Des Lobbies Européens entre Pluralisme et Clientélisme », *Revue Française de Science Politique*, vol. 48, 6, 1998, p 734.

2175 Notons que selon U. Ayberk et F.-P. Schenker, le Conseil européen n'apparaît pas comme une cible importante des groupes d'intérêt. Qu'il soit spécialisé en matière d'agriculture ou de protection de l'environnement, il n'est sollicité directement « qu'en ultime recours ». Nous privilégions donc l'étude du Parlement et de la Commission. Voy. U. AYBERK, F.-P. SCHENKER, *op. cit.*, p 740.

2176 J. NONON, M. CLAMEN, *L'Europe et ses couloirs – Lobbying et lobbyistes*, Paris, Dunod, 1991, p 126-132.

2177 *Ibid.*, p 127.

2178 « It provides much openness and permeability » ; Parlement européen, *Lobbying in the European Union : Current Rules and Practices*, AFCO 104, 2003, p 31. Notre traduction.

2179 Ci-après « CESE ».

2180 Commission des Communautés Européennes, *Communication de la Commission au Conseil et au Parlement – Principes généraux et normes minimales applicables aux consultations engagées avec les parties intéressées*, COM (2002) 704, p 8.

2181 Cité dans *Ibid.*

2182 Ces membres sont désignés par les gouvernements nationaux et nommés par le Conseil de l'Union européenne pour un mandat renouvelable de cinq ans. Le nombre des membres représentant chaque État membre est proportionnel au nombre de ses habitants. Voy. le site Internet du CESE : http://europa.eu/about-eu/institutions-bodies/ecosoc/index_fr.htm (page consultée le 7 juill. 2014).

Comité économique et social et d'un Comité des Régions exerçant des fonctions consultatives »[2183].

946. Également, plusieurs comités sont chargés d'assister les institutions européennes dans le processus législatif.

947. Auprès de la Commission, agissent des groupes d'experts *ad hoc* permanents.[2184] Une cinquantaine de ces groupes est officiellement répertoriée sur le site Internet de la Commission européenne. Notons que ces cinquante groupes interviennent auprès de la seule Direction Générale XI de l'environnement. Ces groupes peuvent être composés de différents types de représentants : gouvernements nationaux, organisations non gouvernementales, institutions internationales, etc. [2185] De même, la Commission a ouvert la possibilité d'émettre des opinions sur ses propositions de textes avec la procédure de consultation. Basé sur l'approche établie par le Livre blanc sur la gouvernance européenne,[2186] le principe de consultation doit assurer à tout citoyen européen la capacité de donner son opinion à tout moment de la procédure législative.[2187]

948. Enfin, les auditions organisées par la Commission de l'environnement, de la santé publique et la sécurité alimentaire du Parlement européen, offrent des possibilités intéressantes d'intervention.[2188]

949. Ainsi, la société civile dispose d'un plus large panel de points d'intervention officiels. Mais il s'agit surtout d'un rôle consultatif. La véritable intervention s'opère dans des sphères plus officieuses.

b. Les points d'entrée officieux

950. Les groupes d'intérêts bénéficient de plusieurs points de contact informels avec les membres des institutions européennes. Par essence, ces liens sont difficilement identifiables de manière exhaustive. Certains indices peuvent néanmoins être relevés.

951. En premier lieu, les membres des groupes représentant la société civile interagissent directement avec le Conseil, la Commission et le Parlement, par l'intermédiaire du personnel de ces institutions. Les députés et les commissaires européens sont largement sollicités, notamment par l'octroi de contreparties pour services rendus.[2189] Ce type de lien est difficile à envisager dans un travail de recherche.

[2183] Traité sur l'Union européenne, JOUE C 83 du 30 mars 2010, Art. 13-4. Nous soulignons.

[2184] Pour plus de précisions, voy. S. SAURRUGER, « L'expertise, un mode de participation des groupes d'intérêt au processus décisionnel communautaire », *Revue Française de Science Politique*, vol. 52, 4, 2002, pp 375 & s.

[2185] Voy. à ce sujet le site Internet de la Commission européenne, rubrique « Registre des groupes d'experts de la Commission et autres entités similaires » : http://ec.europa.eu/transparency/ (page consultée le 7 juill. 2014).

[2186] Commission des Communautés Européennes, *Gouvernance Européenne – Un Livre Blanc*, COM (2001) 428 final.

[2187] Commission des Communautés Européennes, *Communication de la Commission au Conseil et au Parlement – Principes généraux et normes minimales applicables aux consultations engagées avec les parties intéressées*, COM (2002) 704, p 16.

[2188] J. FAIRBASS, A. JORDAN, « The Informal Governance of EU Environmental Policy: the Case of Biodiversity Protection », in T. CHRISTIANSEN, S. PIATTONI (dir.), *Informal Governance in the European Union*, Edward Elgar Publishing, 2003, pp 94-113.

[2189] Des contreparties qu'ils ne sont pas autorisés à recevoir selon certaines conditions.

952. En second lieu, des rapports plus indirects, parce qu'entretenus par les institutions, sont plus facilement identifiables. Les groupes peuvent agir individuellement et de façon informelle. C'est le cas de *WWF*, *RSPB*, *Birdlife*, et surtout de la *European Fertilizers Manufacturers Association* et de l'*European Corp Protection Association*, pour les principaux. Ces cinq groupes ont été particulièrement présents lors des négociations ayant mené à l'adoption de la Directive-cadre de 2000.[2190] De même, les fédérations telles que le Bureau européen de l'environnement[2191] et la COPA-COGECA[2192] entretiennent des liens très étroits avec le Parlement et la Commission. Les rencontres sont régulières entre les membres de ces deux fédérations et les députés et commissaires européens.[2193] Ces deux fédérations ont une influence significative sur la prise de décision.

953. De façon beaucoup plus indirecte, il apparaît également que les documents statistiques, les études scientifiques menées et constituant le référentiel scientifique sur lequel les normes sont édictées par les institutions européennes peuvent être financées par les industries.[2194]

954. Ainsi, les groupes d'intérêts bénéficient de points d'entrée importants dans le processus décisionnel européen. Le Parlement européen évoque une certaine symbiose entre ces groupes et la bureaucratie européenne.[2195] Cela entre dans la logique de légitimation[2196] du droit européen posée par le Livre blanc de 2001. Il s'agit en effet d'associer l'ensemble des acteurs concernés à la prise de décision, afin d'en assurer une plus grande légitimité et une meilleure mise en œuvre.[2197]

2. Au Canada

955. Selon D.R. Boyd, six groupes environnementaux interviennent régulièrement auprès des institutions fédérales.[2198] Les représentants des industries de pâte à papier et celles d'aluminium sont également nombreux aux portes de ces institutions. Si le processus de participation semble moins

---

[2190] M. KAIKA, B. PAGE, « The EU Water Framework Directive: Part 1. European Policy Making and the Changing Topography of Lobbying », European Environment, 13, 2003, pp 334-335.

[2191] Il s'agit d'une organisation non gouvernementale qui regroupe 140 organisations européennes.

[2192] Il s'agit d'une fédération d'organisations agricoles. Voy. le site Internet de la fédération : http://www.copa-cogeca.be/ (page consultée le 7 juill. 2014).

[2193] N. BERNY, « Le Lobbying des ONG Internationales d'Environnement à Bruxelles – Les Ressources de Réseau et d'Information, Conditions et Facteurs de Changement de l'Action Collective », *Revue Française de Science Politique*, vol. 58, 1, 2008, pp 106 & s. ; M. KAIKA, B. PAGE, *op. cit.*, p 335.

[2194] Voy. à ce sujet S. CHARBONNEAU, *Droit communautaire de l'environnement*, Paris, L'Harmattan, 2006, p 46.

[2195] Le rapport parle d'une « *certain symbiosis* » ; Parlement européen, *Lobbying in the European Union : Current Rules and Practices*, AFCO 104, 2003, p IV.

[2196] Le Parlement européen parle de « *greater sensivity of EU institutions to their public image* » ; Parlement européen, *op. cit.*, p IV.

[2197] Commission des Communautés Européennes, *Gouvernance Européenne – Un Livre Blanc*, COM (2001) 428 final.

[2198] D.R. BOYD, *Unnatural Law : Rethinking Canadian Environmental Law and Policy*, Vancouver, UBC Press, 2003, p 225.

institutionnalisé qu'en Europe, cela ne veut pas dire que les groupes d'intérêts n'agissent pas. Leur intervention est plus diffuse, mais bien présente.[2199]

Un premier élément apparaît en la matière : malgré les réformes des années 1990, si les groupes environnementaux peuvent agir, les groupes économiques conservent une place privilégiée. L'industrie dispose de deux arguments fondamentaux pour le Canada : elle assure le développement économique du pays, et elle crée et maintient de l'emploi.[2200]

956. Ainsi, selon L. Juillet, les groupes environnementaux auraient tendance à davantage influencer l'opinion publique, plutôt que d'agir directement dans le processus d'élaboration des politiques.[2201] Également, ces groupes environnementaux interviendraient davantage auprès des juridictions provinciales et fédérales.[2202]

Ceci étant précisé, il apparaît que les groupes d'intérêts bénéficient de plusieurs points d'entrée dans le processus législatif. Certains sont officiels (*a-*) ; d'autres sont plus officieux (*b-*).

a. Les points d'entrée officiels auprès des institutions fédérales

957. Les possibilités d'intervention formelles apparaissent diverses auprès des institutions fédérales. Néanmoins, ces ouvertures ne sont pas systématiques. Fidèle à ses influences anglo-saxonnes, l'ordre de gouvernement fédéral autorise ces interventions au cas par cas. La plupart du temps, il n'y a pas d'ouverture permanente et de principe.

958. Au regard des questions constitutionnelles, le Comité mixte du Sénat et de la Chambre des Communes offre une première possibilité. Les groupes de la société civile ont ainsi l'opportunité de s'exprimer sur la Constitution. Les questions attenantes aux relations intergouvernementales peuvent y être débattues.[2203] Bien qu'officiel, cet instrument n'est pas permanent : il dépend de la volonté du gouvernement à ouvrir les discussions ou non.[2204] De même, le gouvernement n'a aucune obligation de suivre les recommandations des groupes intervenus dans ce cadre.

959. De façon plus générale, les groupes d'intérêts disposent de plusieurs points d'entrée, notamment auprès du Parlement fédéral.[2205] À la Chambre des Communes, les groupes de la société civile peuvent participer aux travaux des comités,[2206] en tant que conseillers spéciaux. Leur participation à diverses

---

[2199] *Ibid.*

[2200] L. JUILLET, « Les politiques environnementales canadiennes », in M. TREMBLAY (dir.), *Les Politiques publiques canadiennes*, Québec, Les Presses de l'Université Laval, 1998, p 173.

[2201] *Ibid.*, p 174.

[2202] D.R. BOYD, *op. cit.*, pp 221 & s. et pp 246 & s.

[2203] H.G. THORBURN, *Les Groupes de Pression dans le Système Fédéral Canadien*, Commission Royale sur l'Union économique et les Perspectives de Développement du Canada, Ottawa (Canada), Centre d'édition du gouvernement du Canada, 1985, p 89.

[2204] *Ibid.*, p 90.

[2205] Nous envisageons le seul cas de la Chambre des Communes étant donné que le Sénat ne permet pas une participation effective des provinces à la procédure législative. Voy. à ce sujet H. BRUN, G. TREMBLAY, E. BROUILLET, *Droit constitutionnel*, Cowansville, Yvon Blais, 2008, pp 336 & 339.

[2206] Ces comités sont une émanation de la Chambre des Communes, composés de députés. Il existe des comités permanents, législatifs et spéciaux. Il sont chargés d'examiner certaines questions de façon approfondie et présentent leurs conclusions et recommandations par des rapports remis à la Chambre aussi souvent que nécessaire. Voy. H. BRUN, G. TREMBLAY, E.

études des comités est autorisée par une motion de chaque comité. Ainsi, les groupes peuvent « poser des questions aux témoins et [...] participer aux délibérations des comités et à la rédaction (des) rapports. Ils ne peuvent ni proposer de motions ni voter et ils ne sont pas comptés dans le calcul du quorum »[2207].

960. De même, les groupes peuvent influer sur la prise de décision en formulant des commentaires, par l'intermédiaire de témoins ou de mémoires auprès des Comités de la Chambre des Communes.[2208]

961. En matière de protection de la qualité des eaux, plusieurs comités permanents peuvent être des relais intéressants : le Comité de l'agriculture et de l'agroalimentaire,[2209] le Comité de l'environnement et du développement durable,[2210] le Comité des pêches et des océans,[2211] ou encore le Comité des ressources naturelles.[2212]

962. Il semble plus aisé d'intervenir par le biais du statut de témoin ou par le dépôt d'un mémoire. En effet, le statut de conseiller spécial a été récemment peu utilisé. En majorité, et dans les années 1980-1990, il s'agissait de thématiques liées aux autochtones. En 1990, le Comité permanent de l'environnement fait exception et propose la participation de représentants d'organismes non gouvernementaux à la rédaction d'un rapport sur l'environnement au Canada.[2213]

963. En ce qui concerne le gouvernement fédéral, une série de consultations du public a été lancée sur les diverses thématiques relevant de sa compétence. Chaque ministère ou organisme a mis en place ce dispositif, directement accessible via l'Internet.[2214]

En dehors de ces éléments formels, la pratique de l'influence de la société civile sur la prise de décision semble être en majorité officieuse.

b. Les interventions officieuses au Canada

964. Les interventions plus officieuses apparaissent comme un moyen privilégié d'agir sur la prise de décision au Canada. Cela confirme la coloration anglo-saxonne de l'ordre juridique canadien dans ce domaine : les groupes de la société civile sont partie prenante au processus de décision, ils ne sont pas dissociés. Cela pose une difficulté certaine : celle de l'identification des points de connexion entre les groupes industriels et environnementaux avec les membres du gouvernement et les députés. Cette

---

BROUILLET, *op. cit.*, pp 332 & s.; ainsi que le site Internet du Parlement : http://www.parl.gc.ca/ (page consultée le 7 juill. 2014).

[2207] Voy. le site Internet du Parlement, rubrique « Compendium de procédure » : www.parl.gc.ca/compendium-f. (page consultée le 7 juill. 2014).

[2208] *Règlement de la Chambre des Communes – Incluant le Code régissant les conflits d'intérêts des députés* (Version codifiée au 9 juin 2011), § 122.

[2209] *Ibid.*, § 104 (2) c).

[2210] *Ibid.*, § 104 (2) f).

[2211] *Ibid.*, § 104 (2) h).

[2212] *Ibid.*, § 104 (2) q).

[2213] Voy. le site Internet du Parlement fédéral, rubrique « Travaux parlementaire », thème « La procédure et les usages de la Chambre des Communes », partie « Composition, dirigeants et personnel des comités » : http://www.parl.gc.ca (page consultée le 7 juill. 2014).

[2214] Voy. le site Internet du gouvernement fédéral canadien, rubrique « consultation des canadiens » : http://www.consultation-des-canadiens.gc.ca/ (page consultée le 7 juill. 2014).

identification ne peut être, comme dans le cas de l'Union européenne, exhaustive. Il s'agit donc de relever des indices de ces interactions.

965. Le travail d'un organe du Parlement fédéral peut apporter des éléments intéressants dans cette démarche. Le Canada a institué un Commissaire aux conflits d'intérêts et à l'éthique. Il s'agit d'un haut fonctionnaire du Parlement, indépendant, et agissant pour « prévenir les conflits entre les fonctions publiques des représentants élus et nommés et leurs intérêts particuliers »[2215]. Le Commissariat enquête et informe le public et le Parlement au sujet des conflits d'intérêts qui peuvent survenir entre les intérêts professionnels et personnels des députés et des membres du gouvernement fédéral. Les rapports rendus par ce Commissariat sont une source intéressante d'indices pour avoir une idée de l'intégration des intérêts privés dans le processus décisionnel. Deux types d'interactions ressortent de ces rapports.

966. En premier lieu, diverses formes de rémunérations pour services rendus existent, d'un point de vue strictement financier, ainsi que de façon plus indirecte.

Le point de vue financier apparaît dans le financement des campagnes électorales des députés. Il s'agit d'une partie négligeable du budget d'une campagne, mais cela mérite d'être soulevé. Toute personne morale ou tout syndicat peut verser au maximum 1000 dollars à un candidat.[2216] Toute personne physique peut verser jusqu'à 5000 dollars.[2217]

De même, on peut soulever les différents types de cadeaux offerts aux députés par les groupes industriels ou environnementaux. Il s'agit notamment des « déplacements parrainés »[2218]. Par exemple, les Députés D. Allison, D. Van Kesteren, B. Hyer et M. Pacetti ont été « parrainés » pour la visite d'une installation minière au Guatemala à hauteur de 4000 dollars[2219] chacun, par le groupe minier canadien *Goldcorp.*[2220]

967. En deuxième lieu, de façon beaucoup plus indirecte et diffuse, une interaction entre la société civile et le législateur peut être relevée dans une certaine forme de jeu des chaises musicales. Une étude des rapports d'enquêtes du Commissariat révèle qu'avant d'être titulaire d'une charge publique, ou même parfois pendant, des députés ou des membres du gouvernement ont pu faire partie d'un groupe de la société civile.[2221]

968. Propos conclusifs. - Tant au Canada que dans l'Union européenne, la nouvelle gestion intégrée et le Nouveau Management Public ont engendré des transformations importantes. Les groupes de la société civile ont connu des

---

[2215] Ce statut a été créé en 2006 par la *Loi fédérale sur la responsabilité* (L.C. (2006), ch. 9). Voy. le site Internet du Commissariat : http://ciec-ccie.gc.ca/ (page consultée le 7 juill. 2014).

[2216] Environ 690 euros. Cela peut être par dons en espèce ou par l'octroi de biens et de services.

[2217] Environ 3450 euros. Voy. S. SPANO, *Financement Politique et Réglementation des Campagnes*, Ottawa, Bibliothèque du Parlement, 23 févr. 2006, p 3.

[2218] Voy. le site Internet du Commissariat, rubrique « Rapports et publications » : http://ciec-ccie.gc.ca/ (page consultée le 7 juill. 2014). Pour un exemple concret, voy. la liste des déplacements parrainés déclarés au Commissaire en 2012 dans M. DAWSON, *Liste des Déplacements Parrainés présentée à la Chambre des Communes*, Commissariat aux conflits d'intérêts et à l'éthique, Parlement du Canada, Mars 2013, 12 pages.

[2219] Environ 2760 euros.

[2220] M. DAWSON, *op. cit.*, p 5.

[2221] Voy. par exemple le rapport de la Commissaire : M. DAWSON, *Renvois du Commissaire à l'intégrité du secteur public : le rapport Heinke et Charbonneau*, Commissariat aux conflits d'intérêts et à l'éthique, Parlement du Canada, 18 mai 2012, 18 pages.

mutations et ils bénéficient désormais d'une place centrale dans le processus législatif fédéral et communautaire. Ils deviennent des coauteurs de la norme grâce aux ouvertures que le Nouveau Management Public a opérées. Malgré une hétérogénéité d'objectifs parmi certains de ces groupes d'un point de vue environnemental, ils semblent se rejoindre sur un point : leur intérêt particulier à agir dans le sens d'une intervention plus importante aux niveaux fédéral et communautaire. Au Canada comme en Europe, le phénomène a pris de l'ampleur, c'est pourquoi une stratégie d'encadrement de ces activités a pu être décidée dans les deux ordres juridiques.

SECTION II. DES ACTEURS NORMATIFS ENTREMÊLÉS : LA SOCIÉTÉ CIVILE, LE LÉGISLATEUR ET LE JUGE

969. La gouvernance de la protection de la qualité des eaux douces a accordé une place centrale à un acteur devenu important : la société civile. Le processus législatif de la protection des eaux au Canada et dans l'Union se trouve ainsi en dehors des schémas classiques : un enchevêtrement d'acteurs participe désormais à ce processus. En dénouant ce maillage, deux points de contact apparaissent novateurs en ce qu'ils constituent la pierre angulaire de la prise de décision dans les deux régions en matière d'eau. Il s'agit de la relation entretenue entre la société civile et le législateur, marquée par un encadrement minimaliste de la part des deux ordres juridiques (*paragraphe I*) ; puis des rapports entretenus entre la société civile et les juges, caractérisés par une multiplication des actions intentées (*paragraphe II*). Ainsi, ces deux relations ont un impact important sur la prise de décision de la protection de la qualité des eaux au Canada et dans l'Union. Cela joue sur la manière dont les compétences sont réparties en la matière, ces groupes étant davantage en faveur d'une intervention fédérale ou européenne.

Paragraphe I. Les ambivalences de la relation société civile/législateur : un encadrement minimaliste

970. La place centrale accordée à la société civile au Canada et dans l'Union s'exprime pleinement quand on analyse les règles qui encadrent les interventions auprès des institutions chargées du processus normatif. Certes, l'encadrement de ces activités existe, mais il apparaît restreint tant de la part de l'Union européenne (*A*-) ; que du Canada (*B*), à des degrés différents.

A. L'encadrement européen

971. L'encadrement de la participation officielle et officieuse de la société civile au processus décisionnel européen est intervenu relativement tardivement. L'approche au départ est dissociée : chaque institution

européenne peut mettre en place les mécanismes qui lui sont le plus adaptés.

972. En 1992, la Commission européenne entame une réflexion à ce sujet : elle établit que l'autorégulation des groupes d'intérêts en la matière est la meilleure règle à adopter.[2222] Ainsi, la Commission invite les groupes à se doter eux-mêmes d'un code de conduite pour encadrer leurs activités.[2223]

973. Le Parlement européen va opter pour une approche différente, puisqu'en 1996 il modifie son règlement intérieur pour y ajouter la tenue d'un registre des groupes intervenants. En 1997, ce même règlement intérieur est modifié à nouveau pour introduire un code de conduite applicable à ces groupes.[2224] L'inscription au registre est liée à un système d'accréditation pour l'accès aux locaux du Parlement, et il n'est pas obligatoire d'y spécifier les intérêts défendus par le groupe lors de son inscription.[2225] Concrètement, jusqu'en 2008, le Parlement européen dispose d'un code de conduite et d'un registre, et certains groupes d'intérêts encadrent leurs pratiques avec leur propre code de conduite.[2226]

974. Le Livre blanc de 2001[2227] amorce une évolution et annonce une ouverture plus importante de la prise de décision des institutions de l'Union, et semble proposer de renforcer de fait l'encadrement des interventions opérées auprès de l'ensemble des institutions de l'Union. L'intention semble être de créer des mécanismes d'encadrement communs aux institutions européennes, même si cela n'apparaît que de manière indirecte.[2228]

Ce document donne déjà le ton : les règles applicables se veulent minimalistes (*1*-) ; ce qui se vérifie concrètement quant à leur portée juridique (*2*-).

1. Les principes minimalistes posés par le Livre blanc de 2001 sur la gouvernance européenne

975. En posant le principe d'une participation accrue de la société civile au processus décisionnel européen, la Commission européenne a également envisagé une forme de contrepartie à cette évolution dans son Livre blanc de 2001.[2229] Elle précise que « participer davantage suppose une responsabilité accrue »[2230]. Dans ce cadre, elle pose plusieurs principes qui vont mener à un encadrement de la participation de la société civile.

[2222] Commission des Communautés Européennes, *Communication de la Commission au Conseil et au Parlement - Un dialogue ouvert et structuré entre la Commission et les groupes d'intérêt, 2 décembre 1992,* JOCE n°63 du 5 mars 1993 ; Commission des Communautés Européennes, *Initiative européenne en matière de transparence – Un Livre Vert*, COM (2006) 194 final, p 9.

[2223] *Ibid.*

[2224] *Ibid.*, pp 7 & s.

[2225] *Ibid.*, pp 7-8.

[2226] Commission des Communautés Européennes, *Lobbying in the European Union : Current Rules and Practices*, AFCO 104, 2003, p iv.

[2227] Voy. Commission des Communautés Européennes, *Gouvernance Européenne – Un Livre Blanc*, COM (2001) 428 final, 40 pages.

[2228] La Commission envisage par exemple la création d'une « vaste base de données en ligne, fournissant des informations détaillées sur les acteurs de la société civile actifs au niveau européen », et non seulement auprès de la Commission. Voy. Commission des Communautés Européennes, *Gouvernance Européenne – Un Livre Blanc*, COM (2001) 428 final, p 18.

[2229] *Ibid.*, pp 18-20.

[2230] *Ibid.*, p 18.

976. En premier lieu, la Commission envisage la création d'une « vaste base de données en ligne, fournissant des informations détaillées sur les acteurs de la société civile actifs au niveau européen, et qui devrait avoir pour effet d'améliorer leur organisation interne »[2231].

977. En deuxième lieu, la « culture renforcée de consultation et de dialogue »[2232] doit avoir pour corollaire un encadrement minimum. Il s'agit de mettre en place un « code de conduite qui fixe des normes minimales et qui porte essentiellement sur les sujets, le moment, les publics et les méthodes »[2233].

Le Livre blanc précise l'objectif de ce code de conduite :

> Par ces normes, on pourra aussi réduire les risques de voir les décideurs se contenter de tenir compte d'un seul aspect de la question ou de voir certains groupes jouir d'un accès privilégié en raison d'intérêts sectoriels ou nationaux, - talon d'Achille évident de la méthode actuelle des consultations ad hoc. Ces normes doivent améliorer la représentativité des organisations de la société civile et structurer leur dialogue avec les institutions.[2234]

978. En troisième lieu, le Livre blanc prévoit l'extension des accords de partenariat entre les institutions européennes et les groupes de la société civile. Par ces partenariats, il s'agit d'inciter « les organisations de la société civile à rationaliser leurs structures internes, à donner des garanties d'ouverture et de représentativité et à affirmer leur capacité de relayer l'information ou de mener des débats dans les États membres »[2235].

979. Ainsi, la règle de principe est celle de l'encadrement de la participation de la société civile auprès des institutions européennes. Au regard des principes du Livre blanc, il apparaît clairement que cet encadrement s'annonce relativement léger : les instruments juridiques proposés ne sont pas les instruments contraignants classiques (Règlements, Directives). La Commission propose l'établissement d'un code de conduite, dont la valeur juridique reste à déterminer, un registre dont la portée n'est pas précisée et une extension des accords de partenariat, qui semblent davantage se rapprocher du système de contractualisation. La mise en œuvre de ces principes va confirmer l'aspect restreint de leur portée.

2. La mise en œuvre concrète et la valeur juridique de ces principes

980. Les grandes orientations posées par le Livre blanc de 2001 vont faire l'objet de débats importants, entre les institutions européennes ainsi qu'avec les groupes d'intérêt. Jusque là assez discrète sur le sujet, la Commission se saisit pleinement de la question.

981. Elle va tout d'abord rendre en 2002 une Communication intitulée « Principes généraux et normes minimales applicables aux consultations

---

2231 *Ibid.* Nous soulignons.
2232 *Ibid.*, p 20.
2233 *Ibid.* Nous soulignons.
2234 Commission des Communautés Européennes, *Gouvernance Européenne – Un Livre Blanc*, COM (2001) 428 final, p 20.
2235 *Ibid.*, p 21.

engagées avec les parties intéressées »,[2236] puis placer l'encadrement des groupes d'intérêt dans la liste des objectifs stratégiques pour la période 2005-2009.[2237] Une série de rapports et de consultations vont être effectués à ce sujet par la Commission, avec comme objectif principal celui d'encadrer ces pratiques.[2238] L'ensemble de ce travail de préparation va mener à l'établissement de deux mécanismes.

982. En premier lieu en 2008, la Commission européenne, qui jusque là ne s'était dotée que de mécanismes d'encadrement très partiels, adopte un registre et un code de conduite destinés à l'ensemble des groupes d'intérêt amenés à intervenir auprès d'elle, même en dehors des processus de consultation.[2239] Le registre et le code de conduite sont liés : l'inscription au premier implique le respect des règles du second. Le code de conduite comporte sept règles générales, une procédure de sanction est prévue en cas de non-respect.[2240]

La portée contraignante de ces deux mécanismes est limitée : l'inscription au registre ne concerne que les groupes d'intérêt, et non les particuliers. Cela écarte donc une partie importante de l'intervention de la société civile. De plus, l'inscription au registre (qui entraîne *de facto* une obligation de respect du code de conduite) est facultative.[2241] Il n'existe donc aucune obligation juridique pour les groupes de la société civile de se mettre en conformité avec le cadre proposé par la Commission européenne.

983. En second lieu, en 2011, la Commission et le Parlement européen vont fusionner leur registre et leur code de conduite respectifs. Cela répond aux intentions qui apparaissaient dans le Livre blanc de 2001 et selon lesquelles un encadrement plus important des groupes d'intérêt devait être mis en place de manière générale au niveau européen.[2242] L'Accord interinstitutionnel du 22 juillet 2011 établit un registre et un code de conduite communs au Parlement et à la Commission.[2243] Si quelques améliorations sont apportées, les nouveaux mécanismes se placent dans la continuité de ceux mis en place jusque là. L'article 9 de cet accord dispose que « (t)outes les organisations et personnes agissant en qualité d'indépendants, quel que soit leur statut juridique, se livrant

---

[2236] Commission des Communautés Européennes, *Communication de la Commission au Conseil et au Parlement – Principes généraux et normes minimales applicables aux consultations engagées avec les parties intéressées*, COM (2002) 704.

[2237] Commission des Communautés Européennes, *Initiative européenne en matière de transparence*, SEC (2005) 1300 final.

[2238] *Ibid.*, p 4 ; Commission des Communautés Européennes, *Initiative européenne en matière de transparence – Un Livre Vert*, COM (2006) 194 final, p 4 ; Commission des Communautés Européennes, *Communication de la Commission au Conseil et au Parlement – Suivi du Livre Vert « Initiative européenne en matière de transparence »*, COM (2007) 127 final.

[2239] Commission des Communautés Européennes, *Communication de la Commission au Conseil et au Parlement – Initiative européenne en matière de transparence – Cadre régissant les relations avec les représentants d'intérêts (registre et code de conduite)*, COM (2008) 323 final.

[2240] *Ibid.*, p 5.

[2241] *Ibid.*, pp 3-4.

[2242] Commission des Communautés Européennes, *Gouvernance Européenne – Un Livre Blanc*, COM (2001) 428 final, p 18.

[2243] Accord entre le Parlement européen et la Commission européenne du 22 juill. 2011, sur l'établissement d'un registre de transparence pour les organisations et les personnes agissant en qualité d'indépendants qui participent à l'élaboration et à la mise en œuvre des politiques de l'Union européenne, JOUE 2011, L 191/29. Notons que le Conseil de l'Union européenne a été sollicité pour se joindre au Parlement et à la Commission dans ce projet. Il n'a pour l'instant pas souhaité s'y associer, mais a indiqué qu'il soutient les deux institutions dans leur initiative. Voy. Conseil de l'Union européenne, *Note d'information*, 11 sept. 2012, 13528/12.

à des activités qui relèvent du champ d'application du registre, sont censées s'enregistrer »[2244].

984. Les intervenants indépendants sont désormais pris en compte dans le cadre mis en place, mais le caractère contraignant de la règle est discutable, pour plusieurs raisons. D'une part, au regard du contenu, la terminologie employée dans cette disposition prête à confusion. Cela n'apparaît pas comme une règle contraignante, mais comme une démarche que les groupes estiment bon de faire.[2245] D'autre part, en ce qui concerne le contenant : la valeur juridique d'un accord interinstitutionnel apparaît incertaine. Cl. Blumann et L. Dubouis qualifient la question de leur valeur de « problématique »[2246].

985. Si l'Union européenne a mis en place un cadre pour l'intervention des groupes d'intérêt, la valeur juridique de ce cadre est incertaine. Mis à part les mécanismes du Parlement européen, relevant de son règlement intérieur,[2247] l'ensemble des textes en la matière semble revêtir un caractère déclaratoire.

Le Canada n'a pas procédé de la même manière, mais son mode d'encadrement apparaît également minimaliste, pour d'autres raisons.

B. L'encadrement fédéral canadien

986. Le Canada est présenté en Europe comme un modèle d'encadrement des activités des groupes d'intérêt. Dans son Livre vert de 2006, la Commission européenne cite le Canada comme l'exemple en matière d'enregistrement obligatoire des groupes d'intérêts.[2248] Si cette règle existe, sa portée doit être nuancée. En effet, l'ensemble des mécanismes mis en place par l'ordre de gouvernement fédéral ne permet pas pour autant un encadrement satisfaisant des groupes d'intérêts. Si des règles contraignantes sont mises en places par l'ordre fédéral (*1-*) ; leur mise en application est en demi-teinte (*2-*).

1. Des règles contraignantes et plus précises

987. Le Canada a commencé à encadrer ces activités relativement tôt.[2249] Suite à une vingtaine de projets de loi d'initiative parlementaire entre 1965 et

---

[2244] Accord entre le Parlement européen et la Commission européenne du 22 juill. 2011, *op. cit.*, art.9. Nous soulignons.

[2245] Le terme « censé » vient du latin *censere* qui signifie « estimer, juger bon, considérer comme », ce qui apparaît quelque peu éloigné du caractère prescriptif d'une norme contraignante. Voy. Dictionnaire Trésor de la Langue Française Informatisé (TLFI), ATILF, CNRS, Université Nancy 2, site Internet du dictionnaire : http://atilf.atilf.fr/tlfi.htm (page consultée le 7 juill. 2014).

[2246] C. BLUMANN, L. DUBOUIS, Droit institutionnel de l'Union européenne, Paris, Litec, 4ème Édition, 2010, p 111. Voy. également A.-M. TOURNEPICHE, *Les accords interinstitutionnels dans l'Union européenne*, Thèse de Doctorat, Bruxelles, Bruylant, 2011, 544 pages.

[2247] La valeur juridique du règlement intérieur du Parlement européen semble moins problématique, mais sa justiciabilité pose quelques incertitudes. Voy. notamment CJCE, 23 mars 1993, *Weber c. Parlement européen*, Aff. C-314/91, *Rec.* 1993, p I-1093 ; ainsi que TPI, 2 oct. 2001, *Martinez c. Parlement européen*, Aff. T-222/99, *Rec.* 1999, p II-2823, point 60. Voy. également D. BLANC, *Les Parlements européen et français face à la fonction législative communautaire : Aspects du déficit démocratique*, Paris, L'Harmattan, 2004, p 35, note 3.

[2248] Commission des Communautés Européennes, *Initiative européenne en matière de transparence – Un Livre Vert*, COM (2006) 194 final, pp 8 & 10.

[2249] P.-H. CLAYES, C. GOBIN, I. SMETS *et al.*, *Lobbyisme, Pluralisme et Intégration Européenne – Lobbying, Pluralism and European Integration*, Bruxelles, Presses Interuniversitaire Européennes, 1998, pp 186 & s.

1985, la *Loi sur l'enregistrement des lobbyistes*[2250] entre en vigueur le 30 septembre 1989. En vertu de cette loi, les « lobbyistes rémunérés étaient désormais tenus de s'inscrire et de divulguer certains renseignements dans un registre public »[2251]. Il n'était pas question à ce moment-là de « réglementer les activités de lobbyistes, pas plus que leurs méthodes »[2252]. La définition des activités justifiant l'enregistrement était assez restrictive, puisqu'il s'agissait d'actions « afin de tenter d'influencer » les titulaires de la charge publique. Cela mettait à l'écart beaucoup de communications pourtant porteuses d'influence, mais de façon indirecte.

Cette loi a été considérablement remaniée dans les années qui ont suivi. Notamment, un *Code de déontologie des lobbyistes* est entré en vigueur le 1er mars 1997,[2253] s'ajoutant aux dispositions de la loi. Également, la *Loi fédérale sur la responsabilité* de décembre 2006[2254] va apporter des modifications importantes.

988. La nouvelle *Loi sur le lobbying* pose un cadre plus précis que les dispositions européennes sur le sujet. En premier lieu, les groupes d'intérêt exerçant une activité de lobbyisme ont l'obligation de s'inscrire sur le registre prévu à cet effet. Une déclaration initiale assez complète doit être formulée lors de la première inscription,[2255] ainsi que mensuellement. Les déclarations mensuelles doivent comporter une liste des communications orales et organisées avec les titulaires de la charge publique.[2256]

En deuxième lieu, les groupes d'intérêt exerçant une activité de lobbyisme doivent respecter le *Code de déontologie.*[2257] Il est beaucoup plus précis que celui mis en place en Europe : il est constitué d'une série de principes assortis de règles précises. Notamment, il fixe les règles à respecter en certaines circonstances dans trois domaines : « transparence, confidentialité et conflits d'intérêts »[2258].

En troisième lieu, un commissaire au lobbying a été créé dans le but de mener des enquêtes sur le respect de ces règles et de l'inscription au registre par les groupes d'intérêt.

[2250] *Loi sur l'enregistrement des lobbyistes*, (L.R. (1988), ch. 53) (L.R.C. (1985), ch. 44 (4ème suppl.)).

[2251] N. HOLMES, D. LITHWICK, *Le Système de Lobbying à l'Échelle Fédérale : La Loi sur le Lobbying et le Code de Déontologie des Lobbyistes – Étude Générale*, Ottawa, Bibliothèque du Parlement, n°2011-73, 28 juin 2011, p 2.

[2252] *Ibid.* Voy. également C. FORCESE, A. FREEMAN, *The Laws of government: the legal foundations of Canadian democracy*, Toronto (Ontario-Canada), Irwin Law, 2005, pp 461 & s.

[2253] Commissariat au lobbying du Canada, « Message d'introduction », *Code de déontologie des lobbyistes.*

[2254] *Loi fédérale sur la responsabilité*, (L.C. (2006), ch. 9). Suite à cette modification, la loi encadrant les groupes d'intérêt est intitulée *Loi sur le lobbying.*

[2255] Il faut préciser : le nom du client ou de l'employeur, de l'objet du lobbying, du nom de l'organisme fédéral concerné, des méthodes de lobbying, de la déclaration d'ancien titulaire de la charge publique et dans ce cas la date à laquelle le candidat a quitté ses fonctions. Voy. N. HOLMES, D. LITHWICK, *Le Système de Lobbying à l'Échelle Fédérale : La Loi sur le Lobbying et le Code de Déontologie des Lobbyistes – Étude Générale*, Ottawa, Bibliothèque du Parlement, n°2011-73, 28 juin 2011, p 6.

[2256] *Ibid.*

[2257] C. FORCESE, A. FREEMAN, *The Laws of government: the legal foundations of Canadian democracy*, Toronto (Ontario-Canada), Irwin Law, 2005, p 471.

[2258] N. HOLMES, D. LITHWICK, *Le Système de Lobbying à l'Échelle Fédérale : La Loi sur le Lobbying et le Code de Déontologie des Lobbyistes – Étude Générale*, Ottawa, Bibliothèque du Parlement, n°2011-73, 28 juin 2011, p 8.

2. Une mise en application en demi-teinte

989. Cet encadrement juridique a le mérite, en comparaison avec le cadre européen, d'avoir une valeur juridique. Les instruments utilisés ont en effet une valeur prescriptive et contraignante : il s'agit en majorité de lois.

Néanmoins, deux types de questionnements apparaissent au sujet de la mise en application de l'ensemble de ce cadre juridique.

990. En premier lieu, au regard du contenu des textes, deux éléments peuvent être problématiques. Tout d'abord, la définition de l'activité de lobbying reste encore quelque peu restreinte. Ces règles sont prescriptives pour les lobbyistes rémunérés directement au titre de leur activité de lobbying.[2259] Cela écarte toutes les autres activités ne faisant pas l'objet d'une rémunération directement liée à l'activité de lobbying. Ainsi, tout un segment des activités des groupes d'intérêt est mis de côté. De plus, le domaine d'application de la loi et du Code souffre de nombreuses exceptions. L'une d'entre elles a son importance : sont exclus du champ d'application les groupes qui soumettent leurs idées dans les comités du Parlement fédéral.[2260]

991. Ensuite, si le non-respect de l'obligation de déclaration (initiale ou mensuelle) au registre fait l'objet de sanctions concrètes,[2261] le non-respect du *Code de déontologie* n'en fait pas l'objet.[2262] Le commissaire au lobbying peut lancer une enquête officielle sur l'activité d'un groupe, mais il ne peut pas prononcer de sanction. Il remet un rapport au Parlement sur « les constatations des enquêteurs, leurs conclusions et les motifs de ces conclusions »[2263]. Comme le précise le Rapport Holmes, « la LL (loi sur le lobbying) ne prévoit pas de sanctions pour les infractions au Code » et « n'explique pas non plus les mesures que doit adopter le Parlement en cas d'infraction au Code »[2264]. Néanmoins, il est prévu que chaque rapport d'enquête sera publié sur le site Internet du commissariat au lobbying et ainsi librement accessible par le public.[2265]

992. En second lieu, au regard de la pratique, il apparaît que ces textes peuvent faire l'objet d'une application en demi-teinte.

C. Forcese et A. Freeman font ressortir que certains groupes ne considèrent pas leurs activités comme du lobbying à proprement parler, ou ne souhaitent pas apparaître publiquement comme faisant du lobbying.[2266] Ainsi, une part importante des groupes d'intérêt qui agissent auprès des institutions fédérales ne font aucune démarche déclaratoire, et n'apparaissent donc pas dans le registre.[2267] De plus, les auteurs évoquent que des omissions ont souvent lieu

---

2259 *Ibid.*, p 4.

2260 C. FORCESE, A. FREEMAN, *The Laws of government: the legal foundations of Canadian democracy*, Toronto (Ontario-Canada), Irwin Law, 2005, p 470.

2261 N. HOLMES, D. LITHWICK, *op. cit.*, p 7.

2262 Sur les incertitudes au sujet de la valeur juridique du Code, voy. C. FORCESE, A. FREEMAN, *op. cit.*, pp 472 & s.

2263 N. HOLMES, D. LITHWICK, *op. cit.*, p 8.

2264 *Ibid.*

2265 Pour des exemples de rapports, voy. le site Internet du commissariat au lobbying, rubrique « Rapports et publications », onglet « Rapports de la commissaire » : http://cal-ocl.gc.ca/ (page consultée le 7 juill. 2014).

2266 C. FORCESE, A. FREEMAN, *The Laws of government: the legal foundations of Canadian democracy*, Toronto (Ontario-Canada), Irwin Law, 2005, p 465.

2267 Ce phénomène apparaît surtout dans le domaine industriel. Voy. *Ibid.*

dans les déclarations faites par les groupes d'intérêts, surtout en ce qui concerne les sommes engagées dans l'activité d'influence.[2268]

993. Ainsi, au-delà des apparences, le cadre canadien se dessine comme un régime juridique restreint. Néanmoins, il a le mérite d'aller plus loin que le régime européen en la matière, qui ne prévoit aucune règle prescriptive.

994. Propos conclusifs. - Les ordres juridiques canadien et européen apparaissent minimalistes dans leur encadrement des activités des groupes d'intérêts auprès des institutions assurant le processus de décision. Les liens entre la société civile et le législateur se teintent d'ambiguïté, les points d'entrée s'étant multipliés alors que les cadres ne sont pas clairement définis ni appliqués.

Une autre relation apparaît centrale dans l'entremêlement d'acteurs qui participent au processus décisionnel : celle qu'entretiennent les juges et les groupes d'intérêts. Le domaine de la protection de la qualité des eaux est particulièrement significatif à ce sujet.

Paragraphe II. Les opportunités de la relation société civile/juge : la multiplication des actions

995. L'importance de la relation entre la société civile et les juges peut se mesurer à la place accordée à ces juges dans leur ordre juridique. Un élément préalable mérite d'être précisé à ce sujet. Il apparaît que les ordres juridiques canadien et européen accordent une place importante à leur Cour suprême respective ; c'est d'autant plus vrai dans notre perspective. En effet, ces deux cours bénéficient d'une place centrale en ce qu'elles sont les juridictions chargées d'interpréter et d'appliquer les règles du partage des compétences et les principes de subsidiarité et fédératif.[2269] La multiplication des actions judiciaires leur donne des occasions supplémentaires de s'exprimer à ce sujet et d'asseoir leur rôle : assurer le fonctionnement de leur ordre juridique respectif.

996. Il apparaît que la société civile sollicite de plus en plus ces juridictions, particulièrement en matière de protection de l'environnement. Ainsi, tant dans l'Union (*A*-) qu'au Canada (*B*-) les juridictions suprêmes sont davantage sollicitées, leur faisant bénéficier d'un plus large spectre d'intervention.

A. La multiplication des actions auprès de la Cour de justice européenne

997. Selon T.A. Borzel, chaque groupe d'intérêt a tendance à faire valoir ses idées par l'intermédiaire de la mobilisation d'un certain nombre d'acteurs : les autorités nationales et européennes, et l'opinion publique la plupart du temps. L'auteure fait ressortir que l'impact de cette mobilisation est davantage effectif par le biais d'un usage qui est de plus en plus répandu, surtout de la

---

[2268] *Ibid.*, p 466.

[2269] Voy. à ce sujet *supra* le développement relatif à la place de la CJUE et de la Cour suprême en matière de partage des compétences §486 & s.

part des groupes environnementaux : la sollicitation de la Cour de justice par le biais des institutions communautaires.[2270]

998. Ainsi, les procédures les plus usitées par les groupes d'intérêt impliquent un accès indirect à la Cour, qui commence à leur proposer davantage d'ouverture. Plusieurs voies de droit sont employées, avec une prédominance du recours en manquement (*1-*) ; également une ouverture potentielle pourrait permettre de penser à un élargissement des possibilités de recours (*2-*). La multiplication des actions révèle une ampleur étendue de la place prise par ces groupes dans le débat juridique.

1. La multiplication des actions indirectement destinées à la Cour de justice

999. N. Hervé-Fournereau fait ressortir une sollicitation croissante du juge de la part des groupes d'intérêt depuis le début des années 2000.[2271]

La Directive 2003/35/CE formule la règle de principe en la matière. L'article 3 dispose que : le public « doit pouvoir former un recours devant une instance juridictionnelle ou un organe indépendant et impartial [...] pour contester la légalité, quant au fond [...] des décisions, des actes ou omissions relevant des dispositions de la présente directive relatives à la participation du public »[2272].

1000. Deux procédures ont connu un développement non négligeable en la matière, depuis le début des années 2000 : le recours au juge national et les dépôts de plainte auprès de la Commission européenne, initiant la procédure de recours en manquement.[2273]

1001. En premier lieu, les groupes d'intérêt ont eu tendance à introduire davantage d'actions devant les juridictions nationales, nécessitant une intervention de la Cour de justice.[2274] Mais selon A. Pomade, le Conseil d'État ne pose pas systématiquement une question préjudicielle à la Cour de justice.[2275] Néanmoins, il apparaît que le Conseil d'État a sanctionné de nombreuses décisions en matière environnementale « pour ne pas avoir respecté le contenu de la directive qui leur est supérieure »[2276]. L'auteure affirme que « le Conseil d'État se montre donc très attentif à la démarche de la

---

[2270] T. A. BORZEL, « Why There is No "Southern Problem"- On Environmental Leaders and Laggards in the European Union », *Journal of European Public Policy*, vol. 7, 1, 2000, p 148.

[2271] N. HERVÉ-FOURNEREAU, « La Cour de Justice de l'Union européenne et la qualité de l'eau : reflets jurisprudentiels des paradoxes de la politique de l'eau de l'Union », *Les Cahiers de Droit – Traditions et transformations de droit de l'eau*, vol. 51, 3-4, Université Laval (Québec-Canada), septembre-décembre 2010, p 952.

[2272] Directive 2003/35/CE du Parlement européen et du Conseil du 26 mai 2003 prévoyant la participation du public lors de l'élaboration de certains plans et programmes relatifs à l'environnement, et modifiant, en ce qui concerne la participation du public et l'accès à la justice, les directives 85/337/CEE et 96/61/CE du Conseil, JOUE 2003, L 156/17. Voy. à ce sujet A. POMADE, *La société civile et le droit de l'environnement – Contribution à la réflexion sur les sources et la validité des normes juridiques*, Paris, L.G.D.J., Thèse de Doctorat, Université d'Orléans, 2009, p 247.

[2273] Les pétitions devant le Parlement européen sont également utilisées mais dans une moindre mesure au regard du contentieux engendré par les plaintes auprès de la Commission. Voy. N. HERVÉ-FOURNEREAU, *op. cit.*, pp 952 & s.

[2274] Par l'intermédiaire de la procédure de la question préjudicielle de l'article 267 TFUE. Voy. à ce sujet A. POMADE, *op. cit.*, p 278.

[2275] *Ibid.*

[2276] *Ibid.*, p 279.

Société Civile qui tend à vérifier le respect de l'ordonnancement juridique lorsque l'ordre interne et un ordre supranational sont en relation »[2277]. Ainsi, on remarque une multiplication des actions intentées devant le juge national de la part des groupes environnementaux, afin de faire jouer le principe de primauté du droit de l'Union sur le droit national.

1002. En second lieu, il apparaît que les dépôts de plainte auprès de la Commission ont beaucoup augmenté.[2278] Comme le souligne N. Hervé-Fournereau, une « sollicitation croissante du juge »[2279] communautaire se produit par l'intermédiaire de cette initiative.[2280] Les particuliers, en l'espèce les groupes environnementaux sont « exclus, dès l'origine des traités, du prétoire de la Cour de justice du contentieux du manquement »[2281]. C'est par l'intermédiaire de la Commission que ces groupes interviennent auprès du juge communautaire. Les « associations de protection de l'environnement déposent régulièrement des plaintes à la Commission à l'instar de l'association Eau et Rivières de Bretagne »[2282]. La Commission « dispose d'un pouvoir discrétionnaire en la matière »[2283], mais « ne reste pas indifférente à ces dénonciations : ces dernières constituent souvent des indices probants de respect déficient des directives et des décisions sur l'eau par les autorités nationales, régionales ou locales compétentes »[2284]. Par ce biais, il apparaît que la Cour de justice a multiplié les occasions d'affirmer son pouvoir d'interprétation au sujet des principes qui régissent la protection des eaux. Notamment, grâce à la multiplication des initiatives, cela lui a permis d'asseoir son interprétation en matière de partage des compétences dans ce domaine.

1003. Le phénomène ne s'arrête pas à ces deux types de procédures, certaines ouvertures potentielles ont été envisagées pour élargir ce champ d'action.

2. Des ouvertures potentielles

1004. Deux procédures peuvent potentiellement augmenter l'ampleur du phénomène.

1005. En premier lieu, selon L. Krämer, une ouverture plus importante est potentiellement utilisable par les groupes de la société civile en matière environnementale. Néanmoins, elle semble être restée inexploitée. Cela apparaît selon l'auteur dans l'arrêt de la Cour de justice de 1991, et réenvisagé plus récemment par la Cour en 2008.

2277 *Ibid.*

2278 A. JORDAN (dir.), *Environmental Policy in the European Union*, London, Earthscan, 2007, p.69.

2279 N. HERVÉ-FOURNEREAU, « La Cour de Justice de l'Union européenne et la qualité de l'eau : reflets jurisprudentiels des paradoxes de la politique de l'eau de l'Union », *Les Cahiers de Droit – Traditions et transformations de droit de l'eau*, vol. 51, 3-4, Université Laval (Québec-Canada), septembre-décembre 2010, p 954.

2280 L'article 258 TFUE constitue la base juridique selon laquelle la Commission peut entamer un recours en manquement.

2281 N. HERVÉ-FOURNEREAU, *op. cit.*, p 954.

2282 *Ibid.*, note 26.

2283 Ce que confirme régulièrement la Cour de justice. Voy. notamment en matière d'eau : CJCE, 10 mai 2001, *Commission des Communautés européennes* c. *Pays-Bas*, Aff. C-152/98, *Rec.* 2001 p. I-03463 ; cité dans N. HERVÉ-FOURNEREAU, *op. cit.*, p 954.

2284 *Ibid.*

Dans l'arrêt *Commission contre Allemagne*[2285] et l'arrêt *Janecek*,[2286] la Cour affirme en effet que les mesures de protection de l'environnement ont aussi pour but de protéger la santé humaine. À ce titre, elles peuvent être interprétées comme autorisant une ouverture de l'initiative aux individus qui invoqueraient ces droits spécifiques.[2287]

Selon l'auteur, cette ouverture de la part de la Cour n'a été exploitée par aucun groupe environnemental ou par la Commission. Cela permettrait pourtant de proposer l'introduction d'un droit d'intenter une action en justice destiné aux individus ou aux associations environnementales.[2288]

1006. En second lieu, une procédure nationale, beaucoup plus indirecte encore, peut apparaître intéressante. Il s'agit de la question prioritaire de constitutionnalité, introduite en France en 2008. [2289] Certains groupes environnementaux ont beaucoup utilisé cette procédure pour faire respecter la charte de l'environnement de 2004. [2290] Mais une décision du Conseil constitutionnel de 2006[2291] donne un éclairage sur l'ampleur potentielle que pourrait prendre l'utilisation de cette procédure par les groupes environnementaux. Le Conseil indique que le contrôle de la compatibilité d'une loi de transposition avec la Directive européenne qu'elle transpose, entre dans son champ de compétences. [2292] Ainsi, on peut imaginer une multiplication des questions prioritaires de constitutionnalité à l'égard des lois qui transposent dans l'ordre juridique français les directives européennes.

1007. Les procédures indirectes semblent donc être de plus en plus utilisées par les groupes environnementaux, afin d'assurer une meilleure protection de l'environnement. L'importance de ce phénomène apparaît pleinement du point de vue quantitatif. Plusieurs auteurs relèvent une augmentation importante du nombre de recours en manquement [2293] et des initiatives des groupes environnementaux qui y sont associées en Europe. [2294] Néanmoins, cette augmentation des actions indirectes en Europe apparaît minime au regard de la place de la Cour suprême du Canada auprès des groupes d'intérêt.

[2285] CJCE, 30 mai 1991, *Commission des Communautés européennes* c. *Allemagne*, Aff. C-361/88, *Rec.* 1991 p. I-2567.

[2286] CJCE, 25 juill. 2008, *Janecek*, Aff. C-237/07, *Rec.* 2008 p. I-6221.

[2287] L. KRÄMER, *EU Environmental Law*, London, Sweet & Maxwell, 2011, p 47.

[2288] *Ibid.*

[2289] Constitution française du 4 oct. 1958, art. 61-1.

[2290] L'association *France Nature Environnement*, représentée par R. Léost, a notamment soulevé 25 questions prioritaires de constitutionnalité ces dernières années.

[2291] Conseil constitutionnel, Décision n°2006-543 DC du 30 nov. 2006, Loi relative au secteur de l'énergie.

[2292] En vertu de l'obligation constitutionnelle de transposition des directives, induite par l'art. 88-1 de la Constitution, ce type de contrôle entre dans les compétences du Conseil constitutionnel en vertu de l'art. 61 de la Constitution. Voy. *Ibid.*, considérants 4 à 7.

[2293] A. JORDAN (dir.), *Environmental Policy in the European Union*, London, Earthscan, 2007, p 70.

[2294] N. HERVÉ-FOURNEREAU, « La Cour de Justice de l'Union européenne et la qualité de l'eau : reflets jurisprudentiels des paradoxes de la politique de l'eau de l'Union », *Les Cahiers de Droit – Traditions et transformations de droit de l'eau*, vol. 51, 3-4, Université Laval (Québec-Canada), septembre-décembre 2010, p 954.

B. La Cour suprême du Canada : un relais aux revendications des groupes d'intérêt

1008. Dès la fin des années 1980, certains groupes d'intérêt, en majorité des groupes environnementaux, multiplient les actions intentées devant les tribunaux. Le procédé majeur employé par ces groupes consiste à passer par les juridictions pour faire pression sur l'ordre de gouvernement fédéral. Ainsi, les cours deviennent un relais des revendications des groupes environnementaux (*1-*) ; ce qui produit un activisme judiciaire important en la matière, les cours étant particulièrement réceptives à celles-ci (*2-*).

1. Le relais juridictionnel des groupes environnementaux

1009. Dès la fin des années 1980, les groupes environnementaux vont faire preuve d'un activisme important auprès des juridictions. Concrètement, leur action consiste à poursuivre l'ordre de gouvernement fédéral pour faire réellement appliquer les dispositions qu'il avait adoptées lors de la première vague fédérale de protection de l'environnement.[2295] Ainsi, progressivement, ce sont les cours qui dirigent l'agenda environnemental fédéral.[2296] La Cour suprême, disposant d'une juridiction générale d'appel dans toutes les matières,[2297] permet de donner une portée juridique supplémentaire. Il apparaît que ces groupes environnementaux intentent des actions à plusieurs échelons de l'organisation juridictionnelle du Canada ; l'affaire appelée *Friends Oldman River* est un cas emblématique de cet activisme.

1010. Selon une tradition héritée du droit anglais, tout individu a la possibilité d'intenter une action en justice à l'encontre d'une institution qui ne respecterait pas la loi.[2298] Il s'agit de la procédure de *private prosecution* ou poursuite privée. Dans ce cadre, le Procureur général a un rôle important puisqu'il détermine quelle affaire sera examinée par le tribunal.[2299] Cette procédure permet aux groupes environnementaux d'agir en justice et d'obliger les gouvernements à mettre en œuvre le droit. De grandes différences apparaissent parmi les provinces, selon la politique que mène le gouvernement sur le rôle du procureur général.[2300] Ce dernier joue un rôle de filtre : il décide de transférer les affaires devant les tribunaux ou non.

1011. Les groupes environnementaux, dotés de juristes spécialisés, intentent des actions à tous les niveaux de la hiérarchie juridictionnelle. Récemment, l'association CELA [2301] a engagé une procédure devant les tribunaux fédéraux afin de faire réexaminer un projet ontarien de construction

[2295] K. HARRISON, *Passing the Buck : Federalism and Canadian Environmental Policy*, Vancouver, UBC Press, 2011, p 116.

[2296] L'auteure soulève qu'au début des années 1990 le gouvernement fédéral essaie « *to recapture control of its agenda from the courts* ».

[2297] D. JUTRAS, « Le Rôle Constitutionnel de la Cour suprême du Canada : Autoportrait », *Cahiers du Conseil Constitutionnel*, 24, 2008, p 1.

[2298] D.R. BOYD, *Unnatural Law : Rethinking Canadian Environmental Law and Policy*, Vancouver, UBC Press, 2003, p 246.

[2299] *Ibid.*, p 247.

[2300] Notons que le procureur général n'est autre que le ministre de la justice, partie intégrante du gouvernement. Voy. *Ibid.*

[2301] *Canadian Environmental Law Association.*

de réacteurs nucléaires, qui pourraient nuire aux cours d'eau dans la province.[2302]

1012. Ainsi, les tribunaux ont condamné des collectivités locales pour la non-application de dispositions de protection des eaux. Par exemple, la ville de Kingston a été condamnée à verser 120 000 dollars d'amende pour des manquements dans l'application du *Fisheries Act*. De même, la ville de Hamilton a dû verser 450 000 dollars d'amende pour le non-respect du *Ontario Water Ressources Act*, et de la *Loi fédérale sur les pêcheries.*[2303]

Une affaire peut être considérée comme représentative des mécanismes employés par les groupes d'intérêts : l'affaire *Friends of the Oldman River.*[2304]

Friends of the Oldman River est au départ une association de défense de l'environnement, et notamment d'une rivière appelée « Oldman river », située en Alberta. Le gouvernement de la province souhaitait mettre en place un barrage sur cette rivière. L'association, très organisée, a scrupuleusement travaillé à intenter de nombreuses actions devant les différentes cours concernées par l'affaire. [2305] Cela faisait partie intégrante de sa stratégie d'influence.[2306]

1013. Ainsi, les groupes d'intérêts, en majorité les groupes environnementaux, n'hésitent plus à faire intervenir les juges, de façon à ce que l'ordre de gouvernement fédéral soit contraint indirectement d'agir. Les effets d'une telle politique apparaissent significatifs.

2. Les effets

1014. Selon K. Harrison, la multiplication de ces actions permet de faire indirectement pression sur le processus décisionnel fédéral. [2307] L'objectif de ces groupes environnementaux est de forcer l'ordre de gouvernement fédéral à reconnaître l'extension de ses compétences en matière environnementale, de façon à contraindre les ordres de gouvernement provinciaux par l'intermédiaire de la règle de prépondérance fédérale.[2308] Si cette possibilité existe, sa portée reste indirecte et politique : une cour ne peut pas forcer un gouvernement à proposer une loi,[2309] pas plus qu'un parlement à adopter des normes. Néanmoins, cela permet d'envoyer un signal fort aux gouvernements, aux parlements ainsi qu'aux différentes industries du pays.[2310] La Cour apparaîtrait ainsi comme un relais en faveur de l'exercice des compétences fédérales, pour assurer une meilleure protection de l'environnement.

[2302] Voy. le site Internet de l'association : http://www.cela.ca/ (page consultée le 7 juill. 2014).

[2303] D.R. BOYD, *op. cit.*, p 247.

[2304] *Friends of the Oldman River Society* c. *Ministre des Transports du Canada*, [1992] 1 R.C.S. 3.

[2305] J. GLENN, *Once Upon an Oldman : Special Interest Politics and the Oldman River Dam*, Vancouver (Canada), UBC Press, 1999, pp 146 & s.

[2306] Pour davantage de détails à ce sujet, voy. *Ibid.*, pp 147 & s.

[2307] K. HARRISON, *Passing the Buck : Federalism and Canadian Environmental Policy*, Vancouver, UBC Press, 2011, pp 115 & s.

[2308] Pour plus de précisions sur la règle de la prépondérance fédérale, voy. *supra* §646 & s.

[2309] D.R. BOYD, *Unnatural Law : Rethinking Canadian Environmental Law and Policy*, Vancouver, UBC Press, 2003, p 246.

[2310] K. HARRISON, *op. cit.*, p 116.

1015. Cet état de fait nous permet de faire un rapprochement avec ce qu'affirme R. Laforest en matière sociale. Il avance en effet que le rôle le plus important attribué aux groupes d'intérêts au Canada est davantage en fin de processus (lors de l'application des normes) qu'en début (lors de leur formulation)[2311]. L. Juillet confirme cette tendance dans le domaine de l'environnement : « d'après l'expérience canadienne, les groupes environnementaux ont eu davantage de succès […] à forcer indirectement les gouvernements à agir, qu'à influencer directement la nature des politiques environnementales canadiennes »[2312].

1016. Cette portée est indirecte, mais elle apparaît efficace. L'écoute de la part des cours à l'égard des revendications des groupes d'intérêt est grandissante depuis la fin des années 1980.[2313] La Cour suprême apparaît en faveur d'un droit de l'environnement plus strict, et a réveillé son activisme juridique en la matière.[2314] Cela lui a permis de se placer dans le débat entre protection de l'environnement et exploitation économique des ressources, et de forcer ainsi les gouvernements (fédéral et provinciaux) à appliquer le droit.[2315]

1017. Ainsi, il apparaît que les cours fédérales et provinciales sont de véritables relais des revendications des groupes d'intérêts environnementaux. Si les groupes économiques agissent davantage lors du processus d'élaboration des textes législatifs, les groupes environnementaux ont trouvé des interlocuteurs à l'écoute au stade de l'application de ces textes.

1018. Propos conclusifs. - Une nouvelle constellation d'acteurs vient bouleverser l'organisation hiérarchique classique du processus décisionnel canadien et européen. Les groupes d'intérêt apparaissent désormais comme des acteurs à part entière du processus législatif. Les règles encadrant leurs activités ne sont pourtant pas abouties, soit car leur valeur juridique fait défaut, soit parce que leurs effets ont une portée limitée. Ils ont également une place importante auprès des juges du partage des compétences : la Cour suprême et la Cour de justice de l'Union européenne. Ce phénomène est particulièrement intéressant car ces nouveaux acteurs normatifs semblent être en faveur d'un renforcement des compétences fédérales et européennes. Leur mutation et leur importance grandissante en font des acteurs clés de l'exercice du partage des compétences, là où on ne les attendait pas.

[2311] R. LAFOREST, « Shifting scales of governance and civil society participation in Canada and the European Union », *Administration Publique du Canada*, vol. 56, 2, Juin 2013, p 247.

[2312] L. JUILLET, « Les politiques environnementales canadiennes », in M. TREMBLAY (dir.), *Les Politiques publiques canadiennes*, Québec, Les Presses de l'Université Laval, 1998, p 174.

[2313] K.M. HOLLAND, F.L. MORTON, B. GALLIGAN, *Federalism and the Environment: Environmental Policymaking in Australia, Canada and the United States*, Westport (États-Unis), Greenwood Publishing Group, 1996, pp 48-49.

[2314] *Ibid.*

[2315] Pour davantage de précisions, voy. D.R. BOYD, *Unnatural Law : Rethinking Canadian Environmental Law and Policy*, Vancouver, UBC Press, 2003, pp 221 & s. ; voy. également en la matière *Friends of the Oldman River Society* c. *Ministre des Transports du Canada*, [1992] 1 R.C.S. 3 ; ainsi que *R.* c. *HydroQuébec* [1997] 3 RCS 213.

CONCLUSION DU CHAPITRE SECOND

1019. Le Nouveau Management Public et la GIRE ont favorisé l'émergence d'une nouvelle forme de prise de décision fondée sur la participation de la société civile. Si les moyens de mise en œuvre de cette logique diffèrent, la tendance est similaire : tant au Canada qu'en Europe une accentuation de la participation de la société civile au processus de décision est observée.

1020. Il apparaît ainsi que les groupes d'intérêt ont muté et présentent une portée beaucoup plus importante que jusqu'alors. Il s'agit d'un acteur à part entière dans le processus législatif. Ils s'insèrent dans la procédure législative, sans qu'aucun cadre précis ne réglemente leur action. Ces groupes interviennent également auprès de la Cour suprême et de la Cour de justice. Le procédé diffère entre les deux ordres juridiques en raison des spécificités de la procédure de chacune des deux cours. Mais leur influence apparaît prégnante : elle donne aux juges davantage d'occasions de préciser le partage des compétences. Cela ressort de façon significative dans le domaine de la protection de la qualité des eaux douces. Leurs objectifs se rejoignent sur un point : favoriser la prise de décision au niveau fédéral et communautaire.

CONCLUSION DU TITRE PREMIER

1021. Nous avons emprunté certains éléments d'une théorie critique de la théorie fonctionnelle : le réalisme juridique. Nous nous plaçons au-delà d'une approche centrée sur la comparaison des normes du partage des compétences dans la protection de la qualité des eaux douces. Il s'agissait de fournir des facteurs déterminants l'évolution de la répartition des pouvoirs dans notre domaine d'illustration. Nous avons donc analysé l'ensemble des éléments qui influencent le principe d'équilibre dans le partage des compétences. Cela nous permet d'établir pourquoi cet équilibre est remis en cause tant au Canada que dans l'Union européenne.

1022. Nous avons ainsi observé que la mise en place de certains éléments issus du Nouveau Management Public au Canada et en Europe a bouleversé l'organisation de la prise de décision dans ces deux régions. Cela a permis de faire émerger une nouvelle logique de l'action publique en matière environnementale : celle de l'efficacité des politiques publiques. Au nom de cette logique de performance, la participation de la société civile est fortement encouragée tant au Canada qu'en Europe dans la formulation de la règle de droit. De nouvelles perspectives se sont ainsi ouvertes pour les groupes d'intérêt tant économique qu'environnemental. Ils ont gagné en organisation et en influence auprès des institutions fédérales et communautaires. Il s'agit dès lors d'un véritable pouvoir à part entière qui s'insère dans le processus législatif des deux ordres juridiques. Ces groupes agissent auprès du législateur, par des procédés dont le cadre réglementaire doit encore être précisé. Ils interviennent également auprès de la Cour suprême et de la Cour de justice par des procédures qui diffèrent, mais dont l'impact est important. Leurs actions influencent non pas la décision des juges à proprement parler, mais la portée de leur jurisprudence.

1023. Il s'agit dès lors de faire ressortir comment le principe d'équilibre est mis à mal. Tant au Canada que dans l'Union européenne, plusieurs mécanismes juridiques conduisent à un déséquilibre dans le partage des compétences de la protection de la qualité des eaux douces. Ils apparaissent si on effectue une combinaison des normes de la répartition des pouvoirs dans ce domaine. Ce procédé nous permet de révéler un contournement significatif des principes d'équilibre au Canada comme dans l'Union, menant à une extension des compétences fédérales et européennes respectivement dans le domaine de la protection de l'eau.

TITRE SECOND

Les mécanismes menant au déséquilibre des compétences

1024. Pour assurer une logique d'efficacité dans la protection de la qualité des eaux douces, plusieurs mécanismes sont apparus dans les années 1990. Le Nouveau Management Public, mettant en place un principe de participation accrue, a permis une ouverture significative de la prise de décision à la société civile, octroyant une place plus importante à un maillage d'acteurs normatifs. De même, il apparaît que la logique d'efficacité a engendré une évolution dans le partage des compétences de la protection des eaux tant au Canada qu'en Europe. Au milieu de ces mutations, la question de l'équilibre du partage des compétences demeure et se trouve nécessairement influencée. La répartition verticale des compétences ne s'opère plus exclusivement dans un cadre politique restreint, mais au centre des interactions qui ont lieu entre une multitude d'acteurs.

Pour répondre à ces nouveaux enjeux, un processus officiel de centralisation a été engagé avec des contreparties qui apparaissent en réalité symboliques (*Chapitre Premier*). En arrière-plan, semble se dessiner un glissement plus profond : un contournement des règles de partage des compétences s'opère, dans le sens d'une extension des compétences fédérales et européennes dans le domaine de la protection des eaux (*Chapitre Second*).

CHAPITRE PREMIER

Une centralisation annoncée aux compensations symboliques

« Qui court deux lièvres à la fois n'en prend aucun »[2316].

1025. Dans les années 1980-1990, les ordres de gouvernement canadien et européen ont annoncé la nécessité d'une action à grande échelle pour protéger de manière plus efficace une ressource qui par essence traverse les frontières. La première vague de législation fédérale et communautaire n'a pas permis d'améliorer de façon significative la qualité des eaux douces au Canada et en Europe. La protection de l'environnement devient un objectif prioritaire dans les deux régions. C'est également à cette période que le développement durable devient une idée centrale au sein de la Communauté internationale. Elle constitue un argument supplémentaire tant au Canada qu'en Europe. Cette action globale implique une intervention plus active de la part des ordres de gouvernement fédéral et européen. Elle est accompagnée de plusieurs types de compensations à l'attention des provinces canadiennes et des États membres de l'Union. Il s'agit de sauvegarder le principe d'équilibre entre autonomie et interdépendance, un principe central dans chacun des deux ordres juridiques.[2317] Ainsi, une centralisation est annoncée au nom de la protection de l'environnement (*Section I*) ; mais elle devait être compensée par des mécanismes qui apparaissent symboliques (*Section II*).

Section I. Une centralisation annoncée, au nom de la protection de l'environnement
Section II. Des compensations symboliques

Section I. Une centralisation annoncée, au nom de la protection de l'environnement

1026. La protection de l'environnement au Canada et dans l'Union a fait l'objet de deux vagues d'intervention fédérale et communautaire.[2318] Si la première a initié le mouvement, c'est la seconde qui attire davantage notre

[2316] Proverbe japonais.
[2317] Voy. *supra* §113 & s.
[2318] Voy. *supra* §241 & s.

attention. En effet, dès les années 1990, une série d'initiatives centralisatrices va avoir lieu dans les deux régions, au nom d'une forme novatrice de protection des ressources naturelles. L'influence des institutions internationales et de la société civile est importante dans ce processus : la protection des ressources devient l'objectif prioritaire officiel autour duquel tout doit graviter.[2319] Ainsi, une nécessité de centralisation est annoncée au nom de la protection de l'environnement (*paragraphe I*) ; ce qui se réalise par la mise en place de mécanismes de centralisation « douce » (*paragraphe II*), afin de ne pas être en opposition avec le principe d'équilibre du partage des compétences.

Paragraphe I. La nécessité annoncée de centralisation au nom de la protection de l'environnement

Paragraphe II. Le mode de centralisation officielle

Paragraphe I. La nécessité annoncée de centralisation au nom de la protection de l'environnement

1027. Les ordres de gouvernement fédéral et communautaire se trouvent à la fin des années 1980, face à un mouvement de mutualisation des intérêts en matière de protection de la qualité des eaux. Les institutions internationales, les acteurs privés, les opinions publiques, les provinces et les États membres interagissent davantage. Cela va se pérenniser dans les années 1990 et 2000. Le principe d'efficacité et les outils du Nouveau Management Public sont dès lors présentés comme indispensables pour mener une protection adaptée des ressources en eau. Cela nécessite une action à un niveau plus global : fédéral et européen, à défaut d'une action internationale uniformisée. Ainsi, le principe d'efficacité va être mis en avant pour promouvoir un renouveau de la protection des eaux fédérale et européenne, par l'intermédiaire du principe de développement durable. Les besoins écologiques vont alors nécessiter une harmonisation du droit et des politiques tant en Europe (*A-*) ; qu'au Canada (*B-*).

A. Une action plus prononcée à l'échelle européenne : la condition nécessaire à une protection efficace des eaux ?

1028. Les premières actions européennes ont débuté dans les années 1970. Lors de cette première vague, il s'agit de mettre en place des objectifs de qualité des eaux, par l'intermédiaire de directives.[2320] Il apparaît rapidement que cette approche doit être complétée. Deux phénomènes complémentaires ont alors lieu en parallèle. Un premier destiné à la protection de l'environnement (*1-*), et un second spécifique à la protection des eaux (*2-*). Ces deux phénomènes ont en commun de justifier une action plus globale pour la protection des eaux.

[2319] La place prise progressivement par les groupes d'intérêts environnementaux dans le processus décisionnel apparaît comme une première explication. De même, l'influence des institutions internationales se montre plus prégnante dès les années 1990.

[2320] I. CONESA ALCOLEA, M. BOUSQUET, *L'eau et l'Union européenne. Un guide sur la politique, sa mise en œuvre et ses instruments*, Plouzané (France), Ifremer, 2001, p 13.

Notons que cette seconde vague européenne de protection de l'environnement est influencée par deux phénomènes : l'importance grandissante des groupes d'intérêts et les débats sur le principe de subsidiarité.

1. Les arguments européens quant au droit de l'environnement en général

1029. En matière d'environnement, les premiers Programmes d'Action pour l'Environnement[2321] adoptaient une démarche verticale et sectorielle, consistant essentiellement à fixer des normes minimales en matière de pollution.[2322] Les troisième et quatrième PAE procèdent à une ouverture liminaire. Le troisième programme d'action pour l'environnement[2323] introduit de nouveaux instruments : les études d'impact environnemental et des mesures de soutien de projets mettant en place le programme.[2324]

1030. Avec le quatrième PAE,[2325] la Communauté européenne amorce un premier tournant en matière de protection de l'environnement. Il doit devenir une « composante essentielle des autres politiques sectorielles »[2326], étant devenu une politique à part entière avec l'Acte unique. Les exigences se veulent alors plus précises : elles se basent sur des valeurs limites d'émissions.[2327]

1031. Le quatrième PAE initie une ouverture vers un changement qui va prendre véritablement son essor en 1992, « année charnière »[2328] de la protection de l'environnement au niveau européen.

1032. Lors de cette année, ont lieu deux évènements majeurs pour la protection de l'environnement : la signature du Traité de Maastricht le 7 février 1992 et la Conférence de Rio en juin 1992.

1033. Le Traité de Maastricht introduit une nouvelle approche dans la protection de l'environnement fondée sur le principe de développement durable[2329], qui sera amplifiée par le cinquième PAE.[2330]

[2321] Ci-après « PAE ». Voy. le Premier Programme d'Action pour l'Environnement (1973-1976), Déclaration du Conseil des Communautés européennes et des représentants des gouvernements des États membres réunis au sein du Conseil, du 22 nov. 1973, concernant un programme d'action des Communautés européennes en matière d'environnement, JOCE 1973, C 112 ; ainsi que le Deuxième Programme d'Action pour l'Environnement (1977-1981), Résolution du Conseil et des représentants des gouvernements des États membres réunis au sein du Conseil, du 17 mai 1977, concernant la poursuite et la réalisation d'une politique et d'un programme d'action des Communautés européennes en matière d'environnement, JOCE 1977, C 139.

[2322] I. CONESA ALCOLEA, M. BOUSQUET, *L'eau et l'Union européenne. Un guide sur la politique, sa mise en œuvre et ses instruments*, Plouzané (France), Ifremer, 2001, p 14.

[2323] Troisième Programme d'Action pour l'Environnement (1982-1986), Résolution du Conseil des Communautés européennes et des représentants des gouvernements des États membres, réunis au sein du Conseil, du 7 févr. 1983, concernant la poursuite et la réalisation d'une politique et d'un programme d'action des Communautés européennes en matière d'environnement, JOCE 1983, C 46.

[2324] I. CONESA ALCOLEA, M. BOUSQUET, *op. cit.*, p 13.

[2325] Quatrième Programme d'Action pour l'Environnement (1987-1992), Résolution du Conseil des Communautés européennes et des représentants des gouvernements des États membres, réunis au sein du Conseil, du 19 oct. 1987, concernant la poursuite et la réalisation d'une politique et d'un programme d'action des Communautés européennes en matière d'environnement, JOCE 1987, C 328/1.

[2326] I. CONESA ALCOLEA, M. BOUSQUET, *op. cit.*, p 14.

[2327] *Ibid.*

[2328] I. CONESA ALCOLEA, M. BOUSQUET, *op. cit.*, p 17.

Le Traité reconnaît le principe de « développement durable respectueux de l'environnement », et établit « le recours au vote majoritaire pour la législation environnementale »[2331]. Le développement durable est élevé au rang d'objectif communautaire. Selon le Traité, « (l)a Communauté a pour mission, [...] de promouvoir un développement harmonieux et équilibré des activités économiques dans l'ensemble de la Communauté, une croissance durable et non inflationniste respectant l'environnement [...] »[2332]. Dans le même temps, l'Union travaille sur le cinquième PAE, qui sera applicable dès 1993.

1034. Le contexte d'adoption des principes du Traité et des orientations du cinquième PAE est marqué par la Conférence des Nations unies sur l'environnement et le développement de Rio de Janeiro, en juin 1992.

1035. Dans ce cadre, les institutions internationales vont largement appuyer l'idée de la nécessité d'un changement d'approche pour les problèmes environnementaux. L'Agenda 21 est un des aboutissements de cette conférence. Il « définit un programme d'actions pour parvenir au développement durable au XXIème siècle dans tous les secteurs »[2333]. Cette approche est largement soutenue par les industries européennes qui recherchent à se voir appliquer des règles moins intrusives et une forme de contrôle plus légère.[2334] De plus, les institutions internationales sont très influencées par les groupes d'intérêts environnementaux, et vont « développer d'importants dispositifs de sensibilisation et d'information auprès des administrations et des institutions directement concernées »[2335].

1036. Les orientations proposées se retrouvent déjà dans le cinquième PAE, qui marque le début d'une révolution en la matière.[2336] Ce programme d'action pose les principes d'une action européenne volontariste : il s'agit d'une nouvelle approche de la politique environnementale européenne

---

[2329] Pour appréhender les contours de ce principe, voy. notamment M. PRIEUR, S. DOUMBÉ-BILLÉ (dir.), *Droit de l'environnement et développement durable,* Centre de recherches interdisciplinaires en droit de l'environnement, de l'aménagement et de l'urbanisme, Centre international de droit comparé de l'environnement, Limoges, Pulim, 1994, 352 pages ; ainsi que J. LAURIOL, « Le Développement durable à l'épreuve de la recherche d'un corps de doctrine », *Revue Française de Gestion*, vol. 5, 152, 2004, pp 137-150.

[2330] Cinquième Programme d'Action pour l'Environnement : « Vers un développement soutenable » (1992-2000), Résolution du Conseil et des représentants des gouvernements des États membres réunis au sein du Conseil, du 1er février 1993, concernant un programme communautaire de politique et d'action en matière d'environnement et de développement durable, JOCE 1993, C 138.

[2331] I. CONESA ALCOLEA, M. BOUSQUET, *L'eau et l'Union européenne. Un guide sur la politique, sa mise en œuvre et ses instruments*, Plouzané (France), Ifremer, 2001, p 17.

[2332] Traité de l'Union européenne, JOCE C 191 du 29 juillet 1992, dit « Traité de Maastricht », Art. 2.

[2333] I. CONESA ALCOLEA, M. BOUSQUET, *op. cit.*, p 18.

[2334] R.K.W. WURZEL, A.R. ZITO, A.J. JORDAN, *Environmental Governance in Europe – A Comparative Analysis of New Environmental Policy Instruments*, Cheltenham (RU), Edward Elgar, 2013, p 70.

[2335] J. LAURIOL, « Le Développement durable à l'épreuve de la recherche d'un corps de doctrine », *Revue Française de Gestion*, vol. 5, 152, 2004, p 137.

[2336] Cinquième Programme d'Action pour l'Environnement : « Vers un développement soutenable » (1992-2000), Résolution du Conseil et des représentants des gouvernements des États membres réunis au sein du Conseil, du 1er février 1993, concernant un programme communautaire de politique et d'action en matière d'environnement et de développement durable, JOCE 1993, C 138.

qui se veut plus globale, fondée sur le principe de développement durable. Une perspective horizontale est adoptée, ainsi que des objectifs à long terme.[2337] Le Traité d'Amsterdam complète ce nouvel édifice avec la réaffirmation du principe d'intégration de la protection de l'environnement dans toutes les politiques de l'Union.[2338] Cet outil permet de réaliser concrètement l'approche posée par le principe de développement durable dans le Traité de Maastricht. Il est progressivement complété par plusieurs autres instruments.[2339]

1037. Ce nouveau principe apparaît comme un argument intéressant pour une action communautaire plus prononcée en matière environnementale. La Commission le précise en 2001 : « Le développement durable est un objectif à l'échelle planétaire. L'Union européenne a un rôle essentiel à jouer dans la réalisation du développement durable en Europe, mais aussi au niveau mondial, où une action internationale d'envergure est nécessaire »[2340]. Elle complète en affirmant que « (b)eaucoup de changements nécessaires à la réalisation du développement durable ne peuvent aboutir qu'au niveau de l'Union européenne »[2341].

2. Les arguments européens en faveur d'une action spécifique dans la protection des eaux

1038. En parallèle au travail effectué sur l'ensemble du domaine environnemental, les institutions européennes vont exprimer le besoin écologique de mettre en place une politique globale en matière de protection des eaux.

1039. La nécessité est avancée assez tôt par les institutions européennes et en premier lieu par le Conseil. Cette question est sous-jacente lors du séminaire ministériel sur la politique communautaire de l'eau, qui s'est tenu en 1988 à Francfort. Suite à ce séminaire, le Conseil fait ressortir dans une Résolution du 28 juin 1988 une nécessité écologique certaine de l'action communautaire : il s'inquiète de plusieurs phénomènes survenus dans la mer

---

[2337] *Ibid.* Pour plus de précisions, voy. notamment Commission des Communautés Européennes, *Communication de la Commission au Conseil européen –Partenariat d'intégration : Une Stratégie pour Intégrer l'Environnement dans les Politiques de l'UE,* 27 mai 1998, COM (98) 333 final.

[2338] Traité d'Amsterdam modifiant le Traité sur l'Union européenne, les traités instituant les Communautés européennes et certains actes associés, JOUE C 340 du 10 Novembre 1997, dit « Traité d'Amsterdam », Art. 6. Le principe d'intégration est apparu pour la première fois dans les traités avec l'Acte Unique de 1986, et fait partie des éléments centraux du cinquième PAE. Voy. à ce sujet Acte unique, 1986, JO *L 169 du 29 juin 1987 ; ainsi que le* Cinquième Programme d'Action pour l'Environnement : « Vers un développement soutenable » (1992-2000), *op. cit.* Pour plus de précisions voy. Commission des Communautés Européennes, *op. cit.*, p 5.

[2339] Voy. à ce sujet notamment Commission des Communautés Européennes, *Communication de la Commission au Conseil –Développement durable en Europe pour un monde meilleur : Stratégie de l'Union européenne en faveur du développement durable,* 19 juin 2001, COM (2001) 264 final ; ainsi que Commission des Communautés Européennes, *Livre Blanc sur la Responsabilité Environnementale,* COM (2000) 66 final.

[2340] Commission des Communautés Européennes, *Communication de la Commission au Conseil –Développement durable en Europe pour un monde meilleur : Stratégie de l'Union européenne en faveur du développement durable,* 19 juin 2001, COM (2001) 264 final/2, p 2.

[2341] *Ibid.*, p 4

du Nord et la mer Baltique.[2342] Il souligne alors « la nécessité d'une législation communautaire sur la qualité écologique »[2343].

1040. Une Résolution du Conseil du 25 février 1992 réaffirme les inquiétudes quant à la qualité des eaux européennes, et renouvelle la volonté du Conseil de mettre en place une politique européenne de protection des eaux.[2344] Il invite ainsi la Commission « à élaborer une proposition de révision de la directive » relative à la protection des eaux souterraines, « en intégrant celle-ci dans une politique générale de gestion des eaux douces, y compris la protection de celles-ci »[2345].

1041. L'année 1995 va confirmer les objectifs de l'Union européenne en la matière. Le Conseil européen adopte une Résolution en février[2346] dans laquelle il réitère son soutien à la mise en place d'une politique communautaire de protection des eaux.

L'Agence européenne pour l'Environnement publie la même année un rapport sur la qualité de l'environnement en Europe.[2347] Basé sur une évaluation à grande échelle de l'environnement européen, ce rapport confirme que l'approche sectorielle et fragmentée proposée jusque là par les Communautés européennes ne correspond pas aux besoins de l'environnement. Ce rapport établit notamment qu'en matière d'eaux douces, les problèmes de pollution se sont aggravés malgré les législations européennes et nationales, et qu'ils se sont étendus au-delà des échelles nationales. Les auteurs relèvent en effet une multiplication des pollutions diffuses, dont les problématiques concernent l'ensemble du continent européen et non plus un cours d'eau pris isolément.[2348] De même, il est établi que l'eutrophisation des eaux douces et la pollution par les pesticides ont beaucoup

[2342] Le Conseil « se déclare préoccupé par la prolifération d'algues en mai et juin 1988 dans certaines zones de la mer du Nord et de la mer Baltique […] », ainsi que « de la forte mortalité des phoques dans la mer du Nord ». Il soulève que ces phénomènes pourraient être dus à « la surabondance des fertilisants », conduisant à une « eutrophisation de ces mers et de ces eaux ». Il conclut à « l'existence d'une responsabilité qui incombe à tous, y compris à la Communauté, en ce qui concerne la protection et la qualité, du point de vue de l'environnement, de la mer du Nord et d'autres eaux […] » ; et invite la Commission « à présenter […] des propositions portant sur les nouvelles mesures nécessaires au niveau communautaire en ce qui concerne le traitement des eaux d'épuration et les eaux usées d'origine industrielle […] ». Voy. Résolution du Conseil du 28 juin 1988, sur la protection de la mer du Nord et d'autres eaux de la Communauté, JOCE 1988, C 209/2.

[2343] Directive 2000/60/CE du Parlement européen et du Conseil du 23 octobre 2000 établissant un cadre pour une politique communautaire dans le domaine de l'eau, JOUE L 327 du 22.12.2000, p. 1–73, considérant 2.

[2344] Le Conseil se déclare en effet « préoccupé par […] la pollution de certains aquifères », et « observe que la politique de gestion des eaux douces ne peut être menées que par des actions coordonnées de tous les acteurs des secteurs public et privé en tenant compte du principe de subsidiarité », dans « le respect strict du principe de développement durable ». Voy. Résolution du Conseil du 25 févr. 1992, concernant la future politique communautaire en matière d'eaux souterraines, JOCE 1992, C 59/2.

[2345] *Ibid.*

[2346] Résolution du Conseil du 20 févr. 1995, relative à la protection des eaux souterraines, JOCE 1995, C 49/1.

[2347] Agence Européenne pour l'Environnement, *L'Environnement de l'Europe - L'Évaluation de Dobris*, Luxembourg, Communautés européennes, 1995, Chapitre 5, point 5.1. Dit « Dobris Assessment ».

[2348] *Ibid.* Notons que la problématique de la rareté des ressources en eau est également soulevée dans ce rapport.

augmenté.[2349] L'approche adoptée jusque là par les Communautés et les États membres n'est donc pas adaptée : une appréhension globale des ressources est nécessaire.[2350]

1042. C'est dans ce cadre que la Commission européenne amorce une nouvelle grande réflexion en matière de protection des eaux. L'objectif est de mettre en place une cohérence générale de la politique communautaire des eaux. Dans une Communication du 21 février 1996, la Commission expose précisément les raisons d'une action communautaire globale et cohérente : le niveau de pollution des eaux le nécessite.[2351] Un lien est directement fait entre les problématiques transfrontalières de pollution des eaux et la nécessité d'une action communautaire.

1043. Après de très longues négociations, la Directive-cadre sur l'eau est adoptée en 2000. Le neuvième considérant de la directive dispose : « Il est nécessaire d'élaborer une politique communautaire intégrée dans le domaine de l'eau »[2352]. Au regard des outils proposés par ce texte, l'objectif de ce nouveau cadre semble être davantage d'influencer les États membres, plutôt que de leur imposer une législation.[2353]

1044. Ainsi, la Communauté puis l'Union européenne, ont officiellement affirmé et répété la nécessité d'une intervention au niveau européen pour assurer une protection efficace de la qualité des eaux. Si le renforcement puis la transformation de l'arsenal législatif européen se sont opérés de façon progressive, les justifications des institutions européennes l'ont été tout autant. Le principe étant de procéder à une « européanisation en douceur »[2354]: une centralisation certes, mais dans le respect du droit des traités. Une logique similaire a été développée au Canada.

B. Les besoins écologiques de centralisation au Canada

1045. Tout comme l'Union, le Canada a officiellement engagé des réformes, impliquant une intervention plus importante des institutions fédérales dans la protection des eaux. Plusieurs types d'enjeux ont présidé à ce mouvement, mais la protection de l'environnement apparaît comme l'objectif clé de l'harmonisation.

Différentes étapes jalonnent l'harmonisation officielle menée par l'ordre de gouvernement fédéral. Le partenariat avec les provinces apparaît en permanence en filigrane de chaque proposition fédérale en matière de

---

[2349] *Ibid.*

[2350] *Ibid.*

[2351] Notons que la Commission cite à ce sujet le Rapport Dobris de 1995 rendu par l'Agence Européenne pour l'Environnement. Voy. Commission des Communautés Européennes, *Communication de la Commission au Conseil et au Parlement européen - La politique communautaire dans le domaine de l'eau,* 21 févr. 1996, COM (96) 59 final, p 16.

[2352] Directive 2000/60/CE du Parlement européen et du Conseil du 23 octobre 2000 établissant un cadre pour une politique communautaire dans le domaine de l'eau, JOUE L 327 du 22.12.2000, p. 1–73, considérant 9.

[2353] M. LEE, « Law and Governance of Water Protection Policy », in J. SCOTT (dir.), *Environmental Protection : European Law and Governance,* Oxford Scholarship Online, 2009, pp 36 & s.

[2354] G. MASSARDIER, « Des Transferts de Politiques Publiques en Eaux Troubles Méditerranéennes. Les Arrangements Territorialisés de la Gestion de L'eau », *Pôle Sud*, vol. 2, 35, 2011, p 12.

protection de l'environnement.[2355] Deux phases successives semblent ressortir : une première court du milieu des années 1970 à la fin des années 1980 (*1-*), et la seconde naît dès la fin des années 1980 (*2-*).

1. Une nécessité d'harmonisation au nom de la protection de l'environnement : une question d'intérêt national

1046. Les premières tentatives d'ha rmonisation ressortent dès le milieu des années 1970. L'objectif est de stimuler la protection provinciale des ressources naturelles, par le biais de partenariats entre les ordres de gouvernement.[2356] Mais le socle de l'harmonisation fédérale semble apparaître davantage dans les années 1980. Plusieurs lois sont adoptées durant cette période selon un argument qui peut apparaître intéressant : la protection de l'environnement serait un sujet d'envergure nationale.[2357]

1047. L'ordre de gouvernement fédéral avance en effet en matière de protection des eaux, la particularité de la ressource à protéger : l'eau représente un intérêt de dimension nationale, traversant les frontières provinciales. Le Préambule de la *Loi sur les ressources en eau du Canada* de 1985 dispose ainsi :

> […] la pollution des ressources en eau du Canada constitue […] pour la qualité du milieu canadien en général, une menace sérieuse qui s'accroît rapidement et qu'en conséquence il est devenu urgent, dans l'intérêt national, de prendre des mesures en vue de pourvoir à une gestion de la qualité des eaux dans les régions les plus sérieusement atteintes du Canada […].[2358]

1048. De façon plus générale, le Parlement fédéral adopte la même année la *Loi canadienne sur la protection de l'environnement.*[2359] Il s'agit d'un cadre général contraignant pour la protection de l'environnement à l'échelle nationale, précisant notamment les conditions dans lesquelles les partenariats avec les provinces peuvent être menés. L'objectif est de limiter la pollution par substances toxiques. Cette loi est justifiée constitutionnellement à l'époque par

---

[2355] La vision des auteurs canadiens anglophones à ce sujet apparaît quelque peu différente. I. Weibust offre une perspective intéressante. Selon l'auteure, depuis le milieu des années 1970, l'ordre de gouvernement fédéral a largement favorisé l'intervention des provinces en la matière, se désengageant progressivement du domaine. Le moyen utilisé aurait été de confier en exclusivité la mise en œuvre de la protection fédérale de l'environnement aux provinces. Voy. à ce sujet I. WEIBUST, *Green Leviathan : the case for a federal role in environmental policy*, Farnham, Surrey, England, 2009, pp 142 & s.

[2356] I. WEIBUST, *op. cit.*, pp 142 & s.

[2357] Notons que cet argument apparaît intéressant au regard de sa portée juridique potentielle. Autrement appelée « théorie des dimensions nationales », elle implique « sur la base de l'alinéa introductif de l'article 91, le droit du Parlement d'Ottawa de légiférer sur toute matière ayant des dimensions nationales ou ayant un intérêt pour l'ensemble de la fédération ». Reconnue très tôt par les tribunaux, cette théorie a connu plusieurs variations dans son interprétation. À la fin des années 1980, en matière de dépôt de déchets en mer, la majorité de la Cour suprême a établi une nouvelle combinaison de critères. Voy. à ce sujet *R.* c. *Crown Zellerbach Canada Ltd.*, [1988] 1 R.C.S. 401, 404. Pour un développement complet à ce sujet, voy. H. BRUN, G. TREMBLAY, E. BROUILLET, *Droit constitutionnel*, Cowansville, Yvon Blais, 2008, pp 556 & s.

[2358] *Loi sur les ressources en eau du Canada* (L.R.C. (1985), ch. C-11), Préambule.

[2359] *Loi canadienne sur la protection de l'environnement* (L.R. (1985), ch.16) ; (L.R. (1999), ch. 33).

le fait que la pollution causée par des substances toxiques ignore les frontières politiques : sa dispersion est une problématique nationale.[2360]

1049. L'émergence de cet argument peut s'expliquer par deux éléments sous-jacents, qui conditionnent fortement son apparition.

1050. En premier lieu, comme le soulève I. Weibust, la question des substances toxiques relève du domaine du commerce, de la manufacture et du transport, qui sont une compétence fédérale exclusive selon le paragraphe 2 de l'article 91 de la Constitution.[2361] Ainsi, une législation fédérale sur le rejet de ces substances toxiques dans l'environnement trouverait toute sa pertinence d'un point de vue constitutionnel.

1051. En second lieu, le milieu des années 1980 correspond à une période de négociations qui vont aboutir en 1987 à l'accord de libre-échange de biens et de services entre les États-Unis et le Canada.[2362] Une harmonisation en matière de protection de l'environnement apparaît nécessaire pour s'assurer du bon fonctionnement des circuits commerciaux avec les États-Unis. Cette harmonisation est d'autant plus importante que l'eau est en partie une ressource commune aux deux États, notamment dans les Grands Lacs.[2363]

1052. Ainsi, l'argument principal que l'ordre de gouvernement fédéral va avancer durant cette première période est celui de l'aspect transfrontalier de la pollution des ressources naturelles et en particulier des cours d'eau. La seconde période est davantage marquée par l'influence des institutions internationales et des groupes d'intérêts environnementaux, par l'intermédiaire du principe de développement durable.

2. Une harmonisation nécessaire au nom du principe de développement durable

1053. Tout comme en Europe, le Canada va insérer dans sa politique environnementale le principe de développement durable. Cela va constituer le socle de l'argumentation fédérale pour faire aboutir une harmonisation du domaine.

1054. Le principe de développement durable va apparaître au Canada avec le Plan vert de 1990.[2364] Il s'agit de mettre en œuvre ce principe à l'aide de financements fédéraux importants dans le domaine de l'environnement. L'origine de l'insertion du principe dans ce programme d'action apparaît intéressante. Deux types d'influences imbriquées vont s'avérer déterminants : de la part des institutions internationales, et de la part des groupes environnementaux.

1055. En 1987, la Commission mondiale sur l'Environnement et le Développement des Nations Unies rend un rapport sur l'état de

---

2360 *Ibid*, Préambule ; voy. également à ce sujet I. WEIBUST, *Green Leviathan : the case for a federal role in environmental policy*, Farnham, Surrey, England, 2009, p 144.

2361 I. WEIBUST, *op. cit.*

2362 Un accord qui sera par la suite supplanté par l'Accord de libre-échange nord-américain (ALENA), entré en vigueur en 1994.

2363 E.A. PARSON, « Les tendances en environnement : un défi pour la gestion publique canadienne », in E.A. PARSON (dir.), *Gérer l'Environnement – Défis constants, solutions incertaines*, Montréal, Presses Universitaires de Montréal, 2001, p 14.

2364 Environnement Canada, *Le Plan vert du Canada : le Plan vert du Canada pour un environnement sain*, Ottawa, Ministre des Approvisionnements et Services Canada, 1990, 173 pages.

l'environnement à l'échelle mondiale.[2365] Selon E.A. Parson, les travaux de la Commission ont été très suivis et alimentés par des données provenant de certains groupes environnementaux canadiens.[2366] Ce rapport Brundtland fait état de l'urgence d'une prise en charge de la protection de l'environnement, et préconise de mettre en place un principe selon lequel les considérations économiques et la protection de l'environnement sont imbriquées. Il s'agit du principe de développement durable.[2367]

1056. Le nouveau discours fondé sur le développement durable a été particulièrement suivi par les institutions fédérales canadiennes. R.J.P. Gale explique cet engouement par le travail effectué par les groupes environnementaux canadiens.[2368] En lien avec le rapport Brundtland, une trentaine d'organisations environnementales a rédigé un document commun préconisant la mise en place du développement durable au Canada : il s'agit du *Greenprint for Canada*. Ce document a été présenté au Ministère fédéral de l'Environnement en 1988.[2369] Selon R.J.P. Gale, les groupes environnementaux ont eu, par le biais de ce *Greenprint*, une influence déterminante sur l'adoption du Plan vert fédéral présenté en 1990.[2370] Les groupes environnementaux auraient largement contribué à son adoption.[2371]

1057. Le Plan vert de 1990 présente une vision générale pour la mise en place d'un plan d'action de protection fédérale de l'environnement basée sur le développement durable.[2372] Il s'inspire directement du rapport Brundtland et du *Greenprint*.[2373] Ce Plan affirme qu'il « pose un défi national qui commande l'effort individuel et collectif de tous les Canadiens. Il nécessitera des changements dans (les) modes de pensée et (les) actions »[2374].

Le développement durable pose, selon le Plan vert, des exigences économiques et environnementales liées entre elles : la prospérité du Canada dépend notamment de la salubrité de ses sols et de ses cours d'eau.[2375] Ainsi, le gouvernement fédéral annonce qu'il se fixe notamment comme but d'« assurer aux générations présentes et futures un environnement sûr et sain et une économie forte et prospère »[2376]. Pour cela, il propose notamment d'assurer un « assainissement de l'air, de l'eau et des sols »[2377]. Le Plan vert semble fonder

---

[2365] Commission Mondiale sur l'Environnement et le Développement, *Notre Avenir à Tous*, Organisation des Nations Unies, 1987, 247 pages. Dit « Rapport Brundtland ».

[2366] E.A. PARSON, « Les tendances en environnement : un défi pour la gestion publique canadienne », in E.A. PARSON (dir.), *Gérer l'Environnement – Défis constants, solutions incertaines*, Montréal, Presses Universitaires de Montréal, 2001, p 15.

[2367] Il apparaît dès l'avant-propos du rapport, rédigé par la présidente de la Commission.

[2368] R.J.P. GALE, « Canada's Green Plan », in *Nationale Umweltpläne in ausgewählten Industrieländern*, Springer-Verlan Berlin, 1997, p 102 & s. Précisons qu'il s'agit d'un rapport remis au Bundestag allemand dans le cadre de la Commission d'enquête portant sur la protection de la population et de l'environnement.

[2369] R.J.P. GALE, *op. cit.*, pp 102-103.

[2370] *Ibid.*, p 102. Voy. également Environnement Canada, *Le Plan vert du Canada : le Plan vert du Canada pour un environnement sain*, Ottawa, Ministre des Approvisionnements et Services Canada, 1990, 173 pages.

[2371] R.J.P. GALE, *op. cit.*, p 107.

[2372] R.J.P. GALE, « Canada's Green Plan », in *Nationale Umweltpläne in ausgewählten Industrieländern*, Springer-Verlan Berlin, 1997, p 106.

[2373] Environnement Canada, *op. cit.*, p 4.

[2374] *Ibid.*, p 5. Nous soulignons.

[2375] *Ibid.*, pp 9-10.

[2376] *Ibid.*, p 9.

[2377] *Ibid.*

sa légitimité sur la priorité que la population canadienne accorde à la protection des ressources naturelles. Face à l'inaction des gouvernements, la population exprime le besoin d'une véritable action.[2378]

1058. Malgré ces intentions, les propositions formulées dans ce plan vont être progressivement abandonnées, les élections fédérales de 1993 n'ayant pas permis de renouveler le mandat du gouvernement. De même, les problématiques politiques des années 1990 vont prendre le dessus sur les considérations écologiques.[2379]

1059. Néanmoins, les lois de protection de l'environnement adoptées par la suite conservent le principe de développement durable comme pierre angulaire de l'action fédérale, justifiant cette action nationale, mais en tenant compte de la nécessité d'y associer les provinces.

1060. La révision de *Loi canadienne de protection de l'environnement* en 1999 a injecté ce principe dans l'action nationale. Le Préambule de la loi dispose « que le gouvernement du Canada vise au développement durable [...] », et le Parlement « reconnaît que le risque de la présence de substances toxiques dans l'environnement est une question d'intérêt national et qu'il n'est pas toujours possible de circonscrire au territoire touché la dispersion de substances toxiques ayant pénétré dans l'environnement [...] »[2380].

Selon E.A. Parson, la volonté de l'ordre de gouvernement fédéral reste de tenter d'harmoniser la protection de l'environnement au niveau national. Mais il s'agit plus d'influencer les ordres de gouvernement provinciaux et de les inciter financièrement à la protection des ressources naturelles, que d'adopter une démarche prescriptive.[2381]

1061. Propos conclusifs. - Tant l'Union européenne que le Canada ont mis en avant la nécessité d'harmoniser la protection de l'environnement et notamment des cours d'eau, dans un souci écologique et de respect du principe internationalement reconnu du développement durable. Les deux ordres juridiques ont mis en place des instruments incitatifs, fondés sur les partenariats et la délégation administrative de la mise en œuvre de ces règles. L'objectif officiel est de donner une marge de manœuvre importante aux provinces et aux États membres, et de respecter ainsi tant l'esprit du Nouveau Management Public, que celui des textes constitutifs.

Paragraphe II. Le mode de centralisation officielle

1062. Le Canada et l'Union européenne ont annoncé et mis en place une forme d'harmonisation de la protection des eaux, en assurant des contreparties aux provinces et aux États membres, de façon à conserver un équilibre entre l'autonomie et l'interdépendance.[2382] Cela s'inscrit également dans l'esprit de

[2378] C'est ce qui serait ressorti des consultations publiques menées lors de la préparation du Plan Vert. Voy. à ce sujet *Ibid.*, p 8.

[2379] R.J.P. GALE, *op. cit.*, p 107 ; E.A. PARSON, « Les tendances en environnement : un défi pour la gestion publique canadienne », in E.A. PARSON (dir.), *Gérer l'Environnement – Défis constants, solutions incertaines*, Montréal, Presses Universitaires de Montréal, 2001, p 14.

[2380] *Loi canadienne sur la protection de l'environnement* (L.R. (1985), ch.16) ; (L.R. (1999), ch. 33), Préambule. Nous soulignons.

[2381] E.A. PARSON, *op. cit.*, p 14.

[2382] Ce principe d'équilibre est fondateur pour les deux ordres juridiques. Voy. à ce sujet *supra* §113 & s.

l'un des principes fondateurs du Nouveau Management Public qu'est la décentralisation.[2383] Cette démarche est celle d'une harmonisation, relativement à laquelle il convient d'apporter certaines précisions liminaires (*A*-). Elle se réalise au Canada et dans l'Union par des moyens quelque peu différents (*B*-).

A. Une démarche similaire : l'harmonisation du droit de la protection des eaux

1063. Le terme « harmonisation » vient du grec *harmonia* qui signifie « assemblage, ordre harmonieux »[2384]. Par analogie, cela implique la « concordance des parties d'un ensemble qui concourent à une même fin »[2385]. D'un point de vue juridique, l'harmonisation correspond à un mouvement, qui semble pleinement s'accorder avec le principe d'équilibre dynamique entre l'autonomie et l'interdépendance.[2386]

Par la marge nationale d'appréciation qu'elle implique (*1*-) ; l'harmonisation permet de respecter pleinement le principe d'équilibre présidant au partage des compétences au Canada et dans l'Union (*2*-).

1. La marge nationale d'appréciation, une condition nécessaire à l'harmonisation du droit

1064. L'expression « harmonisation » souffre de quelques imprécisions dans la doctrine, étant parfois confondue avec l'unification ou l'uniformisation du droit.[2387] Nous choisissons une appréhension du terme se plaçant entre la « volonté de se donner une mesure commune, un droit commun » et le « refus d'unification »[2388]. Les ordres juridiques canadien et européen se placent dans cette dynamique au regard de la dialectique permanente entre l'autonomie et l'interdépendance qui s'y joue.[2389]

1065. Dans cette perspective, ce qui assure une harmonisation et différencie l'harmonisation de l'unification est la marge nationale d'appréciation assurée aux États membres, et par prolongation aux provinces en contexte canadien.[2390] Pour sauvegarder une possibilité

[2383] Voy. *supra* §825 & s.

[2384] *Dictionnaire Trésor de la Langue Française Informatisé (TLFI)*, ATILF, CNRS, Université Nancy 2, site internet du dictionnaire : http://atilf.atilf.fr/tlfi.htm (page consultée le 7 juill. 2014).

[2385] *Ibid.*

[2386] Voy. *supra* §113 & s.

[2387] A. JEAMMAUD, « Unification, uniformisation, harmonisation : De quoi s'agit-il ? », in F. OSMAN (dir.), *Vers un Code européen de la consommation – Codification, unification et harmonisation du droit des États membres de l'Union européenne*, Bruxelles, Bruylant, 1998, pp 48 & s.

[2388] M. DELMAS-MARTY, *Le Pluralisme Ordonné - Les Forces Imaginantes du Droit (II)*, Paris, Éditions du Seuil, 2006, p 73. Notons que certains auteurs à l'instar d'A. Jeammaud et I. Rueda distinguent l'harmonisation *lato sensu* de l'harmonisation *stricto sensu*. Le sens large de l'harmonisation admet une unification et une uniformisation du droit. Le sens strict envisage l'harmonisation telle que nous la comprenons, il s'agit de « la réalisation, dans le respect de la pluralité des droits étatiques, d'une équivalence des règles nationales ». Pour plus de précisions, voy. A. JEAMMAUD, *op. cit.*, p 43 ; I. RUEDA, « Réflexions sur la notion d'internationalité du droit », *Revue de la Recherche Juridique*, 1, 2003, pp 117 & s.

[2389] Voy. *supra* §51 & s.

[2390] M. DELMAS-MARTY, *Le Pluralisme Ordonné - Les Forces Imaginantes du Droit (II)*, Paris, Éditions du Seuil, 2006, p 101 ; M. DELMAS-MARTY, M.-L. IZORCHE, « Marge d'ajustements dans un droit partagé par des traditions juridiques différentes, cette marge est nécessaire.[2391] Il s'agit de faciliter ces ajustements par une certaine souplesse. L'objectif est donc d'assurer un seuil de compatibilité, tout en tenant compte des résistances à l'intégration. [2392] Autrement dit, l'harmonisation « se distingue » ici « de l'uniformisation et de l'unification en ce qu'elle n'aboutit pas à cette *unité de teneur normative* »[2393].

Rappelons que le Canada et l'Union sont deux ordres juridiques connaissant une forme de diversité juridique, c'est-à-dire impliquant une cohabitation de traditions juridiques différentes. Dans ces cas, il s'agit, des traditions de droit romano-germanique et de *common law*.[2394]

1066. L'harmonisation se réalise concrètement par l'établissement de « principes communs » [2395], qui peuvent se matérialiser par des « règles minimales »[2396]. La « marge », selon M. Delmas-Marty et M.-L. Izorche « suggère l'idée d'une certaine possibilité de faire un pas de côté, de s'écarter de quelque chose, de bénéficier d'une certaine latitude » ; tout en introduisant « l'idée de mesure : l'écart est limité, le délai n'est point trop long, le 'jeu' qui est accordé n'est pas illimité »[2397]. M. Delmas-Marty précise dans ce contexte que cette marge est toujours « à ampleur variable »[2398]. Elle « permet tout un jeu de solutions en vue d'une harmonisation »[2399].

1067. Cette marge est variable, mais celle qui nous concerne est la marge nationale d'appréciation, attribuée aux États (ou aux provinces).[2400] Il s'agit d'une approximation fournie par les textes (européens ou fédéraux), qui « laissent explicitement aux États (ou provinces) le choix de prendre ou de maintenir des mesures qui s'écartent, sur certains points, des prescriptions » de ces textes.[2401] Les auteures précisent que cette marge doit supposer d'un autre côté une « suffisante proximité entre la conduite prescrite et la conduite examinée sous peine de condamner le pluralisme »[2402].

C'est là que l'harmonisation rejoint le principe d'équilibre dynamique entre l'autonomie et l'interdépendance, principe fondateur des ordres juridiques canadien et européen.

---

nationale d'appréciation et internationalisation du droit, Réflexions sur la validité formelle d'un droit commun pluraliste », *RIDC*, vol.52, 4, 2000, p 757 ; I. RUEDA, *op. cit.*, p 118.

[2391] M. DELMAS-MARTY, *op. cit.*, pp 77-78.

[2392] M. DELMAS-MARTY, *op. cit.*, p 78. Voy. également I. RUEDA, *op. cit.*, p 115.

[2393] A. JEAMMAUD, *op. cit.*, p 47. En italique dans le texte.

[2394] Pour davantage de précisions, voy. *supra* §72 & s.

[2395] M. DELMAS-MARTY, *op. cit.*, p 78.

[2396] Ce qu'A. Jeammaud désigne comme « des règles distinctes mais équivalentes ». Voy. A. JEAMMAUD, *op. cit.*, p 47 ; M. DELMAS-MARTY, *op. cit.*, p 74.

[2397] M. DELMAS-MARTY, M.-L. IZORCHE, « Marge nationale d'appréciation et internationalisation du droit, Réflexions sur la validité formelle d'un droit commun pluraliste », *RIDC*, vol.52, 4, 2000, p 754.

[2398] M. DELMAS-MARTY, *op. cit.*, p 78.

[2399] M. DELMAS-MARTY, M.-L. IZORCHE, *op. cit.*, p 757.

[2400] Notons que les auteures proposent d'autres significations de la marge nationale, mais qui ne correspondent pas à notre étude. Elles envisagent notamment la marge d'interprétation, qui correspond au pouvoir d'interprétation attribué au juge national. Pour plus de précisions, voy. *Ibid.*, pp 766 & s.

[2401] *Ibid.*, p 769.

[2402] *Ibid.*

2. Une harmonisation en concordance avec le principe d'équilibre canadien et européen

1068. L'harmonisation est un principe « ascendant » et « descendant ». Il implique des ajustements et réajustements successifs, ce qui la rapproche des principes fédératif et de subsidiarité. [2403] Selon M. Delmas-Marty, l'harmonisation est le pendant juridique du principe de subsidiarité.[2404]

1069. Concrètement, cela se retrouve dans la définition de la marge nationale d'appréciation. Elle suppose un cadre, que M. Delmas-Marty et M.-L. Izorche nomment le « pluralisme ordonné »[2405]. Il implique « un équilibre entre la préservation du pluralisme […] et l'exigence de cohérence, sans laquelle la prévisibilité, la lisibilité du système ne seraient plus possibles »[2406].

1070. Cela correspond au principe d'équilibre entre l'autonomie et l'interdépendance,[2407] assuré au Canada et dans l'Union par les principes fédératif et de subsidiarité, dans le domaine de la protection des eaux.[2408]

1071. En annonçant une harmonisation de la protection de la qualité des eaux, les ordres de gouvernement fédéral et européen se placent donc dans la logique de leur ordre juridique respectif. Ils respectent l'esprit et la lettre de leurs textes constitutifs :[2409] ils proposent d'intensifier la protection de la ressource en multipliant les principes communs de protection de façon à créer un cadre commun cohérent, tout en assurant aux États et aux provinces une marge d'appréciation. Le principe d'équilibre dynamique entre l'autonomie et l'interdépendance semble pleinement respecté. On se place ainsi dans la genèse des deux ordres juridiques.

1072. *In concreto*, les ordres de gouvernement fédéral et européen ont annoncé et mis en place un processus d'harmonisation de la protection des eaux. Cela ressort dans les mécanismes utilisés, car ils impliquent une marge d'appréciation pour les États membres et les provinces.

B. Les diverses modalités d'harmonisation

1073. Les modalités de l'harmonisation varient entre les deux régions. Deux types d'instruments ressortent principalement en la matière : les partenariats et les législations-cadre.[2410] Il s'agit d'associer en permanence les provinces et les États membres à la construction d'un arsenal politique et juridique de protection des eaux.

[2403] M. DELMAS-MARTY, *op. cit.*, p 72. Voy. également *supra* §425 & s.

[2404] *Ibid.*, p 79.

[2405] M. DELMAS-MARTY, M.-L. IZORCHE, « Marge nationale d'appréciation et internationalisation du droit, Réflexions sur la validité formelle d'un droit commun pluraliste », *RIDC*, vol.52, 4, 2000, p 769.

[2406] *Ibid.*

[2407] Voy. *supra* §113 & s.

[2408] Voy. *supra* §433 & s.

[2409] Les traités européens pour l'Union et la Constitution pour le Canada.

[2410] Notons que la littérature s'est beaucoup développée au sujet de l'étude de ces nouveaux instruments en sciences politiques. Plusieurs approches ont été proposées, dont six sont réunies, présentées et comparées dans R.K.W. WURZEL, A.R. ZITO, A.J. JORDAN, *Environmental Governance in Europe – A Comparative Analysis of New Environmental Policy Instruments*, Cheltenham (RU), Edward Elgar, 2013, pp 23 & s.

Une fois encore, la coloration juridique semble avoir influencé les dominantes de chacune d'elles. En Europe, les directives prédominent (*1*-) ; au Canada, la législation d'habilitation est privilégiée (*2*-).

1. Les instruments-clés de l'harmonisation en Europe : la variation de la directive

1074. Dans le mouvement d'une harmonisation plus prononcée de la protection des eaux, l'instrument historiquement privilégié par les institutions européennes en matière environnementale a été largement repris. La directive est au cœur du dispositif. M. Delmas-Marty et A. Jeammaud présentent cet outil comme l'instrument du droit communautaire qui permet de servir l'objectif d'harmonisation.[2411] Il a connu des évolutions avec les besoins de l'Union européenne. Avec la directive, l'Union se place dans une forme de continuité (*a*-) ; puis, les institutions européennes innovent avec une forme matricielle de directive (*b*-).

a. L'instrument directive : le mode classique d'harmonisation

1075. Selon l'article 288 TFUE, « la directive lie tout État membre destinataire quant au résultat à atteindre, tout en laissant aux instances nationales la compétence quant à la forme et aux moyens »[2412]. Cet instrument combine ainsi « une norme européenne fixant un objectif à atteindre et une mise en œuvre par les États membres qui conservent la compétence pour choisir la forme et les moyens »[2413]. Selon G. Isaac et M. Blanquet, il s'agit bien d'un « instrument d'intégration », dans le cadre duquel « la compétence nationale correspond […] à une mise en œuvre, conditionnée par l'acte communautaire »[2414]. Selon les auteurs, cet outil associe « une obligation absolue de résultat (à) une liberté relative quant à la forme et aux moyens »[2415].

1076. La majorité des textes réglementant la protection des eaux douces sont des directives.[2416] Lors de la seconde vague de réglementation au niveau européen, une trentaine de directives a été adoptée en matière de protection des eaux sur le fondement de l'article 192 TFUE.[2417]

[2411] M. DELMAS-MARTY, *Le Pluralisme Ordonné - Les Forces Imaginantes du Droit (II)*, Paris, Éditions du Seuil, 2006, p 75 ; A. JEAMMAUD, « Unification, uniformisation, harmonisation : De quoi s'agit-il ? », in F. OSMAN (dir.), *Vers un Code européen de la consommation – Codification, unification et harmonisation du droit des États membres de l'Union européenne*, Bruxelles, Bruylant, 1998, p 44.

[2412] *Traité sur le Fonctionnement de l'Union européenne, TFUE,* JO *n° C 83 du 30 mars 2010, art. 288. Cité notamment dans* G. ISAAC, M. BLANQUET, *Droit général de l'Union européenne*, Paris, Sirey, 10ème Édition, 2012, p 308.

[2413] G. ISAAC, M. BLANQUET, *op. cit.*, p 307.

[2414] *Ibid.*, p 308.

[2415] Ainsi, si la directive n'a pas en principe de portée générale, elle impose une obligation absolue de résultat et de délai aux États membres, et une « liberté relative quant à la forme et aux moyens ». Pour plus de précisions voy. *Ibid.*, pp 308 & s.

[2416] Voy. *supra* §247 & s.

[2417] Cet article constitue le fondement juridique de la politique européenne en matière environnementale. Voy. Traité sur le Fonctionnement de l'Union européenne, TFUE, JO n° C 83 du 30 mars 2010, art. 192. (ex art. 174 TCE). Voy. notamment Directive 91/271/CEE du Conseil, du 21 mai 1991, relative au traitement des eaux urbaines résiduaires, JOCE 1991, L 135/40 sur les eaux urbaines résiduaires ; Directive 91/676/CEE du Conseil, du 12 décembre *b. L'innovation par l'intermédiaire des directives-cadres*

1077. L'instrument de la directive a subi une mutation, par le biais des directives-cadres. La multiplication du recours à la législation-cadre est préconisée dans le Livre blanc sur la gouvernance européenne de 2001.[2418] Outre un recours plus prononcé aux règlements, il dispose « [...] (qu') il convient de recourir plus souvent à ce que l'on appelle « les directives-cadres ». Ces instruments sont moins lourds, offrent une plus grande flexibilité quant à leur mise en œuvre [...] »[2419].

1078. Dans le domaine de la protection des eaux, la Directive-cadre de l'an 2000[2420] est l'exemple significatif de cette tendance. Selon M. Lee, elle implique une démarche plus incitative que prescriptive, en édictant de grands principes généraux.[2421] Également, N. de Sadeleer fait ressortir « la grande souplesse offerte par les objectifs programmatiques »[2422].

1079. Concrètement, la DCE « constitue un cadre à deux dimensions »[2423]. En premier lieu, elle « esquisse des 'stratégies' qui doivent être suivies pour l'édiction de directives d'application sectorielles, c'est-à-dire s'attachant aux différents polluants et milieux concernés »[2424]. En second lieu, la DCE « comporte majoritairement des dispositions créant des obligations de faire immédiatement applicables pour les États membres »[2425]. L'article 4 de la

---

1991, concernant la protection des eaux contre la pollution par les nitrates à partir de sources agricoles, JOCE 1991, L 375/1. Dite « directive nitrates » ; Directive 98/83/CE du Parlement et du Conseil, du 3 novembre 1998, relative à la qualité des eaux destinées à la consommation humaine, JOUE 1998, L 330/32 ; Directive 2006/7/CE du Parlement et du Conseil, du 15 février 2006, concernant la gestion de la qualité des eaux de baignade et abrogeant la directive 76/160/CEE, JOUE 2006, L 64/37 ; Directive 2006/11/CE du Parlement et du Conseil, du 15 février 2006, concernant la pollution causée par certaines substances dangereuses déversées dans le milieu aquatique de la Communauté, JOUE 2006, L 64/52 ; Directive 2006/44/CE du Parlement et du Conseil, du 6 septembre 2006, concernant la qualité des eaux douces ayant besoin d'être protégées ou améliorées pour être aptes à la vie des poissons, JOUE 2006, L 264/20 ; Directive 2006/113/CE du Parlement et du Conseil, du 12 décembre 2006, relative à la qualité requise des eaux conchylicoles, JOUE 2006, L 376/14 ; Directive 2006/118/CE du Parlement européen et du Conseil, du 12 décembre 2006, sur la protection des eaux souterraines contre la pollution et la détérioration, *JOUE 2006, L 372/19 ;* Directive 2008/105/CE du Parlement et du Conseil, du 16 décembre 2008, établissant des normes de qualité environnementale dans le domaine de l'eau, modifiant et abrogeant les directives du Conseil 82/176/CEE, 83/513/CEE, 84/156/CEE, 84/491/CEE, 86/280/CEE et modifiant la directive 2000/60/CE, JOUE 2008, L 348 /84.

[2418] Commission des Communautés Européennes, *Gouvernance Européenne – Un Livre Blanc,* COM (2001) 428 final, p 24.

[2419] *Ibid.*

[2420] Directive 2000/60/CE du Parlement européen et du Conseil du 23 octobre 2000 établissant un cadre pour une politique communautaire dans le domaine de l'eau, JOUE L 327 du 22.12.2000, p. 1–73. Ci-après « DCE ».

[2421] M. LEE, « Law and Governance of Water Protection Policy », in J. SCOTT, *Environmental Protection : European Law and Governance,* Oxford Scholarship Online, 2009, pp 36 & s.

[2422] N. SADELEER (de), « Particularités de la subsidiarité dans le domaine de l'environnement », *Droit et Société*, vol. 1, 80, 2012, p 83.

[2423] P. THIEFFRY, *Droit de l'environnement de l'Union européenne*, Bruxelles, Bruylant, 2ème Édition, 2011, p 288.

[2424] L'exemple de la protection des eaux souterraines est particulièrement significatif dans ce cadre : les dispositions de la Directive 2006/118 « forment un tout » avec celles de la DCE, elles « s'y réfèrent de manière récurrente ». Voy. Directive 2006/118/CE du Parlement européen et du Conseil, du 12 décembre 2006, sur la protection des eaux souterraines contre la pollution et la détérioration, JOUE 2006, L 372/19 ; ainsi que P. THIEFFRY, *op. cit.*, p 288.

[2425] P. THIEFFRY, *op. cit.*, p 288.

DCE fixe une obligation de résultat pour les États membres qui est celle de garantir le « bon état » écologique des eaux de surface et souterraines au 22 décembre 2015.[2426]

1080. La Cour de justice a rappelé à ce sujet que : « [...] la plupart de (ces) dispositions prescrivent aux États membres de prendre les mesures nécessaires pour garantir que certains objectifs, [...] soient atteints, tout en laissant auxdits États une marge d'appréciation quant à la nature des mesures à prendre »[2427].

1081. Ainsi, l'harmonisation opérée par l'Union en matière de protection des eaux trouverait une effectivité dans l'attribution de la mise en œuvre des grands objectifs fixés aux États membres. Au Canada, l'ordre de gouvernement fédéral a procédé selon la même démarche.

2. Au Canada

1082. L'harmonisation canadienne de la protection de la qualité des eaux s'inscrit dans un mouvement plus large d'harmonisation en matière de protection de l'environnement. Elle consiste à poser des principes généraux par des lois nationales. Il s'agit d'établir un cadre national à la protection des eaux et de l'environnement. C'est au stade de sa mise en œuvre que le procédé d'harmonisation diffère de celui de l'Union : elle est assurée par des partenariats habilités par ces lois fédérales. Concrètement, plusieurs indices de ce processus d'harmonisation apparaissent dans les lois fédérales. La *Loi sur les ressources en eau du Canada* (*a-*) et la *Loi canadienne sur la protection de l'environnement* (*b-*) sont les deux exemples les plus significatifs.

a. La Loi sur les ressources en eau du Canada

1083. La *Loi sur les ressources en eau du Canada*[2428] met en place un cadre général pour la protection des eaux sur le territoire canadien. Elle habilite la mise en place d'arrangements fédéraux-provinciaux, dans le but de « [...] faciliter l'élaboration d'une politique et de programmes en ce qui concerne les ressources en eau du Canada [...] »[2429].

Le ministre de l'Environnement est ainsi habilité à « [...] faciliter la coordination et la mise en œuvre d'une politique et de programmes afférents à l'eau » [2430]. La loi devient plus explicite quant aux perspectives d'harmonisation pour la mise en place d'une gestion intégrée des ressources en eau, à l'article 6 (1) :

> Sous réserve du paragraphe (2), le ministre [...] entreprend directement :
>
> a) à l'égard d'eaux fédérales, tout programme visé aux alinéas 5 a) à e) et la mise en œuvre de tout programme visé à l'alinéa 5 d) ou e) ;

[2426] Directive 2000/60/CE du Parlement européen et du Conseil du 23 octobre 2000 établissant un cadre pour une politique communautaire dans le domaine de l'eau, JOUE L 327 du 22.12.2000, p. 1–73, art. 4. Ci-après « DCE ». Voy. également N. SADELEER (de), *op. cit.*, p 83.

[2427] CJCE, 30 nov. 2006, *Commission* c. *Luxembourg*, Aff. C-32/05, *Rec.* 2006 p I-11323, point 43. Voy. également P. THIEFFRY, *op. cit.*, p 289.

[2428] *Loi sur les ressources en eau du Canada* (L.R.C. (1985), ch. C-11).

[2429] *Loi sur les ressources en eau du Canada* (L.R.C. (1985), ch. C-11), art. 4.

[2430] *Ibid.*, art. 4 c).

> b) à l'égard d'eaux relevant de plusieurs juridictions, lorsque la gestion des ressources en eau y afférentes est une importante question d'intérêt national, tout programme visé à l'alinéa 5d) ou e) […].[2431]

Il s'agit pour le ministre d'entreprendre « directement » des programmes fédéraux de gestion des ressources en eau à l'égard des eaux fédérales et de toutes les autres eaux lorsque leur gestion est une « importante question d'intérêt national »[2432].

1084. En dehors des implications jurisprudentielles et constitutionnelles de la théorie de l'intérêt national, [2433] **l'ordre de gouvernement fédéral présente la question de l'eau comme une matière dépassant les frontières, d'un intérêt national évident. Selon cet éclairage, on se rend compte de la portée potentielle de ces programmes.**

1085. La *Loi sur les ressources en eau du Canada* habilite donc le gouvernement fédéral à agir sur une partie importante des cours d'eau. Une lecture combinée de l'article 6 avec l'article 5 amplifie la portée de cette harmonisation : le programme que le ministre est habilité à entreprendre implique les mesures décrites aux d) et e) de l'article 5.

Elles sont les suivantes :

> d) la formulation de plans de gestion intégrale des ressources en eau, comportant notamment les prévisions détaillées du coût de mise en œuvre de ces plans et celles des recettes et autres profits qui seront vraisemblablement générés par cette mise en œuvre, fondés sur un examen de toute la gamme des possibilités raisonnables et tenant compte des avis exprimés […] ;
>
> e) la préparation de projets pour la conservation, la mise en valeur et l'utilisation efficaces de ces eaux ; […].[2434]

1086. Ainsi, par une combinaison des articles 5 d) et e) et 6 (1), on comprend que la *Loi sur les ressources en eau du Canada* habilite le ministère fédéral de l'Environnement à entreprendre des programmes, menant à une politique nationale de gestion des eaux.

1087. Néanmoins, et c'est toute la nuance, la loi reste dans le cadre d'une harmonisation : cette habilitation concerne l'élaboration des plans de gestion et des programmes de conservation, de mise en valeur et d'utilisation des eaux, non pas leur mise en œuvre. L'alinéa f) de l'article 5 n'est pas visé par l'habilitation de l'article 6 (1) b). Le gouvernement fédéral est habilité à entreprendre, mais pas à mettre en œuvre, à l'exception des plans concernant les eaux fédérales.[2435]

1088. Plus spécifiquement en matière de protection contre la pollution de l'eau, la Loi de 1985 habilite, dans les mêmes conditions, le gouvernement fédéral à prendre les mesures nécessaires. Un principe général d'interdiction de la pollution est posé à l'égard des eaux qui font l'objet d'ententes fédérales-provinciales. L'article 9 dispose à ce sujet :

[2431] *Ibid.*, art. 6 (1) a) & b).
[2432] *Ibid.*, art. 6 (1) b).
[2433] Voy. *R.* c. *Crown Zellerbach Canada Ltd.*, [1988] 1 R.C.S. 401 ; et H. BRUN, G. TREMBLAY, E. BROUILLET, *Droit constitutionnel*, Cowansville, Yvon Blais, 2008, pp 556 & s.
[2434] *Loi sur les ressources en eau du Canada* (L.R.C. (1985), ch. C-11), art. 5 d) & e).
[2435] *Ibid*, art. 6 (1) a).

[…] il est interdit de déposer des déchets de toute nature – ou d'en permettre le dépôt – dans des eaux comprenant une zone de gestion qualitative des eaux désignée aux termes de l'article 11 ou 13, ni en tout endroit dans des conditions qui permettent à ces déchets ou à ceux résultant de leur dépôt d'atteindre de telles eaux.[2436]

L'article 13 pose le principe général d'habilitation pour des programmes fédéraux à l'égard d'eaux relevant de plusieurs juridictions.

Il dispose :

(1) Dans les cas où la gestion qualitative d'eaux relevant de plusieurs juridictions est devenue une question urgente et d'intérêt national, le gouverneur en conseil peut, […] désigner des eaux comme zone de gestion qualitative des eaux et autoriser ce dernier (le ministre) à nommer, à titre d'organisme de gestion qualitative des eaux, une personne morale existante […] pour planifier, entreprendre et réaliser, à l'égard de ces eaux, certains programmes décrits à l'article 15.[2437]

De plus, l'article 18 précise que le gouverneur en Conseil[2438] peut établir par voie de règlement les seuils, substances et traitements de l'eau à respecter.

1089. Ainsi, le processus d'harmonisation canadien semble se rapprocher des modalités des directives européennes : une loi d'habilitation, posant un cadre général pour la protection des eaux et la lutte contre les pollutions, que les provinces sont chargées de préciser et de mettre en œuvre.

b. La Loi canadienne sur la protection de l'environnement

1090. Plus largement, en matière environnementale, au nom du principe de développement durable, la *Loi canadienne sur la protection de l'environnement*[2439] met en place un cadre général « en vue de rendre réalisable une action nationale et de prendre des mesures coordonnées dans les domaines touchant l'environnement […] »[2440]. Cette loi établit un accès à l'information environnementale et un principe de participation. Le gouvernement canadien procède à une collecte des données sur la qualité environnementale.[2441] De plus, elle habilite le ministre à publier « un avis obligeant une personne ou une catégorie de personnes donnée à élaborer et exécuter un plan de prévention de la pollution à l'égard d'une substance »[2442]. Également, la partie V consacrée aux substances toxiques en donne une définition,[2443] applicable au niveau national. L'Annexe I de la loi contient une liste des substances considérées comme toxiques.

1091. En parallèle, le Parlement fédéral « reconnaît que tous les gouvernements au Canada disposent des pouvoirs leur permettant de protéger

2436 *Ibid.*, art. 9.
2437 *Loi sur les ressources en eau du Canada* (L.R.C. (1985), ch. C-11), art. 13 (1).
2438 Aujourd'hui l'exécutif, c'est-à-dire le gouvernement, au nom du gouverneur.
2439 *Loi canadienne sur la protection de l'environnement* (L.R. (1985), ch.16) ; (L.R. (1999), ch. 33).
2440 *Ibid.*, art. 6.
2441 *Ibid.*, art. 44 & s.
2442 *Ibid.*, art. 56.
2443 *Ibid.*, art. 64 & s.

l'environnement et qu'il est à leur avantage mutuel de collaborer pour résoudre les problèmes environnementaux auxquels ils ont tous à faire face […] »[2444].

Suite à l'abandon du Plan vert, l'approche adoptée combine les nécessités du développement durable et les exigences transfrontalières de la pollution, tout en réaffirmant la place des ordres de gouvernement provinciaux. La *Loi canadienne sur l'évaluation environnementale* de 2012 reprend cette logique.[2445]

1092. Ainsi, tant en matière de protection de l'environnement que plus spécifiquement en matière de protection des eaux, un cadre permettant une harmonisation est mis en place par l'ordre de gouvernement fédéral. La marge d'appréciation des provinces semble ici assurée par la liberté lors de la mise en œuvre de ce cadre. Le tout permet une compatibilité des ordres juridiques de protection des eaux à l'intérieur du Canada.

1093. Propos conclusifs. - *In fine*, le Canada et l'Union ont mis en place un cadre commun, assurant une cohésion et une cohérence de la protection des eaux sur leur territoire respectif. C'est officiellement annoncé, et cela se réalise au nom de l'efficacité de la protection des eaux et du principe de développement durable.

Néanmoins, il apparaît que la marge d'appréciation en principe laissée aux États membres et aux provinces, ne trouve pas de réalité juridique concrète. Cette forme de compensation qui assure le maintien d'un équilibre entre l'autonomie et l'interdépendance dans ces ordres juridiques, ne serait que symbolique.

SECTION II. DES COMPENSATIONS SYMBOLIQUES

1094. Le dispositif de centralisation, impliquant officiellement une harmonisation du droit, apparaît en réalité tant au Canada que dans l'Union quelque peu allégé de l'une de ses composantes : la marge de manœuvre des provinces et des États membres. L'« européanisation douce » et l'harmonisation canadienne sont donc dans leurs mécanismes privés de la nuance qui faisait leur particularité. L'harmonisation annoncée s'est transformée, ses garde-fous n'étant plus opérants. Ainsi, le principe d'équilibre n'apparaît pas pleinement respecté.

Deux domaines représentent particulièrement cette tendance : les espaces de négociation dédiés à l'environnement (*paragraphe I*) ; et la délégation de mise en œuvre (*paragraphe II*).

Paragraphe I. Les espaces de négociation dédiés à l'environnement

Paragraphe II. La délégation administrative de la protection de la qualité des eaux douces

---

2444 *Ibid.*, Préambule.

2445 *Loi canadienne sur l'évaluation environnementale* (L.R. (1992), ch. 37) ; (L.C. (2012), ch. 19, art. 52).

Paragraphe I. Les espaces de négociation dédiés à l'environnement

1095. L'Union européenne et le Canada ont mis en place des formes différentes d'espaces de négociation destinés à la protection de l'environnement. Malgré ces différences, l'objectif est équivalent. Il est politique et devrait permettre de maintenir un équilibre dans le partage des compétences en matière de protection des eaux. Il s'agit de fournir aux provinces et aux États membres une contrepartie à la politique d'harmonisation menée respectivement au Canada et dans l'Union. Mais cet objectif n'est pas rempli : tant dans l'Union (*A-*) qu'au Canada (*B-*) ces compensations sont symboliques.

A. La promotion européenne des accords environnementaux

1096. Dès le début des années 1990, un nouveau type d'instruments connaît un essor important : les accords environnementaux. Selon M.-P. Blin-Franchomme, on peut définir ces instruments comme « des engagements pris par des entreprises et des branches sectorielles à la suite de négociations avec les pouvoirs publics et/ou explicitement reconnus par ceux-ci »[2446]. Il s'agit d'une pratique conventionnelle, permettant une implication des différents partenaires, davantage de flexibilité et de rapidité dans l'élaboration et la mise en œuvre.

1097. Cela permettrait de constituer, en parallèle à une législation européenne dont les procédures sont longues et compliquées, des îlots de réglementation, négociés et adoptés par consensus entre différents acteurs mis sur un pied d'égalité. Il ressort en effet clairement que « sans la collaboration des États membres ou [...] des entreprises, le droit communautaire de l'environnement risque fort de rester lettre morte »[2447].

1098. Ainsi, ce nouvel instrument présente officiellement l'avantage d'impliquer davantage les États membres dans une réglementation de protection de l'environnement, en leur donnant une latitude ample pour la production de celle-ci (*1-*) ; ce qui se révèle *in concreto* éloigné de la réalité (*2-*).

1. La compensation officielle apportée par les accords environnementaux

1099. Ce type d'accord est déjà mis en place par les États membres quand, en 1992, l'Union décide de les promouvoir à l'échelle européenne. Cela s'inscrit dans la nouvelle démarche exposée dans le 5ème PAE : le « travaillons ensemble »[2448] et correspond à l'introduction du principe de développement

---

[2446] M-P. BLIN-FRANCHOMME, « Internormativité et réseau d'autorités : regards sur la méthode communautaire en droit de l'environnement », *Petites Affiches*, 200, 6 octobre 2004, p 57.

[2447] La Commission dénonce ainsi l'insuffisance de la mise en œuvre du droit communautaire de l'environnement. Voy. à ce sujet Commission des Communautés Européennes, *Communication de la Commission – Mise en œuvre du droit communautaire de l'environnement*, 22 oct.1996, COM (96) 500 final ; cité par A. BRUNET, « La régulation juridique des questions environnementales et le principe de subsidiarité », *La Gazette du Palais*, Gazette Européenne, 11-12 juin 2004, p 6, note 5.

[2448] Cinquième Programme d'Action pour l'Environnement : « Vers un développement soutenable » (1992-2000), Résolution du Conseil et des représentants des gouvernements des États membres réunis au sein du Conseil, du 1er février 1993, concernant un programme durable dans la législation européenne. Au nom de l'efficacité du dispositif de protection de l'environnement, il est nécessaire d'élargir « la panoplie des instruments »[2449]. Si « le cadre réglementaire de base est en place », il ne suffit pas : « les mesures législatives seules n'amèneront pas les changements importants dans les tendances et les pratiques nécessaires pour promouvoir un développement durable »[2450]. Cette « nouvelle stratégie s'inscrit [...] dans la logique du 'travaillons ensemble' »[2451]. Un « partage des responsabilités » doit donc s'opérer.[2452]

1100. Alors que cela n'apparaissait pas dans les autres textes d'intention des institutions de l'Union, la Commission rappelle à cette occasion les limites posées par le principe de subsidiarité. Elle précise que : « La législation communautaire ne peut que contribuer à la réalisation de ces objectifs lorsqu'elle est transposée dans le droit interne [...]. (Elle) ne prends des mesures que lorsqu'elle est mieux placée pour le faire que les États membres [...] »[2453]. La nouvelle approche globale doit donc respecter le partage des compétences tel qu'il est opéré par les traités. Cela correspond aux débats qui ont lieu à cette époque au sujet du principe de subsidiarité. Il s'agit alors d'une opportunité dont les industries vont se saisir : ces questionnements sur la place des États membres et de l'Union leur permettent de plaider pour la mise en place d'une européanisation douce, à l'aide d'instruments plus incitatifs que prescriptifs.[2454]

1101. Incitées par certains groupes de la société civile, les institutions européennes reprennent l'outil de l'accord environnemental pour le développer et le promouvoir au niveau communautaire. Cela comporte un double objectif, que la Commission précise : « Les accords avec l'industrie, en particulier lorsqu'ils sont conclus au niveau communautaire, permettent d'éviter le recours à la réglementation, en amenant l'industrie à agir avant que n'intervienne la législation. Ces accords peuvent également constituer un moyen rentable de mise en œuvre des objectifs réglementaires fixés par les directives communautaires »[2455].

1102. En réalité, la Commission semble tentée d'harmoniser les conditions dans lesquelles les États membres concluent ces accords avec le secteur privé. Elle affirme dès 1996 que « l'ampleur du phénomène et la forme sous laquelle

---

communautaire de politique et d'action en matière d'environnement et de développement durable, JOCE 1993, C 138 ; Commission des Communautés Européennes, *Communication de la Commission au Conseil et au Parlement européen concernant les accords dans le domaine de l'environnement*, 27 nov. 1996, COM (96) 561 final.

[2449] Commission des Communautés Européennes, *Communication de la Commission au Conseil et au Parlement européen concernant les accords dans le domaine de l'environnement*, 27 nov. 1996, COM (96) 561 final, p 4.

[2450] *Ibid.* Nous soulignons.

[2451] *Ibid.*

[2452] *Ibid.*

[2453] Commission des Communautés Européennes, *Communication de la Commission au Conseil et au Parlement européen - La politique communautaire dans le domaine de l'eau,* 21 févr. 1996, COM (96) 59 final, pp 16-17.

[2454] R.K.W. WURZEL, A.R. ZITO, A.J. JORDAN, *Environmental Governance in Europe – A Comparative Analysis of New Environmental Policy Instruments*, Cheltenham (RU), Edward Elgar, 2013, p 70.

[2455] Commission des Communautés Européennes, *Communication de la Commission au Conseil et au Parlement européen concernant les accords dans le domaine de l'environnement*, 27 nov. 1996, COM (96) 561 final, p 5, point 3. Nous soulignons.

ces accords ont été passés varient considérablement »[2456]. La Communication de la Commission du 27 novembre 1996[2457] établit des orientations générales pour promouvoir ces accords et « faciliter le recours à des accords environnementaux efficaces et acceptables »[2458].

1103. Cette nouvelle stratégie a été systématisée dans le plan d'action de 2002 intitulé « Simplifier et améliorer l'environnement réglementaire »[2459]. L'objectif est de donner la possibilité aux institutions communautaires, aux États membres et aux entreprises de prendre des mesures environnementales sans recourir aux instruments traditionnels de réglementation.[2460]

1104. Concrètement, la Commission propose plusieurs instruments pour remplir cet objectif. En premier lieu, l'autorégulation est proposée. Elle vise « [...] les pratiques nombreuses, règles communes, codes de conduite ou accords volontaires que des acteurs économiques, sociaux, ONG ou groupes organisés définissent eux-mêmes, sur une base volontaire, pour régir et organiser leurs actions »[2461].

Les accords volontaires retiennent notre attention : ils permettent à une entreprise, un État membre et aux institutions européennes d'établir des objectifs à remplir.[2462]

1105. En second lieu, la Commission propose des mécanismes de corégulation. Cela permet : « [...] dans le cadre d'un acte législatif de renvoyer la mise en œuvre des objectifs définis par le Législateur à des mesures relevant des parties prenantes reconnues dans le domaine »[2463]. Dans un souci de garantir la « sécurité juridique », le législateur européen « détermine dans quelle mesure la définition et la mise en œuvre des mesures

---

[2456] *Ibid.*, p 5, point 3. Rappelons que l'un des piliers de l'Union européenne est le fonctionnement du marché commun. Cela implique de niveler le terrain de jeu, c'est-à-dire d'aplanir les conditions de concurrence entre les entreprises. Les normes environnementales font partie des conditions de concurrence à niveler. Voy. M. FAURE, *L'analyse économique du droit de l'environnement*, Maastricht, Bruxelles, Metro Institute for Transnational Legal Research, Bruylant, 2007, p 266.

[2457] Commission des Communautés Européennes, *op. cit.*

[2458] *Ibid.*, p 5, point 5.

[2459] Commission des Communautés Européennes, *Communication de la Commission au Conseil – Plan d'action « Simplifier et améliorer l'environnement règlementaire »*, 6 juin 2002, COM (2002) 278 final/2 ; voy. également à ce sujet M-P. BLIN-FRANCHOMME, « Internormativité et réseau d'autorités : regards sur la méthode communautaire en droit de l'environnement », *Petites Affiches*, 200, 6 octobre 2004, p 58.

[2460] Commission des Communautés Européennes, *Communication de la Commission au Conseil et au Parlement européen concernant les accords dans le domaine de l'environnement*, 27 nov. 1996, COM (96) 561 final, p 3 ; Commission des Communautés Européennes, *Communication de la Commission au Conseil – Plan d'action « Simplifier et améliorer l'environnement règlementaire »*, 6 juin 2002, COM (2002) 278 final/2, pp 11 & s. Voy. également M-P. BLIN-FRANCHOMME, *op. cit.*, p 58.

[2461] Commission des Communautés Européennes, *Communication de la Commission au Conseil – Plan d'action « Simplifier et améliorer l'environnement règlementaire »*, 6 juin 2002, COM (2002) 278 final/2, p 11.

[2462] M-P. BLIN-FRANCHOMME, « Internormativité et réseau d'autorités : regards sur la méthode communautaire en droit de l'environnement », *Petites Affiches*, 200, 6 octobre 2004, p 57.

[2463] Commission des Communautés Européennes, *op. cit.*, p 12.

d'application peuvent être renvoyées aux parties concernées du fait de leur expérience reconnue en la matière »[2464].

1106. *In fine*, dans les deux cas, la Commission reprend et promeut des accords, présentés comme des instruments de coopération entre l'Union européenne, les États membres et les entreprises d'un secteur spécifique. Elle harmonise au niveau européen les conditions dans lesquelles ces accords sont passés. La Communication du 17 juillet 2002[2465] et le 6ème PAE[2466] entérinent cette démarche en proposant un encadrement européen de ces accords.[2467]

1107. L'objectif est donc d'harmoniser les cadres juridiques de réglementation de la protection de l'environnement. Cette harmonisation permet de promouvoir certains des principes issus du Nouveau Management Public et assurant l'efficacité de la législation : la dé-centralisation de la prise de décision et le principe de participation ; tout en respectant le principe de subsidiarité, les États membres étant directement impliqués en tant que parties à ces accords. Ces accords environnementaux créent donc des espaces de négociation entre l'Union, les États membres et la société civile, en dehors de la procédure législative prévue par les traités. Ces espaces parallèles sont présentés comme permettant une plus grande flexibilité et une rapidité d'adoption des règles de protection de l'environnement, dans un domaine qui nécessite une grande réactivité. Le tout en assurant en principe aux États membres une place centrale dans l'élaboration de ces règles, face à l'harmonisation du secteur.

2. Une réalité en demi-teinte

1108. Les accords environnementaux pourraient apparaître comme une forme de compensation dans le processus d'harmonisation des eaux, octroyant une marge de manœuvre supplémentaire aux États membres pour la mise en œuvre des directives européennes. Ces accords étaient déjà conclus par les États membres avec l'industrie avant 1992. La promotion par les institutions européennes de ce type de mécanisme permet de les reconnaître, les faciliter et les multiplier au niveau européen.[2468] Mais concrètement, ces accords promus en Europe ne semblent pas donner aux États membres la marge de manœuvre nécessaire pour remplir les conditions du principe de subsidiarité. La marge des États est même quelque peu entamée dans ce cadre car ces accords bénéficient d'un encadrement européen touffu.

1109. Dès 1996, la Commission européenne a pour projet de réglementer les accords environnementaux. Elle suggère de la part des

---

[2464] *Ibid.*, p 13.

[2465] Commission des Communautés Européennes, *Communication de la Commission au Parlement européen, au Conseil, au Comité économique et social et au Comité de régions – Les accords environnementaux conclu au niveau communautaire dans le cadre du plan d'action « Simplifier et améliorer l'environnement règlementaire »*, 17 juillet 2002, COM (2002) 412 final.

[2466] Sixième Programme d'Action pour l'Environnement : « Environnement 2010 : Notre avenir, notre choix » (2001-2010), Communication de la Commission au Conseil, au Parlement européen, au Comité économique et social et au Comité des régions, COM/2001/0031 final.

[2467] M-P. BLIN-FRANCHOMME, *op. cit.*, p 58.

[2468] Commission des Communautés Européennes, *Communication de la Commission au Conseil et au Parlement européen concernant les accords dans le domaine de l'environnement*, 27 nov. 1996, COM (96) 561 final, p 5.

parties à ces accords « [...] une consultation préalable des milieux intéressés, une forme contraignante, des objectifs quantifiés et des étapes intermédiaires, un contrôle de l'exécution, la publication de l'accord et des résultats atteints [...] »[2469].

Elle adresse ainsi une « recommandation aux États membres afin de leur fournir un cadre clair lorsqu'ils utilisent des accords environnementaux pour mettre en œuvre les directives communautaires »[2470].

Notons qu'une recommandation ne lie pas juridiquement ses destinataires.[2471] Néanmoins, elle n'est pas pour autant dépourvue de tout effet juridique. La Cour de justice a reconnu la possibilité qu'elle produise un effet indirect. En 1989, la Cour souligne que les recommandations :

> [...] ne sont pas dépourvues de tout effet juridique. En effet, les juges nationaux sont tenus de prendre les recommandations en considération en vue de la solution des litiges qui leur sont soumis, notamment lorsque celles-ci éclairent l'interprétation de dispositions nationales prises dans le but d'assurer leur mise en œuvre ou encore lorsqu'elles ont pour objet de compléter des dispositions communautaires ayant un caractère contraignant [...].[2472]

1110. La Commission formule alors des « orientations générales pour l'utilisation des accords environnementaux », en termes de consultation, de forme contractuelle, d'objectifs ou de contrôle des résultats.[2473]

1111. C'est en juillet 2002 que l'encadrement de ces accords va se préciser. [2474] Dans le cadre d'un processus de simplification de l'action communautaire, la Commission appelle à « [...] encourager les engagements et accords volontaires visant à réaliser des objectifs environnementaux précis, y compris établir des procédures en cas de non-respect »[2475].

1112. Dans deux communications datant de 2002, la Commission établit un cadre précis constitué de critères et de procédures à suivre. C'est ainsi que sont encadrées la corégulation et l'autorégulation.[2476] Selon ces règles, la reconnaissance européenne de ces pratiques passe par un échange de

---

[2469] Commission des Communautés Européennes, *op. cit.*, p 3.

[2470] *Ibid.*

[2471] Traité sur le Fonctionnement de l'Union européenne, TFUE, JO n° C 83 du 30 mars 2010, art. 288.

[2472] CJCE, 13 déc. 1989, *Grimaldi*, Aff. 322/88, *Rec.* 1989, p 4407 ; cité dans C. BLUMANN, L. DUBOUIS, *Droit institutionnel de l'Union européenne*, Paris, Litec, 2007, pp 438-439.

[2473] Commission des Communautés Européennes, *op. cit.*, pp 11 & s.

[2474] M-P. BLIN-FRANCHOMME, « Internormativité et réseau d'autorités : regards sur la méthode communautaire en droit de l'environnement », *Petites Affiches*, 200, 6 octobre 2004, p 58.

[2475] Sixième Programme d'Action pour l'Environnement : « Environnement 2010 : Notre avenir, notre choix » (2001-2010), Communication de la Commission au Conseil, au Parlement européen, au Comité économique et social et au Comité des régions, COM/2001/0031 final ; cité dans M-P. BLIN-FRANCHOMME, *op. cit.*, p 58.

[2476] Commission des Communautés Européennes, *Communication de la Commission au Conseil – Plan d'action « Simplifier et améliorer l'environnement règlementaire »*, 6 juin 2002, COM (2002) 278 final/2, p 11 ; Commission des Communautés Européennes, *Communication de la Commission au Parlement européen, au Conseil, au Comité économique et social et au Comité de régions – Les accords environnementaux conclu au niveau communautaire dans le cadre du plan d'action « Simplifier et améliorer l'environnement règlementaire »*, 17 juillet 2002, COM (2002) 412 final. Voy. également M-P. BLIN-FRANCHOMME, *op. cit.*, p 58.

lettres avec la Commission ou une recommandation de sa part.[2477] Elle ajoute que ces accords doivent respecter le droit des traités, et répondre à des critères supplémentaires, tels que : « offrir une valeur ajoutée pour ce qui est du niveau élevé de protection de l'environnement [...] »[2478], assurer un « rapport coût-efficacité de l'administration » et une « représentativité » du « secteur économique concerné ». La Commission doit pouvoir également vérifier le « degré de réalisation des objectifs et des buts intermédiaires d'une manière abordable et crédible, en utilisant des indicateurs clairs et fiables [...] »[2479].

De plus, « tous les accords doivent faire l'objet d'une large publicité », et comporter « un système de contrôle correctement conçu, énonçant clairement les responsabilités des industriels et prévoyant des vérificateurs indépendants [...] »[2480]. Enfin, une compatibilité de l'accord avec « les dimensions économiques et sociales du développement durable » est requise, par notamment « la protection des intérêts des consommateurs »[2481].

Ces règles ont été édictées par le biais de communications de la Commission, dont la valeur juridique apparaît quelque peu floue. Selon la Cour de justice, l'effet juridique de ces actes dépend de l'intention de leur auteur,[2482] et est déterminé au cas par cas.

1113. Si la valeur contraignante des communications de la Commission apparaît variable, l'intention d'imposer un cadre européen à ces accords est avérée. Au regard de la marge nationale d'appréciation attribuée aux États pour la mise en œuvre des directives de protection des eaux, cela semble quelque peu incompatible avec le principe de l'harmonisation. Un autre élément confirme cette tendance : la mutation de la subsidiarité en subsidiarité fonctionnelle, en vertu de laquelle les accords environnementaux et donc la mise en œuvre d'une partie du droit de l'environnement semblent échapper aux États membres au profit des industries.[2483]

Le Canada a mis en place un autre type d'espace de négociation. Il intervient plus en amont du processus des accords environnementaux, puisqu'y sont négociées les politiques nationales de protection de l'environnement. À l'instar des accords européens, cet espace canadien souffre de quelques lacunes au regard du principe de l'harmonisation.

[2477] Commission des Communautés Européennes, *Communication de la Commission au Parlement européen, au Conseil, au Comité économique et social et au Comité de régions – Les accords environnementaux conclu au niveau communautaire dans le cadre du plan d'action « Simplifier et améliorer l'environnement règlementaire »*, 17 juillet 2002, COM (2002) 412 final, pp 7-8.

[2478] *Ibid.*, p 9.

[2479] *Ibid.*, p 11.

[2480] *Ibid.*, p 12.

[2481] *Ibid.*

[2482] CJCE, 31 mars 1971, *Commission des Communautés européennes* c. *Conseil*, Aff. 22/70, *Rec.* 1971, p 263 ; CJCE, 20 mars 1997, *France* c. *Commission des Communautés européennes*, Aff. C-58/95, *Rec.* 1997, p I-1640. Voy. à ce sujet C. BLUMANN, L. DUBOUIS, *Droit institutionnel de l'Union européenne*, Paris, Litec, 2007, p 443.

[2483] A. BRUNET, « La régulation juridique des questions environnementales et le principe de subsidiarité », *La Gazette du Palais*, Gazette Européenne, 11-12 juin 2004, pp 6 & s.

B. L'espace canadien principal de négociation de la politique environnementale nationale : le Conseil canadien des ministres de l'Environnement

1114. Dans le cadre du « défi » [2484] que présente la protection de l'environnement pour le partage des compétences entre l'ordre de gouvernement fédéral et les provinces, une première forme de compensation s'est matérialisée par le biais d'espaces politiques de négociation. Comme le soulève D. Kelemen, ces organismes créent un tissu normatif parallèle en matière de protection de l'environnement de façon à ce que les provinces se sentent plus impliquées dans un processus d'harmonisation indispensable pour la protection des ressources au Canada.[2485]

1115. En premier lieu, on peut relever dans les années 1980 l'organisation de plusieurs « tables rondes sur l'environnement et l'économie »[2486].

1116. En deuxième lieu, l'ordre de gouvernement fédéral va proposer au cas par cas aux provinces des partenariats, qui leur assurent une place en principe centrale dans l'harmonisation. Néanmoins, la question de la place accordée aux provinces dans les négociations menées pour aboutir à ce type d'ententes est problématique. Les circonstances dans lesquelles les gouvernements provinciaux et le gouvernement fédéral trouvent un consensus apparaissent opaques. Trop peu d'informations sont donc disponibles à ce sujet pour en tirer des conclusions.[2487]

1117. En troisième lieu, plusieurs « structures mixtes » ont été créées dans un « objectif d'harmonisation en faveur de la protection de l'environnement » : le Conseil des ministres de la Faune du Canada, le Conseil fédéral-provincial des parcs, le Conseil canadien des ministres des forêts, la Conférence fédérale-provinciale des ministres de l'Agriculture, le Conseil canadien des ministres de l'Agriculture et le Conseil canadien des ministres de l'Énergie.[2488]

1118. En quatrième lieu, et c'est le plus marquant car le plus actif en droit de l'eau, un Conseil canadien des ministres de l'Environnement[2489] est créé. Il est présenté comme l'espace de négociations au sein duquel les tenants et aboutissants de la politique nationale de protection de l'environnement seront négociés avec les provinces (*1*-) ; une portée qui est loin d'être aboutie en réalité (*2*-).

[2484] E.A. PARSON, « Les tendances en environnement : un défi pour la gestion publique canadienne », in PARSON E.A. (dir.), *Gérer l'Environnement – Défis constants, solutions incertaines*, Montréal, Presses Universitaires de Montréal, 2001, p 13.

[2485] D. KELEMEN, *The rules of federalism : institutions and regulatory politics in the EU and beyond*, Cambridge, Harvard University Press, 2004, p 131.

[2486] E.A. PARSON, *op. cit.*, p 13.

[2487] Néanmoins, ces partenariats font l'objet de notre attention au paragraphe suivant de cette section, la mise en œuvre qu'ils impliquent pouvant être questionnée.

[2488] Agence Universitaire de la Francophonie – Réseau « Droit de l'environnement », *La mise en œuvre nationale du droit international de l'environnement dans les pays francophones : Actes des Troisièmes Journées Scientifiques du Réseau Droit de l'environnement de l'Agence Universitaire de la Francophonie (Yaoundé – Cameroun)*, Presses Universitaires de Limoges, 2003, p 167.

[2489] Ci-après « CCME ».

1. La place accordée aux provinces au sein du CCME

1119. Ce Conseil réunit les ministres de l'Environnement des ordres de gouvernement fédéral, provinciaux et territoriaux qui « tentent de coordonner leurs activités »[2490]. Il présente l'avantage d'assurer une égalité entre ses membres. Il est « structuré autour de comités de ministres, de comités de sous-ministres et d'officiels de rang inférieur »[2491].

Cela permet en principe de mener des négociations sur un pied d'égalité. L'objectif de cet espace politique parallèle est de rationaliser le management de l'environnement au Canada.[2492] Par un consensus entre les trois ordres de gouvernement, des accords sont conclus pour répartir les tâches dans la protection de l'environnement.[2493] Peuvent ainsi y être adoptés et mis en œuvre des standards, des grilles d'évaluation ou des mesures de contrôle pour la protection de l'environnement.

1120. Le but est clairement établi : parvenir à une harmonisation au niveau national des règles de protection de l'environnement par la voie d'une collaboration entre les ordres de gouvernement.[2494] Cette harmonisation est établie dès 1993 comme la priorité du Conseil.

1121. À l'exception du Québec, les provinces et l'ordre de gouvernement fédéral sont allés plus loin en concluant plusieurs accords dans le cadre de cet espace : l'Entente auxiliaire pancanadienne sur l'établissement de standards environnementaux, l'Entente auxiliaire sur l'évaluation environnementale et l'Entente auxiliaire sur les inspections et l'application de la loi.[2495]

Ainsi, le Conseil canadien des ministres de l'Environnement apparaît comme un espace de négociations dans le cadre duquel un consensus peut être trouvé pour mettre en place progressivement une harmonisation canadienne de la protection de l'environnement.

1122. En matière de protection des eaux, le CCME se montre particulièrement actif. Un groupe de travail sur la qualité des eaux a été créé en son sein pour élaborer des mécanismes servant une politique nationale de protection des eaux. De même, l'exécution des activités dans le domaine de l'eau est coordonnée par deux comités : le Comité de gestion de l'eau et le Comité de coordination sur les effluents d'eaux usées municipales.[2496]

Chacun de ces comités est composé d'un représentant du ministère de l'Environnement, spécialisé dans les questions liées à l'eau, de chaque province ou territoire et du gouvernement fédéral.

1123. Le travail du Conseil en la matière s'inscrit véritablement dans une stratégie d'harmonisation de cette protection. Le groupe de travail sur la qualité des eaux est à l'origine de plusieurs documents participant à la mise

---

[2490] E.A. PARSON, « Les tendances en environnement : un défi pour la gestion publique canadienne », in PARSON E.A. (dir.), *Gérer l'Environnement – Défis constants, solutions incertaines*, Montréal, Presses Universitaires de Montréal, 2001, p 14.

[2491] *Ibid.*

[2492] P.W. HOGG, *Constitutional Law of Canada*, Scarborough (Ontario-Canada), Thomson Carswell, 2008, p 851.

[2493] *Ibid.*

[2494] Voy. notamment le site Internet du Conseil Canadien des Ministres de l'Environnement : http://www.ccme.ca/ourwork/ (page consultée le 7 juill. 2014) ; ainsi que l'Accord Pancanadien sur l'Harmonisation Environnementale disponible sur ce site.

[2495] Voy. *Ibid.*

[2496] *Ibid.*

en place d'une stratégie pancanadienne de la qualité des eaux. Un Cadre pancanadien pour la surveillance de la qualité des eaux a été adopté en juillet 2006.[2497] Il propose des outils d'évaluation de la qualité de l'eau. Élaboré par consensus entre les représentants de chaque province, territoire et fédéral, il établit une marche à suivre « uniforme » [2498] pour l'établissement d'une surveillance pancanadienne.

Par la suite, le groupe de travail sur l'eau a élaboré un Manuel des protocoles d'échantillonnage pour l'analyse de la qualité de l'eau au Canada,[2499] et une série de documents servant de base à une uniformisation des outils d'évaluation de la qualité des eaux.[2500]

1124. Plus globalement, le Conseil a adopté des Recommandations canadiennes pour la qualité de l'environnement, qui « établissent des objectifs de qualité pour les écosystèmes atmosphériques, aquatiques et terrestres, qui reposent sur des données scientifiques et sont reconnus à l'échelle nationale »[2501]. Dans le cadre de ces recommandations, ont été adoptés, par type de ressource environnementale, des Protocoles d'élaboration de recommandations.[2502]

1125. Le CCME supervise également la mise en œuvre de programmes nationaux. C'est le cas de la Stratégie pancanadienne pour la gestion des effluents d'eaux usées municipales, approuvée en février 2009 par les ministres de l'environnement provinciaux, territoriaux et fédéral.[2503] Cette stratégie « expose le contenu de l'entente conclue par les 14 ministres de l'Environnement au Canada afin que les propriétaires d'ouvrages d'assainissement disposent d'une réglementation claire en matière de gestion des effluents d'eaux usées municipales, dans un cadre harmonisé qui assure la protection de la santé humaine et de l'environnement »[2504].

1126. Ainsi, le Conseil constitue un espace de négociations qui semble productif et assure une marge d'appréciation aux provinces et aux territoires. Le principe fédératif se réaliserait en partie par cet espace politique parallèle au partage classique des compétences.

Néanmoins, si on s'intéresse à la portée juridique des actes de cette organisation, il apparaît que son importance est davantage politique, voire symbolique.

2497 Conseil Canadien des Ministres de l'Environnement, *Un cadre pancanadien pour la surveillance de la qualité de l'eau*, PN 1370, Juill. 2006, site Internet du CCME : http://www.ccme.ca/ourwork/(page consultée le 7 juill. 2014).

2498 *Ibid.*, p i.

2499 Conseil Canadien des Ministres de l'Environnement, *Manuel des protocoles d'échantillonnage pour l'analyse de la qualité de l'eau au Canada*, PN 1462, 2011, site Internet du CCME : http://www.ccme.ca/ourwork/water.fr.html (page consultée le 7 juill. 2014).

2500 Voy. le site Internet du Conseil Canadien des Ministres de l'Environnement, rubrique « Répertoire des publications » : http://www.ccme.ca/ourwork/ (page consultée le 7 juill. 2014).

2501 Voy. le site Internet du Conseil Canadien des Ministres de l'Environnement, *op. cit.*, rubrique « Répertoire des publications », onglet « RCQE ».

2502 Voy. notamment Conseil Canadien des Ministres de l'Environnement, *Protocoles d'élaboration des recommandations pour la qualité des eaux en vue de protéger les utilisations de l'eau à des fins agricoles (irrigation et abreuvement du bétail)*, 1999, 26 pages ; et Conseil Canadien des Ministres de l'Environnement, *Protocole d'élaboration des recommandations pour la qualité des eaux en vue de protéger la vie aquatique*, 2007, 39 pages.

2503 Conseil Canadien des Ministres de l'Environnement, *Stratégie pancanadienne pour la gestion des effluents d'eaux usées municipales*, févr. 2009, 23 pages.

2504 *Ibid.*, p ii. Nous soulignons.

2. La portée réelle du Conseil canadien des ministres de l'Environnement

1127. Jusqu'en 1992, cet espace de négociations fonctionnait bien. Puis les tensions politiques fédérales-provinciales sont devenues plus importantes, plus particulièrement en matière de lutte contre les changements climatiques et de biodiversité.[2505]

1128. Dès l'origine, le CCME est un organe consultatif[2506] dont les actes n'ont pas de portée contraignante. Dans ce cadre I. Weibust soulève que cette coopération entre les ordres de gouvernement ne permet pas d'adopter des véhicules juridiques viables pour la protection de l'environnement.[2507]

1129. *In concreto* cette portée relative est précisée dans les textes adoptés par le Conseil. Le Cadre pancanadien pour la surveillance de la qualité de l'eau « vise à guider les gouvernements dans l'élaboration et la mise en œuvre des programmes de surveillance [...] »[2508], il « recommande des orientations générales et uniformes à l'échelle nationale »[2509]. Également, le Manuel des protocoles d'échantillonnage pour l'analyse de la qualité de l'eau au Canada fournit des « lignes directrices en matière de surveillance de l'eau ». C'est dans ce cadre que peut se réaliser une « uniformité » dans cette surveillance « à l'échelle pancanadienne »[2510].

De plus, les Protocoles d'élaboration des recommandations sur l'eau, adoptés dans le cadre des Recommandations canadiennes pour la qualité de l'environnement, fournissent des cadres d'élaboration de « valeurs recommandées » pour la qualité de l'eau.[2511]

1130. Ainsi, les actes adoptés par le CCME n'ont aucune portée prescriptive, ce Conseil de possédant « aucune autorité législative »[2512]. Malgré son objectif « d'harmoniser la législation et les politiques, d'adopter des normes et des objectifs nationaux, ainsi que d'adopter des stratégies communes aux gouvernements fédéral et provinciaux »[2513], ses décisions n'ont aucune valeur contraignante.

Si cet espace permet « d'améliorer les liens entre les politiques et programmes nationaux et internationaux »[2514], ses décisions ne font pas

---

2505 E.A. PARSON, « Les tendances en environnement : un défi pour la gestion publique canadienne », in PARSON E.A. (dir.), *Gérer l'Environnement – Défis constants, solutions incertaines*, Montréal, Presses Universitaires de Montréal, 2001, p 14.

2506 *Ibid.*

2507 I. WEIBUST, *Green Leviathan : the case for a federal role in environmental policy*, Farnham, Surrey, England, 2009, pp 121 & s.

2508 Conseil Canadien des Ministres de l'Environnement, *Un cadre pancanadien pour la surveillance de la qualité de l'eau*, PN 1370, Juill. 2006, site Internet du CCME : http://www.ccme.ca/ourwork/(page consultée le 7 juill. 2014), p i. Nous soulignons.

2509 *Ibid.* Nous soulignons.

2510 Conseil Canadien des Ministres de l'Environnement, *Manuel des protocoles d'échantillonnage pour l'analyse de la qualité de l'eau au Canada*, PN 1462, 2011, site Internet du CCME : http://www.ccme.ca/ourwork/water.fr.html (page consultée le 7 juill. 2014).

2511 Conseil Canadien des Ministres de l'Environnement, *Protocole d'élaboration des recommandations pour la qualité des eaux en vue de protéger la vie aquatique*, 2007, p 2.

2512 Agence Universitaire de la Francophonie – Réseau « Droit de l'environnement », *La mise en œuvre nationale du droit international de l'environnement dans les pays francophones : Actes des Troisièmes Journées Scientifiques du Réseau Droit de l'environnement de l'Agence Universitaire de la Francophonie (Yaoundé – Cameroun)*, Presses Universitaires de Limoges, 2003, p 167.

2513 *Ibid.*

2514 *Ibid.*

autorité. D'autant plus que les négociations sont devenues très difficiles depuis 1992.[2515]

1131. Ainsi, la marge de manœuvre octroyée en principe aux provinces par le biais du CCME, apparaît en pratique très limitée quant à sa portée juridique. Au regard du principe d'équilibre et de la politique d'harmonisation fédérale, cette compensation ne fonctionne pas.

1132. Propos conclusifs. - Tant au Canada que dans l'Union, la première forme de compensation identifiée, les espaces de négociation, se révèle limitée dans ses effets juridiques. Le principe d'équilibre n'est donc ainsi pas respecté. Une seconde forme de compensation apparaît : la délégation administrative de la mise en œuvre des règles canadiennes et européennes. Elle apparaît tout aussi symbolique.

Paragraphe II. La délégation administrative de la protection de la qualité des eaux douces

1133. Une seconde compensation symbolique mérite que l'on s'y attarde, dans la mesure où elle laisse entrevoir l'ampleur du décalage entre l'harmonisation annoncée et la réalité. Tant au Canada (*B*-) que dans l'Union (*A*-) la délégation de la mise en œuvre du droit de la protection des eaux, aux provinces et aux États membres respectivement, apparaît comme une illusion d'optique au regard des principes fédératif et de subsidiarité.

A. La délégation de la mise en œuvre du droit européen de protection des eaux

1134. Selon N. de Sadeleer, l'exercice de la compétence environnementale par l'Union européenne va « dans le sens d'une harmonisation très lâche qui réserve une marge d'appréciation considérable aux entités étatiques »[2516]. L'objectif de cette harmonisation est clairement établi : il s'agit d'assurer une « liberté d'appréciation considérable » aux États membres.[2517] Néanmoins, un décalage apparaît : on passe d'une illusion de marge d'appréciation (*1*-) ; à une réalité juridique où cette marge est partielle (*2*-).

1. De l'illusion…

1135. L'Union se place dans une forme de continuité tout en opérant des mutations dans les instruments qu'elle utilise avec la directive et la directive-cadre.

1136. La directive est associée à une marge de manœuvre importante accordée aux États membres, et ainsi au principe de subsidiarité. Le Protocole n°30 annexé au Traité d'Amsterdam[2518] dispose que :

[2515] E.A. PARSON, « Les tendances en environnement : un défi pour la gestion publique canadienne », in PARSON E.A. (dir.), *Gérer l'Environnement – Défis constants, solutions incertaines*, Montréal, Presses Universitaires de Montréal, 2001, p 14.

[2516] N. SADELEER (de), « Particularités de la subsidiarité dans le domaine de l'environnement », *Droit et Société*, vol. 1, 80, 2012, p 89.

[2517] *Ibid.*, p 83.

[2518] Protocole n°30 sur l'application des principes de subsidiarité et de proportionnalité, JOUE C 340 du 10 Novembre 1997.

6. La forme de l'action communautaire est aussi simple que le permettent la réalisation adéquate de l'objectif de la mesure et la nécessité d'une exécution efficace. La Communauté ne légifère que dans la mesure nécessaire. Toutes choses égales par ailleurs, il convient de donner la préférence à des directives plutôt qu'à des règlements, et à des directives-cadres plutôt qu'à des mesures détaillées. Bien qu'elles lient tout État membre destinataire quant au résultat à atteindre, les directives visées à l'article 189 du traité laissent aux instances nationales le choix de la forme et des moyens.

7. En ce qui concerne la nature et la portée de l'action communautaire, les mesures de la Communauté doivent laisser une marge de décision aussi grande que possible au plan national, cette marge devant rester compatible avec la réalisation de l'objectif de la mesure et le respect des exigences du traité [...].[2519]

1137. Il apparaît à première vue que le choix des instruments utilisés pour réglementer la protection de l'environnement permet de réaliser pleinement le principe de subsidiarité.[2520]

Les institutions européennes conservent la directive comme instrument, puisqu'elle leur permet d'assurer une marge de manœuvre aux États membres. À titre d'exemple, la directive IPPC[2521] a été remplacée en 2010 par la Directive 2010/75/UE du 24 novembre 2010 relative aux émissions industrielles.[2522] Elle « fixe les principes généraux d'une politique de prévention et de réduction intégrée de la pollution »[2523]. La fixation des conditions de mise en œuvre de ces principes revient en principe aux autorités nationales.

1138. La Directive-cadre sur l'eau[2524] se situe également dans cette perspective : selon G. Massardier, elle « confirme que l'Union européenne est un espace de compromis réalisé après douze années de négociations »[2525]. L'objectif du « bon état écologique » à atteindre en 2015, selon l'auteur, « ne sera pas strictement défini, laissant libre cours à l'interprétation : faire flou et incertain pour contenter chacun des négociateurs »[2526]. Ainsi, comme « la DCE ne rechercherait pas la convergence pure et simple des normes et des pratiques »[2527], la marge nationale d'appréciation se trouve assurée.

[2519] *Ibid.*, points 6 & 7. Nous soulignons.

[2520] Notons que plusieurs règlements communautaires s'appliquant dans ce domaine ont également été édictés, mais leur fondement juridique est basé sur l'article 114 TFUE en matière de fonctionnement du marché intérieur.[2520] Ils concernent les produits à l'origine de la pollution et non la protection de l'environnement.[2520] Comme le souligne N. de Sadeleer, « la politique européenne des produits repose sur des normes uniformes destinées à faciliter leur libre circulation ». Voy. N. SADELEER (de), « Particularités de la subsidiarité dans le domaine de l'environnement », *Droit et Société*, vol. 1, 80, 2012, p 78.

[2521] Directive 2008/1/CE, du 15 janvier 2008, relative à la prévention et à la réduction intégrées de la pollution, JOUE 2008, L 24/8.

[2522] Directive 2010/75/UE du 24 novembre 2010 relative aux émissions industrielles, JOUE 2010, L 334/17.

[2523] N. SADELEER (de), *op. cit.*, p 82.

[2524] Directive 2000/60/CE du Parlement européen et du Conseil du 23 octobre 2000 établissant un cadre pour une politique communautaire dans le domaine de l'eau, JOUE L 327 du 22.12.2000, p. 1–73.

[2525] G. MASSARDIER, « Des Transferts de Politiques Publiques en Eaux Troubles Méditerranéennes. Les Arrangements Territorialisés de la Gestion de L'eau », *Pôle Sud*, vol. 2, 35, 2011, p 13.

[2526] *Ibid.*

[2527] *Ibid.*

1139. Ce principe a été réaffirmé à plusieurs reprises en matière environnementale par les juridictions communautaires. Chaque État membre dispose en principe d'une liberté d'action complète en ce qui concerne les moyens appropriés pour atteindre l'objectif fixé par une directive.[2528] La Cour a considéré que le respect de l'effet utile des obligations communautaires est une condition à l'exercice de cette liberté.[2529] Plus spécifiquement en matière de pollution des sols et des eaux, la Cour de justice a fait ressortir le pouvoir discrétionnaire de chaque État membre en matière d'épandage de nitrates.[2530] Ainsi, grâce à un instrument comme la directive, la marge d'appréciation de chaque État membre est en principe assurée.

1140. Concrètement, cette marge d'appréciation se réalise par la transposition en droit interne des dispositions de la directive, complétée par plusieurs instruments pour atteindre ce but.[2531]

1141. Ce dispositif est soutenu financièrement par l'Union, qui engage des fonds pour contribuer aux dépenses de la mise en œuvre des directives et directives-cadres. Mais si le budget de l'Union a augmenté, il ne représente que 1% de son Revenu intérieur brut.[2532] Selon G. Isaac et M. Blanquet, cela ne permet pas à l'Union de « jouer de son budget en tant qu'instrument d'intégration »[2533]. Dans ce contexte, aucune structure financière n'est spécifiquement allouée à la protection de l'environnement par le Titre XX du TFUE.[2534] Concrètement, cela signifie que le financement de ce domaine est majoritairement assuré par les États membres. Néanmoins, l'Union a instauré un programme spécifique : le programme LIFE+,[2535] destiné à soutenir financièrement les États membres. Le Règlement 614/2007/CE instaure des modalités de cofinancement de certains projets environnementaux, liés à la mise en œuvre par les États du droit de l'Union.[2536] Son fondement juridique

---

[2528] TPI, 7 nov. 2007, *Allemagne c. Commission*, Aff. T-374/04, *Rec.* 2007 p II-4431, point 78. Cité dans N. SADELEER (de), « Particularités de la subsidiarité dans le domaine de l'environnement », *Droit et Société*, vol. 1, 80, 2012, p 81.

[2529] CJCE, 8 sept. 2005, *Yonemoto*, Aff. C-40/04, *Rec.* 2005 p I-7755, point 58. Cité dans N. SADELEER (de), *op. cit.*, p 81.

[2530] CJCE, 29 avril 2004, *Standley*, Aff. C-293/97, *Rec.* 2004 p I-2603, point 37. Cité dans N. SADELEER (de), *op. cit.*, p 81.

[2531] Pour davantage de précisions sur les règles de transposition, voy. C. BLUMANN, L. DUBOUIS, *Droit institutionnel de l'Union européenne*, Paris, Litec, 2007, pp 455 & s.

[2532] Cette proportion est importante à souligner dans la mesure où ce rapport est davantage de 40 à 45 % dans les États membres. Voy. à ce sujet G. ISAAC, M. BLANQUET, *Droit général de l'Union européenne*, Paris, Sirey, 10ème Édition, 2012, p 229.

[2533] *Ibid.*

[2534] Traité sur le Fonctionnement de l'Union européenne, TFUE, JO n° C 83 du 30 mars 2010, Titre XX. Voy. également N. SADELEER (de), « Particularités de la subsidiarité dans le domaine de l'environnement », *Droit et Société*, vol. 1, 80, 2012, p 81.

[2535] Ce programme de financement a remplacé en 2007 le programme LIFE, le cadre financier pour l'environnement urbain, le programme de promotion des ONG environnementales et le projet Forest Focus. Voy. le Règlement (CE) n°614/2007 du Parlement européen et du Conseil, du 23 mai 2007, JOUE 2007, L 149/1 ; ainsi que la Décision n°1411/2001/CE du Parlement européen et du Conseil, du 27 juin 2001, concernant un cadre communautaire de coopération favorisant le développement durable en milieu urbain, JOCE 2001, L191/1 ; et la Décision n°466/2002/CE du Parlement européen et du Conseil, du 1er mars 2002, établissant un programme d'action communautaire pour la promotion des organisations non gouvernementales actives principalement dans le domaine de la protection de l'environnement, JOCE 2002, L 75/1.

[2536] Règlement (CE) n°614/2007 du Parlement européen et du Conseil, *op. cit.*, art. 5.

appartient au titre consacré à l'environnement dans le TFUE, l'article 192.[2537] Le programme LIFE+, à l'instar du programme LIFE a permis à l'Union de participer au financement de certains projets environnementaux spécifiques.[2538]

1142. Ainsi, les mécanismes de protection des eaux mis en place au niveau européen permettent en principe d'assurer une marge de manœuvre nationale, propre à l'harmonisation et dans le respect du principe de subsidiarité. Mais la pratique révèle d'importantes nuances.

2. …à la réalité juridique

1143. Selon le principe officiel, la « législation communautaire ne peut que contribuer à la réalisation d'objectifs lorsqu'elle est transposée dans le droit interne »[2539]. M. Blanquet et G. Isaac ont soulevé à ce sujet que la liberté des États membres quant aux moyens à mettre en œuvre apparaît « relative » car elle dépend beaucoup du but à atteindre, fixé par la directive.[2540] Or, selon les auteurs les directives européennes sont de plus en plus précises. C'est ce qui peut être observé en matière de protection des eaux, ce que N. Hervé-Fournereau a établi.

1144. L'auteure a analysé la jurisprudence de la Cour de justice en matière de protection des eaux pour la décennie 2000-2010. Il apparaît que les directives portant sur la protection des eaux, et particulièrement la Directive-cadre de 2000,[2541] sont particulièrement techniques, ce qui implique deux types de conséquences.[2542]

1145. En premier lieu, en termes de coûts : l'application des directives de protection des eaux « se chiffre en milliards d'euros »[2543]. Des « retards importants en ce qui concerne les investissements nationaux (avec ou sans cofinancement européen) » sont soulevés.[2544]

[2537] Traité sur le Fonctionnement de l'Union européenne, *op. cit.*, art. 192.

[2538] Pour des exemples significatifs de projets français financés en partie par ce programme, voy. Ministère de l'Écologie, du Développement et de l'Aménagement Durables, *Le Programme Européen LIFE Environnement – Bilan de son application en France*, oct. 2007, 149 pages.

[2539] Commission des Communautés Européennes, *Communication de la Commission au Conseil et au Parlement européen - La politique communautaire dans le domaine de l'eau,* 21 févr. 1996, COM (96) 59 final, p 16.

[2540] G. ISAAC, M. BLANQUET, *Droit général de l'Union européenne*, Paris, Sirey, 10ème Édition, 2012, p 310.

[2541] Directive 2000/60/CE du Parlement européen et du Conseil du 23 octobre 2000 établissant un cadre pour une politique communautaire dans le domaine de l'eau, JOUE L 327 du 22.12.2000, p. 1–73.

[2542] N. HERVÉ-FOURNEREAU, « La Cour de Justice de l'Union européenne et la qualité de l'eau : reflets jurisprudentiels des paradoxes de la politique de l'eau de l'Union », *Les Cahiers de Droit – Traditions et transformations de droit de l'eau*, vol. 51, 3-4, Université Laval (Québec-Canada), septembre-décembre 2010, pp 956 & s.

[2543] Plus précisément, 130 milliards d'euros de coût prévisionnel pour la mise en œuvre de la directive 91/271/CEE, pour 14 États membres, selon la Commission européenne. Voy. Commission des Communautés Européennes, *Rapport de la Commission – Mise en œuvre de la directive 91/272/CEE du Conseil du 21 mai 1991 relative au traitement des eaux urbaines résiduaires, modifiée par la directive 98/15/CE de la Commission du 27 févr. 1998 – Synthèse des dispositions mises en vigueur par les États membres et évaluation des informations reçues en application des articles 17 et 13 de la directive*, 15 janv. 1999, COM (98) 775 final, p 29. Cité dans N. HERVÉ-FOURNEREAU, *op. cit.*, p 957, note 36.

[2544] N. HERVÉ-FOURNEREAU, *op. cit.*, p 957.

1146. En second lieu, cette technicité entraîne un contentieux important devant la Cour de justice européenne, qui condamne presque systématiquement les États membres dans le cadre de recours en manquement.[2545] N. Hervé-Fournereau soulève dans ce cadre une « invasion des données et des controverses technico-scientifiques dans le prétoire de la Cour de justice »[2546].

1147. Se sont alors développées des « stratégies d'anticipation et de prévention des différends »[2547]. L'objectif des autorités publiques est de « prévenir [...] les risques de contentieux »[2548]. Ainsi, la Commission a décidé de « renforcer l'accompagnement et l'assistance technique des États membres dans le processus de transposition et de mise en œuvre des directives environnementales »[2549].

1148. En 2010, selon l'auteure, « 24 documents d'orientation » avaient été édictés par la Commission européenne pour l'application de la Directive-cadre sur l'eau.[2550] Ces textes n'ont pas de valeur obligatoire.[2551] Néanmoins, N. Hervé-Fournereau précise que « ces textes pourront être pris en considération par le juge pour l'éclairer dans sa mission d'interprétation des dispositions des textes, objet du différend présenté devant lui »[2552]. Dans un contexte dans lequel le contentieux est très important et où la Cour de justice a davantage tendance à condamner les États membres pour manquement, impliquant des amendes journalières importantes, la conformité des transpositions à ces textes est indispensable.

1149. Ainsi, la marge d'appréciation nationale apparaît entamée dans ce cadre, car la délégation administrative de la mise en œuvre des

---

[2545] N. HERVÉ-FOURNEREAU, « La Cour de Justice de l'Union européenne et la qualité de l'eau : reflets jurisprudentiels des paradoxes de la politique de l'eau de l'Union », *Les Cahiers de Droit – Traditions et transformations de droit de l'eau*, vol. 51, 3-4, Université Laval (Québec-Canada), septembre-décembre 2010, p 967.

[2546] *Ibid.*

[2547] *Ibid,* p 973.

[2548] *Ibid.*

[2549] Commission des Communautés Européennes, *Communication de la Commission au Parlement européen, au Conseil, au Comité économique et social européen et au Comité des régions relative à l'application du droit communautaire de l'environnement,* 18 nov. 2008, COM (2008) 773 final, pp 4 & s. ; citée dans N. HERVÉ-FOURNEREAU, *op. cit.*, p 973.

[2550] Voy. notamment European Commission, *Common Implementation Strategy for the Water Framework Directive (2000/60/EC) – Guidance Document No. 1 – Economics and the Environment – The Implementation Challenge of the Water Framework Directive*, By Working Grous 2.6 – WATECO, Luxembourg, OPOCE, 2003 ; European Commission, *Common Implementation Strategy for the Water Framework Directive (2000/60/EC) – Guidance Document No.4 – Identification and Designation of Heavily Modified and Artificial Water Bodies*, by Working Group 2.2 – HMWB, Luxembourg, OPOCE, 2003 ; European Commission, *Common Implementation Strategy for the Water Framework Directive (2000/60/EC) – Guidance Document No.8 – Public Participation in Relation to the Water Framework Directive*, by Working Group 2.9 – Public Participation, Luxembourg, OPOCE, 2003 ; European Commission, *Common Implementation Strategy for the Water Framework Directive (2000/60/EC) – Guidance Document No.20 – Guidance Document on Exemptions to the Environmental Objectives*, Technical Report 2000/027, Luxembourg, OPOCE, 2009 ; Documents disponibles sur le site Internet du Centre de ressources de communication et d'information pour les administrations, les entreprises et les citoyens (CIRCABC) : https://circabc.europa.eu/ (page consultée le 5 févr. 2014) ; cités dans N. HERVÉ-FOURNEREAU, *op. cit.*, p 974, note 108.

[2551] N. HERVÉ-FOURNEREAU, *op. cit.*, p 974.

[2552] *Ibid.*, p 974, note 109.

directives est particulièrement encadrée au niveau européen. Ce phénomène est amplifié par la technicité plus importante encore de la Directive-cadre sur l'eau.[2553] Le Canada connaît un phénomène similaire : si l'intention est d'octroyer aux provinces une marge d'appréciation, la pratique révèle que cette liberté est quelque peu entamée.

B. Une marge d'appréciation provinciale partiellement opérante

1150. La délégation administrative se réalise au Canada par le biais des accords conclus entre les ordres de gouvernement fédéral et provinciaux. En théorie, ces ententes permettent aux provinces de bénéficier d'une marge de manœuvre (*1*-). Néanmoins, cette marge est quelque peu restreinte politiquement et juridiquement (*2*-).

1. La marge de manœuvre allouée aux provinces par les partenariats

1151. Les années 1980-1990 apparaissent comme une période de multiplication de ces partenariats. Le principe est de poser un cadre national, qui fixe les objectifs généraux et de laisser aux provinces le soin de la mise en œuvre. L'idée générale se rapproche de celle des directives européennes, mais la comparaison s'arrête là : la mise en œuvre des objectifs nationaux canadiens est assurée par une multitude d'accords multilatéraux et bilatéraux entre l'ordre de gouvernement fédéral et les provinces.[2554]

1152. Les réglementations fédérales adoptées durant cette période et par la suite suivent une logique similaire : il s'agit de lois d'habilitation, posant les grands principes d'un cadre national de protection des eaux et de l'environnement. Elles permettent au gouvernement fédéral de financer en partie des plans d'action, montés en partenariats avec les provinces et qu'elles sont chargées de mettre en œuvre.[2555]

1153. La protection des eaux est un domaine qui a particulièrement fait l'objet de telles ententes.[2556] Déjà, la *Loi sur les ressources en eau du Canada*[2557] fait figure de prémisse en la matière : son préambule reconnaît explicitement la nécessité d'une collaboration entre les ministres fédéral et

---

[2553] N. HERVÉ-FOURNEREAU, « La Cour de Justice de l'Union européenne et la qualité de l'eau : reflets jurisprudentiels des paradoxes de la politique de l'eau de l'Union », *Les Cahiers de Droit – Traditions et transformations de droit de l'eau*, vol. 51, 3-4, Université Laval (Québec-Canada), septembre-décembre 2010, p 973.

[2554] Ce mécanisme est, selon A.R. Lucas, une expression du fédéralisme coopératif. Or, le fédéralisme coopératif semble concerner le partage des compétences législatives et non une délégation dans l'application des lois. Voy. à ce sujet A.R. LUCAS, R. COTTON, J.A. ABOUCHAR, C.L. CLAIRMAN, T. CROSSMAN, M. DOELLE, J. DONIHEE, P.R. GRANDA, E.L. HUGHES, R. MANSELL (Contributors), *Halsbury's Laws of Canada – Environment*, LexisNexis Quicklaw, 2006, p 7 ; ainsi que E. BROUILLET, « Le fédéralisme et la Cour suprême du Canada : quelques réflexions sur le principe d'exclusivité des pouvoirs », *Revue Québécoise de Droit Constitutionnel*, 3, 2010, pp 1-22.

[2555] D. KELEMEN, *The rules of federalism : institutions and regulatory politics in the EU and beyond*, Cambridge, Harvard University Press, 2004, pp 121 à 123 ; M. KRASNICK (dir.), *Le partage des pouvoirs : études de cas*, Commission royale sur l'Union économique et les perspectives de développement du Canada, Ottawa, Centre d'édition du gouvernement du Canada, 1986, pp 104 & s.

[2556] M. KRASNICK (dir.), *op. cit.*, pp 104 & s.

[2557] *Loi sur les ressources en eau du Canada* (L.R.C. (1985), ch. C-11).

provinciaux.[2558] De même, les articles 4 et suivants habilitent le gouvernement fédéral à conclure des accords pour lutter contre la pollution des eaux.[2559] L'article 4 dispose :

> En vue de faciliter l'élaboration d'une politique en ce qui concerne les ressources en eau du Canada et d'assurer leur utilisation optimale [...], le ministre peut, [...] conclure un arrangement avec un ou plusieurs gouvernements provinciaux en vue d'établir, à l'échelle nationale, provinciale, régionale ou hydrographique, des comités intergouvernementaux ou autres organismes [...].[2560]

L'article 5 dispose également que « [...] le ministre peut, [...] relativement à n'importe quelles eaux, lorsque la gestion des ressources en eau y afférentes est une question d'intérêt national importante, conclure avec un ou plusieurs gouvernements provinciaux [...] des accords relatifs à des programmes [...] »[2561]. De plus, la loi précise le contenu de ces ententes, « y compris le partage des responsabilités et coûts »[2562].

1154. Ainsi, l'Entente sur le bassin du Mackenzie, ou celle sur le bassin du Yukon a pu être négociée. Cette loi a donc permis une forme de délégation de mise en œuvre de la réglementation fédérale[2563] par des ententes en partie financées par l'ordre de gouvernement fédéral. M. Krasnick précise que ces ententes permettent une grande marge de manœuvre aux provinces dans ce cadre.[2564]

1155. Le Plan vert, adopté en 1990, suit cette logique pour la mise en œuvre du principe de développement durable au Canada. Des accords fédéraux-provinciaux devaient bénéficier d'un financement fédéral d'un milliard de dollars canadiens pour la mise en application des principes de protection de l'environnement au niveau national, basés sur le développement durable.[2565]

2558 *Ibid.*, Préambule. Voy. à ce sujet M. KRASNICK (dir.), *op. cit.*, p 105.

2559 Voy. *Loi sur les ressources en eau du Canada* (L.R.C. (1985), ch. C-11), *op. cit.*, art. 4 & 5.

2560 *Ibid.*, art. 4.

2561 *Ibid.*, art. 5.

2562 M. KRASNICK (dir.), *Le partage des pouvoirs : études de cas*, Commission royale sur l'Union économique et les perspectives de développement du Canada, Ottawa, Centre d'édition du gouvernement du Canada, 1986, p 105. Notamment, l'article 5 a) à f), précise que ces programmes peuvent être relatifs à « a) l'établissement et la mise à jour d'un inventaire des eaux ; [...] b) la collecte, le traitement et la fourniture des données sur la qualité, la quantité, la répartition et l'utilisation de ces eaux [...] ; c) des recherches liées à tout aspect concernant ces eaux [...] ; d) la formulation de plans de gestion intégrale des ressources en eau [...] ; e) la préparation de projets pour la conservation, la mise en valeur et l'utilisation efficace de ces eaux ; f) la mise en œuvre des plans ou projets visés aux alinéas d) et e)[...] » voy. *Loi sur les ressources en eau du Canada*, *op. cit.*, art. 5.

2563 D. KELEMEN, *The rules of federalism : institutions and regulatory politics in the EU and beyond*, Cambridge, Harvard University Press, 2004, pp 121 à 123.

2564 M. KRASNICK (dir.), *op. cit.*, pp 104 & s.

2565 Notons que les financements prévus pour le Plan Vert ont finalement été réorientés dans d'autres domaines au bout de cinq années d'existence. Environnement Canada, *Le Plan vert du Canada : le Plan vert du Canada pour un environnement sain*, Ottawa, Ministre des Approvisionnements et Services Canada, 1990, 173 pages ; R.J.P. GALE, « Canada's Green Plan », in *Nationale Umweltpläne in ausgewählten Industrieländern*, Springer-Verlan Berlin, 1997, pp 107 & s. ; E.A. PARSON, « Les tendances en environnement : un défi pour la gestion publique canadienne », in PARSON E.A. (dir.), *Gérer l'Environnement – Défis constants, solutions incertaines*, Montréal, Presses Universitaires de Montréal, 2001, p 13 ; I. WEIBUST, *Green Leviathan : the case for a federal role in environmental policy*, Farnham, Surrey, England, 2009, p 142.

1156. C'est également sur cette logique que ce sont basé les différents Plans d'Action pour le Saint-Laurent :[2566] une entente entre le gouvernement du Québec et le gouvernement fédéral pour la protection du fleuve Saint-Laurent. Concrètement, un financement conjoint est alloué à différents projets de protection ou de restauration de la ressource.[2567]

1157. Notons que les auteurs anglophones canadiens font particulièrement ressortir le caractère dé-centralisateur de ce dispositif :[2568] il permet une promotion fédérale de la politique environnementale des provinces,[2569] qui se serait transformée en retrait du fédéral en leur faveur.[2570]

Selon ces auteurs, en matière environnementale, les premiers accords ont été signés en 1975.[2571] Par la suite, l'ordre de gouvernement fédéral aurait initié dès les années 1980 un mouvement de retrait dans la mise en œuvre de ses réglementations.[2572] Dans un troisième temps à la fin des années 1980, l'initiative d'harmonisation nationale de l'environnement apparaît plus nettement avec notamment la *Loi canadienne sur la protection de l'environnement.* [2573]

2. Un pouvoir d'appréciation très encadré

1158. La marge de manœuvre des provinces semble ici entamée par deux types de phénomènes.

1159. En premier lieu, si certains auteurs font valoir que la délégation administrative est importante au profit des provinces en matière de droit de l'environnement,[2574] la réalité est plus nuancée.

En matière de protection des eaux, les lois d'habilitation comme la *Loi canadienne sur la protection de l'environnement*[2575] ou la *Loi sur les ressources en eau du Canada*[2576] sont complétées par plusieurs règlements

---

[2566] Voy. notamment Bureau de coordination de Saint Laurent – Vision 2000, *Rapport Quinquennal (1993-1998)*, Bibliothèque Nationale du Canada, 1998, 43 pages ; Bureau de coordination de Saint Laurent – Vision 2000, *Rapport Quinquennal (1998-2003)*, Bibliothèque Nationale du Canada, 2003, 56 pages.

[2567] Notamment l'Entente Canada-Québec sur le Saint Laurent (2011-2026), 9 janv. 2012. L'article 10 de cet accord prévoit que « Les parties reconnaissent qu'aucune relation de mandat-mandataire, d'employeur-employé […] n'est constituée en vertu de la présente entente ». Plusieurs enjeux prioritaires pour la conservation et la mise en valeur du Saint Laurent sont établis. Des projets répondant à ces enjeux seront financés conjointement par Environnement Canada et le gouvernement du Québec. L'objectif de cette entente est de pérenniser les mécanismes mis en place pour le fonctionnement de la gestion intégrée des ressources en eau.

[2568] Voy. notamment I. WEIBUST, *Green Leviathan : the case for a federal role in environmental policy*, Farnham, Surrey, England, 2009, pp 142 & s. ; et D. KELEMEN, *The rules of federalism : institutions and regulatory politics in the EU and beyond,* Cambridge, Harvard University Press, 2004, pp 121 & s.

[2569] I. WEIBUST, *op. cit.*, p 142.

[2570] *Ibid.*

[2571] *Ibid.* Voy. également D. KELEMEN, *op. cit.*, pp 121 & s.

[2572] I. WEIBUST, *op. cit.*, p 143.

[2573] *Loi canadienne sur la protection de l'environnement* (L.R. (1985), ch.16) ; (L.R. (1999), ch. 33).

[2574] I. WEIBUST, *op. cit.*, pp 142 & s. ; K.M. HOLLAND, F.L. MORTON, B. GALLIGAN, *Federalism and the Environment: Environmental Policymaking in Australia, Canada and the United States*, Westport (États-Unis), Greenwood Publishing Group, 1996, pp 50-51.

[2575] *Loi canadienne sur la protection de l'environnement* (L.R. (1985), ch.16) ; (L.R. (1999), ch. 33).

[2576] *Loi sur les ressources en eau du Canada* (L.R.C. (1985), ch. C-11).

fédéraux.[2577] En effet, 62 règlements ont été édictés en vertu de la *Loi canadienne sur la protection de l'environnement.*[2578] Au regard de la protection de la qualité des eaux douces, 67 règlements sont en vigueur.[2579]

D'un point de vue qualitatif, il apparaît que ces règlements, à l'instar des textes de soutien à la mise en œuvre des directives européennes, sont d'une technicité importante. Le *Règlement sur les additifs antimousses et les copeaux de bois utilisés dans les fabriques de pâtes et papiers* du 7 mai 1992[2580] est un exemple significatif de cette tendance. En vertu de la *Loi canadienne sur la protection de l'environnement,* ce règlement interdit précisément l'utilisation d'un « additif antimousse dans une fabrique qui emploie un procédé de blanchiment au chlore »[2581]. Le *Règlement sur la concentration en phosphore dans certains produits de nettoyage*[2582] est un second exemple caractéristique de cette technicité.[2583]

1160. Ainsi, non seulement l'ordre de gouvernement fédéral précise les conditions de mise en œuvre de ces lois-cadres de façon quantitativement importante, mais la technicité et la précision de ces règlements ne laisse que peu de doute. Le processus d'harmonisation, permettant une marge d'appréciation aux provinces est entamé par cette pratique.

1161. En second lieu, les conditions dans lesquelles les ententes, favorisant la mise en œuvre de ces lois fédérales par les provinces, semblent aller à l'encontre du principe de non-subordination.[2584] Le gouvernement fédéral cofinance ces ententes, ce qui est une expression de son pouvoir de dépenser.

1162. Le partage des compétences législatives opéré par la Constitution canadienne apparaît, dans sa version d'origine, d'une rigidité certaine.[2585] C'est dans ce cadre qu'intervient le pouvoir de dépenser : il permet de contourner cette rigidité en habilitant l'ordre de gouvernement fédéral à mettre sur pied différents programmes. Ces partenariats impliquent souvent un partage des coûts entre les ordres de gouvernement.[2586] Selon R. Tassé, il s'agit de « la compétence qui habilite l'autorité centrale à verser de l'argent à des individus, organismes et gouvernements dans des secteurs qui ne sont pas nécessairement de compétence fédérale »[2587].

1163. La compétence relative à la protection des eaux se situe bien dans ce cadre. Comme le souligne E.A. Parson, l'objectif premier de cette démarche

---

[2577] Voy. à ce sujet *supra* §263 & s.

[2578] Dont une vingtaine concerne directement la protection des eaux douces. Voy. à ce sujet le site Internet du Ministère fédéral de la justice, rubrique « règlements » : http://laws-lois.justice.gc.ca/fra/ (page consultée le 7 juill. 2014).

[2579] Voy. à ce sujet le site Internet du Ministère fédéral de la justice, rubrique « règlements » : http://laws-lois.justice.gc.ca/fra/ (page consultée le 7 juill. 2014).

[2580] *Règlement sur les additifs antimousse et les copeaux de bois utilisés dans les fabriques de pâtes et papiers* (DORS/92-268).

[2581] *Ibid*, art. 4 (1).

[2582] *Règlement sur la concentration en phosphore dans certains produits de nettoyage* (DORS/89-501).

[2583] Voy. *Ibid*, art. 4 & s.

[2584] Pour davantage de précisions sur le principe de non subordination, voy. *supra* §128 & s.

[2585] R. TASSÉ, « Remarques introductives », in G.-A. BEAUDOIN *et al.*, *Le fédéralisme de demain : réformes essentielles/Federalism for the Future : Essential Reforms*, Montréal, Wilson & Lafleur, 1998, p 7.

[2586] *Ibid.*

[2587] *Ibid.*, p 17.

fédérale est d'inciter les provinces à agir, dans un domaine qui ne relève pas de sa compétence exclusive.[2588]

Un ordre de gouvernement peut dépenser ses fonds dans une matière qui ne relève pas de sa compétence, tant qu'il ne légifère pas.[2589] Le gouvernement fédéral peut contribuer à des programmes provinciaux, tout en assortissant ce financement de conditions liées à ces programmes.[2590] Mais il existe des limites à cette conditionnalité : à partir d'un certain seuil, les conditions imposées peuvent changer le caractère véritable d'une législation et ainsi la rendre invalide.[2591]

1164. Dans les programmes cofinancés, comme ceux en matière de protection des eaux, le principe de non-subordination peut ne pas être respecté : les provinces peuvent être obligées de modifier leurs priorités budgétaires. Dans le cas contraire, l'ordre de gouvernement fédéral risque de se retirer unilatéralement du programme qu'il cofinance, et les provinces endossent la responsabilité politique du programme.[2592]

1165. Le pouvoir d'appréciation attribué aux provinces dans ce cadre est en principe assuré par un cofinancement des ententes, de la part de l'ordre de gouvernement provincial et de l'ordre fédéral. Ainsi, ils sont mis sur un pied d'égalité, le financement fédéral n'étant qu'un soutien matériel à une politique élaborée conjointement avec le gouvernement provincial. Néanmoins, l'appréciation des provinces apparaît limitée, à tout le moins politiquement, en raison des conséquences d'un financement fédéral.

La *Loi sur les ressources en eau du Canada*[2593] contient de nombreuses précisions sur le contenu des accords fédéraux-provinciaux,[2594] et la *Loi canadienne sur la protection de l'environnement*[2595] est complétée d'une annexe établissant la liste des substances toxiques à interdire.[2596]

1166. L'ordre de gouvernement fédéral a pu mettre en place différents partenariats avec les provinces, notamment dans le domaine de la protection des eaux. L'objectif est de fournir un cadre national, pour une action précisée

---

[2588] L'ordre de gouvernement fédéral ne possède pas de compétence exclusive dans le domaine de la protection des eaux, puisqu'il s'agit d'un agrégat de matières. De plus, selon certains auteurs à l'instar d'E.A. Parson, l'ordre de gouvernement fédéral aurait évité d'utiliser les pouvoirs qu'il possède dans des champs pouvant relever de la compétence des provinces. Voy. à ce sujet R. TASSÉ, *op. cit.*, p 17 ; ainsi que E.A. PARSON, « Les tendances en environnement : un défi pour la gestion publique canadienne », in PARSON E.A. (dir.), *Gérer l'Environnement – Défis constants, solutions incertaines*, Montréal, Presses Universitaires de Montréal, 2001, p 14.

[2589] H. BRUN, G. TREMBLAY, E. BROUILLET, *Droit constitutionnel*, Cowansville, Yvon Blais, 2008, pp 427 & s.

[2590] *Canada Mortgage and Housing Corp.* c. *Iness*, (2004) 236 D.L.R. (4th) 241 (C.A. Ont.) permission d'appel refusée ; *Winterhaven Stables Ltd.* c. *A.-G. Canada*, (1986) 71 A.R. 1 (B.R.), (1988) 53 D.L.R. (4th) 413 (C.A. Alta), permission d'appeler refusée ; *Central Mortgage and Housing Corp.* c. *Co-operative College Residences Inc.*, (1975) 71 D.L.R. (3[d]) 183 (C.A. Ont.), 199-201. Voy. à ce sujet H. BRUN, G. TREMBLAY, E. BROUILLET, *op. cit.*, p 429.

[2591] *Canada Mortgage and Housing Corp.* c. *Iness*, (2004) 236 D.L.R. (4th) 241 (C.A. Ont.) permission d'appel refusée ; *Winterhaven Stables Ltd.* c. *A.-G. Canada*, (1986) 71 A.R. 1 (B.R.), (1988) 53 D.L.R. (4th) 413 (C.A. Alta), permission d'appeler refusée ; voy. H. BRUN, G. TREMBLAY, E. BROUILLET, *Droit constitutionnel*, Cowansville, Yvon Blais, 2008, p 429.

[2592] H. BRUN, G. TREMBLAY, E. BROUILLET, *op. cit.*, p 431.

[2593] *Loi sur les ressources en eau du Canada* (L.R.C. (1985), ch. C-11).

[2594] *Ibid.*, art. 8.

[2595] *Loi canadienne sur la protection de l'environnement* (L.R. (1985), ch.16) ; (L.R. (1999), ch. 33).

[2596] *Ibid.*, Annexe 1.

par des ententes, dans le cadre desquelles les provinces et l'ordre de gouvernement fédéral négocient et partagent les coûts. Ce dispositif est censé fournir aux provinces une marge d'appréciation significative, de façon à constituer une véritable harmonisation du domaine, tout en évitant une unification pure et simple. Mais la pratique révèle une réalité juridique et politique bien plus complexe, dans laquelle les provinces ne bénéficient pas d'une telle marge d'appréciation.

Cela apparaît également dans l'Union européenne, où le processus d'harmonisation de la protection des eaux n'est pas pleinement opérant, la marge de manœuvre des États se révélant limitée.

1167. Propos conclusifs. - L'harmonisation de la protection des eaux annoncée tant au Canada que dans l'Union, subit des irrégularités quant à la marge d'appréciation des provinces et des États. Il s'agit pourtant de l'élément clé du principe de l'harmonisation car cette marge permettrait d'assurer le respect des principes fédératif et de subsidiarité. Cette mutation va à l'encontre du principe de dé-centralisation pourtant préconisé par les tenants du Nouveau Management Public, ainsi que du principe de non-subordination. Le principe d'équilibre ne semble donc pas pleinement réalisé par le biais de cette harmonisation, dans le domaine de la protection de l'environnement.

CONCLUSION DU CHAPITRE PREMIER

1168. Au nom de l'efficacité de la protection de la qualité des eaux douces, les ordres de gouvernement fédéral et communautaire ont annoncé dans les années 1980 et 1990 qu'une intervention à grande échelle était nécessaire pour protéger la qualité de l'eau. Il s'agit en premier lieu d'une ressource sans cesse en mouvement, traversant en permanence les frontières. Des actions ciblées au niveau local ne suffisent donc pas. En second lieu, le principe de développement durable, conciliant plusieurs valeurs quant à la protection de l'environnement, a été adopté par la communauté internationale durant cette période. Il constitue également un argument de poids tant au Canada qu'en Europe. Pour ces deux raisons, une approche globale doit être adoptée afin d'assurer une protection optimale des ressources en eau.

Cela implique une intervention plus active de la part des ordres de gouvernement fédéral et européen, et remettrait ainsi en cause l'équilibre entre autonomie et interdépendance dans ce domaine. Les ordres fédéral et communautaire se sont donc employés à mettre en place des compensations à l'attention des provinces et des États membres. Tout d'abord du point de vue des instruments juridiques : tant au Canada qu'en Europe il s'agissait d'adopter des textes aménageant une marge de manœuvre aux provinces et aux États. Ensuite en mettant en place des cadres propices aux partenariats entre les ordres de gouvernement : les accords environnementaux en Europe et les cadres politiques de négociation au Canada. Quand on s'approche de ces modes de compensation, on s'aperçoit que leur portée juridique ne permet pas d'assurer une véritable compensation sur le terrain du partage des compétences. Les instruments juridiques choisis sont encadrés par des textes fédéraux et communautaires très précis et techniques, tandis que les cadres proposés pour favoriser les partenariats ne leur offrent pas de garanties juridiques. Les compensations annoncées apparaissent *in fine* symboliques et ne remplissent pas leur rôle quant au principe d'équilibre.

1169. À côté de ces tentatives d'harmonisation officielles, et si on analyse plus profondément le partage des compétences de la protection des eaux au Canada et en Europe, un phénomène s'opère en parallèle : une centralisation des compétences par le truchement des règles de partage des compétences.

CHAPITRE SECOND

Une centralisation significative des compétences

« Aujourd'hui, les fédérations offrent des interactions multiples et variées entre les différents niveaux de gouvernement qui les composent. L'édifice à étages n'existe plus et est remplacé par des murs externes qui le délimitent et dont l'intérieur est transformable à souhait »[2597].

1170. Au regard de la littérature existante, très peu d'auteurs se sont intéressés au processus global de centralisation des compétences au Canada et en Europe dans une perspective normative. Certains d'entre eux ont proposé des grilles d'analyse [2598] établissant une centralisation des compétences, mais cela ne permet pas une compréhension complète de la combinaison des facteurs ayant un impact sur ce processus. W. Riker a en effet proposé une des premières grilles d'analyse permettant de prouver un processus de centralisation des compétences, se basant sur une classification des compétences au regard de leur degré de centralisation.[2599] Certes, cela établit une centralisation des compétences, mais la force probante de son analyse apparaît insatisfaisante : au même titre qu'E. Orban,[2600] on peut reprocher à cette grille son manque d'objectivité et de nuance. De même, cela ne nous permet pas d'expliciter le processus de centralisation. L'analyse proposée par E. Brouillet permet de fournir une réflexion plus approfondie sur la centralisation des compétences, puisque l'auteure établit les critères qui favorisent la centralisation au Canada.[2601]

1171. Néanmoins, la combinaison des facteurs jouant sur la dynamique de centralisation de la compétence de protection de la qualité des eaux douces nécessite une recherche plus ciblée, à l'aide de preuves matérielles issues de la jurisprudence, de la législation et du discours politique.

[2597] J.T. HOTTINGER, « Le Fédéralisme à la fin du XXème siècle », *Revue Internationale de Politique Comparée*, vol. 10, 1, 2003, p 7.

[2598] E. BROUILLET, *La négation de la nation : l'identité culturelle québécoise et le fédéralisme canadien*, Ste-Foy (Québec-Canada), Septentrion, 2005, 478 pages ; W. RIKER, *Federalism, origin, operation, significance*, Boston, Little Brown, 1964, 169 pages.

[2599] W. RIKER, *op. cit.*, pp 81-84.

[2600] E. ORBAN, *La dynamique de centralisation dans l'État fédéral : un processus irréversible?*, Éditions Québec/Amérique, 1984, pp 198-199.

[2601] E. BROUILLET, *op. cit.*

Si les études dissociées de l'impact de certains facteurs jouant sur la centralisation sont nombreuses, l'analyse du processus juridique global conduisant à une centralisation des compétences dans le domaine de la protection de la qualité des eaux douces est très peu représentée dans la doctrine juridique. C'est dans les domaines de la science politique et de l'analyse économique qu'on trouve la doctrine la plus développée sur le sujet.[2602]

1172. Notons également que la littérature canadienne anglophone présente un postulat de départ bien différent de celui présenté dans cette recherche. Selon certains auteurs, l'ordre juridique canadien ne serait pas suffisamment centralisé pour assurer une protection efficace de l'environnement.[2603] Or, comme nous l'avons vu, les outils octroyant une marge de manœuvre aux provinces se révèlent ineffectifs.[2604]

1173. Tant au Canada que dans l'Union, un processus juridique diffus met en place une tendance à la centralisation des compétences, en faveur des ordres de gouvernement centraux. Le domaine de la protection des eaux douces est particulièrement représentatif de cette tendance :[2605] un domaine dont la compétence est un agrégat de plusieurs matières, et dont l'équilibre du partage est assuré au Canada par le respect du principe fédératif, et en Europe par le respect du principe de subsidiarité.[2606]

1174. Si l'on met en perspective les règles de partage des compétences à l'intérieur de chaque ordre juridique, deux phénomènes apparaissent et constituent ensemble un mécanisme similaire de centralisation des compétences : une application parcellaire des principes fédératif et de subsidiarité les rend inopérants (*Section I*) ; ce qui est complété par un recours aux compétences exclusives de chaque entité centrale (*Section II*).

Notons que ce phénomène est amplifié par l'action des groupes d'intérêts : ils donnent aux institutions européennes et canadiennes davantage d'opportunités de se saisir de la question.

Section I. L'application parcellaire des principes directeurs de l'équilibre dans la protection de la qualité des eaux douces

Section II. Le recours aux compétences exclusives de l'entité centrale : une atteinte au principe de non-centralisation

---

[2602] En sciences politiques, E. Orban a établi un processus de centralisation des compétences au Canada. Il propose une grille d'analyse qui permet de réunir plusieurs éléments prouvant ce processus globalement. M. Faure propose une analyse économique du principe de subsidiarité en droit de l'environnement dans l'Union européenne. En utilisant des outils d'analyse issus de la science économique, l'auteur établit qu'une centralisation des compétences a lieu en la matière. Il expose également les arguments économiques en faveur et à l'encontre de ce processus. Voy. respectivement E. ORBAN, *La dynamique de centralisation dans l'État fédéral : un processus irréversible?*, Éditions Québec/Amérique, 1984, 526 pages ; et M. FAURE, *L'analyse économique du droit de l'environnement*, Maastricht, Bruxelles, Metro Institute for Transnational Legal Research, Bruylant, 2007, 362 pages.

[2603] I. WEIBUST, *Green Leviathan : the case for a federal role in environmental policy*, Farnham, Surrey, England, 2009, pp 136-137.

[2604] Voy. *supra* §1114 & s.

[2605] L'Académie Internationale de Droit Comparé a notamment pris l'exemple du droit de l'environnement et du droit agraire pour illustrer le phénomène de convergence des systèmes juridiques. Voy. à ce sujet Académie Internationale de Droit comparé, *La Convergence des systèmes juridiques au 21ème siècle*, Rapports généraux du XVIème Congrès International de droit comparé - Brisbane 2002, Bruxelles, Bruylant, 2006, 1582 pages.

[2606] Pour un développement complet à ce sujet, voy. *supra* §376 & s. & §526 & s.

SECTION I. L'APPLICATION PARCELLAIRE DES PRINCIPES DIRECTEURS DE L'ÉQUILIBRE DANS LA PROTECTION DE LA QUALITÉ DES EAUX DOUCES

1175. Le principe fédératif et le principe de subsidiarité ont été identifiés comme les clés de voûte du dispositif d'équilibre des compétences respectivement au Canada et dans l'Union.[2607] Ils assurent en théorie un équilibre dans la répartition des compétences qui s'opère en matière de protection des eaux.

Si on se place d'un point de vue dynamique, la réalité apparaît différente : ces principes sont très partiellement appliqués dans le processus de décision (*paragraphe I*) ; ainsi que lors du contrôle de la Cour de justice et de la Cour suprême (*paragraphe II*)[2608].

Paragraphe I. Dans le processus de décision
Paragraphe II. Lors du contrôle par le juge suprême

Paragraphe I. Dans le processus de décision

1176. Selon G.-A. Beaudoin, le principe de subsidiarité ne devrait pas être introduit au Canada, car il favorise les compétences du pouvoir central.[2609] D.J. Edwards a établi à ce sujet que le principe de subsidiarité ne permet pas de limiter l'extension des pouvoirs de l'Union européenne par rapport aux États membres.[2610]

1177. Pourtant, l'effet du principe de subsidiarité est censé être celui d'une protection de l'équilibre dans le partage vertical des compétences. La question centrale qui se pose en Europe et au Canada est celle de la production d'effets *in concreto* du principe de subsidiarité et de son corollaire au Canada : le principe fédératif.[2611]

Il s'agit ainsi de faire ressortir dans quelle mesure les principes fédératif et de subsidiarité sont pris en compte dans le processus de décision aux niveaux fédéral et communautaire. De cette analyse ressortent les différences

---

[2607] Voy. à ce sujet *supra* §376 & s.

[2608] Notons qu'en raison des influences différentes des traditions romano-germanique et de *common law* sur les ordres juridiques canadien et européen, les développements de cette section sont proportionnels aux particularités de chaque ordre juridique. Ainsi, il est plus aisé d'identifier la présence du principe de subsidiarité dans les textes préparatoires au droit européen, que celle du principe fédératif dans la prise de décision fédérale. Cela s'explique par la place accordée aux documents écrits et à leur diffusion dans l'Union européenne, ce qui est nettement moins le cas au Canada. L'identification de l'utilisation du principe fédératif sera plus étoffée dans les éléments jurisprudentiels, en raison de l'empreinte de la *common law* dans le droit canadien. Voy. à ce sujet R. DAVID, *Traité élémentaire de droit civil comparé : Introduction à l'étude des droits étrangers et à la méthode comparative*, Paris, L.G.D.J., 1950, 555 pages ; R. DAVID, *Les grands systèmes de droit contemporains*, Paris, Dalloz, 1964, 553 pages ; K. ZWEIGERT, H. KOTZ, *An Introduction to Comparative Law*, Oxford University Press, 1998, 714 pages.

[2609] G.-A. BEAUDOIN *et al.*, *Le fédéralisme de demain : réformes essentielles/Federalism for the Future : Essential Reforms*, Montréal, Wilson & Lafleur, 1998, p 31. Notons que la Cour suprême du Canada a envisagé l'application du principe de subsidiarité au Canada, mais il ne s'agit pas, dans le contenu, du même principe. Voy. *supra* §376 & s.

[2610] D.J. EDWARDS, « Fearing Federalism's Failure: Subsidiarity in the European Union », *The American Journal of Comparative Law*, vol. 44, 4, 1996, p 542.

[2611] Au sujet de l'analogie de la fonction de ces deux principes, voy. *supra* §433 & s.

fondamentales entre l'ordre juridique communautaire et canadien, en termes de tradition juridique.

Si la documentation juridique de préparation des textes européens est abondante, elle est moins développée au Canada. Cette différence provient de l'influence de la famille de droit romano-germanique sur l'Union européenne, et de celle de la *common law* sur l'ordre juridique canadien.[2612] Ainsi, mesurer la prise en compte du principe fédératif dans le processus de décision se révèle moins aisé que la mesure de la présence du principe de subsidiarité dans les textes préparatoires européens. Quelques faisceaux d'indices peuvent néanmoins être soulevés : tandis que les actes préparatoires européens révèlent largement un traitement léger de la question de la subsidiarité (*A*-) ; le droit canadien fait ressortir une approche plus politique de la question (*B*-).

Dans les deux cas, les principes fédératif et de subsidiarité semblent être écartés au profit de deux objectifs prioritaires : la protection de l'environnement et de l'économie. L'action des groupes d'intérêts n'est pas étrangère à ce phénomène.

A. Un traitement léger de la question de la subsidiarité dans la prise de décision européenne

1178. Comme le souligne L. Guilloud, « dès 1995, Ana Palacio Vallelersundi (décrit) [...] dans un rapport adressé à la commission juridique du Parlement européen » les interrogations qui entourent l'application du principe de subsidiarité par les institutions européennes. Elle affirme être « incapable (de) tirer une conclusion sur 'l'application du principe de subsidiarité' qui [...] constitue le mandat confié en l'occurrence, au moins formellement, à la Commission »[2613].

1179. Quand on analyse les documents préparatoires aux directives européennes, cette tendance apparaît en effet : la garantie du respect du principe de subsidiarité par les institutions communautaires est quelque peu mise de côté.[2614] C'est d'autant plus vrai en matière de protection de l'environnement.[2615]

1180. La procédure législative européenne est influencée par deux éléments principaux. D'un point de vue juridique tout d'abord, l'ordre juridique européen étant imprégné des éléments de la tradition romano-germanique sur ce point. En second lieu, d'un point de vue politique : la prise

---

[2612] Voy. à ce sujet notamment R. DAVID, *Traité élémentaire de droit civil comparé : Introduction à l'étude des droits étrangers et à la méthode comparative*, Paris, L.G.D.J., 1950, 555 pages ; R. DAVID, *Les grands systèmes de droit contemporains*, Paris, Dalloz, 1964, 553 pages ; K. ZWEIGERT, H. KOTZ, *An Introduction to Comparative Law*, Oxford University Press, 1998, 714 pages.

[2613] L. GUILLOUD, « Le principe de subsidiarité en droit communautaire et en droit constitutionnel », *Petites Affiches*, 79, 19 avril 2007, p 57.

[2614] Ch. MALÈNE (de la), *L'application du principe de subsidiarité*, Délégation du Sénat pour l'Union européenne, Rapport 46, 1996 / 1997, pp 40-48 ; J-M. FAVRET, *Droit et pratique de l'Union européenne,* Paris, Gualino, Lextenso Éditions, 6ème Édition, 2009, pp 201 & s. ; J.-Ph. DEROSIER, « La dialectique centralisation/décentralisation – Recherches sur le caractère dynamique du principe de subsidiarité », *R.I.D.C.*, 1, 2007, p 129 ; L. GUILLOUD, *op. cit.*, pp 56 & s.

[2615] *Mieux légiférer 2002*, Rapport de la Commission au Conseil européen, COM (2003) 770 final, p 8 ; I. WEIBUST, *Green Leviathan : the case for a federal role in environmental policy*, Farnham, Surrey, England, 2009, p 176.

en compte du principe de subsidiarité au stade prélégislatif résulte largement des négociations menées par les États membres lors de l'adoption du traité de Maastricht[2616] et celles du traité d'Amsterdam.[2617][2618]

1181. Il résulte de ces deux éléments deux types de conséquences : les institutions européennes doivent produire un certain nombre de justifications à l'égard du principe de subsidiarité dans leurs textes préparatoires, mais cette exigence varie dans le temps. Si le traité de Maastricht a initié cette prise en compte, c'est le traité d'Amsterdam qui a juridiquement inauguré des exigences de ce type à l'égard des institutions européennes.[2619] Ainsi, notre analyse commence à l'égard de procédures législatives en cours ou ayant débuté après l'entrée en vigueur du traité d'Amsterdam, le 1er mai 1999. Notons qu'au regard des textes adoptés avant cette date, l'exigence de prise en compte du principe de subsidiarité était politique et non juridique.

1182. Comme nous l'avons établi,[2620] deux périodes peuvent être dissociées au regard de la prise en compte du principe de subsidiarité par les institutions européennes : avant le traité de Lisbonne, et après son entrée en vigueur le 1er décembre 2009. Les exigences des deux protocoles en la matière diffèrent de façon significative. Mais une tendance générale peut être mise en exergue : quel que soit le niveau d'exigence, les institutions européennes évitent soigneusement la question du principe de subsidiarité dans la phase prélégislative. Cela ressort particulièrement en matière de protection des eaux dans les textes préparatoires de la Directive-cadre de l'an 2000,[2621] mais aussi dans les textes préparatoires des directives-filles. La question du principe de subsidiarité semble être remplacée par une approche économique, centrée sur le fonctionnement du marché intérieur et le principe d'efficacité de la protection de l'environnement.

1183. La protection des eaux dans l'ordre juridique européen est assurée par une multitude de directives européennes, dont l'une est la clé de voûte du dispositif de gestion intégrée des ressources en eau : la Directive-cadre sur l'eau de l'an 2000. L'analyse de la prise en compte du principe de subsidiarité lors de l'adoption de ces textes doit être scindée en deux parties, selon que la proposition de directive par la Commission est intervenue avant (*1-*) ou après l'entrée en vigueur du traité d'Amsterdam et ainsi du Protocole sur les principes de subsidiarité et de proportionnalité (*2-*).[2622] Cette distinction est importante dans la mesure où la force contraignante des prescriptions du Protocole annexé au traité d'Amsterdam revêt une portée incertaine au début

---

2616 Traité de l'Union européenne, JOCE C 191 du 29 juillet 1992, dit « Traité de Maastricht ».

2617 Traité d'Amsterdam modifiant le Traité sur l'Union européenne, les traités instituant les Communautés européennes et certains actes associés, JOUE C 340 du 10 Novembre 1997, dit « Traité d'Amsterdam ».

2618 Voy. *supra* §460 & s.

2619 Voy. *supra* §461 & s.

2620 Voy. *supra* §461 & s.

2621 Directive 2000/60/CE du Parlement européen et du Conseil du 23 octobre 2000 établissant un cadre pour une politique communautaire dans le domaine de l'eau, JOUE L 327 du 22.12.2000, p. 1–73.

2622 Protocole n°30 sur l'application des principes de subsidiarité et de proportionnalité, JOUE C 340 du 10 Novembre 1997. Rappelons que tout protocole additionnel à un traité revêt la même valeur juridique que celui-ci. Voy. à ce sujet C. BLUMANN, L. DUBOUIS, *Droit institutionnel de l'Union européenne,* Paris, Litec, 3ème Édition, 2007, p 426.

de la procédure si elle a été entamée avant son entrée en vigueur, alors qu'il ne subsiste plus aucune incertitude si la procédure a commencé après son entrée en vigueur.[2623] Enfin, la situation du principe de subsidiarité sera abordée à la suite de l'entrée en vigueur du traité de Lisbonne, dont le Protocole additionnel [2624] a diminué la portée des exigences liant les institutions européennes (*3*-).

1. Une proposition initiale de la Commission intervenue avant l'entrée en vigueur du traité d'Amsterdam : la Directive-cadre sur l'eau

1184. La procédure prélégislative ayant abouti à l'adoption de la Directive-cadre de 2000 a été particulièrement longue, en raison de l'ampleur des enjeux qu'elle implique. La proposition de la Commission[2625] est intervenue en février 1997. Dans ce texte, il est bien fait mention du principe de subsidiarité, mais pas avec l'importance qu'il devrait susciter. Il apparaît à trois reprises dans le document.

1185. Dans l'exposé des motifs, la Commission affirme que « l'application du principe de subsidiarité n'a pas les mêmes conséquences suivant l'objectif considéré »[2626]. En deuxième lieu, la Commission procède à une balance entre deux objectifs fondamentaux : le principe de subsidiarité et la protection de l'environnement. Il est établi que la Communauté et les États membres agissent « dans les limites de leurs compétences respectives » [2627] , pour protéger les ressources en eau, « en tenant compte notamment des problèmes de nature transfrontière »[2628]. En troisième lieu, la Commission expose les raisons de la nécessité de l'action communautaire dans ce domaine, au regard du principe de subsidiarité. Cet exposé est rédigé en deux phrases, le reste de l'argumentaire étant une présentation des modalités de cette action. La Commission affirme la nécessité de réaliser la protection des eaux au niveau communautaire, sans apporter de justification à cette affirmation. La Commission affirme que « (t)out cela ne peut être réalisé qu'au niveau communautaire », et que « [...] dans ce cadre, afin de tenir compte de la diversité des situations dans les États membres, les décisions seront prises au niveau le plus proche possible du lieu d'utilisation ou de dégradation de l'eau [...] »[2629]. Aucun argument supplémentaire n'apparaît au sujet de la nécessité d'action au niveau de l'Union dans ce document.

1186. Si l'avis du Comité économique et social[2630] sur cette proposition ne comporte aucune allusion au principe de subsidiarité, celui du Comité

2623 Cette analyse est menée par rapport à l'entrée en vigueur du traité d'Amsterdam car la majorité des directives de protection des eaux en vigueur ont été élaborées et adoptées sous sa juridiction.

2624 Protocole n°2 sur l'application des principes de subsidiarité et de proportionnalité, JOUE C 83/206 du 30 mars 2010.

2625 Commission des Communautés Européennes, *Proposition de Directive du Conseil instituant un cadre pour l'action communautaire dans le domaine de l'eau*, COM (97) 49 final.

2626 *Ibid.*, p 6.

2627 *Ibid.*, p 11.

2628 *Ibid.*, p 11.

2629 *Ibid.*, p 77.

2630 Avis du Comité économique et social sur la « Proposition de directive du Conseil instituant un cadre pour l'action communautaire dans le domaine de l'eau », JOCE 1997, C 355/16.

des régions aborde la question.[2631] **Mais cela apparaît également de façon sporadique.** Le Comité rappelle que les objectifs de la directive sont définis « dans l'esprit du principe de subsidiarité inscrit dans le Traité »[2632]. À ce titre, il se réalise dans l'organisation de l'administration des districts hydrographiques, « conformément aux traditions nationales »[2633]. Le Comité précise « (qu')il sera tenu compte du principe de subsidiarité pour ce qui concerne la gestion et laisse aux États membres une grande liberté pour organiser et administrer leurs activités dans le domaine de l'eau à l'échelon local et régional »[2634].

1187. Ainsi, il apparaît que les institutions communautaires se focalisent davantage sur les modalités concrètes de réalisation d'une marge de manœuvre destinée aux États membres, en se détournant de l'étape de la justification de l'action au niveau communautaire, pourtant essentielle dans un domaine de compétences partagées.

1188. Cette démarche se confirme dans les propositions des autres directives de protection des eaux. Pour l'adoption de la directive sur l'eau potable,[2635] les deux documents préparatoires ne font que citer la nécessité du respect du principe de subsidiarité sans la justifier.[2636]

Si l'importance de quelque justification au regard du principe de subsidiarité est forte lors du dépôt de ces propositions de directive, la Commission n'est pas juridiquement contrainte de mener un argumentaire à ce sujet, puisque le traité d'Amsterdam et son Protocole sur les principes de subsidiarité et de proportionnalité ne sont pas encore entrés en vigueur. La prise en compte des considérations de cette nature est à cette époque davantage politique. C'est dès le 1er mai 1999 que la prise en compte du principe de subsidiarité revêt un caractère prescriptif, et que l'analyse juridique prend toute sa portée.

2. L'entrée en vigueur du traité d'Amsterdam : une portée prescriptive du principe de subsidiarité

1189. La proposition de directive-cadre sur l'eau a connu des modifications, et a fait l'objet d'une nouvelle proposition de la part de la Commission datant du 17 juin 1999.[2637] Alors que le Protocole sur le

---

[2631] Avis du Comité des régions sur la « Proposition, présentée par la Commission, de directive du Conseil instituant un cadre pour l'action communautaire dans le domaine de l'eau », JOCE 1998, C 180/7.

[2632] *Ibid*, p 2, point 4.1.

[2633] *Ibid*, p 2, point 6.2.

[2634] *Ibid*, p 2, point 6.2.

[2635] Directive 98/83/CE du Parlement et du Conseil, du 3 novembre 1998, relative à la qualité des eaux destinées à la consommation humaine, JOUE 1998, L 330/32.

[2636] Commission des Communautés Européennes, *Proposition de Directive du Conseil relative à la qualité des eaux destinées à la consommation humaine*, COM (94) 612 final, considérant 3 ; Commission des Communautés Européennes, *Proposition modifiée de Directive du Conseil relative à la qualité des eaux destinées à la consommation humaine*, COM (97) 228 final, considérant 2.

[2637] Commission des Communautés Européennes, *Proposition modifiée de directive du Parlement européen et du Conseil instituant un cadre pour l'action communautaire dans le domaine de l'eau*, COM(99) 0271 final.

principe de subsidiarité[2638] est entré en vigueur, la proposition modifiée de directive n'a pas été complétée des justifications nécessaires à l'égard d'une nécessité de l'action communautaire. Le terme de « subsidiarité » apparaît à une reprise : la Commission précise que les structures administratives nécessaires à la mise en place du dispositif de protection des eaux « doivent être laissées au libre choix des États membres, conformément au principe de subsidiarité »[2639]. La question de la nécessité d'une action de l'Union semble ainsi être réglée implicitement par l'importance de la protection des ressources en eau. La subsidiarité est en réalité traitée pour organiser les modalités de cette action.

1190. Une analyse du discours politique sur la proposition de directive-cadre adoptée en l'an 2000 apparaît intéressante dans cette perspective pour saisir l'appréhension qui est faite du principe de subsidiarité dans le cadre de la protection de l'environnement. Les débats au Parlement européen offrent des indications sporadiques, mais révélatrices de l'état d'esprit des institutions européennes.

1191. Il ressort de ces débats que la protection des eaux et le principe de subsidiarité ne seraient pas complémentaires, mais en opposition. Le député Deroo évoque cette opposition en affirmant au sujet des négociations menées pour l'adoption de la directive-cadre : « […] il semblait encore que la politique communautaire de l'eau allait être sacrifiée sur l'autel de la subsidiarité […] »[2640]. Cela révèle un certain état d'esprit selon lequel le respect du principe de subsidiarité serait un frein régulier à l'adoption de normes de protection des ressources en eau. De même, le principe de subsidiarité est évoqué lors de ces débats dans la même perspective que les propositions de la Commission. Son respect est réalisé par la nature de l'instrument utilisé : une directive-cadre, qui permet d'établir « des normes réalisables, basées sur le principe de subsidiarité »[2641].

1192. Les autres propositions de directive offrent également un terrain d'analyse intéressant sur ce point. Dans l'exposé des motifs de beaucoup des propositions de directive de protection des eaux, la priorité est donnée à la protection de la ressource.[2642]

1193. La première proposition de directive-cadre sur l'eau fait clairement ressortir cette tendance. Le principal objectif de cette directive est la protection de l'environnement : la nécessité de sauvegarde des ressources en eau est largement développée.[2643] La Commission le souligne : « la protection de l'environnement est une question particulièrement sensible qui mérite une attention particulière »[2644]. La centralité de l'objectif de sauvegarde de l'environnement ressort de la même manière dans la seconde proposition de la

[2638] Protocole n°30 sur l'application des principes de subsidiarité et de proportionnalité, JOUE C 340 du 10 Novembre 1997.
[2639] Commission des Communautés Européennes, *op. cit.*, p 6.
[2640] Parlement Européen, *Politique communautaire dans le domaine de l'eau*, Débats du 15 févr. 2000, député Deroo.
[2641] *Ibid.*, député Bowis.
[2642] Voy. *supra* §1028 & s.
[2643] Commission des Communautés Européennes, *Proposition de Directive du Conseil instituant un cadre pour l'action communautaire dans le domaine de l'eau*, COM (97) 49 final, pp 2-6.
[2644] *Ibid.*, p 6.

Commission.[2645] La priorité est donnée aux questions techniques sur la façon dont la pollution va être envisagée, par le biais des substances dangereuses notamment. [2646] Il est ainsi question d'approche combinée, de listes de substances dangereuses, et non de la nécessité de l'action au niveau communautaire.

1194. Le même type de raisonnement est appliqué dans la proposition de directive relative aux eaux conchylicoles : l'intervention au niveau communautaire est justifiée par la nécessité de protection et d'amélioration de l'environnement. [2647] De même, l'exposé des motifs apparaissant dans la proposition de directive relative aux eaux de baignade est basé essentiellement sur des considérations écologiques.[2648] Ces éléments sont techniques : des graphiques et des tableaux établissent notamment des corrélations entre la mauvaise qualité de l'eau et le développement de certaines maladies. La même tendance ressort de l'analyse du préambule de la directive sur les eaux souterraines : le principe de subsidiarité n'apparaît pas et l'objectif premier est de protéger les ressources en eau.[2649]

1195. Ainsi, très peu d'éléments permettent d'affirmer que les institutions de l'Union ont véritablement justifié l'action européenne en matière de protection des eaux pour adopter la directive-cadre de l'an 2000. Certaines directives adoptées plus récemment permettent pour certaines de nuancer cette affirmation, même si les justifications apportées par la Commission ne remplissent pas les conditions posées dans le Protocole annexé au traité d'Amsterdam.

1196. L'exemple de la proposition de la Commission ayant mené à la Directive sur les normes de qualité pour les eaux de surface[2650] est particulièrement significatif. La Commission procède à une justification plus précise au regard du principe de subsidiarité. Mais en analysant de plus près l'argumentation formulée, il apparaît que la Commission fait des affirmations et n'argumente pas à ce sujet.

En premier lieu, il est établi dans cette proposition que ses objectifs ne peuvent pas être réalisés de manière suffisante par les États membres, sans davantage de précisions.[2651] En deuxième lieu, la Commission établit qu'une

---

[2645] Commission des Communautés Européennes, *Proposition modifiée de directive du Parlement européen et du Conseil instituant un cadre pour l'action communautaire dans le domaine de l'eau*, COM(99) 0271 final, pp 2 & s.

[2646] *Ibid.*, pp 3 & s.

[2647] Commission des Communautés Européennes, *Proposition de directive du Parlement européen et du Conseil relative à la qualité requise des eaux conchylicoles*, COM (2006) 205 final, considérant 2 du texte proposé.

[2648] Commission des Communautés Européennes, *Proposition de directive du Parlement européen et du Conseil concernant la qualité des eaux de baignade*, COM (2002) 581 final, pp 3 à 12.

[2649] Directive 2006/118/CE du Parlement européen et du Conseil, du 12 décembre 2006, sur la protection des eaux souterraines contre la pollution et la détérioration, JOUE 2006, L 372/19.

[2650] Commission des Communautés Européennes, *Proposition de directive du Parlement européen et du Conseil établissant des normes de qualité environnementale dans le domaine de l'eau et modifiant le directive 2000/60/CE*, COM (2006) 398 final ; ayant mené à l'adoption de la Directive 2008/105/CE du Parlement et du Conseil, du 16 décembre 2008, établissant des normes de qualité environnementale dans le domaine de l'eau, modifiant et abrogeant les directives du Conseil 82/176/CEE, 83/513/CEE, 84/156/CEE, 84/491/CEE, 86/280/CEE et modifiant la directive 2000/60/CE, JOUE 2008, L 348 /84.

[2651] Commission des Communautés Européennes, *op. cit.*, p 6.

telle directive permet de limiter les contraintes administratives pour les États membres, et rappelle l'aspect transfrontière de la ressource en eau. L'argumentaire est peu développé au regard de l'importance de l'analyse : quatre paragraphes y sont consacrés.[2652] De plus, le critère de la valeur ajoutée d'une action communautaire n'apparaît pas. Enfin, dans le préambule du premier exemplaire de la directive proposée,[2653] les deux dimensions du principe de subsidiarité apparaissent : l'insuffisance de l'action des États membres et la valeur ajoutée de l'action communautaire ont été établies. Mais aucune précision n'est apportée à ce sujet.[2654]

1197. Ce même procédé apparaît dans la proposition de directive en matière de qualité des eaux de baignade : dans l'exposé des motifs, un paragraphe est consacré à la subsidiarité. La Commission soulève que la directive va assurer le partage des responsabilités entre l'Union et les États membres et leurs régions. Mais aucun des deux critères permettant de vérifier que le principe de subsidiarité est respecté[2655] n'apparaît dans cette partie.[2656] C'est dans le considérant 15 du texte de directive proposée que la Commission établit que les deux critères du principe de subsidiarité sont remplis. Aucune justification supplémentaire ne vient étayer ce considérant.[2657]

1198. Dans les diverses propositions de directive sur la protection des eaux, on voit une autre substitution s'opérer : il est peu question du principe de subsidiarité, mais est invoqué l'impact de ces mesures sur le fonctionnement du marché intérieur.

1199. La proposition ayant mené à l'adoption de la Directive sur les normes de qualité pour les eaux de surface[2658] est un exemple significatif de cette tendance. La Commission met en avant dans l'exposé des motifs qu'une action des États membres ne garantit pas des conditions équitables de concurrence.[2659] La proposition de la directive sur la qualité des eaux de baignade consacre également une partie importante de l'exposé des motifs à l'incidence économique et financière des règles de protection de ces eaux.[2660]

[2652] Commission des Communautés Européennes, *Proposition de directive du Parlement européen et du Conseil établissant des normes de qualité environnementale dans le domaine de l'eau et modifiant le directive 2000/60/CE*, COM (2006) 398 final, *op. cit.*, pp 6-7.

[2653] *Ibid.*, p 15.

[2654] *Ibid.*

[2655] Le critère de l'insuffisance de l'action des États membres et celui de la valeur ajoutée de l'action au niveau de l'Union. Voy. Protocole n°30 sur l'application des principes de subsidiarité et de proportionnalité, JOUE C 340 du 10 Novembre 1997.

[2656] Commission des Communautés Européennes, *Proposition de directive du Parlement européen et du Conseil concernant la qualité des eaux de baignade*, COM (2002) 581 final, p 14.

[2657] *Ibid*, p 21.

[2658] Commission des Communautés Européennes, *Proposition de directive du Parlement européen et du Conseil établissant des normes de qualité environnementale dans le domaine de l'eau et modifiant le directive 2000/60/CE*, COM (2006) 398 final ; ayant mené à l'adoption de la Directive 2008/105/CE du Parlement et du Conseil, du 16 décembre 2008, établissant des normes de qualité environnementale dans le domaine de l'eau, modifiant et abrogeant les directives du Conseil 82/176/CEE, 83/513/CEE, 84/156/CEE, 84/491/CEE, 86/280/CEE et modifiant la directive 2000/60/CE, JOUE 2008, L 348 /84.

[2659] *Ibid.*, p 6.

[2660] Ces arguments sont davantage développés en comparaison avec les enjeux liés à la subsidiarité : trois pages y sont consacré, contre un paragraphe pour le principe de subsidiarité. Commission des Communautés Européennes, *Proposition de directive du Parlement européen et du Conseil concernant la qualité des eaux de baignade*, COM (2002) 581 final, pp 15-18.

La proposition de directive sur la protection des eaux conchylicoles emploie la même argumentation : si le terme « subsidiarité » n'apparaît nulle part dans le texte, la nécessité d'assurer des conditions équitables de concurrence entre les États membres est affirmée.[2661]

1200. Cela rejoint l'opinion formulée par M. Faure au sujet du regard porté par la Commission européenne sur la protection de l'environnement. Il s'agit d'une appréhension empruntée aux sciences économiques, qui rend centrales les considérations économiques.[2662] En effet, selon l'auteur, la Commission fonde souvent les directives qu'elle propose sur deux aspects liés à une vision économique : l'aspect transfrontalier des questions environnementales, et la nécessité d'assurer des conditions équitables de concurrence aux acteurs du marché européen.[2663] Cela peut se justifier, comme le souligne M. Faure, par le fait qu'historiquement la Communauté européenne devait trouver des fondements juridiques à son action écologique, alors qu'aucun article des traités n'y était consacré.[2664]

Néanmoins, malgré l'introduction d'une base juridique en matière environnementale, on peut remarquer que l'argument des conditions de concurrence demeure.

3. La situation depuis l'entrée en vigueur du traité de Lisbonne

1201. Le traité de Lisbonne a introduit des nouveautés au sujet du principe de subsidiarité. Rappelons que le nouveau protocole sur l'application du principe de subsidiarité allège les exigences de justification pesant sur les institutions communautaires.[2665] Il précise ces exigences en ces termes :

> Les projets d'actes législatifs sont motivés au regard des principes de subsidiarité et de proportionnalité. Tout projet d'acte législatif devrait comporter une fiche contenant des éléments circonstanciés permettant d'apprécier le respect des principes de subsidiarité et de proportionnalité. Cette fiche devrait comporter des éléments permettant d'évaluer son impact financier et, lorsqu'il s'agit d'une directive, ses implications sur la réglementation à mettre en œuvre par les États membres, y compris, le cas échéant, la législation régionale. Les raisons permettant de conclure qu'un objectif de l'Union peut être mieux atteint au niveau de celle-ci s'appuient sur des indicateurs qualitatifs et, chaque fois que c'est possible, quantitatifs.
>
> Les projets d'actes législatifs tiennent compte de la nécessité de faire en sorte que toute charge, financière ou administrative, incombant à l'Union, aux gouvernements nationaux, aux autorités régionales ou locales, aux opérateurs économiques et aux citoyens soit la moins élevée possible et à la mesure de l'objectif à atteindre.[2666]

[2661] Commission des Communautés Européennes, *Proposition de directive du Parlement européen et du Conseil relative à la qualité requise des eaux conchylicoles*, COM (2006) 205 final, p 5, considérant 5.

[2662] M. FAURE, *L'analyse économique du droit de l'environnement*, Maastricht, Bruxelles, Metro Institute for Transnational Legal Research, Bruylant, 2007, pp 266-267.

[2663] *Ibid.*

[2664] *Ibid.*

[2665] Protocole n°2 sur l'application des principes de subsidiarité et de proportionnalité, JOUE C 83/206 du 30 mars 2010.

[2666] *Ibid.*, art. 5. Nous soulignons.

1202. Pour chaque proposition de directive relative à la protection des eaux, une fiche de justification au regard du principe de subsidiarité devrait donc apparaître. Les Rapports « Mieux légiférer » publiés en 2011 et 2012 n'apportent pas davantage de précisions.[2667]

1203. On peut trouver ces éléments de justification dans les analyses d'impact des propositions de directive. L'analyse menée en 2011 pour une modification de la Directive-cadre de l'an 2000 apporte des éléments qui donnent une idée de la prise en compte du principe de subsidiarité par la Commission à la suite de l'entrée en vigueur du traité de Lisbonne.[2668] L'intervention communautaire est justifiée au regard du principe de subsidiarité en un paragraphe. Les arguments présentés se résument à celui de l'aspect transfrontalier de la pollution des eaux dans l'Union européenne.[2669]

1204. Le traité de Lisbonne a également confirmé la place des parlements nationaux dans la vérification du respect du principe de subsidiarité par les institutions européennes.[2670] Deux problèmes apparaissent à ce sujet. En premier lieu, la Commission a fait ressortir la nécessité de clarifier la définition du principe de subsidiarité : les avis des parlements nationaux n'appréhenderaient pas le principe de la même manière. En 2006, la question de l'aspect nébuleux des contours du principe n'était pas réglée.[2671] En second lieu, il apparaît que l'avis des parlements nationaux à ce sujet a des difficultés à se faire entendre : le seuil du tiers est difficile à atteindre en pratique.[2672]

1205. Ainsi, le respect du principe de subsidiarité dans la phase prélégislative semble être un sujet peu traité par les institutions européennes, malgré l'importance de ce principe pour l'équilibre du partage des compétences. Les arguments davantage mis en avant sont d'ordre économique et centrés sur l'efficacité de la protection de la ressource.

1206. La justification de l'intervention au niveau fédéral au Canada suit cette tendance, même si au regard des sources disponibles, une analyse juridique apparaît plus difficile qu'en Europe.

[2667] *Mieux légiférer 2010*, Rapport de la Commission au Conseil européen, COM (2011) 344 final, p 4 ; *Mieux légiférer 2011*, Rapport de la Commission au Conseil européen, COM (2012) 373 final, pp 3-4. Voy. *supra* §468 & 469.

[2668] Commission des Communautés Européennes, *Document de travail des services de la Commission – Résumé de l'analyse d'impact accompagnant le document de proposition de directive du Parlement européen et du Conseil modifiant les directives 2000/60/CE et 2000/105/CE en ce qui concerne les substances prioritaires pour la politique dans le domaine de l'eau*, SEC (2011) 1546 final.

[2669] *Ibid.*, p 3.

[2670] Voy. *supra* §471 & s.

[2671] *Mieux légiférer 2006*, Rapport de la Commission au Conseil européen, COM (2006) 289 final, p 9.

[2672] *Mieux légiférer 2010*, Rapport de la Commission au Conseil européen, COM (2011) 344 final, p 9 ; *Mieux légiférer 2011*, Rapport de la Commission au Conseil européen, COM (2012) 373 final, pp 4 & s.

B. Le principe fédératif dans la prise de décision fédérale : une question politique

1207. Largement imprégnée des caractéristiques de la tradition de *common law*,[2673] la procédure législative canadienne ne livre pas beaucoup d'éléments sur les enjeux qui président à la prise de décision pour adopter une loi. Notons que le contrôle de la préservation « de l'intégrité de la structure fédérale » appartient par principe aux tribunaux.[2674] Ainsi, c'est suite à l'analyse de la jurisprudence que pourront être tirées la majeure partie des conclusions à ce sujet. Néanmoins, quelques indices permettent de prendre la mesure d'un enjeu dans l'adoption d'un acte, même s'ils sont minces et davantage politiques que juridiques.

1208. En premier lieu, des bribes de principe fédératif apparaissent dans le discours politique[2675] du Parlement fédéral, à l'occasion du vote de certaines lois de protection des eaux (*1*-) ; en second lieu, on peut en trouver quelques traces dans les grandes lois de protection des eaux et de l'environnement, le versant juridique du discours du Parlement (*2*-). Globalement, la question du principe fédératif ne semble pas être beaucoup prise en compte lors de la procédure législative malgré son importance pour la structure de l'ordre juridique canadien.

1. Un principe fédératif parfois évoqué dans le discours politique

1209. Nous avons recherché des indices de prise en compte du principe fédératif dans la phase prélégislative fédérale. Deux éléments ressortent : en premier lieu, le principe est évoqué lors de certains débats devant le parlement fédéral (*a*-) ; en second lieu certains indices apparaissent dans les rapports du Commissaire à l'Environnement et au Développement durable (*b*-).

a. Les débats parlementaires : un principe fédératif soulevé par une partie des députés

1210. La retranscription des débats parlementaires fédéraux apparaît comme une source intéressante d'informations sur les questions qui se posent à l'égard d'un texte de loi. Une analyse de ces débats fait ressortir qu'une partie du discours politique seulement s'est intéressée, lors de l'adoption des lois de protection des eaux, à l'impact de ces textes sur le principe fédératif.

1211. Les débats qui ont eu lieu lors du vote du projet de loi C-14 sur l'eau potable en 1999 sont particulièrement représentatifs de cette tendance. Seuls les députés québécois ont soulevé les problématiques posées par cette loi à l'égard des compétences provinciales. P. Picard, du parti du Bloc Québécois, dénonce une « ingérence du fédéral » dans un domaine de compétence qui relève de l'ordre de gouvernement provincial.

Elle affirme en ce sens :

[2673] Voy. à ce sujet K. ZWEIGERT, H. KOTZ, *An Introduction to Comparative Law*, Oxford University Press, 1998, pp 219-220 & pp 223-224.

[2674] Renvoi : résolution pour modifier la Constitution, [1981] 1 R.C.S.753, 905 et suiv.

[2675] E. Landowski fait ressortir la différence entre le discours politique d'un parlement, à savoir les débats qui entourent l'adoption d'une loi, et son discours juridique consigné dans la loi qu'il édicte. Voy. à ce sujet E. LANDOWSKI, « Le débat parlementaire et l'écriture de la loi », *Revue Française de Science Politique*, vol. 27, 3, 1977, p 429.

[…] selon l'article 109 de la Constitution du Canada de 1982, anciennement l'article 108 de l'Acte de l'Amérique du Nord britannique de 1867, la propriété des terres et des ressources naturelles est dévolue à la Couronne provinciale. Le pouvoir du Québec et de toutes les provinces canadiennes de légiférer sur l'eau, ainsi que sur d'autres matières d'ordre environnemental découle donc de ce droit de propriété.[2676]

Les députés Girard-Bujold, Crête, Bergeron et Gilmour, ont également développé le même argumentaire. J. Girard-Bujold « constate que ce gouvernement (fédéral) […] ne veut rien savoir des autres paliers de gouvernement »,[2677] dans sa déclaration sur le projet du gouvernement fédéral de mettre en place une stratégie nationale de protection de l'eau potable.

b. Des indices fédératifs cachés dans les rapports du Commissaire à l'Environnement et au Développement durable

1212. Le Commissaire à l'Environnement et au Développement durable a envisagé la question de l'impact des lois fédérales de protection de l'environnement sur le partage des compétences de façon assez sporadique. Son analyse donne une idée plus précise de la portée de la prise en compte du principe fédératif par l'ordre de gouvernement fédéral.

1213. Il n'existait pas, dans les années 1990 et selon le Commissaire, de données suffisantes pour mener cette étude à bien et déterminer s'il existe des chevauchements ou non en la matière entre les sphères de compétence fédérale et provinciale.[2678] Aucune analyse de l'incidence des lois et des accords fédéraux-provinciaux sur le partage des compétences n'est exigée ni faite. Le Commissaire affirme en 1997 que « la question est encore d'actualité »[2679]. Ainsi, dans les années 1990, les données disponibles ne permettaient pas d'analyser la question du principe fédératif en matière de protection de l'environnement.

1214. On assiste à évolution du traitement de la question dans les années 2000 : elle est peu évoquée dans les rapports de cette période, et quand c'est le cas, elle est mise en concurrence avec la nécessité d'efficacité de la protection des eaux.

[2676] P. PICARD, Déclaration sur le projet de loi fédérale par le ministère de la santé C-14, Chambre des Communes, 36ème Législature, 1ère Session, disponible sur le site Internet du Parlement du Canada, rubrique « Travaux Parlementaires », section « Chambre des Communes », onglet « Séances précédentes » : http://www.parl.gc.ca/ (page consultée le 7 juill. 2014).

[2677] Voy. J. GIRARD-BUJOLD, Déclaration sur le projet de stratégie nationale en matière d'eau potable, Chambre des Communes, 36ème Législature, 1ère Session, disponible sur le site Internet du Parlement du Canada, rubrique « Travaux Parlementaires », section « Chambre des Communes », onglet « Séances précédentes » : http://www.parl.gc.ca/ (page consultée le 7 juill. 2014).

[2678] Notons que « le commissaire communique les questions en matière d'environnement et de développement durable qui, selon lui, doivent être portées à l'attention de la Chambre des communes ». Voy. à ce sujet la *Loi sur le vérificateur général* (L.R.C. (1985), ch. A-17), art. 7 ; ainsi que le site Internet du Bureau du Vérificateur Général du Canada, rubrique « Environnement et Développement Durable » : http://www.oag-bvg.gc.ca/ (page consultée le 7 juill. 2014).

[2679] *Rapport du Commissaire à l'environnement et au développement durable*, Ottawa, Parlement du Canada, mars 1997, point 39.

1215. Dans les rapports où la question apparaît, elle est « noyée » parmi les considérations techniques de gouvernance environnementale, et économique.

1216. Dans son Rapport de 2001, en vue d'améliorer la protection de l'environnement, le Commissaire demande au ministère fédéral de l'Environnement de « préciser ses rôles et ses responsabilités et ceux de ses partenaires [...] »[2680], c'est-à-dire les provinces, territoires et municipalités avec lesquels il contracte des ententes en vue de protéger les ressources.

1217. En 2008, dans une partie du rapport consacrée au bilan de la stratégie de développement durable du Canada dans les Grands Lacs, il est précisé que l'ordre de gouvernement fédéral travaille en la matière « [...] de concert avec les provinces [...] »[2681].

1218. Dans un second rapport de 2008, sur les substances toxiques cette fois, le Commissaire fait état de sa vision de la compétence fédérale en la matière. Il affirme que « [...] l'exposition aux substances toxiques favorise [...] le développement du cancer et <u>c'est là une sphère où le gouvernement fédéral a un mandat de réglementation clair</u> »[2682].

La protection contre les substances toxiques inclut la protection de la qualité des eaux, notamment potables. Au nom de la protection de l'environnement pour la population canadienne, le pouvoir de l'ordre de gouvernement apparaît très clair.

1219. Le Rapport de 2009 permet de nuancer cette approche, et donne un indice de la prise en compte du principe fédératif en procédant à un changement de perspective. Le Commissaire affirme alors que « (l)e gouvernement fédéral assume, avec d'autres ordres de gouvernement, la responsabilité de protéger l'air et l'eau au Canada »[2683].

Il confirme en précisant que la salubrité de l'eau potable est une « responsabilité partagée »[2684]. Le Commissaire précise alors en quoi consiste ce partage et choisit une perspective assez large quant aux compétences fédérales.[2685]

1220. Le second Rapport de 2009 apporte des précisions très intéressantes sur la façon dont la question du principe fédératif est traitée au sein de l'ordre de gouvernement fédéral. Le Commissaire mène en effet une argumentation qui met en exergue la concurrence qui se joue entre la nécessité d'une efficacité de la prise en charge de la protection des eaux[2686] et le partage des compétences en la matière.[2687]

[2680] *Rapport du Commissaire à l'environnement et au développement durable*, Ottawa, Parlement du Canada, 2001. Cité notamment dans le *Rapport du Commissaire à l'environnement et au développement durable*, Ottawa, Parlement du Canada, 2008, p 23.

[2681] *Rapport du Commissaire à l'environnement et au développement durable*, Ottawa, Parlement du Canada, 2008, p 22.

[2682] *Ibid.*, p 2. Nous soulignons.

[2683] *Rapport du Commissaire à l'environnement et au développement durable*, Ottawa, Parlement du Canada, 2009, p 3.

[2684] *Ibid.*, p 11.

[2685] *Ibid.*

[2686] Le terme « eau » n'apparaît pas, la ressource apparaît dans ce rapport en tant qu'habitat du poisson.

[2687] *Rapport du Commissaire à l'environnement et au développement durable*, Ottawa, Parlement du Canada, printemps 2009, p 17.

La priorité semble être de protéger l'habitat du poisson, pour des raisons environnementales, mais aussi économiques et de santé publique.

Dans l'argumentation, l' « importance du poisson et de son habitat » est présentée en premier lieu. La question du « rôle du gouvernement fédéral dans la protection de l'habitat du poisson » intervient en second lieu.[2688]

L'efficacité de la protection de la ressource apparaît comme une priorité, en raison des enjeux économiques liés aux pêcheries :

> Le poisson vivant en eau salée et en eau douce représente une ressource renouvelable importante pour le Canada. [...] (l)e poisson revêt une importance économique, pour ce qui est de la pêche tant commerciale que récréative.
>
> [...] la valeur totale des débarquements commerciaux de poisson s'est chiffrée à 2,1 milliards de dollars ; 52 805 personnes travaillent dans le secteur des pêches et 29 342 dans le secteur de la transformation du poisson [...].[2689]

De plus, le Commissaire avance que « l'habitat du poisson est important non seulement pour les poissons, mais aussi pour les humains puisqu'il contribue à leur santé et a une valeur récréative »[2690].

1221. Ainsi, cette première partie d'argumentation fait ressortir les enjeux majeurs de la protection des eaux, en tant qu'habitat du poisson, pour l'ordre de gouvernement fédéral. À ce sujet, le Commissaire évoque un troisième argument centré sur ses compétences, en éludant le partage des responsabilités en matière de protection des eaux. Il précise que : « En vertu de la *Loi constitutionnelle* de 1867, le gouvernement fédéral est responsable des pêches sur les côtes maritimes et dans les eaux intérieures. La *Loi sur les pêches* contient des dispositions qui visent à protéger le poisson et son habitat de certaines activités humaines »[2691].

1222. Ainsi, la question des compétences est évoquée, mais seulement dans un sens : celui de l'ordre de gouvernement fédéral, au nom de l'efficacité de la protection d'une ressource que l'on ne nomme pas. Il ne s'agit pas d'eau, mais d' « habitat du poisson »[2692].

1223. Plus généralement, les rapports du Commissaire à l'Environnement et au Développement durable nous apprennent que la question du principe fédératif, dès lors qu'il s'agit de protéger l'environnement et/ou l'économie canadienne, est quelque peu éludée voire mise de côté. À tout le moins, on peut avancer que cette question est peu envisagée, tant les considérations environnementales et économiques sont fondamentales.

2. Le principe fédératif dans les textes législatifs : quelques apparitions sporadiques

1224. Des indices de la prise en compte du principe fédératif apparaissent dans certaines lois de protection de l'environnement et des eaux. Ces apparitions sont symptomatiques du traitement du principe d'équilibre dans le partage des compétences : alors que la question est fondamentale pour le

---

[2688] *Ibid.*
[2689] *Ibid.*, p 17.
[2690] *Ibid.*
[2691] *Ibid.*
[2692] *Ibid.*

maintien de la structure fédérative du Canada, elle est peu représentée dans les textes de lois.

1225. Le préambule de la *Loi canadienne sur la protection de l'environnement* dispose que le gouvernement du Canada « [...] reconnaît que tous les gouvernements au Canada disposent des pouvoirs leur permettant de protéger l'environnement et qu'il est à leur avantage mutuel de collaborer pour résoudre les problèmes environnementaux auxquels ils ont tous à faire face ; [...] »[2693]. L'article 2 (1) d) précise que le gouvernement fédéral doit « [...] s'efforcer d'agir en collaboration avec les gouvernements pour la protection de l'environnement ; [...] »[2694].

1226. La *Loi sur les ressources en eau du Canada* est représentative de ce phénomène. Après avoir affirmé le caractère urgent d'une intervention au niveau pancanadien, le préambule évoque que le gouvernement fédéral doit pouvoir agir « en conformité avec les attributions respectives du gouvernement fédéral et chacun des gouvernements provinciaux [...] »[2695].

1227. La *Loi sur les pêches* fait une allusion aux compétences provinciales, mais dans un cadre très strict. L'article 3 (1) dispose : « La présente loi n'a pas pour effet d'autoriser l'octroi de baux conférant un droit exclusif de pêcher dans le domaine public provincial »[2696].

1228. La *Loi sur le ministère de l'Environnement* établit une obligation de coopération de la part du ministère fédéral avec les provinces. L'article 5 b) dispose en effet que le ministre « [...] coopère avec les gouvernements provinciaux ou leurs organismes, [...] à des programmes dont les objets sont analogues ; [...] »[2697].

1229. La *Loi canadienne sur l'évaluation environnementale* évoque également la nécessité de coopération avec les provinces. L'article 4 c) dispose que cette loi a pour objet « [...] de promouvoir la collaboration des gouvernements fédéral et provinciaux et la coordination de leurs activités en matière d'évaluation environnementale ; [...] »[2698].

1230. L'apparition du principe fédératif apparaît très partielle dans l'ensemble de ces lois : si l'existence de l'ordre de gouvernement provincial est reconnue, le reste des composantes du principe n'est pas évoqué.[2699]

1231. En dehors de ces lois, aucun texte fédéral prescrivant une protection de la qualité des eaux douces n'envisage le respect du principe fédératif, en tout ou partie. L'exemple significatif de ce phénomène est la *Loi sur la protection des eaux navigables*. Elle ne fait aucune allusion à ce sujet.[2700]

1232. Propos conclusifs. - Tant le principe de subsidiarité que le principe fédératif semblent être écartés au profit de deux objectifs prioritaires : la

---

[2693] *Loi canadienne sur la protection de l'environnement* (L.R. (1985), ch.16) ; (L.R. (1999), ch. 33), préambule.
[2694] *Ibid.*, art. 2 (1) d).
[2695] *Loi sur les ressources en eau du Canada* (L.R.C. (1985), ch. C-11), préambule.
[2696] *Loi sur les pêches*, (L.R. (1985), ch. F-16), art. 3 (1).
[2697] *Loi sur le ministère de l'Environnement* (L.R.C. (1985), ch. E-10), art. 5 b).
[2698] *Loi canadienne sur l'évaluation environnementale* (L.R. (1992), ch. 37) ; (L.C. (2012), ch. 19), art. 4 c).
[2699] Pour l'ensemble des composantes du principe fédératif, voy. *supra* §401 & s., §419 & s. et § 440 & s.
[2700] *Loi sur la protection des eaux navigables* (L.R. (1985), ch. N-22).

protection de l'environnement et de l'économie. Si le premier fait l'objet d'un traitement allégé, le second reçoit une prise en compte plus politique et néanmoins sporadique.

1233. Le principe fédératif apparaît peu dans la procédure législative fédérale, que ce soit dans le discours politique ou le discours juridique. Précisons qu'il est difficile de tirer des conclusions à ce sujet en raison du manque de documentation sur la phase prélégislative. De plus, rappelons que la sauvegarde de la structure fédérative du Canada est surtout assurée par le juge. C'est suite à l'analyse de la jurisprudence qu'il sera possible de tirer des conclusions sur la prise en compte du principe fédératif dans le domaine de la protection des eaux au Canada.

1234. La situation de l'Union européenne est différente sur ce point. En raison de l'influence de certains aspects de la tradition romano-germanique sur son droit, un éventail important d'informations sur la prise en compte du principe de subsidiarité dans la phase prélégislative peut être découvert. Précisons également que cela s'explique par le fait que les institutions européennes ont une obligation de prise en compte de ce principe dans leur travail, ce dont ne bénéficient pas les institutions fédérales canadiennes.[2701]

Ainsi, cet aspect permet de faire ressortir les différences de soubassements juridiques entre le Canada et l'Union. Une analyse de la jurisprudence permet d'estomper ces disparités.

Paragraphe II. Lors du contrôle par le juge suprême

1235. L'analyse de la jurisprudence va permettre de confirmer, dans le cas européen et d'affirmer du point de vue du droit canadien, l'absence de réflexion des institutions sur l'équilibre du partage des compétences. En effet, les principes fédératif et de subsidiarité, clés de voûte de cet équilibre dans leur ordre juridique respectif, sont très peu envisagés par la jurisprudence canadienne et européenne. Le socle de notre analyse est la jurisprudence de la Cour suprême du Canada et celle de la Cour de justice de l'Union européenne, car ces deux cours sont les gardiennes du respect de ces principes centraux.[2702]

1236. Il ressort de nos recherches et des travaux menés sur le sujet que le traitement des principes fédératif et de subsidiarité est similaire au Canada et dans l'Union : les juges des deux cours suprêmes ont tendance à éviter le sujet.

Ainsi, en Europe, si la jurisprudence européenne semble à première vue connaître une évolution dans le sens d'une meilleure prise en compte du principe de subsidiarité, une analyse plus précise révèle que la stratégie d'évitement demeure (*A*-). Au Canada, la Cour suprême semble hésiter également, pour des raisons plus ouvertement politiques (*B*-).

A. De la part de la Cour de justice de l'Union européenne

1237. La doctrine n'a pas manqué de soulever le « scepticisme » des juges communautaires et des « autres praticiens du droit »[2703] à l'égard du principe

---

[2701] Voy. *supra* §460 & s.
[2702] Voy. *supra* §486 & s.
[2703] J. BARROCHE, « Discours et pratique de la subsidiarité européenne depuis le traité de Maastricht jusqu'à nos jours », *Droit et société*, 2012, vol. 1, 80, p 22.

de subsidiarité. Une méfiance basée sur les doutes quant à sa portée normative, même si sa justiciabilité a été reconnue.[2704] De plus, aucun recours spécifique n'a été prévu pour ce principe central dans l'équilibre du partage des compétences.[2705] Ainsi, il a fallu le « faire entrer [...] dans le droit commun du contentieux communautaire [...] »[2706]. C'est chose faite et les indices de « l'autolimitation » du juge communautaire ne manquent pas.[2707]

1238. Une évolution dans la pratique du juge communautaire par rapport au principe de subsidiarité est présentée dans le sens d'un contrôle plus complet de son respect.[2708] Une analyse de la jurisprudence dans ses tendances générales (*1*-) ; puis plus particulièrement en matière environnementale et dans la protection des eaux (*2*-) révèle une réalité plus complexe.

1. Les tendances générales

1239. De manière générale, deux éléments singularisent le traitement du principe de subsidiarité par la Cour de justice de l'Union : il semble que jamais un acte ou une proposition d'acte n'ait été annulé, ou une condamnation n'ait eu lieu sur la base du non-respect du principe de subsidiarité.[2709] On assiste à deux types de raisonnement dans la jurisprudence communautaire récente. Un premier empreint de retenue (*a*-) ; un second traduisant la confusion que la substance du principe peut provoquer (*b*-).

[2704] *Ibid.*, p 22 ; voy. également *supra* §501 & s.
[2705] J. BARROCHE, *op. cit.*, p 22.
[2706] *Ibid.*, p 22.
[2707] *Ibid.* ; E. BROUILLET, « Canadian federalism and the principle of subsidiarity: should we open Pandora's box? », *Supreme Court Law Review*, vol. 54, 2011, pp 612-613 ; S. HANSON, *Entre Union européenne et région Wallonne : multiplicité des échelons de pouvoir et subsidiarité territoriale - Analyse de la subsidiarité territoriale au travers des directives Seveso, IPPC, responsabilité environnementale et de leurs mesures de transposition en Région wallonne*, Thèse de Doctorat, Université de Liège (Belgique), 2011-2012, p 75 ; G. BURCA (de), « The Principle of Subsidiarity and the Court of Justice as an Institutionnal Actor », *Journal of Common Market Studies*, vol. 36, 2, Oxford, Blackwell publishers, Juin 1998, pp 223 & s. ; C. BLUMANN, L. DUBOUIS, *Droit institutionnel de l'Union européenne*, Paris, Litec, 2007, p 358 ; Ch. MALÈNE (de la), *L'application du principe de subsidiarité*, Délégation du Sénat pour l'Union européenne, Rapport 46, 1996 / 1997, 62 pages ; L. GUILLOUD, « Le principe de subsidiarité en droit communautaire et en droit constitutionnel », *Petites Affiches*, 79, 19 avril 2007, pp 58-59.
[2708] Voy. G. ISAAC, M. BLANQUET, *Droit général de l'Union européenne*, Paris, Sirey, 10ème Édition, 2012, pp 97-98 ; ainsi que *supra* §501 & s.
[2709] N. SADELEER (de), « Particularités de la subsidiarité dans le domaine de l'environnement », *Droit et Société*, vol. 1, 80, 2012, p 79 ; E. BROUILLET, « Canadian federalism and the principle of subsidiarity: should we open Pandora's box? », *Supreme Court Law Review*, vol. 54, 2011, pp 612-613 ; S. HANSON, *Entre Union européenne et région Wallonne : multiplicité des échelons de pouvoir et subsidiarité territoriale - Analyse de la subsidiarité territoriale au travers des directives Seveso, IPPC, responsabilité environnementale et de leurs mesures de transposition en Région wallonne*, Thèse de Doctorat, Université de Liège (Belgique), 2011-2012, p 75, note 338 ; M. LEE, *EU Environmental Law – Challenges, Change and Decision-making*, Oxford, Hart publishing, 2005, p 14 ; G. BURCA (de), « The Principle of Subsidiarity and the Court of Justice as an Institutionnal Actor », *Journal of Common Market Studies*, vol. 36, 2, Oxford, Blackwell publishers, Juin 1998, pp 223 & s. ; C. BLUMANN, L. DUBOUIS, *Droit institutionnel de l'Union européenne*, Paris, Litec, 2007, p 358.

a. La retenue dans l'analyse du principe de subsidiarité

1240. Un premier cas de figure consiste en une absence partielle ou pleine d'analyse de l'acte questionné au regard du principe de subsidiarité.[2710]

1241. Le raisonnement du juge dans l'affaire *British American Tobacco*[2711] est une demi-exception à sa retenue : le principe de subsidiarité est analysé par la Cour dans ses deux critères, même si l'autolimitation réapparaît dans le contenu de l'analyse. Le juge envisage au point 182 de l'arrêt le critère négatif du principe de subsidiarité et au point suivant le critère positif.[2712] Si le raisonnement sur le critère négatif est développé, il est plus allégé au regard du critère positif.[2713]

1242. La décision *Royaume des Pays Bas c/ Parlement européen*[2714] apparaît comme une seconde demi-exception puisque les critères du principe de subsidiarité sont cités, mais ne sont pas confrontés aux faits. Les deux critères apparaissent dans l'attendu n°32 de l'arrêt. Le critère négatif :

> (l)'objectif recherché par la directive, consistant à assurer le bon fonctionnement du marché intérieur en prévenant, voire en éliminant, des divergences entre les législations et pratiques des différents États membres dans le domaine de la protection des inventions biotechnologiques, n'aurait pas pu être atteint par une action entreprise au niveau des seuls États membres.[2715]

Dans le même attendu, la Cour expose un critère positif : « [...] l'objectif en question pouvait, en raison des dimensions et des effets de l'action envisagée, être mieux réalisé au niveau communautaire »[2716]. Le juge s'arrête à ce constat, sans argumenter sur la façon dont ces deux critères sont remplis.

1243. Enfin, la décision *Luxembourg c/ Parlement et Conseil*[2717] de 2011 fait ressortir toute l'ambiguïté des règles relatives au respect du principe de subsidiarité : le juge procède à un retournement de la charge de la justification au sujet de la nécessité de l'action communautaire. Alors que c'est à la Commission de prouver que sa proposition de texte est conforme au principe

---

[2710] Quatre décisions sont des exemples particulièrement significatifs de cette tendance. CJCE, 24 avr. 2008, *Arcor*, Aff. C-55/06, *Rec.* I-2931 ; ainsi que CJCE, 17 juill. 2008, *Coleman*, Aff. C-303/06, *Rec.* I-5603 : deux décisions dans lesquelles le principe de subsidiarité n'apparaît que dans la citation d'un considérant de la directive européenne invoquée. Dans TPI (Ord.), 26 sept. 2008, *Ellinikos Niognomon*, Aff. T-312/08R, *Rec.* II-204 ; et TPI, 3 sept. 2009, *Cheminova e. a.*, Aff. T-326/07, *Rec.* II-2685, le principe de subsidiarité n'apparaît pas, alors que le questionnement du juge le nécessiterait. Voy. à ce sujet K. LENAERTS, P. NUFFEL (Van), *Constitutional Law of the European Union*, Londres, Thomson Sweet & Maxwell, 2005, p 106, note 30.

[2711] CJCE, 10 déc. 2002, *British American Tobacco et Imperial Tobacco*, Aff. C-491/01, *Rec.* I.11453.

[2712] Le critère négatif revient à prouver dans quelle mesure l'objectif poursuivi par le texte en question ne peut pas être rempli par l'action des États membres. Le critère positif implique de prouver que l'action communautaire dans le domaine en question apporte une valeur ajoutée à la réponse apportée. Pour plus de précisions, voy. *supra* §505 & s.

[2713] Voy. CJCE, 10 déc. 2002, *British American Tobacco et Imperial Tobacco*, Aff. C-491/01, *Rec.* I.11453, points 182 & s. ; ainsi que G. ISAAC, M. BLANQUET, *Droit général de l'Union européenne*, Paris, Sirey, 10ème Édition, 2012, p 98.

[2714] CJCE, 9 octobre 2001, *Royaume des Pays-Bas c/Parlement européen*, Aff. C-377/98, *Rec.* p 07079.

[2715] *Ibid.* Nous soulignons.

[2716] *Ibid.* Nous soulignons.

[2717] CJUE, 12 mai 2011, *Luxembourg c/ Parlement et Conseil*, Aff. C-176/09.

de subsidiarité,[2718] la Cour allègue que le Luxembourg n'a pas suffisamment justifié le non-respect du principe de subsidiarité par le texte en cause.[2719]

b. Une forme de confusion dans les contours du principe de subsidiarité

1244. Un second type de raisonnement adopté par la Cour consiste à assimiler le principe de subsidiarité à d'autres principes.

1245. En premier lieu, ce principe flou [2720] pose des difficultés d'interprétation, à tel point que le juge communautaire peut confondre ses critères avec ceux du principe de proportionnalité. Comme le soulèvent G. Isaac et M. Blanquet, la Cour a pu confondre les critères des deux principes.[2721]

1246. Dans un arrêt du 10 décembre 2002, la Cour a considéré que le principe de subsidiarité comporte un double niveau : celui de la nécessité de l'action communautaire [2722] et celui de l'intensité de l'action. [2723] Plus récemment, il semble que la Cour de Justice ait opéré une distinction entre les deux principes quant à l'intensité de son contrôle. Dans deux arrêts, l'un du 8 juin 2010[2724] et le second du 12 mai 2011,[2725] la Cour distingue son mode de contrôle : le principe de proportionnalité fait l'objet d'un contrôle minimum, et le principe de subsidiarité fait l'objet d'un contrôle complet.[2726]

1247. En second lieu, il semble que le juge communautaire procède à une forme d'assimilation de la substance du principe de subsidiarité aux règles régissant le marché intérieur.[2727] Selon G. Isaac et M. Blanquet, le Tribunal et la Cour le rapprochent de principes de base du marché européen comme l'interdiction des entraves aux libertés de circulation ou de l'affectation du commerce entre États membres.[2728]

Dans un arrêt du TPI du 27 septembre 2006, *GlaxoSmithKline*, le juge affirme en effet que :

> [...] dans le cadre de l'article 81 paragraphe 1, le principe de subsidiarité est concrétisé par la limitation de l'interdiction qui y est prévue aux accords entre entreprises, aux décisions d'associations d'entreprises et aux pratiques concertées qui sont susceptibles d'affecter le commerce entre États membres [...] (la décision

---

2718 Voy. Protocole n°2 sur l'application des principes de subsidiarité et de proportionnalité, JOUE C 83/206 du 30 mars 2010 ; ainsi que *Mieux légiférer 2010*, Rapport de la Commission au Conseil européen, COM (2011) 344 final ; et *Mieux légiférer 2011*, Rapport de la Commission au Conseil européen, COM (2012) 373 final.

2719 CJUE, 12 mai 2011, *Luxembourg c/ Parlement et Conseil*, *op. cit.*

2720 Voy. *supra* §411 & s.

2721 G. ISAAC, M. BLANQUET, *Droit général de l'Union européenne*, Paris, Sirey, 10ème Édition, 2012, p 98.

2722 Le juge affirme : « [...] l'objectif de l'action envisagée peut être mieux réalisé au niveau communautaire [...] », in CJCE, 10 déc. 2002, *British American Tobacco et Imperial Tobacco*, Aff. C-491/01, *Rec.* I.11453.

2723 Selon le juge « [...] l'intensité de l'action entreprise n'excède pas la mesure nécessaire pour atteindre l'objectif que cette action vise à réaliser [...] », in *Ibid.* Voy. à ce sujet G. ISAAC, M. BLANQUET, *op. cit.*, p 98.

2724 CJUE, 8 juin 2010, *Vodaphone*, Aff. C-58/08, *Rec.* I-04999.

2725 CJUE, 12 mai 2011, *Luxembourg c/ Parlement et Conseil*, Aff. C-176/09.

2726 Voy. à ce sujet G. ISAAC, M. BLANQUET, *op. cit.*, p 98 ; ainsi que C. BLUMANN, L. DUBOUIS, *Droit institutionnel de l'Union européenne*, Paris, Litec, 4ème Édition, 2010, p 458.

2727 G. ISAAC, M. BLANQUET, *op. cit.*, p 98.

2728 *Ibid.*

de la commission) est donc conforme au principe de subsidiarité lorsqu'elle établit à suffisance de droit que le commerce entre États membres est susceptible d'être affecté par l'accord entre entreprises, la décision d'association d'entreprises ou la pratique concertée dont elle examine la légalité.[2729]

La Cour adopte le même type de rapprochement. En 2003, dans une affaire *Commission c/ Allemagne*,[2730] le juge affirme en effet :

> […] quant au principe de subsidiarité, les dispositions nationales en question différant sensiblement d'un État membre à l'autre, elles sont susceptibles […], de constituer une entrave aux échanges qui se répercute immédiatement sur l'établissement et le fonctionnement du marché commun. L'harmonisation de ces dispositions divergentes ne peut, en raison de ses dimensions et de ses effets, être entreprise que par le législateur communautaire […].[2731]

1248. Dans l'affaire *Alliance*,[2732] une question préjudicielle a été portée à l'attention de la Cour au sujet notamment du respect du principe de subsidiarité par l'adoption de la Directive 2002/46/CE.[2733] La Cour envisage comme critère d'analyse le fonctionnement du marché intérieur et l'hétérogénéité des lois nationales en la matière.[2734]

Le juge affirme en effet :

> […] il y a lieu de relever que l'interdiction, […] de commercialiser des compléments alimentaires non conformes à la directive […], complétée par l'obligation qui pèse sur les États membres […], d'autoriser le commerce des compléments alimentaires conforme à celle-ci […] a pour objectif d'éliminer les entraves résultant des divergences entre les règles nationales […].
>
> Laisser aux États membres le soin de réglementer le commerce des compléments alimentaires non conformes à la directive […] verrait se perpétuer l'évolution hétérogène des réglementations nationales et, partant, les obstacles aux échanges entre États membres et les distorsions de concurrence en ce qui concerne ces produits.

[2729] TPI, 27 sept. 2006, *GlaxoSmithKline Services c/ Commission*, Aff. T-168/01, *Rec.* II-2969, plus particulièrement points 201 à 203. Passage cité dans G. ISAAC, M. BLANQUET, *op. cit.*, p 98.

[2730] CJCE, 22 mai 2003, *Commission c/ Allemagne*, Aff. C-103/01, *Rec.* I-5369, point 47. Cité dans G. ISAAC, M. BLANQUET, *op. cit.*, p 98.

[2731] CJCE, 22 mai 2003, *op. cit.*, point 47. Nous soulignons.

[2732] CJCE, 12 juill. 2005, *Alliance for Natural Health e. a.*, Aff. C-154 et 155/04, *Rec.* I-6451, points 103 & s.

[2733] Les parties s'interrogeaient plus particulièrement sur la validité des articles 3, 4, paragraphe 1, et 15 alinéa 2 sous b). Voy. CJCE, 12 juill. 2005, *op. cit.*, points 99 & s. ; ainsi que Directive 2002/46/CE du Parlement européen et du Conseil du 10 juin 2002 relative au rapprochement des législations des États membres concernant les compléments alimentaires, JOUE 2002, L 183/51.

[2734] Notons que selon le Traité sur le fonctionnement de l'Union européenne, le marché intérieur est un domaine relevant des compétences partagées entre l'Union et les États membres. À ce titre, il se voit appliquer, comme le domaine environnemental, le principe de subsidiarité. Voy. Traité sur le Fonctionnement de l'Union européenne, TFUE, JO n° C 83 du 30 mars 2010, art. 4 paragraphe 2 a). De plus, quand la base juridique invoquée est l'article 95 TCE (ancien art. 100 TCE) portant sur l'harmonisation des législations, le principe de subsidiarité s'applique lorsque ce fondement ne « donne pas une compétence exclusive pour règlementer les activités économiques dans le marché intérieur ». Voy. CJUE, 8 juin 2010, *Vodaphone*, Aff. C-58/08, *Rec.* I-04999, point 75 citant CJCE, 10 déc. 2002, *British American Tobacco et Imperial Tobacco*, Aff. C-491/01, *Rec.* I.11453, point 179.

Il s'ensuit que l'objectif [...] de la directive [...] ne saurait être réalisé de manière satisfaisante par une action entreprise au niveau des seuls États membres et supposait une action au niveau communautaire. Cet objectif pouvait, par conséquent, être mieux réalisé à ce dernier niveau.[2735]

1249. Enfin, dans l'affaire *Vodaphone*,[2736] G. Isaac et M. Blanquet ont relevé une assimilation par le juge entre le principe de subsidiarité et les règles du bon fonctionnement du marché intérieur.[2737] La juridiction nationale a notamment demandé dans cette affaire un éclairage par la Cour sur le respect des principes de subsidiarité et de proportionnalité par le Règlement 717/2007/CE.[2738] La Cour répond en ces termes :

À cet égard, il y a lieu de rappeler que le législateur communautaire, soucieux de préserver la concurrence entre les opérateurs de réseau mobile, a, par l'adoption du Règlement n°717/2007, instauré une approche commune,

afin notamment de contribuer au fonctionnement harmonieux du marché intérieur, permettant à ces opérateurs d'agir dans un seul cadre réglementaire cohérent.

[...] l'interdépendance entre les prix de détail et les prix de gros des services d'itinérance revêt une importance significative [...]. Le législateur communautaire en a conclu que son action nécessitait une approche commune au niveau tant des prix de gros que des prix de détail, afin de contribuer au fonctionnement harmonieux du marché intérieur de tels services.

[...] Ainsi, en raison des effets de l'approche commune instaurée par le Règlement n°717/2007, l'objectif poursuivi par celui-ci pouvait être mieux réalisé au niveau communautaire.

[...] Dès lors, les dispositions [...] du Règlement n°717/2007 ne sont pas invalides en raison d'une violation du principe de subsidiarité.[2739]

1250. Alors que dans ces quelques décisions citées, le raisonnement du juge devrait porter sur les deux critères du principe de subsidiarité, il apparaît qu'il focalise davantage sur les conséquences de l'action communautaire sur le fonctionnement du marché intérieur. Ainsi, l'analyse est déplacée vers une argumentation qui se détourne de la substance même du principe de subsidiarité.

1251. En adoptant une démarche globale du traitement du principe de subsidiarité par le juge communautaire, il ressort une évolution sans conteste de son travail, mais pas sur le terrain sur lequel on l'attend. L'évolution qui a eu lieu ne correspond pas à l'essence du principe de subsidiarité, tel qu'établi dans les traités. Tout se passe comme si le juge interprétait un autre principe, quelque peu éloigné du principe de subsidiarité. C'est sans évoquer la double dimension du principe de subsidiarité : ascendante, mais aussi descendante,

---

[2735] CJCE, 12 juill. 2005, *Alliance for Natural Health e. a.*, Aff. C-154 et 155/04, *Rec.* I-6451, points 105 à 107. Nous soulignons. Voy. à ce sujet G. ISAAC, M. BLANQUET, *Droit général de l'Union européenne*, Paris, Sirey, 10ème Édition, 2012, p 98.

[2736] CJUE, 8 juin 2010, *Vodaphone*, *op. cit.*

[2737] *Ibid*, points 50 à 78. Cité dans G. ISAAC, M. BLANQUET, *op. cit.*, p 98.

[2738] Règlement (CE) n°717/2007 du Parlement européen et du Conseil, du 27 juin 2007, concernant l'itinérance sur les réseaux publics de communications mobiles à l'intérieur de la Communauté, JOUE 2007, L 171/32 ; CJUE, 8 juin 2010, *op. cit.*, point 50.

[2739] CJUE, 8 juin 2010, *Vodaphone*, Aff. C-58/08, *Rec.* I-04999, points 76 à 79. Nous soulignons.

cette dernière n'étant pas envisagée, malgré son introduction par le traité de Lisbonne.[2740]

Le décalage entre la substance du principe de subsidiarité dans les traités et ce qu'il en ressort dans la jurisprudence du juge communautaire, pourtant gardien du principe, est d'autant plus visible en matière de protection de l'environnement et des eaux.

2. La protection de l'environnement et des eaux : un second décalage

1252. En matière de protection de l'environnement, et plus particulièrement en matière de protection des eaux, la tendance est également marquée par une retenue du juge communautaire.

M. Lee évoque un principe de subsidiarité « délaissé » par la jurisprudence.[2741] I. Weibust et N. de Sadeleer confirment cet état de fait en matière environnementale : le principe de subsidiarité est très peu envisagé.[2742] Il convient tout d'abord d'envisager certains aspects liminaires (*a-*) ; avant d'analyser la jurisprudence de la Cour de justice et du Tribunal de première instance (*b-*).

a. Remarques liminaires

1253. Partons d'un constat simple dont la source est une analyse quantitative. En matière environnementale, la Cour de justice et le Tribunal se sont prononcés lors de 543 arrêts publiés au Journal officiel de l'Union européenne. Dans 19 d'entre eux, le terme « subsidiarité » apparaît.[2743] En matière de protection des eaux, si 183 arrêts concernent directement ou indirectement la protection et/ou la gestion des eaux, seuls trois arrêts et sept conclusions de l'Avocat général contiennent le terme « subsidiarité »[2744].

1254. Ce constat exprime une réalité importante : le principe de subsidiarité est très peu envisagé dans une matière relevant de compétences partagées. Pourtant, le principe est la clé de voûte de l'équilibre des compétences en matière environnementale, comme dans toutes les autres matières de compétence partagée.[2745]

1255. Un second constat émane de cette recherche : les arrêts et les conclusions traitant du principe de subsidiarité sont en majorité des affaires survenues du milieu des années 1990 à l'année 2013. Ce sont des cas récents.

[2740] J.-Ph. DEROSIER, « La dialectique centralisation/décentralisation – Recherches sur le caractère dynamique du principe de subsidiarité », *R.I.D.C.*, 1, 2007, p 129.

[2741] M. LEE, *EU Environmental Law – Challenges, Change and Decision-making,* Oxford, Hart publishing, 2005, p 14.

[2742] I. WEIBUST, *Green Leviathan : the case for a federal role in environmental policy*, Farnham, Surrey, England, 2009, pp 176-177 ; N. SADELEER (de), « Particularités de la subsidiarité dans le domaine de l'environnement », *Droit et Société*, vol. 1, 80, 2012, p 76.

[2743] Résultat d'une recherche menée en mars 2014 sur le site Internet de la Cour, Curia : http://curia.europa.eu/ (page consultée le 24 mars 2014). Critères retenus : mot clé « subsidiarité », matière « environnement », option « arrêts publiés ».

[2744] Résultat d'une recherche menée en mars 2014 sur le site Internet de la Cour, *op. cit.* Critères retenus : mots clés « eau et subsidiarité », matière « environnement », option « arrêts publiés ».

[2745] Voy. *supra* §443 & s.

1256. Deux types de phénomènes peuvent expliquer cette observation : en premier lieu, la généralisation du principe de subsidiarité par le Traité de Maastricht,[2746] demandée par les États membres et exprimant un besoin politique. En second lieu, une raison plus indirecte tout en étant importante : la participation accrue des groupes d'intérêts en matière de protection de l'environnement. Leur importance et leur activisme s'étant amplifiés depuis la fin des années 1980,[2747] cela augmente le nombre d'affaires portées devant la Cour de justice. Cela se traduit par une activité plus importante auprès de la Commission européenne par l'intermédiaire des plaintes déposées par ces groupes, ou par les actions plus nombreuses intentées devant les juges nationaux, qui utilisent alors davantage en proportion la procédure du renvoi préjudiciel.[2748]

1257. Ainsi, la Cour et le Tribunal semblent davantage amenés à traiter des questions environnementales et de protection des eaux. Pourtant, quand c'est le cas, une certaine retenue domine les arrêts.

b. L'autolimitation jurisprudentielle quant au principe de subsidiarité en droit de l'environnement et de la protection des eaux

1258. En 1987 et 1988, alors que l'Acte unique vient d'entrer en vigueur, on trouve un raisonnement embryonnaire dans la jurisprudence au sujet de la nécessité de l'action communautaire. Deux arrêts de la Cour de justice traitent succinctement de cette question, en y apportant une réponse empreinte de retenue. L'arrêt du 8 juillet 1987, *Commission* c. *Italie*,[2749] et l'arrêt du 27 avril 1988, *Commission* c. *France*[2750] ont un même objet : la transposition de la Directive 79/409/CEE du Conseil, du 2 avril 1979, concernant la conservation des oiseaux sauvages.[2751] Dans ces deux affaires, la Cour envisage la nécessité d'action communautaire en affirmant qu' « une protection efficace des oiseaux, […] est un problème d'environnement typiquement transfrontalier qui implique des responsabilités communes des États membres »[2752]. Cet argument est repris dans l'arrêt *Commission* c. *France* dans les mêmes termes.[2753] Cela ressort de la lecture du troisième considérant de la directive en question.[2754]

1259. Le juge communautaire, tout comme les institutions communautaires, associe la question de la nécessité d'action européenne à un critère : l'aspect transfrontalier du problème écologique. Le raisonnement de la Cour semble peu évoluer par la suite : l'autolimitation demeure.

1260. En l'an 2000, l'Avocat général Ph. Léger fait une allusion au principe de subsidiarité dans ses conclusions, mais elle ne sera pas reprise dans l'arrêt.

[2746] Traité de l'Union européenne, JOCE C 191 du 29 juillet 1992, dit « Traité de Maastricht ».
[2747] Voy. *supra* §906 & s.
[2748] Voy. *supra* §997 & s.
[2749] CJCE, 8 juill. 1987, *Commission* c. *Italie*, Aff. C-262/85, *Rec.* 1987, p 3094.
[2750] CJCE, 27 avril 1988, *Commission* c. *France*, Aff. 252/85, *Rec.* 1988, p 2261.
[2751] Directive n°79/409/CEE du Conseil, du 22 avril 1979, concernant la conservation des oiseaux sauvages, JOCE 1979, L 103/1.
[2752] CJCE, 8 juill. 1987, *Commission* c. *Italie*, *op. cit.*, point 6. Nous soulignons.
[2753] CJCE, 27 avril 1988, *Commission* c. *France*, *op. cit.*, point 15.
[2754] Directive n°79/409/CEE du Conseil, *op. cit.*, considérant 3.

Il rappelle, en note de bas de page, que ce principe « joue [...] en matière de politique environnementale commune »[2755].

1261. Dans des arrêts plus récents, on peut remarquer que la Cour retient son raisonnement : en 2009, le principe de subsidiarité est évoqué dans des précisions sur l'objectif de la directive en cause.[2756] Il en est de même en 2010 : une ordonnance de la Cour[2757] évoque la question dans le cadre juridique de l'affaire, en citant simplement la directive en cause. Le considérant n°3 de cette directive[2758] envisage le principe de subsidiarité dans ses critères : le positif et le négatif, sans justifier la manière dont ces critères sont remplis. L'arrêt *E.R.G.* rendu le même jour reprend exactement le même procédé.[2759]

Ainsi, en matière environnementale, la retenue de la Cour apparaît davantage encore dans les décisions récentes.

1262. Dans le cas de la protection des eaux, plusieurs décisions révèlent la portée juridique du principe de subsidiarité. Si certaines concernent directement l'application d'un texte de protection des eaux, plusieurs y font référence indirectement. Beaucoup de ces références apparaissent dans des conclusions de l'Avocat général.

1263. En 1998, l'Avocat général Ph. Léger rappelle l'importance de ce principe au même titre que d'autres fondements du droit de l'Union. Il est simplement cité dans une liste parmi ces principes.[2760] En 2004, l'Avocat général rappelle que « [...] la compétence de la Communauté en matière d'environnement n'est pas exclusive. D'une part, elle est soumise au principe de subsidiarité. D'autre part, les États membres disposent d'une compétence concurrente de celle de la Communauté »[2761]. Aucune précision supplémentaire n'est apportée et ces considérations ne seront pas reprises par le juge communautaire dans l'arrêt.

1264. En 2010, l'Avocat général J. Kokott va décliner l'argument du respect du principe de subsidiarité posé par le Royaume des Pays-Bas et RWE dans leurs allégations, au motif que cette « allusion » « n'est pas convaincante », sans envisager quelconque critère du principe de subsidiarité.[2762] L'Avocat général précise que les États ne peuvent pas se prévaloir du principe de subsidiarité pour bénéficier d'une liberté plus importante à l'égard des exigences de la Directive.[2763]

2755 Conclusions de l'Avocat général Ph. Léger, sous CJCE, 16 mai 2000, *Espagne* c. *Conseil*, Aff. C-36/98, *Rec.* 2000, p. I-782, note n°30.

2756 CJCE, 8 sept. 2009, *Commission c/ Parlement européen et Conseil*, Aff. C-411/06, *Rec.* p 07585, point 8.

2757 Ordonnance de la CJCE, 9 mars 2010, Aff. C-478 & 479/08, *Rec.* p I-00031.

2758 Directive 2004/35/CE du Parlement européen et du Conseil, du 21 avril 2004, sur la responsabilité environnementale en ce qui concerne la prévention et la réparation des dommages environnementaux, JOUE 2004, L 143/56.

2759 CJUE, 9 mars 2010, *E.R.G.*, Aff. C-379/08 & C-380/08, *Rec.* p I-02007.

2760 Conclusions de l'Avocat général Léger présentées le 3 févr. 1998, Aff. C-284/95 & C-341/95, *Rec.* p. I-4304, point 55.

2761 Conclusions de l'Avocat général Léger présentées le 23 sept. 2004, Aff. C-277/02, *Rec.* p I-11960, point 8.

2762 Voy. Conclusions de l'Avocat général Kokott présentées le 16 déc. 2010, Aff. C-165/09 à C-167-09, *Rec.* p 04599, point 116.

2763 Elle affirme en effet que « 116. L'allusion faite par RWE et le Royaume des Pays-Bas aux principes de subsidiarité et de proportionnalité, établis tous deux à l'article 5 TUE, n'est pas convaincante. Le principe de subsidiarité ne peut pas conduire à conférer aux États membres une

1265. En 2011, l'Avocat général Y. Bot reprend la technique d'argumentation qui consiste à citer seulement la Directive en cause au sujet du principe de subsidiarité : il affirme que la Directive définit un cadre minimal avec une marge de manœuvre pour les États membres « eu égard au principe de subsidiarité »[2764].

1266. Plus directement lié à la protection des eaux, l'Avocat général E. Sharpston a dû s'exprimer en 2006 sur un recours en manquement à l'égard de la transposition de la DCE.[2765] Elle rappelle que le principe de subsidiarité a bien été respecté, en citant le 18ème considérant de la DCE :

> Le dix-huitième considérant de la directive dispose :
>
> 'La politique communautaire de l'eau nécessite un cadre législatif transparent, efficace et cohérent. Il convient que la Communauté définisse des principes communs et un cadre global d'action. Il y a lieu que la présente directive établisse ce cadre et assure la coordination, l'intégration et, à plus long terme, le développement des principes généraux et des structures permettant la protection et une utilisation écologiquement viable de l'eau dans la Communauté, dans le respect du principe de subsidiarité'.[2766]

1267. L'argument de l'Avocat général sur la nécessité d'une action communautaire semble davantage résider dans l'explication technique de l'exigence de transposition par une législation spécifique, qu'en rapport avec les fondements sous-jacents de cette question.

Ainsi, l'Avocat général semble plus aventureux en rappelant que le domaine de la protection des eaux est une partie de la compétence de l'environnement, qui est une compétence partagée, évoquant qu'à ce titre, le principe de subsidiarité doit être respecté. Il s'agit seulement d'évoquer le principe et non d'entrer dans les détails. Le caractère flou du principe de subsidiarité prend ici toute son ampleur.

1268. Cette volonté d'explication, même sporadique, n'est que très peu reprise dans les arrêts de la Cour.

1269. Dans un arrêt de 2003,[2767] le juge communautaire traite du principe de subsidiarité. Au point 56, il évoque le principe et ses critères négatif et positif :

> Or, conformément à l'article 5 CE, d'une part, dans les domaines qui ne relèvent pas de sa compétence exclusive, ce qui est le cas à ce stade en matière d'environnement, la Communauté n'intervient, conformément au principe de subsidiarité, que si et dans la mesure où les objectifs de l'action envisagée ne peuvent pas être réalisés de manière suffisante par les États membres et peuvent

---

entière liberté de faire obstacle aux objectifs du droit de l'Union. Si les États membres n'utilisent pas les possibilités d'action qui leur sont d'abord conférées pour transposer une directive, la réduction de leur marge de manœuvre par la suite apparaît appropriée »; voy. Conclusions de l'Avocat général Kokott, *op. cit.*, point 116.

[2764] Conclusions de l'Avocat général Bot présentées le 14 juill. 2011, Aff. C-474/10, *Rec.* p I-10227.

[2765] Conclusions de l'Avocat général Sharpston présentées le 18 mai 2006, Aff. C-32/05, *Rec.* p I-11327.

[2766] *Ibid.*, point 8. Nous soulignons.

[2767] CJCE, 11 sept. 2003, *Avestapolarit Chrome*, Aff. C-114/01, *Rec.* p I-8752.

donc, en raison des dimensions ou des effets de l'action envisagée, être mieux réalisés au niveau communautaire [...].[2768]

1270. Mais le raisonnement s'arrête là : la Cour n'analyse pas la situation d'espèce à la lumière de ces critères.

1271. En 2006, la Cour reprend le procédé argumentaire de l'Avocat général Sharpston dans la même affaire, en citant également le 18ème considérant de la DCE pour justifier de la nécessité d'une action communautaire.[2769]

1272. Enfin, en 2013, la Cour a rendu un arrêt dans un domaine indirectement lié à la protection des eaux qui présente un intérêt certain.[2770] Si le juge reprend le procédé par lequel les considérants de la directive en cause sont cités pour justifier de la nécessité d'une action européenne,[2771] il complète ce raisonnement. La Cour explique en effet que le principe de subsidiarité se trouve dans les modalités de mise en œuvre de la directive par les États membres. La justification ne se joue pas sur le même terrain que celle du principe de subsidiarité, mais elle a le mérite d'exister.[2772]

1273. On remarque donc que la simple évocation de l'exposé des motifs du texte en cause suffit pour justifier du respect du principe de subsidiarité. Or, rappelons qu'on trouve très peu d'arguments à ce sujet dans les textes préparatoires des actes communautaires.

1274. De façon plus générale, cette analyse de la jurisprudence permet de démontrer que la Cour de justice européenne fait preuve d'une retenue importante à l'égard du principe de subsidiarité. On peut en conclure que ce principe est très peu envisagé par la Cour. Quand il en est question, les juges font preuve de beaucoup de retenue, et vont répondre parfois à la question de la nécessité d'une action européenne avec des arguments bien éloignés de la substance du principe de subsidiarité.

La Cour suprême du Canada utilise un procédé différent au regard du principe fédératif, tout en étant dans une tendance à l'autolimitation similaire à celle de la Cour de justice européenne.

B. Au Canada

1275. Selon R. Tassé, « le partage des pouvoirs est une question qui se situe au cœur de tout régime fédéral de gouvernement [...] parce que le partage des pouvoirs définit les zones d'intérêt commun ou partagé qui sont de la compétence de l'autorité centrale ainsi que les zones d'autonomie qui demeurent de la compétence des composantes fédérées [...] »[2773].

L'auteur fait également ressortir que dans ce cadre, la Cour suprême a beaucoup fait évoluer la Constitution canadienne : « les mesures législatives [...] subissent le test du partage des compétences »[2774]. Rappelons que le rôle

---

[2768] *Ibid*, point 56. Nous soulignons.

[2769] CJCE, 30 nov. 2006, *Commission c/ Luxembourg*, Aff. C-32/05, *Rec.* p I-11349, point 2.

[2770] CJUE, 26 sept. 2013, *IBV & Cie*, Aff. C-195/12, non publié au Journal Officiel.

[2771] *Ibid.*, point 32.

[2772] *Ibid.*

[2773] R. TASSÉ, « Remarques introductives », in G.-A. BEAUDOIN *et al.*, *Le fédéralisme de demain : réformes essentielles/Federalism for the Future : Essential Reforms*, Montréal, Wilson & Lafleur, 1998, p 5.

[2774] *Ibid.*, pp 7 & 29.

du juge est de « préserver l'intégrité de la structure fédérale »[2775]. Néanmoins, en approchant la jurisprudence de la Cour suprême, il apparaît que le juge analyse les situations avec une certaine retenue au regard du principe fédératif. C'est ce qui ressort de manière générale de son travail (*1-*) ; et qui est confirmé en matière de protection de l'environnement et plus spécifiquement des eaux (*2-*).[2776]

1. Tendances générales ressortant de la doctrine

1276. Dans un premier temps, A. Lajoie relève et explicite deux périodes au cours desquelles la Cour suprême a présenté des tendances centralisatrices, et une troisième période (la plus récente pour la date de l'ouvrage) où elle relève un renversement « au moins quantitatif de la situation »[2777]. Plus récemment, G. Otis fait ressortir les poussées intégrationnistes qui, sous l'impulsion des juges, jouent sur le fédéralisme canadien et tendent dès lors vers le renforcement du pouvoir central au détriment de la diversité juridique. Il étaye ses propos en prenant comme exemple le domaine du commerce interprovincial.[2778] Enfin, R. Pelletier et M. Tremblay se basent sur l'évolution de la jurisprudence de la Cour suprême au sujet du partage des compétences pour établir que malgré certaines phases à tendance décentralisatrice, la Cour agit en faveur d'une centralisation des compétences.[2779]

1277. E. Brouillet fait ressortir à ce sujet que la Cour suprême travaille en faveur d'un fédéralisme moderne, coopératif et souple, dans le cadre duquel le principe d'exclusivité des compétences n'est pas absolu.[2780] De même, J. Leclair affirme que la Cour adopte une approche fonctionnelle, centrée sur

---

[2775] Renvoi : résolution pour modifier la Constitution, [1981] 1 R.C.S.753, 821. (dit Renvoi Rapatriement)

[2776] Notons que l'analyse de la jurisprudence en matière de protection de l'environnement et des eaux est plus développée que les tendances générales, car la jurisprudence s'y prête. C'est la raison pour laquelle cette partie est moins développée en matière de jurisprudence européenne : quantitativement, l'analyse s'y prête moins. Cela permet de faire ressortir l'ampleur de l'activisme des groupes d'intérêts canadiens, en comparaison avec celui des groupes européens. Un exemple significatif de cette tendance canadienne se trouve dans le contexte de l'affaire *Friends of the Oldman River*. Voy. à ce sujet L. JUILLET, « Les politiques environnementales canadiennes », in M. TREMBLAY (dir.), *Les Politiques publiques canadiennes*, Québec, Les Presses de l'Université Laval, 1998, p 195 ; ainsi que *Friends of the Oldman River Society* c. *Ministre des Transports du Canada*, [1992] 1 R.C.S. 3, 65-69.

[2777] I. BERNIER, A. LAJOIE (dir.), *La Cour suprême du Canada comme agent de changement politique*, Ottawa, Commission Royale sur l'Union économique et les perspectives de développement du Canada, 1986, 225 pages.

[2778] G. OTIS, « La Justice constitutionnelle au Canada à l'approche de l'an 2000 : uniformisation ou construction plurielle du droit? », *Revue de Droit d'Ottawa/Ottawa Law Review*, 27, 1995, pp 261 &s.

[2779] R. PELLETIER, M. TREMBLAY (dir.), *Le Parlementarisme Canadien*, Québec, Presses de l'Université Laval, 2009, 581 pages.

[2780] E. BROUILLET, *L'identité culturelle québécoise et le fédéralisme canadien*, thèse de Doctorat, Québec, Faculté des études supérieures, Université Laval, 2003, 623 pages ; E. BROUILLET, « La dilution du principe fédératif et la jurisprudence de la Cour suprême du Canada », *Les Cahiers de Droit*, vol. 45, 1, mars 2004, pp 35-36 ; E. BROUILLET, Y. TANGUAY, « The Legitimacy of the Constitutional Arbitration Process in a Multinational Federative Regime : The Case of The Supreme Court of Canada », *U.B.C. L. Rev.*, vol. 45/1, 2012, p 73.

« l'efficacité économique plus que sur tout autre facteur »[2781]. L. Juillet confirme cette assertion : l'importance de la compétitivité de l'économie canadienne prioriserait l'objectif de « simplifier l'harmonisation de l'environnement réglementaire des entreprises »[2782].

Notons que le point de vue des auteurs canadiens anglophones est bien différent à ce sujet. P. W. Hogg ne relève pas de telles tendances au sujet du fédéralisme et du rôle de la Cour suprême.[2783]

Néanmoins, que ce soit dans la doctrine anglophone ou francophone, le rôle central de la Cour apparaît. Elle est la dernière arbitre des conflits du fédéralisme.[2784]

1278. Jusqu'à la fin des années 2000, et malgré l'importance du principe fédératif pour l'équilibre du partage des compétences, la Cour suprême en traitait très peu. C'est ce qu'E. Brouillet a fait ressortir.[2785]

L'auteure soulève que seules quelques jurisprudences de la Cour suprême traitaient directement du principe fédératif. En 1981, les juges dissidents abordent le sujet dans le *Renvoi Rapatriement*,[2786] puis en 1988 dans l'affaire *CrownZellerbach*[2787] En 1987, dans l'affaire *SEFPO*,[2788] puis en 1991, dans le *Renvoi relatif au régime d'assistance publique du Canada*,[2789] les juges abordent directement la question. En 1998, dans le *Renvoi sur la Sécession*, la Cour suprême affirme que l'exigence « du caractère intouchable des règles répartitrices des compétences et du rôle qui revient aux tribunaux quant au respect de celles-ci ». Elle précise : « il appartient aux tribunaux de

---

[2781] J. LECLAIR, « The Supreme Court of Canada's Understanding of Federalism: Efficiency at the Expense of Diversity", in J.-F. GAUDREAULT-DESBIENS, F. GELINAS (dir.), *Le Fédéralisme dans tous ses états : gouvernance, identité et méthodologie – The states and moods of federalism : governance, identity and methodology*, Cowansville (Québec), Éditions Y. Blais, Bruxelles, Bruylant, 2005, p 384.

[2782] L. JUILLET, « Les politiques environnementales canadiennes », in M. TREMBLAY (dir.), *Les Politiques publiques canadiennes*, Québec, Les Presses de l'Université Laval, 1998, p 195.

[2783] Voy. pour un exemple significatif P.W. HOGG, « Is the Supreme Court of Canada biased in Constitutional Cases? », *The Canadian Bar Review*, vol. LVII, 1979, pp 721-739 ; et P.W. HOGG, *Constitutional Law of Canada*, Scarborough (Ontario-Canada), Thomson Carswell, 2008, pp 5-15 & s. Précisons que les auteurs canadiens anglophones n'ont pas les mêmes postulats de départ que la doctrine francophone au sujet du fédéralisme canadien.

[2784] I. BERNIER, A. LAJOIE (dir.), *La Cour suprême du Canada comme agent de changement politique*, Ottawa, Commission Royale sur l'Union économique et les perspectives de développement du Canada, 1986, 225 pages.

[2785] Voy. E. BROUILLET, « La dilution du principe fédératif et la jurisprudence de la Cour suprême du Canada », *Les Cahiers de Droit*, vol. 45, 1, mars 2004, pp 7-67 ; E. BROUILLET, « Le fédéralisme et la Cour suprême du Canada : quelques réflexions sur le principe d'exclusivité des pouvoirs », *Revue Québécoise de Droit Constitutionnel*, 3, 2010, pp 1-22 ; E. BROUILLET, Y. TANGUAY, « The Legitimacy of the Constitutional Arbitration Process in a Multinational Federative Regime : The Case of The Supreme Court of Canada », *U.B.C. L. Rev.*, vol. 45/1, 2012, pp 47-101.

[2786] Renvoi : résolution pour modifier la Constitution, [1981] 1 R.C.S.753, 840, 905 et suiv. (dit « Renvoi Rapatriement »).

[2787] *R.* c. *Crown Zellerbach Canada ltd.*, [1988] 1 R.C.S. 401. Voy. à ce sujet E. BROUILLET, « La dilution du principe fédératif et la jurisprudence de la Cour suprême du Canada », *Les Cahiers de Droit*, vol. 45, 1, mars 2004, pp 7-67. Pour une idée de l'approche anglosaxonne du sujet voy. K. HARRISON, *Passing the Buck : Federalism and Canadian Environmental Policy*, Vancouver, UBC Press, 2011, pp 36-53 ; et K.M. HOLLAND, F.L. MORTON, B. GALLIGAN, *Federalism and the Environment: Environmental Policymaking in Australia, Canada and the United States*, Westport (États-Unis), Greenwood Publishing Group, 1996, p 45.

[2788] *Le procureur général de l'Ontario c. SEFPO*, [1987] 2 R.C.S. 2, 17-18.

[2789] *Renvoi relatif au régime d'assistance publique du Canada*, [1991] 2 R.C.S. 525.

'contrôle[r] les bornes de la souveraineté propre des deux gouvernements' »[2790].

1279. Une évolution semble prendre forme à la fin des années 2000. En 2007, dans l'affaire *Banque canadienne de l'Ouest*, le juge précise que le fédéralisme est « un principe directeur fondamental ».[2791] Il ajoute que le « partage des compétences qui en représente l'un des éléments fondamentaux visait à respecter cette diversité au sein d'une même nation »[2792]. Il précise que les tribunaux sont les « ultimes arbitres du partage des compétences »[2793], mais, « concrètement, le maintien de l'équilibre des compétences relève avant tout des gouvernements [...] »[2794]. En 2010, dans le *Renvoi relatif à la Loi sur la procréation assistée*,[2795] le juge parle d'un « équilibre constitutionnel entre pouvoirs fédéraux et provinciaux »[2796] et de « l'équilibre fédératif »[2797]. Enfin en 2011, dans un *Renvoi relatif à la Loi sur les valeurs mobilières*,[2798] la Cour affirme que le fédéralisme « exige [...] d'établir un équilibre qui permet tant au Parlement qu'aux législatures d'agir efficacement dans leurs sphères de compétence respectives »[2799].

1280. Si la Cour suprême a longtemps tenté d'éviter le sujet, elle semble s'y intéresser davantage depuis la fin des années 2000. Néanmoins, cette tendance n'a pas encore atteint le domaine de la protection des eaux, dans lequel le principe fédératif fait l'objet d'un manque de justification par la Cour.

2. L'évitement en matière de protection des eaux

1281. Si on adopte une démarche similaire à la démarche quantitative retenue pour l'Union européenne, des résultats confirmant cette tendance apparaissent.

486 arrêts de la Cour suprême du Canada concernent directement ou indirectement la protection de l'eau. Sur les 85 qui entrent dans le domaine du droit constitutionnel, 22 contiennent les termes « compétence » et « fédéralisme »[2800]. Dans ce groupe de résultats, certains sont à exclure, car ne concernant pas directement les problématiques du principe fédératif. Néanmoins, on peut dans ce cas aussi faire préalablement ressortir une tendance : le principe fédératif est très peu envisagé par la Cour en matière de protection des eaux.

Rappelons de façon liminaire que contrairement au droit européen, le droit de l'environnement n'est pas une matière à part entière en droit canadien. Il s'agit davantage d'un agrégat de matières.

[2790] *Renvoi relatif à la sécession du Québec*, [1998] 2 R.C.S. 217, 250. Cité dans E. BROUILLET, *op. cit.*, p 26.
[2791] *Banque canadienne de l'Ouest* c. *Alberta,* [2007] 2 R.C.S. 3, paragraphe 21.
[2792] *Ibid.*, paragraphe 22.
[2793] *Ibid.*, paragraphe 24.
[2794] *Ibid.*
[2795] *Renvoi relatif à la Loi sur la procréation assistée*, [2010] 3 R.C.S. 457.
[2796] *Ibid.,* paragraphe 43.
[2797] *Ibid.*, paragraphe 74.
[2798] *Renvoi relatif à la Loi sur les valeurs mobilières*, [2011] 3 R.C.S. 837.
[2799] *Ibid.*, paragraphe 7.
[2800] Résultat d'une recherche menée en avril 2014 sur le site Internet de la Cour : http://www.scc-csc.gc.ca/home-accueil/index-fra.aspx (page consultée le 2 avril 2014).

1282. Deux cas de figure apparaissent dans ce domaine : les décisions concernant directement le partage des compétences et n'envisageant pourtant pas la question du principe fédératif (*a-*) ; et les affaires dans lesquelles la Cour suprême a traité de cette question. Dans ces cas, la retenue est la tendance majeure (*b-*).

a. L'absence du principe fédératif

1283. Plusieurs décisions majeures traitent du partage des compétences en matière de protection des eaux. Néanmoins, on remarque un absent dans le raisonnement de la majorité de la Cour : le principe fédératif.

1284. C'est en premier lieu le cas de l'affaire *Dryden* de 1976.[2801] Il était notamment question de l'empiétement de la part du Manitoba sur le domaine de compétence fédérale des pêcheries, en matière de protection de la qualité de l'eau. Le juge applique les critères techniques de rattachement pour établir qu'une disposition de protection de la qualité de l'eau peut relever de la compétence fédérale sur les pêcheries « dans la mesure où elle affecte les pêcheries » [2802]. Alors qu'il s'agit d'une question directement reliée à l'équilibre du partage des compétences, il n'est aucunement question du principe fédératif dans le raisonnement du juge.

1285. C'est en deuxième lieu également le cas dans deux affaires connexes : *Fowler* c. *la Reine* et *Northwest* de 1980.[2803] Toutes deux portent sur le l'article 33 de la *Loi sur les pêches*.[2804] Il était question de savoir si l'adoption de cet article relevait de la compétence de l'ordre de gouvernement fédéral en matière de pêcheries. Il s'agissait d'une disposition régissant la protection de l'habitat des poissons, luttant donc contre la pollution des eaux.[2805] Ce problème de droit se place clairement dans une question de partage des compétences, liée à l'équilibre du fédéralisme. Pourtant, les juges, dans ces deux affaires, se concentrent sur des critères techniques et juridiques, sans poser clairement la question des conséquences sur le principe fédératif.

1286. Les juges retiennent la même approche dans l'affaire *Whitbread* de 1990.[2806] Ils établissent une conception large de l'étendue de la compétence fédérale en matière de voies navigables, en se concentrant principalement sur des critères techniques de rattachement. La question fédérative n'intervient pas.[2807] Il en est de même en 2002 dans l'affaire *Ward*,[2808] qui traitait de l'exercice des pouvoirs en matière de pêcheries.

Alors même que les problématiques juridiques posées au juge s'y prêteraient, la Cour suprême semble adopter une démarche d'autolimitation en

---

[2801] *Interprovincial Co-operatives Ltd. et al.* c. *La Reine*, [1976] 1 R.C.S. 477. (dit « Dryden »)

[2802] *Interprovincial Co-operatives Ltd. et al.* c. *La Reine*, *op. cit.*, 492. (dit « Dryden »)

[2803] *Fowler* c. *La Reine*, [1980] 2 R.C.S. 213 ; *Northwest falling contractors LTD* c. *La Reine* [1980] 2 R.C.S. 292.

[2804] *Loi sur les pêches*, (L.R. (1985), ch. F-16).

[2805] Il est notamment question de l'encadrement du déversement de substances nocives dans l'habitat des poissons, c'est à dire l'eau. Aujourd'hui devenu paragraphe 34. Voy. *Ibid.*

[2806] *Whitbread* c. *Walley*, [1990] 3 R.C.S. 1273.

[2807] *Ibid.*, 1274, 1275.

[2808] *Ward* c. *Canada (P.G.)*, [2002] 1 R.C.S. 569. Voy. à ce sujet E. BROUILLET, « La dilution du principe fédératif et la jurisprudence de la Cour suprême du Canada », *Les Cahiers de Droit*, vol. 45, 1, mars 2004, p 40.

la matière. Cette tendance ressort d'autant plus dans les quelques décisions où elle aborde la question du principe fédératif.

b. La retenue du juge à l'égard de la question fédérative

1287. Tout d'abord, en 1992, la Cour suprême rend un des arrêts fondamentaux du partage des compétences en matière de protection des eaux : *Friends of the Oldman River.* [2809] Il était question de la validité législative d'un décret fédéral sur les lignes directrices en matière d'environnement. La Cour a décidé que le gouvernement fédéral pouvait procéder à « une étude des conséquences pour l'environnement de la construction par le gouvernement de l'Alberta d'un important barrage d'irrigation »[2810].

1288. Ce barrage est en réalité au cœur de la question du partage des compétences : c'est un « projet qui touche plusieurs sphères de compétence fédérale, notamment les eaux navigables, les pêcheries, les Indiens et les terres indiennes »[2811]. En même temps, il peut relever de la compétence provinciale en matière d'exploitation des ressources naturelles. Le juge procède dans cet arrêt à un rattachement de la question de l'évaluation environnementale à la compétence fédérale. Malgré la centralité de la question du partage des compétences dans cette affaire, le principe fédératif n'apparaît qu'à une reprise dans le raisonnement du juge : dans la citation d'une autre affaire, dans laquelle il est précisé que la Cour applique une version souple du fédéralisme. Aucune précision supplémentaire n'est apportée à ce sujet. Le juge affirme ainsi que « (l)e fédéralisme canadien a évolué de façon à tolérer à plusieurs égards le chevauchement des lois fédérales et provinciales et [...], une théorie de l'immunité constitutionnelle n'est ni souhaitable ni nécessaire à la réalisation d'objectifs provinciaux réguliers »[2812].

1289. Dans une affaire portant principalement sur le partage des compétences dans un domaine constitué d'agrégats de matières, le principe fédératif est rapidement évoqué, sans être appliqué au cas d'espèce.

1290. Ajoutons au sujet de cette affaire qu'elle symbolise la place prise par les groupes environnementaux dans l'initiative à la formulation du droit. La Cour précise en effet que « (l)'intimée, la Friends of the Oldman River Society [...], un groupe environnemental de l'Alberta, par demande de bref de *certiorari* et de bref de *mandamus* présentée à la Cour fédérale, <u>cherche à forcer deux ministères fédéraux</u> [...] à procéder à une évaluation environnementale [...] »[2813].

1291. Ensuite, en 1997, une deuxième affaire-clé du domaine est rendue. Le juge adopte la même retenue : il s'agit de *R.* c. *HydroQuébec.* [2814] Dans cette affaire, la société québécoise Hydro-Québec est

---

[2809] *Friends of the Oldman River Society* c. *Ministre des Transports du Canada*, [1992] 1 R.C.S. 3.

[2810] S.A. KENNETT, « Federal Environmental Jurisdiction after Oldman (Case comment/chronique de jurisprudence) », *McGill Law Journal / Revue de droit de McGill*, <u>38</u>, 1993, p 180.

[2811] *Friends of the Oldman River Society* c. *Ministre des Transports du Canada*, *op. cit.*, 4.

[2812] *Ibid.*, 83.

[2813] *Ibid.*, 4. Nous soulignons.

[2814] *R.* c. *Hydro-Québec*, [1997] 3 R.C.S. 213. Voy. à ce sujet S. DEIMANN, « R. v. Hydro-Québec : Federal Environmental Regulation as Criminal Law », *McGill Law Journal/Revue de* poursuivie en vertu d'un Arrêté fédéral sur les biphényles chlorés, lui-même adopté en vertu de la *Loi canadienne sur la protection de l'environnement.*[2815] Il lui est reproché d'avoir déversé au début de l'année 1990 des biphényles polychlorés (BPC) dans une rivière.[2816] La société invoque l'inconstitutionnalité de l'Arrêté fédéral.[2817]

1292. Pour envisager un rattachement des dispositions en cause à une sphère de compétence, le juge analyse les différentes options de rattachement, dont celle de la théorie de l'intérêt national. La majorité affirme que « [...] l'environnement est une matière qui touche à tout et [...] si elle était reconnue comme relevant de la compétence législative générale du Parlement en vertu de la théorie de l'intérêt national, elle pourrait modifier radicalement le partage des compétences législatives au Canada »[2818].

1293. C'est à cette étape du raisonnement que le principe d'équilibre et donc le principe fédératif sont envisagés. Mais ils ne sont pas pour autant davantage explicités.

1294. La suite du raisonnement a de quoi surprendre : la majorité va finalement rattacher les dispositions en cause à la compétence fédérale en matière criminelle. Or, lors de ce rattachement, il n'est aucunement question de l'équilibre du fédéralisme dans le raisonnement du juge, alors même que cette analyse se trouve au cœur du principe fédératif. Le rattachement effectué implique pourtant une ouverture importante de la compétence législative fédérale en matière de protection des eaux, dès lors qu'une interdiction est posée.[2819]

1295. Enfin, une affaire datant de 2010 vient confirmer la retenue de la Cour suprême à l'égard de la question fédérative en matière de protection des eaux. Dans la décision *Moses*[2820] la question fédérative n'est pas envisagée par la majorité. C'est dans les dissidences que le principe fédératif est invoqué. La démarche des juges dissidents est néanmoins intéressante à analyser : il y règne une forme d'autolimitation.

1296. Il était question d'un projet relevant de la compétence du Québec, mais ayant des incidences en matière de protection de l'habitat du poisson, relevant donc potentiellement de la compétence fédérale en matière de pêcheries. Le problème de droit se place en centre des problématiques du partage des compétences. Or, la question fédérative n'est envisagée qu'à quatre reprises, dans la dissidence. Le juge dissident ne développe pas pour autant la question : son raisonnement se borne à rappeler que le fédéralisme tel

---

droit de McGill, 43, 1998, pp 923-952 ; et L-R.N. LESCOP, « R. c. Hydro-Québec : la dénaturation du criminel au bénéfice de l'environnement », *Revue juridique Thémis*, 33, 1999, pp 421-444.

2815 *Loi canadienne sur la protection de l'environnement* (L.R. (1985), ch.16) ; (L.R. (1999), ch. 33). Voy. L-R.N. LESCOP, *op. cit.*, p 422.

2816 *R.* c. *Hydro-Québec*, *op. cit.*, 214.

2817 L-R.N. LESCOP, *op. cit.*, p 422.

2818 *R.* c. *Hydro-Québec*, *op. cit.*, 295, paragraphe 15. Nous soulignons. La majorité reprend le raisonnement qui a été adopté par les juges dissidents dans *R.* c. *Crown Zellerbach Canada ltd.*, [1988] 1 R.C.S. 401. Elle confirme au paragraphe suivant sa position en invoquant la décision *Friends of the Oldman River Society* c. *Ministre des Transports du Canada*, [1992] 1 R.C.S. 3.

2819 *R.* c. *Hydro-Québec*, *op. cit.*

2820 *Québec (Procureur général)* c. *Moses*, [2010] CSC 17.

qu'envisagé par la Cour suprême est un fédéralisme coopératif autorisant des chevauchements de compétences.[2821]

1297. Propos conclusifs. - À l'instar de la Cour de justice européenne, la Cour suprême se place dans une forme de retenue à l'égard d'un principe qui est pourtant au cœur de l'équilibre du partage des compétences.

Cela signifie que les critères du principe d'équilibre ne sont ni envisagés, ni appliqués par les acteurs qui sont censés en être les gardiens. On peut ainsi légitimement s'interroger sur l'évolution du partage des compétences en matière de protection des eaux au Canada et en Europe, alors même que les garde-fous posés par les textes constitutifs ne sont pas opérants.

SECTION II. LE RECOURS AUX COMPÉTENCES EXCLUSIVES DE L'ENTITÉ CENTRALE : UNE ATTEINTE AUX PRINCIPES DE NON-CENTRALISATION ET DE NON-SUBORDINATION

1298. En parallèle à la retenue opérée à l'égard des principes fédératif et de subsidiarité, plusieurs mécanismes complètent cette tendance. La coordination des normes de partage des compétences démontre qu'une atteinte est portée au principe de non-centralisation ; tandis que l'exercice du pouvoir de dépenser questionne le principe de non-subordination. Le tout aboutit à des interrogations quant au principe d'équilibre dans le partage européen et canadien des compétences en matière de protection des eaux.

1299. Il s'agit de démontrer le processus de centralisation des compétences : quels mécanismes concourent à sa mise en place dans la protection de la qualité des eaux douces. Il se produit par l'intermédiaire de deux phénomènes : le jeu de la coordination des compétences exclusives, et l'exercice du pouvoir de dépenser des paliers fédéral et communautaire. Le point commun entre eux réside dans le fait qu'une analyse des normes prises isolément ne suffit pas pour faire ressortir les conséquences qu'ils induisent. Il est nécessaire de procéder à des combinaisons de normes, de passer du statique au dynamique.

Une prolifération des chevauchements de compétences, combinée avec les règles de la prépondérance fédérale et de la primauté du droit de l'Union, constituent le premier mécanisme (*paragraphe I*) ; il est complété par l'exercice du pouvoir de dépenser : le second mécanisme (*paragraphe II*).

Paragraphe I. La prolifération des chevauchements de compétences, les règles de la prépondérance fédérale et de primauté du droit de l'Union

Paragraphe II. La contribution de l'exercice du pouvoir de dépenser au phénomène de centralisation des compétences

Paragraphe I. La prolifération des chevauchements de compétences, les règles de la prépondérance fédérale et de primauté du droit de l'Union

1300. Selon T.M.J. Mollers, le droit est le moteur de l'intégration européenne.[2822] E. Orban a fait ressortir que le gouvernement fédéral américain

[2821] *Ibid.*, 34, 41, 63.

a procédé à une centralisation des compétences en sa faveur par le biais de mécanismes de coordination des normes.[2823] Il s'agit d'identifier les mécanismes par lesquels le droit conduit à une centralisation des compétences au Canada et en Europe. Le choix du domaine de la protection des eaux permet une approche rigoureuse et scientifiquement opérante.[2824]

1301. Les ordres juridiques canadien et européen appliquent un procédé similaire : le rattachement de règles de protection de la qualité des eaux à des compétences exclusives. Il s'agit d'identifier les règles de protection des eaux apparaissant dans des textes dont le caractère véritable n'est pas la protection de l'environnement. En droit de l'Union, il s'agit de normes dont la base juridique est différente de la compétence environnementale. En droit canadien, il s'agit de textes dont la base juridique relève d'une compétence exclusive.

1302. Rappelons que si ce critère est nécessaire, il n'est pas suffisant. Le fait de trouver des dispositions de protection des eaux dans d'autres domaines de compétence ne prouve pas en soi une centralisation. C'est la combinaison de ce critère avec celui de la prépondérance fédérale canadienne et du principe de primauté du droit de l'Union qui produit une première preuve de la centralisation juridique des compétences. Il conviendra par la suite de compléter le dispositif par le pouvoir de dépenser, élément primordial au Canada et en Europe en matière environnementale.[2825]

1303. Ainsi, plusieurs mécanismes se combinent dans le droit de l'Union, dominés par le principe d'intégration, le principe de préemption et le principe de primauté (*A-*) ; tandis qu'au Canada, cela se produit par le truchement de la coordination des compétences exclusives (*B-*).

A. Le droit de l'Union : le principe d'intégration, le principe de préemption et le principe de primauté

1304. Dans une Europe « extrêmement active » en droit de l'environnement,[2826] les éléments de preuve apparaissent dans un éventail étendu. Deux contextes sont à dissocier pour une appréhension claire de la combinaison des mécanismes : le contexte législatif européen, c'est-à-dire une analyse des normes européennes (*1-*); et le contexte jurisprudentiel, qui valide le processus (*2-*).

[2822] T.M.J. MÖLLERS, « The Role of Law in European Integration », *The American Journal of Comparative Law*, vol. 48, 4, 2000, pp 679-711.

[2823] E. ORBAN, *La dynamique de centralisation dans l'État fédéral : un processus irréversible?*, Éditions Québec/Amérique, 1984, pp 372-373.

[2824] Précisons qu'en droit de l'Union européenne, nous prenons appui pour ce développement sur le droit primaire et la jurisprudence de la Cour de justice, et non sur des sources doctrinales. Cela s'explique par le fait que la question du partage des compétences ne se pose pas dans les mêmes termes dans la doctrine européenne. Les besoins de la comparaison nous conduisent à avoir cette approche, que nous menons avec le soutien de la méthodologie en droit comparé.

[2825] Voy. *infra* §1403 & s.

[2826] M. FAURE, *L'analyse économique du droit de l'environnement*, Maastricht, Bruxelles, Metro Institute for Transnational Legal Research, Bruylant, 2007, p 265.

1. Le contexte législatif européen : le principe d'intégration et le fonctionnement du marché intérieur

1305. Le rattachement qui s'opère des dispositions de protection des eaux avec des textes relevant de compétences exclusives se produit principalement en vertu de deux mécanismes : le principe d'intégration[2827] et l'harmonisation des législations pour l'établissement et le fonctionnement du marché intérieur.[2828] Il convient dans un premier temps d'en envisager le fonctionnement (*a*-) ; pour ensuite en identifier les conséquences en matière de protection des eaux (*b*-).

a. Principes de fonctionnement

1306. Notons de façon préliminaire qu'historiquement, la politique européenne de l'environnement est notamment née de l'utilisation de l'article 235, devenu 308 TCE, aujourd'hui l'article 352 TFUE.[2829] Cet article a permis, par décision du Conseil européen à l'unanimité, de beaucoup augmenter l'étendue de la compétence de l'Union. Sous le TFUE, ce procédé est plus encadré, de façon à ce que son utilisation ne permette plus les extensions du passé.[2830]

1307. Deux outils juridiques ont une importance non négligeable dans le développement de la protection de l'environnement dans l'ensemble des politiques communautaires.

1308. En premier lieu, l'article 114 TFUE[2831] **en matière d'harmonisation des législations pour l'établissement et le fonctionnement du marché intérieur.** Il s'agit de faciliter la libre circulation des produits dans le marché commun. Historiquement, le recours à cette base juridique s'explique par le fait que la protection de l'environnement n'était pas prévue dans les Traités.[2832] Ainsi, jusqu'à l'adoption de l'Acte unique, l'ensemble de la réglementation européenne environnementale était fondée sur cette base juridique.[2833] Le recours aux ancêtres de l'article 114 TFUE aurait pu s'arrêter dès lors que la protection de l'environnement a bénéficié d'une base juridique propre.

[2827] Traité sur le Fonctionnement de l'Union européenne, TFUE, JO n° C 83 du 30 mars 2010, art. 11.

[2828] *Ibid.*, art. 114.

[2829] Jusqu'à l'entrée en vigueur du traité de Lisbonne, l'article 235, devenu article 308 TCE, disposait : « Si une action de la Communauté apparaît nécessaire pour réaliser, dans le fonctionnement du marché commun, l'un des objets de la Communauté, sans que le présent traité ait prévu les pouvoirs d'action requis à cet effet, le Conseil, statuant à l'unanimité sur proposition de la Commission et après consultation de l'Assemblée, prend les dispositions appropriées ». Cité dans G. ISAAC, M. BLANQUET, *Droit général de l'Union européenne*, Paris, Sirey, 10ème Édition, 2012, pp 76-77.

[2830] La nouvelle version introduite par le traité de Lisbonne et apparaissant à l'article 352 TFUE insiste, selon G. Isaac et M. Blanquet, « sur l'interdiction d'élargissement des domaines de compétence de l'Union au-delà du cadre général résultant de l'ensemble des dispositions des traités […] ». Pour plus de précisions, voy. G. ISAAC, M. BLANQUET, *op. cit.*, p 76 & 79.

[2831] Traité sur le Fonctionnement de l'Union européenne, *op. cit.*, art. 114. Anciennement art. 100 TCEE, puis art. 95. TCE.

[2832] A. JORDAN (dir.), *Environmental Policy in the European Union*, London, Earthscan, 2007, p 22.

[2833] En parallèle avec l'utilisation de l'article 235, devenu 308 TCE, lui-même devenu l'article 352 TFUE. Pour plus de précision, voy. *Ibid.*, pp 22 & s.

1309. Or, comme le soulève P. Thieffry, « la majorité des mesures intéressant la protection de l'environnement concerne aussi l'établissement et le fonctionnement du marché intérieur […] »[2834]. N. de Sadeleer ajoute qu'« en raison du principe de prévention et de réduction de la pollution à la source (article 192 §2 TFUE ; ancien article 175§2 TCE), les exigences environnementales sont progressivement intégrées dans la politique de produits »[2835].

1310. Ainsi, ce procédé historique demeure et permet l'intégration de normes de protection de l'environnement dans des textes dont la base juridique n'est pas celle de l'environnement. Le principe est celui de la prise en compte de la protection de l'environnement à titre accessoire dans les règles de libre circulation dans le marché intérieur.[2836] Ce mécanisme a pu être considéré comme faisant partie de l'ambigu principe d'intégration.[2837] Si historiquement il est apparu avant la consécration de l'intégration par les traités, l'article 114 TFUE adopte la même démarche générale. Il apparaît ainsi opportun de l'envisager en tant que mécanisme permettant la réalisation du principe d'intégration.

1311. En second lieu, il convient d'analyser le large principe d'intégration de l'environnement dans les politiques communautaires. Dès 1985, la Cour de justice consacre le caractère d'objectif prioritaire de la protection de l'environnement « en termes dépourvus d'ambiguïté »[2838]. Le juge affirme que « […] le principe de la liberté du commerce n'est pas à considérer d'une manière absolue, mais est assujetti à certaines limites justifiées par les objectifs d'intérêt général poursuivis par la Communauté […] »[2839].

1312. L'Acte unique [2840] va consacrer très peu de temps après « l'omniprésence de ces préoccupations dans les autres politiques européennes »[2841]. L'article 6 TCE inaugure ainsi les débuts du principe d'intégration en disposant : « […] les exigences en matière de protection de l'environnement doivent être intégrées dans la définition et la mise en œuvre des autres politiques […] »[2842].

1313. Ce principe d'intégration va être progressivement mis en œuvre, la Communauté privilégiant l'approche au cas par cas.[2843] C'est suite au Traité de Maastricht[2844] que le principe est rendu véritablement obligatoire pour les

---

[2834] P. THIEFFRY, *Droit de l'environnement de l'Union européenne*, Bruxelles, Bruylant, 2ème Édition, 2011, p 67.

[2835] N. SADELEER (de), « Particularités de la subsidiarité dans le domaine de l'environnement », *Droit et Société*, vol. 1, 80, 2012, p 78.

[2836] P. THIEFFRY, *op. cit.*, p 48.

[2837] Le principe d'intégration apparaît à l'art. 11 TFUE. Il implique que l'ensemble des politiques communautaires tienne compte de la protection de l'environnement. Il s'agit de considérer toutes les sources de pollution : industrielles, énergétiques, touristiques, agricoles etc. Pour plus de précisions, voy. *Ibid.*, p 48, note 155 ; ainsi que *infra* §1315 & s.

[2838] *Ibid.*, p 835.

[2839] CJCE, 7 févr. 1985, *Association de défense des brûleurs d'huiles usagées*, Aff. C-240/83, *Rec.* 1985, p 531.

[2840] Acte unique, 1986, JO L 169 du 29 juin 1987.

[2841] P. THIEFFRY, *Droit de l'environnement de l'Union européenne*, Bruxelles, Bruylant, 2ème Édition, 2011, p 835.

[2842] Acte unique, 1986, JO L 169 du 29 juin 1987, art. 6.

[2843] P. THIEFFRY, *op. cit.*, p 835.

[2844] Traité de l'Union européenne, JOCE C 191 du 29 juillet 1992, dit « Traité de Maastricht ».

institutions européennes. Le cinquième programme d'action pour l'environnement[2845] matérialise la nouvelle stratégie européenne centrée sur le développement durable. C'est dans ce cadre que l'exigence d'intégration est renforcée.[2846] Il s'agit en effet de tenir compte de tous les facteurs de pollution : industriels, énergétiques, touristiques, agricoles, et liés aux transports.[2847] Le Traité d'Amsterdam renforce encore l'exigence d'intégration « en en faisant un facteur essentiel de promotion du développement durable »[2848].

1314. Le principe d'intégration couvre en théorie un large spectre : en réalité l'ensemble des politiques européennes. L'objectif est d'intégrer complètement la protection de l'environnement dans toutes les interventions des institutions communautaires, « un défi à long terme »[2849]. Cela s'inscrit dans la démarche plus globale de promotion du développement durable, afin d'assurer une efficacité de la protection de l'environnement.[2850] Cela s'inscrit aussi dans le cadre de la nouvelle logique de gouvernance européenne.[2851] Le Conseil d'État précise que le succès de cette démarche est « pour le moment limité », car « tenter de mettre les autres politiques sectorielles de l'Union en harmonie avec la politique de l'environnement » s'avère difficile.[2852] Néanmoins cela signifie que le dispositif juridique de protection de l'environnement, et ainsi des eaux est éclaté dans l'ensemble de l'ordre juridique européen.

b. Identification d'indices de l'intégration de la protection de la qualité des eaux douces

1315. N. de Sadeleer fait ressortir qu'il n'existe pas une politique environnementale européenne, mais plusieurs, en raison de la diversité des bases juridiques concernées.[2853] C'est effectivement le cas en matière de protection de la qualité des eaux.

1316. Le processus d'intégration est suivi en la matière : l'eau douce est une ressource qui s'y prête, d'autant plus que l'approche utilitariste historiquement employée en Europe est reprise à l'identique par les

---

[2845] Cinquième Programme d'Action pour l'Environnement : « Vers un développement soutenable » (1992-2000), Résolution du Conseil et des représentants des gouvernements des États membres réunis au sein du Conseil, du 1er février 1993, concernant un programme communautaire de politique et d'action en matière d'environnement et de développement durable, JOCE 1993, C 138.

[2846] I. CONESA ALCOLEA, M. BOUSQUET, *L'eau et l'Union européenne. Un guide sur la politique, sa mise en œuvre et ses instruments*, Plouzané (France), Ifremer, 2001, p 18.

[2847] *Ibid.*, p 18.

[2848] *Ibid.*, p 22. Voy. également M-P. BLIN-FRANCHOMME, « Internormativité et réseau d'autorités : regards sur la méthode communautaire en droit de l'environnement », *Petites Affiches*, 200, 6 octobre 2004, p 55.

[2849] I. CONESA ALCOLEA, M. BOUSQUET, *op. cit.*, p 22.

[2850] Voy. *supra* §711 & s. pour le principe d'efficacité ; ainsi que *supra* §763 & s. pour la stratégie de promotion du développement durable.

[2851] Commission des Communautés Européennes, *Gouvernance Européenne – Un Livre Blanc*, COM (2001) 428 final ; M-P. BLIN-FRANCHOMME, *op. cit.*, p 55.

[2852] Rapport du Conseil d'État, *L'eau et son droit*, 18 février 2010, p 39.

[2853] N. SADELEER (de), « Particularités de la subsidiarité dans le domaine de l'environnement », *Droit et Société*, vol. 1, 80, 2012, p 78.

institutions européennes.[2854] Cette approche fondée sur les usages de l'eau facilite l'application du principe d'intégration de la protection de la ressource dans les autres politiques de l'Union.

1317. Si l'on souhaite avoir une idée précise de l'ampleur du phénomène, on peut tenter une recherche dans la base de données officielle réunissant les sources du droit européen. Le résultat est édifiant : 2414 textes européens, dont 1054 règlements et 289 directives concernent l'eau, directement ou indirectement.[2855] Certains de ces textes n'imposent pas en soi de normes prescriptives de protection des eaux douces. Il apparaît intéressant d'analyser un peu plus précisément ces résultats.

En effet, 599 de ces textes sont répertoriés dans le code du répertoire comme faisant partie du domaine de l'agriculture ; 315 en matière de marché intérieur ; 279 en matière de protection de l'environnement, des consommateurs et de la santé ; 98 en matière de pêche ; 67 en matière d'énergie et 57 en matière de transports.[2856]

1318. La question qui se pose alors est celle de savoir si certains de ces textes adoptent une réelle démarche prescriptive en matière de protection des eaux douces. En étudiant les textes majeurs s'appliquant dans le domaine agricole, en matière de pêche, comme en matière de transports et de fonctionnement du marché intérieur, on peut répondre par l'affirmative.[2857] **Mais les mécanismes diffèrent parmi ces domaines : chacun procède selon son mode de fonctionnement propre.**

1319. En effet, il ressort que le domaine concernant le marché intérieur privilégie un octroi d'autorisation de mise sur le marché conditionné à la protection (notamment) de la ressource ; tandis que les domaines de la pêche, de l'agriculture et des transports privilégient l'approche des financements conditionnés (notamment) à la protection des eaux.

1320. Sur le plan juridique, cela implique des conséquences qu'il convient de distinguer. Dans le domaine du marché intérieur, il s'agit d'une réelle démarche prescriptive, tandis que les domaines de l'agriculture, la pêche et les transports adoptent un fonctionnement plus indirect : la conditionnalité des financements. Ces trois domaines obéissent donc à des règles différentes de celles du partage classique des compétences : celles des financements qui seront envisagés ultérieurement.[2858] **Il reste ainsi à envisager l'intégration de la protection de la qualité des eaux douces dans le domaine du marché intérieur.**

1321. Un des textes centraux en la matière est le Règlement « REACH » [2859] **en matière d'enregistrement, d'évaluation et**

[2854] Voy. *supra* §199 & s., et §243 & s.

[2855] Recherche menée le 4 avril 2014 sur le site officiel de l'Union européenne destiné au droit de l'Union « Eur-Lex »: http://eur-lex.europa.eu/ (page consultée le 4 avril 2014).

[2856] Recherche menée le 4 avril 2014 sur le site officiel de l'Union européenne destiné au droit de l'Union « Eur-Lex »: http://eur-lex.europa.eu/ (page consultée le 4 avril 2014).

[2857] Notons que notre attention se porte sur ces domaines de compétence car ils sont des domaines de compétence partagée, dans le cadre desquels l'Union est intervenue de manière significative. Ainsi, dans ce cadre, ces domaines sont devenus des compétences exclusives par exercice. Pour davantage d'explications, voy. *supra* §583 & s.

[2858] Une situation qui est envisagée *infra* §1406 & s.

[2859] Règlement (CE) n°1907/2006 du Parlement et du Conseil, du 18 déc. 2006, concernant l'enregistrement, l'évaluation et l'autorisation des substances chimiques, ainsi que les restrictions applicables à ces substances (REACH), instituant une agence européenne des

d'autorisation des substances chimiques. Son fondement juridique est l'article 95 TCE, ancêtre de l'article 114 TFUE en matière d'harmonisation des législations pour le fonctionnement du marché intérieur. Pourtant, la protection de l'environnement et plus spécifiquement des milieux aquatiques est largement prise en compte.

L'article 1er de ce règlement dispose en effet :

> 1. Le présent règlement vise à assurer un niveau élevé de protection de la santé humaine et de l'environnement, y compris la promotion de méthodes alternatives pour l'évaluation des dangers liés aux substances, ainsi que la libre circulation des substances dans le marché intérieur tout en améliorant la compétitivité et l'innovation.
>
> [...]
>
> 3. (Il) repose sur le principe qu'il incombe aux fabricants, aux importateurs et aux utilisateurs en aval de veiller à fabriquer, mettre sur le marché ou utiliser des substances qui n'ont pas d'effets nocifs pour [...] l'environnement [...].[2860]

1322. Le principe de ce règlement est d'octroyer des autorisations de mise sur le marché sur la base de plusieurs éléments, dont la sécurité chimique du produit. Dans ce cadre, le règlement précise de façon stricte le contenu des fiches techniques à fournir pour l'évaluation du produit. L'analyse des dangers pour les milieux aquatiques (informations « écotoxicologiques ») et notamment les effets potentiels sur l'activité microbiotique des systèmes de retraitement des eaux sont pris en compte pour l'octroi des autorisations.[2861]

1323. Ainsi, la protection des eaux est bien prise en compte par cet imposant règlement « REACH », dont la portée s'étend à l'ensemble des produits chimiques fabriqués dans l'Union. Notons également qu'il s'agit d'un règlement et non d'une directive, ce qui implique un effet direct dans l'ordre juridique des États membres. D'où une portée d'autant plus étendue.

Trois autres exemples significatifs en matière de produits ressortent : les biocides, les médicaments et les eaux minérales.[2862]

1324. En premier lieu, la Directive 98/8/CE[2863] concerne la mise sur le marché des produits biocides et prend en compte les effets de ces produits

---

produits chimiques, modifiant la directive 1999/45/CE et abrogeant le règlement (CEE) n°793/93 du Conseil et le règlement (CE) n°1488/94 de la Commission ainsi que la directive 76/769/CEE du Conseil et les directives 91/155/CEE, 93/67/CEE, 93/105/CE et 2000/21/CE de la Commission, JOUE 2006, L 396/1.

[2860] *Ibid.*, art. 1er.

[2861] Voy. *Ibid.*, Annexe I. Pour compléter les exigences en matière de conditions d'évaluation, voy. Règlement (UE) n°260/2014 de la Commission, du 24 janvier 2014, modifiant, aux fins de son adaptation au progrès technique, le règlement (CE) n°440/2008 établissant des méthodes d'essai conformément au règlement (CE) n°1907/2006 du Parlement et du Conseil concernant l'enregistrement, l'évaluation et l'autorisation des substances chimiques, ainsi que les restrictions applicables à ces substances (REACH), JOUE 2014, L 81/1.

[2862] Les produits biocides sont définis dans la directive comme « les substances actives et les préparations contenant une ou plusieurs substances actives qui sont présentées sous la forme dans laquelle elles sont livrées à l'utilisateur, qui sont destinées à détruire, repousser ou rendre inoffensifs les organismes nuisibles, à en prévenir l'action ou à les combattre de toute autre manière, par une action chimique ou biologique », voy. Directive 98/8/CE du Parlement et du Conseil, du 16 févr. 1998, concernant la mise sur le marché des produits biocides, JOUE 1998, L 123/1, art. 2-1 a). D'autres exemples apparaissent dans les textes communautaires, à l'instar du Règlement (CE) n° 648/2004 du Parlement et du Conseil du 31 mars 2004 relatif aux détergents, JOUE 2004, L 104/1, considérant (7) et Annexe IV.

sur la qualité des eaux. Ainsi, selon l'article 5-1 b) iv), le produit biocide peut être autorisé par les États membres si, notamment, il n'a pas « [...] d'effet inacceptable sur l'environnement, compte tenu particulièrement (de) [...] son devenir et son comportement dans l'environnement, notamment en ce qui concerne la contamination des eaux de surface [...], les eaux souterraines et les eaux potables [...] »[2864].

1325. Une des conditions d'octroi d'une autorisation de mise sur le marché d'un biocide en vertu de cette directive est donc l'absence d'incidence sur les ressources en eau.

1326. En deuxième lieu, la Directive 2001/83/CE présente les règles d'autorisation de mise sur le marché des médicaments.[2865] La protection des eaux y est indirectement visée à l'article 8-3 g), puisque le produit doit faire l'objet d'une étude sur ses risques pour l'environnement, dont les résultats doivent être annexés à la demande d'autorisation.[2866]

1327. En dernier lieu, la Directive 2009/54/CE concernant l'exploitation et la mise en commerce des eaux minérales naturelles concerne également la qualité de l'eau, en tant que qualité d'un produit.[2867] L'article 4 interdit le traitement de l'eau « telle qu'elle se présente à l'émergence », et l'article 6 impose un dispositif de fermeture destiné à éviter la contamination de l'eau.[2868]

1328. Ainsi, sur la base des articles 100A, puis 95 TCE, puis 114 TFUE, l'Union européenne a adopté un certain nombre de règles qui contiennent des prescriptions quant à la qualité des eaux douces. Cela constitue un indice de la présence de règles de protection des eaux en dehors du champ de la compétence partagée de l'environnement. La question devient une problématique dès lors qu'on combine ces données avec les règles appliquées par le juge européen en matière de préemption et de primauté du droit de l'Union sur celui des États membres.

2. La mise en perspective jurisprudentielle : la validation du processus par la Cour de justice

1329. La présence de normes de protection de la qualité des eaux dans des instruments dont la base juridique est l'article 114 TFUE ou ses ancêtres est un constat juridique, mais ne revêt pas de signification particulière en soi. Il est nécessaire de mettre ce phénomène en perspective avec les règles qui président au partage des compétences. Ce procédé doit donc être successivement combiné avec deux principes qui s'appliquent à lui, et qui vont être des révélateurs de la portée juridique de cette intégration : la théorie de la préemption (*a-*) ; puis le principe de primauté du droit de l'Union (*b-*). Notons que la jurisprudence révèle un supplément consacré par le juge : les compétences internes implicites, qui, au même titre

---

2863 Directive 98/8/CE, *op. cit.*
2864 *Ibid.*, art. 5-1 b) iv).
2865 Directive 2001/83/CE du Parlement et du Conseil, du 6 nov. 2001, instituant un code communautaire relatif aux médicaments à usage humain, JOUE 2001, L 311/67.
2866 *Ibid.*, art. 8-3 g).
2867 Directive 2009/54/CE, du Parlement et du Conseil, du 28 juin 2009, relative à l'exploitation et à la mise dans le commerce des eaux minérales naturelles, JOUE 2009, L 164/45.
2868 *Ibid.*, art. 4 & 6.

que la préemption, permettent la création de compétences exclusives par exercice, et qui vont se voir appliquer le principe de primauté.

a. Les premiers mécanismes : la préemption et le supplément jurisprudentiel des compétences implicites

1330. Il s'agit d'identifier deux mécanismes qui vont permettre de rendre une compétence exclusive par exercice. Le premier découle de l'activité législative du parlement, le second provient de la jurisprudence de la Cour de justice.

1331. En premier lieu, la théorie de la préemption « désigne le processus en application duquel 'les États membres sont privés de tout pouvoir normatif, lorsque la compétence concurrente est devenue exclusive pour la Communauté, qui l'a exercé dans son intégralité' »[2869]. Nous avons envisagé les différents degrés de préemption en fonction de l'intensité de l'exercice de la compétence par l'Union.[2870] Le cas le plus fréquent est celui où l'Union européenne a commencé à exercer sa compétence, mais ne l'a pas épuisée.[2871] L'intervention des États membres est possible à condition de respecter certaines conditions : les stipulations générales des traités et les principes généraux du droit communautaire,[2872] ainsi que l'obligation de coopération. De plus, les législations nationales doivent être compatibles avec les règles de l'Union déjà édictées.[2873]

1332. V. Michel a établi deux types de réponses prétoriennes face à la préemption. La première est dogmatique : la CJUE a pu adopter « des formules particulièrement fermes révélant sa volonté d'asseoir les compétences communautaires »[2874]. L'auteure a relevé cette tendance dans l'arrêt *S.A.I.L.* en matière de produits laitiers,[2875] puis dans l'affaire *Galli* dans le secteur des matières grasses. [2876] Dans ces cas, même si « le droit communautaire (était) lacunaire », « la réglementation adoptée (par l'Union) impliquait l'incompétence des États »[2877].

1333. En second lieu, V. Michel a soulevé une approche plus pragmatique de la Cour, lors d'affaires dans lesquelles « la Cour n'a pas rejeté l'hypothèse de compétences concurrentes et n'a conclu à la préemption de la compétence nationale qu'après un examen au fond de la portée de la réglementation communautaire »[2878]. Dans ce cadre, l'auteure a relevé deux catégories de

---

[2869] V. MICHEL, *Recherches sur les Compétences de la Communauté*, Paris, L'Harmattan, 2003, p 381.

[2870] Voy. *supra* §586 & s.

[2871] G. ISAAC, M. BLANQUET, *Droit général de l'Union européenne*, Paris, Sirey, 10ème Édition, 2012, p 84 ; J.-M. FAVRET, *Droit et pratique de l'Union européenne,* Paris, Gualino, Lextenso Éditions, 6ème Édition, 2009, p 200.

[2872] G. ISAAC, M. BLANQUET, *op. cit.*, pp 84-85 ; J.-M. FAVRET, *op. cit.*, p 200.

[2873] CJCE, 18 mai 1977, *Officier van Justitie c/ Beert van den Hazel*, Aff. 111/76, *Rec.* p 901 ; CJCE, 26 févr. 1980, *Procédure pénale c/ Pieter Vriend*, Aff. 94/79, *Rec.* p 237. Pour plus de précisions, voy. G. ISAAC, M. BLANQUET, *op. cit.*, p 85.

[2874] V. MICHEL, *Recherches sur les Compétences de la Communauté*, Paris, L'Harmattan, 2003, p 383.

[2875] CJCE, 21 mars 1972, *Ministère public de la République italienne* c. *Società agricola industria latte (SAIL)*, Aff. 82/71, *Rec.* 1972, p 119.

[2876] CJCE, 23 janv. 1975, *Filippo Galli*, Aff. 31/74, *Rec.* 1975, p 47.

[2877] V. MICHEL, *op. cit.*, p 383.

[2878] *Ibid.*, p 382.

critères : le critère subjectif et le critère objectif.[2879] Ainsi, de façon générale, la Cour semble osciller dans son mode de raisonnement, en fonction des circonstances.

1334. V. Michel fournit une précision qui peut se révéler d'une grande aide pour notre raisonnement : la portée juridique de la préemption ne peut pas être opérante dans tous les domaines de compétence partagée, indépendamment de l'intensité d'exercice de la compétence par l'Union.

1335. Selon l'auteure, dans la protection de l'environnement, « l'exercice de la compétence n'est pas de nature à dessaisir les États »[2880]. En effet, « ils demeurent titulaires d'une compétence normative, à condition de l'exercer pour adopter des dispositions plus strictes que celles arrêtées par le législateur communautaire »[2881]. Ainsi, l'exercice de sa compétence en matière de protection de l'environnement ne permet pas à l'Union de dessaisir les États de leur compétence normative. Certains ont pu y voir une expression du principe de subsidiarité.[2882]

1336. Or, il apparaît que l'Union adopte des dispositions de protection des eaux sous d'autres bases juridiques, notamment l'article 114 TFUE.[2883] V. Michel affirme à ce sujet que : « si la théorie de la préemption peut conduire à un dessaisissement des États dans le domaine des compétences conjointes à dominante communautaire, ceci ne peut concerner que l'harmonisation mentionnée aux articles 93, 94 et 95 TCE »[2884]. L'auteure applique également la doctrine de la préemption en matière de politique commerciale, et au sujet de la politique agricole commune.[2885]

1337. Rappelons que l'article 2 paragraphe 2 TFUE dispose que « [...] (l)es États membres exercent leur compétence dans la mesure où l'Union n'a pas exercé la sienne. Les États membres exercent à nouveau leur compétence dans la mesure où l'Union a décidé de cesser d'exercer la sienne »[2886].

1338. Si l'on suit ce raisonnement, il apparaît que les dispositions de protection des eaux contenues dans des textes fondés juridiquement sur l'article 114 TFUE (ou 100A TCE, ou 95 TCE) ont pour effet de dessaisir les États membres de leur compétence en la matière.[2887] Précisons que, comme le soulève N. de Sadeleer, la Cour retient une conception large du recours à l'article 114 TFUE lorsque l'acte en cause n'a pas seulement pour but de

---

[2879] Pour un développement complet à ce sujet, voy. *Ibid.*, pp 383 & s.

[2880] V. MICHEL, *op. cit.*, p 405.

[2881] En vertu de l'article 193 TFUE. Notons que le pouvoir des États membres d'adopter des mesures plus strictes n'est pas absolu. Voy. V. MICHEL, *op. cit.*, p 405 ; ainsi que N. SADELEER (de), *Environnement et marché intérieur*, Éditions de l'université de Bruxelles, 2010, pp 423 & s.

[2882] Voy. Conclusions de l'Avocat général Cosmas sous CJCE, 22 juin 2000, *Fornasar*, Aff. C-318/98, *Rec.* 2000, p. I-4785, point 35. Cité dans N. SADELEER (de), *op. cit.*, p 422, note 6.

[2883] Et anciennement les articles 100A et 95 TCE.

[2884] L'article 95 TCE, ancêtre de l'article 114 TFUE, permettant une harmonisation des législations au sujet du marché intérieur. Voy. V. MICHEL, *op. cit.*, p 405.

[2885] *Ibid.*, p 406.

[2886] Traité sur le fonctionnement de l'Union européenne, JOUE C 83 du 30 mars 2010, art. 2.

[2887] Il existe un régime dérogatoire à l'article 114 TFUE, mais en matière de préemption, il semble sans incidence significative, comme nous le verrons dans le raisonnement du juge en matière de primauté. Voy. *infra* §1350 & s.

supprimer les entraves sur le marché intérieur.[2888] Ainsi, un acte européen peut contenir des dispositions de protection des eaux sans être *a priori* inquiété quant à la validité juridique de cette présence. Tout ceci implique que les dispositions de protection des eaux comme celles apparaissant dans le Règlement « REACH »[2889], ont la même portée que le Règlement lui-même.

1339. Cela crée des conséquences en termes de compétences : l'Union a ainsi exercé une partie de sa compétence fondée sur le fonctionnement du marché intérieur. Cela implique un dessaisissement des États en matière de pollution des eaux provoquée par des produits, régis par l'article 114 TFUE. Les produits potentiellement polluants sont un relais entre la protection des eaux et la base juridique régissant le marché intérieur.

1340. En second lieu, il s'agit d'envisager un mécanisme construit de toute pièce par le juge communautaire et qui va avoir les mêmes conséquences que la préemption : la constitution de compétences exclusives par exercice.

1341. Ce mécanisme est celui des compétences implicites de l'Union. Il implique un prolongement de compétence par ajustement jurisprudentiel. Consacrée dans un premier temps en matière externe,[2890] cette possibilité a été étendue en interne.[2891]

1342. Le principe est le suivant : l'Union dispose d'une possibilité d'action juridique qui n'est pas explicitement conférée par les traités. Cette compétence normative peut résulter implicitement du texte du traité, voire de son économie générale, si un critère de nécessité est rempli. Il s'agit de compétences non écrites, découlant d'une interprétation téléologique des traités.[2892]

1343. C'est ainsi que le juge a considéré qu'une compétence implicite en matière de protection de l'eau résultait de l'interprétation de l'article 2

2888 Voy. CJCE, 18 mars 1980, *Commission des Communautés européennes* c. *République italienne*, Aff. 91/79 & 92/79, *Rec.* 1980, p 01099 ; CJCE, 9 octobre 2001, *Royaume des Pays-Bas c/Parlement européen*, Aff. C-377/98, *Rec.* p 07079 ; CJCE, 5 octobre 2002, *Allemagne* c. *Parlement et Conseil*, Aff. C-376/98, *Rec.* 2002, p. I-8419. Voy. également N. SADELEER (de), *op. cit.*, p 80, note 14.

2889 Règlement (CE) n°1907/2006 du Parlement et du Conseil, du 18 déc. 2006, concernant l'enregistrement, l'évaluation et l'autorisation des substances chimiques, ainsi que les restrictions applicables à ces substances (REACH), instituant une agence européenne des produits chimiques, modifiant la directive 1999/45/CE et abrogeant le règlement (CEE) n°793/93 du Conseil et le règlement (CE) n°1488/94 de la Commission ainsi que la directive 76/769/CEE du Conseil et les directives 91/155/CEE, 93/67/CEE, 93/105/CE et 2000/21/CE de la Commission, JOUE 2006, L 396/1.

2890 La Cour de justice a créé une catégorie de compétences externes implicites pour favoriser les pouvoirs d'action internationale de la Communauté européenne. La Cour estime que si la Communauté a compétence pour prendre des règles communes dans un secteur donné, elle doit bénéficier du volet international (externe) de cette compétence. Dans l'affaire AETR, il a été décidé que la Communauté étant compétente en matière de transports routiers, elle peut négocier et conclure des accords internationaux en la matière alors même que cela n'était pas prévu dans les traités. Voy. CJCE, 31 mars 1971, *Commission des Communautés européennes* c. *Conseil des Communautés européennes*, Aff. 22/70, *Rec.* p 264 (dit « AETR ») ; CJCE, 14 juill. 1976, *Kramer*, Aff. 34/76 & 6/76, *Rec.* p 1308. Pour un développement complet voy. G. ISAAC, M. BLANQUET, *Droit général de l'Union européenne*, Paris, Sirey, 10ème Édition, 2012, pp 79 & s.

2891 Pour un développement complet voy. *Ibid.*, p 81.

2892 I.J. KOPPEN, « The Role of the European Court of Justice », in A. JORDAN (dir.), *Environmental Policy in the European Union*, London, Earthscan, 2007, pp 67 & s.

TCE et du préambule, plus précisément dérivant de la protection de la « qualité de vie »[2893].

1344. Il s'agit de six affaires dans lesquelles il était question de la mise en œuvre de plusieurs directives de protection de l'environnement par la Belgique. Ces directives combinaient deux bases juridiques : l'article 100 (art. 114 TFUE) et l'article 235 TCE (art. 352 TFUE).

1345. La Cour, dans une première partie de son raisonnement, a considéré que la double base juridique était acceptable dans la mesure où les dispositions de protection de l'environnement permettaient d'éliminer les disparités entre les droits nationaux relatifs « à la qualité requise des eaux superficielles destinées à la production d'eau alimentaire [...] », ce qui a un effet direct sur le fonctionnement du marché commun.[2894]

1346. Dans une seconde partie du raisonnement, le juge établit que la directive en cause tend à réaliser également « par une réglementation plus ample, l'un des objectifs de la Communauté dans le domaine de la protection de milieu et de l'amélioration de la qualité de vie »[2895].

1347. Ainsi, l'Union bénéficie d'une compétence implicite en matière de protection des eaux, découlant de l'interprétation du préambule du traité CE.

1348. La Cour réitère cette compétence en 2005 dans l'affaire *Commission* c. *Conseil* :[2896] elle consacre la validité de l'intervention de l'Union en matière pénale pour assurer une pleine effectivité des normes communautaires de la protection de l'environnement.[2897] Par l'établissement de compétences implicites de l'Union dans certaines parties du droit de la protection des eaux, la Cour de justice étend encore la compétence normative exclusive de l'Union.

1349. À ce stade du raisonnement, nous avons observé que deux mécanismes principaux permettent de rattacher des parties de la compétence en matière de protection des eaux à une compétence exclusive de l'Union : le principe de préemption et la constitution de compétences exclusives par exercice. Cela implique des conséquences juridiques importantes quand on combine ces mécanismes avec le principe de primauté du droit de l'Union.

b. Le second mécanisme impliqué : le principe de primauté

1350. Rappelons de façon liminaire que le principe de primauté a été consacré par la Cour de justice dans l'arrêt *Costa.*[2898] Il implique la prééminence du droit européen sur les droits nationaux. Ainsi, quand une règle nationale est contraire à une disposition européenne, les autorités des États membres doivent appliquer la disposition européenne. Le droit national n'est ni annulé ni abrogé, mais sa force obligatoire est suspendue.[2899]

2893 CJCE, 2 févr. 1982, *Commission* c. *Royaume de Belgique*, Aff. 68 à 73/81, *Rec.* p 153, 163, 169, 175, 183, 189. Voy. I.J. KOPPEN, *op. cit.*, p 74.

2894 CJCE, 2 févr. 1982, *Commission* c. *Royaume de Belgique*, *op. cit.*, p 171, 190.

2895 *Ibid.*, p 191.

2896 CJCE, 13 sept. 2005, *Commission c/Conseil*, Aff. C-176/03, *Rec.* p 7879.

2897 Pour plus de précisions, voy. G. ISAAC, M. BLANQUET, *Droit général de l'Union européenne*, Paris, Sirey, 10ème Édition, 2012, p 81.

2898 CJCE, 15 juillet 1964, *Flaminio Costa* c. *E.N.E.L.*, Aff. 6/64, *Rec.* p 1141.

2899 *Ibid.* Pour plus de précisions, voy. *supra* §642 & s.

1351. La Cour de justice s'est prononcée sur la portée du principe de primauté au sujet des dispositions d'une directive dont la base juridique est l'article 100A (aujourd'hui devenu l'article 114 TFUE). Dans l'affaire *Kortas*,[2900] la Cour a « confirmé la primauté des dispositions d'une directive adoptée sur la base de l'ancien article 100A – pour autant qu'elles remplissent les conditions générales de clarté, de précision et de caractère inconditionnel et que le délai de transposition de la directive en droit interne soit écoulé [...] »[2901]. La portée du principe de primauté est d'autant plus importante en la matière que la norme nationale en question était pourtant « un régime national plus strict »[2902].

1352. Le raisonnement du juge nous donne des indications précieuses sur la portée de l'intégration de dispositions de protection de la qualité des eaux dans un instrument relevant de l'article 114 TFUE. Cela signifie que ces normes de protection des eaux, extraites de leur domaine de compétence naturel (l'environnement), intègrent la force normative de l'instrument dans lequel elles apparaissent.

1353. Dans le cas des dispositions de protection des eaux figurant dans des instruments tels que le Règlement « REACH », ou encore la Directive 2001/83/CE en matière d'autorisation de mise sur le marché des médicaments,[2903] non seulement les États vont être dessaisis de leur compétence en la matière, mais en plus le principe de primauté va s'appliquer à l'encontre de leurs normes nationales.

1354. C'est la raison pour laquelle N. De Sadeleer explique que « le choix de la base juridique est déterminant quant à l'étendue de la marge de manœuvre dont disposera l'État membre »[2904]. La combinaison de l'intégration de l'environnement dans la politique relative au marché intérieur, avec les principes de préemption et de primauté révèle l'étendue réelle de la compétence de l'Union en matière de protection des eaux. L'intégration des considérations environnementales provoque une extension de compétences de l'Union, et une restriction de celles des États membres.

1355. Cette extension de compétences est potentiellement amplifiée si l'on prend en considération la jurisprudence européenne sur les compétences internes implicites. Ce mécanisme crée des ilots de compétence exclusive supplémentaires en matière de protection des eaux au profit de l'Union. On peut présager du résultat d'une combinaison de ce mécanisme avec le principe de primauté : un dessaisissement plus complet encore des États dans notre domaine.

1356. Nous avons établi que les mécanismes de préemption et de constitution de compétences exclusives par exercice permettent de rattacher des règles de protection de la qualité des eaux à des compétences exclusives de l'Union européenne. Ce procédé se place en dehors du raisonnement communément tenu en matière de protection de l'environnement. Il est observé en parallèle au fonctionnement de cette

---

[2900] CJCE, 1er juin 1999, *Kortas*, Aff. C-319/97, *Rec.* 1999, p. I-2223. Cité dans N. SADELEER (de), *Environnement et marché intérieur*, Éditions de l'université de Bruxelles, 2010, p 443.

[2901] N. SADELEER (de), *op. cit.*, p 443.

[2902] *Ibid.*

[2903] Directive 2001/83/CE du Parlement et du Conseil, du 6 nov. 2001, instituant un code communautaire relatif aux médicaments à usage humain, JOUE 2001, L 311/67.

[2904] N. SADELEER (de), *op. cit.*, p 445.

compétence partagée. Certaines règles permettant de protéger l'eau douce relèvent donc de la compétence exclusive de l'Union. En cas de conflit avec une règle issue d'un droit national, le principe de primauté du droit de l'Union s'appliquera.

1357. Par une combinaison du principe de préemption et du mécanisme des compétences exclusives par exercice, avec le principe de primauté, on peut établir qu'une centralisation normative s'opère dans le domaine de la protection de la qualité des eaux.

1358. Pour pouvoir conclure à une véritable centralisation du domaine de l'eau au profit de l'Union, il est nécessaire de compléter nos propos avec une analyse du pouvoir de dépenser de l'Union. Cela permet de comprendre ce phénomène à l'aide d'éléments ayant des conséquences concrètes sur le partage des compétences. Dans ce cadre également, l'intégration de l'environnement aux autres politiques est significative.[2905]

1359. On remarque qu'au Canada, le mécanisme est moins complexe à appréhender puisqu'il fait partie d'un des principes du partage des compétences : il s'agit de la logique des agrégats.

B. Le rattachement canadien de la protection des eaux aux compétences exclusives : les textes et le juge

1360. Rappelons de façon liminaire que la protection de la qualité des eaux douces fait partie du domaine de l'environnement, qui est une compétence partagée entre les paliers fédéral et provincial. Le Québec, comme toute autre province, bénéficie d'une compétence exclusive sur la gestion de ses ressources naturelles, [2906] ce qui implique leur conservation et leur protection.[2907] La compétence fédérale vient en principe poser des limites à cette compétence provinciale, par l'intermédiaire de ses compétences exclusives en matière de navigation et pêcheries notamment.[2908] Le partage des compétences en matière environnementale se produit donc en théorie selon la logique des agrégats : par rattachement à des compétences exclusives de chaque ordre de gouvernement. Trois domaines-clé apparaissent intéressants à explorer : la navigation, la pêche et la compétence criminelle, car tant le législateur fédéral (*1-*) que le juge (*2-*) ont travaillé à un rattachement qui revêt des conséquences juridiques significatives.

[2905] Voy. *infra* §1406 & s.

[2906] Article 92 (5) de la *Loi constitutionnelle de 1867.* Il s'agit en fait d'une compétence liée au droit de propriété des provinces, compétence exclusive en vertu de l'article 109 de la Loi constitutionnelle. Ce principe est précisé en matière de ressources naturelles par l'article 92A (1) de la dite Loi.

[2907] Voir à ce sujet *Interprovincial Co-ops. c. La Reine,* [1976] 1 R.C.S.

[2908] P. BRUN, « La pollution du partage des compétences par le droit de l'environnement », *Revue Générale de Droit,* 24-2, 1993, pp 207 & s.

1. Le travail de rattachement de la protection des eaux à la compétence du législateur fédéral

1361. En ce qui concerne le domaine de la navigation,[2909] il apparaît dans certaines lois centrales et leurs règlements associés,[2910] des dispositions liées à la protection de la qualité des eaux douces.

1362. La *Loi maritime du Canada*[2911] notamment, affiche clairement dans les objectifs de l'article 4 : « un niveau élevé [...] de protection de l'environnement ». Également, l'article 56 de cette Loi autorise l'administration portuaire à prendre les mesures nécessaires pour « la protection de l'environnement dans les eaux du port »[2912].

1363. L'un des règlements pris en vertu de cette loi apparaît tout aussi intéressant pour notre recherche : le *Règlement sur les biens de la voie maritime.*[2913] Plusieurs éléments de ce Règlement sont intéressants dans la mesure où certains traitent directement de la protection de la qualité des eaux douces (Article 5 h) notamment), et d'autres plus indirectement (Article 19 a) notamment) en se concentrant sur la protection générale de l'environnement.

1364. Également, la *Loi sur la marine marchande*[2914] contient une disposition sur la pollution de l'eau, l'article 187 énonce en effet : « Il est interdit à tout bâtiment ou à toute personne de rejeter un polluant précisé par les règlements [...] »[2915].

Le *Règlement sur les petits bâtiments,*[2916] édicté en vertu de cette Loi, énonce à l'article 1002 (2) qu'il est « interdit de permettre le rejet de combustible ou d'hydrocarbures à partir d'un bâtiment », et renvoie à un autre Règlement pour les conditions d'exemption. Il s'agit du *Règlement sur la prévention de la pollution par les navires et sur les produits chimiques dangereux*[2917] dans lequel est précisément énoncée la liste des substances nocives dont le rejet est interdit aux navires (Article 4 notamment)[2918].

1365. Enfin, la *Loi sur la protection des eaux navigables* interdit certains rejets dans les eaux aux articles 21 et 22.[2919] L'article 21 dispose en effet qu'il « est interdit de jeter ou déposer, de faire jeter ou déposer ou de permettre ou tolérer que soient jetés ou déposés des sciures, rognures, dosses [...] ou des déchets semblables de quelque nature susceptible de gêner la navigation dans

[2909] Article 91 (10) de la *Loi constitutionnelle de 1867.*

[2910] Au Canada, les règlements sont des textes législatifs produisant le même effet juridique que les lois. Ils énoncent des règles d'application générale, plutôt que de viser des situations ou des personnes en particulier. Ils n'émanent pas du Parlement, mais de l'autorité que celui-ci a habilitée à cette fin (le plus souvent, le gouverneur en conseil, un ministre ou un organisme public). Leur édiction doit donc être expressément prévue par une loi dite habilitante. V. à ce sujet le site Internet du Bureau du Conseil Privé : http://www.pco-bcp.gc.ca/ (page consultée le 7 juill. 2014).

[2911] *Loi maritime du Canada*, (L.C. (1998), ch. 10).

[2912] *Ibid.*, art. 4 & 56.

[2913] *Règlement sur les biens de la voie maritime,* (DORS/2003-105).

[2914] *Loi sur la marine marchande,* (L.C. (2001), ch. 26).

[2915] *Ibid.*, art.187.

[2916] *Règlement sur les petits bâtiments,* (DORS/2010-91).

[2917] *Règlement sur la prévention de la pollution par les navires et sur les produits chimiques dangereux,* (DORS/2007-86).

[2918] L'article 3 (1) précise que le Règlement s'applique a) « aux navires canadiens où qu'ils soient », et b) « aux navires qui ne sont pas des navires canadiens et qui se trouvent dans les eaux de compétence canadienne », *Ibid.*

[2919] *Loi sur la protection des eaux navigables* (L.R. (1985), ch. N-22).

des eaux dont une partie est navigable ou qui se déversent dans des eaux navigables »[2920].

1366. Le législateur fédéral régit donc une partie de la protection des eaux par l'intermédiaire de sa compétence en matière de navigation.

1367. En ce qui concerne le domaine des pêcheries,[2921] plusieurs éléments apparaissent dans le même sens.

1368. La ***Loi sur les pêches***[2922] est composée de plusieurs dispositions relatives à la pollution de l'eau, en tant qu'habitât du poisson. Les dispositions sont pour certaines très précises à ce sujet. L'article 36 (3) énonce notamment un principe très intéressant :« [...] il est interdit d'immerger ou de rejeter une substance nocive — ou d'en permettre l'immersion ou le rejet — dans des eaux où vivent des poissons, ou en quelque autre lieu si le risque existe que la substance ou toute autre substance nocive provenant de son immersion ou rejet pénètre dans ces eaux »[2923].

1369. On remarque que sept Règlements édictés en vertu de cette Loi concernent le rejet de substances spécifiques dans l'eau, ou le rejet de polluants par des activités industrielles.[2924] Il semble donc qu'une réglementation fédérale, dont la base juridique est issue de la compétence exclusive fédérale sur les pêcheries, encadre de façon détaillée la protection de la qualité des eaux douces.

1370. Ces éléments apparaissent intéressants, mais leur portée scientifique prend une réelle ampleur sous le regard de la Cour suprême du Canada. Il revient en effet au juge de valider la présence de ces dispositions dans des lois fédérales au regard des règles qui régissent le partage des compétences.

2. La confirmation du rattachement par le juge et ses conséquences juridiques

1371. Les règles présidant au partage des compétences au Canada sont principalement au nombre de trois : la théorie des pouvoirs accessoires, le droit d'empiéter et la règle de la prépondérance fédérale.[2925]

1372. Selon E. Brouillet, la Cour suprême a permis à l'ordre de gouvernement fédéral d'élargir sa sphère de compétence grâce à une combinaison du pouvoir d'empiéter et de la règle de la prépondérance fédérale.[2926] Rappelons qu'une partie de la doctrine canadienne, la partie

---

[2920] *Loi sur la protection des eaux navigables* (L.R. (1985), ch. N-22), art. 21. Notons que ces articles sont cités dans l'arrêt *Friends of the Oldman River* par le juge pour asseoir son raisonnement en matière de rattachement à une compétence exclusive fédérale. Voy. *Friends of the Oldman River Society* c. *Ministre des Transports du Canada*, [1992] 1 R.C.S. 3, 81.

[2921] Article 91 (12) de la *Loi constitutionnelle de 1867.*

[2922] *Loi sur les pêches*, (L.R. (1985), ch. F-16).

[2923] Il est important de relever que l'expression « habitat du poisson » est définie à l'article 34 de la *Loi sur les pêches* comme suit : « Frayères, aires d'alevinage, de croissance et d'alimentation et routes migratoires dont dépend, directement ou indirectement, la survie des poissons » ; voy. *Loi sur les pêches*, *op. cit.*, art. 34. Nous soulignons.

[2924] Notamment : *Règlement sur le mercure des effluents de fabriques de chlore,* (CRC, c 811) ; *Règlement sur les effluents des fabriques de pâtes et papiers,* (DORS/92-269) ; ou encore *Règlement sur les effluents de l'industrie de la viande et de la volaille,* (CRC, c 818).

[2925] Pour plus de précisions, voy. *supra* §596 & s., et §646 & s.

[2926] E. BROUILLET, « Canadian federalism and the principle of subsidiarity: should we open Pandora's box? », *Supreme Court Law Review*, vol. 54, 2011, p 619.

anglophone, ne considère pas les mêmes postulats de départ pour analyser le partage des compétences. Cela crée des différences d'interprétation sur l'exercice de la répartition des pouvoirs au Canada. F.R. Scott affirme notamment que le pouvoir résiduaire de l'ordre de gouvernement fédéral a été très restreint par les tribunaux, à tel point que son exercice se limite à celui d'un pouvoir d'urgence, dont on ne peut pas se servir dans des circonstances normales. Ainsi, les juges auraient corrélativement élargi la compétence des provinces sur la propriété et les droits civils.[2927] P. Hogg affirme que la proportion d'affaires où des compétences provinciales ont été retirées par les tribunaux aux provinces n'est pas significative.[2928]

1373. Néanmoins, selon le juge en chef Dickson, le législateur fédéral dispose toujours « d'une arme puissante » puisqu'il peut « légiférer validement dans des domaines de compétence accessoires, et entraîner par application de la règle de la prépondérance fédérale, une inopérabilité des dispositions provinciales non désirées »[2929]. I. Weibust confirme cet état de fait en affirmant que le législateur fédéral détient les moyens juridiques d'intervenir, mais qu'il est bloqué politiquement en matière environnementale.[2930]

1374. Dans la protection des eaux douces, P. Brun explique que la répartition des compétences s'opère davantage au profit de l'ordre de gouvernement fédéral.[2931] Il apparaît en effet qu'une absorption de la compétence sur la protection de l'eau est validée par la Cour suprême (*a*-), ce qui, en cas de conflit avéré de compétence, va faire jouer la règle de la prépondérance fédérale (*b*-).

a. L'absorption de la compétence de la protection des eaux dans des domaines de compétence fédérale

1375. La théorie des pouvoirs accessoires implique que le caractère véritable d'un texte contesté est principalement rattaché à une compétence exclusive fédérale ou provinciale, mais que certains effets se produisent sur une matière relevant de la compétence de l'autre ordre de gouvernement.[2932] Ainsi, la validité constitutionnelle du texte n'est pas entachée si ses effets sur l'autre ordre de gouvernement sont secondaires.[2933]

[2927] F.R. SCOTT, « Centralization and Decentralization in Canadian Federalism », in G. STEVENSON (dir.), *Federalism in Canada*, Toronto, McClelland & Stewart Inc. - The Canadian Publishers, 1989, p 61.

[2928] P.W. HOGG, « Is the Supreme Court of Canada Biased in Constitutional Cases ? », in G. STEVENSON (dir.), *Federalism in Canada*, Toronto, McClelland & Stewart Inc. - The Canadian Publishers, 1989, pp 170-171.

[2929] *Le procureur général de l'Ontario c. SEFPO*, [1987] 2 R.C.S. 2 ; cité dans E. BROUILLET, « La dilution du principe fédératif et la jurisprudence de la Cour suprême du Canada », *Les Cahiers de Droit*, vol. 45, 1, mars 2004, p 37.

[2930] I. WEIBUST, *Green Leviathan : the case for a federal role in environmental policy*, Farnham, Surrey, England, 2009, pp 136 & s.

[2931] P. BRUN, « La pollution du partage des compétences par le droit de l'environnement », *Revue Générale de Droit*, 24-2, 1993, pp 191-225.

[2932] E. BROUILLET, « Canadian federalism and the principle of subsidiarity: should we open Pandora's box? », *Supreme Court Law Review*, vol. 54, 2011, p 624.

[2933] H. BRUN, G. TREMBLAY, E. BROUILLET, *Droit constitutionnel*, Cowansville, Yvon Blais, 2008, pp 452-453. Peter W. Hogg précise que les effets incidents sur des matières extérieures aux compétences exclusives seront valides : « [...] *incidental effects on matters outside those heads of powers will be valid* » in P.W. HOGG, « Canada : From Privy Council to

1376. Le droit d'empiéter intervient lorsque l'ordre de gouvernement affecte de manière substantielle[2934] la compétence d'un autre ordre de gouvernement.[2935] Une différence fondamentale avec les pouvoirs accessoires tient à ce que le parlement fédéral bénéficie d'un droit plus officiel d'empiéter sur les ordres de gouvernement provinciaux : une loi fédérale peut empiéter par certaines de ses dispositions sur un domaine provincial de compétence exclusive en remplissant plusieurs critères fixés par la jurisprudence. L'inverse ne pouvait pas jusqu'à récemment être constitutionnellement valide. Une ouverture a été opérée par la Cour suprême en 2010, sans pour autant que le raisonnement aboutisse en faveur des provinces.[2936]

1377. Le juge s'est prononcé à plusieurs reprises en matière de protection des eaux. Trois matières ressortent principalement : les pêches, la navigation et la compétence criminelle. Toutes trois sont des compétences exclusives fédérales et le juge a eu tendance à les privilégier dans les affaires où le partage des compétences était soulevé.

1378. En premier lieu, en matière de pêches, la question de la répartition des pouvoirs s'est posée relativement tôt. En 1882, le Conseil privé s'en est saisi lors de l'affaire *R.* c. *Robertson.*[2937] Sur la question du rattachement des règles de protection de la qualité de l'eau, il établit que :

> Je suis d'opinion que le pouvoir de légiférer à l'égard des 'pêcheries des côtes de la mer et de l'intérieur » [...] n'a pas rapport à la 'propriété et aux droits civils' [...], mais plutôt aux sujets touchant les pêcheries en général, visant leur réglementation, leur protection et leur conservation [...].
>
> [...] les lois relatives aux pêcheries, comme celles que les législatures provinciales avaient coutume, avant la Confédération, d'adopter pour la réglementation, la conservation et la protection des pêcheries, [...] n'ont aucun rapport avec le droit de propriété sur le poisson [...].[2938]

1379. Le raisonnement de l'arrêt *Dryden* nous permet de mettre en perspective cette assertion. Citant l'affaire *R.* c. *Robertson,* le juge explique qu' « on n'a contesté la validité d'aucune loi fédérale, ou règlement connexe, traitant soit des pêcheries soit de la qualité de l'eau dans la mesure où elle affecte les pêcheries »[2939]. Cela donne un premier critère de rattachement entre la qualité des eaux et la compétence fédérale sur les pêcheries : l'affectation des pêcheries.

Supreme Court », in J. GOLDSWORTHY (dir.), *Interpreting Constitutions – A Comparative Study*, Oxford University Press, 2007, p 68. Notre traduction. Nous soulignons.

[2934] Nous soulignons.

[2935] E. BROUILLET, *op. cit.*, p 624 ; H. BRUN, G. TREMBLAY, E. BROUILLET, *op. cit.*, p 454. Voy. également P.J. MONAHAN, *Constitutional Law*, Toronto, Irwin Law, 2006, p 115.

[2936] Dans l'affaire *Lacombe*, la Cour a appliqué le raisonnement du pouvoir d'empiéter à une disposition provinciale, ce qui semble ouvrir le droit d'empiéter aux provinces. Néanmoins, elle n'a pas conclu à une invalidité. Voy. *Québec (Procureur général)* c. *Lacombe*, [2010] 2 R.C.S. 453, par. 36 & s ; E. BROUILLET, *op. cit.*, p 625 ; H. BRUN, G. TREMBLAY, E. BROUILLET, *op. cit.*, p 454.

[2937] *R.* c. *Robertson*, [1882] 6 R.C.S. 52.

[2938] *Ibid.*, pp 120-121. Cité dans *Interprovincial Co-operatives Ltd. et al.* c. *La Reine*, [1976] 1 R.C.S. 477, 492-493 (dit « Dryden »). Nous soulignons.

[2939] *Interprovincial Co-operatives Ltd. et al.* c. *La Reine*, [1976] 1 R.C.S. 477, 492 (dit « Dryden »). Nous soulignons.

1380. En 1980 dans l'arrêt *Fowler*,[2940] le juge Martland est chargé de déterminer si le paragraphe 33(3) de la *Loi sur les pêches*, relève ou non de la compétence de l'ordre de gouvernement fédéral. Pour cela, il analyse et interprète largement ce paragraphe, en procédant à la mise en contexte de son adoption. Il conclut au fait que le parlement fédéral a excédé ses pouvoirs en la matière.[2941]

1381. Néanmoins, dans l'arrêt *Northwest* de la même année,[2942] la Cour suprême va procéder, au sujet du même article 33 de la *Loi sur les pêches* au rattachement de la protection de l'eau contre les substances nocives à la compétence fédérale en matière de pêches. Le juge affirme alors que « (c)e paragraphe porte essentiellement sur le dépôt de substances nocives dans des eaux poissonneuses [...]. Le paragraphe cherche essentiellement à protéger les pêcheries en empêchant que des substances nocives pour le poisson pénètrent dans les eaux poissonneuses »[2943].

1382. Ainsi, le pouvoir de lutter contre les rejets de substances nocives dans les eaux « poissonneuses » est clairement caractérisé comme un pouvoir accessoire à la compétence fédérale en matière de pêcheries. La protection des eaux est donc en premier lieu rattachée à la compétence fédérale sur les pêches, dès lors que cela vise la protection de l'habitat du poisson.[2944]

1383. En second lieu, le juge opère un autre rattachement, plus indirect, à la compétence fédérale en matière de navigation. En 1929, le Conseil privé envisage l'étendue de la compétence fédérale au regard du droit de propriété des provinces.[2945] Dans l'affaire *Reference Waters* le juge explique que la portée de la compétence en matière de navigation peut être étendue de façon incidente pour que le législateur fédéral puisse pleinement exercer sa compétence.[2946] Cela fournit un premier indice de pouvoir accessoire. La Cour suprême semble être plus explicite en 1990 dans l'affaire *Whitbread*.[2947] Sans être directement lié à la protection des eaux, cet arrêt présente un intérêt en ce qu'il définit plus précisément les contours de la compétence fédérale en matière de droit maritime. Il est en effet question de responsabilité délictuelle maritime et de la *Loi sur la marine marchande*.[2948] Le juge adopte une définition large de la compétence maritime du législateur fédéral. Il affirme que « (l)e droit maritime s'applique aux délits civils commis

---

2940 *Fowler* c. *La Reine*, [1980] 2 R.C.S. 213.

2941 *Ibid.*, 226.

2942 *Northwest falling contractors LTD* c. *La Reine* [1980] 2 S.C.R. 292.

2943 *Ibid.*, 293. Nous soulignons.

2944 M. KRASNICK (dir.), *Le partage des pouvoirs : études de cas*, Commission royale sur l'Union économique et les perspectives de développement du Canada, Ottawa, Centre d'édition du gouvernement du Canada, 1986, pp 239 & s. Notons que F.L. Morton, affirme que le rattachement de la protection de l'environnement à la compétence sur les pêches est limité car il est nécessaire de prouver qu'il y a une atteinte à l'habitat des poissons. L'auteur ajoute que pour éviter tout problème d'ordre constitutionnel, le législateur fédéral a choisi de déléguer une partie de ses compétences administratives aux provinces. Voy. à ce sujet K.M. HOLLAND, F.L. MORTON, B. GALLIGAN, *Federalism and the Environment: Environmental Policymaking in Australia, Canada and the United States*, Westport (États-Unis), Greenwood Publishing Group, 1996, pp 44-45. Sur la délégation administrative, voy. *supra* §1150 & s.

2945 *Re Waters & Water-Powers*, [1929] R.C.S. 200.

2946 *Ibid.*, 213-214.

2947 *Whitbread c. Walley*, [1990] 3 R.C.S. 1273.

2948 *Loi sur la marine marchande*, (L.C. (2001), ch. 26).

au cours d'activités qui ont lieu à terre et sont suffisamment liées à la navigation ou aux expéditions par eau. Il doit sûrement s'étendre aux activités de ceux qui se livrent directement à la navigation en empruntant les voies intérieures du Canada »[2949].

1384. Par analogie, appliquons ce raisonnement à l'article 187 de la même *Loi sur la marine marchande*[2950] en matière de rejets de polluants dans l'eau : dès lors qu'il s'agit d'un rejet survenu dans le cadre d'une expédition par eau, le critère de rattachement à la compétence maritime serait rempli. De ce fait, la protection des eaux navigables entrerait dans le champ de la compétence exclusive fédérale en matière de navigation.

1385. L'affaire *Friends of the Oldman River*[2951] confirme ce rattachement, tout en confirmant également le rattachement aux compétences en matière de pêche notamment.

Il s'agissait de déterminer la validité constitutionnelle du *Décret fédéral sur les lignes directrices visant le processus d'évaluation et d'examen en matière d'environnement* du 22 juin 1984.[2952] Le juge La Forest établit que « [...] l'environnement n'est pas un domaine distinct de compétence législative [...], (il s'agit d'une) matière obscure qui ne peut être facilement classée dans le partage actuel des compétences sans un grand chevauchement et une grande incertitude [...] »[2953].

1386. Le juge établit ensuite que la question principale de droit porte sur un barrage construit sur la rivière Oldman par le gouvernement de l'Alberta, et que ce projet « touche plusieurs sphères de compétence fédérale, notamment les eaux navigables, les pêcheries, les Indiens et les terres indiennes »[2954]. Il procède par analogie en évoquant notamment la présence de dispositions interdisant les rejets par les navires dans la *Loi sur la protection des eaux navigables*.[2955]

1387. Il précise par la suite que le processus d'évaluation environnementale est mené par « le ministre des Transports (qui), à titre de décideur [...] doit examiner les incidences environnementales du barrage sur les domaines de compétence fédérale, comme les eaux navigables, les pêcheries [...] pour ne nommer que ceux qui sont le plus pertinents dans les circonstances »[2956].

1388. En troisième lieu, une autre compétence exclusive fédérale a été sollicitée par le juge : la matière criminelle. En 1997, dans l'affaire *HydroQuébec,*[2957] il était question d'un déversement par cette entreprise publique de BPC dans une rivière. L'infraction a été constatée en vertu des

---

[2949] *Whitbread c. Walley, op. cit.*, 1274. Nous soulignons.

[2950] *Loi sur la marine marchande, op. cit.*, art.187.

[2951] *Friends of the Oldman River Society* c. *Ministre des Transports du Canada*, [1992] 1 R.C.S. 3, 65-69.

[2952] *Décret fédéral sur les lignes directrices visant le processus d'évaluation et d'examen en matière d'environnement* (DORS/84-467).

[2953] *Friends of the Oldman River Society* c. *Ministre des Transports du Canada, op. cit.*, 78.

[2954] *Ibid.*, 4.

[2955] *Loi sur la protection des eaux navigables* (L.R. (1985), ch. N-22), art. 21 & 22. Voy. *Friends of the Oldman River Society* c. *Ministre des Transports du Canada, op. cit.*, 81.

[2956] *Friends of the Oldman River Society* c. *Ministre des Transports du Canada, op. cit.*, 89.

[2957] *R. c. HydroQuébec* [1997] 3 RCS 213. Voy. à ce sujet E. BROUILLET, « La dilution du principe fédératif et la jurisprudence de la Cour suprême du Canada », *Les Cahiers de Droit*, vol. 45, 1, mars 2004, pp 37 & s.

articles 34 et 35 de la *Loi canadienne sur la protection de l'environnement.*[2958] HydroQuébec a invoqué en défense l'invalidité constitutionnelle des dispositions en question.

1389. La Cour qualifie alors les dispositions invoquées de dispositions prohibitives et poursuivant un objectif public légitime. Cette qualification permet de faire entrer la protection des eaux dans le domaine de compétence exclusive qu'est la matière criminelle. L-R. N. Lescop qualifie ce procédé de « dénaturation du droit criminel au profit du droit de l'environnement »[2959].

1390. Ainsi, au regard de la jurisprudence, la protection des eaux peut relever de la compétence en matière criminelle, tout comme de celle en matière de pêches, ou encore de celle en matière de navigation. Nous avons identifié les différents types de rattachement permettant d'intégrer la protection des eaux à des compétences exclusives fédérales. Cela implique une conséquence importante en cas de conflits avérés de compétence : l'application de la prépondérance fédérale.

b. L'application de la prépondérance fédérale

1391. Selon G. Otis, « un renforcement de la prépondérance des lois fédérales sur les lois provinciales » a été opéré par la Cour suprême. Selon l'auteur, elle a en effet élargi « la notion de conflit de lois en appliquant la théorie du conflit dite du 'champ occupé' »[2960]. L'arrêt *Banque canadienne de l'Ouest* de 2007 est venu restreindre ce renforcement en rejetant le test du champ occupé.[2961]

1392. Néanmoins, la règle de la prépondérance fédérale demeure dès lors qu'il existe un conflit avéré de compétence. L'affaire *Lacombe* de 2010 permet de rappeler les règles régissant ce principe. Le juge dissident affirme :

> La doctrine de la prépondérance ne peut intervenir que lorsque l'incompatibilité entre une norme fédérale et une norme provinciale est telle qu'il y a un conflit réel. Le principe constitutionnel non écrit qu'est le fédéralisme [...] (milite) en faveur d'une conception rigoureuse de la notion de conflit : [...] soit il est impossible d'obéir à la norme d'un ordre de gouvernement sans enfreindre celle de l'autre

---

[2958] *Loi canadienne sur la protection de l'environnement* (L.R. (1985), ch.16) ; (L.R. (1999), ch. 33).

[2959] Notons que F.L. Morton a identifié un an avant l'affaire *HydroQuébec* la possibilité de rattachement de la protection de l'eau à la compétence criminelle. Mais il avait soulevé deux difficultés qui selon lui limitait ce recours. Une première difficulté tenait à ce qu'en droit de l'environnement, la preuve est difficile à établir en raison de la complexité des formes de pollution. Ainsi, le rattachement à la matière criminelle ne représenterait pas un intérêt suffisant. Une seconde difficulté apparaissant selon l'auteur : une raison constitutionnelle. Il affirme qu'en général les dispositions de protection de l'environnement sont de nature règlementaire et non impérative. Cela rendrait donc difficile la qualification de telles normes en règles criminelles. Voy. à ce sujet K.M. HOLLAND, F.L. MORTON, B. GALLIGAN, *Federalism and the Environment: Environmental Policymaking in Australia, Canada and the United States*, Westport (États-Unis), Greenwood Publishing Group, 1996, p 43. Voy. également L-R. N. LESCOP, « R. c. Hydro-Québec : la dénaturation du criminel au bénéfice de l'environnement », *Revue juridique Thémis*, 33, 1999, pp 421-444.

[2960] G. OTIS, « La Justice constitutionnelle au Canada à l'approche de l'an 2000 : uniformisation ou construction plurielle du droit? », *Revue de Droit d'Ottawa/Ottawa Law Review*, 27, 1995, p 266.

[2961] *Banque canadienne de l'Ouest* c. *Alberta*, [2007] 2 R.C.S. 3, 74.

ordre (« conflit d'application »), soit l'obéissance à la norme contrecarre l'objectif du législateur fédéral (« conflit d'objectifs législatifs »).[2962]

1393. L'intégration de la protection de la qualité des eaux dans les compétences des pêches, de la navigation et en matière criminelle implique une mise en jeu de la prépondérance fédérale en cas de disposition provinciale conflictuelle.

1394. Plusieurs affaires dans le domaine de l'eau ont tenté de préciser les contours de l'application de la prépondérance en la matière. Néanmoins, il en ressort que le recours à cette règle semble évité par la Cour.

1395. En premier lieu, il en est question dans l'affaire *Fowler* de 1980.[2963] Les parties invoquent la règle en affirmant que « la législation du Parlement, qui porte strictement sur les catégories de sujets énumérés à l'art. 91 a prépondérance, même si elle empiète sur des domaines assignés aux législatures provinciales par l'art. 92 »[2964]. Néanmoins, la majorité ne se base pas sur ce principe pour rendre sa décision : l'étape du rattachement à une compétence exclusive lui a préalablement fourni les éléments de réponse nécessaires.

1396. En deuxième lieu, dans l'affaire *Friends of the Oldman River*,[2965] le juge va développer davantage son raisonnement. La question de la compatibilité du Décret en cause avec la *Loi sur la protection des eaux navigables* est soulevée par les parties. Le juge rappelle que « (n)ormalement, la loi fédérale doit l'emporter sur le texte réglementaire incompatible. Toutefois, en matière d'interprétation, un tribunal préférera, dans la mesure du possible, une interprétation qui permet de concilier les deux textes »[2966].

Il applique le principe à la situation, en analysant les deux dispositions en cause. Le juge conclut à la compatibilité des deux textes, il évite ainsi l'application de la règle de la prépondérance.[2967]

1397. En troisième lieu, la règle de la prépondérance fédérale apparaît lors de l'affaire *HydroQuébec*.[2968] Le juge l'évoque, mais seulement dans un cadre précis : celui de la théorie de l'intérêt national. Il affirme en effet que « (d)écider qu'un sujet particulier est une question d'intérêt national fait en sorte que cette question relève de la compétence exclusive et prépondérante du Parlement (fédéral) et a manifestement une incidence sur l'équilibre du fédéralisme canadien »[2969].

1398. Cette assertion comporte trois enseignements fondamentaux. Premièrement, elle fait ressortir que le juge est prêt à appliquer la prépondérance dans le cadre de la doctrine de l'intérêt national. Deuxièmement, le juge lie l'aspect exclusif d'une compétence fédérale à sa prépondérance sur toute règle provinciale incompatible. Par extension, dès lors qu'une disposition (comme celle de protection des eaux) est rattachée à un domaine de compétence exclusive, elle bénéficie de la prépondérance en cas

---

[2962] *Québec (Procureur général)* c. *Lacombe,* [2010] CSC 38, 48.
[2963] *Fowler* c. *La Reine*, [1980] 2 R.C.S. 213.
[2964] *Ibid.*, 220.
[2965] *Friends of the Oldman River Society* c. *Ministre des Transports du Canada*, [1992] 1 R.C.S. 3, 48 & s.
[2966] *Ibid.*, 48.
[2967] *Ibid.*, 51.
[2968] *R. c. HydroQuébec* [1997] 3 RCS 213.
[2969] *Ibid.*, 295-296. Nous soulignons.

d'incompatibilité avec une norme provinciale. Troisièmement, le juge montre la portée de cette règle de la prépondérance fédérale : il y aurait « manifestement » une « incidence sur l'équilibre du fédéralisme canadien »[2970].

1399. Ainsi, la combinaison du rattachement de la protection des eaux à des compétences exclusives, avec la règle de la prépondérance fédérale a potentiellement des conséquences sur le principe d'équilibre, pourtant assuré par le principe fédératif.

1400. Propos conclusifs. – Nous avons établi quels sont les mécanismes qui concourent à une remise en cause de l'équilibre dans le partage des compétences. Dans l'Union, il s'agit d'une combinaison des principes de préemption et du mécanisme des compétences exclusives par exercice, avec le principe de primauté. Au Canada, cela s'opère par la combinaison du rattachement de la protection des eaux à une compétence exclusive fédérale (issu de la logique des agrégats) avec la règle de la prépondérance fédérale.

1401. Tant au Canada que dans l'Union, on remarque que la combinaison des mécanismes du partage des compétences crée un effet analogue, même si ces outils diffèrent : la mise à mal du principe de non-centralisation des compétences. La coordination des normes de répartition des pouvoirs au Canada et dans l'Union mène à un premier questionnement quant à l'équilibre des compétences dans ces ordres juridiques.

1402. L'identification de ce phénomène est en soi importante, mais elle n'est pas suffisante. Au-delà du terrain strictement centré sur les normes, l'exercice du pouvoir de dépenser joue un rôle très important. Tant au Canada que dans l'Union, il vient questionner l'autonomie des provinces et des États membres.

Paragraphe II. La contribution de l'exercice du pouvoir de dépenser au phénomène de centralisation des compétences

1403. L'atteinte portée au principe de non-centralisation semble être complétée par un questionnement quant au principe de non-subordination. En parallèle à l'utilisation de mécanismes normatifs, par le truchement des règles de partage des compétences, l'Union et le Canada pratiquent des méthodes de financement de la protection de l'environnement sur des terrains pour lesquels ils n'ont pas d'exclusivité.

1404. Rappelons que le pouvoir de dépenser est appréhendé dans notre étude comme la capacité de chaque ordre de gouvernement à dépenser des fonds. Analyser son exercice permet de faire un lien essentiel : celui qui s'opère entre l'autonomie législative et l'autonomie fiscale. Pour comprendre l'évolution du partage des compétences telle qu'elle s'opère *in concreto*, il est nécessaire d'avoir en tête les éléments ayant une incidence sur la répartition concrète des compétences.

1405. Une réelle mainmise des niveaux fédéral et communautaire apparaît dans des domaines de compétence qui ne sont pas de leur ressort dans les textes constituants, et ce par l'intermédiaire de financements de projets

[2970] *Ibid.*

respectivement provinciaux et régionaux. Les financements alloués sont assortis de conditions qui peuvent être très précises et de nature réglementaire.

Ainsi, le pouvoir de dépenser agit comme un appui à la subordination tant dans l'Union (*A-*) ; qu'au Canada (*B-*). Si la nature des mécanismes diffère, la finalité est analogue.

A. Dans l'Union

1406. Le mode de financement de certaines activités par l'Union est régi par les grands principes du budget.[2971] Ces financements en matière environnementale apparaissent étendus en ce qu'ils permettent la réalisation du principe d'intégration dans des politiques centrales en Europe : la pêche et la Politique agricole commune.[2972]

1407. La part totale du budget consacrée à la préservation et la gestion des ressources naturelles est le deuxième poste de dépenses de l'Union : 41,3% du budget de l'Union y est consacré.[2973] Ce calcul prend en compte les financements engagés en aides directes et dépenses de marché, et ceux opérés dans les domaines du développement durable, de l'environnement et de la pêche.[2974] La PAC reste le poste le plus important, car selon G. Isaac et M. Blanquet, il s'agit de « la seule politique que les États membres ont accepté de transférer et de financer intégralement du niveau national au niveau communautaire […] »[2975].

1408. Ainsi, on remarque de façon liminaire que la répartition des financements n'est pas en corrélation avec le partage des compétences opéré par les traités. Cela se confirme en matière d'environnement avec la Résolution du Conseil du 7 octobre 1997.[2976] Elle établit une intégration des considérations environnementales dans tous les mécanismes communautaires d'aide financière ainsi que « dans les procédures de contrôle des projets financés par la Communauté »[2977]. Il s'agit d'assurer une « mise en œuvre et (une) application efficaces et uniformes du droit communautaire de l'environnement […] »[2978]. Au nom de l'efficacité de la protection de l'environnement, l'intervention financière en la matière peut donc être engagée dans tous les domaines. De plus, le pouvoir de contrôle de l'Union du respect de la protection de l'environnement s'étend à tous les domaines dans lesquels elle a engagé des financements.

1409. L'absence de corrélation entre les règles de partage des compétences et les dépenses engagées par l'Union européenne trouve une seconde confirmation avec l'application du principe d'intégration. Il est

---

[2971] Notons qu'un développement complet est dédié à l'identification du pouvoir de dépenser de l'Union européenne, ainsi que ses principes de fonctionnement en *supra* §660 & s.

[2972] Ci-après « PAC ».

[2973] G. ISAAC, M. BLANQUET, *Droit général de l'Union européenne*, Paris, Sirey, 10ème Édition, 2012, p 230.

[2974] *Ibid.*

[2975] *Ibid.*

[2976] Résolution du Conseil du 7 oct. 1997, relative à la rédaction, à la mise en oeuvre et à l'application du droit communautaire de l'environnement, JOCE 1997, C 321/1.

[2977] *Ibid.*, point 14.

[2978] *Ibid.*, point 1.

en effet pleinement mis en œuvre dans la PAC, dans la politique de la pêche et celle des transports.[2979]

1410. Le respect de règles de protection des eaux est devenu une condition à l'octroi de financements. La sanction pour le non-respect de ces règles est ainsi un retrait de crédits. Cette conditionnalité des financements européens apparaît dans les instruments centraux qui régissent de fonctionnement de ces trois domaines. Nous en avons relevé les exemples les plus significatifs.

1411. En premier lieu, en matière de transports, le Règlement 1692/2006 met en place le programme de financement européen « Marco Polo II »[2980]. L'article 9 de ce règlement dispose :

> La Commission évalue les actions présentées. Au cours de la sélection des actions en vue d'un concours financier au titre du programme, la Commission tient compte :
>
> [...]
>
> d) des mérites environnementaux relatifs à des actions [...] y compris leur contribution à la réduction des impacts environnementaux négatifs [...] de la navigation intérieure [...].[2981]

1412. Une des conditions principales à remplir pour l'octroi d'un financement en matière de transports dans le cadre de ce règlement est donc l'action en matière de protection d'un environnement pollué par la navigation intérieure, à savoir les cours d'eau douce.

1413. En deuxième lieu, le Règlement 1380/2013 établit la nouvelle politique européenne en matière de pêche.[2982] Une lecture combinée de certains de ses articles fait ressortir une conditionnalité des financements européens au respect de la protection des eaux.

1414. L'article 41 alinéa 2 de ce règlement dispose que le non-respect des règles de la politique commune de la pêche entraîne une interruption de l'aide financière aux États membres par l'Union dans ce domaine.

Or l'article 1er alinéa 1 dispose que :

> La politique commune de la pêche (PCP) couvre :
>
> [...]
>
> b) dans le cadre des mesures de marché et de mesures financières destinées à soutenir la mise en œuvre de la PCP : les ressources biologiques d'eau douce, l'aquaculture [...].[2983]

[2979] Ces matières ont été choisies car elles sont celles qui présentent le plus de connections avec la protection des eaux.

[2980] Règlement (CE) n°1692/2006 du Parlement et du Conseil, du 24 oct. 2006, établissant le deuxième programme « Marco Polo » pour l'octroi d'un concours financier communautaire visant à améliorer les performances environnementales du système de transport de marchandises (« Marco Polo II »), et abrogeant le règlement (CE) n°1382/2003, JOUE 2006, L 328/1.

[2981] *Ibid.*, art. 9.

[2982] Règlement (CE) n°1380/2013 du Parlement et du Conseil, du 11 décembre 2013, relatif à la politique commune de la pêche, modifiant les règlements (CE) n°1954/2003 et (CE) n°1224/2009 du Conseil et abrogeant les règlements (CE) n°2371/2002 et (CE) n°639/2004 du Conseil et la décision 2004/585/CE du Conseil, JOUE 2013, L 354/22.

[2983] L'article 4-3 précise que les « ressources biologiques d'eau douce » sont « les espèces aquatiques d'eau douce vivantes disponibles et accessibles ». Voy. Règlement (CE)

1415. De même, l'article 2 alinéa 1 dispose que : « La PCP garantit que les activités de pêche et d'aquaculture soient durables à long terme sur le plan environnemental […] »[2984]. Enfin, l'article 34 d) dispose que la Commission établit des lignes directrices pour promouvoir l'aquaculture durable. Ces lignes directrices stratégiques « constituent la base des plans stratégiques nationaux pluriannuels et visent à : […] d) permettre la diversification et l'amélioration de la qualité de la vie dans les zones côtières et intérieures […] »[2985].

1416. La lecture combinée de ces articles permet de formuler deux remarques. En premier lieu, la politique commune de la pêche intègre les questions de protection des eaux douces dans un versant exclusivement financier, pour soutenir sa mise en œuvre. En second lieu, l'attribution des financements en la matière est conditionnée, entre autres, à l'intégration de normes favorisant « l'amélioration de la qualité de vie dans les zones […] intérieures » dans les plans stratégiques nationaux en matière de pêche. La qualité de vie dans les zones intérieures pourrait être interprétée comme la qualité de l'environnement dans les zones intérieures de pêche, c'est-à-dire les cours d'eau douce. Plus globalement, l'un des principes de la politique de la pêche est celui de la durabilité à long terme sur le plan environnemental de l'aquaculture et des activités de pêche.

1417. Il apparaît ainsi que les financements européens en vertu du Règlement 1380/2013 sont octroyés entre autres si la protection des eaux douces fait partie des plans stratégiques nationaux en matière de pêche.

1418. Enfin en troisième lieu, le domaine de l'agriculture apparaît particulièrement intéressant sur la question des financements conditionnés. [2986] Plusieurs règlements communautaires centraux dans le domaine de l'agriculture conditionnent en effet l'octroi de l'aide financière européenne à la protection de l'eau, directement ou indirectement.

1419. Le Règlement 1698/2005 concernant le soutien au développement rural par le Fonds européen agricole pour le développement rural, [2987] pose le principe selon lequel les financements ont pour objectif d'encourager les agriculteurs à introduire ou à maintenir des méthodes de production agricole « compatibles avec la protection et l'amélioration de l'environnement […] (et) des ressources naturelles […] »[2988]. L'article 16 du Règlement met en œuvre cet objectif : l'attribution par les États membres de financements dans le cadre

---

n°1380/2013, du Parlement et du Conseil, du 11 décembre 2013, relatif à la politique commune de la pêche, modifiant les règlements (CE) n°1954/2003 et (CE) n°1224/2009 du Conseil et abrogeant les règlements (CE) n°2371/2002 et (CE) n°639/2004 du Conseil et la décision 2004/585/CE du Conseil, JOUE 2013, L 354/22.

[2984] *Ibid.*, art. 2.

[2985] *Ibid.*, art. 34 d).

[2986] Rapport du Conseil d'État, *L'eau et son droit*, 18 février 2010, p 40 ; R. ROMI *et al.*, *Droit international et européen de l'environnement*, Paris, Montchrestien, 2ème Édition, 2013, 318 pages ; P. THIEFFRY, « La politique agricole commune : nœud d'une crise communautaire sans précédent ou modèle d'intégration des exigences de la protection de l'environnement ? », Environnement, 8, étude 29, Août 2005, pp 1-14.

[2987] Règlement (CE) n°1698/2005 du Conseil, du 20 sept. 2005, concernant le soutien au développement rural par le Fonds européen agricole pour le développement rural (Feader), JOUE 2005, L 277/1.

[2988] *Ibid.*, considérant 35.

du programme de développement rural est conditionnée au respect de certaines priorités, dont l'amélioration de la qualité des eaux.[2989]

1420. Le Règlement 73/2009 établissant des règles communes pour les régimes de soutien direct en faveur des agriculteurs[2990] est plus explicite en la matière. Le considérant 6 dispose qu'il « [...] convient [...] de renforcer également le cadre communautaire en ce qui concerne les bonnes conditions agricoles et environnementales, afin de protéger l'eau de la pollution et du ruissellement, et de gérer l'utilisation de cette ressource »[2991].

Pour remplir cet objectif, le Règlement impose le respect d'exigences environnementales pour l'octroi du soutien agricole.[2992] Il a été abrogé par la réforme de la PAC, et le Règlement prenant le relais est plus explicite encore au sujet de la conditionnalité des financements européens.

1421. Le Règlement 1306/2013 [2993] annonce à plusieurs reprises que l'environnement est pris en compte dans la conditionnalité des financements de la PAC.[2994] L'article 93 fixe les règles de conditionnalité pour l'octroi de financements par les deux fonds : le FEAGA et le Feader. L''article 93 alinéa 1 a) fait figurer l'environnement comme première conditionnalité. L'Annexe II chargée de préciser l'étendue de cette condition pose que doivent être respectées les bonnes conditions agricoles et environnementales, dont la protection de l'eau fait partie. Il est précisé que la protection des eaux est prise en compte dans le cadre des activités d'irrigation, ayant des conséquences sur les eaux de surfaces, mais aussi sur les eaux souterraines.[2995]

1422. Ainsi, il apparaît que l'intégration de la protection des eaux dans les domaines de la pêche, des transports et de l'agriculture est réalisée *in concreto* par des mécanismes de financements conditionnés. Il s'agit de conditions que les États doivent respecter, sous peine de voir interrompre les financements européens à leur égard. Cela les soumet donc matériellement à des règles européennes de protection des eaux.

1423. Le fonctionnement du pouvoir de dépenser au Canada est quelque peu différent, mais on y trouve des similitudes avec le système européen dans leur finalité.

[2989] Les conditions à remplir dans le cadre de l'art. 16 sont notamment consignées à l'Annexe II du Règlement, qui établit la liste des priorités. La protection de l'eau figure dans le tableau de l'Annexe. Voy. *Ibid.*, art. 16 bis paragraphe 1 point c) et Annexe II.

[2990] Règlement (CE) n°73/2009 du Conseil, du 19 janvier 2009, établissant des règles communes pour les régimes de soutien direct en faveur des agriculteurs dans le cadre de la politique agricole commune et établissant certains régimes de soutien en faveur des agriculteurs, modifiant les règlements (CE) n°1290/2005, (CE) n°247/2006 et (CE) n°378/2007, et abrogeant le règlement (CE) n°1782/2003, JOUE 2009, L 30/16.

[2991] *Ibid.*, considérant 6.

[2992] Articles 4, 5 b) et 6 du Règlement (CE) n°73/2009 du Conseil, du 19 janvier 2009, établissant des règles communes pour les régimes de soutien direct en faveur des agriculteurs dans le cadre de la politique agricole commune et établissant certains régimes de soutien en faveur des agriculteurs, modifiant les règlements (CE) n°1290/2005, (CE) n°247/2006 et (CE) n°378/2007, et abrogeant le règlement (CE) n°1782/2003, JOUE 2009, L 30/16.

[2993] Règlement (UE) n°1306/2013 du Parlement et du Conseil, du 17 décembre 2013, relatif au financement, à la gestion et au suivi de la politique agricole commune et abrogeant les règlements (CEE) n°352/78, (CE) n°165/04, (CE) n°2799/98, (CE) n° 814/2000, (CE) n°1200/2005 et n°485/2008 du Conseil, JOUE 2013, L 347/549.

[2994] Aux considérants 54, 56 et 58.

[2995] Règlement (UE) n°1306/2013, *op. cit.*, art. 93 et Annexe II.

B. Au Canada

1424. Notre analyse se porte sur les ententes entre l'ordre de gouvernement fédéral et les provinces en matière environnementale. Cela implique le cofinancement de projets qui assurent, notamment, la protection des ressources. Les ententes, permettant la mise en œuvre de certaines lois fédérales par les provinces, semblent aller à l'encontre du principe de non-subordination.[2996] Le gouvernement fédéral cofinance ces ententes, ce qui est une expression de son pouvoir de dépenser.

1425. Le pouvoir de dépenser permet de contourner la rigidité du partage des compétences opéré par la Constitution en habilitant l'ordre de gouvernement fédéral à mettre sur pied différents programmes. Ces partenariats impliquent souvent un partage des coûts entre les ordres de gouvernement.[2997] Nous avons choisi de nous intéresser au pouvoir fédéral de dépenser, les provinces ne disposant pas de financements suffisants pour engager des dépenses dans les domaines fédéraux. Comme le souligne E.A. Parson, l'objectif premier de cette démarche fédérale est d'inciter les provinces à agir, dans un domaine qui ne relève pas de sa compétence exclusive.[2998]

1426. Rappelons qu'un ordre de gouvernement peut dépenser ses fonds dans une matière qui ne relève pas de sa compétence, tant qu'il ne légifère pas. [2999] Le gouvernement fédéral peut contribuer à des programmes provinciaux, tout en assortissant ce financement de conditions liées à ces programmes.[3000] Mais il existe des limites à cette conditionnalité : à partir d'un certain seuil, les conditions imposées peuvent changer le caractère véritable d'une législation.[3001] Dans ce cas, la loi fédérale peut être déclarée invalide par le juge.[3002]

Comme le soulèvent H. Brun, G. Tremblay et E. Brouillet, le juge Pigeon a affirmé que : « […] l'intrusion fédérale dans le commerce local est tout aussi inconstitutionnelle lorsqu'elle se fait par des achats et des ventes que

---

[2996] Pour davantage de précisions sur le principe de non subordination, voy. *supra* §140 & s.

[2997] *Ibid.*

[2998] L'ordre de gouvernement fédéral ne peut pas légiférer unilatéralement dans le domaine de la protection des eaux, puisqu'il s'agit d'un agrégat de matières. De plus, comme le souligne E.A. Parson, l'ordre de gouvernement fédéral aurait clairement évité d'utiliser les pouvoirs qu'il possède dans des champs pouvant relever de la compétence des provinces. Voy. à ce sujet R. TASSÉ, « Remarques introductives », in G.-A. BEAUDOIN *et al.*, *Le fédéralisme de demain : réformes essentielles/Federalism for the Future : Essential Reforms*, Montréal, Wilson & Lafleur, 1998, p 17 ; ainsi que E.A. PARSON, « Les tendances en environnement : un défi pour la gestion publique canadienne », in PARSON E.A. (dir.), *Gérer l'Environnement – Défis constants, solutions incertaines*, Montréal, Presses Universitaires de Montréal, 2001, p 14.

[2999] H. BRUN, G. TREMBLAY, E. BROUILLET, *Droit constitutionnel*, Cowansville, Yvon Blais, 2008, pp 427 & s.

[3000] *Canada Mortgage and Housing Corp.* c. *Iness*, (2004) 236 D.L.R. (4th) 241 (C.A. Ont.) permission d'appel refusée ; *Winterhaven Stables Ltd.* c. *A.-G. Canada*, (1986) 71 A.R. 1 (B.R.), (1988) 53 D.L.R. (4th) 413 (C.A. Alta), permission d'appeler refusée ; *Central Mortgage and Housing Corp.* c. *Co-operative College Residences Inc.*, (1975) 71 D.L.R. (3d) 183 (C.A. Ont.), 199-201. Voy. à ce sujet H. BRUN, G. TREMBLAY, E. BROUILLET, *Droit constitutionnel*, Cowansville, Yvon Blais, 2008, p 429.

[3001] *Canada Mortgage and Housing Corp.* c. *Iness*, *op. cit.* ; *Winterhaven Stables Ltd.* c. *A.-G. Canada*, *op. cit.* ; voy. H. BRUN, G. TREMBLAY, E. BROUILLET, *op. cit.*, p 429.

[3002] *A.-G. Canada* c. *A.-G. Ontario*, [1937] A.C. 355. Pour un développement complet au sujet des règles s'appliquant au pouvoir fédéral de dépenser, voy. *supra* §678 & s.

lorsqu'elle se faire d'une autre manière »[3003]. Néanmoins, comme le relève E. Brouillet, la Cour suprême dans le *Renvoi relatif au régime d'assistance publique du Canada*[3004] a rejeté l'utilisation du fédéralisme comme argument pour contrôler le pouvoir de dépenser fédéral. E. Brouillet qualifie la position de la Cour de « politique du laisser-faire »[3005].

1427. Or, H. Brun, G. Tremblay et E. Brouillet ajoutent à ce sujet que « l'exercice du droit de dépenser dans les domaines de l'autre ordre de gouvernement peut représenter pour ce dernier des contraintes tout aussi fortes que les contraintes législatives directes »[3006]. On retrouve ces contraintes dans les financements alloués en matière de protection des eaux.

1428. Le domaine de la protection des ressources en eau est particulièrement touché par la coopération fédérale-provinciale.[3007] Le pouvoir d'appréciation attribué aux provinces dans ce cadre est en principe assuré par un cofinancement des ententes, de la part de l'ordre de gouvernement provincial et de l'ordre fédéral. Ainsi, ils sont mis sur un pied d'égalité, le financement fédéral n'étant qu'un soutien matériel à une politique élaborée conjointement avec le gouvernement provincial. Néanmoins, l'appréciation des provinces apparaît limitée, à tout le moins politiquement, en raison des conséquences d'un financement fédéral.

1429. Le mécanisme fonctionne avec comme base des lois d'habilitation à la mise sur pied d'ententes pour la protection des ressources en eau. Deux lois d'habilitations retiennent notre attention.[3008]

1430. En premier lieu, la *Loi sur les ressources en eau du Canada.*[3009] Il s'agit d'un cadre habilitant la création de partenariats fédéraux-provinciaux pour la gestion de l'eau.[3010] Le texte contient de nombreuses précisions sur le contenu des accords fédéraux-provinciaux.[3011] Notamment la règle en la matière prescrit qu'il est interdit de déverser des déchets dans les eaux faisant l'objet de telles ententes.[3012]

1431. En second lieu, la *Loi canadienne sur la protection de l'environnement*[3013] est complétée d'une annexe établissant la liste des substances toxiques à interdire dans le cadre des ententes.[3014] On remarque

---

[3003] *Avis sur la Loi sur l'organisation du marché des produits agricoles*, [1978] 2 R.C.S. 1198, 1293. Cité dans H. BRUN, G. TREMBLAY, E. BROUILLET, *op. cit.*, p 429.
[3004] *Renvoi relatif au régime d'assistance publique du Canada*, [1991] 2 R.C.S. 525.
[3005] E. BROUILLET, « La dilution du principe fédératif et la jurisprudence de la Cour suprême du Canada », *Les Cahiers de Droit*, vol. 45, 1, mars 2004, pp 7-67.
[3006] H. BRUN, G. TREMBLAY, E. BROUILLET, *op. cit.*, p 430.
[3007] M. KRASNICK (dir.), *Le partage des pouvoirs : études de cas*, Commission royale sur l'Union économique et les perspectives de développement du Canada, Ottawa, Centre d'édition du gouvernement du Canada, 1986, pp 104 & s.
[3008] M. KRASNICK (dir.), *Le partage des pouvoirs : études de cas*, Commission royale sur l'Union économique et les perspectives de développement du Canada, Ottawa, Centre d'édition du gouvernement du Canada, 1986, pp 104 & s. ; D. KELEMEN, *The rules of federalism : institutions and regulatory politics in the EU and beyond,* Cambridge, Harvard University Press, 2004, pp 121-122.
[3009] *Loi sur les ressources en eau du Canada* (L.R.C. (1985), ch. C-11).
[3010] *Ibid.*, art. 4.
[3011] *Ibid.*, art. 8.
[3012] *Ibid.*, art. 9.
[3013] *Loi canadienne sur la protection de l'environnement* (L.R. (1985), ch.16) ; (L.R. (1999), ch. 33).
[3014] *Ibid.*, Annexe I.

donc que les lois d'habilitation à la formation de ces partenariats sont caractérisées par une précision significative.

1432. Beaucoup de partenariats ont été conclus en vertu de l'une ou de l'autre de ces lois habilitantes. Le plan d'action Saint-Laurent est un exemple significatif : « coadministré par Environnement Canada et le gouvernement du Québec, (il) soutient des projets communautaires ayant pour objectif d'améliorer l'écosystème du Saint-Laurent »[3015]. Le programme ÉcoAction permet également de financer notamment les « projets visant à détourner ou à réduire l'utilisation des substances qui nuisent à la qualité de l'eau ou visant à conserver et à utiliser de manière efficace les ressources en eau »[3016]. Enfin, en 2009, le gouvernement fédéral a lancé le Programme de renouvellement des conduites d'eau potable et d'eaux usées. Dans ce cadre, il est alors question d'un investissement conjoint entre les gouvernements canadien et québécois pour améliorer des réseaux d'eau. Notamment, il s'agit d'agrandir et d'améliorer une usine d'épuration située à Lévis.

1433. Dans les programmes cofinancés, comme ceux en matière de protection des eaux, le principe de non-subordination peut ne pas être respecté : les provinces peuvent être obligées de modifier leurs priorités budgétaires. Dans le cas contraire, l'ordre de gouvernement fédéral risque de se retirer unilatéralement du programme qu'il cofinance, et les provinces endossent la responsabilité politique du programme.[3017]

1434. H. Brun, G. Tremblay et E. Brouillet soulèvent que le pouvoir de dépenser « permet au gouvernement central de faire indirectement ce que la Constitution lui défend de faire directement »[3018]. Avec les divers financements qu'il attribue aux ententes en matière de protection des eaux, on peut affirmer que l'ordre de gouvernement fédéral empiète *in concreto* sur les compétences des provinces.

1435. Propos conclusifs. - Il apparaît ainsi que le pouvoir de dépenser prend une place importante tant au Canada que dans l'Union en matière de protection des eaux. L'exercice de ce pouvoir pose des interrogations quant au principe de non-subordination, dans la mesure où les financements sont souvent assortis de conditions, sous peine d'un retrait des crédits.

[3015] Voy. le site Internet du Ministère de l'environnement fédéral, « Environnement Canada » : http://www.ec.gc.ca/financement-funding/ (page consultée le 7 juill. 2014).

[3016] *Ibid.*

[3017] H. BRUN, G. TREMBLAY, E. BROUILLET, *Droit constitutionnel*, Cowansville, Yvon Blais, 2008, p 431.

[3018] *Ibid.*, p 430.

CONCLUSION DU CHAPITRE SECOND

1436. Un processus juridique diffus a lieu tant au Canada que dans l'Union européenne dans le domaine de la protection des eaux douces. Il s'agit d'une centralisation des compétences en faveur des ordres de gouvernement fédéral et communautaire. Elle résulte de la combinaison de plusieurs mécanismes juridiques. Si une différence de moyens apparaît entre les deux ordres juridiques, la tendance est similaire.

1437. Il apparaît en premier lieu que les principes garants de l'équilibre dans le partage des compétences sont inopérants, tant dans la phase prélégislative que devant la Cour suprême et la Cour de justice européenne. Le principe fédératif canadien, et le principe de subsidiarité ne font pas l'objet de l'attention qu'ils nécessitent, alors qu'ils sont les gardes fous de l'équilibre entre les pouvoirs.

1438. En second lieu, la combinaison des règles de répartition des compétences dans le domaine de la protection de l'eau révèle un mécanisme juridique de centralisation des pouvoirs. Au Canada, le rattachement des règles de protection de l'eau douce à des compétences exclusives fédérales, ajouté à la règle de la prépondérance fédérale, compose un mécanisme de centralisation. Dans l'Union européenne, l'exercice du principe de préemption, des compétences exclusives par exercice et du principe de primauté sont les éléments constitutifs d'une centralisation juridique.

1439. On remarque donc que le principe de non-centralisation est mis à mal par la coordination des normes présidant au partage des compétences tant au Canada qu'en Europe. Cette atteinte semble être complétée par un exercice étendu du pouvoir de dépenser en matière de protection des eaux tant par le gouvernement fédéral que par l'Union. Cela mène à quelques interrogations au sujet du caractère opérant du principe de non-subordination.

CONCLUSION DU TITRE SECOND

1440. Le contexte de l'équilibre du partage des compétences a connu de profondes mutations tant au Canada qu'en Europe. Au nom de l'efficacité de la protection de l'eau douce, plusieurs mécanismes sont apparus dans les années 1990. C'est toute la cartographie de la prise de décision qui s'en trouve modifiée. La répartition des compétences s'opère désormais au milieu des interactions d'un maillage d'acteurs.

1441. En réponse à ces nouveaux enjeux, il est apparu nécessaire d'adopter une approche plus globale de la protection des eaux. Les ordres de gouvernement fédéral et communautaire ont alors renforcé leurs actions, et ce de manière officielle. L'efficacité de la protection de la ressource le nécessite. Pour compenser cette harmonisation du droit, et pour correspondre au nécessaire équilibre entre autonomie et interdépendance, tant le Canada que l'Union ont mis en place des contreparties juridiques et politiques. Une marge d'appréciation est alors octroyée aux provinces et aux États par l'intermédiaire des instruments juridiques, et des espaces politiques de négociation. Néanmoins ces compensations apparaissent symboliques : elles sont inopérantes d'un point de vue juridique.

1442. En parallèle, un glissement plus profond s'est dessiné. Par le biais d'une combinaison des normes du partage des compétences, un contournement s'opère. Les règles de non-centralisation et de non-subordination des entités nationales et provinciales ne sont pas respectées. Cela crée une extension des compétences fédérales et européennes dans le domaine de la protection des eaux douces.

CONCLUSION DE LA SECONDE PARTIE

1443. Notre démarche scientifique s'est attachée à décrire les mécanismes d'un processus : celui d'un déséquilibre de la distribution des pouvoirs au Canada comme dans l'Union européenne. La protection de la qualité des eaux douces est l'illustration qui nous a permis de réunir l'ensemble des éléments nécessaires à cette démonstration.

1444. Nous avons tout d'abord identifié les facteurs influençant le partage des compétences dans ce domaine. La nécessité de l'efficacité de la protection de la ressource est l'élément explicatif central. Elle a en effet favorisé l'émergence d'une nouvelle forme de l'action publique, présidée par le Nouveau Management Public. Ce paradigme a ouvert le processus législatif à la participation de la société civile, qui elle-même a connu d'importantes mutations dans le domaine environnemental. Le partage des compétences de la protection des eaux a changé de contexte : il s'opère au milieu des interactions d'une multitude d'acteurs. Il est également influencé par les aspirations de ces acteurs, devenus un pouvoir à part entière.

1445. C'est ainsi que s'est dessiné un processus de centralisation des compétences en la matière. Au nom de l'efficacité de la protection de la ressource, une première forme s'est mise en place : une harmonisation officielle de la protection de l'eau. Mais elle n'en porte que le nom puisque la marge de manœuvre promise aux États et aux provinces se révèle symbolique. Elle cache un processus plus diffus, basé sur une combinaison des règles du partage des compétences. La coordination des règles communautaires et canadiennes de répartition des pouvoirs révèle une centralisation des compétences de la protection des eaux en faveur des ordres de gouvernement centraux. Ce processus se vérifie et est amplifié *in concreto* avec l'exercice du pouvoir de dépenser dans ce domaine. Il convient d'en tirer les conclusions dans une perspective plus générale.

CONCLUSION GÉNÉRALE

1446. L'eau constitue un défi pour le Droit. Elle agit comme un révélateur des problématiques des ordres juridiques. Notre travail de recherche fait ressortir les multiples défis auxquels le Droit doit faire face au Canada comme dans l'Union européenne.

1447. L'équilibre entre autonomie et interdépendance est un fondement des deux ordres juridiques étudiés. Cet outil leur permet de gérer la diversité juridique auxquels ils doivent faire face en leur sein. Il est constitué de trois principes cumulatifs : la non-centralisation des compétences, la non-subordination des entités fédérées et communautaires aux entités centrales, et la garantie juridictionnelle de ces principes, assurée par deux acteurs clairement identifiés : la Cour suprême au Canada et la Cour de justice de l'Union européenne.

1448. Cet équilibre doit cohabiter avec la spécificité des *corpus* juridiques assurant la protection des eaux douces. La sédimentation des normes dans ce domaine est un facteur de difficulté pour le maintien de l'équilibre entre les ordres de gouvernement. Il pose les questions qui apparaissent plus globalement d'un point de vue constitutif : quel ordre de gouvernement est légitime à agir ?

1449. Le principe d'équilibre est assuré par les textes constituants, au moyen des règles de partage des compétences. Les principes fédératif et de subsidiarité présentent une fonction équivalente dans leur ordre juridique respectif : le maintien de l'équilibre dans un contexte de logique des agrégats, ou de compétences partagées. La Cour suprême et la Cour de justice sont les gardiens de l'application de ces principes.

1450. Il s'agit là des règles énoncées en théorie. Un décalage apparaît entre le devoir-être et l'être du droit, quand on opère une combinaison de ces différentes règles entre elles. L'illustration de la protection des eaux douces est le révélateur significatif des mécanismes qui sont actionnés.

1451. Nous présenterons en premier lieu les conclusions tirées des résultats de notre recherche (*A-*) ; pour envisager en deuxième lieu les conséquences qu'elles impliquent (*B-*).

A. Conclusions de notre recherche

1452. Un fossé apparaît entre les textes constitutifs européens et canadien, et la réalité. Deux facteurs expliquent ce phénomène.

1453. En premier lieu, au nom de l'efficacité de la protection des ressources en eau, des instruments issus du Nouveau Management Public ont été mis en place. Alors que les principes fondateurs de ce mouvement préconisent une décentralisation de la prise de décision, on observe que le contraire est appliqué.

1454. En second lieu, l'ampleur prise par l'action des groupes d'intérêt dans le domaine du droit de l'environnement est significative depuis les années 1990. On peut penser que les objectifs des groupes économiques et ceux des groupes environnementaux sont opposés. Au sujet du partage des compétences en matière d'eau, il n'en est rien. Tant au Canada qu'en Europe une même tendance se dessine : les groupes d'intérêt agissent davantage, ils agissent mieux, et ils ont des orientations conjuguées. L'intérêt pour eux, tous objectifs environnementaux confondus, est que la prise de décision se fasse majoritairement dans l'enceinte des entités centrales (fédérale et communautaire). Ainsi, les groupes d'intérêt agissent en ce sens et sont favorables à une récupération tant politique que juridique des dossiers de l'eau par l'entité centrale.

Au regard de ces deux facteurs, que nous avons réunis sous l'appellation « principe d'efficacité », les principes d'équilibre sont mis à mal.

1455. La combinaison de trois mécanismes permet de conclure à une centralisation des compétences et à une uniformisation du droit en matière de protection des eaux douces.

1456. En premier lieu, des lacunes apparaissent dans les garanties juridictionnelles du principe d'équilibre : nous avons vérifié que les principes fédératif et de subsidiarité ne sont pas opérants dans la protection de la qualité des eaux douces. Les juges se détournent de leur application, en évitant d'en préciser les contours.[3019]

1457. En deuxième lieu, une centralisation des compétences se produit dans ce domaine tant au Canada qu'en Europe : l'application des mécanismes présentés au dernier chapitre montre la main mise des ordres de gouvernement centraux sur le droit de la protection des eaux. Il est ici question de montages juridiques, de mise en perspective des règles de partage des compétences entre elles.

En droit communautaire, l'utilisation du principe d'intégration, et/ou de la base juridique pour l'harmonisation des législations pour l'établissement et le fonctionnement du marché intérieur, combinée avec l'application du principe de primauté du droit de l'Union, crée une centralisation des compétences.

Au Canada, c'est l'utilisation du pouvoir d'empiéter et/ou de pouvoirs accessoires pour rattacher la protection de l'eau douce à une compétence fédérale ; le tout combiné avec la règle de la prépondérance fédérale, qui crée une centralisation.

1458. Plus précisément au Canada, la question de la protection des ressources en eau est l'exemple significatif de cette tendance dans plusieurs domaines.

1459. Dès lors qu'un cours d'eau est habité par une faune aquatique, l'ordre de gouvernement compétent est le fédéral, au nom de sa compétence sur les pêcheries. La définition retenue du poisson est très large : il s'agit de « quelque

---

[3019] Ce qu'a notamment affirmé I. Weibust au sujet de l'Union européenne. Voy. I. WEIBUST, *Green Leviathan : the case for a federal role in environmental policy*, Farnham, Surrey, England, 2009, p 176-177.

chose de la nature d'une ressource »[3020]. Ainsi, selon cette définition, tout cours d'eau au Canada est habité par des poissons ou assimilés. De plus, il est précisé par la jurisprudence que si le poisson est un élément de rattachement d'un texte juridique à la compétence fédérale sur les pêcheries, les conséquences d'une pollution sur son « habitat » et sur « l'utilisation du poisson par l'homme » sont également des éléments de rattachement.[3021] En effet, comme l'affirme le Commissaire à l'environnement et au développement durable dans son rapport du printemps 2009, « la survie des poissons passe obligatoirement par la santé de leur habitat – des endroits où les poissons peuvent frayer, se nourrir, croître et vivre »[3022].

Si un cours d'eau est pollué, cela affecte l'habitat des pêcheries fédérales.[3023] La question de la protection de la qualité des eaux douces est donc potentiellement réglée par un rattachement à la compétence fédérale exclusive sur les pêcheries.

De plus, si on suit le raisonnement de la Cour suprême en matière de navigation, dès lors que la pollution est rejetée par des navires dans les eaux concernées, cela relève également de la compétence fédérale, mais cette fois en matière de navigation.[3024]

Enfin, le juge a établi que la protection de l'eau douce peut également relever de la compétence exclusive fédérale en matière criminelle.[3025]

De ce fait, pour ne pas faire l'objet d'un rattachement juridique à une compétence fédérale, un cours d'eau ne devrait pas héberger d'espèces vivantes, ni faire l'objet d'une quelconque navigation. De plus, il resterait à établir que chaque règle de protection du cours d'eau ne revêt pas de caractère prohibitif et ne poursuivrait pas d'objectif public légitime. Faute de quoi, cela pourrait être rattaché à la compétence exclusive fédérale en matière criminelle.[3026]

Si une norme fait l'objet de l'un de ces trois types de rattachement, en cas de conflit avec une norme provinciale, la règle de la prépondérance fédérale sera appliquée : le texte fédéral prime sur le texte provincial.

Au Canada, une centralisation des compétences et par corrélation une uniformisation du droit sont ainsi obtenues par la coordination des règles entre elles.[3027] Le fait que des « germes d'un processus irréversible de centralisation subsistent »[3028] est ainsi confirmé.

C'est progressivement que l'ordre de gouvernement fédéral récupère des fragments de compétence de la protection des eaux. Cela se produit au cas par cas, dans un temps long, au gré des affaires portées devant les juges. Par

---

3020 *Fowler* c. *La Reine*, [1980] 2 R.C.S. 213 ; *Northwest falling contractors LTD* c. *La Reine* [1980] 2 S.C.R. 292, 301.

3021 C'est ce qui ressort dans *Ibid.*

3022 *Rapport du Commissaire à l'environnement et au développement durable*, Ottawa, Parlement du Canada, printemps 2009, p 14.

3023 *Friends of the Oldman River Society* c. *Ministre des Transports du Canada*, [1992] 1 R.C.S. 3, 65-69.

3024 *Re Waters & Water-Powers*, [1929] R.C.S. 200 ; *Whitbread* c. *Walley*, [1990] 3 R.C.S. 1273 ; *Friends of the Oldman River Society* c. *Ministre des Transports du Canada*, *op. cit.*, 81.

3025 *R.* c. *Hydro-Québec*, [1997] 3 R.C.S. 213.

3026 Voy. *supra* §1388 & s.

3027 Pour un développement complet à ce sujet, voy. *supra* §1360 & s.

3028 H. BRUN, G. TREMBLAY, E. BROUILLET, *Droit constitutionnel*, Cowansville, Yvon Blais, 2008, p 423.

apposition de la règle de la prépondérance fédérale, l'équilibre dans la répartition des compétences est donc entamé.

1460. Dans l'Union européenne, deux mécanismes concourent à une centralisation des compétences et une uniformisation du droit : l'harmonisation des législations pour l'établissement et le fonctionnement du marché intérieur,[3029] et le principe d'intégration.[3030]

1461. Chacun d'eux permet l'intégration de normes de protection de l'eau douce dans des textes dont la base juridique n'est pas celle de la protection de l'environnement.[3031]

Si cet état de fait n'est pas un problème en droit canadien, puisque cela correspond à la logique des agrégats, c'est source de questionnements en Europe, où les compétences partagées sont une catégorie à part entière, régies par des règles spécifiques, dont le principe de subsidiarité.

1462. L'harmonisation des législations dans le domaine du marché intérieur dispose d'un rayonnement large, puisque « la majorité des mesures intéressant la protection de l'environnement concernent aussi l'établissement et le fonctionnement du marché intérieur » [3032] ; et que les « exigences environnementales sont progressivement intégrées dans la politique des produits »[3033]. On injecte ainsi des règles de protection de la qualité des eaux douces dans d'autres domaines de compétence de l'Union européenne, dont le marché intérieur, un domaine large en droit de l'Union. La protection de l'eau est prise en compte dans cette politique à titre accessoire.[3034]

1463. Ce mécanisme est complété par un second instrument : le principe d'intégration. Il s'agit d'intégrer la protection de l'environnement dans toutes les politiques de l'Union européenne. La protection de l'eau est caractérisée par une approche utilitariste.[3035] Ainsi, pour chaque usage de l'eau, son régime juridique peut être intégré à une compétence exclusive communautaire. Or, les usages de l'eau sont très étendus.

1464. Par ces deux procédés, les règles de protection de l'eau douce sont insérées dans des textes dont la base juridique est une compétence exclusive européenne. En cas de conflit entre une norme communautaire et une norme nationale, le juge applique le principe de primauté du droit de l'Union.[3036] Une centralisation juridique des compétences peut alors s'opérer progressivement.

1465. Ainsi, tant au Canada que dans l'Union, des mécanismes juridiques permettent une centralisation progressive, presque imperceptible du droit de la protection de la qualité de l'eau douce. L'équilibre entre autonomie et interdépendance est ainsi entamé car le principe de non-centralisation des compétences n'est pas respecté.

[3029] Traité sur le Fonctionnement de l'Union européenne, TFUE, JO n° C 83 du 30 mars 2010, art. 114. Voy. *supra* §1308 & s.

[3030] Traité sur le Fonctionnement de l'Union européenne, *op.cit.*, art. 11. Voy. *supra* §1311 & s.

[3031] *Ibid.*, art. 191.

[3032] P. THIEFFRY, *Droit de l'environnement de l'Union européenne*, Bruxelles, Bruylant, 2ème Édition, 2011, p 48.

[3033] N. SADELEER (de), « Particularités de la subsidiarité dans le domaine de l'environnement », *Droit et Société*, vol. 1, 80, 2012, p 78.

[3034] P. THIEFFRY, *op. cit.*, p 48.

[3035] Voy. *supra* §199 & s.

[3036] CJCE, 15 juillet 1964, *Flaminio Costa c/ E.N.E.L.*, Aff. 6/64, *Rec.* p 1141. Voy. *supra* §627 & s.

1466. Ce phénomène est complété par le concours d'instruments financiers mis en œuvre en la matière. Il s'agit du troisième instrument : le pouvoir de dépenser. S'il n'est pas question d'un transfert juridique et formel de compétences par son intermédiaire au profit des entités centrales, cela interroge le principe de non-subordination des entités fédérées et nationales vis-à-vis d'elles.

Des programmes de protection des eaux sont initiés, par des subventions ou par des cofinancements. Dans les deux cas, cela permet aux entités fédérale et communautaire de faire indirectement ce que les textes constituants leur interdisent de faire directement :[3037] elles conditionnent l'octroi d'aides financières au respect de règles de protection des eaux qu'elles ont édictées. La contrainte est financière et politique, et non juridique, mais il s'agit d'une atteinte au principe de non-subordination des entités fédérées et nationales aux entités centrales.

1467. Propos conclusifs. - Tant au Canada qu'en Europe, les trois principes garants de l'équilibre dans le partage des compétences ne sont pas respectés. La combinaison des normes gouvernant la répartition des compétences de la protection de l'eau douce nous conduit à conclure à un défaut de l'équilibre entre autonomie et interdépendance. Nous avons prouvé qu'il y a une substitution de l'autonomie des entités provinciales et nationales par le principe d'efficacité, de performance de la protection de la ressource.[3038]

B. Conséquences de notre recherche

1468. Nos résultats impliquent différents types de conséquences et d'enjeux, s'exprimant sur plusieurs facettes de la question.

1469. Du point de vue de la méthode d'analyse en Droit, il apparaît que ce ne sont pas tant les règles prises isolément qui ont de l'importance pour faire ressortir les évolutions des ordres juridiques, mais **la combinaison des normes entre elles**. Cela répond à la distinction opérée par H. Kelsen entre le droit statique et le droit dynamique.[3039] Ce droit en mouvement par la coordination des normes révèle les tendances dans l'évolution des ordres juridiques.

1470. Du point de vue du discours sur le Droit, l'enjeu que nous avons énoncé en introduction générale à ce travail se vérifie : **la nature d'un ordre juridique ne présage pas ses principes directeurs**. Les ordres juridiques canadien et européen, pourtant distinctement appréhendés en droit public, l'un étant qualifié de fédéral et l'autre *sui generis*, révèlent un principe de fonctionnement et une mutation communs : l'équilibre entre autonomie et interdépendance, régulé par un principe central (le principe fédératif canadien et le principe européen de subsidiarité), est mis de côté. Ils emploient des mécanismes juridiques, certes différents, mais impliquant des résultats analogues : nous avons identifié une centralisation des compétences, une

---

[3037] Une formule empruntée à H. BRUN, G. TREMBLAY, E. BROUILLET, *Droit constitutionnel*, Cowansville, Yvon Blais, 2008, p 430.

[3038] A.G. GAGNON (dir.), *Le fédéralisme canadien contemporain: fondements, traditions, institutions*, Les Presses de l'Université de Montréal, 2006, p 136.

[3039] H. KELSEN, *Théorie pure du droit*, Paris, Dalloz, 2ème Éd., 1962, p 96.

subordination des entités fédérées et nationales, et des lacunes dans les garanties juridictionnelles de la protection de l'eau douce.

1471. Du point de vue du Droit, deux enjeux apparaissent, le premier étant plus spécifique que le second.

En premier lieu, **au regard du Nouveau Management Public**, nous vérifions dans notre travail que certains des principes fondateurs de ce mouvement ne sont pas mis en œuvre dans notre domaine d'illustration. Ses tenants préconisent en effet une décentralisation de la prise de décision. Nos résultats infirment ce principe : alors que les règles du Nouveau Management Public ont été appliquées à la protection de la qualité des eaux douces canadienne et européenne, celle-ci fait l'objet d'une centralisation de la prise de décision.

En second lieu, d'un point de vue plus large, **nos résultats confirment que la concurrence entre la protection des ressources et les principes démocratiques a bien lieu, et qu'elle semble se positionner en faveur de la première**. La centralisation des compétences et la subordination des entités fédérées et nationales s'opèrent en dehors de tout processus démocratique. C'est l'enchaînement de mécanismes juridiques qui produit ces deux phénomènes, en parallèle aux mécanismes fondateurs de l'État de droit. Cela implique nécessairement des conséquences politiques.

1472. D'un point de vue politique, cela confirme un « clivage entre Europe et Nation »[3040]. Cela ressort clairement dans les résultats des élections européennes de mai 2014,[3041] et dans les difficultés politiques à résoudre les questions sociétales. La Nation et l'Europe sont en opposition, car l'Union se construit sans les citoyens, en parallèle à tout processus démocratique. De même, cette opposition ressort au Canada.

Nos résultats confirment cette tendance et font ressortir que si l'Union européenne se restreint politiquement, elle a les moyens de procéder à une intégration plus poussée juridiquement. [3042] C'est également le cas au Canada.[3043]

1473. Quelques pistes de solution apparaissent à différentes échelles de ce questionnement. Plusieurs domaines de recherche ont appréhendé différents aspects des questionnements posés ci-dessus.

1474. Un groupe de solutions provient en premier lieu des sciences économiques, et propose de régler la question du niveau de prise de décision à l'aide du critère transfrontalier. Notamment, Tiebout, R. Van den Bergh et M. Faure préconisent de conserver une dialectique entre la protection centrale et la protection nationale ou provinciale de l'environnement. Dès lors qu'un élément transfrontalier apparaît, la protection relève de la compétence de l'entité centrale.[3044]

[3040] F. FRESSOZ, « À terre, le PS en vient à douter de sa propre survie », in *Le Monde*, 19 juin 2014, 21591, 70ème année, p 6.

[3041] Voy. les résultats officiels publiés sur le site Internet du ministère français de l'Intérieur : http://www.interieur.gouv.fr/Elections/Les-resultats (page consultée le 7 juill. 2014).

[3042] P. GUTTINGER, « L'avenir du droit européen en matière pénale et environnementale », *Petites Affiches*, 142, 18 juillet 2006, pp 9-16.

[3043] H. BRUN, G. TREMBLAY, E. BROUILLET, *Droit constitutionnel*, Cowansville, Yvon Blais, 2008, p 423.

[3044] Pour un développement complet à ce sujet, voy. *supra* §326 & s. ; ainsi que M. FAURE, *L'analyse économique du droit de l'environnement*, Maastricht, Bruxelles, Metro Institute for Transnational Legal Research, Bruylant, 2007, pp 270 & s.

1475. Cette proposition est reprise en matière de protection des eaux : H. Haenal, M. Blin, S. Lagauche et S. Vincon préconisent de dissocier les types d'eau suivant leurs usages. Selon eux, la protection des eaux de baignade et de l'eau potable est de nature locale et doit ainsi demeurer de compétence nationale.[3045]

1476. Plus globalement, cela revient à redéfinir le partage des compétences, comme le propose G. De Burca,[3046] R. Tassé,[3047] ou encore J.R. Rogers.[3048] H. Haenal, M. Blin, S. Lagauche et S. Vincon préconisent dans ce cadre de rédiger plus précisément les traités européens en la matière.[3049] Cela peut s'appliquer également à la Constitution canadienne. Les auteurs proposent de compléter cette modification des textes constitutifs avec la création d'une chambre spéciale chargée de la question du partage des compétences.[3050] En Europe, les Parlements nationaux doivent revêtir ce rôle depuis l'entrée en vigueur du Traité de Lisbonne, mais les modalités d'application de cette mesure sont difficiles à mettre en œuvre.[3051]

1477. La doctrine en sciences politiques propose une solution plus globale encore : des réflexions ont été amorcées pour construire un nouveau modèle structurel et fonctionnel pour l'Union européenne.[3052]

1478. Il s'agit de solutions dont l'apport est très pertinent, mais dont les contours doivent être précisés. De plus, la concurrence entre les principes démocratiques et la protection de l'environnement ne semble pas être suffisamment prise en compte dans ces propositions.

1479. Au premier abord, il apparaît fondamental de replacer les principes fédératif et de subsidiarité au centre du fonctionnement des ordres juridiques canadien et européen. La difficulté réside dans le fait qu'il revient aux deux cours suprêmes de s'en saisir, ce qui est difficilement contrôlable.

1480. Or, replacer les peuples canadien et européen au centre des avancées de ces deux ordres juridiques semble incontournable, d'un point de vue politique, mais aussi environnemental. Il ressort que malgré la prise en charge des ordres de gouvernement fédéral et communautaire de la protection

---

3045 H. HAENEL, M. BLIN, S. LAGAUCHE, S. VINCON, *Une meilleure répartition des compétences dans l'Union européenne*, Rapport du Sénat, 249, Journal officiel de la République française, Documents parlementaires du Sénat, 2002, p 37.

3046 G. BURCA (de), « The Principle of Subsidiarity and the Court of Justice as an Institutionnal Actor », *Journal of Common Market Studies*, vol. 36, 2, Oxford, Blackwell publishers, June 1998, p 232.

3047 R. TASSÉ, « Remarques introductives », in G.-A. BEAUDOIN *et al.*, *Le fédéralisme de demain : réformes essentielles/Federalism for the Future : Essential Reforms*, Montréal, Wilson & Lafleur, 1998, p 9.

3048 À l'aide de la théorie des jeux notamment. Voy. à ce sujet J.R. ROGERS, « Democracy and Necessity : Rightly Dividing Political Power – Using Simple Game Theory to Identify When Policy Decisions Should be Centralized and When Decisions Should be Decentralized », *L'Europe en Formation*, vol. 1, 363, 2012, pp 73-93.

3049 H. HAENEL, M. BLIN, S. LAGAUCHE, S. VINCON, *Une meilleure répartition des compétences dans l'Union européenne*, Rapport du Sénat, 249, Journal officiel de la République française, Documents parlementaires du Sénat, 2002, p 45.

3050 *Ibid.*, p 80.

3051 Voy. *supra* §471 & s.

3052 Voy. les travaux de Ph. Poirier.

des eaux, la qualité de celles-ci continue de se dégrader.[3053] Plusieurs pistes peuvent expliquer ce phénomène, notamment le manque d'engagement des acteurs de l'eau aux niveaux nationaux et provinciaux, en raison de la complexité des régimes juridiques. Un besoin de clarté dans les choix politiques opérés apparaît indispensable.[3054]

1481. De plus, l'initiative européenne pour un droit à l'eau menée en 2013 et ayant recueilli 1,84 million de signatures, montre le désir d'implication des citoyens sur cette question.[3055] Un besoin de conciliation entre besoins démocratiques et protection de l'environnement apparaît clairement. Au Canada, les groupes d'intérêts environnementaux et citoyens sont de plus en plus actifs, ce qui démontre une nécessité de replacer la question au cœur du débat public.

1482. Il s'agirait ainsi de réinjecter de la démocratie au cœur de la prise de décision européenne et canadienne, tout en proposant des issues claires. Il apparaît indispensable de ne plus être dans un entre-deux, au cas par cas : entre une gestion intégrée et gestion historique basée sur les usages,[3056] entre compétence nationale/provinciale et compétence centrale. Il semble opportun de se placer, d'adopter une approche plus globale, en informer les citoyens et soumettre le projet à un référendum. Cela leur permettrait de « rester attentif(s) à (leur) propre destin et actif(s) dans celui de la collectivité »[3057].

1483. Dans une perspective plus globale et pour achever ce travail, nous empruntons à B. Mirkine-Guetzevitch ces quelques mots :

> Les études de droit constitutionnel comparé apprennent la relativité des textes, des formules et des dogmes. Les textes ne créent pas les démocraties ; les hommes et les idées, les partis et les principes, les mystiques et les affirmations, les moeurs et les traditions sont les facteurs déterminants d'un régime. Les textes créent certaines conditions d'évolution, de transformations, de réalisations politiques.[3058]

1484. C'est ainsi à l'Homme que revient l'impulsion d'une évolution, pour les citoyens actuels et pour les générations futures. Cette évolution apparaîtra réussie si un accès aux textes de droit et à leur compréhension est permis. Car si la protection de l'eau dépend de la volonté politique, cette volonté dépend elle-même de la participation des citoyens. De telle façon à ce que le pouvoir arrête le pouvoir.[3059]

[3053] Commissariat général au développement durable, *Contamination des cours d'eau par les pesticides en 2011*, Observation et Statistiques – Environnement, 436, 2013, p 2.

[3054] C. JOACHIM, « Le droit de la protection des eaux en Europe : difficultés pratiques et prospectives en droit comparé », *Les Petites Affiches*, 96, mai 2013, pp 4-7.

[3055] Suite à cette initiative, le secteur de l'eau a été retiré d'une proposition de texte européen visant les concessions. Depuis, une autre initiative européenne au sujet de l'eau a été déposée, « L'eau, un droit humain », et fait l'objet de l'attention du parlement européen. Voy. à ce sujet le site Internet du Parlement européen, rubrique « Actualité » : http://www.europarl.europa.eu/portal/fr. (page consultée le 7 juill. 2014).

[3056] C. JOACHIM, L. MAZEAU, « Between risk and complexity : European water protection law issues », *International Journal of Bioethics*, à paraître en juin 2014.

[3057] M. SERRES, *Le temps des crises*, Paris, Éditions Le Pommier, 2009, p 75.

[3058] B. MIRKINE-GUETZEVITCH, *Les Constitutions Européennes*, Paris, PUF, 1951, p 13.

[3059] MONTESQUIEU, *De l'esprit des lois*, tome 1, Paris, GF Flammarion, 1979, Livre XI, Chapitre IV, p 293.

BIBLIOGRAPHIE

I. LÉGISLATIONS ET AUTRES SOURCES DOCUMENTAIRES OFFICIELLES

- ACTES INTERNATIONAUX

Convention de sauvegarde des droits de l'homme et des libertés fondamentales, Rome, 4.XI.1950.

Résolution 2669 (XXV), 8 décembre 1970, « Développement progressif et codification des règles de droit international relatives aux voies d'eau internationales ».

Convention sur la protection et l'utilisation des cours d'eau transfrontaliers et des lacs internationaux, 17 mars 1992, Helsinki (entrée en vigueur le 6 oct. 1996). Disponible sur le site Internet de la Commission d'Helsinki : http://www.helcom.fi/Convention/.

Déclaration de Rio sur l'environnement et le développement, Conférence des Nations Unies sur l'environnement et le développement, 3 au 14 juin 1992.

Convention sur le droit relatif aux utilisations des cours d'eau internationaux à des fins autres que la navigation, 21 mai 1997, New York (Non encore en vigueur), site Internet des Nations Unies : http://treaties.un.org/.

Convention sur l'accès à l'information, la participation du public au processus décisionnel et à l'accès à la justice en matière d'environnement, adoptée à Aarhus le 25 juin 1998. (Entrée en vigueur le 30 oct. 2001).

Protocole de Londres sur l'eau et la santé à la Convention de 1992 sur la protection et l'utilisation des cours d'eau transfrontières et des lacs internationaux, 17 juin 1999, Londres (entrée en vigueur le 4 août 2005 en France, le Canada n'est pas partie à ce protocole), site Internet de l'Organisation mondiale de la propriété intellectuelle : http://www.wipo.int/wipolex/fr/.

- DROIT DE L'UNION EUROPÉENNE ET DROIT FRANÇAIS

Droit de l'Union européenne

Traités de l'Union européenne

Traité de Rome du 25 mars 1957, non publié au JO, entré en vigueur le 1er janv. 1958.

Acte unique, 1986, JO L 169 du 29 juin 1987.

Traité de l'Union européenne, JOCE C 191 du 29 juillet 1992, dit « Traité de Maastricht ».

Traité d'Amsterdam modifiant le Traité sur l'Union européenne, les traités instituant les Communautés européennes et certains actes associés, JOUE C 340 du 10 Novembre 1997, dit « Traité d'Amsterdam ».

Charte des droits fondamentaux de l'Union européenne, JOCE C 364/1 du 18 déc. 2000.

Traité de Lisbonne, 13 déc. 2007, JOUE *C 83 du 30 mars 2010.*
Traité sur le Fonctionnement de l'Union européenne, TFUE, JO *n° C 83 du 30 mars 2010.*
Traité sur l'Union européenne, JOUE C 83 du 30 mars 2010.
Protocole sur l'application des principes de subsidiarité et de proportionnalité, JOCE C 191 du 29 juillet 1992.
Protocole n°30 sur l'application des principes de subsidiarité et de proportionnalité, JOUE C 340 du 10 Novembre 1997.
Protocole n°2 sur l'application des principes de subsidiarité et de proportionnalité, JOUE C 83 du 30 mars 2010.
Protocole n°25 sur l'exercice des compétences partagées, Traité sur le fonctionnement de l'Union européenne, JOUE C 83 du 30 mars 2010.

Règlements de l'Union européenne

Règlement (CE, Euratom) n°1605/2002 du Conseil, du 25 juin 2002, portant règlement financier applicable au budget général des Communautés européennes, JOCE 2002, L 248/1.
Règlement (CE) n° 1882/2003 du Parlement et du Conseil, du 29 septembre 2003, portant adaptation à la décision 1999/468/CE du Conseil des dispositions relatives aux comités assistant la Commission dans l'exercice de ses compétences d'exécution prévues dans des actes soumis à la procédure visée à l'article 251 du traité CE, JOUE 2003, L 284/1.
Règlement (CE, Euratom) n° 723/2004 du Conseil du 22 mars 2004 modifiant le statut des fonctionnaires des Communautés européennes ainsi que le régime applicable aux autres agents de ces Communautés, JOCE 2004, L 124/1.
Règlement (CE) n° 648/2004 du Parlement et du Conseil du 31 mars 2004 relatif aux détergents, JOUE 2004, L 104/1.
Règlement (CE) n°850/2004 du Parlement et du Conseil, du 29 avril 2004, concernant les polluants organiques persistants et modifiant la directive 79/117/CEE, JOUE 2004, L 158/7.
Règlement (CE) n°1698/2005 du Conseil, du 20 sept. 2005, concernant le soutien au développement rural par le Fonds européen agricole pour le développement rural (Feader), JOUE 2005, L 277/1.
Règlement (CE) n° 1013/2006 du Parlement et du Conseil, du 14 juin 2006, en matière de transfert de déchets, JOUE 2006, L 190/1.
Règlement (CE) n°907/2006 du Parlement et du Conseil, du 20 juin 2006, modifiant le règlement (CE) no 648/2004 du Parlement européen et du Conseil relatif aux détergents afin d'en adapter les annexes III et VII, JOUE 2006, L 168/5.
Règlement (CE) n°1195/2006 du Conseil, du 18 juillet 2006, JOUE 2006, L 217/1.
Règlement (CE) n°1692/2006 du Parlement et du Conseil, du 24 oct. 2006, établissant le deuxième programme « Marco Polo » pour l'octroi d'un concours financier communautaire visant à améliorer les performances environnementales du système de transport de marchandises (« Marco Polo II »), et abrogeant le règlement (CE) n°1382/2003, JOUE 2006, L 328/1.
Règlement (CE) n°1907/2006 du Parlement et du Conseil, du 18 déc. 2006, concernant l'enregistrement, l'évaluation et l'autorisation des substances chimiques, ainsi que les restrictions applicables à ces substances (REACH), instituant une agence européenne des produits chimiques, modifiant la directive 1999/45/CE et abrogeant le règlement (CEE) n°793/93 du Conseil et le règlement (CE) n°1488/94 de la Commission ainsi que la directive 76/769/CEE du Conseil et les directives 91/155/CEE, 93/67/CEE, 93/105/CE et 2000/21/CE de la Commission, JOUE 2006, L 396/1.
Règlement (CE) n°172/2007 du Conseil, du 16 février 2007, JOUE 2007, L 55/1.
Règlement (CE) n°323/2007 de la Commission, du 26 mars 2007, JOUE 2007, L 85/3.

Règlement (CE) n°614/2007 du Parlement européen et du Conseil, du 23 mai 2007, JOUE 2007, L 149/1.
Règlement (CE) n°717/2007 du Parlement européen et du Conseil, du 27 juin 2007, concernant l'itinérance sur les réseaux publics de communications mobiles à l'intérieur de la Communauté, JOUE 2007, L 171/32.
Règlement (CE) n°73/2009 du Conseil, du 19 janvier 2009, établissant des règles communes pour les régimes de soutien direct en faveur des agriculteurs dans le cadre de la politique agricole commune et établissant certains régimes de soutien en faveur des agriculteurs, modifiant les règlements (CE) n°1290/2005, (CE) n°247/2006 et (CE) n°378/2007, et abrogeant le règlement (CE) n°1782/2003, JOUE 2009, L 30/16.
Règlement (CE) n°219/2009 du Parlement européen et du Conseil, du 11 mars 2009, JOUE 2009, L 87/109.
Règlement (CE) n° 304/2009 de la Commission, du 14 avril 2009, JOUE 2009, L 96/33.
Règlement (CE) n°1380/2013 du Parlement et du Conseil, du 11 décembre 2013, relatif à la politique commune de la pêche, modifiant les règlements (CE) n°1954/2003 et (CE) n°1224/2009 du Conseil et abrogeant les règlements (CE) n°2371/2002 et (CE) n°639/2004 du Conseil et la décision 2004/585/CE du Conseil, JOUE 2013, L 354/22.
Règlement (UE) n°1306/2013 du Parlement et du Conseil, du 17 décembre 2013, relatif au financement, à la gestion et au suivi de la politique agricole commune et abrogeant les règlements (CEE) n°352/78, (CE) n°165/04, (CE) n°2799/98, (CE) n° 814/2000, (CE) n°1200/2005 et n°485/2008 du Conseil, JOUE 2013, L 347/549.
Règlement (UE) n°260/2014 de la Commission, du 24 janvier 2014, modifiant, aux fins de son adaptation au progrès technique, le règlement (CE) n°440/2008 établissant des méthodes d'essai conformément au règlement (CE) n°1907/2006 du Parlement et du Conseil concernant l'enregistrement, l'évaluation et l'autorisation des substances chimiques, ainsi que les restrictions applicables à ces substances (REACH), JOUE 2014, L 81/1.

Directives de l'Union européenne

Directive 73/404/CEE du Conseil, du 22 novembre 1973, concernant le rapprochement des législations des États membres relatives aux détergents, *JOCE 1973, L 347/51.*
Directive 75/440/CEE du Conseil du 16 juin 1975, concernant la qualité requise des eaux superficielles destinées à la production d'eau alimentaire dans les États membres, JOCE 1975, L 194/26.
Directive 75/716/CEE du Conseil, du 24 novembre 1975, relative au rapprochement des législations des États membres concernant la teneur en soufre de certains combustibles liquides, JOCE 1975, N L 307/22.
Directive 76/464/CEE du Conseil, du 4 mai 1976, concernant la pollution causée par certaines substances dangereuses déversées dans le milieu aquatique de la Communauté, JOCE 1976, L 129/23.
Directive n°78/659/CEE du Conseil, du 18 juill. 1978, concernant la qualité des eaux douces ayant besoin d'être protégées ou améliorées pour être aptes à la vie des poissons, JOCE 1978, L 222/1.
Directive 79/117/CEE du Conseil, du 21 décembre 1978, concernant l'interdiction de mise sur le marché et d'utilisation des produits phytopharmaceutiques contenant certaines substances actives, JOCE 1979, L 33/36.
Directive n°79/409/CEE du Conseil, du 22 avril 1979, concernant la conservation des oiseaux sauvages, JOCE 1979, L 103/1.
Directive n°79/869 du Conseil, du 9 oct. 1979, relative aux méthodes de mesure et à la fréquence des échantillonnages et de l'analyse des eaux superficielles destinées à la production d'eau alimentaire dans les États membres, JOCE 1979, L 271/44.

Directive n°79/923/CEE du Conseil, du 30 oct. 1979, relative à la qualité requise des eaux conchylicoles, JOCE 1979, L 281/47.

Directive 80/68/CEE du Conseil, du 17 décembre 1979, concernant la protection des eaux souterraines contre la pollution causée par certaines substances dangereuses, JOCE 1980, L 20/43.

Directive 82/176/CEE du Conseil, du 22 mars 1982, concernant les valeurs limites et les objectifs de qualité pour les rejets de mercure du secteur de l'électrolyse des chlorures alcalins, JOCE 1982, L 081/29.

Directive 89/428/CEE du Conseil, du 21 juin 1989, fixant les modalités d'harmonisation des programmes de réduction, en vue de sa suppression, de la pollution provoquée par les déchets de l'industrie du dioxyde de titane, JOCE 1989, L 201/56.

Directive 91/271/CEE du Conseil, du 21 mai 1991, relative au traitement des eaux urbaines résiduaires, JOCE 1991, L 135/40 sur les eaux urbaines résiduaires ;

Directive 91/676/CEE du Conseil, du 12 décembre 1991, concernant la protection des eaux contre la pollution par les nitrates à partir de sources agricoles, JOCE 1991, L 375/1. Dite « nitrates ».

Directive 91/692/CEE du Conseil, du 23 décembre 1991, visant à la standardisation et à la rationalisation des rapports relatifs à la mise en œuvre de certaines directives concernant l'environnement, JOCE 1991, L 377/48.

Directive 96/61/CE, du 24 septembre 1996, relative à la prévention et à la réduction intégrées de la pollution, JOUE 1996, L 257/26.

Directive 98/8/CE du Parlement et du Conseil, du 16 févr. 1998, concernant la mise sur le marché des produits biocides, JOUE 1998, L 123/1.

Directive 98/83/CE du Parlement et du Conseil, du 3 novembre 1998, relative à la qualité des eaux destinées à la consommation humaine, JOUE 1998, L 330/32.

Directive 2000/60/CE du Parlement européen et du Conseil, du 23 octobre 2000, établissant un cadre pour une politique communautaire dans le domaine de l'eau, JOUE 2000, L 327/1.

Directive 2001/37/CE du Parlement européen et du Conseil, du 5 juin 2001, relative au rapprochement des dispositions législatives, réglementaires et administratives des États membres en matière de fabrication, de présentation et de vente des produits du tabac, JOCE 2001, L 194/26.

Directive 2001/83/CE du Parlement et du Conseil, du 6 nov. 2001, instituant un code communautaire relatif aux médicaments à usage humain, JOUE 2001, L 311/67.

Directive 2002/46/CE du Parlement européen et du Conseil du 10 juin 2002 relative au rapprochement des législations des États membres concernant les compléments alimentaires, JOUE 2002, L 183/51.

Directive 2003/4/CE du Parlement et du Conseil, du 28 janv. 2003, concernant l'accès du public à l'information en matière d'environnement et abrogeant la Directive 90/313/CE, JOUE 2003, L 41/26.

Directive 2003/35/CE du Parlement européen et du Conseil du 26 mai 2003 prévoyant la participation du public lors de l'élaboration de certains plans et programmes relatifs à l'environnement, et modifiant, en ce qui concerne la participation du public et l'accès à la justice, les directives 85/337/CEE et 96/61/CE du Conseil, JOUE 2003, L 156/17.

Directive 2004/35/CE du Parlement européen et du Conseil, du 21 avril 2004, sur la responsabilité environnementale en ce qui concerne la prévention et la réparation des dommages environnementaux, JOUE 2004, L 143/56.

Directive 2006/7/CE du Parlement et du Conseil, du 15 février 2006, concernant la gestion de la qualité des eaux de baignade et abrogeant la directive 76/160/CEE, JOUE 2006, L 64/37.

Directive 2006/11/CE du Parlement et du Conseil, du 15 février 2006, concernant la pollution causée par certaines substances dangereuses déversées dans le milieu aquatique de la Communauté, JOUE 2006, L 64/52.

Directive 2006/44/CE du Parlement et du Conseil, du 6 septembre 2006, concernant la qualité des eaux douces ayant besoin d'être protégées ou améliorées pour être aptes à la vie des poissons, JOUE 2006, L 264/20.
Directive 2006/113/CE du Parlement et du Conseil, du 12 décembre 2006, relative à la qualité requise des eaux conchylicoles, JOUE 2006, L 376/14.
Directive 2006/118/CE du Parlement européen et du Conseil, du 12 décembre 2006, sur la protection des eaux souterraines contre la pollution et la détérioration, *JOUE 2006, L 372/19.*
Directive 2008/1/CE, du 15 janvier 2008, relative à la prévention et à la réduction intégrées de la pollution, JOUE 2008, L 24/8.
Directive 2008/32/CE du Parlement et du Conseil, du 11 mars 2008, modifiant la directive 2000/60/CE établissant un cadre pour une politique communautaire dans le domaine de l'eau, en ce qui concerne les compétences d'exécution conférées à la Commission, JOUE 2008, L 81 /60.
Directive 2008/105/CE du Parlement et du Conseil, du 16 décembre 2008, établissant des normes de qualité environnementale dans le domaine de l'eau, modifiant et abrogeant les directives du Conseil 82/176/CEE, 83/513/CEE, 84/156/CEE, 84/491/CEE, 86/280/CEE et modifiant la directive 2000/60/CE, JOUE 2008, L 348 /84.
Directive n°2009/31/CE du Parlement et du Conseil relative au stockage géologique du dioxyde de carbone et modifiant la directive n°85/337/CEE du Conseil, les directives n°2000/60/CE, 2001/80/CE, 2004/35/CE, 2006/12/CE et n°2008/1/CE, et le Règlement (CE) n°1013/2006 du Parlement et du Conseil, JOUE 2009, L 140/114.
Directive 2009/54/CE, du Parlement et du Conseil, du 28 juin 2009, relative à l'exploitation et à la mise dans le commerce des eaux minérales naturelles, JOUE 2009, L 164/45.
Directive 2010/75/UE du 24 novembre 2010 relative aux émissions industrielles, JOUE 2010, L 334/17.

Décisions, Résolutions et Avis des institutions de l'Union européenne (Conseil et ECOSOC)

Premier Programme d'Action pour l'Environnement (1973-1976), Déclaration du Conseil des Communautés européennes et des représentants des gouvernements des États membres réunis au sein du Conseil, du 22 nov. 1973, concernant un programme d'action des Communautés européennes en matière d'environnement, JOCE 1973, C 112.
Deuxième Programme d'Action pour l'Environnement (1977-1981), Résolution du Conseil et des représentants des gouvernements des États membres réunis au sein du Conseil, du 17 mai 1977, concernant la poursuite et la réalisation d'une politique et d'un programme d'action des Communautés européennes en matière d'environnement, JOCE 1977, C 139.
Troisième Programme d'Action pour l'Environnement (1982-1986), Résolution du Conseil des Communautés européennes et des représentants des gouvernements des États membres, réunis au sein du Conseil, du 7 févr. 1983, concernant la poursuite et la réalisation d'une politique et d'un programme d'action des Communautés européennes en matière d'environnement, JOCE 1983, C 46.
Projet de traité instituant l'Union européenne, JOCE 1984, C 77.
Quatrième Programme d'Action pour l'Environnement (1987-1992), Résolution du Conseil des Communautés européennes et des représentants des gouvernements des États membres, réunis au sein du Conseil, du 19 oct. 1987, concernant la poursuite et la réalisation d'une politique et d'un programme d'action des Communautés européennes en matière d'environnement, JOCE 1987, C 328/1.

Résolution du Conseil du 28 juin 1988, sur la protection de la mer du Nord et d'autres eaux de la Communauté, JOCE 1988, C 209/2.
Résolution du Conseil du 25 févr. 1992, concernant la future politique communautaire en matière d'eaux souterraines, JOCE 1992, C 59/2.
Conseil européen d'Édimbourg, *Bulletin C.E.*, 12-1992.
Cinquième Programme d'Action pour l'Environnement : « Vers un développement soutenable » (1992-2000), Résolution du Conseil et des représentants des gouvernements des États membres réunis au sein du Conseil, du 1er février 1993, concernant un programme communautaire de politique et d'action en matière d'environnement et de développement durable, JOCE 1993, C 138.
Conclusions de la présidence du Conseil européen concernant le principe de subsidiarité, *Actualités communautaires*, n°283, fèvr. 1993.
Accord inter-institutionnel du 25 oct. 1993 entre le Parlement européen, le Conseil et la Commission, *Bulletin des Communautés européennes*, 10-1993, JOCE C 329.
Résolution du Conseil du 20 févr. 1995, relative à la protection des eaux souterraines, JOCE 1995, C 49/1.
Décision n°95/308/CE du Conseil, du 24 juillet 1995, relative à la conclusion, au nom de la Communauté, de la Convention sur la protection et l'utilisation des cours d'eau transfrontières et des lacs internationaux (Convention d'Helsinki), JOUE 1995, L 186/42.
Résolution du Conseil du 7 oct. 1997, relative à la rédaction, à la mise en oeuvre et à l'application du droit communautaire de l'environnement, JOCE 1997, C 321/1.
Décision n° 2179/98/CE du Parlement et du Conseil, du 24 septembre 1998, concernant le réexamen du programme communautaire de politique et d'action en matière d'environnement et de développement durable «Vers un développement soutenable», *JOCE 1998, L 275/1.*
Avis du Comité des régions sur la « Proposition, présentée par la Commission, de directive du Conseil instituant un cadre pour l'action communautaire dans le domaine de l'eau », JOCE 1998, C 180/7.
Avis du Comité économique et social sur la « Proposition de directive du Conseil instituant un cadre pour l'action communautaire dans le domaine de l'eau », JOCE 1997, C 355/16.
Parlement Européen, *Politique communautaire dans le domaine de l'eau*, Débats du 15 févr. 2000.
Décision n°1411/2001/CE du Parlement européen et du Conseil, du 27 juin 2001, concernant un cadre communautaire de coopération favorisant le développement durable en milieu urbain, JOCE 2001, L191/1.
Décision n°2455/2001/CE du Parlement et du Conseil, du 20 nov. 2001, établissant la liste des substances prioritaires dans le domaine de l'eau et modifiant la directive 2000/60/CE, JO 2001, L 331/1.
Décision n°466/2002/CE du Parlement européen et du Conseil, du 1er mars 2002, établissant un programme d'action communautaire pour la promotion des organisations non gouvernementales actives principalement dans le domaine de la protection de l'environnement, JOCE 2002, L 75/1.
Décision n°2005/370/CE du Conseil du 17 févr. 2005, sur la conclusion, au nom des Communautés européennes, de la Convention sur l'accès à l'information, la participation du public au processus décisionnel et à l'accès à la justice en matière d'environnement, JOCE 2005, L 124/1.
Proposition de directive du Parlement et du Conseil modifiant les directives 2000/60/CE et 2008/105/CE en ce qui concerne les substances prioritaires pour la politique dans le domaine de l'eau, COM (2011) 876 final, 2011/0429 (COD).
Accord entre le Parlement européen et la Commission européenne du 22 juill. 2011, sur l'établissement d'un registre de transparence pour les organisations et les personnes agissant en qualité d'indépendants qui participent à l'élaboration et à la mise en œuvre des politiques de l'Union européenne, JOUE 2011, L 191/29.

Conseil de l'Union européenne, *Note d'information*, 11 sept. 2012, 13528/12.

Communications et autres documents de la Commission européenne

Commission des Communautés Européennes, *Communication de la Commission au Conseil et au Parlement* - Un dialogue ouvert et structuré entre la *Commission* et les *groupes d'intérêt*, 5 mars 1993, COM (93) 63 final.

Commission des Communautés Européennes, *Proposition de Directive du Conseil relative à la qualité des eaux destinées à la consommation humaine*, COM (94) 612 final.

Commission des Communautés Européennes, *Communication de la Commission au Conseil et au Parlement européen - La politique communautaire dans le domaine de l'eau,* 21 févr. 1996, COM (96) 59 final.

Commission des Communautés Européennes, *Communication de la Commission – Mise en œuvre du droit communautaire de l'environnement*, 22 oct.1996, COM (96) 500 final.

Commission des Communautés Européennes, *Communication de la Commission au Conseil et au Parlement européen concernant les accords dans le domaine de l'environnement*, 27 nov. 1996, COM (96) 561 final.

Commission des Communautés Européennes, *Proposition de Directive du Conseil instituant un cadre pour l'action communautaire dans le domaine de l'eau*, COM (97) 49 final.

Commission des Communautés Européennes, *Proposition modifiée de Directive du Conseil relative à la qualité des eaux destinées à la consommation humaine*, COM (97) 228 final.

Commission des Communautés Européennes, *Communication de la Commission au Conseil européen –Partenariat d'intégration : Une Stratégie pour Intégrer l'Environnement dans les Politiques de l'UE,* 27 mai 1998, COM (98) 333 final.

Commission des Communautés Européennes, *Proposition modifiée de directive du Parlement européen et du Conseil instituant un cadre pour l'action communautaire dans le domaine de l'eau*, COM(99) 0271 final.

Commission des Communautés Européennes, *Livre blanc sur la Responsabilité Environnementale,* COM (2000) 66 final.

Commission des Communautés Européennes, *Communication de la Commission au Conseil –Développement durable en Europe pour un monde meilleur : Stratégie de l'Union européenne en faveur du développement durable,* 19 juin 2001, COM (2001) 264 final/2.

Commission des Communautés Européennes, *Gouvernance européenne – Un Livre blanc,* COM (2001) 428 final, p 3.

Sixième Programme d'Action pour l'Environnement : « Environnement 2010 : Notre avenir, notre choix » (2001-2010), Communication de la Commission au Conseil, au Parlement européen, au Comité économique et social et au Comité des régions, COM/2001/0031 final.

Commission des Communautés Européennes, *Communication de la Commission au Conseil – Plan d'action « Simplifier et améliorer l'environnement réglementaire »*, 6 juin 2002, COM (2002) 278 final/2.

Commission des Communautés Européennes, *Communication de la Commission au Parlement européen, au Conseil, au Comité économique et social et au Comité de régions – Les accords environnementaux conclu au niveau communautaire dans le cadre du plan d'action « Simplifier et améliorer l'environnement réglementaire »*, 17 juillet 2002, COM (2002) 412 final.

Commission des Communautés Européennes, *Proposition de directive du Parlement européen et du Conseil concernant la qualité des eaux de baignade*, COM (2002) 581 final.

Commission des Communautés Européennes, *Communication de la Commission au Conseil et au Parlement – Principes généraux et normes minimales applicables aux consultations engagées avec les parties intéressées*, COM (2002) 704.
Commission des Communautés Européennes, *Lobbying in the European Union : Current Rules and Practices*, AFCO 104, 2003, 68 pages.
Commission des Communautés Européennes, *Common Implementation Strategy for the Water Framework Directive (2000/60/EC) – Guidance Document No. 1 – Economics and the Environment – The Implementation Challenge of the Water Framework Directive*, By Working Grous 2.6 – WATECO, Luxembourg, OPOCE, 2003.
Commission des Communautés Européennes, *Common Implementation Strategy for the Water Framework Directive (2000/60/EC) – Guidance Document No. 4 – Identification and Designation of Heavily Modified and Artificial Water Bodies*, by Working Group 2.2 – HMWB, Luxembourg, OPOCE, 2003.
Commission des Communautés Européennes, *Common Implementation Strategy for the Water Framework Directive (2000/60/EC) – Guidance Document No.8 – Public Participation in Relation to the Water Framework Directive*, by Working Group 2.9 – Public Participation, Luxembourg, OPOCE, 2003.
Commission des Communautés Européennes, *Évaluation de l'impact : prochaines étapes à l'appui d'un développement concurrentiel et durable,* Document de Travail, SEC (2004) 1377.
Commission des Communautés Européennes, *Communication de la Commission au Conseil et au Parlement – Rapport de suivi sur la réforme de la Commission : après la réforme*, COM (2005) 668 final.
Commission des Communautés Européennes, *Lignes Directrices de la Commission*, SEC (2005) 791.
Commission des Communautés Européennes, *Initiative européenne en matière de transparence*, SEC (2005) 1300 final.
Commission des Communautés Européennes, *Initiative européenne en matière de transparence – Un Livre vert*, COM (2006) 194 final, 18 pages.
Commission des Communautés Européennes, *Proposition de directive du Parlement européen et du Conseil relative à la qualité requise des eaux conchylicoles*, COM (2006) 205 final.
Commission des Communautés Européennes, *Proposition de directive du Parlement européen et du Conseil établissant des normes de qualité environnementale dans le domaine de l'eau et modifiant le directive 2000/60/CE*, COM (2006) 398 final.
Commission des Communautés Européennes, *Communication de la Commission au Conseil et au Parlement – Suivi du Livre vert « Initiative européenne en matière de transparence »*, COM (2007) 127 final.
Commission des Communautés Européennes, *Communication de la Commission au Parlement européen et au Conseil, Vers une gestion durable de l'eau dans l'Union européenne - Première étape de la mise en œuvre de la directive-cadre sur l'eau 2000/60/CE,* COM (2007) 128 final.
Communication de la Commission au Parlement européen et au Conseil, *Faire face aux problèmes de rareté de la ressource en eau et de sécheresse dans l'Union européenne*, COM (2007) 414 final.
Commission des Communautés Européennes, *Communication de la Commission au Conseil et au Parlement – Initiative européenne en matière de transparence – Cadre régissant les relations avec les représentants d'intérêts (registre et code de conduite)*, COM (2008) 323 final.
Commission des Communautés Européennes, *Communication de la Commission au Parlement européen, au Conseil, au Comité économique et social européen et au Comité des régions relative à l'application du droit communautaire de l'environnement,* 18 nov. 2008, COM (2008) 773 final.

Commission des Communautés Européennes, *Common Implementation Strategy for the Water Framework Directive (2000/60/EC) – Guidance Document No.20 – Guidance Document on Exemptions to the Environmental Objectives*, Technical Report 2000/027, Luxembourg, OPOCE, 2009.

Commission des Communautés Européennes, *Document de travail des services de la Commission – Résumé de l'analyse d'impact accompagnant le document de proposition de directive du Parlement européen et du Conseil modifiant les directives 2000/60/CE et 2000/105/CE en ce qui concerne les substances prioritaires pour la politique dans le domaine de l'eau*, SEC (2011) 1546 final.

Autres documents en droit de l'Union européenne

Projet de Constitution pour l'Europe, 29 oct. 2004, Rome.

Droit français

Constitution française du 4 oct. 1958, JORF n° 0238 du 5 octobre 1958, p 9151.

Lois

Loi du 8 avril 1898 sur le régime des eaux, J.O. 10 avril 1898, p 2226.

Loi du 16 oct. 1919 relative à l'utilisation de l'énergie hydraulique, J.O. 18 oct. 1919, p 11523.

Loi n°64-1245 du 16 déc. 1964 relative au régime et à la répartition des eaux et à la lutte contre leur pollution, J.O. 18 déc. 1964, p 11258.

Loi n° 84-512 du 29 juin 1984 relative à la pêche en eau douce et à la gestion des ressources piscicoles, J.O. 30 juin 1984, p 2039.

Loi n° 92-3 du 3 janv. 1992 sur l'eau, J.O. 4 janv. 1992, p 187.

Loi n° 95-101 du 2 février 1995 relative au renforcement de la protection de l'environnement, JORF n°29 3 février 1995, p 1840.

Loi n°2004-338 du 21 avril 2004 portant transposition de la Directive 2000/60/CE du Parlement européen et du Conseil du 23 octobre 2000 établissant un cadre pour une politique communautaire dans le domaine de l'eau, J.O. 22 avril 2004, p 7327

Loi n°2006-1772 du 30 déc. 2006 sur l'eau et les milieux aquatiques, J.O. 31 déc. 2006, p 20285 (dite « LEMA »).

Règlements, Décrets et propositions

Décret-loi du 8 août 1935 sur la protection des eaux souterraines, J.O. 11 août 1935, p 8795.

Proposition de loi, adoptée par le Sénat, visant à inscrire la notion de dommage causé à l'environnement dans le code civil, n° 1043, déposée le 16 mai 2013.

- DROIT FÉDÉRAL CANADIEN ET DROIT QUÉBÉCOIS -

Droit fédéral canadien

Textes constitutionnels

Loi constitutionnelle de 1867, L.R.C. (1985), app. II, n°5.

Loi constitutionnelle de 1982, L.R.C. (1985), app. II, n°44.

Charte canadienne des droits et libertés (1982).

Lois

Loi sur les pêcheries, (S.R.C. (1970), chap. F-14).
Loi sur la Cour suprême (L.R.C. (1985), ch. S-26).
Loi sur le ministère de l'Environnement (L.R.C. (1985), ch. E-10).
Loi sur les pêches, (L.R. (1985), ch. F-16).
Loi sur la protection des eaux navigables (L.R. (1985), ch. N-22).
Loi canadienne sur la protection de l'environnement (L.R. (1985), ch.16) ; (L.R. (1999), ch. 33).
Loi sur les ressources en eau du Canada (L.R.C. (1985), ch. C-11).
Loi canadienne sur la santé, L.R.C. 1985, ch. C-6
Loi sur le vérificateur général (L.R.C. (1985), ch. A-17).
Loi sur l'enregistrement des lobbyistes, (L.R. (1988), ch. 53) (L.R.C. (1985), ch. 44 (4ème suppl.))
Loi canadienne sur l'évaluation environnementale (L.R. (1992), ch. 37) ; (L.C. (2012), ch. 19).
Loi maritime du Canada, (L.C. (1998), ch. 10).
Loi sur la marine marchande, (L.C. (2001), ch. 26).
Loi fédérale sur la responsabilité, (L.C. (2006), ch. 9).

Règlements fédéraux

Règlement sur la concentration en phosphore dans certains produits de nettoyage (DORS/89-501).
Règlement sur les additifs antimousse et les copeaux de bois utilisés dans les fabriques de pâtes et papiers (DORS/92-268).
Règlement sur les effluents des fabriques de pâtes et papiers, (DORS/92-269).
Règlement sur les mines et les usines de concentration d'uranium (DORS/2000-206).
Règlement sur les effluents des mines de métaux (DORS/2002-222).
Règlement sur le mercure des effluents de fabriques de chlore, (CRC, c 811).
Règlement sur les effluents de l'industrie de la viande et de la volaille, (CRC, c 818).
Règlement sur les biens de la voie maritime, (DORS/2003-105).
Règlement sur les produits antiparasitaires (DORS/2006-124).
Règlement sur la prévention de la pollution par les navires et sur les produits chimiques dangereux, (DORS/2007-86).
Règlement sur les petits bâtiments, (DORS/2010-91).
Règlement de la Chambre des Communes – Incluant le Code régissant les conflits d'intérêts des députés (Version codifiée au 9 juin 2011).

Autres sources

Commissariat au lobbying du Canada, « Message d'introduction », *Code de déontologie des lobbyistes.*
Décret fédéral sur les lignes directrices visant le processus d'évaluation et d'examen en matière d'environnement (DORS/84-467).

Droit québécois

Lois québécoises

Code municipal, L.R.Q., c. C-27-1.
Loi sur la qualité de l'environnement (L.Q. 1972, c. 49) (LQE)
Loi modifiant la Loi de la qualité de l'environnement (L.Q. 1978, c. 64)
Loi sur la qualité de l'environnement (L.Q. 2014, c. Q-2)
Loi sur les compétences municipales (L.Q. 2014, c. C-47.1)

Politique de protection des rives, du littoral et des plaines inondables ; (L.Q. 2005) 137 G.O. II, 2180 [c. Q-2, r. 17.31]
Loi affirmant le caractère collectif des ressources en eau et visant à renforcer leur protection, (L.Q. 2014, c. C-6.2)
Loi sur les cités et les villes (L.Q. 2013, c. C-19)
Loi sur la fiscalité municipale (L.Q. 2014, c. F-2.1)

Règlements et Directives québécois

Règlements
Règlement sur les eaux embouteillées (L.Q. 2014, c. P-29, r. 2)
Règlement sur l'eau potable (L.Q. 1984, c. Q-2, 2123) (remplacé par le *Règlement sur la qualité de l'eau potable* (L.Q. 2014, c. Q-2, r. 40))
Règlement sur le captage des eaux souterraines (L.Q. 2014, c. Q-2, r. 6)
Règlement sur les carrières et sablières (L.Q. 2014, c. Q-2, r. 7)
Règlement sur les déchets solides (L.Q. 2014, c. Q-2, r. 13)
Règlement sur les pataugeoires et les piscines publiques (L.Q. 2014, c. Q-2, r. 17)
Règlement sur l'évacuation et le traitement des eaux usées des résidences isolées (L.Q. 2014, c. Q-2, r. 22)
Règlement sur les exploitations agricoles, (L.Q. 2014, c. Q-2, r. 26)
Règlement sur les fabriques de pâtes et papiers (L.Q. 2014, c. Q-2, r. 27)
Directives
Directive n°001 sur le captage et la distribution de l'eau (en vigueur le 20 février 1984)
Directive n° 002 sur le traitement des eaux (en vigueur le 17 février 1986)
Directive n°004 sur les réseaux d'égouts (en vigueur le 25 octobre 1989)
Directive n°019 sur les industries minières (en vigueur le 29 mai 1989)
Directive sur la vente du domaine hydrique public (en vigueur le 2 décembre 1991)

II. TABLE DE LA JURISPRUDENCE CITÉE

Les références sont présentées par ordre chronologique, de la plus ancienne à la plus récente.

- JURISPRUDENCE EUROPÉENNE - ET FRANÇAISE

Cour européenne des Droits de l'Homme

CEDH, 9 nov. 1994, *Lopez Ostra c. Espagne*, Série A, n°303-C.

Cour de Justice de l'Union européenne

Décisions

CJCE, 15 juillet 1964, *Flaminio Costa c/ E.N.E.L.,* Aff. 6/64, *Rec.* p 1141.
CJCE, 22 juin 1965, *San Michele*, Aff. 9/65, *Rec.* p 35.
CJCE, 13 févr. 1969, *Walt Wilhelm*, Aff. 14/38, *Rec.* p 15.
CJCE, 17 déc. 1970, *Internationale Handelsgesellschaft*, Aff. 11/70, *Rec.* p 533.
CJCE, 31 mars 1971, *Commission des Communautés européennes c/ Conseil des Communautés européennes*, Aff. 22/70, *Rec.* p 264 (dit « AETR »).
CJCE, 7 mars 1972, *Marimex*, Aff. 84/71, *Rec.* p 89.
CJCE, 21 mars 1972, *Ministère public de la République italienne* c. *Società agricola industria latte (SAIL)*, Aff. 82/71, *Rec.* p 119.
CJCE, 13 juill. 1972, *Commission c/ Italie*, Aff. 48/71, *Rec.* p 529.
CJCE, 10 oct. 1973, *Variola*, Aff. 34/73, *Rec.* p 981.

CJCE, 4 avril 1974, *Commission c/ France*, Aff. 167/73, *Rec.* p 359.
CJCE, 23 janv. 1975, *Filippo Galli*, Aff. 31/74, *Rec.* p 47.
CJCE, 14 juill. 1976, *Kramer*, Aff. 34/76 & 6/76, *Rec.* p 1308.
CJCE, 16 mars 1977, *Commission des Communautés européennes c/ République française*, Aff. 68-76, *Rec.* p 515.
CJCE, 18 mai 1977, *Officier van Justitie c/ Beert van den Hazel*, Aff. 111/76, *Rec.* p 901.
CJCE, 16 févr. 1978, *Commission c/ Irlande*, Aff. 61/77, *Rec.* p 417.
CJCE, 9 mars 1978, *Administration des finances de l'État contre Société anonyme Simmenthal,* Aff. 106/77, *Rec.* p 629.
CJCE, 29 nov. 1978, *Pigs marketing Board*, Aff. 83/78, *Rec.* p 2347.
CJCE, 20 févr. 1979, *Rewe-Zentral AG c/ Bundesmonopolverwaltung für Branntwein*, Aff. 120/78, *Rec.* p 649. (dit « Cassis de Dijon »).
CJCE, 25 sept. 1979, *Commission c/France*, Aff. 232/78, *Rec.* p 2729.
CJCE, 26 févr. 1980, *Procédure pénale c/ Pieter Vriend*, Aff. 94/79, *Rec.* p 237.
CJCE, 18 mars 1980, *Commission c/ Italie*, Aff. 91/79 et 92/79, *Rec.* p 1099.
CJCE, 2 févr. 1982, *Commission c/ Royaume de Belgique*, Aff. 68 à 73/81, *Rec.* p 153.
CJCE, 7 févr. 1985, *Association de défense des brûleurs d'huiles usagées*, Aff. 240/83, *Rec.* p 531.
CJCE, 26 mars 1987, *Commission des Communautés européennes c/ Conseil des Communautés européennes*, Aff. 45/86, *Rec.* p 1493.
CJCE, 8 juill. 1987, *Commission c/ Italie*, Aff. 262/85, *Rec.* p 3094.
CJCE, 27 avril 1988, *Commission c/ France*, Aff. 252/85, *Rec.* p 2261.
CJCE, 20 sept. 1988, *Commission des Communautés européennes c/ Royaume de Danemark*, Aff. 302/86, *Rec.* p 4607.
CJCE, 13 déc. 1989, *Grimaldi*, Aff. 322/88, *Rec.* p 4407.
CJCE, 30 mai 1991, *Commission des Communautés européennes c/ Allemagne*, Aff. 361/88, *Rec.* p 2567.
CJCE, 11 juin 1991, *Commission des Communautés européennes c/ Conseil des Communautés européennes*, Aff. 300/89, *Rec.* p 2895. (dite « Dioxyde de titane »)
CJCE, 20 janv. 1993, *Emerald Meats Ltd c/ Commission des Communautés européennes*, Aff. 106/90, 317/90, 129/91, *Rec.* p 209.
CJCE, 23 mars 1993, *Weber c/ Parlement européen*, Aff. 314/91, *Rec.* p 1093.
CJCE, 12 nov. 1996, *Royaume Uni c/ Conseil de l'Union européenne*, Aff. 84/94, *Rec.* p 5793.
CJCE, 20 mars 1997, *France c/ Commission des Communautés européennes*, Aff. 58/95, *Rec.* p 1640.
CJCE, 13 mai 1997, *Allemagne c/ Parlement européen et Conseil de l'Union européenne*, Aff. 233/94, *Rec.* p 2405.
CJCE, 22 oct. 1998, *IN.CO.GE. 90 ea*, Aff. 10/97 à 22/97, *Rec.* p 6307.
CJCE, 1er juin 1999, *Kortas*, Aff. 319/97, *Rec.* p 2223.
CJCE, 16 mai 2000, *Espagne c/ Conseil*, Aff. 36/98, *Rec.* p 782.
CJCE, 22 juin 2000, *Fornasar*, Aff. 318/98, *Rec.* p 4785.
CJCE, 11 juill. 2000, *Tanja Kreil*, Aff. 285/98, *Rec.* p 69.
CJCE, 10 mai 2001, *Commission des Communautés européennes c/ Pays-Bas*, Aff. 152/98, *Rec.* p 03463.
CJCE, 9 octobre 2001, *Royaume des Pays-Bas c/Parlement européen*, Aff. 377/98, *Rec.* p 07079.
CJCE, 17 sept. 2002, *Concordia Bus Finland OY Ab & autres*, Aff. 513/99, *Rec.* p 7251.
CJCE, 5 octobre 2002, *Allemagne* c. *Parlement et Conseil*, Aff. 376/98, *Rec.* p 8419.
CJCE, 10 déc. 2002, *British American Tobacco et Imperial Tobacco*, Aff. 491/01, *Rec.* p 11453.
CJCE, 22 mai 2003, *Commission des Communautés européennes c/ Allemagne*, Aff. 103/01, *Rec.* p 5386.

CJCE, 11 sept. 2003, *Avestapolarit Chrome*, Aff. 114/01, *Rec.* p 8752.
CJCE, 4 déc. 2003, *EVN AG Wienstrom*, Aff. 448/01, *Rec.* p 14527.
CJCE, 29 avril 2004, *Standley*, Aff. 293/97, *Rec.* p 2603.
CJCE, 14 avr. 2005, *Belgique c/ Commission*, Aff. 110/03, *Rec.* p 2801.
CJCE, 12 juill. 2005, *Alliance for Natural Health et National Associations of Health Stores*, Aff. 154/04 & 155/04, *Rec.* p 6485.
CJCE, 8 sept. 2005, *Yonemoto*, Aff. 40/04, *Rec.* p 7755.
CJCE, 13 sept. 2005, *Commission c/ Conseil*, Aff. 176/03, *Rec.* p 7879.
CJCE, 30 nov. 2006, *Commission c/ Luxembourg*, Aff. 32/05, *Rec.* p I-11349.
CJCE, 25 octobre 2007, *Commission des Communautés européennes c/ Irlande*, Aff. 248/05, *Rec.* p 09261.
CJCE, 24 avr. 2008, *Arcor*, Aff. 55/06, *Rec.* p 2931.
CJCE, 17 juill. 2008, *Coleman*, Aff. 303/06, *Rec.* p 5603.
CJCE, 25 juill. 2008, *Janecek*, Aff. 237/07, *Rec.* p 6221.
CJCE, 6 nov. 2008, *Parlement européen c/ Conseil de l'Union européenne*, Aff. 155/07, *Rec.* p 08103.
CJCE, 16 déc. 2008, *Michaniki*, Aff. 213/07, *Rec.* p 9999.
CJCE, 8 sept. 2009, *Commission c/ Parlement européen et Conseil*, Aff. 411/06, *Rec.* p 07585.
CJUE, 9 mars 2010, *E.R.G.*, Aff. 379/08 & 380/08, *Rec.* p 02007.
CJCE, 8 juin 2010, *Vodaphone Ltd*, Aff. 58/08, *Rec.* p 5026.
CJUE, 8 sept. 2010, *Winner Wetten*, Aff. 409/06, *Rec.* p 08015.
CJUE, 12 mai 2011, *Luxembourg c/ Parlement et Conseil*, Aff. 176/09, *Rec.* p 03727
CJUE, 26 sept. 2013, *IBV & Cie*, Aff. 195/12, non publié au Journal officiel.

Avis, Conclusions de l'Avocat général et Ordonnances

CJCE, 19 mars 1993, Convention n°170 de l'OIT, Avis n°2/91, *Rec.* p 1061.
CJCE, 6 déc. 2001, Avis n°2/00, *Rec.* p 9713.
Conclusions de l'Avocat général Léger présentées le 3 févr. 1998, Aff. 284/95 & 341/95, *Rec.* p 4304.
Conclusions de l'Avocat général Fennelly présentées le 15 juin 2000, Aff. 74/99, *Rec.* p 8419.
Conclusions de l'Avocat général Léger présentées le 23 sept. 2004, Aff. 277/02, *Rec.* p 11960.
Conclusions de l'Avocat général Sharpston présentées le 18 mai 2006, Aff. 32/05, *Rec.* p 11327.
Conclusions de l'Avocat général Kokott présentées le 16 déc. 2010, Aff. 165/09 à 167-09, *Rec.* p 04599
Conclusions de l'Avocat général Bot présentées le 14 juill. 2011, Aff. 474/10, *Rec.* p 10227.
Ordonnance de la CJUE, *Buzzi Unicem,* 9 mars 2010, Aff. 478 & 479/08, *Rec.* p 00031.

Tribunal de Première Instance

TPI, 21 févr. 1995, *VSOB*, Aff. T-29/92, *Rec.* p II-289.
TPI, 2 oct. 2001, *Martinez c/ Parlement européen*, Aff. T-222/99, *Rec.* p II-2823.
TPI, 27 sept. 2006, *GlaxoSmithKline Services c/ Commission*, Aff. T-168/01, *Rec.* p II-2969.
TPI, 7 nov. 2007, *Allemagne c/ Commission*, Aff. T-374/04, *Rec.* p II-4431.
TPI (Ord.), 26 sept. 2008, *Ellinikos Niognomon*, Aff. T-312/08R, *Rec.* p II-204.
TPI, 3 sept. 2009, *Cheminova e. a.*, Aff. T-326/07, *Rec.* p II-2685.

Jurisprudence française

Conseil constitutionnel

Conseil constitutionnel, Décision n°2006-543 DC du 30 nov. 2006, Loi relative au secteur de l'énergie, *Rec. p 120, JO du 8 décembre 2006, p 18544.*

Conseil d'État & tribunaux administratifs

CE, 22 janv. 1909, *Toussaint, Moreau et autres, Rec.* p 77.
CE, 2 déc. 1959, *Sieur Bijon et autres, Rec.* p 55.
CE, 19 nov. 1975, *Commune de Ramonville-Saint-Agne, Rec.* p 578.
CE, 22 févr. 1980, AJDA 1980, p 487, RD rur., 1981, p 314.
CE, 18 nov. 1983, *Groussin*, req. n°38151, publié au recueil Lebon.
CE, Ass., 20 oct. 1989, *RTDE* 1989. 771, concl. P. Frydman, note G. Isaac, *RFDA* 1989. 823, note B. Genevois, et 1989.1000, note L. Dubouis, *AJDA* 1989. 756, chron. E. Honorat et E. Baptiste.
TA Limoges (1ère Ch.), *Commune de Chaillac c/ Préfet de l'Indre*, n°99 796.

Cour de Cassation

Cass. Civ., 2 juin 1953, *Rotily Forcioli*, Annales du Ministère de l'Agriculture, n°83.467.
Cass., Ch. Mixte, 24 mai 1975, *Cafés Jacques Vabre, Rec.* p 73, n°13.556.

- DÉCISIONS APPLICABLES AU CANADA - ET DÉCISIONS PROVINCIALES

Comité judiciaire du Conseil Privé

Severn v. *The Queen*, [1878] 2 R.C.S. 70.
Citizens Insurance Company of Canada v. *Parsons,* [1881-82] 7 A.C. 96.
Russell v. *R.* [1881-82] 7 A.C. 829, 839-840.
R. v. *Robertson*, [1882] 6 R.C.S. 52.
Hodge v. *The Queen,* [1883] 9 A.C. 117.
Liquidators of the Maritime Bank of Canada v. *Receiver-General of New Brunswick,* [1892] A.C. 437.
Affaire des cessions volontaires, [1894] A.C. 189.
A.-G. for Ontario v. *A.-G. for Canada,* [1896] A.C. 348.
P.G. Canada v. *P.G. Ontario*, [1898] A.C. 700.
C.P.R. v. *Corporation de la paroisse de Notre-Dame-de-Bonsecours*, [1899] A.C. 367.
Union Colliery Company of British Columbia Ltd. v. *Bryden*, [1899], A.C. 580.
Hewson v. *Ontario Power Co.*, [1905] 36 R.C.S. 596.
Montréal v. *Montreal Street Railway*, [1912] A.C. 333.
B.C. Electric Railways Co. v. *Vancouver, Victoria and Eastern Railway and Navigation Co.*, [1914] 48 R.C.S. 98.
In re the Initiative and Referendum Act, [1919] A.C. 935.
Gold Seal Ltd. c. *Dominion Express Co.* [1921] 62 R.C.S. 424.
A.-G. Ontario v. *Reciprocal Insurers*, [1924] A.C. 328.
Re Waters & Water-Powers, [1929] R.C.S. 200.
A.-G. Canada v. *British Columbia*, [1930] A.C. 111.
British Coal Corporation v. *The King,* [1935] A.C. 500.
A.-G. for Canada v. *A.-G. for Ontario (Labour Conventions),* [1937] A.C. 326. (dit « Renvoi sur les conventions de travail »)
Shannon v. *Lower Mainland Dairy Products Board,* [1938] A.C. 708.

Board of Trustees of Lethbridge Irrigation District v. *Independant Order of Foresters*, [1940] A.C. 513.
A.G. Alberta [1941] R.C.S. 87.

Cour suprême du Canada

A.-G. Nova Scotia c. *A.-G. Canada*, [1951] R.C.S. 31.
Canadian Federation of Agriculture c. *PG Québec* [1951] A.C. 179. (dit « arrêt sur la margarine »)
Texada Mines Ltd. c. *A.-G. British Columbia*, [1960] R.C.S. 713.
Robertson et Rosetani c. *R.*, [1963] R.C.S. 651.
A.-G. British Columbia c. *Smith*, [1967] R.C.S. 702.
Carnation Co. c. *Québec Agricultural Marketing Board*, [1968] R.C.S. 238.
Avis sur la Loi anti-inflation, [1976] 2 R.C.S. 373.
Interprovincial Co-operatives Ltd. et al. c. *La Reine*, [1976] 1 R.C.S. 477. (dit « Dryden »)
Canadian Indemnity Co. c. *P.G. Colombie-Britannique*, [1977] 2 R.C.S. 504.
P.G. Canada et Dupond c. *Ville de Montréal*, [1978] 2 R.C.S. 770.
P.G. du Québec c. *Kellogg's Co. et autres*, [1978] 2 R.C.S. 211.
R. c. *Zelensky*, [1978] 2 R.C.S. 940.
Towell Investments, [1978] 1 R.C.S. 974.
Central Canada Potash Ltd. c. *Gouvernement de la Saskatchewan*, [1979] 1 R.C.S. 42.
Avis sur la compétence du Parlement relativement à la Chambre haute, [1980] 1 R.C.S. 54.
Construction Montcalm Inc. c. *Commission du salaire minimum*, [1979] 1 R.C.S. 754.
Fowler c. *La Reine*, [1980] 2 R.C.S. 213.
Northwest falling contractors LTD c. *La Reine* [1980] 2 S.C.R. 292.
Supermarchés Dominion Ltée c. *La Reine*, [1980] 1 R.C.S. 844.
Renvoi : résolution pour modifier la Constitution, [1981] 1 R.C.S. 753.
Avis sur la Loi de 1979 sur la location résidentielle, [1981] 1 R.C.S. 714.
Municipalité régionale de Peel c. *Mackenzie*, [1982] 2 R.C.S. 9.
Multiple Access Ltd. c. *McCutcheon*, [1982] 2 R.C.S. 161.
Schneider c. *La Reine*, [1982] 2 R.C.S. 112.
Renvoi : opposition du Québec à une résolution pour modifier la Constitution, [1982] 2 R.C.S. 753.
Renvoi relatif à la taxe sur le gaz naturel exporté, [1982] 1 R.C.S. 1004.
Re Upper Churchill Water Reversion Act, [1984] 1 R.C.S. 297.
Renvoi : droits linguistiques au Manitoba, [1985] 1 R.C.S. 721.
R. c. *Edwards Books and Art Ltd.*, [1986] 2 R.C.S. 713.
Le procureur général de l'Ontario c. *SEFPO*, [1987] 2 R.C.S. 2.
R. c. *Crown Zellerbach Canada ltd.*, [1988] 1 R.C.S. 401.
Bell Canada c. *Québec (C.S.S.T.)*, [1988] 1 R.C.S. 749.
General Motors of Canada Ltd c. *City National Leasing*, [1989] 1 R.C.S. 641.
Y.M.H.A. Jewish Community Centre of Winnipeg Inc. c. *Brown*, [1989] 1 R.C.S. 1532.
Banque de Montréal c. *Hall*, [1990] 1 R.C.S. 121.
Whitbread c. *Walley*, [1990] 3 R.C.S. 1273.
Renvoi relatif au régime d'assistance publique du Canada, [1991] 2 R.C.S. 525.
Friends of the Oldman River Society c. *Ministre des Transports du Canada*, [1992] 1 R.C.S. 3.
Husky Oil Operation Ltd. c. *M.R.N.*, [1995] 3 R.C.S. 453.
Ontario Hydro c. *Ontario (Commission des relations de travail)*, [1993] 3 R.C.S. 327.
R.J.R.-MacDonald Inc. c. *Canada (Procureur général)*, [1995] 3 R.C.S. 199.
Renvoi sur les juges de la cour provinciale, [1997] 3 R.C.S. 3.
R. c. *Hydro-Québec*, [1997] 3 R.C.S. 213.
Renvoi relatif à la sécession du Québec, [1998] 2 R.C.S. 217.

Première Nation de Westbank c. *B.C. Hydro*, [1999] 3 R.C.S. 134.
Global Securities Corp. c. *Colombie-Britannique (Securities Commission)*, [2000] 1 R.C.S. 494.
Renvoi relatif à la Loi sur les armes à feu, [2000] 1 R.C.S. 783.
Lovelace c. *Ontario,* [2000] 1 R.C.S. 950.
114957 Canada Ltée (Spraytech Société d'arrosage) c. *Hudson (Ville)*, [2001] 2 R.C.S. 241.
Law Society of British Columbia c. *Mangat*, [2001] 3 R.C.S. 113.
Ward c. *Canada (P.G.)*, [2002] 1 R.C.S. 569.
Auton (Tutrice à l'instance de) c. *Colombie-Britannique (Procureur général)*, [2004] 3 R.C.S. 657.
Renvoi relatif au mariage entre personnes du même sexe, [2004] 3 R.C.S. 698.
Rothmans, Benson & Hedges Inc. c. *Saskatchewan*, [2005] 1 R.C.S. 188.
Renvoi relatif à la Loi sur l'assurance-emploi (Can.), [2005] 2 R.C.S. 669. (dit « Renvoi sur les congés parentaux »)
Banque canadienne de l'Ouest c. *Alberta,* [2007] 2 R.C.S. 3.
Colombie-Britannique (Procureur général) c. *Lafarge Canada Inc.*, [2007] 2 R.C.S. 86.
Québec (Procureur général) c. *Moses*, [2010] R.C.S. 17.
Québec (Procureur général) c. Lacombe, [2010] 2 R.C.S. 38.
Renvoi relatif à la Loi sur la procréation assistée, [2010] 3 R.C.S. 457.
Renvoi relatif à la Loi sur les valeurs mobilières, [2011] 3 R.C.S. 837.
Renvoi relatif à la Loi sur la Cour suprême, art. 5 et 6, [2014] CSC 21.

Cours provinciales

Robertson c. *Steadman et al.*, (1875-1876) 16 N.-B. R 621.
Cité de Montréal c. *Doyle*, (1880) 2 La Thémis 182, 184.
Bennett c. *Pharmaceutical Association of Québec*, (1881), 1 Dorion 336, 340.
Levesque v. *New Brunswick Railway Co.*, (1889), 29 N.B. 588, 596 (N.B.S.C.).
McArthur v. *Northern and Pacific Junction Railway Co.*, (1890) 17 O.A.R. 86, 111-112. (Ont. C.A.)
Regina v. *Wason*, (1890) 17 O.A.R. 221, 232 (Ont. C.A.).
A. G. Canada v. *Ewen*, (1895) 3 B.-C. R 468, 469.
Papp, [1970] 1 O.R., 331 (CA).
Central Mortgage and Housing Corp. c. *Co-operative College Residences Inc.*, (1975) 71 D.L.R. (3d) 183 (C.A. Ont.).
St Denis de Brompton (Munic.) c. *Filteau,* (1986) RJQ 2400 (C.A.).
Winterhaven Stables Ltd. c. *A.-G. Canada*, (1986) 71 A.R. 1 (B.R.), (1988) 53 D.L.R. (4th) 413 (C.A. Alta), permission d'appeler refusée.
Canada Mortgage and Housing Corp. c. *Iness*, (2004) 236 D.L.R. (4th) 241 (C.A. Ont.) permission d'appel refusée.

III. OUVRAGES

- OUVRAGES GÉNÉRAUX

- A -

AGOSTINI (E.), *Droit comparé*, Paris, PUF, 1988, 339 pages.
ARISTOTE, *Politique*, trad. en français par J. BARTHÉLÉMY-SAINT-HILAIRE, Paris, Ladrange, 1874, 545 pages. Disponible sur le site Internet de la Bibliothèque Nationale de France : http://gallica.bnf.fr/ark:/12148/bpt6k2079427/f1.image.

ARROW (K.J.), *Social Choice and Individual Values*, New Haven, Yale University Press, 1963, 192 pages.

- B -

Barreau Canadien, *Vers un Canada Nouveau*, Ottawa, Barreau canadien, 1967.

BARTHÉLEMY L'ANGLAIS, *Livre des propriétés des choses*, Bibliothèque numérique Gallica, 1491. Disponible sur le site Internet Gallica, bibliothèque numérique de la Bibliothèque nationale de France : http://gallica.bnf.fr/.

BASTIEN (R.), *Fédéralisme et Décentralisation, où en sommes-nous?,* Gouvernement du Canada, 1981, 58 pages.

BEAUD (O.), *Théorie de la Fédération*, Paris, PUF, 2007, 447 pages.

BEAUDOIN (G.A.), *Le Fédéralisme au Canada – Les institutions – Le partage des pouvoirs*, Montréal, Wilson & Lafleur ltée, 2000, 1076 pages.

BLACKSTONE (W.), *Commentaries on the Laws of England*, Oxford (RU), Clarendon Press, 1765-69, 4 vol.. Disponible sur le site Internet de *LONANG Library* : http://www.lonang.com/exlibris/blackstone/index.html (page consultée le 7 juill. 2014).

BODIN (J.), Les Six livres de la République, Genève, E. Gamonet, 1629, 1134 pages. Disponible en ligne sur le site Internet Gallica, bibliothèque numérique de la Bibliothèque nationale de France : http://gallica.bnf.fr .

BORDONNEAU (M.-A.), *Regard juridique sur la double nature de l'eau*, Paris, Éditions Johanet, 2009, 901 pages.

BOYD (D.R.), *Unnatural Law : Rethinking Canadian Environmental Law and Policy*, Vancouver, UBC Press, 2003, 469 pages.

BRACTON (H.)(De), *De legibus et consuetudinibus Angliae* (*On the Laws and Customs of England*), 1250, 378 pages. Disponible sur le site Internet de la *Harvard Law School Library*, rubrique « Bracton doctrine » : http://bracton.law.harvard.edu/.

BROUILLET (E.), *La négation de la nation : l'identité culturelle québécoise et le fédéralisme canadien*, Ste-Foy (Québec-Canada), Septentrion, 2005, 478 pages.

BURDEAU (G.), *La démocratie*, Paris, Éd. du Seuil, 1990, 185 pages.

- C -

CARRÉ DE MALBERG (R.), *Contribution à la théorie générale de l'État : spécialement d'après les données fournies par le droit constitutionnel français*, Paris, Dalloz, 2003, 1525 pages.

CASTEL (J.-G.), *The Civil Law System of the Province of Quebec*, Toronto, Butterworths, 1962, 613 pages.

CHALTIEL (F.), *La souveraineté de l'État et l'Union européenne, l'exemple français*, Paris, L.G.D.J., 2000, 1308 pages

CHARBONNEAU (S.), *Droit communautaire de l'environnement*, Paris, L'Harmattan, 2006, 295 pages.

CHEVALLIER (J.), *L'État post-moderne*, Paris, L.G.D.J., 2008, 266 pages.

CICHOWSKI (R.A.), *European Court and Civil Society, The Litigation, Mobilization and Governance. Themes in European Governance*, UK, Cambridge University Press, 2007, 294 pages.

CLÉMENT (M.), *Droit européen de l'environnement – Jurisprudence commentée*, Paris, Larcier, 2010, 576 pages.

COLEMAN (J.S.), *Foundations of Social Theory*, Cambridge, Harvard University Press, 1994, 993 pages.

CONSTANTINESCO (L.-J.), *Traité de Droit comparé – Tome I : Introduction au Droit comparé*, Paris, L.G.D.J., 1972, 243 pages.

CONSTANTINESCO (V.), *Compétences et pouvoirs dans les Communautés européennes : contribution à l'étude de la nature juridique des communautés*, Paris, L.G.D.J., 1974, 492 pages.
COPIN-MONTÉGUT (G.), *Propriétés physiques de l'eau de mer*, Paris, Éd. Techniques ingénieur, 19 pages.
CORNU (G.), *Vocabulaire juridique*, Paris, PUF, 10ème Éd., 2014, 1099 pages.
CUNIBERTI (G.), *Grands systèmes de droit contemporains*, Paris, L.G.D.J., 2011, 510 pages.

- D -

DAVID (R.), *Traité élémentaire de droit civil comparé : Introduction à l'étude des droits étrangers et à la méthode comparative*, Paris, L.G.D.J., 1950, 555 pages.
DAVID (R.), *Les grands systèmes de droit contemporains*, Paris, Dalloz, 1964, 553 pages.
DELMAS-MARTY (M.), *Le Pluralisme Ordonné - Les Forces Imaginantes du Droit (II)*, Paris, Éditions du Seuil, 2006, 302 pages.
DELVALLEZ (Ch.-E.), *Le juge administratif et la primauté du droit communautaire*, Paris, L'Harmattan, 2011, 355 pages.
DEN OTTER (A.A.), *The Philosophy of Railways : The Transcontinental Railway Idea in British North America*, Toronto, University of Toronto Press, 1997, 317 pages.
DESCOURS (A.), *Des eaux courantes en droit romain et des cours d'eaux navigables en flottables en droit* français, Caen, Thèse, 1877, dact.
DESRAMEAUX (A.), *Finances Publiques*, Paris, Presses Universitaires de France, 2013, 261 pages.
DUCLOS (P.), *L'Être fédéraliste*, Paris, Pichon et Durand-Auzias, 1968, 71 pages.
DUGOT (Ph.), *L'eau autour de la Méditerranée,* Paris, Éditions L'Harmattan, 2002, 192 pages.

- E -

ELAZAR (D.-J.), *Federalism Theory and Application*, vol. 1, HSRC Press, 1995, 76 pages.

- F -

FAURE (M.), *L'analyse économique du droit de l'environnement*, Maastricht, Bruxelles, Metro Institute for Transnational Legal Research, Bruylant, 2007, 362 pages.
FAVRET (J-M.), *Droit et pratique de l'Union européenne,* Paris, Gualino, Lextenso Éditions, 6ème édition, 2009, 632 pages.
FISHER (D.), *The Law and Governance of Water Resources – The Challenge of Sustainability*, Cheltenham (RU), Edward Elgar Publishing Limited, 2009, 385 pages.
FLYNN (N.), *Public Sector Management*, London, Harvester Wheatsheaf, 6ème Éd., 2012, 296 pages.
FRENKEL (M.), *Federal Theory*, Canberra, Centre for Research on Federal Financial Relations, Australian National University, 1986, 215 pages.
FROMONT (M.), *Grands systèmes de droits étrangers*, Paris, Dalloz, 2005, 197 pages.

- G -

GAGNON (A.), *Le fédéralisme canadien contemporain : fondements, traditions, institutions,* les Presses de l'Université de Montréal, 2006, 559 pages.

GERBET (P.), *La Construction de l'Europe*, Paris, Armand Colin, 2007, 579 pages.

GETZLER (J.), *A History of Water Rights at Common Law*, Oxford Scholarship Online, 2006.

GLENN (J.), *Once Upon an Oldman : Special Interest Politics and the Oldman River Dam*, Vancouver (Canada), UBC Press, 1999, 329 pages.

GLENN (P.), *Legal Traditions of the World – Sustainable Diversity in Law*, Oxford University Press, 4th Edition, 2010, 450 pages.

- H -

HARRISON (K.), *Passing the Buck : Federalism and Canadian Environmental Policy*, Vancouver, UBC Press, 2011, 248 pages.

HAURIOU (M.), *Principes de droit public*, Paris, Dalloz, 1910, 734 pages.

HAURIOU (M.), *Précis de droit constitutionnel*, Paris, Tenin, Sirey, 1923, 759 pages.

HEIM (J.-L.), *La longue marche du genre humain : de la bipédie à la parole*, Paris, L'Harmattan, 2013, 170 pages.

HOBBES (T.), *Du Citoyen ou Les fondements de la Politique*, Chicoutimi (Canada), Les Classiques des Sciences Sociales, 1642, 218 pages.

HOGG (P.W.), *Constitutional Law of Canada*, Scarborough (Ontario-Canada), Thomson Carswell, 2008, 1467 pages.

- J -

JACK (B.), *Agriculture and EU Environmental Law*, Farnham Surrey (England), 2009, 273 pages.

JELLINEK (G.), *Théorie générale de l'État*, Paris, Panthéon-Assas, L.G.D.J., 2005, 574 pages.

- K -

KACZOROWSKA (A.), *European Union Law*, New York, Routledge-Cavendish, 2008, 964 pages.

KELEMEN (D.), *The rules of federalism : institutions and regulatory politics in the EU and beyond,* Cambridge, Harvard University Press, 2004, 244 pages.

KELSEN (H.), *Théorie Générale du Droit et de l'État*, Paris, L.G.D.J., 1997, 517 pages.

KELSEN (H.), *Théorie pure du droit*, Paris, Dalloz, 2ème Éd., 1962, 367 pages.

KRÄMER (L.), *Droit de l'environnement de l'Union européenne*, Bâle, Helbing Lichtenhahn, 2011, 353 pages.

KRÄMER (L.), *EU Environmental Law*, London, Sweet & Maxwell, 2011, 465 pages.

- L -

LABAND (P.), *Le droit public de l'Empire allemand*, Paris, V. Giard & E. Brière, 1900, 540 pages.

LAÏDI (Z.), *Un monde privé de sens*, Paris, Hachette-Littératures, 2006, 333 pages.

LAÎNÉ (L.), *La Pensée Chrétienne face à la Mondialisation Néolibérale*, Paris, L'Harmattan, 2013, 282 pages.

LALANDE (A.), *Vocabulaire technique et critique de la philosophie*, Paris, Quadrige/Presses Universitaires de France, 1ère Édition : 1926, 2ème Édition : 2006, 1323 pages.

LAMONTAGNE (M.), *Le Fédéralisme canadien : Évolution et problèmes*, Québec, Les Presses de l'Université Laval, 1954, 298 pages.
LARBI (G.A.), *The New Public Management Approach and the Crisis States*, Genève, Institut de Recherche des Nations Unies pour le Développement Social, 112, Septembre 1999, 65 pages.
LASKIN (B.), *The British Tradition in Canadian Law*, Londres, Stevens & Sons, 1969, 138 pages.
LAVIEILLE (J.-M.), *Droit international de l'environnement*, Paris, Ellipses Édition, 2010, 368 pages.
LEE (M.), *EU Environmental Law – Challenges, Change and Decision-making*, Oxford, Hart publishing, 2005, 275 pages.
LEGEAIS (R.), *Grands systèmes de droit contemporains – Approche comparative*, Paris, LexisNexis Litec, 2004, 457 pages.
LEGUAY (J.-P.), *La Pollution au Moyen-Âge*, Paris, Editions Jean-Paul Gisserot, 5ème Édition, 2007, 127 pages.
LEGUAY (J.-P.), *L'eau dans la ville au Moyen âge*, Rennes, Presses Universitaires de Rennes, 2002, 493 pages.
LÉVÊQUE (F.), *La réglementation des externalités*, Intervention à « l'École thématique sur les règles publiques », IEPE – Grenoble, Juillet 2000, 17 pages.

- M -

MACHIAVEL (N.), *Œuvres complètes*, Disponible en version électronique sur le site Internet Gallica, bibliothèque numérique de la Bibliothèque nationale de France : http://gallica.bnf.fr/, 736 pages.
MACKAY (P.), *Droit constitutionnel*, 2006-2007.
MADISON (J.), *The Federalist*, 10, Columbus (États-Unis),The McGraw-Hill Compagnies Inc., 1787, 4 pages.
MAGNETTE (P.), *L'Europe, l'Etat et la Démocratie : le souverain apprivoisé*, Bruxelles, Éditions Complexe, Collection Études européennes, 2000, 261 pages.
MAGNON (X.), *Théorie(s) du droit*, Paris, Ellipses, 2008, 167 pages.
MARC (Ph.), *Les cours d'eau et le droit*, Paris, Éditions Johanet, 2006, 292 pages.
MASSON (A.), *Droit communautaire – Droit institutionnel et droit matériel – Théorie, exercices et éléments de méthodologie*, Bruxelles, Groupe De Boeck, Larcier, 2ème édition, 2009, 576 pages.
MERKLE (J.A.), *Management and Ideology : The Legacy of the International Scientific Management Movement*, Berkeley (États-Unis), University of California Press, 1980, 325 pages.
MERLEAU-PONTY (M.), *Signes*, Paris, Gallimard, 1960, 438 pages.
MICHEL (V.), *Recherches sur les Compétences de la Communauté*, Paris, L'Harmattan, 2003, 704 pages.
MIGNOLET (M.), *Le fédéralisme fiscal : leçons de théorie économique et expérience de quatre États fédéraux*, Bruxelles, De Boeck, 2005, 410 pages.
MILLON-DELSOL (C.), *L'État subsidiaire : ingérence et non-ingérence de l'Etat, le principe de subsidiarité aux fondements de l'histoire européenne*, Paris, Presses universitaires de France, 1992, 232 pages.
MILLON-DELSOL (C.), *Le principe de subsidiarité*, Paris, Que sais-je, Presses universitaires de France, 1993, 127 pages.
MIRKINE-GUETZEVITCH (B.), *Les Constitutions Européennes*, Paris, PUF, 1951.
MONAHAN (P.J.), *Constitutional Law*, Toronto, Irwin Law, 2006, 613 pages.
MONTESQUIEU, *De l'esprit des lois*, tome 1, Paris, GF Flammarion, 1979, 507 pages.
MORIN (J-Y.), *Le Fédéralisme : Théorie et Critique, 1963-1964*, Montréal, 1964, 105 pages.

- O -

ORBAN (E.), *La dynamique de centralisation dans l'État fédéral : un processus irréversible?*, Éditions Québec/Amérique, 1984, 526 pages.

ORSENNA (E.), *L'Avenir de l'eau – Petit précis de mondialisation II*, Paris, Arthème Fayard, 2008, 470 pages.

- P -

PASCAL (B.), *Pensées*, Paris, Gallimard, 1977, 340 pages.

PETERS (B.G.), *The future of governing – Studies in government and public policy*, Lawrence (États-Unis), University Press of Kansas, 2001, 260 pages.

PONTHOREAU (M.-C.), *Droit(s) constitutionnel(s) comparé(s)*, Paris, Economica, 2010, 401 pages.

PROUDHON (P.-J.), *Du principe Fédératif et de la Nécessité de Reconstituer le Parti de la Révolution*, E.Dentu, Paris, 1863, 322 pages.

- R -

REYMOND (Ph.), *L'eau, Sa Vie, Et Sa Signification Dans L'Ancien Testament*, Boston, Brill Archive, 1958, 282 pages.

RIKER (W.), *Federalism, origin, operation, significance*, Boston, Little Brown, 1964, 169 pages.

ROLLIN (Ch.), *The Roman history, from the foundation of Rome to the battle of Actium. Translated from the French*, Vol. 3, Cork-Hill, R. Reilly, 1711, 360 pages.

ROMI (R.), *Droit et administration de l'environnement*, Paris, Montchrestien, 2004, 535 pages.

ROUSSEAU (J.-J.), Le contrat social, Paris, Bibliothèque du peuple, 1851, 524 pages. Disponible en ligne sur le site Internet Gallica, bibliothèque numérique de la Bibliothèque nationale de France : http://gallica.bnf.fr.

- S -

SABOURIN (L.), *Le système politique du Canada, Institutions fédérales et québécoises*, Éditions de l'Université d'Ottawa, 1970, 517 pages.

SADELEER (N.) (de), *Environnement et marché intérieur*, Éditions de l'université de Bruxelles, 2010, 580 pages.

SAOUT (A.), *Théorie et pratique du droit de l'eau*, Paris, Éditions Johanet, 2011, 472 pages.

SERRES (M.), *Petite Poucette*, Paris, Éditions Le Pommier, 2012, 82 pages.

SERRES (M.), *Le temps des crises*, Paris, Éditions Le Pommier, 2009, 78 pages.

SERVIDIO-DELABRE (E.), *Common law : introduction to the English and American legal systems*, Paris, Dalloz, 2004, 246 pages.

SICARD (G.), *Les moulins de Toulouse au Moyen-Âge, aux origines des sociétés anonymes*, Paris, Armand Colin, 1953, 408 pages.

SMITH (A.), *An Inquiry into the Nature and Causes of the Wealth of Nations*, Digireads.com Publishing, 2009, 576 pages.

SPOIDEN (S.), *Étonnante Amérique, La face cachée de la politique américaine,* Paris, L'aube essai, 2005, 188 pages.

STEIN (E.), *Thoughts from a Bridge. A Retrospective of Writing on New Europe and American Federalism*, Ann Arbor, University of Michigan Press, 2000, 497 pages.

STEIN (P.), *Le droit romain et l'Europe – Essai d'interprétation historique*, Genève, Schulthess Médias Juridiques, Paris, L.G.D.J., 2004, 172 pages.

- T -

TAGGART (M.), *Private Property and Abuse of Rights in Victorian England: The Story of Edward Pickles and the Bradford Water Supply*, Oxford Scholarship Online, 2002.

THIEFFRY (P.), *Droit de l'environnement de l'Union européenne*, Bruxelles, Bruylant, 2ème Édition, 2011, 1317 pages.

THIEFFRY (P.), *Droit de l'environnement de l'Union européenne – Eléments de droit comparé américain, chinois et indien*, Bruxelles, Bruylant, 2008, 987 pages.

THORBURN (H.G.), *Les Groupes de Pression dans le Système Fédéral canadien*, Commission Royale sur l'Union économique et les Perspectives de Développement du Canada, Ottawa (Canada), Centre d'édition du gouvernement du Canada, 1985, 167 pages.

TIERNEY (S.), *Constitutional Law and National Pluralism*, Oxford University Press, 2004, 371 pages.

TOCQUEVILLE (A.) (de), *De la démocratie en Amérique I*, Paris, Gallimard, 1961, 631 pages.

TREMBLAY (A.), *Précis de droit constitutionnel,* Montréal, Éditions Thémis, 1982, 341 pages.

- V -

VIAL (C.), *Protection de l'environnement et libre circulation des marchandises*, Bruxelles, Bruylant, 2006, 620 pages.

VIOLLET (P.-L.), *L'hydraulique dans les civilisations anciennes – 5000 ans d'histoire*, Paris, Presses de l'École nationale des ponts et chaussées, 2004, 130 pages.

- W -

WEBER (M.), *Économie et Société*, Paris, Plon, 1971, 834 pages.

WEIBUST (I.), *Green Leviathan : the case for a federal role in environmental policy*, Farnham, Surrey, England, 2009, 232 pages.

WHEARE (K.C.), *Federal Government*, 4ème édition, Londres, Oxford University Press, 1963, 266 pages.

WIJFFELS (A.), *Introduction historique au droit – France, Allemagne, Angleterre*, Paris, Presses Universitaires de France, 2010, 374 pages.

- Z -

ZOLLER (E.), « Le pluralisme, fondement de la conception américaine de l'État », in Archives de philosophie du droit, *Le Pluralisme*, Tome 49, Paris, Dalloz, 2006, 499 pages.

- OUVRAGES SPÉCIALISÉS, OUVRAGES COLLECTIFS - THÈSES, MÉLANGES

- A -

Académie Internationale de Droit comparé, *La Convergence des systèmes juridiques au 21ème siècle*, Rapports généraux du XVIème Congrès International de droit comparé - Brisbane 2002, Bruxelles, Bruylant, 2006, 1582 pages.

Agence Universitaire de la Francophonie – Réseau « Droit de l'environnement », *La mise en œuvre nationale du droit international de l'environnement dans les pays francophones : Actes des Troisièmes Journées Scientifiques du Réseau Droit de*

l'environnement de l'Agence Universitaire de la Francophonie (Yaoundé – Cameroun), Presses Universitaires de Limoges, 2003, 579 pages.
ALBERT (J.-L.) *et al.*, *Finances Publiques*, Paris, Dalloz, 8ème Édition, 2013, 901 pages.
ALLAND (D.), RIALS (S.)(dir.), *Dictionnaire de la culture juridique*, Paris, Quadrige, Lamy, PUF, 2003, 1649 pages.
AMAR (A.), BERTHIER (L.), *Le Nouveau Management Public : Avantages et Limites – The New Public Management : Advantages and Limits*, Réseau d'Enseignants, Chercheurs et Experts en Management Public (RECEMAP), 2013, 13 pages.
Association Henri Capitant des amis de la culture juridique française, *Les droits de tradition civiliste en question (Volume 1) – à propos des Rapports « Doing Business » de la Banque Mondiale*, Paris, Société de Législation Comparée, 2006, 143 pages.
Association Henri Capitant des amis de la culture juridique française, *Les droits de tradition civiliste en question (Volume 2) – à propos des Rapports « Doing Business » de la Banque Mondiale*, Paris, Société de Législation Comparée, 2006, 161 pages.

- B -

BARLOW (M.), CLARKE (T.), *L'or bleu – L'eau, le grand enjeu du XXIème siècle*, Paris, Arthème Fayard, 2002, 390 pages.
BEAUDOIN (G.-A.) *et al.*, *Le fédéralisme de demain : réformes essentielles/Federalism for the Future : Essential Reforms*, Montréal, Wilson & Lafleur, 1998, 419 pages.
BELAÏDI (N.) (dir.), *Eaux et Sociétés – Enjeux de valeurs*, Bruxelles, Bruylant, 2012, 253 pages.
BERGÉ (J.-S.), ROBIN-OLIVIER (S.), *Droit européen*, Paris, PUF, 2011, 540 pages.
BERNIER (I.), LAJOIE (A.) (dir.), *La Cour suprême du Canada comme agent de changement politique*, Ottawa, Commission Royale sur l'Union économique et les perspectives de développement du Canada, 1986, 225 pages.
BLUMANN (C.), DUBOUIS (L.), *Droit institutionnel de l'Union européenne*, Paris, Litec, 2007, 653 pages.
BOUCHER (M.), *Lobbying et Démocratie : Le Développement de l'Action Publique Organisée au XXème et XXIème siècles*, Mémoire de recherche, Université Laval (Canada), 2010, 113 pages.
BOUSSAGUET (L.), JACQUOT (S.), RAVINET (P.), *Dictionnaire des politiques publiques*, Paris, Presses de Sciences Po, 2010, 771 pages.
BROUILLET (E.), *L'identité culturelle québécoise et le fédéralisme canadien*, Thèse de Doctorat, Québec, Faculté des études supérieures, Université Laval, 2003, 623 pages.
BRUN (A.), LASSERRE (F.), « Les politiques territoriales de l'eau au Québec (Canada) : des plans directeurs de l'eau à la mise en œuvre des contrats de bassin », *Développement durable et territoires*, Dossier 6 « Les territoires de l'eau », 19 mai 2006, paragraphe 11. Disponible en ligne sur le site Internet : developpementdurable.revues.org/.
BRUN (A.), LASSERRE (F.) (dir.), *Gestion de l'eau, Approche territoriale et institutionnelle*, Québec, PUQ, 2012, 210 pages.
BRUN (A.), LASSERRE (F.)(dir.), *Politiques de l'eau : Grands principes et réalités locales*, Québec, Presses de l'Université du Québec, 2006, 408 pages.
BRUN (H.), TREMBLAY (G.), BROUILLET (E.), *Droit constitutionnel*, Cowansville, Yvon Blais, 2008, 1548 pages.
BURDEAU (G.), HAMON (F.), TROPER (M.), *Droit constitutionnel*, Paris, L.G.D.J., 27ème Éd., 2001, 805 pages.

BURNET (E.), BURNET (R.), *Pour Décoder un Tableau Religieux - Nouveau Testament*, Anjou (Québec), Les Éditions Fides, 2006, 158 pages.

- C -

CHUPIN (I.), HUBÉ (N.), KACIAF (N.), *Histoire politique et économique des medias en France*, Paris, La Découverte, 2010.

CHRISTIANSEN (T.), PIATTONI (S.) (dir.), *Informal Governance in the European Union*, Edward Elgar Publishing, 2003, 273 pages.

COHEN-JONATHAN (G.) (dir.), *Mélanges Paul AMSELEK*, Bruxelles, Bruylant, 2005, 857 pages.

CONESA ALCOLEA (I.), BOUSQUET (M.), *L'eau et l'Union européenne. Un guide sur la politique, sa mise en œuvre et ses instruments*, Plouzané (France), Ifremer, 2001, 160 pages.

CRAIG (P.), DE BURCA (G.), *EU Law - Text, Cases, and Materials*, Oxford, Oxford University Press, 5ème Édition, 2011, 1155 pages.

CUDENNEC (A.) (dir.), *L'Union européenne et la mer : vers une politique maritime de l'Union européenne*, Actes du colloque de Brest, 18 & 19 oct. 2006, Paris, A. Pedone, 2007, 437 pages.

- D -

DELEUZE (G.), GUATTARI (F.), *Capitalisme et Schizophrénie 2 : Mille Plateaux*, Paris, Les Éditions de Minuit, 1980, 648 pages.

DELPÉRÉE (F.) (dir.), *Le principe de subsidiarité*, Bruxelles, Bruylant, Paris, L.G.D.J., 2002, 538 pages.

DEFFAINS (B.), *L'analyse économique du droit dans les pays de droit civil*, Actes du Colloque organisé par le Centre de Recherches et de Documentation Economiques de l'Université de Nancy 2 les 28 & 29 Juin 2000, Paris, Éditions Cujas, 2002.

DOAT (M.), LE GOFF (J.), PEDROT (P.), *Droit et complexité – Pour une nouvelle intelligence du droit vivant,* Rennes, Presses Universitaires de Rennes, 2007, 252 pages.

DOUCET (M.), VANDERLINDEN (J.), *La Réception des Systèmes Juridiques : Implantation et Destin*, Textes présentés au premier colloque international du Centre International de la common law en français (CICLEF), Bruxelles, Bruylant, 1994.

DROBENKO (B.), SIRONNEAU (J.), *Code de l'eau*, Paris, Éditions Johanet, 2013.

DUPUY (P.-M.), KERBRAT (Y.), *Droit international public*, Paris, Dalloz, 11ème Éd., 2012, 929 pages.

- E -

ERK (J.), SWENDEN (W.) (dir.), *New Directions in Federalism Studies,* New York, Routledge/ECPR, 2010, 238 pages.

- F -

FAVOREU (L.), *et al.*, *Droit constitutionnel*, Paris, Dalloz, 16ème Éd., 2014, 1070 pages.

FERLIE (E.), LYNN (L.E.), POLLITT (Ch.), *The Oxford Handbook of Public Management,* Oxford University Press, 2005, 789 pages.

FORCESE (C.), FREEMAN (A.), *The Laws of government: the legal foundations of Canadian democracy*, Toronto (Ontario-Canada), Irwin Law, 2005, 689 pages.

- G -

GAGNON (A.G.) (dir.), *Le fédéralisme canadien contemporain: fondements, traditions, institutions*, Les Presses de l'Université de Montréal, 2006, 559 pages.

GAGNON (A.), PALARD (J.), GAGNON (B.) (dir.), *Diversité et identités au Québec et dans les régions d'Europe*, Québec, Presses de l'Université Laval, 2006, 417 pages.

GAMBARO (A.), SACCO (R.), VOGEL (L.), *Le droit de l'Occident et d'ailleurs*, Paris, L.G.D.J., 2011, 455 pages.

GAUDREAULT-DESBIENS (J.-F.), GELINAS (F.) (dir.), *Le Fédéralisme dans tous ses états : gouvernance, identité et méthodologie – The states and moods of federalism : governance, identity and methodology*, Cowansville (Québec), Éditions Y. Blais, Bruxelles, Bruylant, 2005, 474 pages.

GAZZANIGA (J.-L.), LARROUY-CASTÉRA (X.), MARC (Ph.), OURLIAC (J.-P.), *Le droit de l'eau*, Paris, LexisNexis Litec, 2011, 547 pages.

GESSNER (V.), NELKEN (D.) (dir.), *European Ways of Law – Towards a European Sociology of Law*, Oxford, Hart Publishing, 2007, 393 pages.

GLENDON (M.A.), CAROZZA (P.G.), PICKER (C.B.), *Comparative Legal Traditions*, St Paul, Thomson West, 2008, 365 pages.

GLENN (P.H.), LAING (P.M.), *On Common Laws*, Oxford Scholarship Online, Janvier 2010, 143 pages.

GOLDSWORTHY (J.) (dir.), *Interpreting Constitutions – A Comparative Study*, Oxford University Press, 2007, 353 pages.

- H -

HAMON (F.), TROPER (M.), *Droit constitutionnel*, Paris, L.G.D.J., 2013, 744 pages.

HAMON (F.), TROPER (M.), *Droit constitutionnel*, Paris, L.G.D.J., 2011, 898 pages.

HANSON (S.), *Entre Union européenne et région Wallonne : multiplicité des échelons de pouvoir et subsidiarité territoriale - Analyse de la subsidiarité territoriale au travers des directives Seveso, IPPC, responsabilité environnementale et de leurs mesures de transposition en Région wallonne*, Thèse de Doctorat, Université de Liège (Belgique), 2011-2012, 395 pages.

HOLDER (J.), LEE (M.), *Environmental Protection, Law and Policy – text and materials,* Cambridge University Press, 2007, 772 pages.

HOLLAND (K.M.), MORTON (F.L.), GALLIGAN (B.), *Federalism and the Environment: Environmental Policymaking in Australia, Canada and the United States*, Westport (États-Unis), Greenwood Publishing Group, 1996, 231 pages.

HOWSE (R.), NICOLAIDIS (K.), *The Federal Vision: Legitimacy and Levels of Governance in the United States and the European Union*, Oxford University Press, Septembre 2001.

- I -

IMBEAU (L.) (dir.), *Politiques publiques comparées dans les Etats fédérés*, Québec, Les Presses de l'Université Laval, Coll. Management public et gouvernance, 2005, 271 pages.

ISAAC (G.), BLANQUET (M.), *Droit général de l'Union européenne*, Paris, Sirey, 10ème Édition, 2012, 768 pages.

ISAAC (G.), BLANQUET (M.), *Droit général de l'Union Européenne*, Paris, Sirey, 9ème Édition, 2006, 539 pages.

- J -

JANS (J.H.), VEDDER (H.H.B.), *European Environmental Law*, Groningen, Europa Law Publishing, 2008, 496 pages

JOHNS (C.M.), *Non-Point Source Water Pollution Management in Canada and the United States : A Comparative Analysis of Institutional Arrangements and Policy Instruments*, Thèse de doctorat, Mac Master University, 2000.

JORDAN (A.)(dir.), *Environmental Policy in the European Union*, London, Earthscan, 2007, 366 pages.

JOUANJAN (O.) (dir.), « Théories réalistes du droit », *Annales de la Faculté de droit de Strasbourg*, 4, 2000, pp 9-70.

JOUANJAN (O.), YAMAMOTO (H.) (dir.), « Action publique et globalisation », *Annales de la Faculté de droit de Strasbourg*, 8, 2006, pp 9-102.

- K -

KISS (A.), BEURIER (J.-P.), *Droit International de l'Environnement*, Paris, Éditions A. Pedone, 2010, 588 pages.

KRASNICK (M.) (dir.), *Le partage des pouvoirs : études de cas*, Commission royale sur l'Union économique et les perspectives de développement du Canada, Ottawa, Centre d'édition du gouvernement du Canada, 1986, 305 pages.

- L -

LEGEAIS (R.), *Grands systèmes de droit contemporains – Approche comparative*, Paris, LexisNexis Litec, 2004, 457 pages.

LENAERTS (K.), NUFFEL (P.) (Van), *Constitutional Law of the European Union*, Londres, Thomson Sweet & Maxwell, 2005, 969 pages.

LENGLET (R.), TOULY (J-L.), *L'eau des multinationales – Les vérités inavouables*, Paris, Arthème Fayard,2006, 251 pages.

LÉVY-FAUR (D.) (dir.), *The Oxford Handbook of Governance*, Oxford University Press, 2012, 803 pages.

LUCAS (A.R.), COTTON (R.), ABOUCHAR (J.A.), CLAIRMAN (C.L.), CROSSMAN (T.), DOELLE (M.), DONIHEE (J.), GRANDA (P.R.), HUGHES (E.L.), MANSELL (R.) (dir.), *Halsbury's Laws of Canada – Environment*, LexisNexis Quicklaw, 2006.

- M -

MCLAUGHLIN (K.), OSBORNE (S.P.), FERLIE (E.), *New public management: current trends and future prospects*, Londres, Routledge Chapman & Hall, 2002, 355 pages.

MICHEL (V.), *Recherches sur les Compétences de la Communauté*, Paris, L'Harmattan, 2003, 704 pages.

MILLARD (E.), CHÉROT (J.-Y.) (dir.), *Analisi e Diritto*, Madrid, Marcial Pons, 2008, pp 177-189.

MONTOUSSÉ (M.), CHAMBLAY (D.), *Cent fiches pour comprendre les sciences économiques*, Paris, Éditions Bréal, 2005, 237 pages.

MORAN (M.), REIN (M.), GOODIN (R.E.), *The Oxford Handbook of Public Policy*, Oxford University Press, 2006, 983 pages.

MUIR WATT (H.), BUREAU (D.), *Droit international privé : Partie générale*, Paris, Presses Universitaires de France, 2010, 693 pages.

MUZELLEC (R.), CONAN (M.), *Finances Publiques*, Paris, Dalloz, 16ème Édition, 2013, 731 pages.

- N -

NISKANEN (W.A.) (dir.), *Policy Analysis and Public Choice : Selected Papers*, Cheltenham (Royaume-Uni), Edward Elgar Publishing, 1998, 430 pages.

NONON (J.), CLAMEN (M.), *L'Europe et ses couloirs – Lobbying et lobbyistes*, Paris, Dunod, 1991, 268 pages.

NORRIE (K.), SIMEON (R.), KRASNICK (M.), *Le fédéralisme et l'union économique au Canada*, Ottawa, Commission royale sur l'Union économique et les perspectives de développement du Canada, Centre d'édition du gouvernement du Canada, 1986, 407 pages.

- O -

ORBAN (E.), *La dynamique de centralisation dans l'État fédéral : un processus irréversible?*, Éditions Québec/Amérique, 1984, 526 pages.

OSMAN (F.) (dir.), *Vers un Code européen de la consommation – Codification, unification et harmonisation du droit des États membres de l'Union européenne*, Bruxelles, Bruylant, 1998, 421 pages.

- P -

PARSON (E.A.) (dir.), *Gérer l'Environnement – Défis constants, solutions incertaines*, Montréal, Presses Universitaires de Montréal, 2001, 420 pages.

PELLETIER (R.), TREMBLAY (M.) (dir.), *Le Parlementarisme canadien*, Québec, Presses de l'Université Laval, 2009, 581 pages.

Permanent Court of Arbitration, *Resolution of International Water Disputes*, La Haye, Londres, New York, Kluwer Law International, 2003, 453 pages.

POLLITT (Ch.), BOUCKAERT (G.), *Public Management Reform : A Comparative Analysis*, Oxford University Press, 2000, 328 pages.

POMADE (A.), *La société civile et le droit de l'environnement – Contribution à la réflexion sur les sources et la validité des normes juridiques*, Paris, L.G.D.J., Thèse de Doctorat, Université d'Orléans, 2009, 698 pages.

Mélanges en l'honneur de Michel PRIEUR, *Pour un droit commun de l'environnement*, Paris, Dalloz, 2007, 1740 pages.

PRIEUR (M.), DOUMBÉ-BILLÉ (S.) (dir.), *Droit de l'environnement et développement durable,* Centre de recherches interdisciplinaires en droit de l'environnement, de l'aménagement et de l'urbanisme, Centre international de droit comparé de l'environnement, Limoges, Pulim, 1994, 352 pages.

PROSS (A.P.) (dir.), *Pressure group behaviour in Canadian politics*, Toronto (Canada), Mc Graw-Hill Ryerson, 1975, 196 pages.

- Q -

QUEFFELEC (B.), *La diversité biologique : outil d'une recomposition du droit international de la nature – l'exemple marin*, Thèse de Doctorat, Université de Bretagne Occidentale, 2006, 512 pages.

- R -

REIMANN (M.), ZIMMERMANN (R.) (dir.), *The Oxford Handbook of Comparative Law*, Oxford, New York, Oxford University Press, 2008, 1430 pages.

ROMI (R.) *et al.*, *Droit international et européen de l'environnement*, Paris, Montchrestien, 2ème Édition, 2013, 318 pages.

ROWLEY (Ch. K.), SCHNEIDER (F.), *The Encyclopedia of Public Choice*, Paris, Springer, 2003, 1000 pages.

- S -

SCOTT (J.) (dir.), *Environmental Protection : European Law and Governance,* Oxford Scholarship Online, 2009, 225 pages.

SEYMOUR (M.) (dir.), *Nationalité, citoyenneté et solidarité*, Montréal, Liber, 1999, 508 pages.

STEVENSON (G.) (dir.), *Federalism in Canada*, Toronto, McClelland & Stewart Inc. - The Canadian Publishers, 1989, 520 pages.

SUPIOT (A.) (dir.), *Tisser le lien social*, Paris, Fondation Maison des Sciences de l'Homme, 2004, 370 pages.

- T -

TOURNEPICHE (A.-M.), *Les accords interinstitutionnels dans l'Union européenne*, Thèse de Doctorat, Bruxelles, Bruylant, 2011, 544 pages.

TREMBLAY (M.) (dir.), *Les Politiques publiques canadiennes*, Québec, Les Presses de l'Université Laval, 1998, 314 pages.

- V -

VERDUSSEN (M.) (dir.), *L'Europe de la subsidiarité*, Bruxelles, Bruylant, 2001, 283 pages.

- W -

WEALE (A.), PRIDHAM (G.), CINI (M.), KONSTADAKOPULOS (D.), PORTER (M.), FLYNN (B.), *Environmental Governance in Europe: An Ever Closer Ecological Union ?*, Oxford, Oxford University Press, 2002, 544 pages.

WURZEL (R.K.W.), ZITO (A.R.), JORDAN (A.J.), *Environmental Governance in Europe – A Comparative Analysis of New Environmental Policy Instruments*, Cheltenham (RU), Edward Elgar, 2013, 285 pages.

- Z -

ZWEIGERT (K.), KOTZ (H.), *An Introduction to Comparative Law*, Oxford University Press, 1998, 714 pages.

ZWEIGERT (K.), KÖTZ (H.), *Introduction to comparative law*, Oxford, Clarendon Press, 1992, 752 pages.

IV. ARTICLES

- A -

ABU-ZEID (M.A.), « Water and sustainable development : the vision for world water, life and the environment », *Water Policy*, vol. 1, 1998, pp 9-19.

ACHESON (N.), HODGETT (S.), « Introduction - Narratives of Citizenship: Welfare State Reform and Civil Society in Canada », *British Journal of Canadian Studies,* vol. 25, 2, 2012, pp 151-159.

ALBER (E.), VALDESCALICI (A.), « Reforming Fiscal Federalism in Europe : Where Does the Pendulum Swing ? », *L'Europe en Formation*, vol. 1, 363, 2012, pp 325-365.

ALHÉRITIÈRE (D.), « La compétence fédérale sur les pêcheries et la lutte contre la pollution des eaux : réflexions sur le nouveau règlement de la loi sur les pêcheries », *Les Cahiers de Droit*, vol. 13, 1, 1972, pp 53-78.

AYBERK (U.), SCHENKER (F.-P.), « Des Lobbies Européens entre Pluralisme et Clientélisme », *Revue Française de Science Politique*, Vol. 48, 6, 1998, pp 725-755.

- B -

BAGDIKIAN (B.H.), « The New Communications Cartel – Preface to the Fifth Edition », in *The Media Monopoly,* Beacon Press, 1997.

BARALE (J.), « Le régime juridique de l'eau, richesse nationale (Loi du 16 décembre 1964) », *RDP*, 1965, pp 587-630.

BARROCHE (J.), « Discours et pratique de la subsidiarité européenne depuis le traité de Maastricht jusqu'à nos jours », *Droit et société,* 2012, vol. 1, 80, pp 13-29.

BAUMGARTNER (F.R.) *et al.*, « Public Budgeting in the EU Commission – A Test of the Punctuated Equilibrium Thesis », *Politique Européenne*, vol. 3, 38, 2012, pp 124-153.

BEAUDOIN (G.-A.), « Le contrôle judiciaire de la constitutionnalité des lois », *McGill Law Journal/Revue de Droit de McGill*, vol. 48, 2003, pp 325-344.

BECHILLON (D.) (de), « De quelques incidences du contrôle de la conventionalité internationale des lois par le juge ordinaire. Malaise dans la Constitution », *RFDA*, 1998, pp 225 & s.

BECKER (G.S.), « A Theory of Competition Among Pressure Groups for Political Influence », *The Quarterly Journal of Economics*, vol. 98, 3, The MIT Press, August 1983, pp 371-400.

BERNY (N.), « Intégration européenne et environnement : vers une union verte ? », *Politique Européenne*, vol. 1, 33, 2011, pp 7-36.

BERNY (N.), « Le Lobbying des ONG Internationales d'Environnement à Bruxelles – Les Ressources de Réseau et d'Information, Conditions et Facteurs de Changement de l'Action Collective », *Revue Française de Science Politique*, vol. 58, 1, 2008, pp 97-121.

BLIN-FRANCHOMME (M-P.), « Internormativité et réseau d'autorités : regards sur la méthode communautaire en droit de l'environnement », *Les Petites Affiches*, 200, 6 octobre 2004, pp 54-66.

BOIRAL (O.), « Concilier environnement et compétitivité, ou la quête de l'éco-efficience », *Revue Française de Gestion*, 158, 2005/5, pp 163-186.

BOIRAL (O.), « Environnement et économie : une relation équivoque », *Vertigo – La Revue Électronique en Sciences de l'Environnement*, vol. 5, 2, Nov. 2004, pp 1-8.

BORZEL (T. A.), « Why There is No "Southern Problem"- On Environmental Leaders and Laggards in the European Union », *Journal of European Public Policy*, vol. 7, 1, 2000, pp 141-162.

BOUCHARD (D.), GAUVIN (H.), « Plus l'eau a de gardiens, plus elle est en péril… », *Les Cahiers de Droit,* vol. 51, 3-4, septembre-décembre 2010, pp 879-897.

BROUILLET (E.), « La dilution du principe fédératif et la jurisprudence de la Cour suprême du Canada », *Les Cahiers de Droit*, vol. 45, 1, mars 2004, pp 7-67.

BROUILLET (E.), « Le fédéralisme et la Cour suprême du Canada : quelques réflexions sur le principe d'exclusivité des pouvoirs », *Revue Québécoise de Droit Constitutionnel*, 3, 2010, pp 1-22.

BROUILLET (E.), « Canadian federalism and the principle of subsidiarity: should we open Pandora's box? », *Supreme Court Law Review*, vol. 54, 2011, pp 601 & s..

BROUILLET (E.), TANGUAY (Y.), « The Legitimacy of the Constitutional Arbitration Process in a Multinational Federative Regime : The Case of The Supreme Court of Canada », *U.B.C. L. Rev.*, vol. 45, 1, 2012, pp 47-101.

BRUN (H.), « Le droit québécois de l'eau (1663-1969) », *Les Cahiers de Droit*, vol. 11, 7, 1970, pp 7-45.

BRUN (P.), « La pollution du partage des compétences par le droit de l'environnement », *Revue Générale de Droit*, 24-2, 1993, pp 191-225.
BRUNET (A.), « La régulation juridique des questions environnementales et le principe de subsidiarité », *La Gazette du Palais*, Gazette européenne, 11-12 juin 2004, pp 6 & s..
BURCA (G.)(de), « The Principle of Subsidiarity and the Court of Justice as an Institutionnal Actor », *Journal of Common Market Studies*, vol. 36, 2, Oxford, Blackwell publishers, Juin 1998, pp 217-235.

- C -

CAIRNS (A.), « The Governments and Societies of Canadian Federalism », *Revue Canadienne de Science Politique*, 4, 1977, pp 695-726.
CALDERON (T.E.), « La Politique de l'eau de l'Union européenne : vers une gestion quantitative des ressources hydriques? », *Les Cahiers de Droit*, 51, 2010, pp 859-878.
CHALTIEL (F.), BERR (C.J.), FRANCQ (S.), PRIETO (C.), « Chronique de jurisprudence du Tribunal et de la Cour de justice des Communautés européennes – chronique 4 », *Journal du droit international (Clunet)*, 2, 2008.
CHEVRIER (M.), « Une Grande Oubliée », *Encyclopédie Agora*, Dossier Société civile, 1999. Disponible sur le site Internet de l'Encyclopédie Agora : http://agora.qc.ca/documents/.
CITTON (Y.), « L'Ordre économique de la mondialisation libérale : une importation chinoise dans la France des Lumières ? », *Revue Internationale de Philosophie*, vol. 1, 239, 2007, pp 9-32.
COMBY (J.-B.), « Quand l'environnement devient « médiatique » - Conditions et effets de l'institutionnalisation d'une spécialité journalistique », *Réseaux,* vol. 5, 157-158, 2009, pp 157-190.
CUKIER (K.N.), « Who Will Control the Internet? Washington Battles the World », *Foreign Affairs,* November/December 2005, pp 7-13.

- D -

DEIMANN (S.), « R. v. Hydro-Québec : Federal Environmental Regulation as Criminal Law », *McGill Law Journal/Revue de droit de McGill*, 43, 1998, pp 923-952.
DELCAMP (A.), « Droit constitutionnel et droit administratif – Principe de subsidiarité et décentralisation », *Revue française de Droit constitutionnel*, 23, 1995, pp 609-624.
DELMAS-MARTY (M.), IZORCHE (M.-L.), « Marge nationale d'appréciation et internationalisation du droit, Réflexions sur la validité formelle d'un droit commun pluraliste », *R.I.D.C.*, vol. 52, 4, 2000, pp 764-767.
DELPÉRÉE (F.), « Les figures du fédéralisme », *Cahiers français*, 300, 2003.
DEROSIER (J.-Ph.), « La dialectique centralisation/décentralisation – Recherches sur le caractère dynamique du principe de subsidiarité », *R.I.D.C.*, 1, 2007, pp 107-140.
DIMIER (V.), « Institutionnalisation et bureaucratisation de la Commission européenne : l'exemple de la DG Environnement », *Politique européenne*, vol. 3, 11, 2003, pp 99-121.
DIXON (J.), KOUZMIN (A.), KORAC-KAKABADSE (N.), « Managerialism – Something old, something borrowed, little new : Economic prescriptions versus effective organizational change in public agencies », *International Journal of Public Sector Management*, vol. 11, 2/3, 1998, pp 164-187.
DRIEDGER (E.A.), « The Spending Power », *Queen's Law Journal*, 4, 1981-1982, pp 135 & s..
DROUET (D.), « La recomposition du secteur de l'eau en Europe », *Réseaux*, vol. 7, 35, 1989, pp 37-51.

DUBOUIS (L.), « L'arrêt *Nicolo* et l'intégration de la règle internationale et communautaire dans l'ordre juridique français », *R.F.D.A.*, 1989, pp 1000 & s..
DUPONT-LASSALLE (J.), « La « subsidiarité juridictionnelle », instrument de l'intégration communautaire ? », *Droit et société,* vol. 1, 80, 2012, pp 47-71.

- E -

EDWARDS (D.J.), « Fearing Federalism's Failure: Subsidiarity in the European Union », *The American Journal of Comparative Law*, vol. 44, 4, 1996, pp 537-583.

- F -

FIELD (M.A.), « The differing federalisms of Canada and the United States », *Law and Contemporary Problems*, vol. 55, 1, Winter 1992, pp 107-120.
FLEINER (T.), HOTTINGER (J.T.), « La pertinence du fédéralisme dans la gestion des diversités nationales », *Revue Internationale de Politique Comparée*, vol. 10, 1, 2003, pp 79-90.

- G -

GAZZANIGA (J.-L.), LARROUY-CASTÉRA (X.), « Le droit de l'eau en France entre permanences et mutations », *Les Cahiers de Droit*, vol. 51, 3-4, septembre-décembre 2010, pp 899-922.
GÉLINAS (F.), « La primauté du droit et les effets d'une loi inconstitutionnelle », *Can. Bar Rev.*, vol. 67, 1988, pp 455-488.
GILLES (D.), « Aménager, canaliser, encadrer juridiquement les rivières du Québec : le poids de l'histoire ? », *Les Cahiers de Droit*, vol. 51, 3-4, sept.-déc. 2010, pp 923-945.
GUILLOUD (L.), « Le principe de subsidiarité en droit communautaire et en droit constitutionnel », *Les Petites Affiches*, 79, 19 avril 2007, pp 53-65.
GUTTINGER (P.), « L'avenir du droit européen en matière pénale et environnementale », *Les Petites Affiches*, 142, 18 juillet 2006, pp 9-16.

- H -

HALPERN (Ch.), « L'Union européenne, vecteur d'innovation instrumentale ? Les logiques d'instrumentation de la politique française de l'environnement (1971-2006) », *Politique européenne*, vol. 1, 33, 2011, pp 89-117.
HAHN (R.W.), « The political economy of environmental regulation : Towards a unifying framework », *Public Choice*, vol. 65, 1, 1990, pp 21-47.
HERVÉ-FOURNEREAU (N.), « La Cour de Justice de l'Union européenne et la qualité de l'eau : reflets jurisprudentiels des paradoxes de la politique de l'eau de l'Union », *Les Cahiers de Droit – Traditions et transformations de droit de l'eau,* vol. 51, 3-4, Université Laval (Québec-Canada), septembre-décembre 2010, pp 947-980.
HIGOUNET (C.), « Géographie des péages de la Garonne et de ses affluents au Moyen Âge », *Journal des Savants*, Janv.-Mars, Avril-Juin, 1978, pp 105-130.
HIGOUNET (Ch.), « Un mémoire sur les péages de la Garonne au début du XIVème siècle », *Annales du Midi*, 1948.
HOGG (P.W.), « Is the Supreme Court of Canada biased in Constitutional Cases? », *The Canadian Bar Review*, vol. LVII, 1979, pp 721-739.
HOOD (Ch.), « Intellectual Obsolescence and Intellectual Makeovers : Reflections on the Tools of Government after Two Decades », *Governance : An International Journal of Policy, Administration, and Institutions,* vol. 20, 1, 2007, pp 127-144.

HOOD (Ch.), « A Public Management for All Seasons ? », *Public Management*, vol. 69, 1991, pp 3-19.

HOTTINGER (J.T.), « Le Fédéralisme à la fin du XXème siècle », *Revue Internationale de Politique Comparée*, vol. 10, 1, 2003, pp 7-8.

HUPPÉ (L.), « Le pouvoir accessoire en droit constitutionnel canadien », *La Revue du Barreau canadien*, vol. 63, 1985, pp 744-763.

- I -

IZORCHE (M.-L.), « Propositions méthodologiques pour la comparaison », *Revue Internationale de Droit Comparé*, vol. 53, 2, 2001, pp 289-325.

- J -

JAFFE (A.B.), PETERSON (S.), PORTNEY (P.), STAVINS (R.), « Environmental Regulation and the competitiveness of US Manufacturing : What does the Evidence tell us ? », *Journal of Economic Literature*, vol. 33, 1995, pp 132-163.

JOACHIM (C.), « Le droit de la protection des eaux en Europe : difficultés pratiques et prospectives en droit comparé », *Les Petites Affiches*, 96, mai 2013, pp 4-7.

JOACHIM (C.), MAZEAU (L.), « Between risk and complexity : European water protection law issues », *International Journal of Bioethics*, à paraître en juin 2014.

JOBLING (S.), OWEN (R.), « Environmental science : The hidden costs of flexible fertility », *Nature*, 485, 24 mai 2012, pp 441 & s..

JOLY (P.-B.), « Besoin d'expertise et quête d'une légitimité nouvelle : Quelles procédures pour réguler l'expertise scientifique ? », *Revue Française des Affaires Sociales*, 1, 1999, pp 45-53.

JOUVET (P.-A.) *et al.*, « Effets des permis de pollution sur l'accumulation du capital dans le cadre des modèles à générations imbriquées », *Économie et prévision*, vol. 5, 156, 2002, pp 63-72.

JUTRAS (D.), « Le Rôle Constitutionnel de la Cour suprême du Canada : Autoportrait », *Cahiers du Conseil Constitutionnel*, 24, 2008, 7 pages.

- K -

KAIKA (M.), PAGE (B.), « The EU Water Framework Directive: Part 1. European Policy Making and the Changing Topography of Lobbying », *European Environment*, 13, 2003, pp 314 & s.

KASSEL (D.S.), « Performance, Accountability, and the Debate over Rules », *Public Administration Review*, vol. 68, 2008, pp 241-252.

KENNETT (S.A.), « Federal Environmental Jurisdiction after Oldman (Case comment/chronique de jurisprudence) », *McGill Law Journal / Revue de droit de McGill*, 38, 1993, pp 180 & s..

KERAUDREN (Ph.), « Le Nouveau Management Public en Grande-Bretagne depuis 1979 : un échec relatif », *Revue française de science politique*, 4, 1993, pp 655-672.

KILDEA (P.), WILLIAMS (G.), "The Constitution and the management of water in Australia's rivers", *Sydney Law Review*, vol. 32, 2010, pp 595-616.

KOHLER Ch., ENGEL J.-Ch., « Le choix approprié de la base juridique pour la législation communautaire : enjeux constitutionnels et principes directeurs », *Europe*, 1, 2007, p 7.

- L -

LAFOREST (R.), « Shifting scales of governance and civil society participation in Canada and the European Union », *Administration Publique du Canada*, Vol. 56, 2, Juin 2013, pp 235-251.

LANDOWSKI (E.), « Le débat parlementaire et l'écriture de la loi », *Revue Française de Science Politique*, vol. 27, 3, 1977, pp 428-441.

LAURIOL (J.), « Le Développement durable à l'épreuve de la recherche d'un corps de doctrine », *Revue Française de Gestion*, vol. 5, 152, 2004, pp 137-150.

LENAERTS (K.), VAN YPERSELE (P.), « Principe de subsidiarité et son contexte : étude de l'article 3B Traité CE », *CDE,* 1-2, 1994, pp 3-83.

LENAERTS (K.), GUTMAN (K.), « 'Federal Common law' in the European Union : A Comparative Perspective from the United States », *American Journal of Comparative Law*, vol. 54, 2006, pp 1- 122.

LESCOP (L-R. N.), « R. c. Hydro-Québec : la dénaturation du criminel au bénéfice de l'environnement », *Revue juridique Thémis*, 33, 1999, pp 421-444.

- M -

MACAULAY (M.), LAWTON (A.), "From virtue to competence: changing the principles of public service", *Public Administration Review,* Vol. 66, 2006, pp 702-710.

MACGRADY (G.-J.), « The Navigability Concept in the Civil and Common Law : Historical Development, Current Importance, and Some Doctrines that Don't Hold Water », *Florida State University Law Review*, vol. 3, 4, Fall 1975, pp 511-615.

MAGNON (X.), « La QPC face au droit de l'Union : la brute, les bons et le truand », *R.F.D.C.*, vol. 4, 84, pp 761 & s..

MAHER (M.), « Le défi du fédéralisme fiscal dans l'exercice du pouvoir de dépenser », *La Revue du Barreau canadien/The Canadian Bar Review*, vol. 75, 3, 1996, pp 403-432.

MARCHAND-TONEL (X.), « La subsidiarité, un enjeu des débats sur l'Union européenne » Présentation du dossier, *Droit et société,* vol. 1, 80, 2012, pp 5-12.

MASSARDIER (G.), « Des Transferts de Politiques Publiques en Eaux Troubles Méditerranéennes. Les Arrangements Territorialisés de la Gestion de L'eau », *Pôle Sud*, vol. 2, 35, 2011, pp 7-20.

MASCARENHAS (R.C.), « Building an Enterprise Culture in the Public Sector : Reform of the Public Sector in Australia, Britain, and New Zealand », *Public Administration Review*, vol. 53, 4, 1993, pp 319-328.

MERRY (S.E.), « Legal Pluralism », *Law & Society Review*, vol. 22, 1998, pp 869-896.

MESNARD (A-H.), « Les fondements constitutionnels canadiens et la question du droit des sols, de l'environnement et de la protection des ressources naturelles », *Revue du droit public et de la science politique en France et à l'étranger*, 4, Juillet-Août 1998, p 1177-1203.

MEYER-HEINE (A.), « La participation des Parlements au fonctionnement de l'Union européenne : quand la subsidiarité renforce la démocratisation de l'Union », *Droit et société*, vol. 1, 80, 2012, pp 31-46.

MÖLLERS (T.M.J.), « The Role of Law in European Integration », *The American Journal of Comparative Law*, vol. 48, 4, 2000, pp 679-711.

MUIR-WATT (H.), « La fonction subversive du droit comparé », *Revue Internationale de Droit Comparé*, vol. 52, 3, 2000, pp 503-527.

MUSGRAVE (R.A.), « Approaches to A Fiscal Theory of Political Federalism », Universities-National Bureau (Ed.), *Public Finances: Needs, Sources, and Utilization*, Cambridge, NBER, pp 97-134.

- N -

NOREL (Ph.), « Introduction », *Revue Internationale de Philosophie*, vol. 1, 239, 2007, pp 5-7.

NOTTE (O.), SALLES (D.), « La prise à témoin du public dans la politique de l'eau. La consultation de la Directive-cadre sur l'eau en Adour-Garonne », *Politique européenne*, vol. 1, 33, 2011, pp 37-62.

- O -

OSTROM (E.), « Coping with Tragedies of the Commons », *Annu. Rev. Polit. Sci.*, 2, 1999, pp 493-535.

OSTROM (E.), « Constituting Social Capital and Collective Action », *Journal of Theoretical Politics*, 6, 1994, pp 527-562.

OTIS (G.), « La Justice constitutionnelle au Canada à l'approche de l'an 2000 : uniformisation ou construction plurielle du droit? », *Revue de Droit d'Ottawa/Ottawa Law Review*, 27, 1995, pp 261 &s..

- P -

PAQUET (G.), « Innovations en gouvernance au Canada », *Optimum, La revue de gestion du secteur public*, vol. 29, 2/3, 1999, pp 80-90.

PELTZMAN (S.), « Towards a more general theory of regulation », *Journal of Law and Economics*, 1976, pp 211-240.

PFERSMANN (O.), « Le droit comparé comme interprétation et comme théorie du droit », *Revue Internationale de Droit Comparé*, vol. 53, 2, 2001, pp 275-288.

PICARD (E.), « Le droit comparé est-il du droit ? », *Annuaire de l'Institut Michel Villey*, vol. 1, 2009, pp 173-251.

PICARD (E.), « L'état du droit comparé en France, en 1999 », *Revue Internationale de Droit Comparé*, vol. 51, 4, 1999, pp 885-915.

PICOD (F.), « Le Traité de Lisbonne : une nouvelle chance pour l'Europe », *J.C.P.*, Éd. G, 52, 21 déc. 2009.

PICOD (F.), « La constitutionnalité du droit communautaire dérivé…à la française », *Il Diritto dell'Unione europea*, IX, fasc. 4-2004.

POLLACK (M.A.), « Theorizing the European Union : International Organization, Domestic Polity, or Experiment in New Governance? », *Annu. Rev. Polit. Sci.*, 8, 2005, pp 357-398.

PONTHOREAU (M.-C.), « Le droit comparé en question(s) – Entre pragmatisme et outil épistémologique », *Revue Internationale de Droit Comparé*, vol. 57, 1, 2005, pp 7-27.

PORTER (M.E.), VAN DER LINDE (C.), (1995), « Green and Competitive: ending the stalemate », *Harvard Business Review*, sept.-oct. 1995, pp 120-134.

PRIEUR (M.), « Quel avenir pour les espaces naturels sensibles ? », *R.J.E.*, 2, 2006.

- R -

REPETTO (R.), « Trade and Sustainable Development », *UNEP*, *Environment and Trade Series*, vol. 1, 1994.

RITLENG (D.), « Le principe de primauté du droit de l'Union », *R.T.D.E.*, 2, 2005, pp 285 & s..

ROGERS (J.R.), « Democracy and Necessity : Rightly Dividing Political Power – Using Simple Game Theory to Identify When Policy Decisions Should be Centralized and When Decisions Should be Decentralized », *L'Europe en Formation*, vol. 1, 363, 2012, pp 73-93.

ROMI (R.), « Science et droit de l'environnement : la quadrature du cercle », *A.J.D.A.*, 20 juin 1991, pp 432-438.
ROUSSEAU (Y.), « La multiplication des chaînes », *24 images*, 90, 1998, pp 30-31.
RUEDA (I.), « Réflexions sur la notion d'internationalité du droit », *Revue de la Recherche Juridique*, 1, 2003, pp 107-120.
RUSAW (A.C.), "Changing Public Organizations: Four Approaches", *Int'l J. of Publ. Adm.*, vol. 30, 2007, pp 347-361.
RYDER (B.), « The Demise and Rise of the Classical Paradigm in Canadian Federalism : Promoting Autonomy for the Provinces and First Nations », *McGill Law Journal*, 36, 1990-1991, pp 308-381.

- S -

SADELEER (N.) (de), « Particularités de la subsidiarité dans le domaine de l'environnement », *Droit et Société*, vol. 1, 80, 2012, pp 73-90.
SAURUGGER (S.), TERPAN (F.), « La Cour de justice au cœur de la gouvernance européenne », *Pouvoirs*, 149, 2014, pp 59-75.
SCOTT (F.R.), « The Constitutional Background of Taxation Agreements », *Revue de Droit de Mc Gill/Mc Gill Law Journal*, vol. 2, 1, 1955.
SMITH (A.), « La Commission européenne et les fonds structurels : vers un nouveau modèle d'action ? », *Revue Française de Science Politique*, vol. 46, 3, 1996, pp 474-495.
SORBIER (L.), « Quand la révolution numérique n'est plus virtuelle… », *Esprit*, vol. 5, 2006, pp 121-127.
SPANN (R.N.), « Fashions ans Fantasies in Public Administration », *Australian Journal of Public Administration*, vol. 40, 1, 1981, pp 12-25.
STACK (R.), « The Legal Geography of Expansion : Continental Space, Public Spheres, and Federalism in Australia and Canada », *Alberta Law Review*, 39, 2001, pp 488-510.
STEVENS (A.), STEVENS (H.), « Le non-management de l'Europe », *Politiques et Management Public*, vol. 15, 1, 1997, pp 33-52.
STEWART (J.), WALSH (K.), « Change in the Management of Public Services », *Public Administration*, vol. 70, 1992, pp 499-518.
STIGLER (G.J.), « The Theory of Economic Regulation », *Bell Journal of Economics and Management Science*, 2, 1971, pp 3-21.
STONE SWEET (A.), CAPORASO (J.A.), « La Cour de Justice et l'intégration européenne », *Revue française de science politique*, vol. 48, 2, 1998, pp 200 & s..

- T -

THIEFFRY (P.), « La politique agricole commune : nœud d'une crise communautaire sans précédent ou modèle d'intégration des exigences de la protection de l'environnement ? », *Environnement*, 8, étude 29, Août 2005, pp 1-14.
TIEBOUT (Ch.M.), « A Pure Theory of Local Expenditures », *Journal of Political Economy*, 64, n°5, Oct. 1956, pp 416-424.
TROPER (M.), « Le réalisme et le juge constitutionnel », *Cahier du Conseil constitutionnel*, n°22, Juin 2007.

- V -

VAN DEN BERGH (R.), « The Subsidiarity Principle in European Community Law: Some Insights from Law and Economics », *Maastricht J. Eur. & Comp. L.*, 1, 1994, pp 337-366.

- W -

WITTE (B.) (de), « Retour à '*Costa*' », *R.T.D.E.*, 1984, pp 425 & s..

- X -

XING (Y.), KOLSTAD (Ch.), « Do Lax Environmental Regulations attract Foreign Investment? », *Environmental and Resource Economics*, vol. 21, 2002, pp 1-22.

- Z -

ZWEIGERT (K.), « Des solutions identiques par des voies différentes (Quelques observations en matière de droit comparé) », *Revue internationale de droit comparé*, vol. 18, 1, Janv.-mars 1966, pp 5-18.

V. RAPPORTS, ÉTUDES, DOSSIERS SPÉCIAUX

- ORGANISATIONS - INTERNATIONALES

Banque mondiale, *Doing Business in 2004 : Undertanding Regulation*, Washington, The International Bank for Reconstruction and Development/World Bank, New York, Oxford University Press USA, 2003, 216 pages.

Banque mondiale, *Doing Business in 2005 : Removing Obstacles to Growth*, Washington, The International Bank for Reconstruction and Development/World Bank, New York, Oxford University Press USA, 2004, 161 pages.

Commission mondiale sur l'Environnement et le Développement, *Notre Avenir à Tous*, Organisation des Nations Unies, 1987, 247 pages. (dit « Rapport Brundtland »)

O.C.D.E., *Gestion de l'eau : performances et défis dans les pays de l'O.C.D.E.*, Paris, O.C.D.E. Publications, 1998, 39 pages.

O.C.D.E., *Études de l'OCDE sur l'eau - Bénéfices liés aux investissements dans l'eau et l'assainissement*, Paris, O.C.D.E. Publications, 2013, 158 pages.

ONU-Eau, Partenariat mondial pour l'Eau, *Roadmapping for Advancing Integrated Water Resources Management Processes*, 2007.

ONU-Eau, 3ème rapport des Nations Unies sur la mise en valeur des ressources en eau.

ONU « L'eau dans un monde qui change », UNESCO, 2009.

SOLANES (M.), GONZALES-VILLARREAL (F.), *The Dublin Principles for Water as Reflected in a Comparative Assessment of Institutional and Legal Arrangements for Integrated Water Resources Management*, Partenariat Mondial de l'Eau (Technical Advisory Committee), 1999, 48 pages.

- UNION EUROPÉENNE -

Agence européenne pour l'environnement

Agence européenne pour l'Environnement, *L'Environnement de l'Europe - L'Évaluation de Dobris*, Luxembourg, Communautés européennes, 1995.

NIXON (S.C.), LACK (T.J.), HUNT (D.T.E.), *Une utilisation durable de l'eau européenne ? – État, perspectives et résultats*, Rapport d'évaluation de l'environnement, Copenhague, Agence Européenne pour l'Environnement, 7, 2000, 36 pages.

Commission européenne

Commission des Communautés Européennes, *Rapport du groupe « Molitor »*, COM (95) 288 final.

Commission des Communautés Européennes, *Rapport de la Commission – Mise en œuvre de la directive 91/272/CEE du Conseil du 21 mai 1991 relative au traitement des eaux urbaines résiduaires, modifiée par la directive 98/15/CE de la Commission du 27 févr. 1998 – Synthèse des dispositions mises en vigueur par les États membres et évaluation des informations reçues en application des articles 17 et 13 de la directive*, 15 janv. 1999, COM (98) 775 final.

Mieux légiférer 2000, Rapport de la Commission au Conseil européen, COM (2001) 728 final.

Mieux légiférer 2001, Rapport de la Commission au Conseil européen, COM (2002) 715 final.

Mieux légiférer 2002, Rapport de la Commission au Conseil européen, COM (2003) 770 final.

Mieux légiférer 2006, Rapport de la Commission au Conseil européen, COM (2006) 289 final.

Mieux légiférer 2010, Rapport de la Commission au Conseil européen, COM (2011) 344 final.

Mieux légiférer 2011, Rapport de la Commission au Conseil européen, COM (2012) 373 final.

STROSSER (P.), PAU VALL (M.), PLÖTSCHER (E.), *Eau et Agriculture : contribution à l'analyse d'une relation décisive, mais difficile*, Rapport de la Commission européenne. Disponible sur le site Internet de la Commission : http://ec.europa.eu/agriculture/envir/report/.

Parlement européen

Parlement européen, *Lobbying in the European Union : Current Rules and Practices*, AFCO 104, 2003, 68 pages.

- FRANCE -

Aux sources de la loi – Protection et gestion des eaux, Les Éditions des Journaux Officiels, Paris, 2004, 515 pages.

Commissariat général au développement durable, *Contamination des cours d'eau par les pesticides en 2011*, Observation et Statistiques – Environnement, 436, 2013, 7 pages.

Rapport du Conseil d'État, *L'eau et son droit*, Adopté le 18 février 2010, 583 pages.

DECRUYENAERE (Th.), *Le secteur de l'audiovisuel*, Documents de travail de la DG Trésor, 01, juill. 2012, 37 pages.

FRANÇOIS-PONCET (J.), *Rapport d'information au nom de la Commission des Affaires étrangères, de la défense et des forces armées sur le* traité de Lisbonne, Rapport 118, 2007-2008, 86 pages.

HAENEL (H.), BLIN (M.), LAGAUCHE (S.), VINCON (S.), *Une meilleure répartition des compétences dans l'Union européenne* , Rapport du Sénat, 249, Journal officiel de la République française, Documents parlementaires du Sénat, 2002, 80 p..

KELLER (F.), *Rapport d'information au nom de la Commission des Finances, du Contrôle Budgétaire et des Comptes économiques de la Nation sur le Pilotage de la Politique de l'Eau*, 352, Annexe au procès-verbal de la séance du 27 juin 2007 – Session ordinaire 2006-2007 du Sénat, 58 pages.

MALÈNE (Ch.) (de la), « L'application du principe de subsidiarité », *Délégation du Sénat pour l'Union européenne*, 46, 1996-1997, 62 pages.

Ministère de l'Écologie, du Développement et de l'Aménagement Durables, *Le Programme Européen LIFE Environnement – Bilan de son application en France*, oct. 2007, 149 pages.

- CANADA -

Bureau de coordination de Saint Laurent – Vision 2000, *Rapport Quinquennal (1993-1998)*, Bibliothèque Nationale du Canada, 1998, 43 pages.

Bureau de coordination de Saint Laurent – Vision 2000, *Rapport Quinquennal (1998-2003)*, Bibliothèque Nationale du Canada, 2003, 56 pages.

Rapport du Commissaire à l'environnement et au développement durable, Ottawa, Parlement du Canada, mars 1997.

Rapport du Commissaire à l'environnement et au développement durable, Ottawa, Parlement du Canada, 2001.

Rapport du Commissaire à l'environnement et au développement durable, Ottawa, Parlement du Canada, 2008.

Rapport du Commissaire à l'environnement et au développement durable, Ottawa, Parlement du Canada, décembre 2008.

Rapport du Commissaire à l'environnement et au développement durable, Ottawa, Parlement du Canada, 2009.

Rapport du Commissaire à l'environnement et au développement durable, Ottawa, Parlement du Canada, printemps 2009.

Commission sur le Déséquilibre Fiscal, *Le « pouvoir fédéral de dépenser »*, Bibliothèque Nationale du Québec, 2002, 54 pages.

Conseil Canadien des ministres de l'Environnement, *Protocoles d'élaboration des recommandations pour la qualité des eaux en vue de protéger les utilisations de l'eau à des fins agricoles (irrigation et abreuvement du bétail)*, 1999, 26 pages.

Conseil Canadien des ministres de l'Environnement, *Protocole d'élaboration des recommandations pour la qualité des eaux en vue de protéger la vie aquatique*, 2007, 39 pages.

Conseil canadien des ministres de l'Environnement, *Un cadre pancanadien pour la surveillance de la qualité de l'eau*, PN 1370, Juill. 2006, site Internet du CCME : http://www.ccme.ca/ourwork/.

Conseil canadien des ministres de l'Environnement, *Stratégie pancanadienne pour la gestion des effluents d'eaux usées municipales*, févr. 2009, 23 pages.

Conseil Canadien des ministres de l'Environnement, *Établissement d'orientations stratégiques pour l'eau*, 29 oct. 2009, site Internet du CCME : http://www.ccme.ca/ourwork/.

Conseil canadien des ministres de l'Environnement, *Orientations stratégiques pour l'eau – Plan d'action triennal*, oct. 2010, site Internet du CCME : http://www.ccme.ca/ourwork/.

Conseil canadien des ministres de l'Environnement, *Manuel des protocoles d'échantillonnage pour l'analyse de la qualité de l'eau au Canada*, PN 1462, 2011, http://www.ccme.ca/ourwork/.

DAWSON (M.), *Renvois du Commissaire à l'intégrité du secteur public : le rapport Heinke et Charbonneau*, Commissariat aux conflits d'intérêts et à l'éthique, Parlement du Canada, 18 mai 2012, 18 pages.

DAWSON (M.), *Liste des Déplacements Parrainés présentée à la Chambre des Communes*, Commissariat aux conflits d'intérêts et à l'éthique, Parlement du Canada, Mars 2013, 12 pages.

Environnement Canada, *Le Plan vert du Canada : le Plan vert du Canada pour un environnement sain*, Ottawa, Ministre des Approvisionnements et Services Canada, 1990, 173 pages.

HOLMES (N.), LITHWICK (D.), *Le Système de Lobbying à l'Échelle Fédérale : La Loi sur le Lobbying et le Code de Déontologie des Lobbyistes – Étude Générale*, Ottawa, Bibliothèque du Parlement, n°2011-73, 28 juin 2011, 19 pages.

SPANO (S.), *Financement Politique et Réglementation des Campagnes*, Ottawa, Bibliothèque du Parlement, 23 févr. 2006, 12 pages.

TRUDEAU (P.E.), *Les subventions fédérales-provinciales et le pouvoir de dépenser du Parlement canadien*, Document de travail sur la constitution, Ottawa, Approvisionnement et services, 1969, p 4.

- QUÉBEC -

Bureau d'Audiences Publiques sur l'Environnement, *L'eau, ressource à protéger, à partager et à mettre en valeur*, Rapport de la Commission sur la Gestion de l'Eau au Québec, 142, Bibliothèque nationale du Québec, Québec/Montréal, 2000, 740 pages.

Premier rapport de la Commission sur les problèmes juridiques de l'eau du 15 octobre 1970, GENE 128.1 (Commission Legendre)

QUÉBEC, MINISTÈRE DE L'ENVIRONNEMENT, *L'eau. La vie. L'avenir. Politique nationale de l'eau. Québec.* Environnement Québec, 2002, site Internet du ministère du Développement durable, de l'Environnement, de la Faune et des Parcs : www.mddep.gouv.qc.ca/eau/politique/politique-integral.pdf.

QUÉBEC, MINISTÈRE DE L'ENVIRONNEMENT, *L'eau. La vie. L'avenir. Politique nationale de l'eau. Faits saillants, Québec,* Environnement Québec, 2002, Site internet du ministère du Développement durable, de l'Environnement, de la Faune et des Parcs: www.mddep.gouv.qc.cal eau/politique/faits-saillants.pdf.

Bureau d'Audiences Publiques sur l'Environnement, *Rapport annuel de gestion (2011-2012)*, Bibliothèque et Archives nationales du Québec, 2012, 76 pages.

- AUTRES SOURCES -

GALE (R.J.P.), « Canada's Green Plan », in *Nationale Umweltpläne in ausgewählten Industrieländern*, Springer-Verlan Berlin, 1997, pp 97-120.

VI. AUTRES SOURCES DOCUMENTAIRES

- COURS, SÉMINAIRES

KISCHEL (U.), *Critique de la comparaison fonctionnelle et ses alternatives*, Séminaire doctoral, Université Toulouse 1 Capitole, nov. 2011.

RAPP (L.), *Regulation,* Intervention à l'Université des Sciences Sociales Toulouse I, 23 Mars 2007.

RUEDA (F.), *Théorie et Méthodologie du droit comparé*, Séminaire de Master 2, Université Toulouse 1 Capitole, 2006-2007.

- PRESSE -

F. FRESSOZ, « À terre, le PS en vient à douter de sa propre survie », in *Le Monde*, 19 juin 2014, 21591, 70ème année, p 6.

- SOURCES INTERNET -

AFNOR (Association Française de Normalisation) : http://www.afnor.org

Agriculture et Agroalimentaire Canada (Ministère de l'agriculture canadien) : http://www.agr.gc.ca

Bureau du Vérificateur général du Canada : http://www.oag-bvg.gc.ca
Canadian Environmental Law Association : http://www.cela.ca
CESE (Comité économique et social européen) : http://europa.eu/about-eu/institutions-bodies/ecosoc
CCME (Conseil canadien des ministres de l'Environnement) : http://www.ccme.ca
CIRCABC (Centre de ressources de communication et d'information pour les administrations, les entreprises et les citoyens) : https://circabc.europa.eu
CNRS (Centre Nationale de la Recherche Scientifique) : http://www.cnrs.fr
Commissariat au lobbying (Canada) : http://cal-ocl.gc.ca
Commission européenne : http://ec.europa.eu
COPA-COGECA (Fédération européenne réunissant le Comité des organisations professionnelles agricoles & le Comité général de la coopération agricole) : http://www.copa-cogeca.be
Cour de Justice de l'Union européenne : http://curia.europa.eu
Cour suprême du Canada : http://www.scc-csc.gc.ca
EAU FRANCE (Gouvernement français) : http://www.eaufrance.fr
EUR-LEX (droit de l'Union européenne) : http://eur-lex.europa.eu
Harvard Law School Library : http://bracton.law.harvard.edu
Encyclopædia Universalis *:* http://www.universalis-edu.com
Environnement Canada (Ministère de l'environnement fédéral) : http://www.ec.gc.ca
ERT (European Round Table) : http://www.ert.eu
Fondation David Suzuki (organisation non gouvernementale (Québec)) : http://www.davidsuzuki.org/fr
Gallica (Bibliothèque numérique de la Bibliothèque nationale de France) : http://gallica.bnf.fr
Greenpeace : http://www.greenpeace.org/france/fr
Le Devoir (Quotidien (Québec)) : http://www.ledevoir.com
LEGIFRANCE : http//:www.legifrance.gouv.fr
Lonang Library : http://www.lonang.com
Internet Archive : https://archive.org
Ministère fédéral de la justice (Canada) : http://laws-lois.justice.gc.ca
Ministère de l'écologie, du développement durable et de l'énergie (France) : http://www.developpement-durable.gouv.fr
Ministère de l'intérieur (France) : http://www.interieur.gouv.fr
ONU-Eau (Organisation des Nations Unies pour l'Eau) : http://www.unwater.org
Parlement européen : http://www.europarl.europa.eu
Parlement fédéral (Canada) : http://www.parl.gc.ca
Partenariat mondial pour l'Eau (Global Water Partnership) : http://www.gwp.org
Plan d'action Saint-Laurent (Canada) : http://planstlaurent.qc.ca
PNUE (Programme des Nations Unies pour l'environnement) : http://www.unep.org
Radio-Canada : http://www.radiocanada.ca
Santé Canada (Ministère de la santé (Canada)) : http://www.hc-sc.gc.ca
Statistique Canada (Gouvernement fédéral) : http://www.statcan.gc.ca
TLFI (Dictionnaire Trésor de la Langue Française Informatisé (CNRS)): http://atilf.atilf.fr
United Nations Economic Commission for Europe : http://www.unece.org

INDEX THÉMATIQUE

(les numéros renvoient aux paragraphes)

TABLE DES MATIÈRES

DROIT
AUX ÉDITIONS L'HARMATTAN

Dernières parutions

CONSTITUTIONNALISME ET MÉTISSAGE CULTUREL AU-DELÀ DES DROITS DE L'HOMME

Salvatore Bonfiglio

Les sociétés multiculturelles demandent une réinterprétation des principes constitutionnels, capable de favoriser la cohésion sociale, notamment par l'extension des droits fondamentaux aux « non-citoyens ». Il s'agit de reconnaître à l'individu en tant que tel un statut de droits fondamentaux, pour affirmer ainsi le caractère à la fois moral et juridique de la dignité de la personne.

(Coll. Harmattan Italia, 208 p., 26 euros)

ISBN : 978-2-336-31233-0, EAN EBOOK : 9782140103193

LA PROCÉDURE

Sous la direction de Joanna Genovese et Giovanna Debernardi

La procédure est souvent perçue par les parties comme une source de difficultés supplémentaires dans la résolution d'un conflit. Elle est en réalité protectrice des droits des individus. Il n'existe pas qu'une procédure mais une pluralité. Il est question de procédure civile, de procédure collective, de procédure pénale... La procédure s'adapte en fonction des contraintes et besoins tant par la dématérialisation que la déjudiciarisation.

(Coll. Droit privé et sciences criminelles, 138 p., 16,5 euros)

ISBN : 978-2-343-15460-2, EAN EBOOK : 9782140102769

LE RECOURS AUX MODES ALTERNATIFS DE RÈGLEMENT DES LITIGES EN MATIÈRE DE PROPRIÉTÉ INTELLECTUELLE

Jean Tankeu

Préface de Joseph Fometeu

La mondialisation et le développement des échanges économiques posent de nouveaux défis en matière d'application des droits de propriété intellectuelle. Plus le commerce et les affaires s'intensifient au niveau international, plus la question des effets des droits de propriété intellectuelle et de leur application au-delà des frontières nationales devient pertinente. D'où le développement du contentieux non juridictionnel international de la propriété intellectuelle auquel l'auteur consacre cet ouvrage.

(326 p., 33 euros)

ISBN : 978-2-343-15648-4, EAN EBOOK : 9782140102653

MÉTHODOLOGIES DE LA SÉCURITÉ URBAINE

François Dieu, Bruno Domingo

Quelles sont les méthodologies de la sécurité urbaine ? Comment réaliser un diagnostic local de sécurité ? Quelles sont les précautions à prendre avec les chiffres de la délinquance ? Comment mesurer le sentiment d'insécurité et la victimisation ? Quelles sont les modalités de diffusion de l'information au sein des dispositifs de prévention ? Comment mettre en place un observatoire local de la délinquance ? En bref, comment impulser une réflexion objective et un partenariat dynamique pour une politique de sécurité efficace ?

(Coll. République et sécurité, 276 p., 28,5 euros)

ISBN : 978-2-343-15718-4, EAN EBOOK : 9782140102295

DROIT DES ENTREPRISES INDIVIDUELLES

Commerçant / Entreprenant / Bail à usage professionnel / Fonds de commerce / Vente commerciale / Commerce électronique

Cheikh Abdou Wakhab Ndiaye

L'entreprise est une notion moderne et polysémique qui n'a fait son apparition que très récemment dans le droit sénégalais. L'entreprise individuelle concerne le commerçant, personne physique, et l'entreprenant. Son droit est un véritable droit du développement. Il matérialise une volonté de promouvoir l'initiative privée par, d'une part, la facilitation des conditions d'accès au monde des affaires et, d'autre part, la mise en place d'un climat favorables aux investissements. Il est ainsi un creuset où les droits OHADA, UEMOA et sénégalais sont conjugués pour la réalisation de cette ambition.

(Coll. Harmattan Sénégal, 404 p., 40 euros)

ISBN : 978-2-343-15882-2, EAN EBOOK : 9782140102196

LES FINANCES PUBLIQUES DU GABON

Droit budgétaire et droit de la comptabilité publique

Fidèle Mengue Me Engouang

Considéré comme un pays riche, grâce à ses ressources naturelles, le Gabon demeure pourtant un Etat pauvre. L'une des raisons de ce paradoxe est la mauvaise gestion des moyens financiers dont dispose l'Etat. L'assainissement de la gestion des finances publiques constitue donc un des défis majeurs que doivent relever le gouvernement et l'administration. Ce qui exige une parfaite maîtrise des normes juridiques applicables en la matière, en plus d'une grande probité morale. Cet ouvrage veut contribuer au renforcement des capacités des personnes. Il traite des règles et des procédures d'élaboration, d'adoption, d'exécution et de contrôle du budget de l'Etat.

(Coll. Finances publiques, 386 p., 38 euros)

ISBN : 978-2-343-15534-0, EAN EBOOK : 9782140101335

L'INCOHÉRENCE DES LOIS DE CIRCONSTANCES EN MATIÈRE PÉNALE

Paul Laurent

Pour adapter le droit pénal à la criminalité, le Législateur adopte des lois pour des motifs qui échappent à la stricte nécessité juridique, au profit de l'opportunité. Ces lois en réponse à des faits divers sont des lois de circonstances. Leur développement est indéniable. Ce mouvement s'opère aux dépens de la politique pénale de réflexion et des règles de forme classiques. Cette adaptation du droit aux évolutions de la criminalité mérite analyse et débat.

(Coll. Bibliothèques de droit, 272 p., 27 euros)

ISBN : 978-2-343-15317-9, EAN EBOOK : 9782140101625

LE TRAIN DE VIE EN DROIT PRIVÉ

Michaël Martinez

Préface de Philippe Delmas Saint-Hilaire

Locution issue du langage courant, « train de vie » a été importée dans la sphère juridique à la fin des années 1930 pour lutter contre la fraude fiscale et s'y est répandue à partir des années 1960 sans être définie. La première partie de cet ouvrage s'intéresse au contenu juridique de cette notion. Elle est définie comme la jouissance, à titre habituel d'une certaine quantité de biens et de services, caractérisant à la fois un niveau de vie et une habitude de vie. La seconde partie porte sur les effets attachés au train de vie.

(Coll. Logiques Juridiques, 526 p., 45 euros)

ISBN : 978-2-343-15845-7, EAN EBOOK : 9782140101731

LE DROIT DU TRANSPORT ROUTIER DE MARCHANDISES (TRM)

Olivier Esneu

L'auteur aborde les fondamentaux juridiques ainsi que les changements règlementaires qui soutiennent le développement et l'adaptation du transport routier aux défis de notre temps. Il expose le cadre juridique général du secteur à travers la présentation des sources du droit, des règles juridictionnelles, des grands organismes, des principes d'accès au métier et à l'exercice de la profession et enfin de la règlementation sociale. Puis, il se concentre sur le contrat de transport routier de marchandises.

(Coll. L'esprit économique, 174 p., 18,5 euros)

ISBN : 978-2-343-15623-1, EAN EBOOK : 9782140098949

LE CODE PÉNAL IVOIRIEN

Annoté article par article, enrichi de la jurisprudence des Cours et tribunaux de Côte d'Ivoire

Eloi K. Yao

Le Code pénal ivoirien a de nombreuses affinités avec le Code pénal français de 1810, son ancêtre. Le besoin d'adapter le droit pénal d'inspiration coloniale aux réalités locales n'a jamais cessé d'habiter le législateur ivoirien. L'admission de la responsabilité pénale des personnes morales, la correctionnalisation de la bigamie, l'abolition de la peine de mort, la reconnaissance des crimes internationaux ou encore la dépénalisation du chèque sans provision, notamment, sont autant d'innovations et spécificités du droit pénal ivoirien qui méritent d'être portées à la connaissance du public. L'annotation de ce corpus juridique peut contribuer à la vulgarisation des normes pénales secrétées par le système juridique ivoirien.

(Coll. Sciences criminelles, 138 p., 15,5 euros)

ISBN : 978-2-343-15405-3, EAN EBOOK : 9782140099731

L'UNION EUROPÉENNE ET LA COOPÉRATION RÉGIONALE DES OUTRE-MERS

Vers un renforcement du soutien européen ?

Préface de Loïc Grard, Sous la direction de Hélène Pongérard-Payet

Cet ouvrage offre un panorama de la coopération européenne ultramarine dans ses aspects fondamentaux, qu'ils soient institutionnels, juridiques ou financiers, et a pour vocation de nourrir la réflexion sur le destin européen de la coopération régionale des Outremers, appelée à se développer dans les espaces caribéen, indianocéanique et macaronésien notamment. La problématique est éclairée par les regards croisés d'experts des institutions de l'UE et de spécialistes des questions ultramarines en provenance des milieux académiques français, italien et portugais.

(Coll. Grale, 378 p., 38 euros)

ISBN : 978-2-343-15525-8, EAN EBOOK : 9782140101021

PRÉSIDENT ET RÉGIME PRÉSIDENTIALISTE EN AMÉRIQUE LATINE

Arnaud Martin

Souvent défini en des termes péjoratifs et réducteurs qui occultent la diversité de la pratique, le régime présidentialiste, modèle institutionnel dominant en Amérique latine, est parvenu à concilier une pratique personnelle du pouvoir, la démocratie libérale et l'Etat de droit. S'inspirant du régime présidentiel défini par une séparation stricte des pouvoirs, le régime présidentialiste s'en écarte par une prédominance du président et par un assouplissement de la séparation des pouvoirs. Loin du cliché du régime autoritaire, le présidentialisme latino-américain a permis de concilier efficacité institutionnelle, démocratie libérale et protection de l'ordre public.

(Coll. Droit comparé, 296 p., 30 euros)

ISBN : 978-2-343-15368-1, EAN EBOOK : 9782140100819

DE LA PUNITION À LA RÉCONCILIATION

Pour une justice citoyenne

Florine Jollivet

La logique punitive dans la justice pénale a conduit à recourir à un système répressif où le tout-carcéral prime au détriment des peines alternatives. Le nombre de détenus en France a atteint un niveau historique. La punition est sévère, mais inefficace, puisque 63% de sortants de prison récidivent dans les 5 années suivant leur sortie. Pourtant, on observe un engagement croissant de la société civile pour redonner du sens à la peine, lui donner une vertu réhabilitatrice et restaurative. Une dynamique nouvelle est lancée. Il faut donc identifier les défis et dessiner les contours d'une coopération réussie entre institutions et société.

(Coll. Sciences criminelles, 162 p., 17,5 euros)

ISBN : 978-2-343-15700-9, EAN EBOOK : 9782140101229

LA CONSTITUTION HAÏTIENNE DE 1987 EST-ELLE UN PRODUIT IMPORTÉ ?

Essai sur le folklorisme médiatique

Luné Roc Pierre Louis

Faire-voir, faire-entendre, faire-croire et faire-rêver sont des marqueurs symptomatiques du jeu des médias. Aussi le présent ouvrage scrute-t-il le folklorisme médiatique à travers la déchéance et le mal-être que véhiculent les indigénistes haïtiens à l'encontre de la Constitution de 1987, amendée par le biais du double préjugé où cette constitution serait à la fois un produit importé d'un Autre et une invention sans précédent dans l'histoire de la formation sociale haïtienne. Pourtant, les présentes sédimentations révèlent que rarissimes sont les dispositions de la Constitution de 1987 amendée qui ne proviennent de l'une ou l'autre de ses 21 prédécesseurs.

(210 p., 21,5 euros)

ISBN : 978-2-343-15533-3, EAN EBOOK : 9782140100550

LE MINISTÈRE PUBLIC ET LES VOIES D'EXÉCUTION EN DROIT OHADA

Etude à partir du droit positif camerounais

Noël Durbois Tachago Youmssi

La mission du ministère public en droit national, qui consiste à veiller à l'exécution des titres exécutoires revient à apporter son concours à la réalisation des voies d'exécution OHADA. Cependant, le ministère public peut aussi constituer un danger pour l'exécution forcée, du fait de son statut et de certaines prérogatives dont on peut relever quelques ambiguïtés. Celles-ci ne doivent cependant pas occulter l'importance du rôle qui peut être celui du ministère public dans le processus des voies d'exécution OHADA, d'où l'opportunité de sa consécration dans cette matière.

(Coll. Harmattan Cameroun, 162 p., 17,5 euros)

ISBN : 978-2-343-15723-8, EAN EBOOK : 9782140100949

LA LANGUE ET LE DROIT

Joseph Fometeu, Philippe Briand, Léonie Metangmo-Tatou

Généralement appréhendés comme objets de sciences distincts, la langue et le droit sont pourtant deux phénomènes socioculturels qui ne s'indiffèrent pas mutuellement. Les rapports qu'ils entretiennent constituent un terrain fertile à la réflexion multidisciplinaire. Grâce à un certain ancrage historique et en s'appuyant sur l'expérience de différents pays, cet ouvrage appréhende ces rapports sous les prismes de la théorie du droit, de la linguistique juridique et de la traduction juridique.

(Coll. Harmattan Cameroun, 670 p., 49 euros)

ISBN : 978-2-343-15387-2, EAN EBOOK : 9782140100956

LA RESPONSABILITÉ DES NOTAIRES

Pour un régime spécifique de responsabilité

Maître Guegang, Gueguang Ghomo
Préface de Mustapha Mekki

La question de la responsabilité des notaires est au coeur des grands enjeux sociaux, économiques et juridiques. Le notaire, acteur majeur de la société et de la vie économique, ne bénéficie pas d'un régime de responsabilité adapté à sa profession. Ce livre présente une tentative de solution à la responsabilité des notaires, qui consisterait en une réforme, mieux, en un remplacement du régime de droit commun, inapproprié, par un régime spécifique plus adapté aux difficultés de la profession notariale.

(Coll. Harmattan Cameroun, 216 p., 23 euros)

ISBN : 978-2-343-14112-1, EAN EBOOK : 9782140100970

Structures éditoriales du groupe L'Harmattan

L'Harmattan Italie
Via degli Artisti, 15
10124 Torino
harmattan.italia@gmail.com

L'Harmattan Hongrie
Kossuth l. u. 14-16.
1053 Budapest
harmattan@harmattan.hu

L'Harmattan Sénégal
10 VDN en face Mermoz
BP 45034 Dakar-Fann
senharmattan@gmail.com

L'Harmattan Cameroun
TSINGA/FECAFOOT
BP 11486 Yaoundé
inkoukam@gmail.com

L'Harmattan Burkina Faso
Achille Somé – tengnule@hotmail.fr

L'Harmattan Guinée
Almamya, rue KA 028 OKB Agency
BP 3470 Conakry
harmattanguinee@yahoo.fr

L'Harmattan RDC
185, avenue Nyangwe
Commune de Lingwala – Kinshasa
matangilamusadila@yahoo.fr

L'Harmattan Congo
67, boulevard Denis-Sassou-N'Guesso
BP 2874 Brazzaville
harmattan.congo@yahoo.fr

L'Harmattan Mali
Sirakoro-Meguetana V31
Bamako
syllaka@yahoo.fr

L'Harmattan Togo
Djidjole – Lomé
Maison Amela
face EPP BATOME
ddamela@aol.com

L'Harmattan Côte d'Ivoire
Résidence Karl – Cité des Arts
Abidjan-Cocody
03 BP 1588 Abidjan
espace_harmattan.ci@hotmail.fr

L'Harmattan Algérie
22, rue Moulay-Mohamed
31000 Oran
info2@harmattan-algerie.com

L'Harmattan Maroc
5, rue Ferrane-Kouicha, Talaâ-Elkbira
Chrableyine, Fès-Médine
30000 Fès
harmattan.maroc@gmail.com

Nos librairies en France

Librairie internationale
16, rue des Écoles – 75005 Paris
librairie.internationale@harmattan.fr
01 40 46 79 11
www.librairieharmattan.com

Librairie l'Espace Harmattan
21 bis, rue des Écoles – 75005 Paris
librairie.espace@harmattan.fr
01 43 29 49 42

Lib. sciences humaines & histoire
21, rue des Écoles – 75005 Paris
librairie.sh@harmattan.fr
01 46 34 13 71
www.librairieharmattansh.com

Lib. Méditerranée & Moyen-Orient
7, rue des Carmes – 75005 Paris
librairie.mediterranee@harmattan.fr
01 43 29 71 15

Librairie Le Lucernaire
53, rue Notre-Dame-des-Champs – 75006 Paris
librairie@lucernaire.fr
01 42 22 67 13

www.ingramcontent.com/pod-product-compliance
Lightning Source LLC
LaVergne TN
LVHW011224061026
849535LV00001BA/175